ज्ञान गरिमा के
72 वर्ष

भारतीय
ज्ञानपीठ

णाणं
पयासयं

वीर नि. सं. 2470

ई. सन् 1944

भारतीय ज्ञानपीठ

गांधी–दृष्टि : युवा रचनात्मकता के आयाम

(आलोचना)

ज्ञान शांति मैत्री

महात्मा गांधी फ्यूजी गुरुजी समाज कार्य अध्ययन केन्द्र
महात्मा गांधी अंतरराष्ट्रीय हिंदी विश्वविद्यालय, वर्धा

गांधी-दृष्टि
युवा रचनात्मकता के आयाम

सम्पादक

प्रो. मनोज कुमार

डॉ. अमित कुमार विश्वास

भारतीय ज्ञानपीठ

लोकोदय ग्रन्थमाला : ग्रन्थांक 1335

ISBN 978-93-263-5551-3

गांधी-दृष्टि : युवा रचनात्मकता के आयाम

(आलोचना)

सम्पादक : प्रो. मनोज कुमार, डॉ. अमित कु. विश्वास

प्रकाशक : **भारतीय ज्ञानपीठ**

18, इन्स्टीट्यूशनल एरिया, लोदी रोड, नयी दिल्ली-110 003

मुद्रक : भारतीय ज्ञानपीठ, नयी दिल्ली-110003

आवरण : राजेश आगरकर

आवरण सज्जा : महेश्वर

GANDHI DRISHTI : YUVA RACHNAMAKTA KE AAYAM

(Critic)

Edited by : Prof. Manoj Kumar, Dr. Amit Ku. Vishwas

Published by

Bharatiya Jnanpith

18, Institutional Area, Lodi Road, New Delhi-110 003

Ph. : 011-24698417, 24626467; 23241619 (Daryaganj)

Mob. : 9350536020; e-mail : bjnanpith@gmail.com

sales@jnanpith.net; website : www.jnanpith.net

Second Edition : 2019

Price : Rs. 650

भूमिका

महात्मा गाँधी हमारी विरासत, मूल्य, लक्ष्य और आदर्श हैं। अहिंसक समाज रचना की आधारशिला के लिए गाँधी विचार एक प्रस्थान बिन्दु है। उन्होंने सत्य के साथ प्रयोग करते हुए जीवन को रचनात्मक कार्यों से जोड़ा। दक्षिण अफ्रीका से लेकर भारत समाज रचना के लिए उन्होंने कई अभिनय प्रयोग किये जिनमें सहजीवन हेतु आश्रम निर्माण, श्रम, ज्ञान एवं नैतिक जीवन के विभिन्न प्रयोग सन्निहित हैं। गाँधी सामाजिक व्यवहार के तीन पहलुओं—व्यक्तित्व, समाज और संस्कृति के परिवर्तन पर बल देते हैं। साधन की पवित्रता के नैतिक आधार पर उन्होंने रचना और आन्दोलन में परस्पर समन्वय कर सत्याग्रह को अपनाया।

दुनियाभर के मनीषियों ने सृजन, सुधार और चिन्तन की प्रक्रिया के वैविध्य तथा रचनात्मकता की प्रिविधि पर चिन्तन किया है। सृजनात्मक विचार ही चंचल मन को एकाग्र करती है। शरीर, मन और आत्मा का सन्तुलन प्रतिभाओं को जागृत, सबल और स्फूर्तिवान बनाता है। नवाचार की प्रभावकारिता बढ़ाते हुए प्रबुद्ध कौशल, प्रशिक्षित नवाचारी को तैयार करके ही 'सबका साथ-सबका विकास' को फलितार्थ किया जा सकता है।

युवाओं को समर्थ बनाने तथा राष्ट्र निर्माण में बहुजन भागीदारी को बढ़ाने के लिए विज्ञान और प्रौद्योगिकी की महती भूमिका है। स्वच्छ भारत, उन्नत भारत, आदर्श ग्राम योजना आदि भारत को एक समुन्नत राष्ट्र बनाने की दिशा में एक अभिनव कदम है। जनभागीदारी और रोजगार के अवसरों के सृजन से कौशलयुक्त जनशक्ति का निर्माण किया जा सकता है। बेरोजगार युवाओं के लिए स्किल इंडिया, स्टैंड अप इंडिया, स्टार्ट अप इंडिया, मेक इन इंडिया, ई-बस्ता आदि 21वीं सदी के रचनात्मक कार्यक्रम ही हैं।

युवाओं को कौशलयुक्त साक्षर बनाने में डिजीटल इंडिया भी एक महत्त्वपूर्ण कड़ी है। जरूरत इस बात की है कि आज हम गाँधी, अम्बेडकर, दीनदयाल उपाध्याय जैसे चिन्तकों के विचार से प्रेरित होकर नये प्रकार की चुनौतियों से सामना

करने के लिए युवाओं को तैयार करें। वैश्विक स्तर पर आज इस बात को स्वीकृति प्राप्त हो चुकी है कि समाज में व्याप्त हिंसा का निर्मूलन रचनात्मक कार्यक्रम द्वारा ही सम्भव है। गाँधी इसी परिप्रेक्ष्य में हमारे लिए पगदीप हैं जिनके जीवन-प्रयोग एवं विचारों द्वारा युवा पीढ़ी को राष्ट्र निर्माण की मुख्य धारा के साथ जोड़ा जा सकता है।

जीवन की आपाधापी एवं महत्त्वाकांक्षी की केन्द्रीयता से आज युवा को बहुत ही सीमित कर दिया है। आज जरूरत इस बात की है कि युवा पीढ़ी अपने को राष्ट्र के साथ संलग्न महसूस करे। देश की चिन्ता सिर्फ सरकार का काम नहीं है, इसकी चिन्ता राष्ट्र के प्रत्येक नागरिक को नैसर्गिक रूप से होनी चाहिए। राष्ट्र के प्रति उदासीनता ही नक्सलवादी एवं अलगाववादी ताकतों को बढ़ावा देती है। यह देश हमारा है और हमें पूरे सामर्थ्य के साथ इसकी वैविध्यता को सँजोना है। उत्तर से लेकर दक्षिण एवं पूर्व से लेकर पश्चिम तक ऐसे अनेकों उदाहरण भरे पड़े हैं जिनसे प्रेरणा लेकर हम युवाओं के रचनात्मकता में नवोन्मेष भर सकते हैं।

स्वतन्त्रता पूर्व की हमारी सारी लड़ाई राष्ट्र की आजादी एवं उनके नवनिर्माण से जुड़ी हुई थी लेकिन आज़ादी मिलते ही हमने यह समझ लिया कि राष्ट्र निर्माण का सारा काम सरकार का है। धीरे-धीरे समाज सरकार पर आश्रित होता चला गया। हमने पश्चिमी सभ्यता के गिरफ्त में जाने-अनजाने में अपने को जाने दिया। परिणाम यह हुआ कि जनता की शक्ति जो रचनात्मक कार्यक्रम के द्वारा जगाई जा सकती थी वह क्षीण होती गयी।

युवा मानस अत्यन्त सक्रिय, उद्यत और जोखिम उठाने वाला होता है। समाज परिवर्तन की लहर युवाओं को नवाचारी उपक्रम से ही पैदा की जा सकती है। 1974 में इन्हीं युवा शक्तियों ने लोकतन्त्र पर आए खतरों से देश को उबारा था। जे.पी. भी युवाओं को रचनात्मक दिशा देना चाहते थे ताकि उनके शक्ति का रचनात्मक उपयोग राष्ट्र निर्माण में किया जा सके।

गांधीजी की रचनात्मक प्रयोगभूमि वर्धा में स्थित केन्द्रीय विश्वविद्यालय—महात्मा गांधी अन्तर्राष्ट्रीय हिंदी विश्वविद्यालय एवं गांधी रचनात्मक मूल्यों के संरक्षण एवं प्रसार के लिए गठित स्वायत्त इकाई—गांधी स्मृति एवं दर्शन समिति, नयी दिल्ली के इस अभिनव कदम से गाँधीवादी रचनात्मक प्रयोगों एवं विचारों को युवा पीढ़ी तक पहुँचाया जा सकेगा, ऐसी मुझे आशा है।

—डॉ. महेश शर्मा

पुरोवाक्

गांधीजी ने ब्रिटिश हुकूमत के खिलाफ सत्याग्रह का प्रयोग किया वहीं दूसरी ओर रचनात्मक कार्यक्रम को स्वराज्य प्राप्ति तथा समाज की समस्याओं के समाधान के साधन के रूप में इस्तेमाल किया। हर युग की समस्याएं अलग-अलग तरह की होती हैं उसके कारण भी अलग होते हैं इसलिए हर युग में अपनी समस्याओं को सुलझाने के तरीके ढूँढ़ने पड़ते हैं। गांधी युग में जिस तरह की समस्याएं थीं उसका अहिंसक समाधान गांधीजी ने ढूँढ़ा था। उस युग में दो तरह की समस्याएं विद्यमान थीं। एक समाज के भीतर और दूसरा समाज के बाहर। उन दोनों समस्याओं के लिए सत्याग्रह और रचनात्मक कार्यक्रम नामक हथियार काम में लाया गया। पाठक यह कह सकते हैं कि संपूर्ण रूप से इन दोनों साधनों पर लोगों की कभी श्रद्धा नहीं रही, गांधीजी ने भी स्वीकार किया है कि उनके दर्शन को लोगों ने अंत:मन से स्वीकार नहीं किया था। यही कारण है कि समाज में अहिंसा की संपूर्ण परिस्थिति का निर्माण संभव नहीं हो सका। कई लोगों ने इसे राजनीतिक हथियार की तरह प्रयोग किया। यह जीवन आदर्श नहीं बन पाया। दरअसल गांधी रचनात्मक कार्यक्रम द्वारा अहिंसक भारत का पुनर्निमाण करना चाहते थे। वे देश में व्याप्त समस्याओं के समाधान की शांतिपूर्ण प्रविधि के रूप में रचनात्मक कार्यक्रम को प्रस्तुत करते हैं। गांधीजी ने इस कार्यक्रम द्वारा 'अहिंसक बल' पैदा कर हिंसा के कारणों को जड़ से दूर करना चाहा। वे अहिंसा की आराधना मूक मानवता के साथ तन्मय होकर करते हैं। प्रश्न यह है कि इस तेजी से बदलते समाज में जब हमारे सामने नए प्रकार की चुनौतियाँ हैं क्या हम उन्हीं तरीकों से, उन्ही हथियारों से इन चुनौतियों का सामना कर सकेंगे? एक विद्वान ने कहा है कि महाराणा प्रताप की तलवार संग्रहालय में तो रखी जा सकती है पर उससे नए प्रकार की जंग नहीं जीती जा सकती। क्या उस महान अहिंसक अस्त्र से आज जिस युग में हम जी रहे हैं उस युग की समस्या का समाधान नहीं किया जा सकता? आज हमारे नए समाज का नया अर्थशास्त्र है, सब कुछ तेजी से बदल रहा है। नए समय में नए प्रकार की चुनौतियां/समस्याएं आ खड़ी हुई हैं। यह नए प्रकार

की लड़ाई हमें नए तरीके से लड़नी होगीं।

गांधी सामाजिक व्यवहार के तीन पहलुओं- व्यक्तित्व, समाज और संस्कृति में परिवर्तन पर बल देते हैं इनमें खण्ड-खण्ड कर परिवर्तन नहीं किया जा सकता। वे लक्ष्य व साध्य की पवित्रता के साथदृसाथ साधन की पवित्रता की अनिवार्यता सिद्ध करते हैं। उनका मानना है कि अपवित्र साधन से पवित्र साध्य व लक्ष्य प्राप्त नहीं किया जा सकता है। गांधी रचना और आंदोलन का समन्वय करते हैं। रचनात्मक कार्यक्रम सत्याग्रह का भावात्मक पक्ष है। सविनय अवज्ञा का अर्थ रचनात्मक कार्यक्रम है। पट्टाभि सीतारमैया ने कहा है कि रचनात्मक कार्यक्रम रूपी शरीर में सत्याग्रह उसकी आत्मा है। बहिष्कार और चरखा एक-दूसरे का पूरक है। आज किसका बहिष्कार किया जाए क्या साम्राज्यवाद से आज की समस्या का कोई रिश्ता है?

गांधीजी ने 1909 ई. में हिंद स्वराज्य लिखते हुए सभ्यता के संकट को रेखांकित किया था। सभ्यता संकट के बरक्स गांधी दर्शन को विकल्प के रूप में देखा जा सकता है। आतंकवाद, जलवायु परिवर्तन, साम्राज्यवाद, स्वार्थ आधारित राजनीति से दुनिया विनाश के कगार पर खड़ी हो गई है जिससे उसकी रक्षा करना चुनौती भरा कार्य है। विषमता की चौड़ी होती खाई, विकट जातीय द्वेष के फलस्वरूप ऐसे युद्ध की संभावना है जिनकी मिसाल इतिहास में नहीं मिलेगी और परमाणु अस्त्रों की अंधाधुंध वृद्धि अकल्पनीय विनाश की नौबत ला सकती है। ऐसी दशा में संपूर्ण मानव जाति को अपने अस्तित्व की रक्षा के लिए दो में से एक बल को चुनना होगा—नैतिक अथवा भौतिक बल। भौतिक बल मनुष्य को आत्मसंहार की ओर ले जाता है जबकि नैतिक बल से दुनिया में अमन-चैन की व्यवस्था कायम है। गांधीजी हमें उसी दिशा में जाने का संकेत देते हैं क्योंकि वे नैतिक बल के पक्षधर हैं। हालांकि हम कह सकते हैं कि यह कोई नई दिशा नहीं है पर यह वह दिशा अवश्य है जिसे दुनिया या तो भूल गई है या जिस पर चलने का साहस नहीं कर पाती। वर्तमान संकट को देखकर इस दिशा की उपेक्षा करने से मानव अस्तित्व ही खतरे में पड़ जाएगा। हमेशा से ही युवा वर्ग ने दुनिया में परिवर्तन की धारा प्रवाहित की है। आज यह आवश्यक है कि युवाओं के रचनात्मक हस्तक्षेप को संबल प्रदान किया जाए।

संयुक्त राष्ट्र की रपट के अनुसार, दुनियाभर में भारत इस समय सबसे युवा देश है। चीन की कुल आबादी से भारत की जनसंख्या कम होने के बावजूद भी यहां सबसे ज्यादा युवा (60.5 करोड़ लोग 25 वर्ष से कम आयु) हैं। इस प्रकार कहा जा सकता है कि भारत में एक अतुलनीय युवा शक्ति है इसके बल पर सामाजिक-आर्थिक विकास को बढ़ावा दिया जा सकता है और साथ ही समाज में बढ़ते हुए अन्याय का प्रतिकार भी। आवश्यकता सिर्फ इस बात की है कि इनका सम्यक

प्रशिक्षण हो। शिक्षा नीति इस तरह बनाई जाए ताकि इनके चरित्र का, इनके जीवन का अहिंसक रीति से समग्र विकास हो सके। संकट यह है कि आज साम्राज्यवादी ताकतें युवाओं को नए प्रकार की गुलामी की आगोश में ले रही है। आज का युवा जिस ओर चल पड़ा है उससे देश व समाज के निर्माण में उनकी भूमिका पर सवालिया निशान उठ खड़ा हुआ है। किशन पटनायक कहते हैं कि साम्राज्यवाद का मुकाबला राष्ट्रवाद ही कर सकता है तो हमें युवाओं को अहिंसक राष्ट्रवाद, जिसमें सभी प्रकार की अस्मिताओं का समान रूप से सम्मान हो सके, की दृष्टि से प्रशिक्षित करना होगा ताकि विश्व राष्ट्र के साथ हमारा संबंध समानता के स्तर पर विकसित हो। ऐसे युवा को तैयार किया जाना आवश्यक है जो संकीर्ण राष्ट्रवादी मानसिकता के प्रति जनमानस को सचेत करते हुए सामासिक राष्ट्रीयता का बीजारोपण कर सकें।

नव प्रौद्योगिकी और संचार व्यवस्था ने भोग और विलास के द्वार खोल दिए हैं। भोगवादी सभ्यता के दौर में युवा अपने को असुरक्षित महसूस कर रहा है, तात्कालिकता हमारा आदर्श हो गया है। जीवन के सारे मूल्यों के ऊपर 'अर्थ' अपनी सत्ता स्थापित कर रहा है। सार्वजनिक जीवन में आदर्श नेतृत्व का अभाव तथा नैतिक अवमूल्यन युवाओं को कुण्ठाग्रस्त और भटकाव की दिशा में ले जा रहा है। इसके फलस्वरूप समाज में अपराध, शोषण, आतंकवाद, अशिक्षा, बेरोजगारी एवं भ्रष्टाचार जैसी विकराल समस्याएँ उत्पन्न हुई हैं। अंग्रेजी शासन व्यवस्था एवं उसके पश्चात हुए औद्योगीकरण, नगरीकरण और अन्ततः पाश्चात्य संस्कृति ने भारतीय संस्कृति को काफी हद तक प्रभावित किया है। इन सबका असर युवा वर्ग पर सर्वाधिक पड़ा है। आर्थिक उदारीकरण और भूमण्डलीकरण ने सामाजिक मूल्यों को ही छिन्न-भिन्न कर डाला है। आचार्य राममूर्ति संबंधों में आए बिखराव को आज का सबसे बड़ा संकट मानते हैं। अगर मूल्यपरक समाज का निर्माण करना है तो यह युवाओं के नवाचारी उपक्रम से ही हो सकता है।

भूमंडलीकरण और साम्राज्यीकरण के बीच घनीभूत रिश्तों ने दुनिया की राजनीतिक व्यवस्था को प्रभावित किया है। बहुप्रचारित भूमंडलीकरण वैचारिक स्वतंत्रता, सृजनात्मकता तथा व्यापक जनभागीदारी पर आधारित लोकतंत्र को पोषित नहीं करता बल्कि वैचारिक दासता को जन्म देता है। एरिक हॉब्सबाम, जो राष्ट्रवाद के इतिहासकार हैं, ने राष्ट्रवाद के अंत पर जश्न मनाया था। पार्थ चटर्जी आधुनिकता की इन्हीं बौद्धिक प्रस्थापनाओं पर औपनिवेशिक दावों को चुनौती देते हैं।

दरअसल उपनिवेशवाद अपने अलग-अलग रूपों में पुनरुत्पादित होता रहा है बल्कि यों कहें कि यह प्रभुत्वशाली बन गया है। यह सब विचारधारा के बल पर निर्मित हुए हैं। फाइनेंशियल टाइम्स में प्रकाशित 'साम्यवाद की ठूँठ में हरी कोपलें'

नामक लेख यह बताता है कि 'अमेरिकी क्रांति से हासिल की गई जीत को सर्वसत्तावाद में परिवर्तित होने से थॉमस जेफरसन किस प्रकार दुःखी थे।' अर्थशास्त्र के जनक एडम स्मिथ की चिंता भी यही थी। श्रमदृविरोधी बाजार आधारित लोकतंत्र ने रोजगार सृजन की सारी संभावनाओं पर विराम लगा दिया है। मिनर्वा का उल्लू जिसे हेगेल बुद्धि का दाता कहा करता था अधंकार में विलीन हो रहा है। डैनियल बेल ने घोषणा की है कि विचारधारा अपने अंत पर आ चुकी है। फ्रेंसिस फुकूयामा कहते हैं कि हम ऐसी जगह पर ठहर गए हैं जहां ऐसे संसार की घोषणा नहीं कर सकते जो वास्तविक रूप में हमारे संसार से भिन्न हो।

औद्योगिक व्यवस्था ने विकास का एक मूल्य, तकनीक के द्वारा दुनिया में थोपा है। सच्चिदानंद सिन्हा लिखते हैं कि 'कालविनिष्ट मूल्य व्यवस्था पर चार्ल्स डार्विन के विकासवादी विचारों की एक नई व्यवस्था का आरोहण हुआ है। डार्विनवाद ने प्रतियोगिता और प्रतिस्पर्धा का ही गुणगान किया। आधिपत्य कायम करना उचित, प्राकृतिक और सष्टि का नियम माना गया। यही कारण है कि असमानता अनिवार्य और अवश्यंभावी ही नहीं वरन् सामाजिक विकास की प्रेरक शक्ति बन गई। ''हिटलर इसी मूल्य व्यवस्था का वारिश था।''

1880 के दशक में फ्रेडरिक विनस्लों टेलर ने लेज़र (सुस्ताने) की स्वाभाविक प्रवृत्ति को रोकने के लिए समय और गतिशक्ति (मोशन) का अध्ययन किया था। मजदूरों को पुर्जा बना दिया गया, काम टुकड़ों में बँट गया, मजदूरों की जगह मशीनों ने ले ली। पूंजीवाद के विकल्प के रूप में जनमानस को प्रभावित करने वाली समाजवादी व साम्यवादी व्यवस्था ने भी औद्योगिक विकास के उसी मॉडल और डायनेमिक्स को अपनाया। यही कारण है कि साम्यवाद और समाजवाद अपनी ही धरती पर पूरी तरह असफल रहा। अंततोगत्वा इसने भी पूँजीवादी व्यवस्था के सामने घुटने टेक दिए। दादाभाई नौरोजी से लेकर गांधी तक सभी राष्ट्रवादियों ने भारत की गरीबी का कारण परदेशी राज्य को माना था। परदेशी राज्य के विरोध का दर्शन उद्योगवाद में देखा जा सकता है।

हमारे देश के तमाम नेताओं यहां तक कि अधिकांश बुद्धिजीवियों में आज भी यह भ्रम है कि अधिक वस्तुओं के उपभोग से जीवन की गुणवत्ता बढ़ती है। जबकि हमारी सांस्कृतिक विरासत हमें सिखाती है कि इससे जीवन खर्चीला बनता है, सुखकर नहीं। हमारी चुनौती है कि मितव्ययिता के आदर्श के साथ पारंपरिक समाज के आधारभूत मूल्यों को जोड़कर इंटरनेट से संगति कैसे बिठाई जाए। साम्राज्यवाद का संपूर्ण रक्तरंजित इतिहास जिसने दुनिया को विश्वयुद्ध में झोंका था वह औद्योगिक क्षेत्र विस्तार और प्राकृतिक संपदा की लूट तथा अमानवीय जुल्मों का इतिहास रहा है। साम्यवाद को विकल्प मानने वाले यह देख सकते हैं कि किस प्रकार माओ की

सांस्कृतिक क्रांति के अभियान को भी विदेशी पूंजी के लोभ ने नेस्तनाबूद कर दिया है।

जब हम भारतीय स्वतंत्रता संग्राम के इतिहास पर नज़र डालते हैं तो पाते हैं कि भारत की आजादी मात्र सत्ता हस्तान्तरण के लिए नहीं लड़ी गई। गांधी ने तो यहां तक कहा था कि जब तक भारत का एक भी व्यक्ति भूखा है तब तक उनके लिए आजादी की कोई कीमत नहीं है। पंडित नेहरू ने भी घोषणा की थी कि हमने राजनैतिक आजादी तो प्राप्त कर ली है लेकिन आर्थिक आजादी प्राप्त करना बाकी है। स्वराज्य प्राप्ति के बाद गांधीजी ने कहा था कि हमारा काम खत्म नहीं हुआ है बल्कि शुरू हुआ है। इस काम को ही पूरा करने के लिए वे 125 वर्ष जीने की ख्वाहिश रखते हैं। रचनात्मक कार्यक्रम नाम से एक पुस्तक 1941 ई. में ही प्रकाशित हो चुकी थी लेकिन गांधी के संपूर्ण क्रियाकलापों में प्रतिरोध के साथ रचना का अद्‌भुत समन्वय प्रारंभ से ही देखा जा सकता है। इंग्लैण्ड में अध्ययन के दरम्यान अपने लेखों और संगठन के माध्यम से वे रचना का ही काम कर रहे थे। दक्षिण अफ्रीका में रचना के कार्य का एक विशाल परिदृश्य देखने को मिलता है जब एक ओर वे एशियाई लोगों के बीच सफाई और शिक्षा का काम कर रहे होते हैं, फीनिक्स आश्रम तथा टॉलस्टाय फार्म का भी उदाहरण दिया जा सकता है, जहां सत्यागहियों के प्रशिक्षण को रचना के साथ समन्वित करने की कोशिश की गई। दूसरी ओर, निर्वेयता के कई संदर्भ हैं। दक्षिण अफ्रीका में वे घायल सैनिकों की सहायता कर संवेदना और सहानुभूति का दिग्दर्शन कराने की कोशिश करते हैं। इन्हीं सद्‌प्रयासों का प्रतिफल है कि उन्होंने कांग्रेस अधिवेशन के समय सफाई के काम को हाथ में लेकर श्रेणीबद्धता की रूढ़ियों को तोड़ा। लड़ाई से देश जीता जा सकता है लेकिन उसकी समृद्धि रचनात्मक कार्यक्रम से ही हो सकती है। गांधी ने कहा भी है कि लड़ाई के अंत में निडरता आती है और रचनात्मक कार्यक्रम के अंत में योजना-शक्ति और कार्य-शक्ति। लेकिन हुआ यह कि आजादी के बाद राज्य की पूँजी बढ़ाने की प्रक्रिया प्रारंभ हुई। सामुदायिक और सामाजिक शक्ति राज्य में विलीन होती गई और राज्य शक्तिशाली होता गया।

रचनात्मक कार्यक्रम 'अहिंसक समाजवाद की कुंजी', 'आर्थिक समानता का दर्शन' शांत और शुभ क्रांति है। लोकनायक जयप्रकाश नारायण की वाणी से 05 जून, 1974 को अनायास ही संपूर्ण क्रांति शब्द निकला था, जो नया बिहार और नए भारत के निर्माण का आंदोलन था। यह लोकशक्ति, जनशक्ति व सज्जन शक्ति जागरण की क्रांति थी। विधायक जनशक्ति का निर्माण जनता के शांतिपूर्ण विचार परिवर्तन, विचार-शासन, कर्त्तव्य-विभाजन एवं सत्ता के विकेन्द्रीकरण द्वारा करने दी दृष्टि थी, संपूर्ण क्रांति। विनोबा भी मानते हैं कि जैसे-जैसे जनता का नैतिक स्तर ऊपर उठेगा वैसे-वैसे हुकूमत की हुकूमत चलाने की शक्ति क्षीण होती जाएगी।

गांधीजी 29 जनवरी, 1948 को अपने 'अंतिम वसीयत' में लिखते हैं कि 'सामाजिक, नैतिक और आर्थिक आजादी हासिल करना बांकी है। भारत में लोकतंत्र के लक्ष्य की ओर बढ़ते समय सैनिक सत्ता पर जन-सत्ता के आधिपत्य के लिए संघर्ष होना अनिवार्य है।' वे कांग्रेस को राजनीतिक दलों और साम्प्रदायिक संस्थाओं की अस्वस्थ्य स्पर्धा से दूर रखकर 'लोक सेवक संघ' के रूप में विकसित करना चाहते थे। इस संघ से साथ जिन स्वायत्त संस्थाओं को सम्बद्ध किया गया था। वे हैं—1. अखिल भारतीय चरखा संघ, 2. अखिल भारतीय ग्रामोद्योग संघ, 3. हिन्दुस्तानी तालीमी संघ, 4. हरिजन सेवक संघ और 5. गो सेवा संघ।

दुर्भाग्य से कांग्रेस ने अपने को स्पर्धा में शामिल कर लिया और आजादी की संपूर्ण विरासत की अकेली वारिस हो गई। गांधीवादियों ने भी गांधी के सपनों को किस तरह मरोड़ा है, इतिहास इसका मूल्यांकन करेगा। गांधीजी की मृत्यु के बाद विनोबा जी की उपस्थिति में सेवाग्राम आश्रम में आयोजित बैठक में उपस्थित सभी गांधीवादियों ने उपरोक्त सभी स्वायत्त संस्थाओं को सर्व सेवा संघ में विलीन कर दिया। रचनात्मक संस्थाओं को विघटित कर और कांग्रेस को राजनीतिक होड़ में शामिल कर गांधीजी की रचनात्मक और सत्याग्रही आत्मा को मरोड़ने की ऐतिहासिक गलतियों पर विचार किया जाना लाज़िमी है। जे.सी. कुमारप्पा जब यह कहते हैं कि राज्य कानूनी डकैती डालने वालों का गिरोह है तो वे जन-शक्ति, लोक-शक्ति और लोक-स्वराज्य व ग्राम-स्वराज्य की मजबूती को बल देते नजर आते हैं। गांधी स्वराज्य का अर्थ सरकारी नियंत्रण चाहे वह विदेशी हो या राष्ट्रीय दोनों से मुक्त होना है।

गांधी ने समाज में व्याप्त 'उदासीनता, अरुचि और अकर्मण्यता' को रचनात्मक कार्यक्रम द्वारा दूर किया था। नरेन्द्र भाई पंच शक्ति का उल्लेख करते हैं जो क्रमशः सज्जन-शक्ति, विद्वत जन-शक्ति, महाजनदृशक्ति, राज्यदृशक्ति और लोक-शक्ति है। जे.पी. इसी लोक-शक्ति के संगठन को मजबूती प्रदान कर रहे थे। वे राजकीय पूंजीवाद से चिंतित दिखते हैं और इसके लिए व्यापक जनजागरण और संघर्ष के महत्व को रेखांकित करते हैं। वे गांव-गांव में क्रांति की ज्योति प्रज्वलित करने के लिए व्यापक लोक-शिक्षण का कार्यक्रम देते हैं। उनका स्पष्ट मानना था कि जब तक लोक मानस नहीं बदलेगा तब तक क्रांति, जन-क्रांति, लोक-क्रांति, संपूर्ण क्रांति नहीं हो सकती। समाज आंदोलित था, एकजुट था, जन-शक्ति का व्यापक प्रदर्शन हुआ। कहा गया—

'जनता का आदर्श बनाने, हम संसद पर आए हैं'
'महंगाई का घाव दिखाने, हम संसद पर आए हैं'
'दम है कितना दमन में तेरे, देख लिया और देखेंगे।'

एक बार संसदीय शक्ति को जन शक्ति के द्वारा चुनौती देने की कोशिश हुई। समाजवादी चिंतक डॉ. राममनोहर लोहिया समलक्ष्य और समबोध में शरीर की भूख को मन की भूख के साथ मिलाने की बात करते हैं। जिस तरह हमें आजादी की भूख ने हिलाया था आज बराबरी की भूख उस तरह से हमें नहीं हिला पा रही है। दिमाग को साफ करना लोक शिक्षण का काम है जो सांस्कृतिक हिन्दुस्तान की निर्मिति करता है। नौजवानों को हम कोसते हैं। उन्हें आधुनिकता का गुलाम कहते हैं, नौजवानों की ताकत को गांधी रचनात्मकता के साथ जोड़कर लोक सेवक तैयार करना चाहते थे, जो राज्य शक्ति की निरंकुशता को नियंत्रित कर सके वहीं दूसरी ओर लोहिया परमार्थ के लिए अनुशासहीन युवाओं को तैयार करने की कोशिश करते दिखते हैं। वे चितिंत हैं कि कोई बुनियादी तब्दीली लाने के लिए, कानून बदलने के लिए, तरीका बदलने के लिए समाज के संगठन को बदलने के लिए बुरी चीजों से लड़ने के लिए विद्यार्थियों और नौजवानों में आज अनुशासनहीनता नहीं है। जे.पी. के मार्गदर्शन में इसी अनुशासनहीन युवाओं ने लोकतंत्र को मर्यादित करने का सबक दिया था। संपूर्ण आजादी की लड़ाई के सिपाहियों ने भी तथाकथित अनुशासन की सीमा से बाहर जाकर ही परिवर्तन का विगुल फूंका था। आज अगर अंबेडकर होते तो देखते कि कानून किस प्रकार पूँजी और राज्य की गुलामी कर रहा है।

रचनात्मक कार्यक्रम के एक आयाम में बुनियादी तालीम को भी रखा गया है जो क्रियाशील जनशक्ति निर्माण का कारखाना है। धीरेन्द्र मजुमदार ने आज के स्कूल और कॉलेजों को हुजूर बनाने का कारखाना कहा। इस कारखाने से उत्पादित लोग मजदूरों के कंधों पर बोझ बढ़ाते जाते हैं इससे विषमता की खाई चौड़ी होती जाती है। किसानों के दुर्दशा की कहानी अलग है। एक ओर हम चंपारण सत्याग्रह की शताब्दी मना रहे हैं तो दूसरी ओर चीनी मिल मालिकों के आतंक से आतंकित किसान आत्मदाह कर रहे हैं। लोग सवाल कर रहे हैं निलहे के लिए गांधी आए और आज मिलहों के लिए कौन आएगा। आज गांधी नहीं हैं, जे.पी. और लोहिया भी नहीं...। ऐसे में छोटे-छोटे नन्हें गांधी का सामूहिक नेतृत्व पैदा करना आज की सबसे बड़ी चुनौती है।

उपरोक्त चुनौतियों और सवालों के समाधान के लिए गांधीजी के दर्शन क्या आज भी प्रांसगिक हैं इन्हीं सब सवालों से रू-ब-रू होने के लिए 'गांधी : युवा रचनात्मकता' पुस्तक संपादित की गई है। इसमें राष्ट्रवाद, साम्राज्यवाद, बहुराष्ट्रीय कंपनियों के मकड़जाल, खादी, ग्रामोद्योग, मजदूर, महिला, गांव, किसान, आदिवासी, सफाई, पर्यावरण, मानवाधिकार सहित कश्मीर समस्या आदि का जिक्र किया है जो गांधीजी के अहिंसात्मक तथा सर्वोदय के मार्ग से प्रेरित रहे हैं। इसमें गांधीवाद, मार्क्सवाद, समाजवाद, लोहियावाद, भू-दान से लेकर संपूर्ण क्रांति के नायकों की

चर्चा को शामिल किया गया है।

मनोविश्लेषक गिरीश्वर मिश्र अपने लेख 'उदार मानसिकता की आवश्यकता' में कहते हैं कि देश स्वाभाविक रूप से हमारे जीवन का हिस्सा होना चाहिए लेकिन हमने देश को अपनी चिंता का विषय नहीं बनाया। परहित से मनुष्यता परिभाषित होती है। यम और नियम के साथ अहिंसा, स्वाध्याय अस्तेय और अपरिग्रह को आत्म अनुशासन का केंद्रबिंदु बताते हैं। स्व-केंद्रिता से रक्षा और आत्मजयी होने की प्रेरणा लेख से ली जा सकती है।

समाजवादी चिंतक सच्चिदानंद सिन्हा 'सभ्यता का संकट और युवजन' आलेख में नवीन मूल्यों के द्वंद्व को खड़ा करते हैं। औद्योगीकरण से उपजी समस्याओं और अंतर्विरोधों को स्पष्ट करते हुए लेखक कहते हैं कि हाशिए पर डाल दिए गए लोगों की समस्या मुख्यधारा की नई पीढ़ी की मूल चिंता नहीं बन पाती है। युवाओं में व्यवस्था के प्रति आक्रोश है पर उनके पास विकल्प की कोई तस्वीर नहीं। गांधी विकल्प की समग्र दृष्टि के साथ बगावत के लिए युवाओं को अपनी ओर बुला रहे हैं।

गांधीवादी चिंतक और प्रयोगकर्ता टी.करुणाकरन युवकों द्वारा युग रचना की वैश्विक दृष्टि को गांधी की वसीयत की दृष्टि से व्याख्यायित करते हैं। ताकि पंद्रह हजार विकास संकुलों को खड़ा कर परिवर्तन की नींव डाली जा सके। इनका यह आलेख प्रयोग पर आधारित है।

गांधीवादी विचारक रामजी सिंह अपने आलेख 'समाज-परिवर्त्तन और रचनात्मक कार्यक्रम' में समाज परिवर्तन के दोनों आयामों-रचनात्मक कार्यक्रम और सत्याग्रह पर चर्चा करते हैं। वर्तमान संदर्भों में समाज परिवर्तन की आवश्यकता एवं युवाओं के रचनात्मक अहिंसक हस्तक्षेप की अनिवार्यता लेख में प्रमुखता से दी गई है।

आर्थिक चिंतक कमल नयन काबरा के लेख का शीर्षक 'सार्थक समग्र विकास-विमर्श की सर्जनात्मक चुनौतियां' लेख के विषयवस्तु को स्पष्ट कर देता है। लेखक गांधीजी को जीवन में उतारकर उनके विशाल विरासत में संभावनाओं की तलाश करते हैं। उन्होंने बताया है कि विषमताजनक परिवर्तन पर हम आत्ममुग्ध हैं जो प्रकृति और मानवता विरोधी न्यायविहीन प्रक्रिया है। युवा चेतना को परिवर्तन के गांधीय मॉडल की प्रतिष्ठापनाओं को लेख में समाहित किया गया है।

चंपारण सत्याग्रह के शताब्दी वर्ष के निमित्त गांधीवादी चिंतकों के दो आलेखों को शामिल किया गया है। साहित्यकार गिरिराज किशोर ने राजनीतिक दलों द्वारा युवा शक्ति का सावधानीपूर्वक प्रयोग नहीं किए जाने तथा उसकी ज्वलनशीलता को नजरअंदाज किए जाने पर चिंता जाहिर की है। लेख में गांधी के युवा शक्ति निर्माण की प्रयोगशाला चंपारण की चर्चा तो है ही और युवा प्रशिक्षण

की नवीन प्रायोगिक प्रविधियां, जो जीवन से जीवन और जीविका की शिक्षा है, की सफलता का इतिहास भी बताता है। पत्रकार अरविंद मोहन ने चंपारण में किए गए रचनात्मक कामों के विभिन्न प्रयोगों को जीवंत रूप में प्रस्तुत किया है। चंपारण के प्रयोग ने आजादी की लड़ाई को निर्णायक मोड़ दिया। सत्य के भरोसे या अफ्रीकी अनुभव, यश का बल या अधिकारियों की अकड़ भरी गलती जो भी हो, इसने उन्हें हिन्दुस्तान का अजेय नेता बना दिया। लेखक प्रतिपादित करते हैं कि रचनात्मक कामों का एक अलग जीवन दर्शन बनाने में चंपारण और गांधी के प्रयोग का असर अभी भी अध्ययन का विषय है।

गांधीवादी अर्थशास्त्री प्रो.जे.सी. कुमारप्पा की 125 वीं जयंती के निमित्त कृष्णस्वरूप 'आनंदी' का लेख, जिसमें कुमारप्पा से संबंधित कई प्रेरक प्रसंगों को समाहित किया गया है, हमें कुमारप्पा की प्रतिबद्धता के साथ-साथ उनकी रचनात्मक ग्राम दृष्टि का स्पष्ट दिग्दर्शन कराता है।

धर्मनिरपेक्ष विचार के व्याख्याकार राम पुनियानी सांप्रदायिक हिंसा को रोकने में युवाओं की भूमिका को प्रमुखता से रेखांकित करते हैं। राष्ट्रीय एकीकरण और सांप्रदायिक एकता के गांधीय अवधारणाओं को लेख में देखा जा सकता है।

समाजवादी चिंतक और पत्रकार अरुण कुमार त्रिपाठी का लेख कौमी एकता को समर्पित है। अगर कौमी एकता आजादी का मूल आधार थी तो आजादी को बनाए रखने का मूल सिद्धांत भी वही हो सकती है। राजनैतिक बेचैनी को सर्जनात्मक दिशा देने के लिए लोहिया के परमार्थिक अनुशासनहीनता की पुनर्व्याख्या लेख में प्रस्तुत की गई है। धर्मनिरपेक्षता और राजनीति की चर्चा के बहाने राष्ट्र की चर्चा की गई है। विचारधारात्मक संघर्ष की अनिवार्यता को सिद्ध करते हुए लेखक ने गाय को भी लेख में शामिल किया है।

सुप्रसिद्ध गांधीवादी चिंतक काका कालेलकर का ऐतिहासिक लेख समाज परिवर्तन के उन बिंदुओं को रेखांकित करता है जो भद्र शिक्षित समाज को आंदोलित किए बगैर नहीं रहता। लेख में यह चिंता जाहिर की गई है कि शोध तथा अकादमिक उपलब्धियां गांव के लिए और गांव की दृष्टि से संचालित नहीं की जाती।

गांधी विचार के प्रयोगकर्ता और शिक्षाविद् आचार्य राममूर्ति की चिंता 'भारत नहीं तो हम कहां' में परिलक्षित होती है। अगर राष्ट्र सबका है तो उसकी संस्कृति भी सबकी है। राष्ट्र की एकता की रक्षा सब प्रश्नों से ऊपर है। लोकतंत्र में शांतिपूर्ण प्रक्रियाओं द्वारा द्वंद्वों के समाधान का रास्ता निकलता है। अगर यह प्रक्रिया बंद हुई तथा सबके लिए ईमान की रोटी और इज्जत की रोटी नहीं खोजी गई तो हमारी हार सुनिश्चित है, यह इस जमाने की चुनौती है और उस पर राष्ट्र की एकता का भविष्य टिका है।

प्रो. गोरा के यशस्वी पुत्र गांधीवादी चिंतक लवणम द्वारा संपादित व्याख्यान 'समय का संकट और गांधी' उनके दर्द को बयां करता है। साथ ही स्वाभिमानी समाज निर्माण की रचना करने के लिए युवाओं का आह्वान करता है।

डॉ. वेदप्रकाश मिश्र का लेख प्रेरणादायक है जो युवाओं में जोश भरता है। भाषा शैली के धनी लेखक यह बताते हैं कि बच्चों को भावनात्मकता का सिलेबस और उसकी लेबोरेट्री अगर कहीं है तो वह गांव में है, गांधी में है जहां से वे हैप्पीनेस का इंडेक्स बनाने की कोशिश करते हैं। वे कहते हैं कि आनंद की तलाश के लिए संवेदनाओं की ओर हमें लौटना होगा।

प्रौद्योगिकी विशेषज्ञ ओम विकास तकनीक के माध्यम से उन्नत भारत, कौशलयुक्त भारत की कल्पना को मूर्त रूप देने में युवाओं की रचनात्मकता और सृजनात्मकता को भारतीय सांस्कृतिक परंपरा से जोड़कर देखते हैं। अंग्रेजी शिक्षा को इन्होंने कल्पनाशीलता, नवाचार और आविष्कारोन्मुखी प्रवृत्ति को कुचलने वाला माना है। साथ ही शरीर, मन और आत्मा के संतुलन के लिए योग की आवश्यकता को सिद्ध किया है। इनोवेशन हब, सबका साथ सबका विकास जन भागीदारी कौशलयुक्त जनशक्ति विकास की भी चर्चा लेख में की गई है। इनके लेख का सार है कि 'नवाचार की परिणति उद्यमिता में होती है।'

सामाजिक-राजनीतिक कार्यकर्ता सुनीलम युवाओं को गांधी का मंत्र देते हैं। प्रतीकों से समाज बनता है। गांधी भी एक प्रतीक थे जिन्हें आज का युवा समकालीन राष्ट्रवादियों के बरक्स खड़ा करता है। लेखक यह मानते हैं कि एक-दूसरे को विरोध में खड़ा करने का विचार आज अप्रासंगिक हो गया है। अहिंसात्मक संघर्ष न्यायपूर्ण समाज व्यवस्था की नींव डालता है। वैकल्पिक विकास और विनम्र सेवक बनने की कसौटी लेख में परिलक्षित होती है।

गांधीवादी चिंतक और प्रसिद्ध चिकित्सक उल्हास जाजू कहते हैं कि सद् विचार को मूर्त रूप देकर ही समाज परिवर्तन किया जा सकता है। अन्याय की पराकाष्ठा के बाद लोक आंदोलन खड़ा होता है। सेवाग्राम के प्रयोग में लेखक पूरे गांव के कुटुंबों का सहभाग प्राप्त करने का उदाहरण प्रस्तुत करते हैं। स्वावलंबन के लिए खेती और वस्त्र स्वावलंबन की चर्चा इस लेख में प्रमुखता से हुई है और साथ ही स्वाध्याय और महिला समूहों की शैक्षणिक भूमिका को भी महत्वपूर्ण स्थान दिया गया है।

गांधीवादी चिंतक चिन्मय मिश्र खादी को विचार के रूप में भी देखते हैं। हुनर का सम्मान, कारीगरी, श्रम की प्रतिष्ठा समृद्ध भारत की परिकल्पना को मूर्त रूप देने की परिकल्पना आदि इनके लेख में समाहित है। गांधीजी ने खादी और कृषि को समन्वित करते हुए इसे आजादी प्राप्त करने का एक सशक्त माध्यम

बनाया।

समाज परिवर्तन के लिए शिक्षा एक अस्त्र है। गांधीजी ने 1937 में बुनियादी शिक्षा की नींव डाली लेकिन भारत में चंपारण ही वह स्थान है, जहां नवंबर, 1917 में उन्होंने पहली बार शिक्षा केंद्रों की स्थापना की है। शिक्षा और शिक्षा के माध्यम पर विमर्श के लिए तीन लेखों को शामिल किया गया है। गांधीवादी शिक्षाविद् शिवदत्त मिश्र ने नई तालीम को स्वराज्य की बुनियाद माना है। लेखक उसकी रचनात्मक व्याख्या और युवा निर्माण व प्रशिक्षण की संपूर्ण क्रियाविधि लेख में समाहित करते हैं। गांधी अध्येता डी.एन. प्रसाद ने गांधी की भाषा नीति पर चर्चा की है। शिक्षा को उन्होंने स्वतंत्र धर्म दर्शन बताया है। युवा अनुसंधानकर्ता मिथिलेश कुमार ने शिक्षा के प्रयोजन तात्पर्य, उद्देश्य तथा प्रक्रिया के साथ अंतर्विरोध को स्पष्ट किया है जो जीवन और संस्कृति में प्रवेश का माध्यम बनाता है।

गांधीवादी चिंतक मनोज कुमार का लेख गांधी को सामाजिक संचारक के रूप में प्रस्तुत करता है जो अपने जीवन से रचना का संदेश देने की शक्ति रखते हैं। लेख में रचनात्मक कार्यक्रम के महत्व की विशद् चर्चा की गई है। उनका दूसरा लेख (सहलेखक बसंत भाई के साथ है), जो मद्यपान की समस्या पर केंद्रित है। वह नशाबंदी की व्यावहारिकता को सिद्ध करता है और साथ ही इस कार्यक्रम का विरोध करने वालों के लिए तार्किक आधारों पर जबाव देता है।

युवा आलोचक राहुल सिंह गांधी को जानने और समझने के लिए आत्मकथा और 'दक्षिण अफ्रीका के सत्याग्रह का इतिहास' पुस्तक का सहारा लेते हैं और कहते हैं कि गांधी के गांधी बनने की कहानी ये दोनों पुस्तकें बयां करती हैं। जबकि हिन्द स्वराज, ग्राम स्वराज्य और पंचायती राज पुस्तक गांधी के सपनों के संभावित भारत की तस्वीर बनाती है। लेखक समकालीन चिंतकों के साथ गांधी विचार को शामिल कर शासन का भारतीय प्रारूप विकसित करने के पक्षधर हैं। पंचायती राज भारत का सपना है। गांधी विकेंद्रीकरण के बुनियादी चिंता को उत्तर-आधुनिकता के पक्ष से जोड़ते हैं।

युवा लेखक सुधांशु शेखर समसामयिक संदर्भों में राष्ट्र की व्याख्या करते हैं। गांधी ने सामूहिक गौरव, पारस्पिक उत्तरदायित्व एवं बौद्धिक खुलेपन को राष्ट्र के अनुकूल बताया। उन्होंने धर्म और राष्ट्र के गठजोड़ को बेपर्दा करते हुए अंतरराष्ट्रीयतावाद और विभिन्न धार्मिक अस्मिताओं से जोड़कर आदर्शवाद की परिकल्पना को व्याख्यायित किया है। असहमति, विचार भिन्नता लोकतंत्र के आदर्श हैं। किशन पटनायक को उद्धृत करते हुए लेख का भाव ज्यादा स्पष्ट हो जाता है जिसमें कहा गया है कि राष्ट्र को उग्र राष्ट्रवाद कहकर उसका रचनात्मक उपयोग नहीं करना एक अजीब किस्म का बौद्धिक पलायनवाद है। यह लेख राष्ट्र की सही समझ बनाने में

सहायक हो सकता है।

साम्यवादी युवा लेखक मुकेश कुमार का आलेख ब्रिटिश साम्राज्य के औचित्य को नकारते हुए नकलचीपन की प्रवृत्ति पर प्रहार करता है। बुद्धि और श्रम की खाई को पाटते हुए निर्माण और सृजनकारी क्षमता को बढ़ाने में रचनात्मक कार्यक्रम सहायक होता है, इस प्रकार यह अहिंसक क्रांति का वाहक बनकर गांधी के ग्राम स्वराज की नींव तैयार करता है।

गांधी के बाद हुए सर्वोदय आंदोलन पर दो समीक्षात्मक आलेखों को शामिल किया गया है। सर्वोदयी चिंतक चंद्रकांत शंकर पारगांवकर परवर्ती गांधीवादी आंदोलन में सत्याग्रह की उपेक्षा को रेखांकित करते हैं। परवर्ती गांधीवादी आंदोलन तीन खंडों में विभक्त होकर चरमरा गया। विनोबा शब्द प्रभु थे, गांधी विचार के व्याख्याकार थे। यह आंदोलन व्याख्याओं में रह गया। स्पष्टतः गांधीवादी क्रांति का पांव ही काट दिया गया। चिंतक राम कमल राय ने भी सर्वोदय आंदोलन को भ्रांति का कारण बताया। सैद्धांतिक अंतर्विरोधों के कारण सर्वोदय आंदोलन अपने लक्ष्य से भटक गया, यह इस लेख में स्पष्टतः परिलक्षित होता है।

आदिवासी के दर्शन में गांधी को ढूंढने की कोशिश चिंतक अश्विनी कुमार पंकज करते हैं। लेख के आरंभ में ही गांधी दर्शन को हिंदू आर्य दर्शन मान लिया गया है और बताया गया है कि भारतीय आदिवासी गांधी वांगमय में अनुपस्थित है। उदारतापूर्वक लेखक यह मानते हैं कि गांधी ने दलितों की पैरवी की लेकिन आदिवासियों या उनके द्वारा चला, गए आंदोलनों पर ध्यान नहीं दिया। वहीं लेखक आदिवासी मूल्यों को गांधी के मूल्यबोध के साथ जोड़कर अपने मूल प्रस्थापनाओं से अलग हट गए दिखते हैं।

गांधी शांति केंद्र के राष्ट्रीय सम्मेलन में राधाकृष्ण भाई के उद्गार का संपादित अंश तथा सेवाग्राम घोषणा को शामिल करने का उद्देश्य मात्र इतना है कि जिस युवा शक्ति को संगठन के माध्यम से वैचारिक दिशा देने की कोशिश इन्होंने की थी वह अपने को उन उद्देश्यों के अनुसार परख सके क्योंकि वे समाज निर्माण की प्रस्तावना तैयार करते हैं।

गांधी स्मृति एवं दर्शन समिति से सम्बद्ध वेदाव्यास कुण्डू स्वयं सेवा को समाज कार्य के आइने में रखकर देखने की कोशिश करते हैं। इसमें युवाओं की भूमिका को भी तलाशने की कोशिश की गई है।

गांधी को वैज्ञानिक पर्यावरणवादी के रूप में विमर्श खड़ा करने की दृष्टि से युवा सांस्कृतिक पत्रकार अमित कु. विश्वास का लेख भोगवादी सभ्यता, उद्योगवाद और मशीनीकरण को पर्यावरणीय संकट का मूल कारण मानता है। पूँजीवादी पश्चिमी सभ्यता के बरक्स प्राकृतिक संसाधनों की खुली लूट को नियंत्रित करने

वाला एक वैकल्पिक दर्शन जो न्यायपूर्ण समाज की स्थापना का आधार बने, गांधी के मूल चिंतन को रेखांकित करता है।

हम शुक्रगुजार हैं गांधी स्मृति एवं दर्शन समिति (संस्कृति मंत्रालय, भारत सरकार), नई दिल्ली के, जिनके सहयोग से गत वर्ष युवा रचनात्मकता पर कार्यशाला आयोजित की गई। उसी दौरान यह विचार आया कि गांधी और युवा रचनात्मकता पर एक पुस्तक का प्रकाशन किया जाए ताकि गांधी दर्शन को सिर्फ कार्यशाला में शामिल युवक ही नहीं अपितु विशाल युवा वर्ग समझ सकें। इसके लिए उपयोगी व्याख्यान तथा देशभर के गांधीवादी चिंतकों से लिखने के लिए आग्रह किया गया। इसमें 32 विद्वत लेखकों के विचारों को शामिल किया गया है हम उन सभी लेखकों और विचारकों के प्रति कृतज्ञता ज्ञापित करते हैं जिन्होंने अपना मूल्यवान सहयोग देकर इस पुस्तक को संभव बनाया। हम भारतीय ज्ञानपीठ प्रकाशन के भी आभारी हैं जहां से समकालीन चुनौतियों पर विमर्श के लिए जरूरी किताब कम कीमत पर पाठकों तक पहुंचाने में सफलता प्राप्त हुई। पुस्तक प्रकाशन हेतु महत्त्वपूर्ण सुझाव देने के लिए गांधी स्मृति एवं दर्शन समिति के निदेशक श्री दीपंकर श्रीज्ञान, कार्यक्रम अधिकारी वेदाव्यास कुण्डू, सामाजिक कार्यकर्ता बसंतभाई, वरिष्ठ पत्रकार अरुण कुमार त्रिपाठी और विश्वविद्यालय के म. गां. फ्यू. गु. समाज कार्य विभाग के सहायक प्रोफेसर डॉण्मिथिलेश कुमार व डॉण्शिव सिंह बघेल के प्रति आभार प्रकट करते हैं। हमें विश्वास है कि यह पुस्तक गांधीजी के रचनात्मक कार्यक्रमों को ध्यान में रखते हुए आज के युवाओं को नवाचारी कार्यक्रम से समाज को नई दिशा देने में मददगार होंगे और यह जीवन से जुड़े जरूरी सवालों पर मौलिक ढंग से सोचनेवाले पाठकों, लेखकों, शिक्षकों, शोधकर्ताओं और विद्यार्थियों के लिए उपयोगी होगी।

—प्रो. मनोज कुमार
डॉ. अमित कु. विश्वास

अनुक्रम

गिरीश्वर मिश्र

उदार मानसिकता की आवश्यकता

यह एक बहुत महत्त्वाकांक्षी विचार है कि देश के साथ युवा वर्ग को जोड़ा जाय। आज यह समस्या के रूप में हमारे सामने उपस्थित है, लेकिन ऐसा होना नहीं चाहिए था। मैं ऐसा इसलिए कह रहा हूँ क्योंकि यह प्रश्न कुछ उसी तरह का है जैसे किसी (जीवित) व्यक्ति से पूछा जाय कि क्या आप सांस लेना चाहते हैं? पानी पीना चाहते हैं? भोजन करना चाहते हैं? यह बात मैं बड़ी संजीदगी से कहना चाहता हूँ कि देश के साथ युवा वर्ग की संलग्नता हमारे जीवन का एक सहज स्वाभाविक हिस्सा होना चाहिए। यह कोई प्रश्न या समस्या नहीं होना चाहिए। लेकिन आज यह प्रश्न उठ रहा है क्योंकि नेशन, देश या राष्ट्र जैसे विचार खिसक कर पृष्ठभूमि में चले गए हैं और इस स्थिति के एक नहीं अनेक प्रमाण हमारे जीवन में उपस्थित हो रहे हैं। हम यह भूल जाते हैं कि अगर देश की दुर्दशा होती है तो हमारी भी दुर्दशा भी निश्चित है और हम भी स्वस्थ और प्रसन्न नहीं रह सकेंगे। अगर देश अपने दृष्टिपथ पर नहीं रहता है तो जो निर्णय हम देश को भुलाकर सिर्फ स्वयं को ध्यान में रखकर लेते हैं, जिसका उद्देश्य केवल अपने सुख की ही अभिवृद्धि होती है तब वह समाज के लिए घातक हो जाता है।

मुख्य समस्या : उदासीनता की प्रवृत्ति

अक्सर हम लोग यह सोचते हैं कि देश की चिंता करने की क्या जरूरत है? वह तो सरकार का काम है, वह देखेगी। न्यायपालिका है, वह देखेगी। पुलिस है, वह देखेगी। नागरिकता का सहज-बोध और देश और राष्ट्र के साथ जो हमारा नैसर्गिक या स्वाभाविक संबंध होना चाहिए, वह कहीं कमजोर पड़ता जा रहा है। खास तौर पर जब लोग खाते पीते घर या संतुष्टि वाली पृष्ठभूमि से आते हैं तो उन्हें इसकी बहुत चिंता नहीं रहती कि समाज में क्या हो रहा है। तब लोग सोचने लगते हैं : 'कोई नृप होय हमें का हानी' राजा कोई भी हो, हमें क्या? अगर आपकी तिजोरी में पैसा हो, साधन हो, कोई भी राजा हो, क्या फर्क पड़ेगा? देश और समाज

के प्रति उदासीनता, उसके साथ लगाव की कमी, उसके साथ तादात्मीकरण का अभाव आम बात हो चली है। देश में तमाम घटनाएं होती हैं और हम पर उनका कोई असर नहीं पड़ता है। कहते हैं न कि जब मोटी खाल हो जाती है तो किसी चीज का असर नहीं पड़ता। देश के प्रति उदासीन होने पर उन घटनाओं का और व्यापक मानवीय पीड़ा का असर हम पर नहीं पड़ता है। सीमा पर कोई लड़ा, मार दिया गया, शहीद हो गया, यह उसकी समस्या है, हमारी समस्या नहीं है। 'देश हमारा है' और 'समाज हमारा है और हम समाज के हैं', ऐसे भाव कमजोर पड़ते जा रहे हैं। इसका प्रमुख कारण व्यक्ति की बढ़ती महत्वाकांक्षा और व्यक्तिवाद का उत्सव मानाने की प्रवृत्ति है।

चाहिए : समाज तथा संबंध की प्राथमिकता का अहसास

जन्म से पहले इस धरती पर स्वागत करने के लिए एक परिवार, एक समाज और एक समुदाय पहले से ही मौजूद रहता है। हमारा आगमन एक सामजिक संदर्भ और पारिस्थितिकी में होता है। हम सभी परिवार में पैदा होते हैं। ये हमारी रक्षा और विकास के तमाम तरह के उपाय करते हैं। भिन्न-भिन्न व्यक्तियों—माता, पिता, गुरु यहाँ तक कि पशु-पक्षी, वृक्ष सबका हमारे जीवन को संभव बनाने और समृद्ध करने में बड़ा योगदान है। भारत में 'ऋण' का एक बड़ा महत्त्वपूर्ण विचार था। एक व्यक्ति के लिए माता-पिता का ऋण, गुरु का ऋण, प्राणियों का ऋण जीवन भर महत्त्वपूर्ण बने रहते हैं। ऋण की अवधारणा से यह पता चलता है कि हमको अपना ही ध्यान नहीं रखना है, दूसरों का भी ध्यान रखना है और रक्षा करनी है। ऋण का विचार है यह बताता है कि दूसरों के साथ हमारा रिश्ता ख़ास तरह का होता है। इस रिश्ते को निभाने के लिए 'यज्ञ' का विधान किया गया। यज्ञ का मतलब होता है 'सेक्रिफ़ाइस' या अपना योगदान करना। यज्ञ का अर्थ है 'कर्म करना'। यज्ञ और ऋण के विचार यह बताते हैं कि हम अपने समाज से बंधे हुए हैं। देश और समाज के लिए होने का मतलब गुरु के लिए होना, माता-पिता के लिए होना, प्राणियों के लिए होना है, 'सर्व' के लिए होना है। आपका होना तभी सचमुच में होना होता है जो दूसरों के लिए होता है। अपने लिए तो सब जीते हैं; पर असली मनुष्य तो वही है जो मनुष्य मात्र के लिए जिए और मरे, बाकी तो कुत्ते, बिल्ली सब पशु जीते हैं। मनुष्य भौतिक और शारीरिक सीमा को पार करता है। उसका शरीर है पर वह (मात्र) शरीर नहीं है। पशु के जीवन में कोई व्यवस्था, संस्कार या विवेक नहीं होता है। लेकिन मनुष्य अपने ऊपर संयम रखता है। वह नियम बनाता है और उसका पालन करते हुए आगे चलता है।

अनुशासन : जीवन का आधार

अभी जिस अनिवार्य सामाजिक संदर्भ की चर्चा की गई थी वह आपके ऊपर एक

तरह का अनुशासन लगाता है। हम लोग 'स्वतंत्र' शब्द का बड़ा दुरुपयोग करते हैं। स्वतंत्र का मतलब यह नहीं है कि जो भी मन करेगा, करेंगे। स्वतंत्र का मतलब अपना तंत्र, किसी दूसरे का (तंत्र) नहीं। तंत्र है, लेकिन वह आपका अपना तंत्र है अर्थात् आप अपने नियम से अपने को बांधेंगे। यह किसी भी तरह नियमविहीनता की स्थिति नहीं है। यह स्वायत्तता या स्व नियमन (सेल्फ रेगुलेशन) है, आत्म नियमन है। अपने ऊपर कुछ बंधन रखेंगे तभी अधिक ऊर्जा ले आ पाएंगे। तभी ज्यादा कर पाएंगे जब नियम में रहेंगे। योग के प्रारंभिक दो चरण हैं 'यम' और 'नियम'। यम और नियम और कुछ नहीं अहिंसा, स्वाध्याय, अस्तेय (चोरी न करना) आदि हैं। ये दोनों योग की यात्रा में आगे बढ़ने के लिए आधार तैयार करते हैं। यही अनुशासन है। जब तक आपका अपने ऊपर अनुशासन नहीं होगा तब तक कुछ नहीं हो सकता। पिछली शताब्दी के दो सबसे बड़े अनुशासित भारतीय थे महात्मा गांधी और संत विनोबा। उनका अपने ऊपर जबर्दस्त अनुशासन था। पता नहीं गांधीजी के जीवन में कभी उनका वजन बढ़ा घटा था कि नहीं। उनके जितने चित्र दिखते हैं, सबमें वे लगभग एक ही प्रकार के दिखाई पड़ते हैं। उनके जीवन में कितना भोजन करना है? कब करना है? यह सब बंधा हुआ था। कितनी बात करनी चाहिए, कितना मौन रहना चाहिए यह कोई गाँधीजी से सीखे। यह सब अनुशासन है और देख लीजिए वे कितना काम कर गए। कितना लिख गए, कितना पढ़ गए, कितना सामाजिक कार्य कर गए। इतना काम बहुत सारे लोग मिलकर नहीं कर सकते जितना अकेले उस आदमी ने कर दिखाया। यह सिर्फ उनके अपने अनुशासन के कारण संभव हुआ। देश या राष्ट्र का नाम लेने से कुछ नहीं होगा जब तक आत्मानुशासन नहीं आता है। अरे भाई अगर आप अनुशासित नहीं हैं और आपके मित्र ने कहा 'खाए जाओ, खूब खाए जाओ' तो फिर आगे आपका स्वास्थ्य अवश्य गड़बड़ हो जाएगा। अनुशासन छोटी-छोटी बात में भी जरूरी है। तो जब हम देश के लिए युवकों की बात करते हैं तो सबसे आवश्यक दायित्व यह है कि वे कर्तव्य पहचानें और उनके लिए अनुशासन लगाएं। आप में अनुशासन आ जाय तो आप भी बहुत कुछ कर सकते हैं। बिना अनुशासन के, कोई क्षमता, नहीं आ सकती और कोई भी कार्य संभव नहीं हो सकता।

सत्संगति की आवश्यकता

आप आजमा के देखिए। कभी यदि जल्दी उठ गए, जल्दी स्नान कर लिए तो देखिए कितना समय आपके पास रहता है और आलस्य में पड़े रहते हैं कि अच्छा थोड़ा और सो लें, धूप आ रही है तो पर्दा खींच दिया कि थोड़ी ठंडक रहे, अभी तो बस इतना ही हुआ है। लेकिन जीवन में अगर अनुशासन नहीं है तो आप सक्रिय नहीं हो

सकते। आपमें कार्य करने के लिए जो ऊर्जा और प्रेरणा चाहिए वह अनुशासन से ही आ सकती है। अत: आप अपने जीवन में अनुशासन ले आएं। महर्षि पतंजलि अपने 'योग सूत्र' में कहते हैं कि जो श्रेष्ठ लोग हैं उनसे दोस्ती करो, मित्रता करो। जो दुष्ट हैं उनकी उपेक्षा करो। जो अच्छे लोग हैं उनसे प्रसन्नता से मिलो। मैत्री, मुदिता और उपेक्षा तीन तरह के भाव आपके मन में होने चाहिए। अनुशासन हर बात में है। आप क्या खाते हैं? क्या पीते हैं? आप किससे बात करते हैं? किसकी संगति आपकी होती है? इन सब पर विचार करना जरूरी है।

बहुत पहले हम लोग पढे थे सत्संगति: कथय किं न करोतिपुंसाम्। सत्संगति क्या-क्या नहीं करती है। वह सब कुछ करती है। मैं दावे के साथ कह सकता हूँ, क्योंकि वह मेरे अपने अनुभव का हिस्सा है, कि जो अच्छे लोग हैं उनकी संगति कल्याणकारी है। आप अपने जीवन में अनुशासन ले आएं और यदि सत्संगति साथ हो तो सोने पर सुहागा। आपके जीवन की गुणवत्ता बढ़ जाएगी। व्यावहारिक मूल्यों में पहला मूल्य है अनुशासन। अनुशासन अगर हुआ तो आप बीमार नहीं पड़ेंगे। अनुशासन हुआ तो जीवन में कभी पीछे नहीं जाएंगे। आपको कभी दुख नहीं होगा।

जब-जब आपका अनुशासन ढीला होता है तब-तब आपको तकलीफ मिलती है। अपने जीवन के अध्याय को उलट-पलट कर देख लीजिए। अनुशासन जहां ढीला हुआ वहां ऐसे ही सत्संगति युवा वर्ग के लिए बहुत आवश्यक है। आज संगति के अनेक स्रोत हैं आज टी वी और अख़बार से भी संगति होती है। सिर्फ भौतिक संगति ही नहीं है। आप कैसे उपन्यास पढ़ते हैं, कैसे विचार आते हैं, यह सब संगति देता है। जो अच्छे विचार और सात्विक भाव हैं उनकी निकटता अगर प्राप्त होती है तो आप में निश्चय ही सकारात्मक परिवर्तन होंगे। सत्संगति हो तो चाह कर भी आप गड़बड़ नहीं कर पाएंगे। वह अच्छे मार्ग पर ही ले जाएगी। वह भले मार्ग पर ही ले जाएगी। प्रथम व्यावहारिक मूल्य है अनुशासन और दूसरा है सत्संगति। उपनिषदों में गुरु ने शिष्य से कहा कि जो हमारे अच्छे काम हैं बस उनका ही पालन करना 'यान्यनवद्यानि कर्माणि तानि सेवितव्यानि नेतराणि', जो श्रेयस्कर है केवल उन्हीं का सेवन करना, दूसरे का सेवन मत करना।

आत्मबोध की तलाश

तीसरी बात, जो मूल्य के रूप में बड़ी प्रासंगिक है वह है मनुष्य की अवधारणा। वैसे तो आज किसी को फुर्सत ही नहीं मिलती कि यह विचार करें कि आप कौन हैं। अगर आपसे पूछा जाए कि आप कौन हैं तो कई उत्तर मिलते हैं : 'सोचने की क्षमता', 'विवेक' आदि। पर मनुष्य के पास ऐसी क्षमता है कि वह एक साथ 'सबजेक्ट' भी है और 'ऑब्जेक्ट' भी। हम दूसरों को देखते हैं और अपने आप को

भी। आप कभी-कभी खुद से कहते हैं न कि "यार तुमने अच्छा कम नहीं किया", "आज दिन भर तुमने बर्बाद कर दिया।" आप अपने से बात करते हैं। आप अपने को ठीक करते हैं। आप अपने को बदलते हैं। यह जो अँग्रेजी में एक शब्द है 'सेल्फ' या 'स्व' का विचार यह आपके लिए एक वस्तु (ऑब्जेक्ट) है सेल्फ को वस्तु मान कर आप उसके ऊपर विचार करते हैं। विचार करके अपने सेल्फ को बदलते हैं। कई तरह से बदलते हैं। कोसमेटिक सर्जरी भी कराते हैं। विचारों में बदलाव आता है। अपने आपको ऑब्जेक्ट बनाना यह क्षमता मनुष्य में है। यह एक बहुत बड़ी क्षमता है। अर्थात् आप अपने आपको संबोधित कर सकते हैं। गीता में एक जगह बड़ा सुंदर कहा गया है :

उद्धरेदात्मनात्मानं नात्मानमवसादयेत् ।
आत्मैव ह्यात्मनो बन्धुरात्मैव रिपुरात्मनः ॥
बन्धुरात्मात्मनस्तस्य येनात्मैवात्मना जितः ।
अनात्मनस्तु शत्रुत्वे वर्तेतात्मैव शत्रुवत् ॥

मनुष्य का अपना आत्मबोध या सेल्फ है वही उसका सबसे बड़ा मित्र और सबसे बड़ा शत्रु है। जिसने अपने स्व को अपने स्व के द्वारा जीत लिया वह स्व उसका दोस्त और जो उससे हार गया वह उसका सबसे बड़ा दुश्मन होता है। ध्यान दीजिए आप अपने स्व के ऊपर अगर नियंत्रण कर ले गए तो आप गांधी भी हो सकते हैं, विवेकानंद हो सकते हैं, नेहरू हो सकते हैं, अम्बेडकर हो सकते हैं, कुछ भी हो सकते हैं। आप खुद अपने मित्र हैं और आप खुद अपने शत्रु। अगर आप अपने स्व पर नियंत्रण करते हैं, उस पर विजय प्राप्त करते हैं, आत्मजयी होते हैं तो आपसे बड़ा कोई नहीं होगा।

भारत में कभी दिग्विजय करने की इच्छा नहीं थी आत्मजयी होने की इच्छा थी। गांधी इसलिए गांधी हुए क्योंकि आत्मजयी बने थे। आत्मजय-अपने ऊपर विजय करना-मनुष्य की एक क्षमता है। मनुष्य के आत्मबोध का जीवन में बड़ी भारी भूमिका होती है। आपको अपने ऊपर भी विचार करने का समय निकालना चाहिए। अपने दिनभर की डायरी खोलकर के देखें कि क्या खोया क्या पाया। आज का दिन वैसे ही गवां दिया या कुछ अर्जित किया। अरे समय तो है ही है गुजर जाएगा कुछ करो या न करो वह तो बीतेगा। जैसे चाहो वैसे बिताओ। चाहे सत् संगति में या कुसंगति में। यह तो आप पर निर्भर करता है कि उसका उपयोग कैसे किया जाता है।

सामाजिक संवेदना

एक और सवाल पैदा होता है जो समाज और देश और सबके लिए बहुत जरूरी है

और फिर मेरा ध्यान गीता पर ही जाता है और स्व के ऊपर जाता है। आत्मवत् सर्वेभूतेषु यः पश्यति स पंडितः। अरे वही देखता है, उसी का देखना वास्तव में देखना है जो अपने को जैसे देखता है वैसे ही दूसरे को भी देखे। आपको कोई गाली दे तो अच्छा लगेगा? आपको कोई चिकोटी काटे तो अच्छा लगेगा? नहीं। तो दूसरे को आप चिकोटी काटिएगा तो अच्छा लगेगा? उसको डांटिएगा तो उसको अच्छा लगेगा? आपको जो प्रिय लगेगा अनुमान करि, कि उसको भी वही प्रिय लगेगा। यह समानुभूति (Empathy) ऐसी क्षमता है कि दूसरे के मन में प्रवेश करके आप अनुभव करि, कि उसे कैसी अनुभूति होगी। कम से कम इतना तो हम अनुमान कर ही सकते हैं कि कोई मुझको डांटता है तो मुझको बुरा लगता है तो मैं उसको डाटूंगा तो उसे भी बुरा लगेगा। जब क्रोध आपके ऊपर सवार हो जाता है तो यह सब थोड़े ही दिखाई देता है कि उसको बुरा लग रहा है या अच्छा लग रहा है। तो यह एक बहुत बड़ी मुश्किल हमारे सामने है। इसीलिए आत्मजयी होना कठिन काम है। याद रहे अपने बारे में हर कोई अच्छा विचार रखते हैं। कोई भी अपने बारे में खराब विचार नहीं रखता है। जैसा भी हमारा रूप, रंग, नाक-नक्श, बुद्धि है हमसे अच्छा तो कोई है ही नहीं। आत्म-"लाघा इतना भयानक रोग है कि कुछ गड़बड़ हुआ तो हम यही कहते हैं कि यह हमने नहीं किया था दूसरों ने किया था। यदि कुछ सही हुआ तो हमने किया था। सारी सफलता का श्रेय लोग स्वयं को देते हैं और सारी विफलता का श्रेय दूसरे को देते हैं। आप अपने को ही देखना चाहते हैं, अपने को ही सुनना चाहते हैं। एक पार्टी चल रही है और लोग आपस में गपशप कर रहे हैं। तरह-तरह की आवाजें आ रही हैं। बड़े कमरे में कुछ सुनाई नहीं पड़ रहा है पर अगर उस शोरगुल में आपका नाम कहीं आ गया तो वह तो सुनाई पड़ जाता है पर और कुछ सुनाई नहीं पड़ता है। आपको लेकर यदि किसी ने कुछ कह दिया तो जिंदगी भर याद रहता है : "इसने हमको बेइज्जत किया था", "हमको गाली दी थी", हम अपने आप में इतने संलग्न हैं कि उसमें और किसी की जगह ही नहीं बचती। हमारा दायरा जितना चाहे बढ़ता चला जाए दूसरे का उसमें प्रवेश वर्जित ही रहता है। अगर प्रवेश होगा तो मेरी अपनी शर्तों पर होगा। जैसा मैं चाहूँगा वैसा ही होगा। यह स्वकेंद्रीयता बड़ी भयानक होती है। यह आज की जिंदगी का और आधुनिकता का नायाब अभिशाप है। पश्चिमीकरण और बेतहाशा हो रहे शहरीकरण के फलस्वरूप आदमी अपने परिवेश से कटता जा रहा है।

याद करें कि केवल गांधीजी ही शरीर पर नीचे ऊपर दो कपड़ा नहीं पहनते थे गाँवों में सभी लोग ऐसे ही पहनते थे। घरों में प्राय जब रहते थे तो पुरुष लोग केवल धोती नीचे पहने रहते थे ऊपर कुछ पहनने की जरूरत नहीं होती थी। कुछ ऐसा नहीं था जो आपको दूसरे से छुपाना था। लेकिन अब तो है कि कोई आ गया तो आप तय

करेंगे की कौन-सा कपड़ा पहनकर हमको उसके सामने जाना है। अर्थात् आप जो वस्तुतः हैं उससे अधिक महत्त्वपूर्ण है कि आप कैसा दिखना चाहते हैं। हम एक कृत्रिम स्व एक ढांचा बनाते हैं, उसी के बीच में रहते हैं और रहना चाहते हैं। बड़े-बड़े सिने कलाकार रुपहले पर्दे पर कितने सुंदर दिखाई देते हैं उन्हें वास्तविक जीवन में आप देखें तो कदाचित नापसंद करने लगें। ऐसे में यह एक प्रश्न हमारे सामने आता है कि हम अपने आपको किस रूप में पहचानते हैं। हमारे अपने स्व की क्या परिभाषा है? कृत्रिमता को समर्पित, या जो हमारा वास्तविक स्व है? अस्तित्व को लेकर यह कोई नया प्रश्न नहीं है। उपनिषदों में निर्देश है 'आत्मानं विद्धि' या अपने को जानो और गड़बड़ी तब शुरू होती है जब आप स्वयं को अपने वास्तविक रूप में अनुभव नहीं करते हैं और झूठे रूपों में भरमे रहते हैं।

विराट अस्तित्व की ओर

आप स्वयं का अनुभव कई रूपों में कर सकते हैं। भारतीय चिंतन में पंचकोश का विचार है अर्थात् भौतिक से ऊपर उठते हुए आध्यात्मिक स्तर तक हम अपनी पहचान बना सकते हैं : अन्नमय कोश, प्राणमय कोश, विज्ञानमय कोश, मनोमय कोश और आनंदमय कोश। आप भौतिक स्तर पर रहते हुए अपनी पहचान अन्नमय कोश से पा सकते हैं अर्थात् आपका शरीर, आपका वस्त्र, भोजन, जल, जलपान, घूमना-फिरना आदि ही आपकी पहचान हो गई। आप उससे ऊपर उठते जाते हैं और क्रमशः आनंदमय कोश तक पहुंचते हैं। आपके अस्तित्व का वह स्वरूप है कि आप आनंद का अनुभव करते हैं। आप शरीर मात्र नहीं है। इस बात को आप गांठ बांध लीजिए कि आप शरीर से अतिरिक्त भी कुछ हैं। आप मानें या न मानें, कुछ दैवी तत्व है जो आपके अंदर जीवन का संचार किए हुए है। आप जो सांस ले रहे हैं उस दैवी तत्व के द्वारा सांस ली जा रही है। जो आप देख रहे हैं वह उस दैवी तत्व के द्वारा देखा जा रहा है। आप तो निमित्त मात्र हैं। ग्लास ही पानी नहीं है पानी इसमें रखा हुआ है। इसके माध्यम से हम पी रहे हैं। परमात्मा ही आपके माध्यम से सांस ले रहा है। आप कभी भी अपने को कम मत आंकें। आप सचमुच में किसी महान चेतन सत्ता के अंश हैं। अतः अपने को कभी हीं या हेठा न मानें। आपमें उस देवत्व और विराट चेतना का अंश सतत् रूप से विद्यमान है। आप में सारी क्षमताएं मौजूद हैं सिर्फ तत्पर हो कर ध्यान लगाने की जरूरत है, अनुभव करने की जरूरत है, पहचानने की जरूरत है। इसके लिए आवश्यकता है कि आपके आत्मबोध का विस्तार हो। आप ब्रह्मणत्व को प्राप्त करें। ब्रह्म का मतलब है जो बढ़े, जो बढ़ने वाला है। ब्रह्म शब्द का अर्थ ही यही है 'वह जिससे बड़ा कुछ न हो' अर्थात् विस्तार की पराकाष्ठा। ऐसा विस्तार जिसके लिए कोई पैमाना ही न हो कि उसको नापा जा सके। आप उस विराट के

अंश हैं। आप इस विरत अस्तित्व को न पहचानिए आपकी मर्जी, आप अपनी क्षमता को भूल जाइए आपकी मर्जी। यह आपको तय करना है कि आपमें क्या क्षमता है। आप समाज को बदल सकते हैं, देश को बदल सकते हैं, विश्व को बदल सकते हैं। आपमें वह शक्ति मौजूद है उस शक्ति का संधान करना चाहिए, विराटता का तीव्र होता अनुभव ही आध्यात्मिकता है। आध्यात्मिकता मोक्ष या भगवान के पास जाना नहीं है। ऐसा कुछ भी नहीं कि मरने के बाद कहीं आप स्वर्ग या नरक में पहुँचते हैं। यही पर हैं स्वर्ग और नरक। यहीं पर सबकुछ है।

उदारता की मानसिकता

जितने अंश में आप व्यापक होते हैं या जितने अंश में आप विराट होते हैं, जितना परोपकार करते हैं, दूसरे की चिंता करते हैं, समाज की चिंता करते हैं और अपने में से कुछ निकालकर उसको देते हैं, साझा करते हैं अर्थात् नि:स्व होते हैं वहां तक आप आध्यात्मिक होते चलते हैं। एक धारणा यह कहती है कि विराटता को याद रखो और जितना मन करे उतना स्व को फैलाते चले जाओ। दूसरी धारणा कहती है कि इस स्व (इगो) या अहं को नष्ट कर के ही उन्नति संभव है। आप इसको जो मान रहे हैं वह भ्रम है। कहा गया कि ''मैं'' और ''पर'' का भेद करना कम अक्ल वालों का विचार है— अयं निज: परोवेति गणना लघुचेतसाम् जो छोटे लोग होते हैं वह ऐसा भेद करते हैं पर जो बड़े दिल वाले उदार मन के होते हैं उनके लिए सारी धरती ही कुटुंब यानी परिवार है—''उदार चरितानां तु वसुधैव कुटुंबकम्।''

आप दिल थोड़ा-सा खोलिए और उसमें दूसरों को जगह दीजिए। दूसरों को भी अपने जैसा ही मनुष्य मानिए। हम अपने से आप जितना प्यार करते हैं उतना किसी से नहीं प्यार करते हैं। कोई पति पत्नी से प्यार इसलिए नहीं करता है कि वो पत्नी से प्यार करता है अपने से प्यार करता है इसलिए वह पत्नी से प्यार करता है पत्नी भी उसको इसलिए प्यार करती है कि वह अपने से प्यार करती है अपने प्यार के लिए वह प्यार करती है। यह बहुत गंभीर बात है। इस प्यार का भ्रम तोड़िए और विस्तार दीजिए। जीवन अपने लिए जीने में नहीं है, व्यापक के लिए जीने में है। सबके लिए जीने में है। प्रश्न है हम अपने आपको किस तरह से विस्तार दे सकते हैं? तभी देश के लिए कुछ कर सकते हैं, समाज के लिए कुछ कर सकते हैं, संस्था के लिए कुछ कर सकते हैं। आपके मन में सद्विचार पैदा हों, आपको लगे कि हमें थोड़ा व्यापक होना चाहिए, थोड़ा अपने को अनुशासित रखना चाहिए, आत्मजयी बनने की दिशा में आगे बढ़ना चाहिए। हमको अपने लिए कृपण और दूसरों के लिए उदार होना चाहिए। अगर हम दूसरों को जगह देते हैं तो अपनी जगह तो पक्की है, हर कोई जगह देगा। इस उदार भाव का आरंभ एक बड़ी उपलब्धि होगी।

सच्चिदानंद सिन्हा

सभ्यता का संकट और युवजन

किसी समाज की नई पीढ़ी समाज के मूल्यों को आत्मसात कर उन्हीं मूल्यों के आाधार पर अपने को गढ़ती है। सब कुछ सुचारु रूप से चले इसके लिए प्रचलित मूल्यों के प्रति आदर और आस्था जरूरी होता है। इन मूल्यों के प्रति संशय से प्रतिरोध की भावना और नए मूल्यों की तलाश शुरू होती है। भारत में अंग्रेजी शासन ने युवाओं के आत्मसम्मान को आहत किया था और इसी से राष्ट्रीय मुक्ति का आंदोलन शुरू हुआ। स्वाभाविक था कि अंग्रेजी शासन द्वारा स्थापित मूल्यों के विकल्प में वैसे सम्मानजनक मूल्यों की तलाश हो जिनके आधार पर राष्ट्र का पुनर्निर्माण हो सके। लेकिन नए भारत का निर्माण किस आधार पर हो इसको लेकर दो विपरीत धाराएं दिखाई देती हैं। एक धारा थी जो पूरी तरह परंपराओं को, इनके कूड़े-कचरे समेत, कबूल कर, नव निर्माण की बात सोचती थी : मसलन तथाकाथित हिंदुत्ववादी धारा दूसरी धारा थी जो पश्चिमी देशों की सफलता की चकाचौंध से प्रभावित हो वहां पर विकसित हो रही औद्योगिक और सामाजिक व्यवस्था की तर्ज पर नए भारत को गढ़ना चाहती थी। इसमें एक आत्महीनता का बोध भी था। इसे भारत की दुर्दशा का कारण पुराने मूल्यबोध और जीवन पद्धति से चिपके रहना दिखाई देता था। अपने अत्यांतिक रूप में यह दृष्टि मैकाले की उस शिक्षा नीति की सफलता को दर्शाती थी जिसमें भारत का सब पढ़ा लिखा आदमी शरीर से भारतीय पर मन से विलायती हो।

इस दूसरी सोच को काफी बल मिला है उस औद्योगिक उपभोक्तावादी वैश्विक व्यवस्था से जिसका आज संसार भर में बोलबाला है। जीवन के हर क्षेत्र में कुछ नई समस्याओं को जन्म देने वाली, इस व्यवस्था में अपने अंतर्विरोधों को काफी समय तक ढंके रहने की क्षमता है। उदाहरण के लिए एक नवधनाढ्य अपने वातानुकूलित कमरे में बाहर की गर्मी से महफूज है, लेकिन इस बात से अनभिज्ञ कि इस वातानुकूलन के लिए उपयोग में लायी जाने वाली ऊर्जा का उत्पादन ग्लोबल वार्मिंग का एक स्रोत भी है। हम मोटर वाहनों में आराम से यात्राएं करते हैं और

जीवाश्म आधारित बिजलीघरों से स्वच्छ तथा प्रचुर मात्रा में ऊर्जा का उपयोग भी करते हैं। लेकिन इस क्रम में हम वातावरण में वायुमंडलीय धूलकणों (पी.एम.) की मात्रा इस हद तक बढ़ा देते हैं कि बिना मास्क के खुले में सांस लेना मुश्किल बन जाता है और धुंध के मारे सभी यातायात व्यवस्थाएं ध्वस्त हो जाती हैं। यानी सुविधा के लिए उठाया गया हर कदम नई असुविधाएं पैदा कर देता है। इनसे पर्यावरण संबंधी कुछ ऐसी समस्याएं पैदा हो जाती हैं जिनका कोई हल नजर नहीं आता। कुल मिलाकर तात्कालिक सुविधाएं स्थायी विनाश की ओर ले जाती हैं।

इस औद्योगिक व्यवस्था में तेज विकास के लिए उत्पादकों के बीच की स्पर्धा एक अनिवार्य कारक रही है। उत्पादक प्रतिष्ठानों के भीतर भी उत्पादकता बढ़ाने के लिए कार्मिकों के बीच स्पर्धा बनी रहती है। इस तरह यह व्यवस्था के स्तर पर तनावग्रस्त रहती है। इस तनाव में थोड़ी शिथिलता तभी आती है जब औद्योगिक मंदी का दौर आता है और उत्पादन तथा विपणन की प्रक्रिया अचानक पक्षाघात का शिकार हो जाती है। लेकिन यह विराम वरदान की जगह अभिशाप बनकर आता है। इससे बेरोजगारी, भुखमरी और आत्महत्या का दौर शुरू होता है। रोज़गार और व्यवसाय के लिए बनाई गई तमाम प्रशिक्षण संस्थाएं भी प्रशिक्षुओं में सहयोगी मानव की जगह 'प्रतिस्पर्धी मानव' बनने का हौसला भर देती है। इसका नमूना हम तकनीकी प्रशिक्षण देने वाली कोचिंग संस्थाओं के विज्ञापनों में देख सकते हैं जो छोटी-बड़ी पत्र-पत्रिकाओं की आय के प्रधान स्रोत बनते जा रहे हैं। इस प्रतिस्पर्धा के घातक परिणामों का अंदाज समय-समय पर प्रशिक्षुओं की आत्महत्याओं की खबरों से लगाया जा सकता है। लेकिन ये आत्महत्याएं तो हिमशिला के ऊपरी शिखर भर हैं। ऐसी महत्त्वाकांक्षा से परिवारों में अनेक तरह की तबाही और तनाव व्याप्त रहता है। दरअसल यह आदमी को एक आयामी बनाने की प्रक्रिया है जो अंतर्निहित मनुष्यता को नष्ट करती है। यह बाइबिल की इस सीख को कि 'आदमी सिर्फ रोटी के लिए नहीं जीता', झुठलाने का प्रयास है। इस प्रशिक्षण का आदर्श है : जीवन की एकमात्र सार्थकता व्यापारिक प्रतिस्पर्धा में अपनी जगह बनाना है, यानी रोटी के लिए जीना है।

ऊपर जिन त्रासदियों की ओर इशारा किया गया है वे संसार भर में औद्योगिक व्यवस्था के साथ जुड़ी हैं। यह व्यवस्था लोगों की बुनियादी जरूरतों यानी स्वास्थ्यप्रद भोजन और शीत, ताप आदि की अति से बचाने लायक आवास उपलब्ध कराने के लायक नहीं बनी है। ये जरूरतें तो सीमित होती हैं और लोगों ने हजारों वर्ष तक स्थानीय संसाधनों से इन्हें पूरा किया है। एस्कीमो, ध्रुव प्रदेश की ठंड में इग्लु (बर्फ का घर में) मजे में जी लेते हैं। वैसे ही दूसरी तरह का आवास बना लोग विविध प्राकृतिक स्थितियों में गुजारा करते रहे हैं—कहीं गुफाओं में, तो कहीं पेड़ों की

डालियों पर मचान डाल पक्षियों की तरह घोसले बनाकर। अपनी आजीविका के लिए वह शिकार, छोटी मोटी खेती या पशुपालन पर निर्भर रहा है। आज भी साहेल के घुमंतु चरवाहों से लेकर कश्मीर के पहाड़ों में गड़रिये अपने घुमंतरी जीवन का लुत्फ उठाते रहे हैं। वे भेड़-बकरियों या दूसरे मवेशियों के बीच जिंदगी बिताते हुए प्रतिस्पर्धा की जरूरत महसूस नहीं करते। यही स्थिति उन बिखरे किसानों की है जो उत्पादन करते हैं अपनी या पास पड़ोस के लोगों की जरूरत के हिसाब से : किसी देशी या वैश्विक बाजार के लिए नहीं। इनकी जिंदगी में वे चीजें नही हैं जिन्हें हम लक्ज़री यानी तामझाम की वस्तुएं कहते हैं। लेकिन उन्हें उन वस्तुओं की जरूरत भी नहीं होती। उन्हें उतना उपलब्ध हो जाता है जितना जरूरी है। उन्हें अभाव का अहसास तभी होता है तब वे आधुनिक व्यावसायिक मनुष्यों के संपर्क में आते हैं और अभाव क्या है, सीखते हैं। दुर्भाग्यवश आज लगभग संसार भर में जमीन से जुड़ी ये व्यवस्थाएं आधुनिक औद्योगिक व्यवस्था से घिर गई हैं और उनकी गिरफ्त में हैं। इस सर्वग्रासी वैश्विक व्यवस्था के सामने उनकी प्रतिरोध की क्षमता नगण्य है। प्रायः अपने ढंग से जीने का उनका प्रयास सभ्यता के खिलाफ बगावत यानी राजद्रोह माना जाता है। जरूरत पड़ने पर यह औद्योगिक व्यवस्था राष्ट्रीयता के नाम पर हथियारों के बल उनकी स्वायत्तता को नष्ट करती है। प्रायः इसके लिए वैसे अंतरराष्ट्रीय समझौतों का हवाला दिया जाता है जिन्हें बनाने में इन आत्मनिर्भर इकाइयों की कोई भूमिका नहीं होती।

हाशिए पर डाल दिए गए लोगों की समस्या 'मुख्यधारा' की नई पीढ़ी की मूल चिंता नहीं बन पाती। वे एक कोकून में बंद हैं, एक सुरक्षित आत्ममुग्ध दुनिया में। एक स्वचालित व्यवस्था के तहत भोजन और कृषिजन्य माल एक रूटीन के तहत उपलब्ध होता रहता है किसानों की उपस्थिति का पता उन्हें तभी चलता है जब वे आत्महत्या कर अखबारी सुर्खियों में आते हैं। आमतौर से इसी तरह खनन उद्योगों और जंगलों की कटाई से विस्थापित लोग विस्मृति के गर्भ में रहते हैं।

लेकिन मुख्यधारा की अपनी समस्याएं हैं। यह इसकी बनावट और मूल्यबोध में निहित है। यह है प्रतिस्पर्धा और हाइरार्की (सीढ़ीनुमा अनुक्रम) जो व्यवस्था को परिचालित करती हैं। इसमें हर व्यक्ति अपने ऊपर के दर्जे को हासिल कर अपने पास पड़ोस के लोगों से आगे निकलना चाहता है। मूलतः यह प्रत्येक व्यक्ति का अपने पड़ोसी से युद्ध की स्थिति है: कर्मचारियों का अपने सहकर्मियों से, व्यापारियों का दूसरे व्यापारियों से, उत्पादकों का दूसरे उत्पादकों से और इन हितों में उलझे राष्ट्रों का दूसरे राष्ट्रों से। व्यवस्था के 'मूल्यों को लेकर चलने वाली दलीय राजनीति इसीलिए बांझ साबित होती है क्योंकि वह इस खेल के नियमों को बदल नहीं सकती। यह औद्योगिक उपभोक्तावादी व्यवस्था ही है जो तय करती है कि ये

पार्टियां क्या और किस हद तक कुछ कर सकती हैं। देशों के संविधान इस लक्ष्मण रेखा का निर्धारण करते हैं। संप्रभुता का अलंकरण इन संविधानों के पीछे की असली ताकत और इनकी नीयत को ढंकने का काम करता है। इसके द्वारा स्थापित मानकों का निषेध राजद्रोह बन जाता है। इस ढांचे की ताकत इतनी जबर्दस्त है कि रूस और चीन में इसके तहत समाजवाद लाने के प्रयास विद्रूप बन ध्वस्त हो गए। अंततः पूँजीवाद हावी हुआ। 1960 के दशक में अमेरिका में और अधिक व्यापक पैमाने पर फ्रांस में छात्रों का विद्रोह इस ढांचे को तोड़ने के प्रयास थे। लेकिन कोई स्थाई नतीजा नहीं निकला। फ्रांस में तो मजदूरों के संगठनों ने ही, जिन पर बदलाव के लिए भरोसा किया जाता है, छात्रों का साथ नहीं दिया। व्यवस्था के संस्कार मजदूरों द्वारा भी आत्मसात कर लिए गए हैं।

हाल के वर्षों में अमेरिका के युवाओं 'ऑकुपाई वाल स्ट्रीट' आंदोलन कुछ ऊर्जा बिखेर शांत हो गया। असफलता अवश्यंभावी थी। क्योंकि वाल स्ट्रीट लोहे और कंक्रीट का वह ढांचा भर नहीं है जहां बैंकर और उद्यमी बैठते हैं। यह प्रतीक है उस वैश्विक आर्थिक मशीन का जो दुनिया को मथ रही है। दरअसल वर्तमान औद्योगिक सभ्यता ही असली संकट है और निदान इसी का ढूंढ़ना है।

महात्मा गांधी इंग्लैंड में पढ़ाई के क्रम में, फिर दक्षिण अफ्रीका के अपने ऐतिहासिक अहिंसक संघर्ष और स्वयं भारत के अपने अनुभवों के आधार पर कुछ चौंकाने वाले नतीजों पर पहुँचे थे। उन्होंने अपनी ऐतिहासिक पुस्तक 'हिंद स्वराज' में इनके आधार पर उन सभी प्रतीकों को नकार दिया था जो वर्तमान सभ्यता के आधार माने जाते हैं। मसलन रेलगाड़ी, डॉक्टर और वकील।

तेज रफ्तार आधुनिक सभ्यता का प्रतीक बन गया है और रेल यातायात, 1909 में, जब गांधीजी ने हिन्द स्वराज लिखा था, रफ्तार का प्रतीक था। गांधीजी ने उस समय इसके नकारात्मक प्रभावों—जैसे विदेशी सत्ता और प्लेग आदि फैलाने में इसकी भूमिका का जिक्र किया था। आज के वाहनों की रफ्तार ने सत्ता के आतंक के दायरे और त्वरण को इतना बढ़ा दिया है कि गांधीजी 1909 में इसकी कल्पना भी नहीं कर सकते थे। हालांकि उन्होंने अपने जीवन काल में ही हिरोशिमा और नागाशाकी में विमानों द्वारा ढ़ाए गए विप्लव का दृश्य देखा था। उससे उनकी यह आशंका पुष्ट ही हुई थी कि वाहनों की गति का बढ़ना अपने आप में सकारात्मक चीज नहीं है। अब तो वायुयान से बढ़कर तेज रफ्तार से परमाणु या हाइड्रोजन बमों को हजारों किलोमीटर दूर तक पहुँचाने की क्षमता विकसित की गई है। तेज गति के बचाव में इतना ही कहा जा सकता है कि जब बम वर्षा से नगर तबाह हो जाते हैं तो घायल मर्द, औरत और बच्चों को तेजी से उपचार के लिए अस्पतालों में पहुँचाया जा सकता है, अगर ये ध्वस्त नहीं हुए हों।

तेज रफ्तार जो तेज औद्योगिक विकास की एक अनिवार्य सहचरी है, विनाश की दिशा में परमाणु बमों से अधिक बड़ा पर अदृश्य खतरा उपस्थित करती है। रेल, मोटर वाहन, जहाज, पनडुब्बी और वायुयान ये सब अपनी गति के अनुपात में ही ऊर्जा के लिए ईंधन गटकने वाले हैं। और ये ईंधन हैं—कोयला पेट्रोल, प्राकृतिक गैस, डीजल आदि। ये सब जीवाश्म इंधन हैं। यानी आज से करोड़ों वर्ष पूर्व जो जैव पदार्थ यानी पेड़, पौधे, जीव आदि जमीन में दब कर कोयला अथवा तेल में परिवर्तित हो गए। ये गड़े खजाने हैं और इनकी मात्रा सीमित है और आज न कल ये अशेष हो जाएंगे। इनका इस्तेमाल जिस तेजी से होगा उसी अनुपात में यह खजाना भी खाली होता जाएगा। फिलहाल नए-नए खदानों का पता लगने से इनकी सीमा इनका इस्तेमाल करने वाले लोगों की आंखों से ओझल है। लेकिन साधारण तर्क बुद्धि का इस्तेमाल करके यह समझा जा सकता है कि सभी गड़े खजानों की तरह इन्हें आज न कल खत्म होना ही है। वे उतनी ही तेजी से खत्म होंगे जिस तेजी से हम इनका इस्तेमाल करेंगे। हमारी औद्योगिक सभ्यताए विशेष कर पूंजीवादी सभ्यता का चरित्र ऐसा है कि हर क्षेत्र में उत्पादन की गति बढ़ाई जाती है और इसी अनुपात में ऊर्जा स्रोतों का दोहन बढ़ता जाता है।

दूसरी ओर ईंधनों को विशाल मात्रा में जलाने से वायुमंडल में प्रदूषण का अनुपात बढ़ता जाता है। धरती के कलेवर के साथ छेड़छाड़ सिर्फ कोयला और तेल के लिए होने वाले खनन में ही नहीं होता है। दरअसल अनेक मशीनों और निर्माण कार्य यथा घर, पुल, तरह-तरह की गाड़ियों आदि के निर्माण में अनेक धातुओं मसलन लोहा, तांबा, अल्युमिनियम आदि के लिए भी विशाल मात्रा में खुदाई होती है। इस सब प्रक्रिया में धरती की ऊपरी संरचना के साथ इतना छेड़छाड़ हुआ है कि बहुत से विद्धान जो धरती की संरचना का अध्ययन कर इसके जियोलॉजिकल युगों का नामकरण करते हैं हमारे समय को ऐंथ्रोपोसीन (यानी मानवीय हस्तक्षेप से निर्मित) कहने लगे हैं।

दूसरी ओर जीवाश्म ईंधन की खपत को उत्तरोत्तर बढ़ाने से हम धरती का ताप बढ़ाए चले जा रहे हैं। अगर इस पर नियंत्रण नहीं हुआ तो जीवन को सुरक्षित रखने की धरती की क्षमता नगण्य हो जाएगी। अचरज की बात यह है कि सभी तथ्यों के सामने आने और वैज्ञानिकों की इस चेतावनी के बावजूद कि हम विनाश की दिशा में बढ़ रहे हैं, औद्योगिक दुनिया अपनी दिशा या गति बदलने के लिए तैयार नहीं। नई पीढ़ी के सामने सबसे बड़ी चुनौती सभ्यता को इस मृत्यु कामना से मुक्त करने की है।

हिन्द स्वराज में महात्मा गांधी ने देश की दुर्दशा के लिए डॉक्टरों को भी जिम्मेदार माना था। आज जब हमारे यहां आधुनिक आरोग्य सेवा की तरफ लोगों का आकर्षण बढ़ रहा है, यह बात कुछ बेतुकी लग सकती है। लेकिन पश्चिमी देशों की

स्वास्थ्य सेवाओं के अध्ययन से भी यह बात सामने आने लगी है कि मुनाफा कमाने की धुन में वहाँ भी डॉक्टर प्राय: बेजरूरत इलाज के क्रम में नई बीमारियों का उपहार अपने मरीजों को देते रहते हैं। एक अमेरिकी अध्येता स्टेन कॉक्स ने अपनी चर्चित पुस्तक 'सिक प्लेनेट' में लिखा है: "...नेशनल एकेडमी ऑफ साइंसेज ने 2000 ई. में यह अनुमान लगाया था कि डॉक्टरी गलती के कारण इतने लोग बीमार एवं घायल हो जाते हैं कि हर साल 44000 से लेकर 98000 तक मरीज अपनी जान गंवा बैठते हैं। इसके अलावा अस्पतालों में भरती होने वाले मरीजों में 4 प्रतिशत गलत दवावों के प्रभाव से बीमार होने वाले होते हैं।"

हमारे देश में डॉक्टरों की लापरवाही या तथाकथित झोला छाप डॉक्टरों द्वारा दी गई बेमतलब दवाओं से कितने लोग मरते हैं इसका तो अंदाज भी नहीं लगाया जा सकता। इस सब के पीछे है वह व्यावसायिक बुद्धि जो आधुनिक औद्योगिक सभ्यता का आधार है।

आज की सभ्यता के विकल्प में जो सभ्यता बनेगी वह प्रकृति के प्रति संरक्षण और सहयोग की भावना के आधार पर बनेगी। गांधीजी के लिए अहिंसा का जो व्यापक अर्थ था उसमें प्रकृति के साथ अनावश्यक छेड़छाड़ और संसाधनों के अतिदोहन का भी निषेध निहित था।

स्वास्थ्य संबंधी एक दूसरी समस्या जिससे अमीर देशों के लोग परेशान हैं वह है मोटापे की समस्या। हमारी सभ्यता किस तरह यह समस्या पैदा करती है और फिर इसका इलाज करती है इसके संबंध में कॉक्स लिखते हैं, "जहां तक मोटापे की समस्या का सवाल है पूँजीवादी व्यवस्था वैसी वस्तुओं से परिपूर्ण है जो यह समस्या पैदा करे–मसलन यथेष्ट मात्रा में वसा भरा भोजन, मोटर परिवहन, टी.वी., कंप्यूटर, वीडियो खेल आदि और फिर इस मोटापे को कम करने वाले साधन भी–मसलन डायटिंग की पुस्तकें, व्यायामशाला और दवायें। यह बात दीगर है कि ये उन्हीं को उपलब्ध हैं जो साधन संपन्न हैं, जबकि भारत के बहुसंख्य गरीब अपने जिस्म की ठठरियों से निहाल हैं।"

इन सभी समस्याओं का एकमात्र समाधान मनुष्य का वैसी लघु इकाइयों की ओर बढ़ना हो सकता है जिन में मनुष्य का विकास हुआ है। भारत में भी, पश्चिमी देशों के प्रभाव के हावी होने के पहले, लोगों के जीवन का निर्धारण लघु ग्रामीण इकाइयों में ही होता था। महात्मा गांधी के चिंतन में भारतीय जीवन की धुरी निचली ग्रामीण इकाइयां ही थीं और इसी से ग्राम गणराज्य की कल्पना जुड़ी थी।

देश की नई पीढ़ी को आज जीवन की दो पद्धतियों के बीच एक को चुनना है। एक जीवन पद्धति वह है जो अट्ठारवीं सदी की औद्योगिक क्रांति के बाद से यूरोप में विकसित हुई हैं और आज दुनिया भर में अपनी चरम पर है। इसमें उत्तरोत्तर

तेज गति से धरती के सभी संसाधनों को औद्योगिक कच्चे माल की तरह इस्तेमाल कर उपभोक्तावादी संस्कृति का विकास करना है। इसमें जंगल, पर्वत और जलधाराएं सभी कच्चे माल की तरह जब्त किए जा रहे हैं। इनकी उत्पादन प्रक्रिया के घातक अवशेषों से संसार पटा जा रहा है। इससे प्रदूषित हो वायु उस स्थिति में पहुँच रही है जहां हमारी सांस से जज्ब हो शरीर को विषाक्त कर रही है। दूसरी ओर धरती का ताप इस कदर बढ़ रहा है कि जल प्लावन जैसे दूसरे तरह के प्रलय का खतरा पैदा हो गया है। इससे भी बढ़ कर संसाधनों की छीना झपटी में हथियारों की होड़ उस बिंदु पर पहुँच गई है जहां परमाणु युद्धों में सारे संसार के ध्वंस होने का खतरा पैदा हो गया है।

अंतरिक्ष में कुछ यानों के प्रक्षेपण की सफलता से हम धरती के जीवन की सीमाओं से परे नहीं पहुँच सकते। अंततः हमें धरती के सीमित संसाधनों के ही भरोसे जीना है। यह जीवन सतत कायम रह सके इसके लिए अपने उपभोग को सीमित करना जरूरी है। गांधी का महत्व इसलिए भी है क्योंकि उन्होंने अपने विचारों और स्वयं जीवन से एक आदर्श प्रस्तुत किया है जो हमारे लिए मार्गदर्शक रहेगा। अगर नई पीढ़ी इस आदर्श को अपनाए तो उसे यह तय करने में देर नहीं होगी कि हमारी आकांक्षाओं की सीमा क्या है। गांधीजी की वह प्रसिद्ध उक्ति कि ''संसार में सभी लोगों की आवश्यकता के लिए यथेष्ट साधन है लेकिन एक आदमी की लोलुपता के लिए भी यथेष्ट नहीं।'' सारे मानव समुदाय पर भी लागू होती है। धरती सादगी भरे जीवन के लिए मानवों को यथेष्ट संसाधन दे सकती है लेकिन थोड़े लोगों की भी सीमाहीन उपभोग की लालसा को पूरा नहीं कर सकती। नई पीढ़ी को अपनी आकांक्षाओं पर विचार करते समय इस बात पर ध्यान देने की जरूरत है।

महात्मा गांधी ने स्वतंत्रता आंदोलन के क्रम में, जब देश आजादी की लड़ाई के अंतिम दौर में था, यानी 1945 में, रचनात्मक कार्यक्रम का एक खाका तैयार किया था। उसे ज्यों का त्यों तो आज नहीं अपनाया जा सकता लेकिन उससे भविष्य में जीवन के नियोजन के लिए एक दृष्टि जरूर मिलती है।

यों तो इसमें अट्ठारह मुद्दे हैं। अपने समय में और कुछ हद तक आज भी ये सभी महत्त्व के हैं। लेकिन कुछ मुद्दे ऐसे हैं जिन्हें उन लोगों को ध्यान में रखना होगा जो संकट से घिरे आज के समाज का नव निर्माण करना चाहते हैं। इसमें पहला मुद्दा सांप्रदायिक सद्भाव का है। यह एक ऐसा मुद्दा है जो मानव के रूप में हमारे अस्तित्व से जुड़ा है और कोई भावी समाज जो इसे या इससे मिलता-जुलता नस्ल के भेदभाव को पूरी तरह खतम नहीं करता, अंततः बर्बर हो जाएगा (आज हम पश्चिम एशिया में 'इस्लामिक स्टेट' के रूप में जो देख रहे हैं वह इसी का एक

उन्मादी तेवर है)। दूसरा मुद्दा अस्पृश्यता का है। इसे मिटाए बगैर हम कोई मानवीय समाज नहीं बना सकते। एक और मुद्दा शराबखोरी या नशाखोरी का है जिसका निषेध है। शराबखोरी या नशाखोरी शायद संसार का सबसे व्यापक सामाजिक रोग है। आज दुनिया का कोई भी समाज शायद इससे पूरी तरह मुक्त नहीं है। इसके प्रभाव में मनुष्य अर्ध विक्षिप्तता की स्थिति में रहता है और परिवार से लेकर समाज तक सभी इसका खामियाजा भुगतते हैं।

लेकिन इन सबके ऊपर और समाज की संरचना के लिए नींव का पत्थर खादी और ग्रामोद्योग है।

महात्मा गांधी ने यह रचनात्मक कार्यक्रम तत्कालीन विदेशी उद्योगों के वर्चस्व को खत्म करने और आत्मनिर्भर समाज बनाने की पूर्व शर्त की तरह प्रस्तुत किया था। आजादी मिलने के बाद जबसे 'आधुनिक' ढंग के औद्योगीकरण की नीति अपनाई गई तब से खादी और ग्रामोद्योग हाशिए पर चले गए। अब जब हम पर्यावरण के भयंकर संकट से घिरते जा रहे हैं तो खादी और ग्रामोद्योग पहले से कहीं अधिक प्रासंगिक बनते जा रहे हैं। यह बात अलग है कि इसका परिप्रेक्ष्य बदल रहा है और हमें इन्हें पर्यावरण संकट के परिप्रेक्ष्य में रख कर इस पर विचार करने की जरूरत है। कहने की जरूरत नहीं कि इससे इसका फलक कहीं अधिक व्यापक और डरावना लगता है।

भविष्य का जो भयावह चेहरा हमारे सामने उभर रहा है उसकी चुनौती मूलतः उस पीढ़ी के सामने है जिसे कल इससे टकराना है। गांधीजी ने कभी देश की युवाशक्ति को दीवानगी की सीमा तक आंदोलित किया था। आज जब संसार भर में युवाओं में व्यवस्था के विरोध में आक्रोश तो है पर विकल्प की कोई तस्वीर नहीं, गांधी विकल्प की समग्र दृष्टि के साथ उसे फिर अपनी राह पर बगावत के लिए बुला रहे हैं।

टी. करुणाकरन

युगरचना और गाँधी की वसीयत

1. रचनात्मक कार्यक्रम की अवधारणा

देश की वर्तमान स्थिति क्या है? वांछित स्थिति क्या है? वर्तमान स्थिति से वांछित स्थिति तक पहुँचने के लिए किन सोपानों से गुजरना है? गांधीजी ने देश की पुनर्रचना की कल्पना की[2] और उस हेतु 19 मुद्दों का चयन करते समय चार आयामों को ध्यान में रखा : आर्थिक, सामाजिक, राजनैतिक एवं मूल्य। निम्न सारणी का अवलोकन करते समय यह स्पष्ट होता है।

सारणी 1 : गांधीजी द्वारा प्रस्तावित रचनात्मक कार्यक्रम

सामाजिक	आर्थिक	राजनैतिक	मूल्य
• सामाजिक एकता	• खादी	• प्रादेशिक भाषाएं	• मद्य निषेध
• अस्पृश्यता निर्मूलन	• ग्रामोद्योग	• राष्ट्रभाषा	• ग्राम स्वच्छता
• नई तालीम	• स्वास्थ्य एवं स्वच्छता की शिक्षा	• सविनय अवज्ञा	• आर्थिक समता
• प्रौढ़ शिक्षा	• किसान		• कुष्ठ सेवा
• महिला उन्नयन	• मज़दूर		
• जनजातियाँ			
• छात्र			
शांतिसेना	गोरक्षा भूदान	ग्रामदान	नैसर्गिक उपचार

उक्त सारणी के अंत में प्रेषित पाँच बिंदु को विनोबाजी द्वारा बापूजी के मृत्यु के उपरांत जोड़े गए।

अब प्रश्न आता है: (क) क्या सारणी 1 में प्रस्तुत मुद्दे हर देश के लिए, क्षेत्र के लिए और हर सामाजिक इकाई के लिए उपयुक्त है? (ख) एक ऐसा ढांचा हो

सकता है जो स्वाभाविक ढंग से सर्वमान्य है और शिथिल भी, ताकि ''व्यक्ति'' से लेकर ''विश्व-समाज'' तक के मुद्दे उसमें जोड़े जा सकते हों और विकेंद्रीकृत शैली में लागू हो सकते हैं? (ग) इन दिशाओं और मुद्दों पर निर्णय करने वाले कौन लोग होंगे और उसका प्रकरण क्या रहेगा?

उक्त प्रश्नों के उत्तर निम्न अनुभाग 3 और 4 में स्पष्ट हो जाएंगे परंतु उसके पहले हमें इस पूरे प्रक्रिया से जुड़े हुए प्रणाली ढांचे (system framework) को समझना पड़ेगा।

2. प्रणाली ढांचा और ''पहुँच'' (approach) सिद्धांत का अनिवार्य स्थान : किसी भी अभियान का ''लक्ष्य'' होता है—जिसके एक से ज्यादा आयाम हो सकते हैं परंतु उस लक्ष्य को पाने के लिए अनेक रास्ते हो सकते हैं, जैसे स्वाधीनता पाने के लिए हिंसात्मक संघर्ष या उससे भिन्न अहिंसा-आधारित सत्याग्रह। किसी एक रास्ते को पकड़ने के बाद अनेक गतिविधियों के आधार पर लक्ष्य को पाना पड़ता है—जैसे अहिंसात्मक संघर्ष को स्वदेशी, नमक आंदोलन, असहयोग आंदोलन आदि। यदि हिंसात्मक आंदोलन को अपनाना हो तो इसके लिए अलग गतिविधियाँ होंगी, जैसे सुभाष चंद्र बोस के नेतृत्व में हुआ।

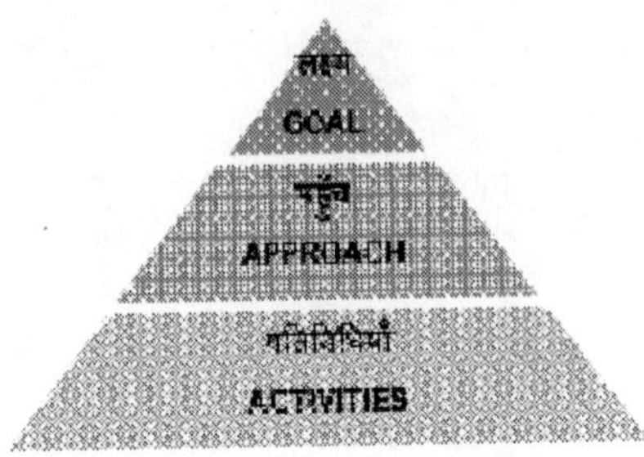

चित्र 1 : कार्यक्रम नियोजन ढांचा

3. राष्ट्रीय मुद्दों को चिन्हित कौन करेंगे? हमने प्रश्न उठाया है कि गांधी जैसे व्यक्तित्व की अनुपस्थिति में पुनर्रचना संबंधित राष्ट्रीय एजेंडा को आगे बढ़ाना कैसे संभव है? इस संदर्भ में निम्न प्रणाली ढांचा (systemic framework)[3] विचारणीय है जो व्यक्ति से विश्व तक के बसाहट ;िइपजंजद्ध एवं उसमें वांछित सुधारों पर आधारित है।

आज बदलती परिस्थितियों में मीडिया की भूमिका सर्वविदित है और सोशल मीडिया का वर्चस्व भी। वर्तमान समस्याओं पर मीडिया द्वारा ही लोगों से मत लिया जाता है। यह एक प्रकार के ''इस गणतंत्र'' (E-Democracy) की शुरुआत है। अत: समस्याओं को चिह्नित करना और युवकों द्वारा समाधान ढूँढना असंभव नहीं है।

युवा पुनर्रचना का एजेंडा स्वयं बना सकते : एक अद्यतन उदाहरण—गांधी नगरी वर्धा में अभी हाल ही में अक्टूबर, 2015 में एक युवा सम्मेलन हुआ, जिसको विनोबा आश्रम से जुड़े हुए निवेदिता निलयम में तीन दिवसीय शिविर के रूप में चलाया गया। इसमें देश के विभिन्न भागों से करीब 400 युवकों ने प्रतिभागिता की। उनके द्वारा एक छोटा सा चिंतन कार्यक्रम लिखित शैली में हुआ जिसमें निम्न प्रश्न रखे गए : "युवा द्वारा करने लायक रचनात्मक कार्य क्या हैं— (i) पंचायत स्तर पर, (ii) राज्य स्तर पर और (iii) राष्ट्र स्तर पर?"

युवा द्वारा मिले उत्तरों को श्रेणीबद्द करने से निम्न सारणी उभरती है :

सारणी 2 : युवाओं द्वारा निर्मित रचनात्मक कार्यक्रम का एजेंडा

गाँव स्तर की समस्याएं	राज्य स्तर की समस्याएं	देश स्तर की समस्याएं
कृषि-जल	बेरोजगारी	भ्रष्टाचार
पेय-जल	गरीबी बेरोजगारी	
स्वच्छता	धार्मिक झगड़ा	
जातिवाद	जातिवाद	जातिवाद
स्वच्छता	कृषि	आरक्षण समस्या
पंचायत स्तर का भ्रष्टाचार	गंदी राजनीति	अनुचित शिक्षा प्रणाली
	शिक्षा के गुणवत्ता में गिरावट	अंधविश्वास
युवा एवं व्यसन	युवाओं में सही प्रशिक्षण का अभाव	पर्यावरण ह्रास
अत्यंत दरिद्रता और योजनाओं की विफलता	किसान आत्महत्या	अत्यंत गरीबी
घटती कृषि और कृषि जमीन	व्यसन	विदेशी घुसपैठी
	महिला सबलीकरण/सुरक्षा की आवश्यकता	युवाओं की दिशाहीनता

परंतु कौन सा युवा संगठन कौन से क्षेत्र के लिए कार्य नियोजन बनाएगा— इस पर स्पष्टता न होने के कारण उक्त उदाहरणों को लेकर हम तुरंत आगे नहीं बढ पाएंगे। शायद वर्तमान में उपलब्ध प्रजातांत्रिक व्यवस्थाओं की मदद से एक लचीला ढांचा निम्न प्रकार निकाल सकते हैं जो वैयक्तिक से लेकर विश्व तक की समस्याओं को जोड़ने में और रचनात्मक कार्यक्रम का निर्माण करने में मददगार हो सकता है :

सारणी 3 : एक लचीला ढांचा (व्यक्तित्व निर्माण से विश्व निर्माण तक)

क्रं	स्तर	पद्धति	संख्या
1	व्यक्ति	स्वपरिवर्तन या सुधार	1
2	ग्राम वार्ड/नगरपालिका वार्ड	संबंधित लोगों ध् जैसे वार्ड सभाओं/प्रतिनिधियों के समर्थन के साथ ऐसी बुनियादी सुविधाएं उपलब्ध कराना जिसमें युवकों की भागीदारी संभव है।	1
3	पंचायत/नगरपालिका	ग्राम सभा या पंचायत समिति/नगरपालिका समिति द्वारा चिह्नित मुद्दे	1
4	ब्लॉक	ब्लॉक समिति द्वारा चिह्नित संसाधन संबंधित मुद्दे	1
5	जिला	जिला समिति द्वारा चिह्नित चेतना अभियान आदि मुद्दे जिनमें युवकों	

		की सशक्त भागीदारी संभव है।	1
6	राज्य	राज्य स्तर की समस्याएं जिसके लिए समाधान ढूँढने में युवक सफल हो सकते हैं। समस्याओं का चयन राज्य सरकार का युवा मंत्रालय द्वारा संभव है। उन समस्याओं का चयन होना चाहिए जो सभी राजनैतिक दलों द्वारा मान्य हों।	1
7	राष्ट्रीय	राष्ट्रीय स्तर की समस्याएं जिसमें युवकों का योगदान हो सकता है। उन समस्याओं का चयन होना चाहिए जो सभी राजनैतिक दलों द्वारा मान्य हों।	2
8	अंतरराष्ट्रीय	शाश्वत विकास लक्ष्य संबधित मुद्दों को जोड़ना (जिन दिशाओं पर प्रगति वांछित है और जो समस्याएं ऊपर की सूचियों में स्थान नहीं पाए हैं)	2

4. विश्वमान्य लक्ष्य एवं रास्ते ? वर्ष 1935–45 तक के कार्यकाल में (जब रचनात्मक कार्यक्रम जन्म ले रहा था) भारत में गांधी जैसे महापुरुष थे जिनको सारा देश मानता था। अत: वे अपने बल पर 19 सूत्रीय रचनात्मक कार्यक्रम घोषित कर पाए।

उक्त प्रकार के नेतृत्व के अभाव में आगे बढ़ने का एक उपाय हो सकता है : संयुक्त राष्ट्र संघ के मानव विकास लक्ष्य एवं उसके मानवाधिकार घोषणा को भारत के संविधान के साथ विचार करें तो लक्ष्य निर्धारण संभव है।

4.1. विश्वमान्य विकास लक्ष्य: संयुक्त राष्ट्र संघ द्वारा 25 सितम्बर, 2015 की घोषणा, अगले 15 सालों में गरीबी का निर्मूलन करने, भू-गृह को सुरक्षित रखने और सबको संपन्न बनाने के लिए 17 शाश्वत विकास लक्ष्यों (SDG : Sustainable Development Goals)[4], को अपनाया गया, जो निम्नवत है :

सारणी-4 : 17 शाश्वत विकास लक्ष्य*

आर्थिक	सामाजिक	राजनैतिक/शासन	मूल्य/वातावरण
1. गरीबी से मुक्ति	4. गुणवत्तायुक्त शिक्षा	3. स्वास्थ्य और खुशहाली	6. शुद्ध पानी और स्वच्छताा
2. भूख से मुक्ति	5. लैंगिक समानता	13. जलवायु संबंधित कार्यवाही	14. जलगत जीव
7. स्वच्छ ऊर्जा	11. शाश्वत शहर एवं समूह	17. लक्ष्यों संबंधित कार्यवाही के लिये वैश्विक संजाल	15. भूमिगत जीव
8. सम्मानजनक रोजगार और आर्थिक तरक्की			16. शांति, न्याय और संस्थान
9. उद्योग, नवाचार और अधोसंरचना			
10. असमानता में गिरावट			
12. ज़िम्मेवार उपभोक्ता एवं उत्पादन			

(*सारणी में पाए गए अनुक्रम संयुक्त राष्ट्र संघ द्वारा निर्मित हैं।)

4.2 क्रियान्वयन के अनुकूल शाश्वत विकास लक्ष्य (SDG) ढ़ांचा : सारणी 4 के 17 मुद्दों पर अवलोकन करें तो हम पाते हैं कि इसमें पुनर्रचना का एक

ढांचा निकालने की संभावना है। पहले यह विश्लेषण करना पडेगा कि 'किस मुद्दे पर कार्य करने से किस अन्य मुद्दों पर असर पड़ सकता ?' इस प्रकार के 'कारण-कार्य-रिश्ता (cause effect relation)' द्वारा चित्र 2 में प्रदर्शित संजाल में हमारे 17 मुद्दों को प्रदर्शित कर सकते हैं। आगे विचार करने पर इस रिश्ते द्वारा 17 मुद्दों के 5 समूह निकलते हैं। चित्र 2 और उसके साथ जुड़े चौखट में दिए गए हैं।

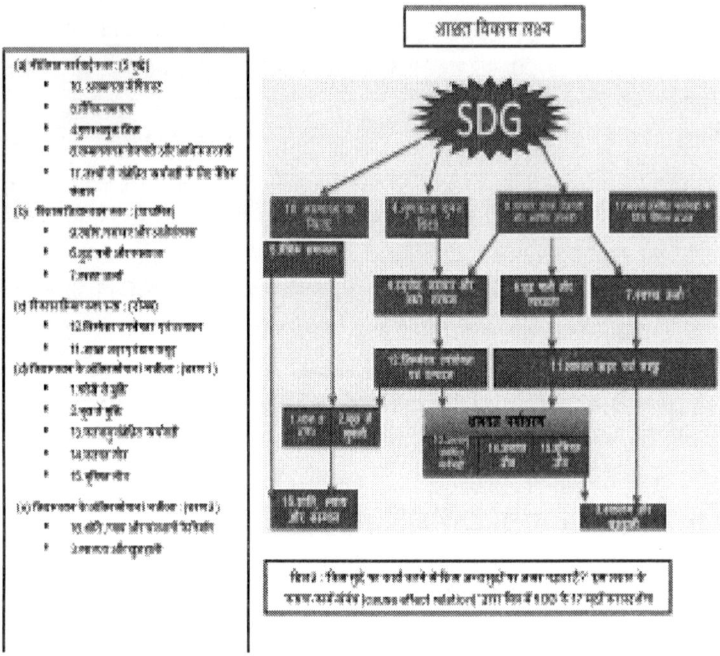

शाश्वत विकास लक्ष्य के 17 लक्ष्यों को 3 स्तर पर श्रेणीबद्ध करने से दो बातें स्पष्ट हो जाती हैं, पहला, किस मुद्दे पर उच्चस्तर का शासन काम करेगा ? उपर्युक्त नीतियों और कानूनों के निर्माण द्वारा [जैसे पाँच मुद्दे (a) में उल्लेखित हैं] यह भी स्पष्ट हो गया कि मूलत: किन विषयों पर निवेश और मोटे कार्यक्रम और परियोजनाओं की जरूरत है [जैसे (B), (c) पर उल्लेखित हैं] और किन मुद्दों पर उक्त के आधार पर कार्रवाई होने से अंतिम लक्ष्य की प्राप्ति संभव है [जैसे (d), (c) पर उल्लेखित हैं]।

संयुक्त राष्ट्र संघ के शाश्वत विकास लक्ष्य को चर्चा में लाने के पीछे एक महत्त्वपूर्ण उद्देश्य है : असल में 17 लक्ष्यों के अंतर्गत 169 उप-लक्ष्य और 230 संकेतक सूचित किए गए हैं। इस लंबी सूची के अंतर्गत करीब-करीब सब समस्याएं समाहित हो जाती हैं।

5. गाँधीजी की वसीयत में युवा द्वारा रचनात्मक कार्य के लिए महत्त्वपूर्ण मार्गदर्शन : 5.0 गाँधीजी की वसीयत अंग्रेजी में सिर्फ 706 शब्दों का एक छोटा दस्तावेज है।[1] इस गागर में पूज्य बापू ने एक नई सभ्यता के लिए उपयुक्त रचनात्मक कार्यक्रम नामक सागर को भर दिया है।

5.1 महात्मा गाँधी की वसीयत में युवा प्रशिक्षण और राष्ट्रीय पुर्नरचना के लिए दिया गया ढांचा : गाँधीजी ने एक रचनात्मक युवा सेना की कल्पना की है जिसके द्वारा भारत के 7 लाख गावों को आदर्श गाँव के रूप में परिवर्तित किया जा सके। उन्होंने करीब 20 परिवार वाले पड़ोसी समूहों की कल्पना की और उसके विकास की जिम्मेदारी लेने वाले एक युवक (लोक सेवक) को भी तैयार करना चाहा। ऐसे 5 युवकों की टोली हर एक पंचायत में अपने रचनात्मक कार्य द्वारा सामाजिक और आर्थिक उन्नयन लायेगा। ये पांचों युवक पाँच भिन्न विषयों पर विशेषज्ञ होंगे और सहकारी ढंग से काम करके गाँवों में एक बहु-आयामी विकास लक्ष्य को साकार कर सकेंगे।

वसीयत लिखते समय गाँधीजी ने किन उद्देश्यों को अधोरेखित किया है? एक शाश्वत सभ्यता को खड़ा करना जहाँ 'सैन्य शक्ति के ऊपर समाज शक्ति का वर्चस्व होगा' (asocendancy of civil over military power) और जहाँ जात, पंथ और लिंग से परे साम्य दर्शन विद्यमान होगा। कौन सी मानसिकता वाला युवक ऐसे समाज को रचने के लिए उपयुक्त सामाजिक उद्यमी बन सकता है? गाँधीजी की वसीयत के अनुसार ये युवक,

- गाँव के युवक या युवती होंगे या ग्रामीण मानसिकता वाले शहरी युवक होंगे—परंतु स्वदेशी चिंतन वाले होंगे।
- जो व्यसन से मुक्त होंगे।
- अस्पृश्यता के दुश्मन होंगे, अंतर सांप्रदायिक एकता के समर्थक होंगे और जात, पंथ और लिंग से परे साम्य दर्शनवाले होंगे।

शुरुआत में ऐसी योग्यता वालों को सुप्रशिक्षित कांग्रेसी कार्यकर्ताओं के बीच में से चयन करना अपरिहार्य था। अगले चरण के लिए उक्त मूल्यों और योग्यताओं को युवाओं के बीच पैदा करना सही शिक्षा प्रणाली की जिम्मेदारी है। नेतृत्त्व के सोपान की कल्पना गाँधीजी के मन में क्यों थी—जिसे हम निम्न अनुभाग द्वारा समझ सकते हैं।

5.2 भौगोलिक क्षेत्रवार रचनात्मक कार्यकर्ताओं की नियुक्ति : हमें ज्ञात है कि गाँधीजी ने गाँव को विकास की इकाई माना। उस समय (1950) की जनगणना द्वारा पता चलता है कि भारत की ग्रामीण आबादी 3070 लाख थी (कुल आबादी 3699 लाख से शहरी अनुपात 17.2% को घटाने के बाद)। ग्रामीण

आबादी और गाँव की संख्या (7 लाख) द्वारा प्रति गाँव की औसत आबादी को हम 500 मान सकते हैं। ऐसे गाँव के लिए गाँधीजी ने 5 युवा सेवकों की कल्पना की जो दूसामूहिक रूप से 500 लोगों के विकास के लिए कार्य करेंगे और संभवत: व्यक्तिगत रूप से 100 लोगों पर (यानी करीब 20 परिवारों पर) गहरा ध्यान देंगे। संयोगवश आज केरल में इस प्रकार के 'पड़ोसी समूह' (neighborhood community) को पंचायतीराज योजना पद्धति द्वारा बुनियादी स्थान दिया गया है। उसका नाम 'अयलकूट्टम' रखा गया है।

गाँधीजी ने दो गाँवों की एक जोड़ी बनाई। इस प्रकार पाँच-पाँच सेवकों को मिलाकर एक कार्यवाही समूह ('working party') का प्रस्ताव रखा। यहाँ कहना समीचीन होगा किए दो गाँवों की एक जोड़ी बनाने की संकल्पना एक क्रांतिकारी सामाजिक चिंतन है। इसके बारे में 5.3 के अंत में विस्तार से देखेंगे। जैसे गाँव के नीचे स्थित हर 'पड़ोसी समूह' एक प्रकार से आमने-सामने (face to face) का एक संयुक्त परिवार है। ऐसे समूह में सामाजिक संपर्क एवं सहकारिता आसान होगा। परंतु आर्थिक उत्पादन, विपणन आदि कार्य ऐसे छोटे समूहों द्वारा हमेशा संभव (viable) नहीं है। इसके लिए एक संभावित क्षेत्र को भी गाँधीजी द्वारा चिह्नित किया गया है, जो 100 गाँवों का संकुल होगा।

उपरोक्त चर्चानुसार 100 गाँवों की आबादी करीब 50 हजार होती है। फिर 100 गाँवों के संकुलों को इकाई मानकर तीसरे स्तर के भौगोलिक आर्थिक क्षेत्रों की कल्पना की गई है। आबादी की वृद्धि को और बढ़ती शहरीकरण संबंधित सांख्यिकी को ध्यान में रखते हुए विकास के लिए उचित भौगोलिक क्षेत्र को एक लाख आबादी वाला माना जा सकता है। जहाँ आबादी घनी है तो यह दस-बारह किलोमीटर व्यास वाला क्षेत्र होगा। परंतु पहाड़ी इलाकों में यह क्षेत्र कभी-कभी सात सत्तर किलोमीटर या उससे भी ज्यादा हो सकता है। ऐसी इलाकों में 10-15 व्यास वाले और 40-50 हजार आबादी वाले क्षेत्रों को आर्थिक विकास की इकाई मानना उचित होगा।

यह कहा जाना उचित है कि निम्न तीन प्रकार के विकास क्षेत्रों को बापू ने अपनी वसीयत द्वारा उल्लेखित किया है :

करीब 20 परिवार (आबादी 100) के पड़ोसी समूह	—एक लोकसेवक का सेवा क्षेत्र।
करीब 100 परिवार (आबादी 500) के ग्रामपंचायत समूह	—पाँच लोकसेवकों का संयुक्त सेवा क्षेत्र।
करीब 10000 परिवार (आबादी 50000) के 100 ग्रामवाला संकुल	—सौ लोकसेवकों का सेवा क्षेत्र।

5.3 गाँवों में संभावित कारोबार : बापूजी की वसीयत में पुनर्रचना कार्य के मार्गदर्शन हेतु 5 संस्थानों का उल्लेख है :

1. अखिल भारतीय चरखा संघ
2. अखिल भारतीय ग्रामोद्योग संघ
3. गोसेवा संघ

4. नयी तालीम समिति
5. हरिजन सेवा संघ

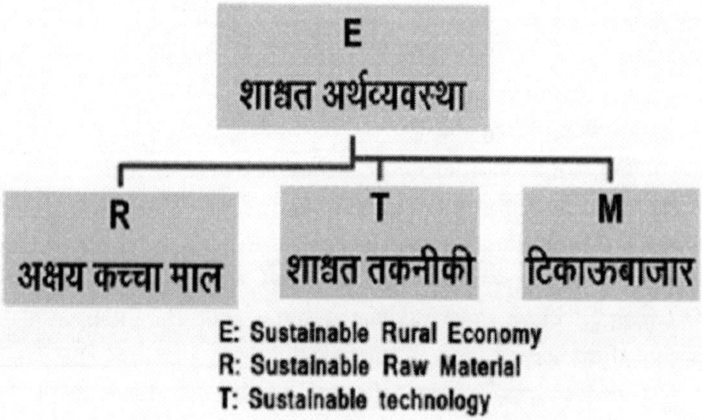

चित्र 3 : ग्रामीण आर्थिक विकास के मुख्य 3 मुद्दे

वसीयत में गाँधीजी का कथन है, ''गाँवों को कृषि एवं पशुपालन द्वारा स्वयं संपन्न एवं आत्मनिर्भर इकाइयों के रूप में प्रबंधित करना।'' उनसे प्रस्तावित पहली तीन संस्थानों द्वारा उसके लिए उपयुक्त प्रौद्योगिकी उपलब्ध होगी—

- वस्त्र (अखिल भारतीय चरखा संघ)
- जीवन के लिए आवश्यक वस्तुएं (अखिल भारतीय ग्रामोद्योग संघ)
- दुग्ध सामग्री एवं कृषि के लिए निवेश (गोसेवा संघ)।

वस्त्र उद्योग क्यों विकेंद्रीकृत अर्थव्यस्था के लिए एक सर्वोत्तम उदाहरण बनता है? कपास आधारित खादी वस्त्र हो, रेशम उद्योग हो या ऊनी वस्त्र हो, उनके उत्पादन में एक तीन स्तरीय व्यवस्था देखने को मिलती है :

उद्योग	घर पर	मोहल्ले में	संकुल केंद्र में
1. खादी (कपास)	कपास पैदा करना, कताई बुनाई सिलाई, कढ़ाई	रुई बनाना, पुनी बनाना, रंगाई	डिजाइन, पैकिंग, विपणन
2. रेशम	मल्बेरी, रेशम कीड़े, बुनाई	धागा बनाना, रंगाई	डिजाइन, पैकिंग, विपणन

उपरोक्त से पता चलता है कि ये उद्योग असल में विकेंद्रीकृत व्यवस्था के लिए उपयुक्त हैं और घर से लेकर संकुल स्तर तक इनके लिए तकनीकी अधोसंरचनाएं यदि तीन स्तरीय (घर के उपयुक्त, गाँव के उपयुक्त और संकुल के उपयुक्त) हो

सकता है तो वह संभावित (viable) हो जाते। घर भी एक कारखाना बन जाता है और इस कारण यानी अधोसंरचना पर निवेश कम हो जाता। चूँकि लोग अपने घर/ गाँव में काम करते हैं उन्हें कम वेतन में भी काम चल जाता है क्योंकि यातायात आदि पर कम खर्च होता है। पर्यावरण भी सुरक्षित रहता है। शहर की गंदी बस्तियों में नहीं जाना पड़ता है—इस कारण ग्रामीण समाज बिखरता नहीं है। ग्रामीण जनता को उखाड़ कर शहर के गंदी बस्तियों में बसाने के बदले प्रौद्योगिकी को घर पर, गाँव पर और संकुल केंद्रों पर ले जाने से एक नई परंपरा की शुरुआत हो सकती है।

चित्र 4 : ग्रामीण उद्योग क्षेत्र (Rural Ecnomic Zone) जहाँ घरेलू गतिविधि (HLA : House Level Activities) गाँव स्तर के कार्यशाला (VWC : Village Work Centre) और संकुल केंद्र (Cluster Centre) दिखाये गए हैं। ऐसे तीन उद्योग क्षेत्र के बीच एक तकनीकी संसाधन केंद्र (RTC) भी दिखाया गया है।

गाँवों के कच्चा माल और मानव संसाधन को इस्तेमाल करके यदि उक्त विकेंद्रीकृत अर्थव्यवस्था को लागू करते हैं तो स्वावलंबी गाँवों को तैयार करने का बापू का सपना साकार होगा। अधिक सूचना के लिए [5] देखें।

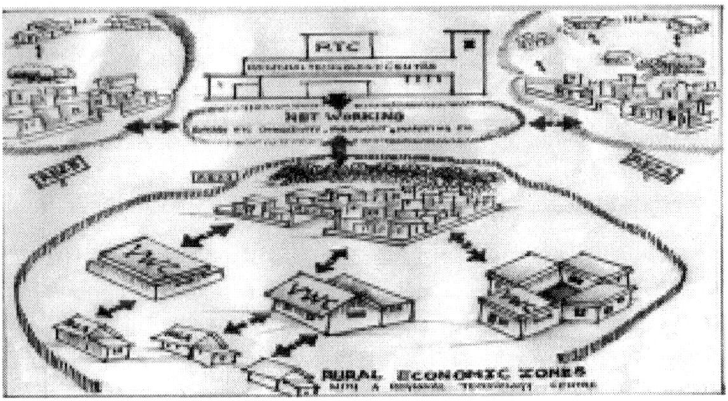

5.4 शाश्वत सभ्यता के लिये उचित शिक्षा:[6 I 7 I 10] यदि हम गाँधीजी की वसीयत में उल्लेखित चौथी और पाँचवी संस्थानों पर : यानी हिन्दुस्तानी तालिमी संघ और हरिजन सेवक संघ पर विचार करें तो कुछ अदभूत चिंतन मन में आते हैं।

असल में नयी तालीम आर्थिक व्यवस्था से ज्यादा जुड़ा है जबकि हरिजन सेवक संघ सामाजिक पुनर्रचना का संदेश देता है। इसे समझने के लिए हम यूनेस्को द्वारा घोषित शिक्षा के ''चार स्तंभों'' पर एक क्षण ध्यान दें तो स्पष्टता मिलेगी।

विकास	आयाम कार्याधारित शिक्षा पद्धति का आर्थिक एवं सामाजिक पक्ष (यूनेस्को)		परिणाम
आर्थिक (नयी तालीम)	to learn to learn	पढ़ना सीखना	उत्पादन द्वारा आय
	to learn to do	करना सीखना	
सामाजिक	to learn to be	अपने साथ रहना सीखना (स्व-अस्तित्व)	विश्व सेवा द्वारा
	to learn to live together	औरों के साथ जीना सीखना (सअस्तित्व)	अपनाबोध

पुनर्रचना द्वारा आर्थिक आध्यात्मिक एवं सामाजिक स्वतंत्रता पाने के लिए नई तालीम को एक अनिवार्य माध्यम के रूप में बापू ने प्रस्तावित किया है। सामाजिक पुनर्रचना की अनिवार्यता को वसीयत में निम्न कथन द्वारा अभिव्यक्त किया है बापू ने : श्भारत ने राजनैतिक स्वतंत्रता पाई है। परंतु भारत को सामाजिक, नैतिक एवं आर्थिक स्वतंत्रता पाना अभी रह गया है।''

नैतिक एवं सामाजिक स्वतंत्रता पाने के लिए अस्पृश्यता निर्मूलन को एक साधन माना गया और हरिजन सेवा को उसके लिए उचित शिक्षण पद्धति ;बनततपबनसंउद्ध के रूप में प्रस्तावित किया गया। हरिजन सेवा समितियों में गैरदृहरिजनों को प्राथमिकता देने का मतलब था कि अस्पृश्यता नामक पाप से सेवा द्वारा उन समूहों को मुक्ति मिले जिन्होंने सदियों से अलगावपन एवं असमानता को बढ़ाने के कारण बने। पुनर्रचना के लिए नयी तालीम पद्धति मनुष्य को नये समाज के निर्माण हेतु तैयार करना अनिवार्य है। लेकिन इसके लिए यह जरूरी है कि इसकी शुरुआत कहाँ से करे?

भारत ने सन् 1949 में डॉ. राधाकृष्णन समिति द्वारा एक सर्वोत्तम शिक्षा पद्धति का ढांचा बनाया गया, जिसमें व्यावसायिक शिक्षा और सैद्धांतिक शिक्षा का समन्वय होना जरूरी था। उसको सही तरीके से कार्य में न लाने के कारण हम उसी मैकाले पद्धति के पिंजड़े में फंसे हैं जिससे हम मुक्ति पाना चाहते हैं। आज लाखों स्कूल शहर के बहुमंजिली भवनों में बन चुके हैं जबकि गाँवों के खुले गतिशील वातावरण में और कारीगरी के बीच में एक 'जीवन के लिए उपयुक्त शिक्षा जीवन द्वारा' होना था। अब प्रश्न आता है : शिक्षा की पुनर्रचना कहाँ से शुरू की जाए?

- शालात्यागी युवक (youth who are school dropouts) : कम से कम 400 लाख ऐसे युवक हैं, जिनके जीवन में शिक्षा द्वारा धोखा हुआ है। इन लोगों को अमूल्य मानव संसाधन के रूप में परिवर्तन करना अनिवार्य है। नहीं तो वह आतंकवाद का शिकार बनेगा, जो राष्ट्र के लिए एक चुनौती का सबब भी बनेगा। यह कहा जाना चाहिए कि ''काम-इ-आब'' नामका मॉडल, जिसके अंदर मुख्य धारा के अलावा औद्योगिक शिक्षा की धारा भी सम्मिलित होगा और भूतकाल की कमजोरियों को सही करने के लिए उपचारात्मक पाठशाला

(remedial schools) भी शामिल होंगे। पूरी शाला का निवेश जवाहर नवोदय विद्यालय से ज़्यादा हो सकता है।

- उक्त शालाओं को विदर्भ जैसे क्षेत्र में पीड़ित किसानों के परिवार के बच्चों के लिए इस्तेमाल करेंगे तो हो सकता है कि वे वैज्ञानिक कृषक बन जाएं और ऐसे किसान जो मूल्यवर्धन से संबंधित उद्योग चलाने में भी निपुण हों। यह ज़रूरी है कि युवक को किसी भी रास्ते पर उभरने की स्वतंत्रता होनी चाहिए (vertical mobility)।
- साथ ही अब तक छुये नहीं गए कई वर्गों को बढ़ावा देकर समाजदृपरिवर्तन के लिए शिक्षा को एक साधन के रूप में साबित किया जा सकता है यथा: घुमक्कड़ जात, बहुत पिछड़े, आदिवासी, विस्थापित लोग, आतंकवाद से पीड़ित क्षेत्र इत्यादि। अब तक तो शिक्षा असमानता के निर्माण का एक साधन रहा है। नयी तालीम का जादू हमें दूसरी दिशा में ले जा सकता है।

लैंगिक भेद एवं अंधविश्वास से प्रेरित सामाजिक कुरीतियाँ : बापू ने अपनी वसीयत में पंचायतों की जोड़ी और उनके बीच में से एक के चयन होने की बात शायद इसलिए की ताकि उसमें महिला और पुरुष प्रतिनिधि की बारी आती रहे। दोनों लिंग के बीच स्पर्धा की संभावना न रहे और अड़ोस-पड़ोस की इस नेता जोड़ी द्वारा आर्थिक और सामाजिक परिवर्तन के कार्य में सहकार्य संभव हो सके। लोक सेवक के रूप में मर्द एवं महिला दोनों काम करेंगेदृ यह प्रस्ताव गाँधीजी की वसीयत द्वारा रखी गई। इस सिद्धांत को धरातल में उतारने के लिए राष्ट्रऋषि नानाजी देशमुख द्वारा चित्रकूट में समाज शिल्पी दंपति का नवाचार देखने को मिलता है और भी संभावनाएं हैं इन बातों को पाठक अपने जेहन में अवश्य लेंगे। हमारे समाज में आज भी महिला उत्पीड़न की ज्वलंत समस्याएं विद्यमान हैं—डायन प्रथा से लेकर येल्लम्मा प्रथा तक। जब तक हम इन अंधविश्वासों को खत्म नहीं कर पाते तब तक हमें एक सभ्य देश का दर्जा मिलने वाला नहीं है। इस काम के लिए 15000 समाज शिल्पियों को तैयार करने की आवश्यकता है।

5.5 चुनाव द्वारा समाज के विभाजन को रोकना : चुनाव नहीं मनाव[8][9]— गांधीजी की वसीहत के अंदर एक नए प्रकार की शासन शैली छिपी है। वह ग्रामस्वराज (या क्षेत्रीय स्वशासन पद्धति) से मिलता है, असल में यह बिलकुल भिन्न है। बुनियादी तौर पर यह "चुनाव नहीं मनाव है"। आखिर यह मनाव क्या होता है?

उदाहरण के लिए एक गाँव से एक प्रतिनिधि का चयन करने के लिए मनाव प्रक्रिया निम्नवत होगी :

(i) सबसे पहले कुछ मापदंडों के आधार पर नेतृत्वध्प्रतिनिधित्व के लिए अर्हता न

रखने वालों के नामों को हटाया जाता है। इसके फलस्वरूप अयोग्यों को पदों तक पहुँचने की संभावनाओं को रोका जाता है।

(ii) हर मतदाता योग्य व्यक्तियों में से किसी को चिह्नित करता है और एक पर्ची में लिखकर अपना "मत" अभिव्यक्त करता है। सबकी पर्चियों द्वारा सबसे लोकप्रिय व्यक्ति का नाम उभरता है। यदि वह चयनित व्यक्ति किसी कारण मंजूर नहीं करता तो दूसरे स्तर के व्यक्ति पर ज़िम्मेदारी गिरती है।

इस प्रकार से जब हर गाँव में से पाँच लोकसेवक प्रतिनिधियों का चयन होगा और एक जोड़ी गाँव द्वारा दस प्रतिनिधियों का चयन होगा तो बुनियादी इकाई तैयार हो जाएगी। उन दस में से एक प्रतिनिधि का चयन किया जाता है। इस प्रकार 100 गाँव के बीच में से 50 प्रतिनिधि और पड़ोस के 100 गाँवों में से 50 प्रतिनिधियों का (मनाव पद्धति द्वारा) चयन होता है।

उक्त प्रतिनिधियों द्वारा अगले स्तर के प्रतिनिधि के चयन की प्रक्रिया की पुनरावृत्ति होती है। राज्य (प्रांत) स्तर एवं राष्ट्र स्तर पर कानून एवं प्रशासन उच्च गुणवत्ता के लोकप्रिय प्रतिनिधियों द्वारा लागू होगा। आज प्रचलित चुनाव संबंधित हलचल ख़त्म होकर रचनात्मक कार्य के लिए देश की शक्ति बचने की संभावना उभरेगी। एक प्रकार से अत्यंत कम नेताओं द्वारा सकारात्मक प्रशासन ग्राम स्वराज शैली पर चल सकता है। यह सरकार के मुरझाते जाने (withering of the government) की एक झांकी है।

6 युवा नेतृत्व निर्माण का एक अद्यतन उदाहरण : मध्य प्रदेश का 'मुख्यमंत्री सामुदायिक नेतृत्व क्षमता विकास कार्यक्रम', (CMCLDP : Chief Minister's Community Leadership Development Programme) : युवकों को पुनर्रचना के लिए तैयार करने का मध्यप्रदेश राज्य का एक प्रमुख कार्यक्रम बन गया है। साल में नेतृत्व प्रशिक्षण 5 युवकों को 75000 डिप्लोमा में भागीदारी होने का यह प्रमाण पत्रडिग्री कार्यक्रम वर्ष 2015 में महात्मा गांधी चित्रकूट विश्वविद्यालय, सतना के अंतर्गत शुरू हुआ। नेतृत्व द्वारा पिछड़ी बस्तियों में परिवर्तन लाने को अहम मुद्दा बनाने वाला यह कार्यक्रम 18 विषयों को तीन सालों में सिखाता है और ग्रामीण स्तर पर छात्रों द्वारा किए गए कार्यों के लिए करीब आधा अंकों का प्रावधान किया है। ग्रामीण इलाकों में ले जाकर वहाँ की समस्याओं के साथ विद्यार्थियों को जोड़ने के लिए हर ब्लॉक में मार्गदर्शक (mentors) नियुक्त किए गए हैं।

दरअसल संयुक्त राष्ट्र संघ के विकास मापदंडों के अनुसार मध्यप्रदेश के कई आयाम (जैसे शिक्षा स्तर, लैंगिक समानता, शिशु मृत्यु स्तर, मातृ मृत्यु स्तर आदि) कम रहे। आदिवासी बहुल्य मध्यप्रदेश में सुदूर स्थित बस्तियों तक शिक्षा, स्वास्थ्य आदि को पहुंचाना दुर्लभ रहा है। मुख्यमंत्री की अभिनव योजनाओं के कारण ये

समस्याएं समाप्त होने की संभावनाएं बढ़ रही हैं। इस स्थिति में नेतृत्व पाठ्यक्रम के माध्यम से छात्रों द्वारा एक धक्का देकर स्थिति को पूर्ण रूप से सुधार करने की रणनीति अपनायी जा रही है। अंतिम श्रेणी के विकास कर्मियों को सही प्रशिक्षण और प्रेरणा देने के अलावा काफी संख्या में उद्यमियों को और समाज विकास कर्मियों को खड़ा करना इस पाठ्यक्रम का उद्देश्य है। वर्ष 2015 से यहां प्रति वर्ष 15000 युवकों को शामिल किया जा रहा है।

7. वर्धा केंद्रित परंतु राष्ट्रव्यापी युवा नेतृत्व प्रशिक्षण क्यों जरूरी है? भौगोलिक दृष्टि से वर्धा देश का गुरुत्व केंद्र है (centre of gravity)। गाँधीजी ने यहीं से रचनात्मक कार्यक्रम न सिर्फ घोषित किए बल्कि उसके लिए आवश्यक संस्थाओं को और मानव संसाधनों को प्रबंधित भी किया। 1934 और 1948 के बीच के कार्यकाल में उनसे किए गए रचनात्मक कार्यक्रम पर कनकमल गांधी द्वारा तीन भाग में बृहद साहित्य[11] अभी अभी प्रकाशित हुआ है। इन किताबों द्वारा गाँधीजी द्वारा किए गए पहल, उनके सहयोगियों के प्रयत्न और उस समय में खड़े किए गए संस्थानगत संरचनाएं— इन सबका अधिकतम विवरण हमारे सामने प्रस्तुत किए गए हैं।

परंतु पिछले 75 सालों में शायद गाँधीजी की वसीयत के अनुसार 35 लाख युवकों का प्रशिक्षण वर्धा में या वर्धा की सहायता से इस देश में हुआ होता तो आज भारत एक विकसित सभ्यता के रूप में विश्व के लिए सहायक हो सकता था।

आज जब गाँधीजी की 150 वीं जयंती के वार्षिक महोत्सव की तैयारियां हो रही हैं, उस मौके पर वर्धा गतिशील हो जाए तो युग परिवर्तन के लिए युवा नेतृत्व निर्माण का काम संभव हो जाएगा। इस संदर्भ में निम्न तीन प्रश्न उठते हैं: (i) उक्त काम के लिए मंच क्या होगा और संसाधन की क्या व्यवस्था होगी? (ii) किन संस्थानों के कार्य नमूने इसमें मददगार होंगे? और (iii) किस कालावधि को लेकर कितने युवक प्रशिक्षित हो सकते हैं?

वर्धा में 'कल के लिए गांधी' (Gandhi For Tomorrow) नामक सरकारी कार्यक्रम द्वारा युवा प्रशिक्षण आदि के लिए परियोजनाएं अनुमोदित हैं। इनके द्वारा प्रतिवर्ष हजारों युवकों को प्रशिक्षण देने के लिए अधोसंरचना तैयार हो सकती है जो वर्तमान में मौजूद संसाधनों की कमियों को मिटा सकती है। संयोगवश वर्धा-स्थित रचनात्मक संस्थाएं इस दिशा में एकजुट होकर काम करेंगी—ऐसी संभावनाएं उभर रही हैं। अब प्रश्न है : कौन सी दिशाओं को लेकर युवा नेतृत्व की तैयारी करना जरूरी है? गाँधीजी की वसीयत को और एक बार अवलोकन करें तो निम्न तीन दिशाएं : (क) राजनैतिक (ख) आर्थिक और (ग) सामाजिक रूप में परिलक्षित होती हैं।

(क) राजनैतिक दिशा में : ग्राम-स्वराज (स्थानीय प्रशासन) के लिए सक्षम नेतृत्व तैयार करना।

(ख) आर्थिक दिशा में : करीब 15000 ग्रामीण संकुलों के लिए (Rurual Economic Zone) कृषि एवं ग्रामोद्योग संबंधित रचनात्मक कार्य के लिए आवश्यक नेतृत्व खड़ा करना होगा।

(ग) सामाजिक दिशा में : कुरीतियों से मुक्ति पाकर समतामूलक समाज की ओर कार्य करने के लिए नेतृत्व तैयार करना होगा।

इसमें (क) का अच्छा उदाहरण मध्यप्रदेश में उभर रहा है—जिसका उल्लेख अनुभाग 6 में किया जा चुका है। पंचायत नेतृत्व के लिए अब तक कोई सफल प्रयत्न इस देश में नहीं हुआ है। सामाजिक सुधार के लिए भी देशव्यापी सफल और समग्र प्रयत्न अब तक नहीं हुआ है। गांधी की 150 वीं जयंती के निमित्त वार्षिक महोत्सव के सिलसिले में यह सब होने की संभावनाएं उभरी हैं।

8 अभिसरण (convergence) नामक अद्भुत मंत्र : अब प्रश्न आता है, सिर्फ युवकों के अकेले काम करने से कामयाब होने की संभावना है? आचार्य विनोबा जी ने निम्न पाँच शक्तियों के समन्वयन को सामाजिक सफलता के लिए जरुरी समझा : 1. लोक शक्ति, 2. विद्वत जन शक्ति, 3. महाजन शक्ति, 4. सज्जन शक्ति और 5. शासन शक्ति। इसी प्रकार (और इसके अतिरिक्त) भारत की पुनर्रचना नामक महायज्ञ सफल होना है तो निम्न तीन महान तथ्यों का सुंदर मिलन होना जरूरी है।[12] :

—सेवा संस्थानों की संवेदनशीलता	sensitivity of NGOs
—शासन का क्षेत्र व्यापकता	spread of the Government and
—निगमित संस्थानों की कार्यक्षमता व रफ्तार	speed of the Corporate

अब समय आ गया है कि उक्त तीनों सिद्धांतों को मिलाकर पहल की जाए।

निगमित संस्थानों की सामाजिक जिम्मेदारी (Corporate Social Responsibility) सरकार की ओर से कॉर्पोरेट सोशल रिस्पांसिलिटी यद्यपि एक नई शुरुआत है। उद्यम क्षेत्र का ज्ञान और कार्यक्षमता को पुनर्रचना के लिए इस्तेमाल करने की पहल गाँधीजी ने तैयार किया और उसे 'धर्मकर्ता सिद्धांत' ;ज्तनेजममीपचद्ध का नाम दिया। आज के कानून के तहत अपने लाभ में दो प्रतिशत को सामाजिक पुनर्रचना के लिये खर्च करना उद्योगों के लिए अनिवार्य हो गया है। परंतु मार्गदर्शन की कमी है।

लेखक का मत है कि पूरे ग्रामीण भारत को करीब 15000 संकुलों में विभाजित करके हर संकुल के विकास में भागीदारी का प्रोत्साहन अलग-अलग उद्यमों को दिया जा सकता है—ताकि वे युवाओं को, सेवा संस्थानों को और

सरकारी योजनाओं को जोड़कर भौतिक, आर्थिक, सामाजिक परिवर्तन में सफल काम की अगुवाई या मार्गदर्शन दे सकें। उक्त चर्चा में 'युवक' का संकेत वर्तमान पीढी के कम आयु वाले नागरिकों पर है और साथ ही परिवर्तन और पहल पर भरोसा रखनेवाले सभी व्यक्तियों और संस्थानों पर भी है।

निष्कर्ष : सूचना प्रौद्योगिकी के प्रभाव से एक वैश्विक समाज हमारे समक्ष प्रस्तुत है। इसको सामाजिक, आर्थिक और प्रशासनिक दृष्टि से एक शाश्वत रूप देना जरूरी है। पुराने जमाने में युद्धों द्वारा राज्यों का, देशों का और भूखंडों का एकीकरण किया गया। हाल ही में वाणिज्य द्वारा एक प्रकार का वैश्वीकरण चल रहा है जिसका नतीजा प्रतिस्पर्धा, युद्ध, आतंकवाद और प्रदूषण आदि समस्याएं हमें देखने को मिल रहे हैं।

यूनेस्को की शिक्षा संबंधी आज की वैश्विक दृष्टि गाँधीजी द्वारा प्रस्तावित नयी तालीम सिद्धांत की एक प्रतिलिपि ही है और संयुक्त राष्ट्र संघ द्वारा दिल्ली में प्रस्तावित विश्वस्तर का 'महात्मा गांधी शांति एवं शाश्वत विकास शिक्षा संस्थान' (MGIEP: Mahatma Gandhi Institute of Education for Peace and Sustainable Development) इस विश्वबोध की एक प्रतीक है। उक्त शिक्षा उभरते विश्व मानव के लिए उपयुक्त मूल्य प्रणाली (Value System) और जीवन शैली (Life Style) को एक ऐसी पद्धति द्वारा सिखाई जाएगी जिससे सामाजिक एवं पर्यावरणीय वातावरण संतुलित हो। नयी प्रणाली कार्याधारित होने के कारण, हर सामजिक इकाई को आत्मनिर्भर बनाएगी—न कि आक्रमणकारी और हिंसक। उक्त समाज के लिए समता और सहकारिता आवश्यक अंश होंगे और उसके लिए श्रेणीबद्ध प्रशासन अनावश्यक होगा। सहअस्तित्व हेतु एक महासागरीय वलय (oceanic circle) शैली की प्रशासनिक व्यवस्था उचित होगी जिसका स्थानीय प्रशासन से लेकर विश्व स्तर तक विस्तार किया जा सके। परंतु इस नई सभ्यता को साकार करने के लिए नयी पीढी को एक अभियान शैली में पुनर्रचनात्मक कार्य में लगाना होगा। ऐसा पुनर्रचनात्मक कार्यक्रम लचीला और स्थानीय परिस्थियों के लिए उचित होना चाहिए।

विश्व के लिए ऐसी 17- सूत्रीय शाश्वत विकास (SDG) ढांचा सितंबर 2015 से श्शाश्वत विकास लक्ष्य'' के नाम से उपलब्ध हैं। इसके अंतर्गत उपस्थित 169 उप-लक्ष्य और 230 संकेतकों को लेकर चिंतन करने से सारी स्थानीय समस्याओं की समेकित सूची बनाना आसान हो जाता है। अब आती है व्यक्ति को एक विराट कार्यक्रम से जोड़ने की रणनीति और उसपर नेतृत्व का हुनर स्थापित करने की पद्धति। चूँकि अपने जीवन द्वारा समूह को प्रभावित करना ही एक सभ्य समाज के नेता का लक्षण है—इसकी स्वाभाविक प्रक्रिया है कि कोई युवक सर्वप्रथम नेतृत्व विकास के सोपान पर चढ़ते समय अपने में परिवर्तन एवं विकास लाएगा तदुपरांत

अपने पड़ोस की समस्याओं का समाधान ढूंढेगा तत्पश्चात अगले सोपानों की ओर अग्रसर होना स्वाभाविक और सरल होगा। जब कार्याधारित शिक्षा द्वारा उभरे गतिशील नेता समाजकार्य करेंगे तब वह स्वयं में गुटबाजी और सांप्रदायिकता से मुक्त रहेगा और विभाजनकारी ताकतों का वर्चस्व भी कम होगा। इस प्रक्रिया में धीरे-धीरे नागरिक समाज (Civil Society) संगठित एवं सुदृढ होगा और हिंसक शासन शक्ति से मुकाबला करने की उसकी ताकत भी बढ़ेगी। यह हमें एक नई वैश्विक टिकाऊ सभ्यता की ओर ले जाएगी।

संदर्भ—

1. Gandhiji's Last Will And Testament (download from: http://www.gandhimanibhavan.org/eduresources/ article15.htm)
2. मोहनदास करमचंद गांधी "Constructive Program" (download from: http://www.mkgandhi.org/ebks/ gandhiebooks.htm#Constructive_Programme)
3. टी करुणाकरन (2006): ''युवा रचनात्मक कार्यक्रम के लिए एक रूपरेखा'', गांधीग्राम ग्रामीण विश्वविद्यालय द्वारा प्रकाशित (डॉ एपीजे अब्दुल कलाम द्वारा विश्वविद्यालय की स्वर्ण जयंती उत्सव पर)
4. शाश्वत विकास लक्ष्य-SDG (download from: https://en.wikipedia.org/wiki/Sustainable_Development_ Goals)
5. टी. करुणाकरन (2011): 'Rural Economic Zone' MGIRI प्रकाशन, वर्धा (download from: https://arindus.files.wordpress.com/2017/01/rez.pdf)
6. टी. करुणाकरन (2009): Workable model of Nai-Talim in the book 'Perspectives on Nai Talim' NCRI publications (2010)
7. टी. करुणाकरन एवं रेजी थॉमस ;(2011): "Liberating Education", Nai Talim Samiti वर्धा

   (download from: https://drive.google.com/file/d/0B-69NoKSMbfvdXdIN0JyOUJNRjQ/view)
8. टी. करुणाकरन (2015) : ''उनकी वसीयत का आव्हान''— गांधीजी की 150 वीं वर्षगांठ के उत्सव के लिए सेवाग्राम में परामर्शदात्री बैठक
9. टी. करुणाकरन (2015) : "GANDHI LEFT A BLUEPRINT OF A SUSTAINABLE WORLD CIVILIZATION THROUGH HIS WILL"—conference in GITAM University.
10. टी. करुणाकरन (2016) : "A workable model of Nai-Talim" book based on the Bihar Govt proposal that 'Nai Talim will be redeveloped as a mainstream educational system'
    (download from: https://drive.google.com/file/d/0B-69 NoKSMbfvWjdPamFSLWZfbU0/view? usp=sharing)

11. कनकमल गांधी: तीन भाग में : प्रकाशक- गांधी सेवा संघ और सेवाग्राम आश्रम प्रतिष्ठान (1) 'सेवाग्राम की गांधी गंगा' (2014), (2) 'बापू कुटी'—सेवाग्राम आश्रम भाग-1: आश्रम परिचय व गाँधीजी की साधना, सेवा एवं संदेश (2016), (3) 'बापू कुटी'—सेवाग्राम आश्रम भाग-2 : रचनात्मक कार्य एवं अहिंसक समाजरचना के प्रयोग (2016)

12. अजेय कुमार, M. Tech, IIT Delhi (2016) समृद्धि मिशन (http://www.missionsamriddhi.org/) के चिंतन शिबिरों में प्रस्तुत एक मार्गदर्शक सिद्धांत

रामजी सिंह

समाज-परिवर्त्तन और रचनात्मक कार्यक्रम

'रचनात्मक कार्यक्रम : उसका रहस्य और स्थान'[1] शार्षक से 13 सूत्री रचनात्मक कार्यक्रम की रूपरेखा महात्मा गांधी ने सर्वप्रथम हरिजन नामक पत्रिका में 18 अगस्त, 1940 को प्रकाशित की थी। पुन: 1941 में उसे पुस्तकाकार[2] प्रकाशित किया गया और 1945 में उसे संशोधित एवं परिवर्द्धित किया गया। तब से आज तक उसके कई मुद्रण हो चुके हैं। चूंकि बापू ने अपने विचार सूत्र रूप में लिखे थे इसलिए उसकी व्याख्या और स्पष्टीकरण की आवश्यकता समझी गई। इस महत्त्वपूर्ण कार्य को देशरत्न डॉ. राजेन्द्र प्रसाद ने अपने हाथ में लेकर रचनात्मक कार्यक्रम : कुछ सुझाव[3] शीर्षक से एक पुस्तिका सन् 1942 में प्रकाशित की जिसकी अब तक कई आवृत्तियां हो चुकी हैं।

जब गांधीजी ने राष्ट्रीय स्वतंत्रता के आंदोलन में रचनात्मक कार्यक्रमों को स्थान देना शुरू किया तो कुछ लोगों को लगा कि रचनात्मक कार्यक्रम कोई क्रांतिकारी कार्यक्रम नहीं है और इसमें स्वराज और समाज-परिवर्त्तन की संभावना नहीं है। इसके लिए तो जुझारू और लड़ाकू कार्यक्रम चाहिए। अव्वल तो बिना हिंसा के आजादी हासिल नहीं हो सकती और फिर अगर अहिंसा आदि की ही बात हो तो उसमें जन-प्रदर्शन, हड़ताल, धरना, सविनय अवज्ञा, असहयोग और अनशन आदि के सघर्षशील कार्यक्रम चाहिए। इसी भ्रम के निदान के लिए गांधीजी ने उक्त पुस्तिका लिखी थी जिसका पहला ही वाक्य था—''रचनात्मक कार्यक्रम ही सही माने में पूर्ण-स्वराज्य की रचना है।''[4] (The constructive programme may otherwise and more fittingly be called construction of Pooma Swaraj)। यानी रचनात्मक कार्यक्रम ही पूर्ण-स्वराज्य प्राप्त करने का सच्चा और अहिंसक रास्ता है। इसकी पूरी-पूरी सिद्धि ही संपूर्ण-स्वराज्य है (Wholesale fulfilment is complete Independence)।[5] कल्पना कीजिए कि भारत के सवा सौ करोड़ लोग देश को बिलकुल नीचे से ऊपर उठाने में लग जाएं तो क्या कोई इस बात से इनकार कर सकता है कि इसका एक ही नतीजा हो सकता है कि हमें सही माने में स्वराज्य

हासिल हो जाए। हाँ, यह कहा जा सकता है कि इतने लोग कभी इस काम में शरीक नहीं हो सकते। लेकिन इससे यह सिद्ध तो नहीं होता है कि रचनात्मक कार्यक्रम ही बेकार है। यदि मन के पक्के कुछ समर्पित कार्यकर्त्ता अटल निश्चय के साथ इस पर तुल जाए तो यह काम दूसरे किसी भी काम की तरह किया जा सकता है। विशेषकर अहिंसक रीति से करना हो तो रचनात्मक कार्यक्रम का कोई विकल्प ही नहीं है।

समाज-परिवर्तन का लक्ष्य भी तो समाज का सृजन या रचना ही है। रचनात्मक कार्यक्रम का उद्देश्य नए समाज की रचना है जिसमें सामाजिक और आर्थिक विषमता न हो। यदि हम बापू और देशरत्न के 'रचनात्मक कार्यक्रम' की सूची[6] का अवलोकन करें तो इससे यही प्रतीत होगा कि उन सबों की पहले जितनी आवश्यकता थी आज उससे कहीं ज्यादा है। कौमी एकता के अभाव में भारत का विभाजन हुआ और आज कई प्रांत कौमी एकता के अभाव में जल रहे हैं। अस्पृश्यता-निवारण का कार्य अधूरा रहा इसलिए आज गुजरात-महाराष्ट्र सहित कई राज्यों में ज्वालाएं धधक रही हैं। खादी और ग्रामोद्योग की हमने उपेक्षा की इसलिए पंचवर्षीय योजनाओं पर खरबों रुपये खर्च करने के बावजूद बेकारी और अर्द्धबेकारी की समस्या भारत की शांति लीलने को तैयार है। नयी तालीम के सही कार्यान्वयन के अभाव में आज प्रचलित शिक्षा राष्ट्रीय समस्याओं के समाधान करने के बदले स्वयं एक समस्या बन गई है। आजादी के 75 वर्षों के बाद भी हम अभी तक अपनी राष्ट्रभाषा को जो सम्मान एवं स्थान देना चाहिए वह नहीं दे पाए हैं। आदिवासी स्वतंत्र राज्य स्थापना के लिए बर्बर पुलिस की गोलियां खा-खा कर हमारी एकता का परिहास कर रहे हैं। आर्थिक समानता की बात तो दिवास्वप्न हो चुकी है और देश में गरीब ज्यादा गरीब हुए हैं तथा अमीरों की अमीरी बेइंतहा बढ़ी है। इन सब बातों से यही सिद्ध होता है कि यदि गांधी एवं राजेन्द्र बाबू के बताए हुए 13 सूत्री रचनात्मक कार्यक्रम को राष्ट्र पूरे मन और हृदय से अपना लेता तो भारत खंडित नहीं होता और हमारी आजादी इतनी झूठी साबित नहीं होती जितनी आज दिख रही है।

सचमुच यह एक भ्रांत धारणा है कि रचनात्मक कार्यक्रम एक ठंडा कार्यक्रम है और इसमें कोई क्रांतिकारिता नहीं है। शायद वे नहीं समझते कि सविनय कानून भंग, असहयोग या सत्याग्रह के अन्य जुझारू कार्यक्रम भी रचनात्मक कार्य के ही सहायक हैं। गांधीजी के अनुसार तो रचनात्मक कार्यक्रम सशस्त्र विद्रोह का भी स्थान भलीभांति ले सकता है। आखिर सशस्त्र क्रांति के द्वारा भी सामाजिक और आर्थिक विषमता का ही तो अंत करना हमारा अभीष्ट होता है जिसे हम रचनात्मक कार्यक्रमों के द्वारा अधिक ठोस ढंग से संपादित करते हैं। अस्पृश्यता-निवारण, सांप्रदायिक सद्भाव, महिला उद्धार आदि कार्यक्रम में क्या सामाजिक क्रांति का तत्व नहीं है? खादी-ग्रामोद्योग द्वारा बेरोजगारी दूर करने या किसानों को उनका लागत

मूल्य दिलाने या उन्हें कर्ज के बोझ से मुक्त करने से क्या आर्थिक परिवर्तन नहीं होगा? क्या शराब बंदी, शिक्षा प्रसार आदि कार्यक्रमों से सांस्कृतिक क्रांति नहीं होगी? सशस्त्र-विद्रोह में कुछ दोषी एवं अधिकतर निर्दोष लोगों की हत्या कर लेने के बाद भी तो आखिर यही रचनात्मक कार्यक्रम हाथ में लेना पड़ता है। इसलिए सशस्त्र-क्रांति का भी आदर्श रचनात्मक कार्यक्रम ही है। जिस प्रकार सशस्त्र-बगावत के लिए अस्त्र-शस्त्र का प्रशिक्षण लेना आवश्यक है उसी प्रकार सत्याग्रह के लिए रचनात्मक कार्यक्रम का प्रशिक्षण अनिवार्य है। बल्कि हम यह भी कह सकते हैं कि अहिंसक युद्ध की पूर्व तैयारी और प्रशिक्षण काल में ही हम अपने साध्य के समीप पहुँचने लग जाते हैं। अतः रचनात्मक कार्यक्रमों की सफलता के अनुपात में ही हमारा सत्याग्रह और उस पर आधारित समाज-परिवर्तन का लक्ष्य पूरा होता है। मान लें, समूचा राष्ट्र खादी एवं अन्य ग्रामोद्योग को अपना लेता है तो देशी पूँजीवाद के पैर हिल जाएंगे एवं गांव को स्वावलंबन और समृद्धि का लाभ मिलेगा। रचनात्मक कार्यक्रम चूँकि सत्य और अहिंसा पर आधारित है, अतः इसके बिना सत्याग्रह की कोई लड़ाई लड़ी नहीं जा सकती।

असल में सत्याग्रह रूपी सिक्के के आंदोलन और रचनात्मक कार्यक्रम दो पहलू होते हैं। सत्याग्रह का उद्देश्य है समाज-परिवर्तन के द्वारा एक नए समाज की रचना करना। आंदोलन करना उसका उद्देश्य नहीं है। आंदोलन के लिए आंदोलन करना एक अप-सिद्धांत है। इस दृष्टि से यदि विचार किया जाय तो रचनात्मक कार्यक्रम आदर्श-समाज निर्माण का साधन भी है और साध्य भी। जैसे, यदि हम अस्पृश्यता-निवारण का ही कार्यक्रम कार्यान्वित करते हैं तो हम जातपात, वर्णभेद से परे एक समतावादी समाज की स्थापना करते हैं। शराब-बंदी कार्यक्रम के द्वारा एक व्यसन-मुक्त समाज की ओर बढ़ते हैं। इसलिए गांधीजी ने कार्यकर्त्ताओं को स्पष्ट कहा है कि वे कभी भी नागरिक प्रतिरोध की ताक में नहीं रहें। यों उन्हें अन्याय के प्रतिकार व संघर्ष करने के लिए तैयार रहना चाहिए। सांप्रदायिक-सद्भाव, अस्पृश्यता निवारण आदि के लिए किए गए सच्चे प्रयत्न कभी भी असफल नहीं हो सकते। राजनैतिक समझौते सफल या विफल हो सकते हैं किंतु रचनात्मक कार्यक्रम तो विफल होगा ही नहीं।[7]

गांधीजी ने रचनात्मक कार्यक्रम की योजना वस्तुतः पाश्चात्य समाजवाद के विकल्प के रूप में भी प्रस्तुत की थी जिससे राज्य का दानवी हस्तक्षेप जनजीवन में कम हो सके। पाश्चात्य समाजवाद वस्तुतय राज्य का पूँजीवाद और निरंकुश सत्ता का नग्न रूप है। गांधीजी के अनुसार राजसत्ता संगठित और केंद्रित हिंसा का प्रतीक है। व्यक्ति के पास तो हृदय भी होता है लेकिन राज्य एक हृदय हीन तंत्र है। इसलिए स्वैच्छिक रचनात्मक कार्यक्रमों का जाल फैलाकर ही राज्य के शक्ति विस्तार को

रोका जा सकता है। एक अराजकतावादी विचारक के नाते गांधीजी राज्य के जनजीवन में हस्तक्षेप को न्यून स्तर तक लाना चाहते थे और उसके लिए आवश्यक है कि गैर-सरकारी स्वैच्छिक संस्थाओं का विस्तार हो।[8] इसीलिए गांधीजी की मृत्यु के बाद सेवाग्राम में मार्च,1948 में रचनात्मक सेवकों की एक बैठक हुई, जिसमें 'सर्वोदय-समाज' एवं 'सर्व-सेवा-संघ' अस्तित्व में आई। देशरत्न डॉ. राजेंद्र प्रसाद ने गांधी स्मारक निधि के कार्यकर्त्ताओं को संबोधित करते हुए उसी समय कहा था, शगांधी स्मारक निधि केवल गांधीजी की मूर्तियां खड़ी करने का काम नहीं करें बल्कि सघन रूप से रचनात्मक कार्यक्रम को चलाया जाए ताकि सभी वर्ग के लोग और विशेषकर गरीब और दलित लोगों को लाभ मिल सके।''[9]

अहिंसक सत्याग्रह का कोई कार्य रचनात्मक कार्यक्रम के बिना संभव नहीं है। सत्याग्रह को प्रतिपक्षी से संघर्ष करने के लिए परस्पर सहयोग आदि से आत्म-शुद्धि के द्वारा आत्मबल पैदा करना होता है, दूसरों के जिन दुर्गुणों के खिलाफ हम संघर्ष करते हैं, उन्हें अपने में पालना न तो सत्य है न अहिंसा बल्कि वह पाखंड है। समाज में जो अन्याय एवं उत्पीड़न हैं उसका दायित्व प्रत्यक्ष या परोक्ष रूप से हर व्यक्ति पर है। इसलिए गरीबों की मूक भाव से सेवा करना या हरिजन उद्धार के लिए कष्ट उठाना वस्तुत: सामूहिक प्रायश्चित का ही प्रतीक है। इस तरह रचनात्मक कार्यक्रम समाज-परिवर्तन के लिए सामूहिक प्रयत्न और सामूहिक लोक शिक्षण है।[10]

सेवा-भावना से रहित होकर जेल जाना या लाठियां खाना एक प्रकार की हिंसा ही है।[11] रचनात्मक कार्यक्रम के द्वारा सामाजिक-पुननिर्माण का कार्यक्रम करने के लिए कार्यकर्ता यदि संघर्ष के प्रति तत्पर हैं तो वैसा सत्याग्रह विध्वंसक एवं हिंसा-जनित होकर भ्रष्ट हो जाता है। सन् 1942 में गांधीजी ने लिखा—''जिन्हें रचनात्मक कार्यक्रम में आस्था नहीं है उन्हें भूखी मानवता के लिए सच्ची सहानुभूति नहीं हो सकती और जिन्हें ऐसी करुणा नहीं है, वे अहिंसक रीति से संघर्ष नहीं कर सकते।''[12] इसीलिए वे यहाँ तक कह देते हैं कि ''रचनात्मक कार्यक्रम के अभाव में सविनय कानून भंग हिंसक एवं शक्ति का अपव्यय है।''[13] जैसा हम कह चुके हैं कि रचनात्मक कार्यक्रम सत्याग्रही को अनुशासन, आत्म संयम एवं सेवा का प्रशिक्षण प्रदान करता है। इससे हमें शांति एवं संतोष मिलता है।[14] साथ ही संगठनात्मक कार्य कौशल एवं अध्यवसाय का अभ्यास भी होता है। जिस प्रकार फौजी लोगों के लिए कवायद, हथियार संचालन का प्रशिक्षण एवं सैनिक अभ्यास जरूरी है उसी तरह रचनात्मक कार्यक्रम अहिंसक सेना के लिए आवश्यक है।[15] इसीलिए रचनात्मक कार्यक्रम को 'हमारा राष्ट्रीय शस्त्र-भंडार'[16] कहा गया है।

यदि सैन्य-शब्दावली का व्यवहार करें तो सत्याग्रह का सविनय कानून भंग, असहयोग आदि की सीधी कार्रवाइयां आक्रमणमूलक हैं किंतु उससे स्थिति सुदृढ़

नहीं होगी। फौज की एक टुकड़ी अधिकार कर कब्जा तो कर लेती है लेकिन वहां शासन तंत्र को स्थापित करना कठिन कार्य है। जैसे सीधी कार्यवाही के माध्यम से हम विदेशी वस्त्रों की होली जलवा सकते हैं किंतु जब तक स्वदेशी का प्रचार नहीं होगा और लोग स्वदेशी का व्रत नहीं लेंगे, विदेशी वस्त्रों का बहिष्कार का कार्य एक नाटक बनकर रह जाएगा। गोहत्या बंदी का कार्य गो-सदन के बिना बेकार होगा। इसीलिए मिल के वस्त्र का बहिष्कार हुआ तो खादी का विकल्प सामने रखा गया। सरकारी विद्यालयों के बदले राष्ट्रीय विद्यालय बने। संक्षेप में, रचनात्मक कार्यक्रम समाज परिवर्तन के कार्यों को मजबूत नींव पर सुदृढ़ करने में सहायक होते हैं। जब तक आधार सुदृढ़ नहीं होगा, उस पर अधिकार भी सुरक्षित नहीं हो सकता है।

रचनात्मक कार्यक्रम जनसंपर्क का सबसे अधिक विश्वसनीय तरीका है। प्रत्यक्ष सेवा का जनता के हृदय पर जितना असर पड़ता है, उतना और किसी का नहीं। रचनात्मक कार्यक्रम कार्यकर्ताओं की सच्चाई का स्वत:सिद्ध सबूत बन जाता है क्योंकि यहाँ प्रवचन नहीं बल्कि प्रत्यक्ष सेवा का काम होता है। यह जनता के बीच जाने का अच्छा और सच्चा तरीका है। इसके माध्यम से जनता के सुख-दुख के हम सहभागी बनते हैं। जबकि आंदोलनकारी एक दूरवर्ती काल्पनिक राज-व्यवस्था या समाज-व्यवस्था का चित्र दिखाते हैं लेकिन जनता का इसपर जल्दी विश्वास नहीं जमता।

आंदोलन और संघर्ष के जरि, समाज-परिवर्तन के काम में स्थायित्व का अभाव होता है। लड़ाकू एवं जुझारू कार्यक्रम में भाव और संवेग ऊपर आ जाते हैं और समूह-मनोविज्ञान का प्राधान्य रहता है। भाव और संवेग धीरे-धीरे शांत हो जाते हैं एवं समूह बिखर जाता है। वहीं रचनात्मक कार्यक्रम का प्रभाव अधिक स्थायी और प्रभावकारी होता है। यदि ठीक से विचार किया जाए तो रचनात्मक कार्यक्रम में भी एक आकर्षण, एक रोमांस, एक चमत्कार होता है। इसमें सृजन एवं निर्माण का एक विशेष आनंद है। शराब की एक बोतल फोड़ने में नाटकीयता हो सकती है तो क्या जीवनभर शराब नहीं पीने का व्रत कम आकर्षक है। हरिजनों के लिए मंदिरों का खुलवाना, अशांति के समय शांतिकार्य के द्वारा शांति स्थापना आदि कार्यों का समाज पर स्थायी प्रभाव होता है। इसीलिए ''गांधीजी ने असहयोग के समय विशेष करके चरखे पर जोर दिया।''[17] राजेन्द्र बाबू के अनुसार, ''सभी क्रांतियों के समान सत्याग्रह के भी दो पहलू हैं—ध्वंसात्मक और रचनात्मक।'' गांधीजी ने चरखा को रचनात्मक कार्यक्रम का राजा माना, इसीलिए राजेन्द्र बाबू ने खादी का अर्थशास्त्र नामक बहुमूल्य ग्रंथ भी लिखा और खादी का कार्य भी किया।

रचनात्मक कार्यक्रम की एक विशेष खूबी का उल्लेख करते हुए राजेन्द्र बाबू ने अपनी पुस्तिका ''रचनात्मक कार्यक्रम के अंत में लिखा है''—रचनात्मक कार्यक्रम

सर्वव्यापक एवं सर्व समावेशी है। इसमें एक भी कार्यक्रम ऐसा नहीं है जिस पर विवाद की गुंजाइश हो। साधारण से साधारण और बड़ा से बड़ा व्यक्ति भी आम-अभिव्यक्ति के लिए इसमें पर्याप्त अवसर पा सकता है। स्त्री-पुरुष, बालक-वृद्ध, सभी इसमें योगदान कर सकते हैं। संक्षेप में, इससे सबों को प्रेरणा और उत्साह मिल सकता है और यदि इसे बुद्धि और आत्मविश्वास सहित उत्साहित होकर संपन्न किया जाय तो कम से कम अवधि में समाज का कयाकल्प हो जाता है।[18] रचनात्मक कार्यक्रम उधार का नहीं, नकद का सौदा है। जिस प्रकार हम दैनंदिन जीवन में इसे आचरण में उतारेंगे उसी हद तक हमारी हासिल की हुई स्वतंत्रता सार्थक होगी या संपूर्ण क्रांति पूर्ण होगी।

गांधीजी ने जो रचनात्मक कार्यक्रम का दिशा-निर्देश दिया है, उसके लिए व्यावहारिक सुझाव देने का दायित्व राजेन्द्र बाबू सहित कई नेताओं पर था। जैसे "हिंदू-मुस्लिम या सांप्रदायिक एकता" को अमल में लाने के लिए राजेन्द्र बाबू ने सुझाव दिए हैं।[19] उन्होंने बताया है कि वर्तमान सांप्रदायिक भेदभाव पारस्परिक अविश्वास और संशय के कारण है और आज इसका जहर धार्मिक क्रिया-कलापों, भाषा, संस्कृति, जीवन-पद्धति, शिक्षा, आर्थिक स्वतंत्रता एवं राजनैतिक सत्ता यानी सभी आयामों को ग्रसित कर रहा है। पारस्परिक विश्वास स्वत: कायम हो जाएगा यदि हम सभी[20] परिस्थितियों में हिंसा का व्यवहार अस्वीकार करने का संकल्प ले लें। चाहे गोहत्या बंदी का प्रश्न हो या मस्जिद के सामने बाजा बंद करने का—सब के पीछे हमें हिंसा को वर्जित करना होगा। इस प्रकार धर्म-परिवर्तन, उद्योग-व्यापार, सांस्कृतिक अस्मिता, सत्ता में सहभाग आदि तेरह मुद्दों में इस समस्या का विश्लेषण किया गया है। अस्पृश्यता निवारण के विषय में राजेन्द्र बाबू ने स्पष्ट कहा है कि हमारे सामाजिक जीवन में अस्पृश्यता की समस्या वस्तुत: हिंसा की अभिव्यक्ति हैं। यह एक क्रूरता का रूप है जिसे धार्मिक संस्थाओं ने संरक्षण दिया है। अस्पृश्यता-निवारण[21] का कार्य हरिजन लोग उठावें, इसमें कोई खूबसूरती नहीं। सवर्ण हिन्दुओं को अपने पूर्वजों द्वारा हरिजन बन्धुओं के प्रति किए गए अमानुषिक भेद-भाव के फलस्वरूप प्रायश्चित के रूप में हरिजनोद्धार का कार्य करना चाहिए। राजेन्द्र बाबू ने अस्पृश्यता की तीन श्रेणियां बताते हुए अस्पृश्यता-निवारण के लिए पाँच व्यावहारिक सुझाव दिए हैं। हरिजनों के साथ आदिवासियों की समस्या जुड़ी हुई है। "इनके साथ इतना सामाजिक उत्पीड़न एवं अपमान तथा आर्थिक शोषण है कि वे ईसाई हो जाना पसंद करते हैं। भारत में ईसाइयों की आबादी में लगभग आधी ईसाई आबादी मूल में हरिजन रही है। इस प्रकार शराब बंदी[22] के ऊपर जोर देते हुए राजेन्द्र बाबू ने कहा है कि नशापान केवल शारीरिक हानियां ही पैदा नहीं करता बल्कि नैतिक रूप से नाश भी करता है। नशा-निवारण के लिए व्यावहारिक सुझावों में डॉ. प्रसाद ने

वैकल्पिक पेय, स्वस्थ्य मनोरंजन के साधन, स्वयं सेवी संस्थाओं द्वारा नशाबंदी कार्यक्रम हाथ में लेने की बात कही है। इनमें खादी और अन्य ग्रामोद्योग के आर्थिक, सामाजिक और सांस्कृतिक पक्षों पर अच्छी तरह से प्रकाश डाला गया है। ग्राम-सफाई के विषय में भी उन्होंने गांव के सड़कों की सफाई, खुले मैदान में मल-मूत्र गाड़ना, पशु के गोबर आदि का सदुपयोग, कुएं एवं जलाशय की सफाई तथा हर ग्रामवासी के व्यक्तिगत स्वास्थ्य के विषय में विचार दिए हैं। बुनियादी तालीम एवं वयस्क शिक्षा पर भी जोर दिया गया है। महिलाओं की भलाई के लिए उन्होंने दस सुझाव दिए हैं। जन-स्वास्थ्य के महत्व पर भी उन्होंने प्रकाश डाला है। राष्ट्रभाषा और मातृभाषा के विकास पर भी उन्होंने जोर दिया है। आर्थिक समानता को भी उन्होंने अपने रचनात्मक कार्यक्रम में महत्त्व दिया है। उपर्युक्त 13 रचनात्मक शुरू के थे जिसमें बाद में कुछ जोड़े गए हैं जैसे, किसान, मजदूर, विद्यार्थी संगठन आदि। असल में रचनात्मक कार्यक्रमों की कोई अंतिम सूची नहीं बन सकती।

यह ठीक है कि रचनात्मक कार्यक्रम विकास से जुड़ा हुआ है लेकिन विकास के साथ इसमें समाज-परिवर्तन का भी तत्व सम्मिलित है। गांधी का चरखा किसी असहाय विधवा के हाथों का चरखा नहीं है, यह जवाहरलाल के शब्दों में स्वतंत्रता की वर्दी एवं गांधी-राजेन्द्र की दृष्टि में स्वराज्य एवं समाज परिवर्त्तन का मूलतंत्र है।

रचनात्मक कार्यक्रम के सिलसिले में राजेन्द्र बाबू गांधी के भाष्यकार के रूप में थे। रचनात्मक कार्यक्रम उनके लिए कोई कर्मकांड नहीं बल्कि जीवन-धर्म था। असल में, देशरत्न की दृष्टि में गांधी विचार ''केवल दिमागी वर्जिश (मेंटल जिमनास्टिक) नहीं हैं, वे तो प्रत्येक मनुष्य के जीवन में उतारने की चीजें हैं।'' राजेन्द्र बाबू ने स्वयं कहा है कि गांधीजी की ''विचारधाराएं हिमालय से निकलने वाली निर्मल गंगा की तरह पवित्र है और उन्हीं धाराओं से जो कुछ जल मैं सिंचित कर सका, उसके बल पर मुझे भी जनता-जनार्दन की सेवा करने का थोड़ा-बहुत सौभाग्य प्राप्त हुआ।'' 1925 ई. में जब अखिल भारतीय कांग्रेस समिति की सारी ताकतें स्वराज पार्टी के साथ लगा दी गई और राजनैतिक सरगर्मी बहुत बढ़ गई तो उसी समय गांधीजी ने रचनात्मक कार्यक्रम को सुदृढ़ करने के लिए अखिल भारतीय चरखा संघ की स्थापना की जिसके आजीवन ट्रस्टी के रूप में उन्होंने राजेन्द्र बाबू को रखा। तब से अंत तक राजेन्द्र बाबू की निष्ठा खादी के प्रति बनी रही। उन्होंने ''खादी का अर्थशास्त्र'' नामक विद्वतापूर्ण ग्रंथ लिखकर खादी के उपर उठने वाले आरोपों को आंकड़े एवं तर्क से निराधार साबित किया। उन्होंने अन्य ग्रामोद्योगों के विकास को भारत के बेरोजगारी दूर करने का रास्ता माना।

वे सांप्रदायिक एकता के लिए भी जीवन भर जुटे रहे। वे मानते थे कि ''सांप्रदायिकता का फोड़ा हमारी राष्ट्रीय जीवन-शक्ति का नाश किए जा रहा था।''

गांधीजी ने मूलत: धार्मिक एवं आध्यात्मिक दृष्टि से सांप्रदायिक सद्भाव दृढ़ करने की बात रखी थी लेकिन राजेन्द्र बाबू ने श्खंडित भारत'' लिखकर इसके ऐतिहासिक, आर्थिक, समाजशास्त्रीय, आदि सभी पक्षों को उजगार किया।

शिक्षा के क्षेत्र में भी राजेन्द्र बाबू ने बिहार विद्यापीठ को जिस प्रकार चलाया, वह एक बड़ी बात है। उन्हें विश्वास था कि ''काम के माध्यम से शिक्षा'' का सिद्धांत शिक्षण-विधि की दृष्टि से भी सबसे अधिक वैज्ञानिक है। अत: इसको अपनाना कोई सनक नहीं संतुलित मस्तिष्क का परिचायक है। डॉ. प्रसाद वर्धा शिक्षा प्रणाली के विषय में यह मानते थे कि ''शिक्षा की इस प्रणाली से शिक्षा किताबी या सैद्धांतिक न रहेगी, बल्कि उसे एक व्यावहारिक रूप मिल सकेगा।'' इसलिए वे ग्रामीण विश्वविद्यालयों की स्थापना पर अधिक जोर देते थे। गांधीजी की ही तरह राजेन्द्र बाबू भी मातृभाषा को शिक्षा के माध्यम बनाने पर विश्वास करते थे। साथ ही अपनी सांस्कृतिक धरोहर की जानकारी रखना भी वे आवश्यक मानते थे।

अंत में हम कह सकते हैं कि रचनात्मक कार्यक्रम के क्षेत्र में गांधी युग के राजनेताओं में सर्वाधिक निष्ठा राजेन्द्र बाबू को थी। यही कारण था कि गांधीजी की मृत्यु के बाद भी उन्होंने सर्वोदय-समाज, भूदान-ग्रामदान आदि के रचनात्मक कार्यों से अपना घनिष्ठ संबंध बनाए रखा। यह ठीक है कि विनोबा जी की तरह वे भूदान-ग्रामदान आंदोलन की तरह रचनात्मक कार्यक्रम को नया आयाम प्रस्तुत नहीं कर सके लेकिन उसकी अहमियत को कभी नजरअंदाज नहीं किया जा सकता है। (साभार : गांधी ज्योति, वर्ष 2, किरण 3)

संदर्भ सूची—

1. म. गांधी, हरिजन, 18-8-1940
2. म. गांधी, नवजीवन पब्लिशिंग हाउस, अहमदाबाद, 1941
3. राजेन्द्र प्रसाद, Constructive Programme : Some Suggestions, Navajivan Publishing House, Ahmadabad, 1942
4. म. गांधी रचनात्मक कार्यक्रम (भूमिका)
5. उपरोक्त।
6. 1. कौमी एकता 2. अस्पृश्यता-निवारण 3. शराब बन्दी 4. खादी 5. दूसरे ग्रामोद्योग 6. ग्राम-सफाई 7. नयी या बुनियादी तालीम 8. वयस्क शिक्षा 9. स्त्रियां 10. आरोग्य के नियमों की शिक्षा 11. प्रान्तीय भाषाएं 12. राष्ट्र भाषा 13. आर्थिक समानता 14. किसान 15. मजदूर 16. आदिवासी 17. कुष्ट रोगी 18. विद्यार्थी
7. म. गांधी, द हिन्दुस्तान 'स्टैन्डर्ड' 28.10.1944
8. धवन, गोपीनाथ, व पोलीटकल फिलासाफी ऑफ महात्मा गांधी, अहमदाबाद नवजीवन 1946, पृ. 191
9. देवदत्त, रिपोर्ट टू गांधी दिल्ली, गांधी स्मारक निधि, 1982, पृ. 4

10. हरिजन, 18.05.1940
11. हरिजन, 25.03.1939
12. हरिजन, 12.04.1942
13. 30.10.1941 को गांधीजी का भाषा
14. यंग इंडिया, 1, पृ. 104
15. यंग इंडिया, 9.01.1930
16. यंग इंडिया, 23.01.1930
17. राजेन्द्र प्रसाद, गांधीजी की देन, नयी दिल्ली, सस्तासाहित्य मंडल, पृ. 35 देखिये- अध्याय 3 ''रचनात्मक कार्यक्रम''
18. राजेन्द्र प्रसाद, श्रचनात्मक कार्यक्रम'' पृ. 32 (अंग्रेजी)
19. वही, पृ. 3 से 6 तक
20. वही, पृ. 3
21. वही, पृ. 6 से 10
22. वही, पृ. 10

कमल नयन काबरा

सार्थक समग्र विकास-विमर्श की सर्जनात्मक चुनौतियाँ

वर्तमान सक्रिय, कर्मठ, प्रतिबद्ध और संवेदी युवा-वर्ग की सामाजिक रचनात्मक भूमिका के निर्धारण में गांधी-दर्शन की बेजोड़ तथा सारगर्भित भूमिका संभव है। मेरा जीवन ही मेरा संदेश है: महात्मा गांधी का यह कथन अनेक अर्थों में मार्ग-दर्शक और प्रेरणादायक है। जहां कहीं, जिस रूप में गांधीजी ने अपने जमाने के चलन को अस्वीकार्य माना, उसे बदलने का बहुआयामी अभियान उन्होंने पूरी समझ, तैयारी और स्पष्टता के साथ शुरू किया। गांधीजी के अनुसार यदि आप परिवर्तन चाहते हैं तो उनकी शुरुआत स्वयं अपने आप से कीजिए। उन बदलावों को अपने विचारों और जीवन में उतार करके ही आप अपने बड़े मकसद की प्राप्ति की दिशा में बढ़ सकते हैं।

हम सब एक सीमित-संकीर्ण निजता-परता की दीवारें भेदकर एक व्यापक सर्वजनीयता से जुड़ सकते हैं। बशर्ते हम एक अमूर्त अस्तित्व से अलग जीवनदायी परिपूर्णता के रूप में निजता-परता के विभेद से परे अपनी सार्वजनिकता-संगत पहचान बनाएं। इस प्रकार हम सामुदायिकता सामाजिकता आदि की दर पर दस्तक देते हैं। गांधीजी ने अपने विचारों और उनके लेखन की विशाल विरासत छोड़ी है। उसमें से उपरोक्त दो विचारों का चयन मुझे आज की युवा पीढ़ी की 'रचनात्मक' भूमिका पर एक लघु सामयिक विमर्श की जमीन खोजने में मददगार लगे। रचनात्मक कामों और भूमिका को अपनाना अनेक रूपों में संभव है। किंतु इन कामों का कोई सर्वकालिक मॉडल संभव नहीं लगता। अनेक समसामयिक तथा संदर्भ-सापेक्ष प्रभावों के आधार पर रचनात्मक सामाजिक भूमिका के विविध अंगों की पहचान की जा सकती है। इस आधार पर रचनात्मकता को हकीकत बनाने की दिशा में बढ़ना भी संभव है।

पिछले करीब सात दशकों के दौरान भारत में विकास-विमर्श के टेढ़े-मेढ़े रास्तों पर विचार करने का इरादा है। इसकी बुनियाद है अभी हाल ही में राष्ट्रव्यापी सामाजिक-आर्थिक-जातीय जनगणना (2011) द्वारा खोजा गया यह निष्कर्ष कि

आजादी के तुरंत बाद जहाँ गांवों में बसे 30 करोड़ भारतीयों में से 17 करोड़ लोग न्यूनतम जरूरतों को पूरा करने में असमर्थ थे, अब 2011-12 में 88 करोड़ भारतीय ग्रामीणों में से 65 करोड़ ऐसी दुर्भाग्यपूर्ण स्थिति में है जो अपनी न्यूनतम आवश्यकताओं की संतुष्टि नहीं कर पाते हैं।

कुल मिलाकर पूरे देश ने अनेक तरह की प्रगति करके सदियों से अवरोध, विकृतियों और अभावों से मुक्ति पायी। संक्षेप में, भारत आधुनिकता, औद्योगिक क्षमताओं और भविष्य की उज्जवल संभावनाओं भरा देश बनकर विश्व रंगमंच पर सम्मानीय रूप में उभरा। आर्थिक-तकनीकी-सैनिक-ज्ञान-विज्ञान में भारत की तरक्की और आम भारतीय के जीवन की गुणवत्ता और क्षमताओं की दारुण स्थिति के बीच गहरी खाई एक दुखद बिडंबना है। विषमतामय यह 'विकास' हमारी उपलब्धियों का मखौल उड़ा रहा है। वोट देने के समान अधिकार के बावजूद हर क्षेत्र में भारत अमानवीय और गहन असमानताओं के दुश्चक्र में फंस गया। संभावनाओं का उजला पक्ष अधिकांशत: अनाधिकारी, संकीर्ण, आत्मलीन तबकों की बपौती बना दिया गया। कुल मिलाकर सारे देश की सम्मिलित राष्ट्रव्यापी उपलब्धियों की प्राप्ति के महती योजनाबद्ध अभियान प्रतिकूलित, वंचना, न्याय विपरीत बहुसंख्यक जनता के लिए अभिशाप बना दिए गए। आज विकास की चुनौती संपूर्ण राष्ट्रीय अविभेदित उपलब्धियों को गौण स्थान देकर उन्हें प्रतिकूलन के शिकार नागरिकों के अधिकारों, आवश्यकताओं, अभाव-वंचना निवारण को सर्वोच्च प्राथमिकता देकर उनका प्रतिफल बनाना है। इस प्रकार के सरोकारों को लेकर हम आज के कर्मठ, सक्रिय, कर्तव्यनिष्ठ 'युवाओं' के सामने खड़ी रचनात्मक चुनौतियों की चर्चा करने जा रहे हैं उनका संदर्भ-पटल आज की दुनिया में अस्तित्व, अस्मिता और अरमानों से जुड़ा है। उनका सार है कि सारा संसार (पूरी मानवता और प्रकृति) आज अनेक संकटों से जूझ रहा है। इस संकट के अनेक रूप हैं। इस स्थिति तक पहुँचने की अनेक प्रकार की प्रक्रियाओं से विभिन्न देशों, लोगों और प्रकृति को गुजरना पड़ा है। वैश्वीकरण के विचार का एक तात्पर्य ऐसे आपस में उलझे हुए बहुआयामी संकटों का विश्वव्यापी विस्तार और आपसी जुड़ाव भी है। इस विस्तार और इसके साथ जुड़ी लंबी गाथा की एक विचार से जुड़ी विशेषता प्रथम दृष्टया अजीबोगरीब लग सकती है। वह यह कि इन संकटों से इस व्यवस्था के न तो गिने-चुने कर्त्ताधर्त्ता, संचालक और अधिष्ठाता मुक्त हैं और न ही इसके उद्‌भव 'विकास' और टेढ़े-मेढ़े रास्तों भरे इतिहास में सर्वाधिक योगदान देने वाले वंचित-उपेक्षित असंख्य आम जन।

इस संकट को एक खास अर्थ में पाँच-छह शताब्दियों लंबे इतिहास के बावजूद 'आधुनिक' कहा जा सकता है। समय या काल-अवधि के 'वर्तमान', उसके आज भी जीवंत और परिवर्तनशील होने के कारण भर नहीं, बल्कि उसके

अपने पूर्ववर्त्ती अग्रजों से प्रायः प्रत्येक अर्थ में 'आधुनिक'—अन्यों से अलग-गुणात्मक, मात्रात्मक आदि अनेक आयामों की वजह से इस नजरिए से देखने पर इन संकटों की सर्वव्यापी प्रकृति-विभिन्न रूपों, मात्राओं, उत्तरदायित्वों, परिणामों आदि के बावजूद-अजीबोगरीब नहीं लगेगी। इसके विपरीत ऐसी 'विशिष्टता' में ही इस सर्वग्राही संकट की प्रकृति को समझने और उनसे सर्जनात्मक रूप से निज़ात पाने में सहायक बनाई जा सकती है। 'विद्यमान' के परिवर्तन को उसकी सकारात्मक संभावनाओं को सुदृढ़ करते हुए, उन्हीं के दूसरे पहलू के रूप में एक स्वस्थ, सार्थक और सर्वहित कर निर्माण के तत्वों के क्रम को भी आगे के समर्थ तत्वों को जोड़कर उनके समावेशी प्रयासों के रूप में संचालित किया जा सकता है।

इतने बड़े और बहुआयामी दीर्घकालिक प्रयास न तो पूरी तरह पहले से तय किए जा सकते हैं और न ही ऐसा करना श्रेयस्कर हो सकता है। इससे जड़ता और शुरुआती भूलों को पुख्ता करेंगे, उनसे सीखने का रास्ता रोककर। ऐसे पूर्व-निर्धारण आगे के लिए गति-अवरोधक, अपने पूर्वग्रहों के कारण, फिर वैसी ही प्रवृत्तियों और अंधी-अंधेरी गलियों में हमें भटका सकते हैं। ऐसी दशा अनेक भविष्य-दृष्टा, भविष्य-निर्माता वैचारिक और सक्रिय कर्मशील परंपराओं और पहलों की होती आई है। सचमुच साझी, सहभागितामय और समतामूलक सर्जनात्मकता हमें श्चल कर राह बनाने'' का सतत् संबल दे सकती हैं, बशर्ते परिवर्तन-रूपान्तरणकामी शक्तियां नए, अपने-अपने कठमुल्लेपन-कठपढ़ेपन का भी शिकार बनाने से अपने आप को सतत-सजगता के साथ बचाती रहे।

विकास, मुख्यरूप से आर्थिक विकास के नाम तले, पांच-छह शताब्दी पुरानी 'आधुनिकता' (जिसके अनेक अन्य काम भी प्रचलित हैं) के उदय, विस्तार, और विश्व-विजय और उसके लगातार संकटग्रस्त बने रहने की मुख्य विशेषताओं का अति संक्षिप्त सूत्ररूपीय विवरण है। यह समझ बदलाव के लिए कटिबद्ध 'युवा' शक्तियों के सामने पेश चुनौतियों को स्पष्ट करने में सहायक हो सकती हैं। साल भर पहले विविध विद्यमान व्यवस्थाओं के गर्भ से धीरे-धीरे अनेक प्रक्रियाओं के मिले-जुले असर से प्रधानतः योरोप के कुछ देशों में कुछ युगांतरकारी मूलतः आर्थिक, वित्तीय, व्यापारिक राष्ट्र-केंद्रित किंतु प्रसारकामी बदलाव शुरू हुए। विज्ञान, तकनीक, संगठन क्षमता, राजकीय हस्तक्षेपों, युद्धों, साम्राज्य-निर्माण आदि के साथ अपार भौतिक, मौद्रिक वैज्ञानिक संपदा संचय के बलबूते, एकाधिकारिता उन्मुख निजी उद्यम ने अनेक नियंत्रणों से मुक्त किंतु पक्षपाती राजकीय सहकार और समर्थन से उत्पादन, व्यापार, उपभोग, वित्त, निरंतर संचयन नवाचार तथा पूँजी-निर्माण के आधार पर औद्योगीकरण, नगरीकरण, व्यापक स्तर शुरुआती शिक्षा आदि का प्रसार किया। धीरे-धीरे विशाल संख्या में जन-जन को खून, आंसुओं और पसीने में डूबे

किन्तु एक लघु तबके के लिए स्वर्गिक आनन्दातिरेक में रमे-बसे एक नए आधुनिक निजाम को आगे बढ़ाया गया। इनका इस्तेमाल शीर्ष तबकों के जीवन को सुख-सुविधाओं युक्त आनन्दभोगी किंतु गहराती आत्मकेन्द्रिता और विषमताओं भरे संसार के निर्माण के लिए किया गया। मानवी समाजों, समुदायों और राष्ट्रों के लिए आर्थिक-वित्तीय शक्ति और संचयन जीवन का सर्वोच्च मूल्य, मकसद और सफलता की कसौटी बन गए। गला काटू प्रतियोगिता के चलते अन्य देशों और सभ्यताओं-संस्कृतियों का भारी शोषण हुआ। यह दोमुंही प्रवृत्ति और गतिमयता इन आधुनिकता की जन्मजात खासियत है। राष्ट्रीयता, चुनावी लोकतंत्र द्वारा प्रतिनिधि सरकारों की स्थापना, उपनिवेशों को छोड़ने की विवशता के बाद विभिन्न तरीकों छल-छद्म, हिंसा और अनेक न्यायविहीन रूपों में सारे संसार में आर्थिक विकास के पर्याय बनाए गए। अपनी-अपनी संस्कृति, सभ्यता और विशेष परिस्थितियों आदि हटते हुए एक वैश्विक सादृश्यता के विषमतावर्धक रूपों में अनेक देश और समुदाय रंगे जाने लगे। तब से आर्थिक विकास की भ्रामक, घोर पक्षपाती, पर्यावरण, प्रकृति और संस्कृति आदि की विनाशकारी अवधारणाएं और नीतियाँ विकास के खोल में पूरी मानवता को लगातार अभिशप्त करती जा रही हैं। कुछ लोगों को बहुत कुछ और कुछ लोगों को नाम मात्र की सुख-सुविधा देकर विकास का मखौल उड़ाया जा रहा है।

संक्षेप में, ऐसे में कुविकास ने हमारे सामने की अतुलनीय क्षमताओं और संभावनाओं को विशाल से विशालतर होती जा रही कॉरपोरेटी पूँजी को राजकीय कानूनी संरक्षण और समर्थन देकर दुनिया भर की मानवता, प्रकृति तथा भविष्य पर एक काले माहौल का सामा तान दिया है। हाँ, इस सामे में कुछ कृत्रिम, गैर-टिकाऊ तथा सामाजिक न्याय विपरीत समृद्धि के लघुद्वीप भी पनप रह हैं। दूसरी ओर, प्राप्त तथा प्राप्य मानवीय सामाजिक क्षमताओं पर सीमित एकाधिकारी प्रवृतियां और वित्तीकरण, सट्टेबाजी, सैन्यीकरण, भोगवाद जैसी असामाजिक गतिविधियां पनप रही हैं। दुनियाभर की गरीबी, गैर-बराबरी, बेरोजगारी की गिरफ्त में कैद विशाल जन शक्ति प्रतिकूल असमावेशन के दुष्चक्र में जकड़ी जा रही है। आज के कर्मठ, व्यापक मानवीय संवेदन, मूल्यों, प्रतिबद्धताओं युक्त क्रियाशील लोगों (जिन्हें सच्चे अर्थों में 'युवा' माना जा सकता है) को इस चक्रव्यूह को पहचानना और उससे मुक्त होकर सर्वमुक्ति अभियान का शुभारंभ करना है। यह एक नैतिक, बौद्धिक तथा व्यावहारिक चुनौती है। रचनात्मक सामाजिकता से ओतप्रोत, निजता की संकीर्ण दीवारें तोड़ने और उसे संवेदी सक्रिय सर्जनात्मक सामुदायिक ऊर्जा के आधार पर एक नई साम्य सपनों को साकार करने की जिम्मेदारी देश के युवा कंधों पर है। कारण भी साफ नजर आता है। हमारी विद्यमान व्यवस्था में चतुर्दिक घुन लग गए हैं और आज का शासक, संपन्न और सम्मानित तबका इस कष्टप्रद स्थिति के

लिए जिम्मेदार हैं। अतः जो इनसे अलग है और इन्हें बहुविध न्याय कर समता है और इन्हें आईना दिखाकर, उन्हीं युवा कंधों पर हमारी आशा में टिकी हैं। देश का रचनात्मक नव-निर्माण पारंपरिक सोच और सामाजिक-राजनीतिक गतिविधियों से हट कर नए चिंतन और विचारों के आधार पर ही संभव है। ऐसे प्रयासों में बड़ी बाधा बहु-प्रचलित, मुख्यधारा विकास-विमर्श की ओर से पेश होती है। जिन नकारात्मक स्थितियों के बारे में व्यापक स्तर पर चिंता प्रकट की जाती है, उनसे निजात पाने के लिए विकास-विमर्श के मुख्य पहलुओं को फिर से जांचना-परखना होगा। इस दिशा में युवा-शक्ति से मात्र भावनात्मक और बौद्धिक अपील करना, तरह-तरह के आदर्शों की दुहाई देना अपने आप में थोथा और नकारा साबित हो जाता है। कारण इन मसलों को लेकर गहन और आमूलचूल शल्य-चिकित्सा की जरूरत है जहाँ जमीनी साझा जुड़ाव और गहन क्रियात्मक पहचान को आम आदमी के साथ आत्मसात करके नए-नए टोटके और बासी-पुरानी दवाइयों पर नए लेबल चस्पा करने या खोजबीन तथा बार-बार प्रयोग करने की जरूरत है। चमत्कारी नेतृत्त्व के पीछे खड़े होने की कवायद से कुछ काम नहीं चल सकता है।

देखा जाए तो बीसवीं सदी के मध्य से भारतीय उपमहाद्वीप सहित उपनिवेशी शासनतंत्र की तीसरी दुनिया से विदाई की प्रक्रिया के बल पकड़ने के साथ ही 'विकास' मंत्र की महत्ता सर्वत्र समझी जाने लगी। वैचारिक स्तर पर दुनियाभर में दो महती विचारधाराओं और व्यवस्थाओं की आपसी टक्कर फासीवाद को हरा कर अब अपने-अपने परचम फहराने के लिए, खास तौर पर उपनिवेशी 'शासन' द्वारा खाली की गई रिक्तता को भरने के अथक बहुआयामी अभियानों में जुट गई थी।

भारतवर्ष का यह गंभीर दुर्भाग्य रहा कि इसी वक्त कुछ नापाक इरादों के सौदागरों ने भारत से उसका मसीहा—महात्मा गांधी छीन लिया। महात्मा गांधी के अंतिम सौ दिनों के विचारों को पढ़कर और उनकी नई परिस्थितियों के प्रति सजगता का इतिहास यह विश्वास पैदा करता है कि नए भारत के निर्माण संबंधी उनके विचारों को लेकर चल रहे नेताओं के पारस्परिक विचार-विमर्श की झलक सी देखकर लगता है कि संभवतः हम नए सोच के मुहाने पर खड़े थे। सांप्रदायिक ताकतों ने विकास को जो धक्का दिया वह भी एक सहिष्णु भाईचारे वाले भारत के निर्माण में आए और आने वाले व्यवधानों जुड़ा हुआ एक नुक्ता है। खैर, यह तो एक अनुमान भर है, किंतु कुमारप्पा जैसे चिंतकों ने गांधी-दर्शन को लेकर विकास विमर्श के अनेक आयाम आगे बढ़ाए। उससे पहले ही वैश्विक तथा देशज निहित स्वार्थों और शक्ति-संतुलन ने अपने जन-विरोधी अभियानों को लागू करवाना शुरू करा दिया। विभाजन और नई व्यवस्था की शुरुआत के दौर में ही कुछ जमी जमायी ताकतों ने अपने खेलों को ठोस रूप से आगे बढ़ाने की रणनीति पर काम शुरू कर दिया।

योजनाधारित विकास का रास्ता चुनना और अपनाना काफी कष्ट-साध्य, विवादों में घिरा कंटकाकीर्ण तथा दूरगामी सोच-विचार का विषय था। यहाँ इन विविध धाराओं की जांच-पड़ताल हमें अपने यहाँ प्रस्तुत मुख्य मकसद से काफी दूर ले जा सकती है। अत: हम केवल अपने निष्कर्षों का उल्लेख करेंगे। योजना आयोग की स्थापना की गई किंतु उसके स्वरूप और कार्यक्षेत्र को दो परस्पर विरोधी विचारों के बीच हुए समझौते ने भारत के लिए उपयुक्त प्रभावी विकास मार्ग से दूर कर दिया। पहली पंचवर्षीय योजना के शुरुआती पृष्ठों में विकास की चुनौती की बहुत सटीक पहचान की गई थी किंतु वह पहचान इन पृष्ठों के आगे नहीं बढ़ने दी गई। एक ''प्रैगमेटिक'' यानी व्यावहारिकतावादी ऐतिहासिक समझौते अथवा भूल के रूप में राष्ट्रीय आय वृद्धि को विकास का पर्याय और मुख्य उद्देश्य और कार्य-बिंदु मान लिया गया। इसी क्रम में, इस सरकारी दस्तावेज़ में विकास और परिवर्तन की एक समन्वित समझ से भटकने का एक ठोस नमूना भी शामिल कर दिया गया। इस दृष्टिकोण के तहत पहली पांच साला योजना ने 20वीं सदी के पहले पांच दशकों के ब्रिटिश शासन के दौर के आर्थिक परिवर्तनों पर अपने अभिमत का उल्लेख दो भागों में एक सकारात्मक तथा एक नकारात्मक पेश किया। योरोप की तर्ज के उद्योगों, व्यापार-धंधों, आधारभूत सेवाओं तथा प्रशासन और कानूनाधारित सम-दृष्टि शासक के कुछ अंगों आदि को सराहा गया है। किंतु इन परिवर्तनों की नाकामी तथा मूलभूत सवालों से दो-दो हाथ नहीं हो सकने की आलोचना की गई है।

इस अध्याय में ऐसे मुद्दों का सामना न करने तथा आधुनिक पश्चिम के अनुगामी उद्योगों पर टिकी गरीबी के साथ-साथ असमानताओं का जिक्र भी हुआ है। ध्यान रहे कि इसी दौरान पश्चिम के धनी देशों ने तीसरी दुनिया को अल्पविकसित बता कर अपनी सहायता से अपनी तर्ज पर 'विकास' की वकालत की जिसका केंद्र बिंदु था जीडीपी की तेज रफ्तार हासिल करना। विकास की यह अवधारणा आज तक चल रही है।

वर्तमान एन.डी., सरकार भी जीडीपी महत्ता पर पूर्ववर्ती शासकों की तरह ही आत्म-मुग्ध है। सन् 2015-16 की आर्थिक समीक्षा में वही पुरानी जीड़ीपी दर दुहराई गई है। ऐतिहासिक अनुभव तथा सिद्धांत साफ दिखाते हैं कि सकारात्मक आर्थिक परिवर्तनों के साथ जीड़ीपी बढ़ती है। किंतु जीड़ीपी का स्वरूप, उत्पादन-तकनीकें, उसके नियंत्रक-निर्धारक-कर्ताधर्ताओं का चरित्र, स्वभाव और मकसद यह तय करते हैं कि इस बढ़ोत्तरी में कौन कितनी भूमि की लागत उठाएगा, किसको इस वृद्धि में कितनी हिस्सेदारी मिलेगी। ये तत्व देश, समाज और इसके विभिन्न घटकों की जरूरतों, आकांक्षाओं आदि के कितने अनुरूप हैं। यह जीड़ीपी की मात्रा के साथ-साथ जिन बातों से प्रभावित-निर्धारित होती है वह मात्रा से कहीं ज्यादा नए

अतिरिक्त उत्पादन और कुल उत्पादन में विभिन्न वस्तुओं-सेवाओं में कार्यरत लोगों की संख्या, उनको मिलने वाले प्रतिफल में हिस्सेदारी, प्राकृतिक तथा स्थानीय संसाधनों की भूमिका और उनकी कुल मिलाकर सापेक्षिक भूमिका आदि पर निर्भर रहती है। इतिहास दिखाता है कि तकनीकी, प्रबंधकीय, पूँजी संचयन और वितरण-मार्केटिंग आदि में पिछले पांच-छह सौ सालों में बड़े क्रांतिकारी गुणात्मक परिवर्तन आए हैं। नतीजन उत्पादन यानी जीडीपी के आकार में बेमिसाल इजाफा देखा गया है। किंतु 'जल बिच मीन पियासी' की तर्ज पर एक आज भी संसार की सारी आबादी का एक अतिविशाल भाग बहुमुखी वंचना जैसे भुखमरी, अर्द्धनग्नता, गृहविहीनता, शिक्षा, स्वास्थ्य, सुरक्षा आदि की शिकार हैं। दो डॉलर प्रति व्यक्ति प्रतिदिन जैसे अर्द्ध मानवीय मापदंड से भी नीचे स्तर पर जीवन की नैया येन-केन-प्रकारेण चला रहे हैं अनेक अमानवीय शर्तों और स्थितियों के सामने झुकने को मजबूर होकर। पंद्रहवीं शताब्दी के मुकाबले इक्कीसवीं शताब्दी उत्पादन के नए अंतरिक्ष पर जा पहुँची है, किंतु इसमें अति विशाल संख्या में लोग प्रतिकूल समावेशन यानी खराब, अनुचित, अमानवीय शर्तों पर श्रम तथा संसाधन दाताओं या उनके साधन बनकर स्त्रोत के रूप में तो समावेशित है, किंतु इस तरह उत्पादित वरदानों में वे अन्यों द्वारा निर्धारित बेहद कमतर हिस्से पर अपना अस्तित्व भर बनाए रखने को मजबूर हैं। इस शासन व्यवस्था के चुनाव में उनकी भागीदारी जले पर नमक की तरह लगती है। कहने का अभिप्राय यह है कि सदियों की तकनीकी प्रगति तथा उत्पादकता वृद्धि स्वरूप का निर्धारण बाजार में वर्तमान विद्यमान तथा आने वाले कुछ सालों में संभावित मांग, आपूर्ति शक्ति, क्षमता, पहुँच और सामाजिक रुतबे आदि के प्रभाव में होता है। जितना जिनके पास उपरोक्त मामलों में जोर, उनका जीड़ीपी के स्वरूप, गति आदि के निर्धारण में उतना ही बड़ा प्रभाव होता है। राज्य भी, लोकतांत्रिक राज्य भी, इन गैर-बराबरियों भरे निजाम में, विपन्नों की आवाज को दरकिनार करता रहता है। अत: असमानता, गरीबी, बेरोजगारी, अशिक्षा या कम शिक्षा स्वास्थ्य की दयनीय हालत आदि की आवश्यकताओं के अनुरूप जीड़ीपी की वृद्धि दर और उसका स्वरूप बाजार व्यवस्था के तहत अति सीमांत बना रहता है।

इस लंबी चर्चा का लब्बोलुआब साफ है राष्ट्रीय जरूरतों, क्षमताओं तथा समतामय जनविकास के लिए जरूरी होती है ऐसी आय वृद्धि जिसमें लोगों को लगातार पर्याप्त काम और आमदनी तथा सम्मानजनक जीवन और सामाजिक स्थिति मिले। राष्ट्रीय आय की वृद्धि गैर-बराबरी, बेरोजगारी, गरीबी आदि तीनों अभिशापों के आपस में गहरे जुड़ाव के चलते विकास-विरोधी है कैंसर। एक कैंसरग्रस्त शरीर की वृद्धि कैंसर का ही फैलाव कर सकती है। स्वस्थ इंसान की रचना नहीं कर सकती है। इतना अवश्य है कि सद्-विकास या न्यायपूर्ण, समता-समरसता वर्धन

अवश्य जीडीपी वृद्धि में परिणाम-स्वरूप परिलक्षित होगा किंतु यथास्थिति विस्तारक उत्पादन वृद्धि न तो दूर तक सकारात्मक दिशा में जा सकती है, न टिकाऊ और प्रकृति-मित्रवत हो सकती है। वस्तुतः ऐसी वृद्धि कुविकास को ढकने वाली रेशमी चादर मात्र होती है। आज के युवा वर्ग को इस सामाजिक वैज्ञानिक विचार को जांचना-परखना, प्रचारित करना तथा विकास की रणनीति में इसे केंद्रीय भूमिका देना-दिलाना होगा। रचनात्मकता अपने समानधर्मी विचारों से व्यवहार की ओर बढ़ती है। इस हेतु केवल जीडीपी वृद्धि को विकास मानने को तो गलत साबित करना होगा पर उतना भर पर्याप्त नहीं है। विकास-विमर्श की सत्तारूढ़ मुख्यधारा के बाहर जाकर देखना होगा कि सद्-विकास के मुख्य तत्वों का व्यवहार में अनुपालन किया और कराया जाए।

अब तक पनपे विकास-विमर्श की सम्यक समीक्षाओं द्वारा यह दिखाया जा चुका है कि विकास एक समग्रए सकारात्मक, मूल्याधारित, न्यायपूर्वक, सर्वग्राही-सर्वसमावेशी निरंतर जारी सामाजिक परिवर्तन है जिसमें सबकी सक्रिय भागीदारी विकास के प्रत्येक चरण में होना जरूरी है। गांधीजी के विचारों में जेण्सीण्कुमारप्पा, जी.के. मेहता, शुमाखर आदि ने इन तत्वों का इस तरह खुलासा किया है कि उनके आधार पर एक वास्तविक जनविकास आधारित समाज की रचना संभव है—यद्यपि एक लंबी बहुआयामी, लगातार जारी जद्दोजहद द्वारा।

आज के वर्चस्व तथा सत्ता-संपदा, सम्मान नीयत के स्वयंभू स्वामियों ने समाज के बड़े भाग का अन्यीकरण कर दिया है। उन्होंने अपने को कुछ कृत्रिम अंततः बालू की दीवारों से बनी चौहद्दी में कैद कर लिया है। उनके स्वरचित अन्यीकरण को समाप्त कर उनका सामान्यीकरण करना और उन्हें सर्व-समावेशीकरण का अंग बनाना होगा। रचनात्मकता का तकाजा ऐसे अमूर्त विचारों और मूल्यों को अलग-अलग क्षेत्रों आदि में ठोस रूप देना होगा। मुख्य जरूरत है एक नई रचनात्मकता की। रचना की निजता-परता का बाजारवादी अंतर्विरोध निजी आनन्दकामी भोगवृत्ति की अन्तहीन ललक को सामान्य व्यवहार और विवेकशीलता की कसौटी मानना विकास को मानवीय सामाजिक मूल्यों और सरोकारों से दूर छिटकाता जाता है। वह विकास को आर्थिक-वित्तीय एकांगिकता में जकड़ कर सर्वांगीण, समरसता और समतामूलक परिवर्तनों के क्रम से दूर करता जाता है। संक्षेप में सार्थक, सकारात्मक सामाजिक समग्र विकास को, निजता-सामाजिकता के कृत्रिम और परस्पर विरोधी खेमों में बाँटकर सर्जनात्मक, विकास-विमर्श को नहीं अपनाया जा सकता है। विकास सामाजिक एकीकरण का, समरसता का स्रोत है। किंतु उसे जीडीपी वृद्धि की विद्यमान निहित-स्वार्थों की स्वयमेव केंद्रीयता का उपकरण और पर्याय बना देना हमारे युग की त्रासदियों की जड़ों में निहित है। ऐसे चमक दमक भरे

बाहरी रूप से आकर्षक प्रकृति और मानवता विरोधी, विषमताजनक परिवर्तन, सामाजिक विलगाव, विकलांगता और विभेदिता के स्रोत और प्रकट रूप हैं कुविकास के मुख्य स्तंभ।

प्रथम पंचवर्षीय योजना का संदर्भ देकर हमने यह देखा था कि भारत में विकास को सैद्धांतिक तथा सामाजिक तकाजों को दरकिनार करके व्यवहारिकता की दुहाई देकर उसे जीड़ीपी वृद्धि के खूंटे से बांध दिया गया। स्पष्ट है प्रकट तथा स्वीकृत सामाजिक निर्णय अपने सामाजिक खेमों की ताकत, प्रभाव या दबदबे का नतीजा होता है। यह आमजन की कमजोरी के साथ उनके पक्ष धर खेमों की कमजोरी, लाचारी, सतही, जुड़ाव, विपक्षियों की चालाकी, शक्ति तथा प्रचलित मुख्यधारा विमर्श और सत्ता के नकारेपन को भी प्रकट करता है। लगभग सात दशक की इस भ्रमपूर्ण आर्थिक वृद्धि मात्रा को विकास यात्रा मानना एक बहुत मंहगी भूल थी। इसके विकल्पों के रूप में सच्चे जनविकास की पहचान नहीं हो पायी। अब तक इस कुविकास के रूपों, स्रोतों की सम्यक, बेबाक पहचान नहीं हो पाई है। इस व्यापक, अहम मसले पर पर्याप्त और टकसाली अनुसंधान, चिंतन-मनन जरूरी है।

हम यहाँ गांधी-चिंतन की धारा के अवरूद्ध हो जाने के तथ्य को रेखांकित कर रहे हैं उसकी बारीकियों आदि की तह में गए बिना। गांधीजी ने हिंद-स्वराज में जो संकेत दिए, गुरु-मंत्रों के रूप में, उनके बिना भारत के लिए उपयुक्त विकास-विमर्श के संदर्भ को आगे नहीं बढ़ाया जा सकता। इस बीच अन्य कार्य प्रभाव हावी हो गए। इनमें राज्यसत्ता से विदाई लेते पश्चिमी साम्राज्यवादी, तथाकथित विकसित देशों और उनकी जीवन शैली का, साथ में भारत के अतार्किक पश्चिमोन्मुख, गैर-जनोन्मुख तबकों की भूमिका की जांच-पड़ताल जरूरी है। हम केवल हल्की चर्चा भर करेंगे ताकि कम-से-कम तात्कालिक रचनात्मकता का एक थोड़ा बहुत दिशा-बोध हो पाए। भारत में बीसवीं सदी में वाणिज्य-व्यवसाय, उद्योग-धंधों, प्रशासन, आधारभूत और सामाजिक सेवाओं में पश्चिम की अनुसरणकारी, अनुकृतिकारी आधुनिकता की आधी-अधूरी, सीमित शुरुआत कुछ अभिजात, रईस, रायसाइब, रायबहादुर तथा देशी रियासतों के शीर्ष लोगों, आदि टोड़ी बच्चों के तत्वावधान में हुई। इनमें पश्चिम पक्षीय तबकों ने काफी छलांगे मारी। हमारी नौकरशाही भी इन्हीं तबकों में शुमार शीर्षस्थ मध्यवर्ग, सिविल लाइंस जीवनशैली वाला वर्ग बना रहा। ऐसे कई लोगों ने, जिनमें कई लोग आजादी में सक्रिय थे, पश्चिम की भांति ही उन्हीं के नक्शे कदम पर चलने में भारत के विकास भी कुंजी देखी। मूल रूप से भारत की असली जनोन्मुखी स्वायत्त विकास सोच और अपने नजरिए से विवेचित सिद्धांतों का टोटा भी था। इस रिक्तता को भरने में सीधे-सीधे पश्चिमी देशों तथा अपने पश्चिमपरस्त तबकों का बड़ा हाथ था। अंग्रेजी शासन को सिरे से खारिज

करने वालों ने ही नहीं, भारतीयता को घाघ, अभिजात तबका मध्यम वर्गीय राग अलापने वालों ने भी पश्चिमी आर्थिक वृद्धि, औद्योगीकरण, नगरीकरण, जीवन शैली और पूंजीवादी आर्थिक गणना को विवेकमय व्यवहार का दूसरा नाम दिया। ऐसा मानकर इन प्रभावशाली तबकों ने भारत के व्यावहारिक विकास-मार्ग को एक खास रूप दे दिया। इस सोच की अर्थ-केंद्रीयता के कारण प्रतिव्यक्ति नाकाफी आय और उसकी जड़ता हमारे लिए सबसे बड़ा सिर दर्द मान ली गई। यह सोचा भी नहीं गया कि इस स्थिति का मूल स्रोत और सच हमारी पूरी समाज की रचना है। इस विकास अवरोधी स्थिति का सार-संक्षेप अधिकांश भारत वासियों का स्वयं अपनी व्यवस्था में प्रतिकूल समावेशन था। इस तरह के सामाजिक असमावेशन की जांच करना हमारे सामने पेश रचनात्मक चुनौती है। पश्चिमी पूंजीवादी औद्योगीकरण के अनेक महती नकारात्मक पक्षों से हमने अपनी आंखें मूंद ली। इस तरह भारत में विकास के नाम पर पश्चिम द्वारा प्रचारित नकलची, आधी-अधूरी, अनुपयुक्त रास्ते को हमारी योजनाओं की मुख्य आधार बना लिया गया।

पश्चिम के राजकीय, व्यावसायिक, वित्तीय, ज्ञान-संचार माध्यम तंत्रीय, सैनिक गठबंधनों पर आधारित संस्थानों ने ही भारत जैसे देशों की कमजोर तथा घुटनाटेक समर्पणभावी आंतरिक व्यवस्था के अंगो-प्रत्यंगों को पहचाना फिर उनका चालाकी से पूर्ण इस्तेमाल किया। वित्तीय, तकनीकी, सैनिक, कूटनीतिक सहायता तथा जबरदस्ती राय-मशविरा थोपने के माध्यम से और प्रभावशाली आंतरिक शक्तियों और प्रभावशाली राजनीतिक शख्सियतों के माध्यम से विकास की एक ऐसी समझ, रणनीति तथा कार्यान्वयन पद्धति लागू कराई गई जो पश्चिमी राष्ट्रों के विविधताकालिक और दीर्घकालिक स्वार्थों के अनुकूल हो। जीडीपी वृद्धि हेतु बचत, निवेश, तकनीक, नवाचार, प्रबधंन और अंतरराष्ट्रीय तथा राजकीय स्तर पर वर्तमान शक्ति संतुलन के मुताबिक और उसकी मजबूती में मददगार नीतियां और कार्यक्रम लागू कर दिए गए। न तो इससे रोजगार और आंतरिक बाजार बढ़ा न राष्ट्र की आवश्यकताओं के अनुकूल जन-जन की मानवीय आर्थिक-वैज्ञानिक क्षमताओं का निरंतर अपनी आंतरिक ऊर्जा से, अपने स्वचयनित उद्‌देश्यों का सुधार-निखार हो पाया। पारंपरिक उद्योगों, सेवाओं, संगठन प्रणालियों और मांग के स्वरूप की घोर उपेक्षा हुई। मात्र कुछ दृष्टव्य सतही उपायों के (जैसे खादी, ग्रामोद्योग, आदिवासी कला, संस्कृति को नुमायशी रूप देकर) अलावा उनकी भूमिका गौण होती गई।

एक ओर तो अनौपचारिक क्षेत्र केवल प्रतिकूल असमावेशित लोगों, गतिविधियों का स्वत: तथा जमीनी स्तर पर स्फूर्त संबंध रहा। दूसरी ओर संगठित सक्षम, राज्य द्वारा पक्षपाती रूप में पोषित समर्थित लघु (संगठित या औपचारिक जिस देश की विशाल कंपनियां भी शामिल है) क्षेत्र है। यह सशक्त क्षेत्र अब तक भारत की श्रम-

शक्ति के मात्र दस प्रतिशत से कम की आजीविका का स्रोत बना रहा है। किंतु इसने अनौपचारिक क्षेत्र की जमीन तैयार की। एक सीमा तक संकीर्ण इस क्षेत्र का स्वरूप, आकार, कार्यप्रणाली, प्रभाव दुष्प्रभाव्यता ग्रसित जन-जन के अनुकूल बन ही नहीं पाया। अनुपातीय केंद्रीय नीतियों के विरुद्ध विस्फोटक होने से इस जुगाड़ क्षेत्र ने बचाया। अपने-अपने जुगाड़ और जुगतपंथी अनौपचारिक तरीकों द्वारा विस्फोट रोकना और विस्फोटक परिस्थितियों का निराकरण करना दो अलग बातें हैं। इस मजबूरी के क्षेत्र के काम चलाऊ लीपापोती करने, आग को ओर फैलने के रोकने वाले क्षेत्र और उसकी मात्रात्मक महत्ता के बावजूद मानवीय गरिमामय टिकाऊ विकास का अंग या उसमें योगदान करने वाली पूर्ववर्ती शर्त नहीं माना जा सकता है। निदान संगठित क्षेत्र का प्रत्यक्ष और उसके तहत, उसके चालू स्वरूप को यथावत रखते हुए, आर्थिक वृद्धि नहीं, बल्कि जन भागीदारी, सशक्तिकरण और सामाजिक न्याय की स्थापना के लिए जरूरी प्रकार के उत्पादन को बढ़ाने और पढ़ाने, सुधारने के उपयुक्त तरीकों और रूपों को खोजने में है। स्पष्टत: नवयुवकों की सर्जनात्मक रचनात्मक क्रियाशीलता को ऐसे कामों में अपना कंधा लगाना होगा। एक उदाहरण के रूप में औपचारिक क्षेत्र की खामियों और अनौपचारिक क्षेत्र की सीमाओं-कमजोरियों का निराकरण नई रचनात्मकता के सामने खड़ी गंभीर चुनौतियां हैं। इस लाभ को अंजाम देने के गुरु-मंत्र बाहर से नहीं आ सकते हैं बल्कि उन्हें सम्यक समय तथा गैर-कट्टरपंथी सोच के आधार पर आंतरिक स्तर पर धीरे-धीरे चरणबद्ध रीति से खोजने होंगे। वैज्ञानिक सोच की यह विशेषता है कि यदि सही सवाल उठाया जाता है तो उसके समाधान की दिशा मिलना लगभग तयशुदा है। प्रश्न केवल सच्ची लगन से किए गए ईमानदार प्रयासों का है। हाँ, यह एक दीर्घ समय-साध्य प्रक्रिया अवश्य है। हमारी दबावभरी जरूरतें हमें ज्यादा इंतजार करने के मौके नहीं दे सकती हैं। अत: अनेक स्तरों पर, स्थानीय, लघु समुदायों के स्तर पर भी युवा शक्ति को छोटी-छोटी सकारात्मक पहलों द्वारा लोगों के अपने प्रयासों को संगठित रूप से हाथ में लेने में उत्प्रेरक संगठनात्मक आदि भूमिकाएं निभानी होगी। केवल राज्य के स्तर पर प्रयास अगर वैश्विक, राष्ट्रीय तथा राज्यों-प्रदेशों के स्तर पर प्रभावी निहित स्वार्थों की पकड़ पर अंकुश लगाए बगैर किए जाएंगें तो रचनात्मक तृणमूलीय गतिविधियों के लक्ष्य नहीं प्राप्त हो सकेंगे। विकेंद्रित, जमीनी विकास समग्र परिप्रेक्ष्य से कट तो नहीं सकता किंतु पूरी तरह उसी पर निर्भर नहीं रखा जा सकता। मुख्य बात है ये रचनात्मक प्रतिबद्धताओं के अग्रदूत धीरे-धीरे अनेक रूपों, मंत्रों, अभियानों, कार्यक्रमों, विचारों, परियोजनाओं आदि को लेकर देश के विविध कोनों, इलाके में जन-जन के आपसी संपर्क के सूत्र बने। बिना किसी बड़े केंद्रीय संगठन के, अनेक प्रादेशिक, मध्यवर्ती, लघु-स्तरीय, स्तर के लोग आपस में जुड़ें।

अपने अनुभवों, कार्यक्रमों, उद्देश्यों अपनी उभरती तात्कालिक समझदारी को आपस में बांटे तथा सीखें, सिखायें, मिलकर साथ चलें और ऐसे सहस्त्रों युवा चलकर राह खोजें, बनाएं, आगे बढ़ें। हथेली पर सरसों नहीं उगती। अत: धैर्य, विश्वास, खुली मानस और वास्तविक समतामय भाई-बंदी विकसित कर एक समतामय, समग्र जीवन दृष्टि आधारित नए सर्व समावेशी, विविधतामय भारत की ओर बढ़ें।

सारांश : इस विमर्श का सार-संक्षेप विकासार्थ युवा वर्ग हेतु रचनात्मक, सर्जनात्मक कामों के कुछ बिंदुओं के रूप में पेश किया जा सकता है। विकास में ठोस योगदान करने के लिए निश्चित-स्पष्ट मकसद के संदर्भ में किसी न किसी स्तर पर और ठोस नतीजों को लक्षित करके किए जाने वाले काम रचनात्मक-सर्जनात्मक योगदान माने जा सकते हैं। ये काम वैचारिक, संगठनात्मक जानकारियां जुटाने, अपने स्तर पर कुछ अभाव-पूर्ति आदि अनेक प्रकार के हो सकते हैं।

विकास की सुलझी हुई समझ की तलाश करनी होगी, उसके बारे में चेतना का प्रसार करना होगा, समग्र राष्ट्र-समाज-प्रदेश-समूह-बसावट आदि किसी भी स्तर पर, निजी सोच विचार और व्यक्ति समूह आदि को शामिल करके साझे रूप में प्रयास करना होगा। यह काम अनुभव तथा सैद्धांतिकी के साथ-साथ हस्तक्षेप की नजर से भी राजकीय नीतियों, प्रयासों के लिए आवाज उठाने जैसे सकारात्मक एजेंडा बनाने से लेकर विभिन्न अनुभवों के आलोचनात्मक रूपों में कभी तदर्थ और नियमित रूप से आयोजित किया जा सकता है। इनमें अन्याय और जनविरोधी, पर्यावरण प्रदूषक कामों और नीतियों के लोकतांत्रिक विरोध आदि शामिल किए जा सकते हैं। इन कामों में विभिन्न स्तरों पर, स्वैच्छिक जन संगठनों की स्थापना, संचालन और आवश्यकताओं-अधिकारों के लिए विकेंद्रित स्तर पर विकल्पों की खोजध्विरासत की खोज, सुरक्षा, जांच पड़ताल तथा उनके समयानुकूल भारी रूपों की साझी तलाश करनी होगी। एक लोकतांत्रिक व्यवस्था में समुचित भागीदारी के लिए आजीविका और नागरिकता की पर्याप्त, प्रभावशाली, समतामय स्थापना हेतु गैर-राजकीय, विकेंद्रित प्रयास करने होंगे तथा राज्य की नीतियों में ऐसे संकल्पों को सम्मिलित करने की ठोस कार्यक्रमों सहित मांग उठानी होगी। अनुभव और समयानुकूल ऐसे सर्जनात्मक, रचनात्मक कामों की जमीनी पहचान और निवर्हन हेतु कुछ संगठित प्रयास करने होंगे। इनमें युवा, प्रौढ़, प्राथमिक˘ केंद्र, निरंतर शिक्षण स्थल, विचार मंच, पुस्तकालय (झोला पुस्तक-पठन-पाठन अभियान) महिला-बालिका शिक्षा प्रशिक्षण केंद्र, स्वच्छता (घर और पड़ोस) अभियान, सामान्य प्राथमिक चिकित्सा, घरेलू उपचार, स्वास्थ्य सहायता दल, पुलसिया दमन प्रतिकार मंडल, स्वयं सहायता केंद्र, बचत, मितव्ययिता संगठन आदि छोटे-छोटे फुटकर प्रयासों की महती भूमिका होगी।

गिरिराज किशोर

चंपारण के सौ वर्ष और युवा संवाद

आज हर राजनीतिक पार्टी और नेता युवाओं को आकर्षित करने की बात करते हैं। कहा जाता है कि भारत में युवा सब देशों से अधिक हैं। वे परिवर्तन में अहम भूमिका अदा कर सकते हैं। हर नेता अपना परिवर्तन का मॉडल लिए घूमता है। उसी परिवर्तन के क्रियान्वयन के लिए उसका उपयोग करना चाहता है। दो साल पहले जो चुनाव हुए थे उनमें मोदी जी ने युवाओं को इतना अभिमंत्रित कर लिया था कि उन्हें विकास और खुशहाली का रास्ता मोदी जी की उँगली पकड़कर चलने में ही नज़र आता था। लेकिन एक वर्ष के अंदर ही दिल्ली और बिहार के चुनावों में उसी युवा वर्ग का, विकास और खुशहाली के अभिमंत्र से मोहभंग हो गया। ऐसा क्यों हुआ? इसलिए नहीं कि युवा वर्ग ने उस पर कोई ख़ास मंथन किया हो। बल्कि इसलिए कि एक वर्ष के अंदर उन्हें नज़र आया कि बातें बहुत दूर तक जाने वाली नहीं हैं। जनता पहली सरकारों के आश्वासनों से पहले ही दिग्भ्रमित थी, संभावित सरकार के शीर्ष नेताओं ने कुछ ऐसे आश्वासन दे डाले जिनकी पूर्ति की अवधि कम रखी गई, और ऐसा लगा कि आने वाली सरकार के पास जादुई चिराग़ है। बस घिसते ही सब कुछ बदल जाएगा। नेताओं ने यह तो समझ लिया कि युवा वर्ग शीघ्रगामी प्रतिफल की अपेक्षा रखता है अगर उसे ऐसे आश्वासन दिए जाएं, जो उनके तात्कालिक हित के हों तो वे प्रभावित होंगे। उन आश्वासनों को देने से पूर्व अपनी सामर्थ्य और सीमा का आकलन नहीं किया और न यह समझा कि अगर पूर्ति आश्वासन के अनुसार नहीं हुई तो उनके मन भी उतनी त्वरा से बदल सकते हैं जितनी त्वरा से उन्होंने स्वीकार किया था। अच्छे दिन आ गए, या इतना काला धन सौ दिन में आ जाएगा कि पंद्रह–पंद्रह लाख रुपया सबके खातों में जमा हो जाएगा, सबको रोज़गार मिलेगा आदि। ये सब गैर राजनीतिक संभावनाओं वाली और झूठी आशा बंधाने वाली बातें थीं। इसका लाभ पार्टी को मिलाए पहले से निराश जनता ने इन चिकनी चुपड़ी बातों से प्रसन्न होकर केंद्र में तुर्ता–फुर्ती पक्की सरकार बनवा दी।

मैं इन बातों को आलोचना के रूप में नहीं कह रहा हूँ बल्कि इसलिए कह रहा हूँ कि

जब राजनीतिक स्तर पर युवा वर्ग को साथ जोड़ने का संकल्प किया जाए तो उस समय उनकी ज्वलन शीलता को तब तक छूने का प्रयत्न नहीं करना चाहिए जब तक उसकी असफलता से उपजने वाले ताप को वहन करने की अपनी सामर्थ्य का अंदाज़ न लगा लें। उनके अंदर जगने वाले सपनों को, नेतृत्व कितना संभाल सकेगा कितना नहीं, इस बात का आकलन कर लेना आवश्यक है। ऐसा न हो कि युवा वर्ग के सपने पूरा होने से पहले बिखर जाएं। इस संदर्भ में गांधी जी की कुछ बातों को सामने रखना चाहता हूँ।

गांधी का समय घोर अंधकार और निराशा का था। अधिकतर युवा वर्ग भी अशिक्षित और परंपरावादी था। वह ब्रितानी सरकार का परम भक्त ही नहीं था बल्कि उनसे बुरी तरह भयभीत था, भविष्य भी वहीं नज़र आता था। काले अफ़सर के द्वारा पीठ थपथपा दिया जाना भी एक उपलब्धि होती थी। कहावत थी काला अफ़सर गोरा बराबर, गोरा अफ़सर ख़ुदा बराबर। ऐसी स्थिति में गांधीजी द्वारा युवा वर्ग के महत्त्व को पहचानना और उसे गुलामी की मानसिकता से निकाल कर ऐसी ज़मीन पर खड़ा करना जो नई और अनजान थी, परंपरा से हट कर थी, ख़तरों से भरी थी, बिल्कुल ऐसा ही था जैसे फ़रहाद का नहर खोदना। अब तो देश आज़ाद है, जनतंत्र है, सबको अपनी बात कहने का अधिकार है। उस समय देश गुलाम था, ज़मीदारों, जागीरदारों, रजवाड़ों और विशेषाधिकार प्राप्त चुनिंदा लोगों का वर्चस्व था। अब तो सत्ता उलटने की बात कह और कर सकते हैं तब यह नितांत वर्जित था। सोचने मात्र से फांसी का फंदा नज़र आता था। गांधी जी को इतने घोर अंधकार में रास्ता बनाना था। उन्होंने झूठ का सहारा नहीं लिया। सबसे पहले उन लोगों को जानने का प्रयत्न किया जिनके साथ मिल कर उन्हें काम करना था। काम क्या था यह भी तब उन्हें मालूम नहीं था। बस इतना मालूम था गुलाम मानसिकता से मुक्त होना सबसे बड़ी प्राथमिकता है। लगभग दो सौ वर्षों में ग़ुलामी को देशवासी एक गदेले के रूप में स्वीकार कर चुके थे, जैसे शूकर कीचड़ को कर लेता है। भगाए जाने पर फिर उसी में आकर लेटता है। दक्षिण अफ़्रीका से लौटने के बाद उन्होंने लगभग एक वर्ष तक यह जानने के लिए देश भ्रमण किया कि देशवासी क्या सोचते हैं, वे अपने हालात से कितने संतुष्ट हैं। ठहराव और यथास्थिति को स्वीकार करने की जो मानसिकता उन्होंने देखी उससे वह चिंतित भी हुए और मंथन करने की आवश्यकता अनुभव की। पर कैसे? जहाँ पानी जमकर पत्थर हो गया हो उसे कैसे पिघलाया जाए। तब यह संभव नहीं था कि माइक लिया और बोलना आरंभ कर दिया। कुछ दूसरे की मन की बात कही कुछ अपनी बातें रोपित कर दीं।

गांधीजी ने जनसंपर्क को अपना माध्यम बनाया। जिस जनसंपर्क को उन्होंने पूरे देश में रेल द्वारा, पैदल, तथा अन्य साधनों से साधा था, उस जनसंपर्क को

आंदोलनों, सत्याग्रहों, भूख हड़तालों द्वारा गाढ़ा किया। पहले जन समस्याओं को समझा फिर उनका निदान जनता के ही माध्यम से खोजने की राह पकड़ी। सबसे पहला उनका संपर्क बिहार के युवा किसान राजकुमार शुक्ला से हुआ। इसका श्रेय राजकुमार शुक्ला को ही जाता है। वह ज़रूर एक जागरूक व्यक्ति था, राजेन्द्र प्रसाद जी ने उसे अशिक्षित बताया है। लेकिन वह 1914 से निलाहों के विरुद्ध आंदोलन चला रहा था। वह यह जानता था कि गांधीजी दक्षिण अफ़्रीका के गिरमिटिया लोगों को, बीस साल की जद्दोजहद के बाद, उन क़ानूनों से मुक्ति दिला कर आए हैं जो उनको गुलाम बनाए हुए थे। बिहार का किसान भी निलहे अंग्रेज़ों के अत्याचार से त्राहि-त्राहि कर रहा है। नील की खेती ना करना किसान के बस में नहीं था। जो व्यक्ति विदेशी ज़मीन पर, विदेशी हुकूमत से, अहिंसक तरीके से टकरा सकता है और काले क़ानूनों से उन्हें मुक्त करा सकता है वह अपने देश के नील की खेती करने वालों को अंग्रेज़ों की मनमानी से मुक्त क्यों नहीं करा सकता। वह (राजकुमार शुक्ल) चार बार भिन्न-भिन्न स्थानों पर उनसे मिला। टालमटोल के बाद गांधीजी, कस्तूरबा के कहने पर कलकत्ता से बिहार जाने के लिए तैयार हो गए। चंपारण जाकर नील की खेती करने वाले किसानों की दुर्दशा देखकर उन्हें लगा कि अपने ही देश में बिहार के मज़दूर दक्षिण अफ़्रीका के गिरमिटियों से बदतर जिंदगी जीने के लिए बाध्य हैं। वे गए थे हालात का जायज़ा लेने और दक्षिण अफ़्रीका की तरह चंपारण में ही रम गए और तब तक जमे रहे जब तक नीलहों की कोठियाँ बंद नहीं करा दीं। संसार में ऐसा शायद कोई बिरला ही हो जो दूसरे देश से लेकर अपने देश तक में विदेशी सत्ता की चूलें हिला दे और वहाँ के निम्न स्तर पर जीने वाले किसानों को गोरों के कानूनी चंगुल से मुक्ति दिला दे। दो बातें हुईं एक तो राजकुमार के माध्यम से युवा किसानों की प्रतिबद्धता का अहसास हुआ। दूसरे ज़मीनी तस्वीर उनके सामने आई। इस दृष्टि से मैं राजकुमार शुक्ला को उनका तीसरा राजनीतिक गुरु मानता हूँ। बलिहारी गुरु आपने जिन भुइयाँ दियो दिखाय। दक्षिण अफ़्रीका में जिन अनुभवों की प्रयोगशाला स्वयं को और अपने परिवार को बनाया था उसी तरह की तैयार मानव प्रयोगशाला राजकुमार चंपारण में सौंप कर, अंतर्ध्यान हो गया था। उसके बाद वह कही नज़र नहीं आता। क्या राजकुमार शुक्ल का यह अल्पकालिक दैवी हस्तक्षेप था या वह निलहों को सुपुर्द करके अपना दायित्व पूरा करके लोप हो गया था। मैं राजकुमार का गांधीजी के जीवन में इस तरह पदार्पण एक ऐसी घटना मानता हूँ जो केवल दिशा निर्देश के लिए अकस्मात घटित होती है। दक्षिण अफ़्रीका की भांति इस बार भी लोग जुड़ते गए, काफ़िला बनता गया। चंपारण के उस आंदोलन में बाबू राजेन्द्र प्रसाद, जे.बी. कृपालानी, प्रसिद्ध वकील ब्रजकिशोर बाबू आदि अनेक युवा जुड़े और जीवन भर जुड़े रहे। इनमें बाबू गोरख प्रसाद भी थे

जिनके यहां पहली बार चंपारण जाने पर, अतिथि बने थे गांधी। सब अपनी अपनी तरह राजकुमार शुक्ल के सौंपे काम को आगे बढ़ाने में सहयोग दे रहे थे। सर्वे करना, बयान लेना, पूरा डाटा युवा वकीलों का एक वर्ग रात दिन इकट्ठा करने में लगा था। अंग्रेज़ डर गए थे पता नहीं वह इंसान जिंदा रहने देगा या नहीं। वहाँ के लोग, जो सिपाही के नाम से डरते थे, कचहरी में जाकर अपना कानून तोड़ने का गुनाह मान लेने और उसकी एवज़ में सज़ा मांगने की, उनकी बात पर सब स्तब्ध रह गए थे।

आचार्य कृपालानी मुजफ्फरपुर के कॉलेज में पढ़ाते थे। उस ज़माने में युवा वर्ग के लिए गांधीजी का संपर्क आधुनिकता का लक्षण बन गया था। कुछ दिन गांधीजी कृपालानी के अतिथि भी रहे थे। बताते हैं कृपालानी जी ही दोनों का खाना स्वयं बनाते थे। इसका ख़मियाज़ा बाद में उन्हें भुगतना पड़ा था। कृपालानी बाद में संभवतः बी.एच.यू. में पढ़ाने लगे थे। अपने समकालीन युवाओं की तरह ही कृपालानी जी गांधीजी से बहुत प्रभावित थे। गांधीजी बनारस आए। कृपालानी जी त्याग पत्र देकर बापू के पास पहुँचे और कहा कि आप मुझे कोई काम दे दीजिए। वे बोले 'मेरे पास तो तुम्हारे योग्य कोई काम नहीं है।' 'मैं तो त्याग पत्र देकर आपके साथ काम करने आया हूँ।' गांधीजी पर इस बात का कोई असर नहीं हुआ। वे घर जाकर सोचते रहे कि इतने दिन साथ रहे, साथ काम किया, उन्होंने टके सा जवाब दे दिया। अगले दिन फिर गए। चुपचाप अलग बैठे थे। जब चलने लगे तो गांधीजी ने बुलाया और कहा ष्मेरे पास एक काम है, खाना बनाने का। तुम सोच कर बताना।' कृपलानी रात भर सोचते रहे। कभी लगता कि गांधीजी ने यह काम बता कर उनका अपमान किया है। अंत में उन्होंने तय किया अगर उन्होंने इसी काम के योग्य समझा है तो अवश्य कोई बात होगी। अगले दिन जाकर कहा मैं तैयार हूँ। तीन साल तक वे बापू का खाना बनाते रहे। जब नेहरू जी कांग्रेस के अध्यक्ष हुए उन्होंने अपने महासचिवों की सूची पढ़ी तो गांधीजी ने उन्हें रोक कर कहा तुम एक नाम भूल गए। सब चौंक गए। उन्होंने कृपलानी जी की तरफ़ इशारा किया। पहली बार काँग्रेस के सर्वोच्च पदाधिकारियों में उनका नाम जुड़ा। (बताते हैं, कृपलानी जी ने इस घटना को इलाहाबाद विश्वविद्यालय में स्वयं सुना कर हँसते हुए कहा था 'सच ए हार्ड टास्क मास्टर ही वाज़')।

गांधीजी की अपनी युवा सेना दो तरह चुनते थे। एक आम जन के बीच से, दूसरे शिक्षित समाज से। आम जन की धारा से चुने हुए लोग भी विलक्षण बुद्धिमान होते थे जैसे शास्त्री जी, सुंदरलाल, महावीर त्यागी आदि। ऐसे भी बहुत से युवा थे जो स्वयं उनके दायित्वों की ज़िम्मेदारी अपने ऊपर ले लेते थे। स्वामी कल्याणदेव उनमें से एक हैं, मांगकर रोटी खाना और शिक्षा का प्रचार करने का काम अपने ऊपर ले लिया था। दूसरी धारा विदेशों से पढ़ कर आने वाले युवाओं की थी। वे गांधीजी

से मिलने में गौरव की बात समझते थे। एनी बीसेंट ने दो छात्रों को थियोसोफिकल सोसायटी से लंदन पढ़ने भेजा था। एक थे प्रसिद्ध चिंतक जे.कृष्णामूर्ति जी, दूसरे जुगल किशोर। जुगल किशोर ग्राम सेवा, खादी हरिजन सेवा में लंदन से आते ही लगा दिए गए थे जो बाद में लाला जी द्वारा स्थापित तिलक स्कूल ऑफ़ पॉलीटिक्स और फिर राजा महेन्द्र प्रताप द्वारा स्थापित प्रेम महाविद्यालय, मथुरा के आचार्य हुए। डॉ. भगवानदास के पुत्र श्री प्रकाश जी जब पढ़ कर आए तो बताया जाता है उनसे पूछा था तुम अंग्रेज़ की नौकरी करके बड़ा पद पाना चाहोगे या देश की सेवा करके गुलामी के बंधन काटोगे। डॉ. राम मनोहर लोहिया को बापू बहुत मानते थे। जय प्रकाश नारायण जी भी उसी वर्ग में थे। दक्षिण में अनेक ऐसे कार्यकर्ता थे जो अपने पद त्याग कर बापू के निकट पहुँचे थे। मोरारजी देशाई सरकारी नौकरी छोड़ कर उनसे जुड़े थे। मौलाना आज़ाद, रफ़ी अहमद और शास्त्री जी उसी वर्ग से थे जो संघर्ष और समझ बूझ से अपने युवा काल में जुड़े थे और अभिन्न हो गए थे। एक मात्र सच और बलिदान उनके संबंधों का आधार था।

पटेल से पहली भेंट एक क्लब में हुई थी। गांधीजी संभवतः वहाँ बोलने गए थे। पटेल बड़े वकील थे। वे एक कोने में बैठकर ताश खेल रहे थे। उस समय उन्होंने विशेष ध्यान नहीं दिया था। बाद में वे उनके संपर्क में आए और अत्यधिक विश्वसनीय हो गए। पं. सुन्दर लाल भी उनके संपर्क में युवा काल में आ गए थे। वे तो काफ़ी समय तक उनकी सी वेष भूषा में रहे। दरअसल एक अति सामान्य व्यक्ति की तरह पूरे देश के भ्रमण के दौरान उनकी झोली ऐसे हीरों से भरती गई जो देश के अंधकार में अपनी चमक से रास्ता दिखाते गए।

उनके शिष्यत्व से बहुत से नेता जैसे नंबूदरीपाद, हेगड़ेवार आदि दूसरे दलों के वैचारिक और राजनैतिक नेता बने। गांधी की चटसार में दीक्षित होकर विभिन्न विचारों का प्रतिपादन करते हुए उन्हीं के विरोधी हो गए थे। वे उन पर आक्रमण करते रहे पर गांधी ने कभी प्रति उत्तर देने की आवश्यकता नहीं समझी। दरअसल गांधी का विस्तृत और उदार दृष्टिकोण था। एक तो वे शाब्दिक आक्रमण को भी हिंसा मानते थे जब तक सैदांतिक मतभेद न हो। मतभेद भी सीमित शब्दों में बिना आहत किए कहते थे। दूसरे वह मानते थे कि आज़ाद देश में हर विचार, हर धर्म और हर समाज को समान सम्मान मिलना चाहिए, इस मान्यता को उन्होंने नए देश की पृष्ठभूमि तैयार करते समय ध्यान में रखा। दक्षिण और वामपंथ में तथा मुस्लिम लीग जैसी राजनीतिक पार्टियों में भी, उनके साथी असंतुष्ट होकर या मतभेद के कारण चले गए थे। उनके विरुद्ध भी शायद ही कभी कोई टिप्पणी की हो।

मैंने कहीं पढ़ा था कि अपनी युवावस्था में नेहरू और सुभाष बाबू निकटतम मित्र थे। उन दोनों ने गांधी के विरुद्ध संयुक्त बयान समाचार पत्रों में दिया था।

हालांकि सुभाष बाबू जब लंदन से लौटे तो बापू के आश्रम में कुछ दिन रहे थे। ख़ैर, जब मोती लाल जी को लंदन में पता चला तो वे तत्काल वापस लौटे और नेहरू से कहा तुम्हारा भविष्य गांधीजी के साथ है। नेहरू ने अपना बयान वापिस ले लिया। नेहरू और सुभाष के संबंधों में, कहते हैं, तभी से खटास आ गई। गांधी का युवा वर्ग स्वदेश और विदेश में बहुत विस्तृत था। दक्षिण अफ़्रीका में भी बहुत बड़ा युवा वर्ग था जो गांधी को गुरुवत मानता था। भले ही वे मुस्लिम हों, ईसाई हों, पारसी हों या हिंदू हों। उनमें से कुछ ने आक्रमण भी किया पर गांधी ने पर्याप्त विश्लेषण के बाद तटस्थता से सोचा और क्षमा कर दिया। माना जाता है कि संबंध दोनों तरफ़ से बनते हैं लेकिन गांधी के संदर्भ में कहा जाता सकता है कि संबंध एक तरफ़ से भी बनते हैं।

अरविन्द मोहन

रचनात्मक कामों के साथ चंपारण के प्रयोग

यह एक दिलचस्प तथ्य है कि अपनी किताब (दक्षिण अफ्रीका के सत्याग्रह का इतिहास' की भूमिका में महात्मा गांधी ने 2 अप्रैल, 1924 को ही लिखा था, ''यह बात उल्लेखनीय है कि सत्याग्रह में चंपारण के लोगों ने खूब शांति रखी। इसका साक्षी मैं हूँ कि सारे ही नेताओं ने मन से, वचन से और काया से संपूर्ण शांति रखी। यही कारण है कि चंपारण में सदियों पुरानी बुराई छह माह में दूर हो गई।'' वे आगे लिखते हैं, ''अहमदाबाद मिल मजदूरों की जीत को मैंने दोषयुक्त माना हैय क्योंकि मजदूरों की टेक की रक्षा के लिए मैंने जो उपवास किया, वह मिल मालिकों पर दबाव डालने वाला था... मजदूर अगर शांति की टेक पर डटे रहते तो उनकी जीत अवश्य होती और वे मिल-मालिकों का मन जीत लेते।'' वे फिर लिखते हैं, ''खेड़ा में शुद्ध सत्य की रक्षा हुई ऐसा तो मैं नहीं कह सकता। शांति की रक्षा जरूर हुई परंतु खेड़ा ने पूरी तरह शांति का पाठ नहीं सीखा था, और अहमदाबाद के मजदूर शांति के शुद्ध स्वरूप को नहीं समझे थे। इससे रालट एक्ट सत्याग्रह के समय लोगों को कष्ट उठाना पड़ा, मुझे अपनी हिमालय जैसी भूल स्वीकार करनी पड़ी और उपवास करना और दूसरों से करवाना पड़ा।'' काफी बाद में गांधी ने चंपारण आंदोलन के अपने सहयोगी जनकधारी प्रसाद को लिखा, ''चंपारण के सहयोगियों की यादें मेरे मन के खजाने में भरी पड़ी है। अगर देशभर में ऐसे लोग मिल जाएं तो स्वराज आने में वक्त नहीं लगेगा।''

बापू ने अपने राजनैतिक जीवन के इस शुरुआती मोड़ पर अपने सत्याग्रह आंदोलन की ऐसी बेबाक समीक्षा की हो इसका दूसरा उदाहरण खुद उनके किसी और लेखन में दिखाई नहीं देता। हैरानी होती है कि बिक्री में आत्मकथा के बाद दूसरे नंबर पर होने के बावजूद इस किताब की और गांधी की ऐसी आलोचना दृष्टि की चर्चा क्यों नहीं होती। उन्होंने क्रमवार गिनती वीरमगाम की जकात की लड़ाई से शुरु की है, जिसमें बढ़वाण के परोपकारी चरित्र के दरजी मोतीलाल के पहला सत्याग्रही बनने अर्थात काठियावाड़ के दुखों को दूर करने की लड़ाई में जेल जाने ही

नहीं फांसी पर चढ़ने का वायदा गांधी को दिया था। ऐसे लोगों की ताकत से गांधी ने वह लड़ाई बहुत आसानी से जीती। फिर गिरमिटिया कानून रद्द करने का मुद्दा आया, जिसमें अगुआई जाईजी पेटिट नामक पारसी महिला ने की थी और सिर्फ सत्याग्रह की तैयारी से ही जीत मिल गई थी। जाहिर है हमारी गिनती तो चंपारण से होती है पर गांधी भारत में अपने सत्य के प्रयोग की शुरुआत वीरमगाम से मानते हैं। इसके बाद के आंदोलन के बारे में खुद गांधी के मूल्यांकन की चर्चा पहले की जा चुकी है। इसी भूमिका में गांधी ने एक लंबे पैरा में सत्याग्रह को परिभाषित भी किया है।

तब अर्थात् असहयोग आंदोलन के देशव्यापी प्रयोग और रचनात्मक कामों की बड़े पैमाने पर शुरुआत करके गांधी मुल्क की बागडोर अपने हाथ में ले चुके थे और हम यह जानते हैं कि गांधी ने चौरी-चौरा की हिंसा के बाद अपने लगभग सभी प्रमुख साथियों की नाराजगी के बावजूद असहयोग आंदोलन बीच में वापस ले लिया था। कई इतिहासकार और समकालीन नेता भी मानते हैं कि इस आंदोलन को रोकने के फैसले से पैदा हुई निराशा को दूर करने के लिए ही उन्होंने खादी, शराबबंदी, हरिजनों के मंदिर प्रवेश, ग्रामोद्योग, बुनियादी तालीम, प्राकृतिक चिकित्सा जैसे अभियान छेड़े। कुछ लोग हर बड़े अभियान के बाद ऐसे कामों की तेजी को गांधी की बड़ी रणनीति और अपने कार्यकर्ताओं को उलझा, रखने का फार्मूला देखते हैं। यह निष्कर्ष कई बार गले से नीचे उतरता भी है क्योंकि आजादी के बाद के आंदोलन ने अनशन तथा भूख हड़ताल को तो सत्याग्रह कहना शुरु किया लेकिन रचनात्मक काम बंद ही रखा। ऐसे आंदोलन दूध के उबाल की तरह उठते हैं और वैसे ही बिला भी जाते हैं। उनका सत्य और सत्य की लड़ाई क्षणिक ही रह जाती है। गांधी के एक बड़े शिष्य डॉ. राममनोहर लोहिया सत्याग्रह, जेल और फावड़ा का पूरा दर्शन दे गए पर उनके शिष्य फावड़े वाली अर्थात सत्याग्रह की बात भूले ही रहे इसलिए बार-बार उभरी समाजवादी धारा कुछ बड़े परिणाम नहीं ला पाई। लेकिन गांधी के आंदोलन की यह व्याख्या अधूरी है। गांधी का सत्याग्रह सच्चे और मजबूत सत्याग्रहियों और रचनात्मक कामों समेत पूरे नजरिए के बगैर संभव ही नहीं है।

रचनात्मक काम ही विशिष्टता

फिर यह चीज हैरान करती है कि उन्हें क्यों नहीं यह बात रेखांकित करने की जरूरत लगी कि चंपारण के उनके प्रयोग को दूसरों से ऊपर करने वाली चीज रचनात्मकता ही थी। यह चीज उनके दक्षिण अफ्रीकी सत्याग्रह आंदोलन में नहीं थी जहाँ सत्य की लड़ाई और सत्याग्रही तैयार करने का प्रयोग काफी बड़े पैमाने पर हुआ और मोहनदास के महात्मा बनने की शुरुआत हुई पर वहाँ सफाई संबंधी कुछ प्रयोगों

के अलावा अन्य रचनात्मक काम नहीं हुए। अखबार छापना और आश्रम के नाम पर सह-जीवन का प्रयोग हुआ, शिक्षा की बात थी पर हल्के प्रयोग भर ही हुए और जल्दी ही रुक गए। और तब के सत्याग्रही तैयार करने के कार्यक्रम में भी काफी कमी खुद गांधी मानते हैं। उन्होंने स्वयं अपने खाने, पहनने, सेक्स-जीवन से लेकर लगभग हर चीज में बाद में बदलाव किए और जब वे यह भूमिका लिख रहे थे उसके बाद भी बदलावों का क्रम रुका नहीं पर सत्याग्रही कौन हो, कैसा हो इस बारे में बहुत स्पष्टता आ चुकी थी। उन्होंने अपने लिए, नौजवानों के लिए और उसमें भी समाज का काम करने निकले नौजवानों अर्थात् सत्याग्रहियों के लिए बहुत साफ कुछ कायदे कानून बनाए थे जिसको अपने जीवन में उतारने के बाद ही आदमी समाज का काम सही ढ़ंग से कर सकता है। उन्होंने इसके लिए अपना प्रसिद्ध 'एकादश व्रत' तय किया था- जो इस प्रकार हैं: 1. अहिंसा, 2. सत्य, 3. अस्तेय अर्थात् चोरी न करना, 4. ब्रह्मचर्य, 5. असंग्रह अर्थात संपत्ति जमा न करना, 6. सर्व धर्म समानता, 7. स्वदेशी, 8. अस्पृश्यता का व्यवहार न करना छुआ-छूत न मानना, 9. निर्भयता, 10. शारीरिक श्रम करना और 11. अस्वाद अर्थात जीभ का चटोरापन छोड़ना।

यह गिनती आचरण और व्यवहार के हिसाब से है, कोई चाहे तो इस गिनती को छोटा बना सकता है। समानता में काफी चीजें आ जाती हैं धर्म की समानता से लेकर छुआ-छूत न मानने तक। इसी प्रकार संपत्ति जमा न करना भी इसी समानता की भावना से आता है। शारीरिक श्रम और स्वदेशी काफी जुड़े हुए हैं स्वदेशी का मतलब आज के राष्ट्रवादी अर्थ वाला नहीं है जिन्हें स्वदेशी से कोई मतलब नहीं है। गांधी के स्वदेशी का साफ मतलब स्थानीयता से है-जो उगाओ सो खाओ। मोटा हो या महीन अपने श्रम से तैयार सामान अच्छा लगता है, लगना चाहिए। दूसरों पर निर्भरता कम-से-कम हो और आज यही विकेंद्रीकरण और विविधता के उस सूत्र के रूप में काम कर रहा है जिसे भूमंडलीकरण का विरोध कर रहे दुनिया भर के लोग अपनी सोच और रणनीति का केंद्र मानते हैं। अहिंसा, सत्य, निर्भयता जैसे व्रतों की विस्तार से व्याख्या करने की जरूरत नहीं है। गांधी का जीवन ही सत्य के साथ उनका प्रयोग था पर ब्रह्मचर्य को लेकर थोड़ी चर्चा जरूरी है क्योंकि इसे ही लेकर सबसे ज्यादा भ्रम है और जब मामला युवाओं का हो तब यह भ्रम बहुतों को गांधी से दूर ले जा सकता है। गांधी ब्रह्मचर्य को बहुत बड़ी चीज मानते थे खासकर समाज का काम करने की इच्छा रखने वालों के लिए।

पर उनका ब्रह्मचर्य सिर्फ संभोग से दूर रहना या सेक्स की इच्छा को रोकना नहीं था। यह सभी इन्द्रियों के भोग की इच्छा पर स्वत: पूर्णविराम लगना था, जबरन रोकना भी नहीं और इसी का एक रूप उन्होंने इन एकादश व्रतों में आस्वाद के रूप में दिया है। बिना भोजन के और बिना पौष्टिक भोजन के जीना मुश्किल है। गांधी

पौष्टिकता के मामले में किसी से भी आगे की सोचते थे पर वे मनुष्य के जीभ का गुलाम हो जाने को बहुत बुराइयों की जड़ मानते थे। गांधी भोग के अंध उपभोग के खिलाफ थे। उनका पूरा दर्शन सबकी जरूरत पूरी करने और किसी के लोभ भोग को पूरा न करने पर निर्भर है। उनके इस प्रसिद्ध वाक्य को याद कीजिए कि पृथ्वी सबकी जरूरत पूरी करने में सक्षम है पर एक आदमी के लोभ के लिए भी कम पड़ सकती है। दुनिया इस बुनियादी बात को समझ लें, यही गांधी को याद करने का सबसे अच्छा तरीका होगा। चंपारण आने तक गांधी खुद इस चीज को समझ चुके थे और अपने साथियों पर इसका प्रयोग करने लगे थे बहुत लंबी-चौड़ी घोषणा या दावे के बावजूद। गांधी का भोजन अपने साथ बनाने और बाद में सारे प्रमुख कार्यकर्त्ताओं का भोजन कस्तूरबा के साथ बनवाने में सहायक की भूमिका निभाने वाले दादा कृपलानी ने लिखा है कि तब गांधी सिर्फ भात और उबली सब्जी तथा स्थानीय फल खाते थे। उनको दक्षिण अफ्रीका के स्वादिष्ट फलों की आदत थी और स्थानीय फल उन्हें बहुत अच्छे नहीं लगते थे, तब भी वे वही खाते थे और उनके भोजन पर रोज का खर्च सिर्फ एक आना (करीब छह पैसे) ही आता था।

कार्यकर्त्ता प्रशिक्षण का प्रयोग

यह बताना दिलचस्प होगा कि गांधी जब चंपारण आए तब उनकी मदद के लिए ब्रजकिशोर प्रसाद और राजेन्द्र प्रसाद जैसे वकीलों की जो टोली चंपारण आई उनमें कई लोगों की फीस दस हजार रुपये थी और इस ऊंची फीस से वकील ही रहे गांधी भी हैरान थे और एक अनुमान यह है कि गांधी के पूरे चंपारण आंदोलन में उनकी तरफ से कुल दो हजार रुपये भी खर्च नहीं हुए थे। जाहिर है ऐसे लोगों को सादा जीवन जीने, सत्याग्रह करते हुए जेल तक जाने और अपनी कमाई छोड़कर सामाजिक काम में लगाने का प्रयोग आसान नहीं रहा होगा। यहाँ यह उल्लेख भी जरूरी है कि 1917 में चंपारण में ही नहीं पूरे बिहार में तब कांग्रेस का एक भी पूर्णकालिक कार्यकर्त्ता नहीं था। गांधी बार-बार इस कमी का जिक्र करते हैं और अपनी गिरफ्तारी के बाद आंदोलन की कमान संभालने वाले व्यक्ति की तलाश में उन्हें वक्त लगा, बाबू धरणीधर ने उनकी गिरफ्तारी के बाद अपनी गिरफ्तारी की पेशकश का फैसला करने में काफी चर्चा और संभवत: दो दिन का वक्त लिया। बाकी लोगों की हाँ इसके बाद हुई और कई बार फैसले ब्रजकिशोर बाबू के दरभंगा से आने तक रोके भी गए क्योंकि उन्हें अपने मुकदमों की पैरवी के लिए बीच-बीच में जाना जरूरी हो जाता था।

राजेन्द्र बाबू समेत तब के कई आंदोलकारियों की किताबों में इस बात के काफी सारे ब्योरे हैं कि गांधी ने किस तरह ऐसे बड़े और शान-शौकत का जीवन

बिताने वाले अपने साथी आंदोलनकारियों का जीवन बदला, सादा खाना, सामूहिक रसोई का भोजन, छुआछूत न मानना, बिना नौकर-चाकर के अपना काम खुद करना सीखना और एक बहुत ही मुश्किल रुटीन पर चलना सिखाया। तब बिहार में और चंपारण में भी शाम आठ बजे तक नाश्ता, वह भी अक्सर भुने गोश्त और तली मछली के साथ तरह-तरह के अनाजों के भूँजे का, और रात ग्यारह बजे तक भोजन करना बड़े होने की पहचान बन गया था। दूसरी तरफ यह आम था कि गांधी और उनके सहयोगी भरी गर्मी (चंपारण आंदोलन का असली काम आधे अप्रैल-मई-आधे जून में हुआ) से बचने के लिए सुबह चार बजे ही बेतिया और मोतिहारी के अपने ठिकानों से पंद्रह-बीस किलोमीटर दूरी तक पैदल ही चले जाते थे। उनके पैर और बदन दर्द तथा सिंकाई के किस्से भी रोचक हैं। ब्रजकिशोर बाबू तो चंपारण से लौटने पर लंबा बीमार पड़े और बापू की सलाह पर हकीम अजमल खान के इलाज पर ही ठीक हो पाए। अपनी और कपड़ों की सफाई से लेकर घर और शौच की सफाई का प्रयोग भी शुरू हो गया था। इस अभियान में चलने वाले कई लोग तो आधा-आधा दर्जन नौकरों के साथ चंपारण आए थे और चंपारण ही क्यों पटना और बिहार में अपनी सबसे शानदार जीवन शैली और भवनों के लिए नामी मजहरूल हक और इमाम बंधुओं (अली और हसन) को भी उन्होंने सादगी सिखा दी। तब तक गांधी यूरोपीय पोशाक ही नहीं अपने काठियावाड़ी पोशाक में भी बदलाव कर चुके थे, प्रायः नंगे पैर रहते थे और फलाहार तथा मेवों की जगह उबली सब्जी और भात खाने लगे थे। तब तक वे दूध-दही नहीं खा रहे थे। उनके पास एक हल्की बेडिंग और एक बक्से में कागज-पत्तर और दो जोड़ी कपड़े भर थे।

गांधी ने ऐसे लोगों को कैसा सत्याग्रही बनाया, कितने कम समय में चंपारण को एक मुश्किल आर्थिक और सामाजिक जकड़बंदी से मुक्ति दिला दी, देश को और दुनिया को अंग्रेजी उपनिवेशवाद से मुक्ति दिलाने की राह पर पहला कदम उठवा दिया, यह सब ब्योरा यहाँ देने का खास मतलब नहीं है। पर यह बताना जरूरी है कि चंपारण के लोगों ने अपनी लड़ाई गांधी से पहले भी लड़ी थी, उनकी इस लड़ाई में राजकुमार शुक्ल, पीर मुहम्मद मुनीस, शीतल राय, बैद्यनाथ मिश्र, खेन्दर राय, शेख गुलाब जैसे स्थानीय मजबूत लोगों के साथ हजारों किसान भी निर्भय होकर पूरी ईमानदारी से लड़े। पर गांधी जिस तरह से लड़े और जैसी लड़ाई लड़ने की जरूरत उनको थी उसके लिए कार्यकर्त्ता तैयार करने का काम भी उन्होंने खुद किया और हैरानी नहीं कि बिहार में स्वतंत्रता आंदोलन का आधिकारिक इतिहास लिखने वाले कालीकिंकर दत्ता को राजकुमार शुक्ल की भूमिका एक फुटनोट में समेटने भर की लगी तो मुख्यतः गांधी द्वेष पर लिखे सबाल्टर्न इतिहास के एक लेखक कपिल कुमार गांधी को राजकुमार शुक्ल के आंदोलन को हड़पने वाला

सिद्ध करना चाहते हैं। इस विवाद में पड़ने की जरूरत नहीं है। पर यह जरूर है कि गांधी ने स्थानीय लोगों भर से काम नहीं चलाया और पूर्णकालिक कार्यकर्त्ता न होने की शिकायत करते रहे और उनके प्रमुख सहयोगियों में कुछ स्थानीय वकील थे, पर शुरू में वे भी ब्रजकिशोर बाबू से संबंधों या दोस्ती के चलते ही आए और बाहर से जुटी फौज में भी उनका प्रभाव ऐसा ही था। खुद गांधी ने भी दीनबंधू एंड्रूज जैसे अपने कई पुराने अनुभवी सहयोगियों को चंपारण आंदोलन में बहुत ज्यादा शामिल नहीं किया।

राजनैतिक सहयोगी स्थानीय

सरकारी अर्थात ब्रिटिश रिकार्ड के अनुसार जो लोग चंपारण में गांधी के सहयोगी बने उनमें दादा जे.बी. कृपलानी सबसे 'खतरनाक' थे। दूसरा नंबर मुनीस का था जिन्हें हुकुमत पहले के सारे 'षड्यंत्रों' का दोषी मानती थी। कृपलानी आजीवन गांधी के अहिंसा पर भरोसा नहीं कर सके लेकिन सिर्फ चंपारण ही नहीं अपने लंबे राजनैतिक जीवन में उन्होंने कभी हिंसा न की, ना ही हिंसा करने वाले का साथ दिया। इन दोनों के बहाने शासन हर बार गांधी और उनके समर्थकों में भेद करता था। शायद ही किसी शासकीय दस्तावेज में गांधी को गलत बताया गया हो पर निलहों से लेकर सरकारी और खुफिया पुलिस की रिपोर्ट में उनके सहयोगियों पर बार-बार शक किया गया। पर पूरे चंपारण आंदोलन में हिंसा की और गांधी के इन सहयोगियों के गड़बड़ करने का एक भी मामला सामने नहीं आता। अगर कोई बात सामने आती भी है तो उनके 'सुधर' जाने और और अपने तौर-तरीके गांधी की इच्छा के अनुरूप बदल लेने की ही है। सरकारी दस्तावेजों के अनुसार ब्रजकिशोर प्रसाद, राजेन्द्र प्रसाद, रामनवमी प्रसाद (वकील), शंभूशरण प्रसाद (जिनकी गांधी ने अपनी आत्मकथा में सबसे ज्यादा प्रशंसा की है), अनुग्रह नारायण सिन्हा, जे.बी. कृपलानी, राज स्कूल बेतिया के बर्खास्त शिक्षक हरबंस सहाय, खतरनाक और 'बदमाश' घोषित पूर्व शिक्षक पीर मोहम्मद मुनीस, गोरख प्रसाद (वकील), मजहरुल हक, पोलाक, एंड्रूज, ब्रह्मचारी अरिभूषण (छपरा), फजलुर रहमान (कानपुर), राजकुमार शुक्ल, परमेश्वर दयाल, खेन्दर राय, संत राउत, जनकधारी देव, सीताराम तिवारी, सरजुग उपाध्याय, गौरी प्रसाद साहू, देवीलाल साहू (जिनके दान की जमीन पर मोतिहारी में कांग्रेस का विशाल आश्रम बना हुआ हैद्ध, हीरालाल साहू, राजाराम मारवाड़ी, ललिता प्रसाद साहू, पुनदेव प्रसाद साहू, लोमराज सिंह, सूरजमल मारवाड़ी (जिनकी धर्मशाला में सारी गवाहियाँ हुई और जहाँ गांधी रहे), बेचैन राय और भगतुमल। यह सरकारी नाम है और क्रम भी उन्हीं का बनाया हुआ है। इस बारे में और छूटे नामों को लेकर ज्यादा कुछ कहने का मतलब नहीं है। पर

इतना कहना उचित है कि अधिकांश लोग बिहार के हैं और राजेन्द्र बाबू, कृपलानी जी तथा अनुग्रह बाबू जैसे लोग तो जीवन भर के लिए गांधी के रंग में रंगे ही रहे। स्थानीय काफी सारे लोग गांधी के जाने और तिनकठिया प्रथा खत्म होने के बाद गांधी द्वारा शुरू किए रचनात्मक कामों और आजादी की लड़ाई में ज्यादा जोर-शोर से जुटे। सिर्फ एक या तो सेठों के बाद में अंग्रेजी दबाव में बदल जाने का मामला सामने आता है।

अपने सत्य पर भरोसा कहें या अफ्रीकी अनुभव और यश का बल या फिर गांधी को गिरफ्तार और जिला बदर करने का आदेश देने की तिरहुत के कमिशनर एल.एफ. मोर्सहेड की अकड़ भरी गलती, गांधी को चंपारण पहुंचने के तीसरे-चौथे दिन से ही यह लगने लगा था कि वे इस मुश्किल लड़ाई को जीतेंगे ही। सिर्फ अपनी ओर से और अपने सहयोगियों की तरफ से गलती नहीं होनी चाहिए। इस सवाल पर वे बहुत स्पष्ट थे कि अब तिनकठिया नहीं चल सकता। इसलिए हम पाते हैं कि वे जल्दी ही तिनकठिया की जगह मुख्य रूप से निलहों द्वारा वसूली जा रही शरहबेशी, तावन और आबवाबों (भिन्न-भिन्न नाम से लिए जाने वाले करीब 45 किस्म के छोटे-छोटे कर, जिनका बोझ तिनकठिया से ज्यादा हो जाता था) पर चोट करना शुरू किया और इसका वांछित परिणाम भी निकला। इस दौरान उन्होंने अपने साथ आए लोगों को सत्याग्रह के योद्धाओं के रूप में बदला भी। इसी दौरान हम पाते हैं कि 28 जून, 1917 को जब गांधी दोबारा चंपारण आए तो उनके साथ डॉ. हरि श्रीकृष्ण देव भी आए जो पुणे के थे। पोलाक जैसे अपने पुराने साथी को तो गांधी ने उनके पहले से तय काम पर वापस भेज दिया था पर डॉ. देव को भारत सेवक समाज ने गांधी के साथ ही तैनात किया था और गांधी ने कलक्टर बी. हेकाक को पत्र लिखकर उनके चंपारण में रहने की सूचना भी दी। शुरू में लगा कि वे गांधी और उनके साथियों की देखरेख के लिए आए हैं पर जल्दी ही वे चंपारण के लोगों के स्वास्थ्य और सफाई से जुड़े काम भी देखने लगे। जल्द ही उनके साथ तीन और लोग आ गए थे जिनमें प्रो. कार्वे के विधवाश्रम की एक महिला भी थी। तब तक यह अनुभव हो चुका था कि चंपारण में महिलाएं जितना परदा करती हैं उसमें उनके बीच बिना महिला कार्यकर्त्ता के काम करना मुश्किल होगा और तिनकठिया को भुगतने वाले हजारों किसानों की खुली गवाहियाँ कराते हुए गांधी को इस प्रणाली के अंत का तर्क समझ तो आ ही रहा था। वे इस बेहद पिछड़े जिले में अपने और काम या जिम्मेवारियों को भी समझने लगे थे। वे बार-बार अपने देश भर के सहयोगियों को चंपारण में लंबा रहने की अपनी योजना बताने लगे और बाहर के काम से खुद को मुक्त रखने की बात करने लगे। यह उल्लेखनीय है कि सन 1870-71 की सरकारी व्यवस्था से चंपारण में केवल दो विद्यालय ही चलते थे। जब गांधी यहाँ

आए थे तब यहाँ सिर्फ दो हाई स्कूल थे और एक भी कॉलेज न था। करीब तीन हजार गांवों वाले इस जिले में तब नील की साठ से ज्यादा कोठियाँ और कारखाने थे। गांधी जब दक्षिण अफ्रीका में थे तो उन्हें यह अनुभव हुआ था कि हिन्दुस्तानी लोग अपने आसपास काफी गंदगी रखते हैं और गोरों के लिए यह एक बड़ा मुद्दा था। हिन्दुस्तानियों को अपमानित करने में वे इस चीज का सहारा लेने का कोई अवसर छोड़ना नहीं चाहते। गांधी खुद भी साफ-सफाई का महत्त्व जानते थे, लेकिन इस अनुभव ने उन्हें सफाई के सवाल पर बहुत सचेत किया। जब वे दक्षिण अफ्रीका से लौटकर शांतिनिकेतन गए थे तब भी उन्होंने वहाँ परिसर से लेकर रसोई तक में साफ सफाई और खुद से सफाई का एक बड़ा अभियान छेड़ा था जिसे देखकर गुरुदेव भी प्रसन्न हुए थे। जब वे बनारस गए तो वहाँ की गंदगी भी उन्हें बर्दाश्त करने लायक नहीं लगी। सो इस सवाल पर गांधी चंपारण में सचेत थे। पर उन्होंने अहमदाबाद आश्रम बनाने के साथ शिक्षा और ग्रामोद्योग या कुटीर उद्योग, बागवानी और पशुपालन के प्रयोगों पर गौर करना शुरु किया है। चंपारण से लिखे उनके पत्रों में काफी सारे इस आश्रम के सहयोगियों के नाम है जिनमें पाठ्यक्रम से लेकर पाठ्यचर्या तक की बातें विस्तार से आई हैं। हैरानी नहीं कि गांधी को अपने इन प्रयोगों को बड़े पैमाने पर परखने के लिए चंपारण उपयुक्त लगा।

आरंभिक रचनात्मक कार्यकर्त्ता बाहरी

पर जल्दी ही उन्हें यह भी समझ आ गया कि अगर बिहार और चंपारण में एक भी पूर्णकालिक कार्यकर्त्ता न होने से उन्हें राजनैतिक आंदोलन चलाने में दिक्कत हो रही है तो रचनात्मक कामों के लिए तो और मुश्किल आएगी। इसके लिए तो और भी तपे-तपाए और मजबूत इरादों के लोग चाहिए। सो उन्होंने चंपारण से स्वास्थ्य कार्यकर्त्ता तैयार करने का काम डॉ. देव को दिया और खुद शिक्षा समेत दूसरे कामों के लिए देश भर से कार्यकर्त्ता तलाशने लगे। इसके लिए बाजाप्ता विज्ञापन दिए गए और सौभाग्य से ऐसे कार्यकर्ताओं की कमी नहीं रही। तब तक किसानों की परेशानियों से संबंधित कमेटी की सुनवाई भी पूरी हुई, तीखी बहसें हुईं, रिपोर्ट बनी, लोगों की आपत्तियाँ मांगी गईं, विधान परिषद में विधेयक रखकर कानून बना, घोषित हुआ। पर तब तक गांधी अपने स्कूल खोलने से लेकर तरह-तरह के ग्रामोद्योग, शिल्प, पशुपालन समेत और कामों की रूपरेखा बना चुके थे। वे एक बार में बहुत कुछ शुरू करने की जगह पांच जगहों पर स्कूल खोलना और काम करना चाहते थे। पहला स्कूल बड़हरवा लखनसेन मे 14 नंवबर, 1917 को खुला जो मोतिहारी से तीस किलोमीटर दूर पूरब में है। इसके लिए उसी गांव के शिवगुलाम लाल ने अपनी जमीन दी। यहाँ बबन गोखले पहले अध्यापक थे जो इंग्लैंड से पढ़े

इंजीनियर थे और कई तरह के प्रयोग करते हुए अपने दोनों हाथ जख्मी कर चुके थे। उनकी पत्नी अवंतिका बाई एक प्रशिक्षित मिडवाइफ भी थीं और प्रसव कराने में उनकी विशेषज्ञता थी। मजेदार बात यह है कि तभी गांधी नील की कोठियों वालों की मदद भी चाहते थे–जमीन लेने से लेकर स्कूल के संचालन में। पर निलहे उनके इस रचनात्मक काम को उनके राजनैतिक षड्यंत्र का विस्तार मानते थे।

होने को तो पुलिस जांच और निगरानी गांधी समेत सभी राजनैतिक कार्यकर्त्ताओं की भी होती ही थी और शासन कुछ लोगों पर ज्यादा नजर रखता था। पर वह न तो गांधी को और ना कृपलानी जैसे किसी 'खतरनाक' कार्यकर्त्ता को जिले से बाहर रख पाया। पर रचनात्मक काम के लिए लगे कार्यकर्ताओं पर शासन की खास नजर थी और वह एक पूर्णकालिक कार्यकर्ता को बाहर कराने में सफल हुआ। मुंबई से ही आए नारायण तम्माजी कटगरे उर्फ कुंडलिक को भितिहरवा से वापस भेज दिया गया। उन्हें भारत रक्षा कानून के सहारे बाहर किया गया था। गांधी ने भी इसे प्रतिष्ठा का सवाल नहीं बनाया। आज सौ साल बाद इन कार्यकर्ताओं से संबंधित खुफिया पुलिस की रिपोर्टों को देखना काफी दिलचस्प लगता है। इन विवरणों में नामए पताए पिताध्पति का नामए योग्यताए उम्र, शारीरिक बनावट, पेशा, कैसे जीवन चलता है, कितने पैसे मिलते हैं, क्या स्थानीय भाषाएं/बोलियाँ आती हैं, कितने बच्चे हैं और अंत में कोई खास टिप्पणी। कहना न होगा कि ज्यादातर लोगों की कमाई वाला खाना खाली है, या ब्रजकिशोर प्रसाद की देखरेख में मोतिहारी से चल रहे चंदे वाले कोष से खर्च मिलने का जिक्र है। बाद में जब स्थानीय और बाहरी का मुद्दा बना तो धरणीधर बाबू ने छह माह तक मास्टरी करना कबूल किया और सपरिवार मधुबन स्कूल में रहे। भर्ती हुए कुछेक स्थानीय शिक्षकों या हस्तशिल्प के मददगारों को सात रुपये मासिक वेतन की चर्चा है। उल्लेखनीय है कि उन्हें खाने-पहनने का इंतजाम खुद करना होता था। ज्यादातर शिक्षक और स्वास्थ्य कार्यकर्ताओं का भोजन वगैरह स्थानीय ग्रामीण ही उपलब्ध कराते थे। स्कूल की जमीन और भवन निर्माण की ज्यादातर सामग्री भी लोग ही देते थे। एक दिन भितिहरवा पाठशाला की झोपड़ी में अचानक आग लग गई और वह जलकर भस्म हो गई। उस केंद्र का संचालन कर रहे डॉ. देव को लगा कि आग किसी ने लगवाई है। उन्होंने जांच करनेए आरोप-प्रत्यारोप करने की जगह अपने साथियों के साथ सिर पर ईंट और दूसरी चीजें ढोकर एक पक्का मकान बनाने की शुरुआत कर दी। उनको देखकर गांववाले भी आगे आए और कुछ ही दिनों में झोपड़ी की जगह पक्का भवन खड़ा हो गया।

पुलिस जांच से जिन कार्यकर्ताओं का नाम सामने आता है उनमें डॉ. देव और बबन गोखलेए अवंती बाई गोखले के अलावा बेलगांव/मुंबई के वकील रहे सदाशिव लक्ष्मण सोणम, भावनगर काठियावाड़ के प्रेमलाल प्रभुराम योगी (जो ब्रह्मचारी

थे), दरभंगा के वकील बाबू धरणीधर (आंदोलन के बाद वे मधुबन स्कूल में सपरिवार रहने और पढ़ाने भी लगे थे और उन्हें स्थानीय मारवाड़ी घनश्याम दास, जिनके नाम पर स्कूल चलता था, पचास रुपये महीने की तनख्वाह देते थे), रामरक्षा उपाध्याय उर्फ ब्रह्मचारी, खानदेश के विष्णु सीताराम रणदिवे उर्फ अप्पाजी, पुणे की मात्र 19 साल की आंनदी बाई, साबरमती आश्रम से आई 25 वर्षीया दुर्गा बाईए बड़हरवा-ढाका स्कूल में पढाने आए देवदास गांधी, साबरमती आश्रम से ही आए छोटेलालए गोरखपुर के सुरेन्द्र लाल, सारण के श्यामदेव सहाय उर्फ दीप जीए सरुपा-ढाका के स्थानीय राम खेलावन सिंहए वहीं के बंटी सिंह, बड़हरवा गांव के ही मोहम्मद इस्माइल। इनमें कस्तूरबा और आंनदी बाई जैसे लोग सिर्फ सफाई और रसोई का काम करते थे तो कुछ शिल्प का काम (वैसे यह उल्लेख करना दिलचस्प है कि इतने लंबे साथ और सामाजिक कामों के बावजूद बा पढ़-लिख नहीं सकती थीं और बापू को भी उन्हें साक्षर करना जरूरी नहीं लगा)। मो. इस्माइल उर्दू और मजहबी तालीम देते थे। दो स्कूल स्थानीय धनवानों ने खुलवाए थे सो वहाँ की व्यवस्था थोड़ी ढंग से चलती थी वरना बाकी स्कूल और दूसरे कार्यक्रम स्थानीय सहयोग से ही चलाने पर जोर था। इन सबके अतिरिक्त नरहरिदास पारीख और महादेव देसाई इस पूरे अभियान की देखरेख करते थे और इस काम में मदद के लिए कृपलानी जी को 'चंपारण अरेस्ट' की सजा दी गई जिसे उन्होंने सहर्ष स्वीकार कर इस काम में अपना योगदान किया। जैसा किए पहले कहा गया है सूची के आखिरी तीन नाम ही स्थानीय थे। साफ है कि रचनात्मक कामों के लिए कार्यकर्ताओं से ज्यादा सख्त मानक पर खरा उतरने की अपेक्षा थी और यह काम लंबे प्रशिक्षण और पक्के संकल्प के बगैर संभव न था। और गांधी ने भी अपने रचनात्मक कार्यकर्त्ताओं को राजनैतिक कामों से दूर रहने का स्पष्ट आदेश दिया था।

पढ़ाई के साथ हजार काम

और यही कारण है कि इन मुट्ठी भर लोगों ने जैसे तैसे और न्यूनतम साधनों से शुरू किए गए इन विद्यालयों को पढ़ाई के साथ रचनात्मक कामों का केंद्र और नए जीवन का पाठ पढ़ाने वाले आश्रमों में बदल दिया। विद्यार्थियों की संख्या बहुत तेजी से बढी जबकि प्रवेश की उम्र सात से बारह साल रखी गई थी। हमने कस्तूरबा के पढ़े-लिखे न होने या आनंदी बाई के रसोई का काम करने का जिक्र कियाए पर इन लोगों के आसपास इतना काम शुरु हो गया था कि बड़ी उम्र में मात्र अक्षर ज्ञान पर समय बर्बाद करना कम लगता था। तब चंपारण में रोगों और गंदगी का अड्डा था। सचमुच के दो पैसे का आयोडीन न मिलने से हजारों लोग घेंघा का शिकार होकर मंद-बुद्धि होने के साथ बोलने-सुनने की क्षमता गंवा देते थे। मर्ज इतना व्यापक

और इतने समय से था कि यहाँ के लोगों के लिए चंपारण के पुराने नाम मझौवा से जोड़ कर ष्मझौवा के बागड़' अर्थात मझौवा के मंदबुद्धि उपहास का एक प्रचलित जुमला बन गया था। चर्मरोग और पेट के रोग आम थे। प्रसव के समय प्रसूता और नवजात का मरना या रोगग्रस्त हो जाना बहुत था। महामारियों के चलते गांव के गांव खाली हो जाते थे। सो डॉ. देव और उनकी टोली का काम काफी था। महिला कार्यकर्ताओं की ज्यादा जरूरत थी क्योंकि प्रसव में सहयोग से लेकर नवजातों की देखरेख, गर्भावस्था वाली महिलाओं के खुराक और मासिक धर्म के समय साफ-सफाई के तौर-तरीके सिखाने का काम पुरुष कार्यकर्त्ता नहीं कर सकते थे। शुरू में वे भितिहरवा के आसपास ही रहे जिनके मददगारों में कस्तूरबा और देवदास गांधी भी थे। गांव-गांव जाकर सड़कों की सफाईए कूड़े का निपटानए कुओं की ओढाई और उनमें डीडीटी का घोल डालनाए लोगों को अंडी का तेलए कुनैन और गंधक के सहारे कई रोगों से मुक्त रखना जैसे कामों के साथ स्थानीय कार्यकर्ताओं को प्रशिक्षित करने का काम भी हुआ। इसी क्रम में वह प्रसिद्ध घटना घटी जिसे सर रिचर्ड एटनबरो ने बहुत कल्पनाशील फिल्मांकन से गांधी के बदलाव का बिंदु बनाने के साथ अमर बना दिया। भितिहरवा के एक गांव में एक महिला को बहुत ही गंदे कपड़ों में देखकर बापू ने कस्तूरबा से उससे बात करने को कहा कि वह इतना गंदा क्यों रहती है। यह सवाल पूछने पर वह महिला कस्तूरबा को अपने झोपड़े में ले गई और कहा, ''देखिए मेरे पास न कोई बक्सा है न आलमारी जिसमें कपड़े हों। जो साड़ी मैंने पहनी है एकमात्र वही मेरे पास है। अब आप ही बताएं मैं कैसे इसे धोऊँ। महात्मा जी को मेरे लिए दूसरी साड़ी लाने को कहें। फिर मैं रोज नहाउंगी और साफ कपड़ा पहनूंगी।''

स्वास्थ्य, सफाई, पर्सनल हाइजीन और पौष्टिकता का क्या नाता गरीबी और साधन संपन्नता से है यह पाठ गांधी ने चंपारण आकर ही सीखा हो ऐसा नहीं है, पर भारतीय समाजए खासकर ग्रामीण समाज क्या है, कैसे चलता है, उसकी क्या जरूरतें हैं यह सब देखने, अनुभव करने और सीखने का काम गांधी ने चंपारण में किया। इससे पहले ग्रामीण जीवन का ऐसा प्रत्यक्ष और लंबा अनुभव गांधी को नहीं था। पर भारत में राजनैतिक लड़ाई लड़ने और इस तरह से औपनिवेशिक शासन की जड़ें हिलाने का भी उन्हें अवसर कहाँ मिला था एकदम नई जगह, नए तरह की मुश्किल और नए लोगों के साथ आंदोलन शुरु करके उन्होंने जिस आसानी से जीत हासिल कर ली थी वह उनके लिए क्या इस मुल्क और उपनिवेशवाद के इतिहास की अनोखी घटना थी। तिनकठिया मामले में जीत के लक्षण देखने तथा चंपारण की जरूरतों को देखकर उन्होंने जो बड़े प्रयोग शुरु किए वे अभी ढंग से जमें इससे पहले ही उनकी मांग चारों ओर से होने लगी। अनुसूया बाई ने उन्हें कपड़ा मिल मजदूरों

की ओर से बुलाया। खेड़ा के किसानों का बुलावा भी आने लगा था। फिर गांधी ने इस खेद के साथ चंपारण छोड़ा कि इस रचनात्मक कार्य को स्थाई आधार पर स्थापित करने की उनकी आशा पूरी नहीं हुई। वे गो-संवर्द्धन का काम और एक असंबद्ध विश्वविद्यालय बनाने का काम शुरू भी नहीं कर पाए जिसका उनको अफसोस रहा। वे पशुओं का नस्ल सुधार, उनके साथ मानवीय व्यवहार और आदर्श दुग्धशाला की स्थापना करना चाहते थे। उन्हें ग्रामीण शिल्पकारी और आत्मनिर्भरता को शिक्षा के साथ बढ़ाने वाले विश्वविद्यालय की स्थापना भी बहुत जरूरी लगता था। ये बातें वे अक्सर चंपारण रहते हुए अपने साथियों से किया करते थे।

बाद के गांधीवादी कार्यकर्त्ता

राजेन्द्र बाबू ने अपनी आत्मकथा में लिखा है किए गांधी को अपने अधूरे काम शुरू न करने और रचनात्मक कामों के स्थाई आधार पकड़ने से पहले बिहार छोड़ने का अफसोस था पर साथ ही भरोसा था कि कुछ महीनों का काम ही इतना जड़ पकड़ चुका है कि उसका प्रभाव किसी न किसी रूप में आगे दिखेगा और ये चलते रहेंगे। एक हैरान करने वाली बात यह है कि ये कार्यक्रम चलेए सघन रूप में आगे बढ़ेए उनसे समाज और आजादी की लड़ाई को मदद मिली पर चंपारण में इस अभियान को आगे बढ़ाने में अपना सब कुछ लगा देने वाले कांग्रेसी प्रजापति मिश्र ने भीए जो तब छात्र थे और अपने शिक्षक हरबंस सहाय तथा आर्यसमाज आंदोलन के गहरे प्रभाव में थे, अपने मरते वक्त अस्पताल में आए बिहार सरकार के मंत्री कृष्णबल्लभ सहाय को कहा था कि मैं अपनी तीन अधूरी अभिलाषाएं लिए जा रहा हूँ—कुमारबाग में ग्रामीण विश्वविद्यालय की स्थापनाए गंडक से सिंचाई की नहर व्यवस्था और भूदान यज्ञ की सफलता। विश्वविद्यालय की सारी तैयारी उन्होंने कर ली थी। एक सघन क्षेत्र में पचास पंचायतों में पचास बुनियादी विद्यालयों का जाल बिछकर, पोस्ट बेसिक स्कूल और शिक्षक प्रशिक्षण विद्यालय बनवाने के बाद उन्होंने बेतिया राज से इस कार्य के लिए लगभग सौ एकड़ जमीन दान ले लिया था। इसमें उन्हें कई बार राज के कारिदों से पिटना पड़ा, कई आंदोलन करने पड़े थे खैर। गांधीजी दूसरी तरफ चले गए उनके रचनात्मक कामों को चलाने आए बाहर के साथियों में से ज्यादातर चले गए (अधिकांश लोग छह माह के कार्यकाल के लिए ही आए थे और कई ने दो टर्म काम किया) पर कोई भी काम नहीं रुका। कांग्रेस ने जिले में चार कार्यकर्त्ता प्रशिक्षण केंद्र स्थापित कर लिए थे। कांग्रेस की सदस्यता हो या चरखा चलाना या स्कूल चलाना जैसे काम सबमें आश्चर्यजनक उछाल आया। सभी जाति-संप्रदायों के लोग सामने आए। उसी समय से महिलाओं के सार्वजनिक जीवन में आने के उदाहरण हैं। विद्यालय के साथ गांव-गांव पुस्तकालय और

वाचनालय खोलने के अभियान चले, कुओं और सड़कों की सफाई, मिट्टी और राख के इश्तेमाल से शौच को ढक देने वाले अस्थाई शौचालय बने। अकेले चंपारण में असहयोग आंदोलन के समय करीब सौ राष्ट्रीय विद्यालय चल रहे थे। कच्ची घानी तेल निकालनेए शहद पैदा करनेए खांड़ बनानेए कपड़े बुनने, उन्नत नस्ल के पशुओं को विकसित करने और पालने वाले केंद्र बनेए खादी बेचने-पहनने के अभियान से शायद ही कोई गांव अछूता हो। खादी पहननाए सूत कातनाए अपने गांव-मुहल्लों में स्कूल-वाचनालय बनवानाए अपने परिवार की महिलाओं को परदे से बाहर लाना बाजाप्ता फैशन में आ गया था। दस साल बाद जब सविनय अवज्ञा आंदोलन हुआ तो गांव-गांव में नमक कानून तोड़ा गया। शराब और ताड़ी के खिलाफ पिकेटिंग, विदेशी वस्त्रों के खिलाफ पिकेटिंग और चोरबाजारी रोकने एक लिए पिकेटिंग के सैकड़ों कार्यक्रम हुए।

रचनात्मक कामों का राजनीति पर प्रभाव

जब बयालीस में गांधी ने करो या मरो (जिसे कई लोग करेंगे या मरेंगे का गलत मतलब समझ लेना मानते हैं) का नारा दिया तो चंपारण से अंगरेजी हुकूमत लगभग विदा सी हो गई थी। पर किसी भी बड़े आंदोलन में हिंसा नहीं हुईए कोई भी आंदोलन एक इलाकेए एक जमातए एक वर्ग या समुदाय की बढ़त या गांव और शहर की बढ़त के स्थापित फार्मूले से देखा या समझा नहीं जा सकता। दलितों और औरतों की भागीदारी जरूर उनकी संख्या के अनुपात में कम रही होगी पर हर कार्यकर्त्ता और हर नेता इस सवाल पर मुस्तैद रहा। खादी के काम में औरतों की भागीदारी पुरुषों से ज्यादा ही थी। शायद ही कोई नेता होगा जिसकी पत्नी-बेटी आंदोलन में न आए हों या जिसके बच्चे राष्ट्रीय विद्यालय न जाते हों। यहाँ गांधी के बाद के तीस वर्षों का पूरा लेखा-जोखा देने का कोई मतलब नहीं है ना ही वह संभव है। पर इन चीजों ने आजादी की लड़ाई और उसके बाद आज तक इस जिले के व्यवहार को कम-ज्यादा प्रभावित किया है। आज भी खादी का काम जैसी बातें घिसटते ही सही चल रही हैं- आज खादी बनने से ज्यादा बिक्री होती होगी। एक प्रसंग बताकर इस पक्ष को समाप्त किया जाए। पहले आम चुनाव में बेतिया से विपिन बिहारी वर्मा सांसद हुए थे-जिले का पहला ग्रेजुएट, नामी वकील, बेतिया राज का मैनेजर होने के साथ आजादी की लड़ाई में बड़ा योगदान देने के चलते उन्हें यह सम्मान मिला था। पर जब काकोरी षड्यंत्र की सजा काटने के बाद कमलनाथ तिवारी अंडमान से वापस आए और सांसद बनने की इच्छा दिखाई तो विपिन बाबू ने अपना पद छोड़ने में जरा भी हिचक नहीं दिखाई। उनका कहना था कि इस सम्मान के ज्यादा बड़े हकदार तिवारी जी हैं।

वैसे तो खादी और शिक्षा के काम में ब्रजकिशोर बाबू का योगदान बिहार के सभी नेताओं से ज्यादा होगा और मुख्य रूप से उनके चलते ही दरभंगा और मधुबनी देश में खादी के सबसे केंद्रों में उभरे। उनको इन कामों की तरफ मोड़ने में चंपारण का उनका अनुभव ही सबसे बड़ा प्रेरक था। पर चंपारण के अपने केंद्र और लोग भी बहुत पीछे नहीं थे। सबसे उल्लेखनीय नाम और काम प्रजापति मिश्र का था जो गांधी के आंदोलन के समय बहुत सक्रिय होकर भी अभी आगे नहीं आए थे। पर बाद के दिनों में वे कांग्रेस के राजनैतिक और रचनात्मक कामों की धुरी बन गए। बेतिया से लगे वृन्दावन में उन्होंने अपनी जमीन और दान में मिली जमीन लेकर लगभग सारे गांधीवादी प्रयोग शुरू कर चुके थे और यह जगह प्रदेश और जिले के नक्शे पर ही नहीं देश के नक्शे पर भी आ गई थी। यही 1939 में गांधी सेवा संघ के अधिवेशन के साथ कांग्रेस कार्यकारिणी की बैठक हुई जिसमें गांधी दोबारा चंपारण आए थे। वे ही नहीं, अन्य बड़े नेता भी यहाँ के प्रयोगों को देखकर गदगद हुए। उल्लेखनीय है कि संघ के सारे अधिवेशनों में सबसे ज्यादा चंदा यहीं जमा हुआ था। संघ को जब कांग्रेस का प्रतिद्वंद्वी माना जाने लगा तब गांधी ने इसे खुद भंग कर दिया।

सघन क्षेत्र के प्रयोग

उससे पहले हरिपुरा कांग्रेस ने ऐसा निर्णय लिया था कि देश के लिए एक राष्ट्रीय शिक्षा नीति होनी चाहिए। इसी के लिए वर्धा में देशभर के शिक्षाशास्त्रियों का सम्मेलन हुआ। वहीं गठित डॉ. जाकिर हुसैन समिति ने बुनियादी राष्ट्रीय शिक्षा की योजना पेश की। गांधी खुद बुनियादी तालीम को अपनी सर्वोत्तम उपलब्धि मानते थे। इस योजना के तहत पहले एक क्षेत्र विशेष में सघन रूप से प्रयोग करने के बाद और उसके अनुभव के आलोक में पूरे देश में प्रयोग होना था। पर एक शर्त थी कि स्कूल वहीं खुलेंगे जहाँ लोगों से उसके लिए जमीन मिल जाए। जब जगह के चुनाव में परेशानी होने लगी तो इसका भार गांधी ने राजेन्द्र प्रसाद को सौंपा। बहुत प्रयास करके जब उनको भी कम से कम पचास बुनियादी विद्यालय खोलने लायक जमीन देने-दिलाने वाले नहीं दिखे तो वे भी हथियार डालने वाले थे। जब यह भनक प्रजापति मिश्र को लगी तो वे दौड़े-दौड़े उनके पास गए और अपने वृंदावन आश्रम के आसपास सघन क्षेत्र बनाने की पेशकश की। उनका प्रस्ताव मान लिया गया और 126 वर्गमील इलाके में उन्होंने जमीन के साथ खर-लकड़ी-बांस जैसी निर्माण सामग्री भी दान से जुटाई। इसमें कई विद्यालयों के लिए उन्होंने अपनी जमीन दी। कई स्कूलों के पास तो पंद्रह एकड़ तक जमीन हो गई जिसपर बच्चों के खेलने से लेकर बागवानी के प्रयोग भी चले। जब 1939 में गांधीजी वृंदावन आए तो उन्हीं के

हाथों सघन क्षेत्र के पहले वृंदावन-रमपुरवा विद्यालय का शुभारंभ हुआ।

इसी क्षेत्र में छात्र और फिर शिक्षाकर्मी होकर सारा जीवन लगाने वाले शंभूनाथ मिश्र ने अपने कुछ साथियों और छात्रों की सहायता से 1989 में इस प्रयोग के पचास साल पूरे होने पर एक बड़ा सर्वेक्षण किया। तब 29 विद्यालय ही बचे थे और वे सभी खस्ता हाल थे। वे सब सामान्य मिडिल स्कूल बन गए थे। सभी में शिक्षक बहुत कम थे-इतने कम कि सात कक्षाओं को एक या दो शिक्षक संभालते थे। जमीन पर कब्जा होने लगा था। बाकी स्थिति भी बदहाल थी जबकि सामान्य ढंग से खुले सरकारी मिडिल स्कूल बढ़िया हालत में थे। जहाँ तक उपलब्धियों का सवाल था तो इस सघन क्षेत्र में सामान्य साक्षरता की दर से लेकर कन्या साक्षरता दर और समाज के कमजोर जमातों की साक्षरता और अन्य मामलों में बहुत फर्क आया था। स्व. मिश्र ने इन विद्यालयों और वृंदावन से लगे कुमारबाग स्थित पोस्ट बेसिक स्कूल (जहाँ वे शिक्षक और प्राध्यापक रहे थे) में इस प्रयोग का स्वर्णकाल देखा था। सो वे हैरान थे कि आजाद भारत में, और खासकर साथ के आसपास से इस प्रयोग की इतनी उपेक्षा क्यों हुई जबकि सारे लोग इस प्रयोग की तारीफ करते रहे और कोठारी आयोग से लेकर मुदलियार इस तरह की शिक्षा और स्वरोजगारोन्मुख शिक्षा की वकालत करते रहे। कई बुनियादी विद्यालयों और कुमारबाग उत्तर-बुनियादी विद्यालय के आंकड़ों के आधार पर स्व. मिश्र ने जगह-जगह लिखा-पढ़ी भी करके बताया कि इन स्कूलों में बच्चे जो रोज सिर्फ एक घंटे तकली-चरखा-करघा-लुहारी-काष्ठकला-चर्मकारी-बागवानी-मुर्गीपालन-गौपालन जैसे काम करते थे उससे उनके सारे खर्च निकलने के साथ छोटी आमदनी हो जाती थी और विद्यालय भी अपने खर्च का तीस से पचास फीसदी हिस्सा खुद निकाल लेते थे। बल्कि तब बच्चों के श्रम से आए पैसे के आधार पर मध्याह्न भोजन की व्यवस्था चलाने का प्रस्ताव भी आया था।

चंपारण का प्रशिक्षण और चौंतीस का भूकंप

एक और प्रसंग का जिक्र इस सिलसिले में जरूरी है। चंपारण और उसके रचनात्मक कामों के प्रशिक्षण का वैसा प्रभाव और लाभ बिहार ही नहीं मुल्क में कहीं और नहीं दिखता। उत्तर बिहार में 1934 की 15 जनवरी को बहुत बड़ा भूकंप आया था-रिक्टर स्केल ही नहीं बर्बादी में भी उसकी बराबरी ज्ञात इतिहास के कम भूकंपों में हुई है। डेढ़ करोड़ लोग इससे प्रभावित हुंएए बीस हजार मारे गएए दस लाख मकान क्षतिग्रस्त हुएए दस हजार कुओं की बर्बादी हुईए आठ लाख एकड़ उपजाऊ जमीन में रेत भर गयाए रेल और सड़क व्यवस्था बैठ गई। तब बिहार के ज्यादातर नेता जेल में थे और राजेंद्र बाबू तो काफी बीमार थे। सरकार ने इन सबको छोड़ दिया जिससे ये

राहत और बचाव का काम कर सकें। उन्हीं के नेतृत्व में राहत समिति बनी। करीब तीस लाख रुपये चंदा से जुटाए गए और इतने ही मूल्य के कंबल और दूसरी जरूरी चीजें जमा की गईं। देशभर से सहायता आई और गांधी समेत सारे नेता आए। पंडित नेहरू ने खुद मलबे में फंसी लाशें निकालने का काम भी किया। पर मुख्य काम स्थानीय लोगों ने किया और महीनों का समय लगाकर किया। लाश निकालनेए अंतिम संस्कार करनेए इलाज करने से लेकर खड़ी फसल का इंतजाम करने और घर बनवाने तक का काम हुआ। पचहत्तर हजार घर बनाकर दिए गए। किसानों को नई फसल के लिए बीज दिए गए। चीनी मिलें बैठ गई थीं सो किसानों का नुकसान कम करने के लिए स्वयंसेवक गन्ने की पेराई तक में मदद करने पहुंचे। यह उल्लेख भी जरूरी है कि तब खैरात लेने और मांगने वाले कम थे- बहुत जरूरी न हो तो कोई सहायता लेना नहीं चाहता था। और यह पूरा काम तभी बंद हुआ जब सबको संतोष हो गया। इसकी सारी दुनिया में तारीफ हुई और पूरा काम सरकारी मदद के बिना हुआ।

आज सौ साल हो रहे हैं इन प्रयोगों के और एक बार शुरू होकर गांधी का राजनैतिक आंदोलन कहाँ पहुंचा और उसमें बिहार का क्या योगदान था यह अलग चर्चा का विषय है। पर रचनात्मक कामों और एक अलग जीवन दर्शन बनाने में चंपारण और गांधी के प्रयोगों का असर अभी भी अध्ययन का विषय है। पूरी आजादी की लड़ाई और बंटवारे तक सिर्फ आखिरी दिनों में बिहार में हिंसा हुई–वह भी पंजाब से लौटे प्रवासी बिहारी मजदूरों द्वारा। वे वहां की हिंसा देखने के बाद अपना संतुलन गंवा बैठे। पर जब गांधी ने सब छोड़कर शांति स्थापना के लिए उनके बीच पहुंचने का फैसला किया तो वे भी फूस की लपट की तरह जल्दी ही शांत हो गए। बल्कि उनमें से कई ने तो सांप्रदायिक शांति में ही जीवन समर्पित करने का संकल्प लिया। उल्लेखनीय है कि पिछली सदी के शुरू में जब पंजाब में नहरों का जाल बिछना शुरू हुआ था तब बड़ी संख्या में बिहारी मजदूर वहाँ काम करने गए थे। ऐसा क्रम फिर से पिछले अस्सी के दशक में शुरू हुआ था। शिक्षा और ज्ञान को सर्वोच्च महत्त्व देने वाले बिहारी समाज में वैसे भी हिंसा का स्थान नीचे है और वहाँ कपड़े बुनने से लेकर हस्तशिल्प के काम बड़े पैमाने पर होते रहे थे। पर गांधी के रचनात्मक कामों ने इसे नई दिशा दी। छुआछूत दूर करने और जमींदारी उन्मूलन में भी बिहार तब अगुआ था–जमींदीरी के मामले में रिकार्ड आजाद भारत की सरकारों ने बिगाड़ और शराबबंदी जैसे आंदोलन का असर था कि लगभग पूरा बिहार इसे बुराई ही मानता था। शायद यही वह आधार है जिसके ऊपर आज कोई मुख्यमंत्री बिहार में शराबबंदी का फैसला करता है।

सौ साल में देश दुनिया ने और खासकर हमारे शासक जमात ने गांधी को कितना

माना है, कितना भुलाया है, यह हिसाब यहाँ नहीं लगाया जा सकता। गांधी ने राजनैतिक भर लड़ाई लड़ी होती तो वे सिर्फ इतिहास की चीज बनकर रह गए होते। उन्होंने अपनी लड़ाई को सभ्यतागत बताया और सामान्य बड़ी राजनैतिक लड़ाई और जीत वाली लड़ाई लड़ने की जगह वे इस पक्ष को कभी नहीं भूले। शायद यही कारण है कि गांधी अपने कथित शिष्यों तक की सारी उपेक्षा और उल्टी नीतियों के बावजूद आज भी दुनिया के लिए प्रेरणा का स्रोत बने हुए हैं और जो चीज उनके प्रयोग को सीजर-नेपोलियन जैसे विजेताओं की श्रेणी से अलग दर्जा दिलाती है वह ये रचनात्मक काम ही है। चंपारण का महत्त्व यह है कि इन सारे प्रयोगों की शुरुआत उन्होंने यहीं से की।

कृष्णस्वरूप 'आनंदी'

प्रो.जे.सी. कुमारप्पा : एक समर्पित जीवन

गांधी से मुलाकात के बाद प्रो.जे.सी. कुमारप्पा ने विदेशी खानपानए रहन-सहन और पहनावे को हमेशा के लिए छोड़ देने का इरादा पक्का कर दिया। उन्होंने सोचा कि जब बापू के साथ स्वराज्य और स्वदेशी के लिए जी-जान से जुटना है, तब फिर विदेशी पोशाक का क्या काम? उनके अंदर यह बात गहरे पैठ गई कि जब देशी लोगों के साथ घुल-मिलकर उन्हें जगाना है, उनकी ताकत खड़ी करनी है और उन्हें खुद अपने पाँवों पर खड़े होकर चलना सिखाना है, तब फिर आम जनता से सीधे जुड़े रहने के लिए उन्हें हमेशा देशी पोशाक ही पहननी चाहिए।

इस मामले में कुमारप्पा ने अपने मित्र सी.एच. सोपाड़ीवाला से सलाह माँगी। ध्यान देने की बात है कि ये उनके वही मित्र थे, जिन्होंने उन्हें अमेरिका के कोलम्बिया विश्वविद्यालय में तैयार किए गए 'पब्लिक फाइनेंस एण्ड आवर पॉवर्टी (सार्वजनिक वित्त और हमारी गरीबी)' विषयक अपने शोध-पत्र को सबसे पहले गांधी को दिखाने की राय दी थी। सोपाड़ीवाला के सुझाव पर ही कुमारप्पा 9 मई, 1929 को साबरमती स्थित 'सत्याग्रह आश्रम' में गांधीजी से मिले थे और उनसे मुलाकात के बाद ही उनके जीवन से एक नया मोड़ आया था।

सोपाड़ीवाला द्वारा बताए जाने पर कुमारप्पा बम्बई में कालवादेवी रोड पर स्थित खादी भंडार गए। वहाँ पर उन्होंने दुकानदार से कहा—"धोतियों के लिए मेरी नाप ले लीजिए।" यह सुनकर वह अकचका गया और बोला—"धोतियों के लिए हम किसी की नाप नहीं लेते। धोतियाँ सभी के लिए अक्सर एक ही साइज की होती हैं।" "अरे, आप इतना भी नहीं जानते कि एक ही नाप की धोती सबके लिए फिट बैठती है।" उस दुकान से उन्होंने एक दर्जन धोतियाँ, कुर्ते और टोपियाँ खरीद ली। उन्होंने ऐसे एक दर्जन 'लाँगकोट' भी खरीद लिए जिनके सामने की बटनों पर गांधी के चित्र बने हुए थे।

कुमारप्पा अपनी यूरोपीय मित्र-मंडली के यहाँ रात्रि-भोजों में अक्सर 'इवनिंग ड्रेस' पहनकर जाया करते थे। जॉन मेकेंजी बाद में बंबई विश्वविद्यालय के कुलपति

हुए थे, ने जब यह सुना कि कुमारप्पा अब गांधी के साथ काम करने लग गए हैं और पूरी तरह भारतीय पहनावे में चप्पल पहनकर निकलते हैं, तब कुमारप्पा को उन्होंने चाय पर बुलाया।

बुलावा आने पर कुमारप्पा ने अपने एक मराठी मित्र की मदद से बाकायदा धोती पहनी। सिर पर टोपी, बदन पर धोती-कुर्त्ता और पैरों में चप्पल पहने हुए वे मेकेंजी के घर पहुंचे। ज्यों ही उनकी निगाह श्रीमती मेकेंजी पर पड़ीए त्यों ही नमस्कार के लिए टोपी उतार कर उन्होंने सिर झुकाया। कुमारप्पा के अभिवादन का यह तरीका देखकर श्रीमती मेकैंजी खिलखिलाकर हँस पड़ी। उन्होंने जोर-जोर से तालियाँ बजायीं और उलाहना देते हुए मजाकिया लहजे में कहा, 'आपको 'इंडियन मैनर्स भी तो आने चाहिए। किसी से मिलने पर अभिवादन में आप टोपी उतारकर सिर न झुका लिया करेंए बल्कि चप्पल उतार फेंके।''

जब गुजरात विद्यापीठ में कुमारप्पा बतौर प्रोफेसर काम करने के लिए पहले दिन गएए तब उन्होंने एक लंबा सा ढीला-ढाला कुर्ता पहन रखा था जो कि उन पर फिट बिल्कुल ही नहीं पड़ रहा था। उस कुर्ते को देखकर ऐसा लग रहा था कि मानों वह कुर्त्ता उनका अपना कतई नहीं है, बल्कि किसी से मंगनी माँग कर वे उसे उधारी पहने हुए हैं। उनकी विचित्र वेश-भूषा देखकर विद्यापीठ के छात्रों और प्रोफेसरों को हँसी रोक पाने में मुश्किल हो रही थी।

उन दिनों भिन्न-भिन्न जातियों और संप्रदायों के बीच सहभोज का रिवाज एकदम नहीं था। मजे की बात यह है कि विद्यापीठ के सारे प्रोफेसर और छात्र हिंदू थे, अकेले कुमारप्पा ही ईसाई थे। कुलपति काका साहब कालेलकर ने यह सोचा कि विद्यापीठ में सहभोज के आयोजन के लिए यह एक अच्छा मौका रहेगा। वैसे तो अपना खाना वे रोज कमरे पर ही मँगवा लिया करते थे, लेकिन उस दिन उन्होंने कुमारप्पा को अपने साथ लेकर विद्यार्थियों के बीच रसोईघर के 'कॉमन डाइनिंग रूम' (Common dining room) जाना पंसद किया। वे कुमारप्पा को लेकर रसोई घर पहुँचे। वहाँ उन्होंने देखा कि अपनी यूरोपीय आदतों के कारण कुमारप्पा जमीन पर बिछी हुई चटाई पर बैठ ही नहीं पा रहे हैं। इसलिए उन्होंने अपने बगल में ही कुमारप्पा के लिए कुर्सी-मेज का इंतजाम करा दिया। जब सब लोग फर्श पर बिछी हुई चटाइयों पर खाना खाने के लिए एक-साथ बैठे हुए हों, उन्होंने चटाई पर ही बैठकर सब लोगों के साथ खाना चाहा हालांकि काका साहब ने उन्हें बार-बार समझाया कि तकल्लुफ की कोई बात नहीं है, हमलोग इस बात का बुरा कतई नहीं मानेंगे कि आप पाँति से बाहर कुर्सी-मेज पर भोजन-ग्रहण कर रहे हैं, इसलिए सुविधापूर्वक भोजन करने के लिए आप आराम से कुर्सी पर बैठकर मेज पर थाली रखे हुए हमलोगों का साथ देंय फिर भी कुमारप्पा अपने निश्चय पर अड़े रहे। वे

लोगों के साथ चटाई पर किसी तरह उकड़ूँ-मुकड़ूँ बैठ ही गए। वे अपने सारे शरीर को मरोड़े हुए कुछ इस प्रकार बैठे हुए थे कि जैसे बेडौल हो जाने पर छापे के अंग्रेजी कैपिटल अक्षर 'एन' (N) का असीमित आकार होता है।

कुमारप्पा सार्वजनिक जीवन में नियमों का पालन नितांत कड़ाई से करते थे। वे घोर सिद्धांतवादीए पक्के सत्याग्रही और कर्मठ कार्यकर्ता थे। दुराव-छिपाव से उन्हें सख्त चिढ़ थी। वे बाह्याडंबर और उपरी तड़क-भड़क से कोसों दूर थे। जो बात उनके अंदर होती थीए वही बाहर भी! चिकनी-चुपड़ी बातों अथवा लल्लो-चप्पो से उन्हें सख्त परहेज था। उनकी तीखी-चोखी अंतर्दृष्टि के पैनेपन से कुछ भी अछूता नहीं रह पाता था। एक दफे किसी कार्यकर्ता ने गांधी से उनके तीखेपन की शिकायत की। गांधी ने मजाकिया लहजे में कुमारप्पा का बचाव करते हुए कहा, "कुमारप्पा मद्रास के हैं। मद्रास लाल मिर्चों के लिए मशहूर है। लाल मिर्च की तिताई कुमारप्पा के रग-रग में कूट-कूट कर भरी हुई है। भाईए हम कैसे उम्मीद कर सकते हैं कि उनमें तीखापन न हो?"

कभी-कभी कुमारप्पा के कड़ेपने के शिकार खुद उनके गुरु गांधी भी हो जाते थे। एक दफे उनके आश्रम मगनवाड़ी से एक आसवन भभका (Distilling Retort) सेवाग्राम आश्रम उधारी पर गया। जब सेवाग्राम आश्रम वालों ने उसे मगनवाड़ी लौटायाए तब कुमारप्पा ने देखा कि उसमें कई यांत्रिक गड़बड़ियाँ आ गई हैं और वह ठीक काम नहीं कर रहा है जिससे उन्हें लगा कि सेवाग्राम में उसका इस्तेमाल बड़ी ही लापरवाही से किया गया है। उनके कहने पर मगनवाड़ी के सचिव ने गांधी को इस आशय का एक पत्र लिखा कि आसवन भभके का पूरा-पूरा दाम चुकता किया जाय और बिगड़ा हुआ टूटा-फूटा भभका वापस मँगवा ले जाएं। गांधी बिना किसी अनुनय के राजी हो गएए और उन्होंने भभके का दाम खुद भरा: हालांकि बाद में सिर्फ मरम्मत की लागत आश्रम के खाते के नाम डाल दी गई। लेकिनए इस तरह कुमारप्पा ने उन लोगों को एक सबक सिखाकर ही दम लियाए जिन्होंने भभके का दुरुपयोग किया था।

एक बार 'आर्थिक कार्यक्रम समिति' की एक बैठक मगनवाड़ी में शाम 7 बजे से होनी थीए जिसमें प्रोण्गंगाए अच्युत पटवर्धन और अन्य कई लोगों को भाग लेना था। वे लोग किसी चाय पार्टी में देर तक फँसे रहेए जिसकी वजह से बैठक में साढ़े आठ बजे पहुँच पाए। उन्हें उम्मीद थी कि बैठक रात काफी देर गए तक चलती रहेगी। लेकिनए ज्यों ही घड़ी ने 9 बजाएए त्यों ही कुमारप्पा ने बैठक की कार्यवाही समाप्त कर दी। कारणए घड़ी द्वारा 9 बजाते ही उनके 'सोने का घण्टा' (Hour of Sleep) हो जाता था।

बात उन दिनों की है, जिन दिनों कुमारप्पा 'बिहार केंद्रीय राहत समिति'

(Bihar Central Relief Committee) के वित्तीय सलाहकार के रूप में काम कर रहे थे। एक दिन गांधी का एक टेलीग्राम कुमारप्पा के नाम आयाए जिसमें उन्होंने सूचना दी थी कि मैं सलाह-मशविरे के लिए पटना पहुँच रहा हूँ। गांधी 10 बजे रात के करीब पटना पहुँचे। पहुँचते ही उन्होंने राजेन्द्र बाबू से कहा कि वे कुमारप्पा को मेरे आने की खबर दे दें। राजेन्द्र बाबू ने कहा, ''राहत समिति के सालाना हिसाब-किताब में कुछ आने का फरक पड़ रहा है। कल समिति की वार्षिक बैठक होनी है। भूल कहाँ हुई है? चूक कहाँ रह गई है? यह बात ऑडीटर लोग अभी तक नहीं ढूँढ पाए हैं। कुमारप्पा ने दो उत्साही नौजवानों के साथ अपने को एक कमरे में बंद कर लिया है। जब तक गलती पकड़ में नहीं आ जाएगी, तब तक कमरे से बाहर न निकलने का संकल्प उन्होंने किया है, चाहे जोड़ गाँठ करते यानी गिनते-गूँथते सारी रात गुजर जाए। जब कुमारप्पा किसी काम में तल्लीन रहते हैं, तब वे शेर की तरह व्यवहार करते हैं। किसी में इतनी हिम्मत कहाँ कि वह उनसे छेड़छाड़ कर सके।'' गांधी ने राजेन्द्र बाबू से कहा, ''ठीक है, कोई बात नहीं। कल सुबह में कुमारप्पा से खुद ही मिल लूँगा।'' दूसरे दिन सुबह जब कुमारप्पा दैनिक क्रियाओं में व्यस्त थे, तब गांधी ने उनसे भेंट की और बातचीत के लिए समय माँगा। कुमारप्पा ने रूखेपन से कहा, ''आज तो कतई नहीं, शायद कल आपसे बातचीत करने के लिए कोई मौका निकाल सकूँगा।'' गांधी ने कहा, ''लेकिन, आज रात मैं वर्धा जा रहा हूँ।'' कुमारप्पा ने कहा, ''ठीक है, तब आप मुझसे बगैर बातचीत किए हुए चले जाइए।'' गांधी ने कहा, ''मैं बनारस से सिर्फ तुमसे बातचीत करने के लिए ही आया हूँ और एक तुम हो कि मुझसे बातचीत करने के लिए मौका भी नहीं निकाल पा रहे हो।'' कुमारप्पा ने उत्तर दिया, ''लेकिन, आपने तो मुझसे कोई 'एप्वाइन्टमेंट' लिया नहीं था। अगर मुझे फुरसत होती, तो आपको यहाँ आने की जहमत ही न उठानी पड़ती। मैं खुद ही आपके पास आ गया होता। लेकिनए आज तो मैं राहत समिति की सालाना बैठक की वजह से बुरी तरह फँसा हुआ हूँ।'' तब गांधी ने महादेव भाई को कुछ जरूरी कागज़-पत्तर कुमारप्पा के पास छोड़ जाने को कहा और वादा किया कि अपने 'हरिजन अनशन' (Harijan Fast) के बाद टेलीग्राम करूँगा। एक पखवारे के बाद कुमारप्पा खुद ही गांधी से मिलने और बातचीत करने के लिए वर्धा गए।

एक दिन नागपुर से सद्य: गठित तत्कालीन मंत्रिमण्डल के उद्योगमंत्री अपने विभागीय आला अधिकारियों के साथ कुमारप्पा से सलाह लेने के लिए आए। उन्हें अपराह्न तीन बजे का समय दिया गया। सायं साढ़े पाँच बज चुके थे। उस समय प्रतिदिन की भाँति कुमारप्पा कुछ केले और एक पपीता खाकर एक गिलास दूध पीने ला रहे थे जो कि अक्सर उनका शाम का भोजन हो जाता था। दूध पीकर उन्होंने स्वास्थ्य भ्रमण के लिए छड़ी उठायी ही थी कि मंत्री अपनी पूरी पलटन के साथ आ

धमके। कुमारप्पा ने उन्हें समय से न पहुँचने के लिए खूब जमकर डाँट पिलायी। फिर विशेष रियायत देते हुए अपनी पाँच मील को लंबी सैर में विचार-विमर्श के लिए उन्हें ले चलने को वे राजी हो गए।

कुमारप्पा धुनी कर्मवीर, सच्चे लोक-सेवक और आजादी के अनुशासित सिपाही थे। हिसाब-किताब के मामले में वे किसी को नहीं बख्शते थे, सार्वजनिक क्षेत्र का चाहे वह कितना ही जाना-माना अगुवा क्यों न हो। कभी-कभी स्वयं गांधी भी उनकी गिरफ्त में आ जाते थे।

1934 की शुरुआत के दिनों जो प्रलयंकारी भूकंप बिहार में आया था, उसकी स्मृति अभी भी लोगों के दिमाग में ताजा है। भूकंप के बाद बड़े व्यापक पैमाने पर जो राहत कार्य हुआ था, कुमारप्पा उस सबके कर्णधार थे। राजेन्द्र बाबू ने अपनी आत्मकथा में कुमारप्पा के इस बेमिसाल जनसेवा की भूरि-भूरि प्रशंसा की है।

राहत कार्यकर्ताओं के खानपान पर कुमारप्पा ने प्रतिव्यक्ति प्रतिदिन 3 आने की रकम के खर्च की अधिकतम सीमा बाँध रखी थी। सामूहिक रसोई को इसी निश्चित सीमा के अंदर उनकी कड़ी निगरानी और सीधी देखरेख में सुचारु और व्यवस्थित रूप से संचालित किया गया था। कुमारप्पा खुद भी कार्यकर्ताओं के साथ कार्यकर्ताओं जैसा भोजन करते थे। इसी तरह उन्होंने मोटरगाड़ियों के लिए भी सख्त नियम बना रखे थे, जिनका पालन नितांत कड़ाई से किया जाता था।

एक दफे गांधी अपनी टीम के साथ 'राहत कोष समिति' (त्मसपमा थ्नदक ब्वउउपजजमम) की एक विशेष बैठक में भाग लेने के लिए आए। उनकी टीम के सदस्यों ने खाने में दूधए फलों-सब्जियों और अन्य कई ऐसी चीजों की चाहत जाहिर की जिससे कि एक जून के खाने पर प्रतिव्यक्ति खर्च 3 आने की लक्ष्मण रेखा पार कर रहा था। कुमारप्पा ने महादेव भाई को साफ मना कर दियाए "राहत कोष से गांधी की टीम के सदस्यों के एक जून के खानपान पर 3 आने से अधिक की रकम किसी कीमत पर खर्च नहीं की जा सकेगी।" इतना ही नहीं, उन्होंने महादेव भाई से साफ-साफ यह भी कह दिया कि गांधी की टीम के सदस्य दौड़-भाग में जो पेट्रोल खर्च कर रहे हैं, उसका खर्चा खुद उनके जिम्मे रहेगा।

बात कानों-कान गांधी तक पहुँच गई। उन्होंने कुमारप्पा को अपने पास बुलाया और कहा कि इस बार केवल 'राहत कोष समिति' की बैठक में भाग लेने के काम से ही पटना आया हुआ हूँ, इसलिए किन आधारों पर बिलों के भुगतान रोक रखे गए हैं। कुमारप्पा ने समझाया कि लोगों से उगाहे गए चंदे की राशि को खर्च करने में कोताही बरती जा रही है। खर्च के लिए जो भी नियम बनाए गए हैं, वे सभी के लिए एक समान हैं। सार्वजनिक पैसे को खर्च करने में नियम भंग लोगों के साथ घोर घात हैं। गांधी की समझ में बात आ गई और उन्होंने महादेव भाई से कहा कि

कोई भी बिल भुगतान के लिए राहत कोष समिति को न दो।

एक रात कुमारप्पा को धुन सवार हो गई कि नगद रकम गिननी है। गिनी जाने पर नगद रकम कुछ कम पायी गई। कुमारप्पा ने फौरन कैशियर से जवाब तलब किया। काफी हिचकिचाहट के बाद कैशियर ने यह स्वीकार किया कि कोष के एक ट्रस्टी ने पीड़ितों को बिना किसी वाउचर के एडवांस बांट रखे हैं। कुमारप्पा ने राजेन्द्र बाबू को झटपट सूचना दी और उनसे कहा कि वे उस ट्रस्टी को उतनी रकम इसी समय जमा करने के लिए फौरन बुलवा भेजें जितनी की कैश में कम है। इतना ही नहीए उन्होंने यह भी कहा कि ऐसे सज्जन का नाम ट्रस्टियों की सूची से चटपट निकाल दें। राजेन्द्र बाबू बड़े असमंजस में पड़ गए। वे इस मामले में कोई भी कदम अपने बलबूते नहीं उठाना चाह रहे थे। काफी सोच-विचार कर उन्होंने गांधी को तार दिया कि इस मामले में मेरे लिए क्या करना उचित होगा? गांधी ने तार का जवाब तार से दियाए कुमारप्पा के कहे के मुताबिक करो।'' इस प्रकार अंत में कुमारप्पा की ही बात मानी गई।

कुमारप्पा सार्वजनिक पैसे के हिसाब-किताब के मामले में किसी भी प्रकार की कोई ढील बर्दाश्त नहीं कर पाते थे। समय और काम की ढिलाई से उन्हें सख्त मुमानियत थी। उनकी सैद्धांतिक कट्टरता और समय की पाबंदी को देखते हुए महादेव भाई ने उन्हें दुलार में एक प्यारा सा नाम दे रखा था-ष्करनल साहबष्। रचनात्मक कार्यकर्ता उन्हें ज्यादातर इसी नाम से पुकारा भी करते थे।

(साभार, गांधी ज्योति, वर्ष 5, किरण 4)

राम पुनियानी

गांधी, राष्ट्रीय एकीकरण तथा युवाओं की भूमिका

यह एक विडंबना है कि जब गांधी में लोगों की रुचि हर जगह बढ़ रही है, तो यहाँ भारत में धर्म के नाम पर व्यापक हिंसा हो रही है। सांप्रदायिक तथा आतंकवाद दोनों ही प्रकार की हिंसा धर्म का आसरा लेती हैं। कुछ लोगों द्वारा स्वार्थवश धर्म की गलत व्याख्या करने के कारण यह समस्या उत्पन्न होती है।[1] गांधी द्वारा प्रतिपादित मूल्य उस पथ की ओर अग्रसर करते हैं जो एक शांतिप्रिय व प्रगतिशील समाज की ओर ले जाए, जहाँ सबके लिए सम्मान, प्रतिष्ठा, आदर तथा मानव अधिकार हो। शांतिप्रिय भारत के लिए महात्मा गांधी के मूल्यों को तत्काल पुनर्जीवित करना अति आवश्यक है। साथ ही मैत्री भाव के उन्नयन के लिए भी यह महत्त्वपूर्ण है जिससे समाज का विकास तथा सभी के लिए सम्मान जैसे आदर्श साकार हो सकें। गांधी के मूल्य, उनके अपने जीवन का उदाहरण हमारे लिए वह मार्ग प्रशस्त करेगा जिससे हम निर्दोषों की धर्म के नाम पर हो रही हत्याओं के इस वर्तमान अंधकारमय काल से निकल कर शांति और संपन्नता के प्रकाशमयी समय में पहुँच सकें।

सांप्रदायिक हिंसा—सांप्रदायिक हिंसा तथा देश के बँटवारे से महात्मा गांधी बहुत अधिक चिंतित थे। उन्हें लगता था कि सांप्रदायिक हिंसा को समाप्त करना पहली प्राथमिकता होनी चाहिए व उन्हें आशा थी कि भविष्य में देश का विभाजन निरस्त हो जाएगा। पर यहाँ साम्राज्यवादी ताकतों ने दक्षिण एशिया में तनाव को पोषित किया जिससे भारत और पाकिस्तान के संबंध बिगड़ गए। सांप्रदायिक लोगों ने देश के विभाजन का दोष अंग्रेजों पर डालने की बजाय गांधी की एकजुट करने वाली नीतियों पर डाला और नतीजा यह हुआ कि एक सांप्रदायिक व्यक्ति ने 30 जनवरी, 1948 को गांधी की हत्या कर दी, जो कि मानव इतिहास तथा भारत के इतिहास के सबसे दुखद दिनों में से एक था।

गांधी : धर्म तथा राजनीति—भारत लौटने से पहले ही महात्मा ने अपने दर्शन व राजनैतिक तरीकों को तीव्र बना लिया था। जब वे दक्षिण अफ्रीका से लौटे तो भारत धार्मिकता की जकड़ में था व आम जन सामाजिक परिवर्तन के मंथन की

प्रक्रिया में फँसे हुए थे।[3] मोटे तौर पर वे अभी भी स्वतंत्रता संग्राम का प्रमुख हिस्सा नहीं बने थे। जबकि गांधी को एक तरफ तो अंग्रेजों की उदारवादी राजनैतिक व्यवस्था का अनुभव था वहीं दूसरी ओर उन्होंने दक्षिण अफ्रीका की दमनकारी सरकार का भी अनुभव किया था जो रंगभेद की नीति पर चल रही थी। भारत में सामाजिक परिवर्तन की गति बहुत धीमी थी। विभिन्न राजनैतिक संगठनों के माध्यम से सांभ्रांत जन उस समय की राजनैतिक प्रक्रियाओं पर अपना वर्चस्व रखते थे। तब भारतीय राष्ट्रीय कांग्रेस थीए जो भारतीय राष्ट्रवाद में विश्वास करती थी वहाँ अभिजात्य वर्ग ही मुख्य सहभागी होते थे, बाद में गांधी ने इसे एक जन आंदोलन में बदल दिया। समाज के विभिन्न वर्गों के लोगों को स्वतंत्रता के पथ पर एक साथ लाने की कठिन चुनौती उनके सामने आई। इस दौरान कुछ लोग जो पंथनिरपेक्षता व लोकतंत्र के पक्षधर थे महात्मा गांधी से पूर्णतः सहमत नहीं थे, पर उनकी समान स्वीकार्यता का आधार पंथनिरपेक्षता व लोकतंत्र ही थे।

पंथनिरपेक्ष भारत—देश के बहुमत की आकांक्षाओं को शब्दों में पिरोकर गांधी पंथनिरपेक्ष भारत की बात करते थे। वे धर्म को व्यक्ति का निजी विषय मानते थे "भारत में जिसके निर्माण के लिए मैंने पूरा जीवन कार्य किया, हर व्यक्ति का स्तर समान है, उसका धर्म चाहे जो भी हो। राज्य को पूर्णतः पंथ निरपेक्ष होना ही पड़ेगा" तथा "धर्म राष्ट्रीयता का परिचायक नहीं बल्कि वह मनुष्य तथा ईश्वर का निजी मामला है" और "धर्म हर व्यक्ति का निजी विषय है, इसे राजनीति तथा राष्ट्रीय मामलों से कभी नहीं मिलाना चाहिए।"[4]

यह बात एकदम स्पष्ट है कि जहाँ सांप्रदायिक लोगों ने धर्म को एक विभाजनकारी संस्था के रूप में देखाए वहीं गांधी ने अपने अनोखे अंदाज में इसे सूफी तथा भक्ति परंपरा के निरंतरता के क्रम में एक ऐसे धरातल के रूप में देखा जो लोगों में एकता बढ़ाता है। "मैं अपने आप को उतना ही मुसलमान मानता हूँ जितना मैं स्वयं को हिंदू मानता हूँ और उतना ही मैं अपने आप को पारसी या ईसाई भी मानता हूँ।" उनका यह कथन उनके अन्य दो कथनों के साथ देखे जाने योग्य है जो प्रायः लोग उद्धरित करते हैं, "मेरे लिए राजनीति बिना धर्म के धूल के समान है जिसे सदा दूर रखना चाहिए" व शिबना धर्म के राजनीति शव के समान है जिसे सिर्फ जलाया जा सकता है।"[5] ऐसे वैचारिक नवाचार अपवाद स्वरूप कम ही देखने को मिलते हैं। यहाँ धर्म से उनका आशय आंतरिक नैतिक पक्ष से था ना कि रीति रिवाजों वाले बाह्य स्वरूप से।

गांधी की धर्म के प्रति समझ एकदम अनोखी थी। धर्म को हम एक ऐसे संयोजन के रूप में देख सकते हैं जिसमें कई-कई पक्ष होते हैं जैसे—

1. रिवाजों, पवित्र स्थानों, तीर्थस्थलों, पवित्र पुस्तकों तथा पुरोहितों से बनने

वाली छवि।

2. नैतिकता, जो कि एक मूल्य आधारित व्यवस्था है, जो कि लोगों को समाज में दूसरों से किस प्रकार व्यवहार करेंए यह सिखाती है। यद्यपि नैतिकता धर्म का सबसे अधिक महत्वपूर्ण पक्ष है, समाज में हर जगह बाह्य छवि को ही अधिक महत्व दिया जाता है। संतों ने सदा धर्मों की नैतिकता पर बल दिया। इसी तरह महात्मा गांधी ने भी धर्मों की नैतिकता के माध्यम से मानवता को जोड़ने का प्रयास किया, इसके उलट संप्रदायवादियों ने धार्मिक अस्मिता का सहारा लेकर धार्मिक समुदायों को बाँटने का काम किया।

हिंदू तथा मुसलमान—भारत के इतिहास को भी उन्होंने अनोखे जुड़े हुए अंदाज में देखा। जब अंग्रेज इतिहास में हिन्दुओं और मुसलमानों की लड़ाइयों के दृष्टिकोण का प्रचार कर रहे थे, गांधी ने यह विचार आगे रखे, "मुसलमान शासकों के समय दोनों धर्म (हिन्दू और मुसलमान) आपस में शांति से रह रहे थे। यह बात ध्यान रखने योग्य है कि मुसलमानों के भारत में शासन काल से पहले कई हिन्दुओं ने इस्लाम अपना लिया था। ऐसा मेरा स्पष्ट मत है कि मुसलमानों के शासन के बिना भी भारत में मुसलमान रह रहे होते। जैसे अंग्रेजों के शासन के बिना ईसाई यहां रह रहे होते। अंग्रेजों के राज से पहले हिंदू और मुसलमान आपस में लड़ते थे यह साबित करने के लिए कोई तथ्य उपलब्ध नही हैं।"[6]

निश्चित ही हिन्दुओं और मुसलमानों के बीच विगत वर्षों में कई कारणों से अंतर सामुदायिक संबंध बिगड़ते चले गए। गांधी के समय में भी उन्होंने कहा था, श्और गाँवों में आज भी हिंदू और मुसलमान नहीं लड़ रहे हैं। उन दिनों में वे लड़ना जानते ही नहीं थे। यह बात मुझे स्वर्गीय मौलाना मोहम्मद अली अक्सर कहा करते थे, और वे स्वयं आंशिक स्तर पर इतिहासकार थे", श्3मैं अंग्रेजों द्वारा संरक्षित दस्तावेजों के माध्यम से यह साबित कर सकता हूँ कि औरंगजेब उतना बुरा नहीं था जितना उसे अंग्रेज इतिहासकारों ने दर्शाया हैय कि मुगल शासन उतना बुरा नहीं था जितना अंग्रेजी इतिहास हमें दिखाता है और यह हिंदू इतिहासकारों ने भी लिखा है। यह लड़ाई पुरानी नहीं है, यह लड़ाई अंग्रेजों के साथ आई है।"7

हिंदू-मुसलमान एकता के बारे में उनके विचार स्पष्ट थे कि यह भारत की नींव का पत्थर होगी। "जिस संघ का हम सपना देखते हैं वह कोई समझौता आधारित नही होगा अपितु दिलों का दिलों से जुड़ाव होगा और किसी भी शंका से परे इस तथ्य की मान्यता पर होगा कि भारत के हिंदुओं और मुसलमानों के कभी न मिटने वाले संघ के बिना भारत का स्वराज एक असंभव स्वप्न ही बना रहेगा। यह महज एक समझौता नहीं होना चाहिए। यह एक-दूसरे के भय पर भी आधारित नहीं

होना चाहिए। यह बराबरी वालों के बीच की साझेदारी होनी चाहिएए जहाँ हर व्यक्ति दूसरे के धर्म का सम्मान करें।''8

भारतीय इतिहास : गांधी की दृष्टि से – अपने ष्फूट ड़ालेए राज करो' के सिद्धांत को ध्यान में रखकर अंग्रेजों द्वारा प्रसारित भारत के सांप्रदायिक ऐतिहासिक संस्करण की अपेक्षा गांधी की ऐतिहासिक समझ अत्यधिक तर्कसंगत थी। अंग्रेज जानबूझकर इतिहास का सांप्रदायिक संस्करण प्रचारित कर रहे थे जिससे हिन्दुओं और मुसलमानों में विभाजन करा सकें। इसके लिए उन्होंने राजा के धर्म को लक्षित किया और दूसरे समुदाय के प्रति द्वेष की भावना समाज में घर करने लगी। भारत में सांप्रदायिक राजनीति की मूल समझ यही विचार बनकर उभरा।

हिन्द स्वराज – जैसा कि इस पुस्तक से विदित है इतिहास की उनकी व्याख्या नए तरह की सर्व समावेशी थी जबकि सांप्रदायिक लोगों का जोर विशिष्ट इतिहास पर था। मुसलमान संप्रदायवादियों का कहना था कि यहाँ मोहम्मद बिन कासिम जिसने आठवीं सदी में सिंध जीता था, के समय से मुसलमान राष्ट्र था, उनका मानना था कि मुसलमान यहाँ के शासक थे इसलिए अंग्रेजों ने जिनसे राज छीना उन्हें ही लौटाना चाहिए। हिंदू सांप्रदायिकों का मानना था कि यह क्षेत्र सदा से हिंदू राष्ट्र रहा है, यह हिंदू राष्ट्र है तथा मुसलमान विदेशी हैं। उन्होंने मुसलमानों के अत्याचार, उनके पराएपनए हिंदू व मुसलमान राजाओं के बीच की लड़ाई को हिंदू–मुसलमानों की लड़ाई के रूप में प्रस्तुत किया। इसके उलट गांधी की समझ तर्क आधारित गैर–सांप्रदायिक तथा सर्व समावेशी थी।

हिन्द स्वराज में वे लिखते हैं, ''मुसलमान राजाओं के शासन में हिंदुओं ने बहुत उन्नति की व हिंदू राजाओं के शासन में मुसलमानों ने बहुत तरक्की की। सभी पक्ष ये मानते थे कि आपसी लड़ाई घातक सिद्ध होगी व कोई भी पक्ष अपना धर्म बल प्रयोग से नहीं बदलेगा। दोनों पक्षों ने यह तय किया कि अब शांति से साथ में रहेंगे। अंग्रेजों के आने के साथ ही लड़ाई पुनः प्रारंभ हो गइ...क्या हमें यह याद नहीं रखना चाहिए कि कई हिंदू और मुसलमानों के पूर्वज एक ही थे और उनकी रगों में एक ही खून बह रहा है? क्या धर्म बदलने पर लोग शत्रु हो जाते हैं? क्या मुसलमानों का ईश्वर हिंदुओं के ईश्वर से अलग है? धर्म ऐसे रास्ते हैं जो एक ही गंतव्य पर जाकर मिलते हैं। इससे क्या अंतर पड़ता है कि हम अलग रास्तों पर चल रहे हों क्योंकि गंतव्य तो हम सभी का एक ही है? यहाँ लड़ाई का क्या कारण है?

इसके अलावा वैष्णव व शैव पंथ के अनुयायियों के बीच भी लड़ाई का इतिहास है, पर यह कोई नहीं कहता कि ये दोनों पंथ अलग–अलग राष्ट्र के निवासी हैं। ऐसा कहा जाता है कि वैदिक धर्मए जैन धर्म से अलग है, पर इनके अनुयायी अलग राष्ट्रों के नागरिक नहीं माने जाते। तथ्य यह है कि हम गुलाम बनाए गए और

इसलिए हम लड़ते हैं और अपनी लड़ाई का फैसला हम किसी तीसरे पक्ष से कराने का प्रयास करते हैं। हिन्दुओं में भी मुसलमानों की तरह मूर्तिभंजक हुए हैं। जैसे-जैसे हम सच्चे ज्ञान की ओर अग्रसर होंगे वैसे-वैसे हमारी समझ में यह आएगा कि जिन लोगों के पंथ का हम पालन नहीं करते उनसे हमें लड़ने की कोई आवश्यकता नहीं है।''9

यह इतिहास का सत्य है। राजाओं के बीच सत्ता और धन को लेकर युद्ध होते थे और आम जनता आपस में मिलती जुलती थी व एक समायोजित संस्कृति व परंपरा बनाने में लगी थी। कुछ ऐसे भी पंथ उभरे जिन्होंने एक-दूसरे से बहुत कुछ ग्रहण किया और समाज का विकास किया। भारतीय संस्कृति क्या है? क्या यह हिंदू है? क्या यह मुसलमान है या क्या है? वैसे देखा जाए तो भारत ऐसे क्षेत्रों में शुमार है जहाँ बिना भेदभाव के सभी धर्म फले-फूले। हिंदू धर्मए जैन धर्मए बौद्ध धर्मए ईसाई धर्मए इस्लाम तथा सिख धर्म यहाँ के प्रमुख धर्म हैं जो लोगों में प्रचलित हैं। इनमें से कुछ यहीं पर प्रारंभ हुए व कुछ बाहर से आए विभिन्न तरीकों जैसे संतों की वाणीए सूफियों, मिशनरी आदि द्वारा प्रचारित हुए। इस्लाम का प्रसार सूफियों की शिक्षा से हुआ वहीं ईसाई धर्म का प्रसार शिक्षा व स्वास्थ्य के क्षेत्र में मिशनरियों द्वारा किए गए धर्मार्थ कार्यों से हुआ। संस्कृति के सभी आयामों पर विभिन्न धर्मों के छीटें पड़े हैं। हमारी भोजन शैली में बहुत सी आदतें पश्चिम एशिया व विश्व के विभिन्न भागों से आई हैं, हमारी वेशभूषा व स्थापत्य कला में बहुत से धर्मों व विभिन्न क्षेत्रों से आए लोगों की गहरी छाप दिखाई देती है। हाँलाकि सूफी व भक्ति में इस पारस्परिक प्रभाव का शिखर दिखता है पर आज भी कई रीति रिवाजों में विभिन्न धर्मों का योगदान देखा जा सकता है।

धर्म और हिंसा—पंथ आधारित हिंसा को धर्म के साथ जोड़ने की आम धारणा महात्मा को पसंद नहीं थी। उनका स्पष्ट मत था कि धर्म का उपयोग हिंसा या राजनैतिक लक्ष्यों के लिए नहीं करना चाहिएए ''हिंदू को लगता है कि मुसलमान से लड़कर वह हिंदू धर्म को लाभान्वित कर रहा है, वहीं मुसलमान को लगता है कि हिंदू से लड़ने पर इस्लाम का फायदा होगा। पर दोनों ही अपनी आस्था को नुकसान पहुँचा रहे होते हैं।''10

उनके लिए धर्म का सही मतलब उसके नैतिक मूल्यों में होता है न कि बाहरी चिह्नों, रिवाजों जैसे बाह्य आडंबरों में। वे कहते थे, धर्म की मूल शिक्षा सर्व सेवा व सर्व मैत्री भाव है। मैंने यह सबक अपनी माँ की गोद में लिया था। आप मुझे हिंदू मानने से मना भी कर सकते हैं। मेरे पास अपनी रक्षा का कोई तर्क नहीं होगा सिवाय इस लोकप्रिय गीत की पंक्ति के; मजहब नही सिखाता, आपस में बैर रखना अर्थात धर्म हमें एक-दूसरे के प्रति वैमनस्य भाव रखने की शिक्षा नहीं देता। अपने मित्र के

प्रति मैत्री भाव रखना तो आसान बात है। पर ऐसे व्यक्ति के प्रति, जो आपको अपना शत्रु माने, मित्र भाव रखना ही धर्म का सत्व है। बाकी सब तो महज कार्य-व्यापार है।''[11]

धार्मिक सहिष्णुता—धार्मिक सहिष्णुता के प्रति उनका असीम समर्पण था। उनके लिए जातिए नस्लए पंथ व धर्म से परे हर मनुष्य सम्माननीय था। आपसी संदेह द्वेष को मिटाने के लिए हर स्तर पर समुदायों में परस्पर वार्ता के वे पक्षधर थे जिसकी वर्तमान समय में भी बहुत आवश्यकता है। यही एकमात्र तरीका आपसी संदेह को मिटा सकता है, ''जैसा कि हिंदुओं के साथ है वैसा ही मुसलमानों के साथ है, मुसलमानों के नेताओं को आपस में मिलकर हिंदुओं के प्रति अपने कर्त्तव्य की समीक्षा करनी चाहिए। जब दोनों समुदाय बलिदान की भावना से ओत-प्रोत होंगे जब दोनों अपने अधिकारों की चिंता छोड़कर एक-दूसरे के प्रति अपने कर्त्तव्यों का पालन करेंगे।' तब ही दोनों समुदायों के बीच के इस दीर्घकालिक वैमनस्य का अंत संभव हो सकेगा। हर एक को दूसरे के धर्म का सम्मान करना होगा तथा अपने मन में भी दूसरे धर्म के प्रति अपमान की भावना को त्यागना होगा। हमें दोनों समुदाय के लोगों का विनम्रतापूर्वक एक-दूसरे के विरुद्ध अपमान जनक भाषा के प्रयोग से बचने का आग्रह करना होगा। केवल एक सच्चा प्रयास ही हमारे बीच के परस्पर दुराग्रह को समाप्त कर सकता है।''[12]

यह कथन आज भी उतना ही सत्य है जितना एक सदी पहले था, अपितु आज यह कथन और भी अधिक प्रासंगिक है। ''भारत एक राष्ट्र की अवधारणा केवल इसलिए नहीं त्याग सकता क्योंकि यहाँ कई धर्मों के लोग रहते हैं। विदेशियों का आगमन एक राष्ट्र को समाप्त नहीं करता है, अपितु वे राष्ट्र में ही मिल जाते हैं। एक देश तभी एक राष्ट्र बन सकता है जब ये शर्तें पूरी होती हों। उस देश में सबको आत्मसात करने की क्षमता होनी चाहिएए भारत सदा से ऐसा देश रहा है। जितने लोग एक देश में होते हैं उतने ही धर्म भी वहाँ होते हैं, पर जो लोग राष्ट्रीयता की आत्मा से परिचित होते हैं वे दूसरों के धर्म में हस्तक्षेप नहीं करते हैं। यदि वे ऐसा करते हैं, तो वे एक राष्ट्र कहलाने के अधिकारी नहीं हैं। यदि हिंदू मानते हैं कि भारत में केवल हिंदू रहें तो वे स्वप्नलोक में रह रहे हैं। हिंदू, मुसलमान, पारसी व ईसाई जिन्होंने भारत को अपना निवास माना है, सभी एक ही देश के समान नागरिक हैं, और उन्हें अपनी ही भलाई के लिए एकता बनाकर रहना होगा। विश्व के किसी भी हिस्से में धर्म और राष्ट्र समानार्थी शब्द नहीं हैं और भारत में भी कभी ऐसा नहीं रहा।''[13]

गांधी विविधता का सम्मान करने वाले बहुसांस्कृतिक पर्यावरण में कार्य कर चुके थे। इसलिए वे परस्पर सहिष्णुता के प्रायोगिक स्वरूप की आवश्यकता से

परिचित थे। एक-दूसरे की भोजन व पूजन पद्धति के भिन्न होने पर भी पारस्परिक सम्मान करना होगा, "सभी काल और सभी नस्लों के लिए एक-दूसरे के प्रति सम्मान रखना बहुत आवश्यक है। हम कभी शांति से नहीं रह पाएंगे यदि हिंदू मुसलमानों के ईश वंदना के तरीकोंए रीति रिवाजों को बर्दाश्त नहीं कर पाएंगे या मुसलमान हिंदुओं के मूर्तिपूजा या गौ पूजा से अधीर हो जाएंगे। सहिष्णुता के लिए यह आवश्यक है कि आप इन सब चीजों या लोगों को स्वीकार करें जिन्हें आप सहन करते हैं। मुझे मद्यपान, सामिष भोजन व धूम्रपान पसंद नहीं है पर हिंदुओं मुसलमानों व ईसाइयों की इन आदतों को सहन करता हूँ।... हिंदुओं और मुसलमानों के बीच यह लड़ाई अपना दृष्टिकोण दूसरे पर थोपने के कारण ही शुरू होती हैं।"[14]

वो भारतीय राष्ट्रवाद का व्यक्ति के धार्मिक मत से समझौता करा सकते थे। वो व्यक्ति के धर्म को उचित सम्मान देते हुए भारतीय राष्ट्रवाद की हमारी पहचान को प्रमुखता देते थे, "राष्ट्रवाद संप्रदायवाद से बड़ा है और इस दृष्टि से हम भारतीय पहले हैं और हिंदूए मुसलमानए पारसी और ईसाई बाद में हैं।"[15]

साथ ही गांधी इस बात को भी स्पष्ट मानते थे कि धर्म एक निजी विश्वास है व इसको राजनैतिक मंच पर नहीं लाना चाहिए। "यदि धर्म को उसके मूल स्वरूप में छोड़ दिया जाए, उसे एक व्यक्तिगत मामला व ईश्वर व मनुष्य के बीच का मामला माना जाए, तो ऐसे बहुत से महत्त्वपूर्ण समान घटक हैं जो समान जीवन और कृत्यों की दिशा में प्रेरक का कार्य करते हैं। धर्मों का कार्य मानवों का बाँटना नहीं जोड़ना होता है। यह बहुत ही दुर्भाग्यपूर्ण है कि आज उनके स्वरूप को बिगाड़ दिया गया है और वे व्यर्थ और परस्पर मारकाट के सक्षम कारण बन गए हैं।"[16]

सांप्रदायिक हिंसा

गांधीवादी विचारों व राजनीति को सबसे अधिक विरोध सांप्रदायिक हिंसा से मिला। सांप्रदायिक हिंसा गहन सांप्रदायिक राजनीति का ही बाह्य रूप है। यह दूसरे समुदाय के लोगों को द्वेष का पात्र मानते हैं। यहाँ एक धर्म के मानवतावादी मूल्यों की तुलना दूसरे धर्म के दैनिक रीति-रिवाजों से करके दूसरे धर्म के प्रति द्वेष उत्पन्न किया जाता है। इसी द्वेष के आधार पर सड़कों पर हिंसा होती है। इस बनावटी जन-चेतना से ही यह हिंसा अस्तित्व में बनी रहती है। बनावटी जन चेतना के साथ ही धर्म आधारित सामूहिक पहचान भी चलती है, जो कि समाज के विभिन्न वर्गों को राजनीति व हिंसा के लिए एकत्रित करती है। पाकिस्तान में ईसाइयों, हिंदुओं या बांग्लादेश में हिंदुओं या भारत में मुसलमानों-इसाइयों को एक से बुरे रंगों में प्रस्तुत किया जाता रहा है। यह प्रक्रिया जो पिछले कुछ दशकों से चल रही है। विगत कुछ वर्षों में काफी तेजी से बढ़ी है। दूसरों को राक्षस के रूप में प्रस्तुत करने की यह

क्रिया एक जटिल सामाजिक प्रक्रिया के माध्यम से पूरी की जाती है जिसमें बनावटी सामाजिक धारणा का निर्माण कुछ पक्षों के आधार पर विचारों के साथ छेड़छाड़ भी होती है जिसमें ऐतिहासिक कारण या जनसंख्या पर आधारित सामाजिक कारण मूल में होते हैं। मंदिर विध्वंस के ऐतिहासिक उदाहरणों को चुनकर यह प्रस्तुत किया जाता है कि सिर्फ मुसलमान राजाओं ने ही मंदिर तोड़े, यह बताया नहीं जाता है कि मुसलमान शासकों ने मस्जिद भी तोड़े और हिंदू राजाओं ने भी मंदिर तोड़े हैं। इस प्रस्तुतीकरण में राजा के कार्यों का कारण उनके धर्म का ही दिखाया जाता है जबकि तथ्यात्मक रूप से वहाँ बहुत से कारक हुआ करते थे जिनमें से धर्म एक महत्त्वहीन घटक होता था। हाँलाकि राजा स्वयं अपने क्रियाकलापों को धार्मिक मंतव्य से प्रेरित प्रस्तुत करने का प्रयास करते थे। इतिहास की ही तरह जनसंख्या का भी बहुत दुरुपयोग होता है। चार बीबी, बीस बच्चों का मुद्दा एक समुदाय विशेष की छवि बनाने के लिए किया जाता है पर जो कि अब सामान्य व्यावहारिक बुद्धि का हिस्सा बन चुकी है। लिंगानुपात, जो कि महिलाओं के लिए नकारात्मक है लोगों को चार बीबी रखने की अनुमति प्रदान ही नहीं कर सकता है, इनके साथ ही परिवार में बच्चों की संख्या शैक्षणिक स्तर व सामाजिक विकास पर अधिक निर्भर करती है, धर्म पर कम। यह गहन उन्मादी सामाजिक वातावरणए जो कि इस प्रक्रिया से जुड़ा है, एक सोची-समझी साजिश के तहत हो रहा है जिससे रोटी, मकान आदि महत्वपूर्ण आधारभूत सामाजिक मुद्दों से ध्यान भटकाया जा सके।[17]

एक तरह से देखा जाए तो यह सांप्रदायिक राजनीति केवल अल्पसंख्यकों को ही निशाना नहीं बना रही है अपितु लोकतांत्रिक प्रक्रिया का भी दम घोट रही है व उदारवादी सोच का दायरा घटा रही है, जो कि समाज के कमजोर वर्ग के एक समानतावादी समाज के निर्माण के लिए चल रहे संघर्ष में पहली शर्त है।

भारत में सांप्रदायिक हिंसा —सांप्रदायिक हिंसा भारतीय समाज की देह का एक मवाद भरा घाव है। स्वतंत्रता से पूर्व सांप्रदायिक दंगे हिंदू और मुलसमानों के बीच व्युत्क्रम की हिंसा के प्रकार थे जिसमें पुलिस (मुख्यत: ब्रिटिश अधिकारी) मध्यस्थता करके शांति बहाल कराती थी। स्वतंत्रता के बाद दंगों की प्रकृति में कई प्रमुख बदलाव आए। पहला पीड़ितो में मुसलमानों की संख्या अधिक होने लगी, दूसरा संपत्ति भी मुसलमानों की अधिक क्षतिग्रस्त होने लगी व तीसरा, पुलिस बहुसंख्यक समुदाय के पक्ष में अधिक फैसले लेने लगी हैं। प्रारंभिक दौर में निर्धन मुसलमान ही मुख्यत: पीडित हुआ करते थे, पर विगत वर्षों में मध्यवर्ग व उच्च वर्ग के मुसलमान भी इस भंवर में फंसने लगे हैं।

विभाजन उपरांत दंगों के बाद के तुलनात्मक शांति का समय आयाए सिवाय 50 के दशक की एक घटना जो पूर्वी भारत और पूर्वी पाकिस्तान में 1950 में घटी।

यह शांति 60 के दशक में भंग हुई जब 1962 तथा 1964 में जबलपुर, जमशेदपुर व राउरकेला में दंगे भड़क गए। ''60 के दशक के खूनी दंगों में रांची, बिहार (1962), व अहमदाबाद, गुजरात (1969) की घटनाओं का विशेष महत्व है। सत्तर के दशक में सन् 1976 का तुर्कमान दरवाजा..., मुरादाबाद के दंगे (1980), नेल्ली, नौगांव, असम (1983), भिवंडी (1984) और मेरठ (1987) कुछ प्रमुख दंगे थे जिसमें हजार से अधिक लोगों ने अपनी जान गंवाई।''[18] रामजन्मभूमि अभियान ने भी 1989 में अपने पीछे हजार से ज्यादा लोगों की जान ले ली। भागलपुर, हैदराबाद और अलीगढ़ के दंगों से खूनी 80 के दशक की शुरुआत हुई, जिसने सांप्रदायिक हिंसा का शिखर भी देखा। आडवाणी की रथयात्रा और बाबरी ध्वंस के बाद के दंगे देश में हुए दंगों में सबसे अधिक खतरनाक थे। 1992 की हिंसा के बाद अगली बड़ी घटना 1999 में पादरी ग्राहम स्टेंस को जिंदा जला दिया जाना था। गोधरा के परिप्रेक्ष्य में गुजरात में हुई हिंसा ने पूरे देश को सन् 2002 में हिलाकर रख दिया। कंधमाल में हुए ईसाइ विरोधी दंगे भी बहुत भयानक थे। मुजफ्फरनगर (2013) और धुले (2014) की हिंसा राष्ट्र के ऊपर दाग के समान है।

सांप्रदायीकरण—सांप्रदायीकरण की प्रक्रिया कई चरणों से होकर गुजरती है जिसकी शुरुआत 'मुसलमान विदेशी हैं', 'देश के विभाजन के लिए जिम्मेदार है', 'उन्होंने तलवार के दम पर इस्लाम फैलाया', 'पाकिस्तान के प्रति वफादार हैं', से होकर 'मुसलमान का दो ही स्थान', 'कब्रिस्तान या पाकिस्तान', 'पहले कसाई फिर ईसाई', जैसे नारों पर खत्म होती है। इन दोनों चरणों के बीच ऐसे कई सूक्ष्म वाहक पट्टे हैं जो इस विचारधारा को विचारों से क्रियाओं में अनुवादित करते हैं जो कि यहाँ हिंसा में परिलक्षित होती है जिसमें निर्धन मुसलमान सबसे बड़ा पीड़ित समुदाय होता है और निर्धन हिंदुओं का एक वर्ग सांप्रदायिक पहचान के वशीभूत होकर अपना जीवन व संपत्ति गंवा देता है। यह कहने की आवश्यकता नहीं कि हिंदू संप्रदायवाद आज के इस खेल का प्रमुख खिलाड़ी है। इसे प्रेरणा और कारण की उपलब्धता मुसलमान सांप्रदायिक तत्वों से बनी रहती है जो कि सामाजिक स्तर पर कमतर होने के बाद भी हिंदू संप्रदायवाद को बहाना देने के लिए पर्याप्त होते हैं।

सांप्रदायिक हिंसा की रोकथाम : युवाओं की भूमिका—सांप्रदायिक हिंसा और आतंकवाद की स्थिति विगत कुछ वर्षों में बिगड़ती ही चली गई है, विशेषकर पिछले तीन दशकों में। इन हिंसक घटनाओं में लोकप्रिय धारणाएं व जनचेतना महत्त्वपूर्ण भूमिका निभाती हैं। इतिहास के बारे में भ्रांतियां फैलाना व अन्य समुदायों के प्रति बुरी बातों का प्रचार जैसी तुच्छ क्रियाओं ने सामाजिक विचारों को ग्रसित कर लिया है। हर नई हिंसक घटना से समाज की व्यवहार बुद्धि में बढ़ोतरी होती है

और यह कहा जा सकता है कि इस बनावटी जनचेतना के आधार पर ही सांप्रदायिक राजनीति अस्तित्व में बनी रहती है। एक तरह से देखा जाए तो समाज के एक बड़े वर्ग के मस्तिष्क पर इस संप्रदायवादी विचार ने अपना आधिपत्य स्थापित कर लिया है। देश की समरसता व अखंडता को हानि पहुँचाने वाली हर हिंसक घटना से सांप्रदायिक शक्तियों का यह विश्वास बढ़ता जाता है कि वे इससे भी ऊपर जाकर काम कर सकते हैं व चुनावी फायदा उठा सकते हैं। हमें इन दो मुद्दों पर गांधी के तार्किक और मानवतावादी दृष्टिकोण को महत्त्व देना होगा और समाज में शांति और मैत्री का माहौल बनाना होगा।

इतिहास की विकृत व्याख्या के प्रचार के साथ ही अन्य समुदाय के गलत चित्रण से समाज के सांप्रदायीकरण का कार्य मुंह से निकले शब्द, मीडिया व सांप्रदायिकों के सामाजिक कार्यों में हस्तक्षेप से भी होता है। आतंकवादियों के क्रिया कलापों व अन्य हिंसक घटनाओं से भी अल्पसंख्यक समाज के विरुद्ध भावनाएं भड़क जाती हैं। सामाजिक और राजनैतिक संस्थाओं की वस्तुनिष्ठता बहुत तीव्र गति से विलोपित हो रही है।

मानवाधिकार से संबंधित सामाजिक आंदोलन विभाजनकारी राजनीति और आतंकवादी हिंसा की चिंता के बावजूद लोकतांत्रिक बहुलतावादी मंच के रूप में कोई विकल्प नहीं दे पाए हैं। देश के विभिन्न क्षेत्र ये बताते हैं कि सांप्रदायिक शक्तियां बहुत शीघ्रता से सीखती हैं कि भावनात्मक मुद्दे (राम मंदिर) और ध्रुवीकरण (सांप्रदायिक हिंसा) प्रमुख तरीके हैं जो सत्ता तक पहुँचा सकते हैं। इसके चलते शांति के लिए बनाई जानी वाली योजना में इन तथ्यों का ध्यान रखा जाना अनिवार्य है। द्वेषपूर्ण भाषणए सामाजिक परिवेश में छाए हुए हैं। सांप्रदायिक शक्तियों द्वारा प्रचारित पहचान की राजनीति ने लोकतांत्रिक मूल्यों को ग्रहण लगा दिया है। भारत के संविधान और लोकतंत्र को बचाने की दिशा में कार्यरत लोगों को एक-दूसरे के अनुपूरक की भांति कार्य करने के साथ ही समन्वित भी होना पड़ेगा।

गांधीवादी विचार : सामाजिक हस्तक्षेप—युवाओं व चिंतित नागरिकों को सांप्रदायिकता और सांप्रदायिक हिंसा के विरुद्ध खड़ा होना पड़ेगा। हमें गांधी के धार्मिक और भारतीय इतिहास दृष्टिकोण को समझना होगा और उसे दूर तक व वृहत क्षेत्र में प्रचारित करना होगा। युवाओं को अपने आप को गांधी के विचारों से परिचित कराते हुए हिंसा के रोकथाम और नियंत्रण की दिशा में कार्य करना होगा। यह तभी संभव होगा जब हम गांधी के साँचे में ढ़ले शांति कार्यकर्ता बनकर, अपने निजी स्वार्थवश सांप्रदायिक ताकतों द्वारा फैलाए जाने वाली अफवाहों व हिंसा को प्रसारित करने से रोकें। हमें यह ध्यान रखना होगा कि हिंदू-मुसलमान एकता को गांधी अपना प्रमुख दायित्व मानते थे।

समकालीन समय में युवाओं को गांधी के केंद्रीय मिशन को ध्यान में रखते हुए समाज में शांति और मैत्री के लिए हस्तक्षेप करना होगाए जिसके लिए गांधी ने अपना जीवन दाँव पर लगा दिया। इस बात की भी आवश्यकता है कि गांधी के मध्यकालीन युग के दृष्टिकोण को दूर-दूर तक प्रचारित किया जाए। धर्म के प्रति उनका नजरिया ही वह केंद्र बिंदु है जिसके इर्द-गिर्द उन्होंने हिंदू मुसलमान एकता की नींव रखी। इस प्रकार के ही उदारवादी और मानवतावादी रवैये को आधार बनाकर राष्ट्रवाद का निर्माण व बहुलतावाद की रक्षा व विविधता का सम्मान संभव है। सांप्रदायिक सौहार्द्र के लिए युवा गांधी से प्रेरणा ले सकते हैं जिसके बिना राष्ट्र का विकास संभव नहीं है।

अरुण कुमार त्रिपाठी

कौमी एकता के लिए गांधी का संदेश

विलासिता और लूट पर आधारित उपभोक्तावाद और हिंसा, नफरत, संकीर्णता और आतंकवाद व युद्ध पर आधारित वैश्वीकरण के इस डिजिटल युग में गांधी के युवा की तलाश बेहद कठिन है। अगर वे थोड़े बहुत जुट भी गए तो उन्हें मौजूदा समय में गांधी के कार्यक्रमों में लगाना आसान नहीं है। इसके बावजूद हमें इस काम को करना ही होगा क्योंकि सभ्यता को बचानेए देश और दुनिया को इंसानियत को रास्ते पर लाने का कोई और उपाय है भी नहीं। गुलाम भारत में तैयार किए गए गांधी के रचनात्मक कार्यक्रम पूर्ण स्वराज्य या मुकम्मल आजादी को लक्ष्य करके बनाए गए थे और दावा किया गया था कि उसकी पूरी-पूरी सिद्धि ही पूर्ण स्वतंत्रता है। इसलिए उन पर चर्चा करते समय यह सवाल उठ सकता है कि क्या आजादी के सत्तर साल बाद भी वे प्रासंगिक हैं? निश्चित तौर पर युवाओं और छात्रों को दलगत राजनीति से दूर रखते हुए कौमी एकता के कार्यक्रम में लगाने के लिए दिए गए गांधी के संदेश आज भी उतने ही प्रासंगिक हैं क्योंकि अगर कौमी एकता आजादी का मूल आधार थी तो आजादी को बनाए रखने का मूल सिद्धांत भी वही हो सकती है।

यहां एक सवाल यह उठता है कि महात्मा गांधी ने जो रचनात्मक कार्यक्रमों की सूची दी उसमें कौमी एकता पहले नंबर पर थी और विद्यार्थियों को दिया गया संदेश अट्ठारहवें नंबर पर था। लेकिन उन दोनों बिंदुओं को एक साथ रखना और दलगत राजनीति से ऊपर उठकर कौमी एकता कायम करना क्या आज की जरूरत नहीं है? यह एक जटिल सवाल है और इसका एक अर्थ यह भी निकाला जा सकता है कि ऐसा सुझाव विश्वविद्यालयों और शिक्षण संस्थानों के अराजनीतिकरण का प्रयास है। इसका समर्थन करने के लिए न तो अराजनीतिकरण के बावजूद शिक्षण संस्थानों में बढ़ते टकराव में शामिल वामपंथी विचार के लोग तैयार होंगे और न ही दक्षिणपंथी। ऐसा मानने के लिए क्षेत्रीय दल भी नहीं तैयार होंगे। उन्हें लगता है कि उनके भावी नेता और बौद्धिक विश्वविद्यालयों और शिक्षण संस्थानों से ही निकलेंगे इसलिए वह राजनीति का एक प्रशिक्षण केंद्र है। फिर विद्यार्थियों के अपने वर्गीय

हित होते हैं और अगर वे दलगत राजनीति से दूर हो गए तो उनका हित कैसे सधेगा। इसके बावजूद मौजूदा दौर में भी अगर टीएसआर सुब्रह्मण्यम समिति और लिंगदोह समिति छात्र राजनीति की सीमाएं बांधने का सुझाव देती है तो हमें एक बार फिर महात्मा गांधी की बात याद आती है। इसी संदर्भ में कभी-कभी युवाओं के लिए अराजनीतिक छात्र संघ या दलविहीन छात्र राजनीति का नारा भी लगता रहा है जिसे वामपंथ और दक्षिणपंथ दोनों खारिज करता रहा है। फिर भी कभी असम आंदोलन तो कभी जेपी से प्रेरित फ्री थिंकर्स फोरम के बहाने ऐसे प्रयोग हुए हैं जो छात्रों और युवाओं को दलगत राजनीति से अलग रचनात्मक और आंदोलनात्मक कार्यक्रमों की ओर ले जाते हैं। यह सुझाव विवादास्पद हैं और अगर हम कभी समाजवादी युवजन सभा के नेता और इलाहाबाद विश्वविद्यालय के छात्र संघ के अध्यक्ष बृजभूषण तिवारी को समाजवादी चिंतक और राजनेता डॉ. राम मनोहर लोहिया की तरफ से लिखे गए पत्र के लिहाज से देखेंगे तो पाएंगे कि लोहिया जैसा गांधीवादी भी युवाओं को हड़ताल और आंदोलन करने के लिए प्रेरित कर रहा है। बृजभूषण तिवारी के बहाने पूरे देश के युवाओं को संबोधित पत्र में डॉ. लोहिया ष्परमार्थिक अनुशासनहीनता' जैसे शब्द का प्रयोग करते हैं। यह शब्द आंदोलन के औचित्य का सिद्धांत है। नवजनवादी क्रांतिए दलित क्रांतिए समाजवादी आंदोलन और सांस्कृतिक राष्ट्रवाद के आधार पर राष्ट्रनिर्माण के सैद्धांतिक और व्यावहारिक खींचतान की भ्रमपूर्ण स्थिति के बीच हमें फिर महात्मा गांधी के पास जाना होगा और संभव है वहां से युवाओं की राजनीतिक बेचैनी को कोई सर्जनात्मक दिशा मिले। 'रचनात्मक कार्यक्रम-उसका रहस्य और स्थान' शीर्षक से तैयार की गई पुस्तिका के प्रस्तावना में महात्मा गांधी लिखते हैं "1941 में पहली दफा लिखे गए 'रचनात्मक कार्यक्रम-उसका रहस्य और स्थान' की यह पूरी तरह सुधारी हुई आवृत्ति है। इसमें शामिल किए गए विषय किसी खास सिलसिले से नहीं लिखे गए हैं। निश्चय ही उन्हें उनके महत्त्व के अनुसार स्थान नहीं मिला। जब पाठक देखें कि किसी खास विषय कोए जो पूर्ण स्वराज्य की रचना की दृष्टि से अपना महत्त्व रखता है, इस कार्यक्रम में जगह नहीं मिली है तो उन्हें समझ लेना चाहिए कि वह जानबूझकर नहीं छोड़ा गया है। वे बिना हिचकिचाए उसे मेरी सूची में शामिल कर लें और मुझे बता दें। मेरी यह सूची पूर्ण होने का दावा नहीं करती, यह तो महज मिसाल के तौर पर पेश की गई है।"

यहां गांधी की रचनात्मक कार्यक्रम की परिभाषा पर भी गौर करना होगा। वे कहते हैं, "रचनात्मक कार्यक्रम को दूसरे शब्दों में अधिक और उचित तरीके से सत्य और अहिंसात्मक साधनों द्वारा पूर्ण स्वराज्य की यानी पूरी-पूरी आजादी की रचना कहा जा सकता है।" अब जरा रचनात्मक कार्यक्रमों पर टिकी महात्मा गांधी

की आजादी की परिभाषा पर गौर करें तो देखेंगे उसमें सिर्फ राजनीतिक ही नहीं आर्थिक और सामाजिक आजादी अंतर्निहित है। वे कहते हैं, ''सत्य और अहिंसा के जरिए संपूर्ण स्वतंत्रता की प्राप्ति का मतलब है जात-पांत, वर्ण या धर्म के भेद से रहित राष्ट्र के प्रत्येक घटक की और उसमें भी उसके गरीब से गरीब व्यक्ति की स्वतंत्रता की सिद्धि। इस स्वतंत्रता से किसी को भी दूर या अलग नहीं रखा जा सकता। इसलिए अपने राष्ट्र से बाहर के दूसरे राष्ट्रों के साथ और राष्ट्र की जनता के भीतर उसके अलग-अलग वर्गों के परस्परावलंबन के साथ इस स्वतंत्रता का पूरा मेल रहेगा।'' यानी गांधी की स्वतंत्रता का अर्थ है राष्ट्रों और जनता के भीतर परस्परावलंबन और इससे किसी भी वर्ग या जाति को महरूम नहीं किया जा सकता। यही कौमी एकता और वैश्विक एकता का मूल मंत्र है। जो इस आजादी को एक खास संगठन एक खास राष्ट्र या एक खास धर्म या जाति के हित में व्याख्यायित करता है वही कौमी एकता का विनाश करता है।''

गांधी के रचनात्मक कार्यक्रम का पहला अंग है कौमी एकता और इसकी बेहद सुंदर व्याख्या करते हुए वे कहते हैं, ''कौमी या सांप्रदायिक एकता की जरूरत को सब कोई महसूस करते हैं। लेकिन सभी को अभी यह बात जंची नहीं कि एकता का मतलब सिर्फ राजनीतिक एकता नहीं है। राजनीतिक एकता तो जोर जबरदस्ती से भी लादी जा सकती है मगर एकता या इत्तफाक के सच्चे माने तो है वह दिली दोस्ती, जो किसी के तोड़े न टूटे। जरूरत इस बात की है कि कांग्रेस जनए फिर वे किसी भी धर्म के मानने वाले होए अपने को हिंदू, मुसलमान, ईसाई, पारसी वगैरा सभी कौमों का नुमाइंदा समझें। हिंदुस्तान के करोड़ों वाशिंदों में से हर एक के साथ वे अपनेपन का आत्मीयता का अनुभव करें। यानी वे उनके सुख-दुख में अपने को उनका साथी समझें। इस तरह की आत्मीयता को सिद्ध करने के लिए हर एक कांग्रेसी को चाहिए कि वह अपने धर्म से भिन्न धर्म का पालन करने वाले लोगों के साथ निजी दोस्ती करे और अपने धर्म के लिए उसके मन में जैसा प्रेम होए ठीक वैसा ही प्रेम वह दूसरों के साथ करे।''

कौमी एकता के लिए वे जिस मान्यता को बदलने पर जोर देते हैं वह है जनता को सत्ताए संसद या विधानसभाओं के माध्यम से मिलती है। उनका कहना था कि अंग्रेजों के इतिहास की छिछली जानकारी से यह लगता है कि सत्ता शासन तंत्र की सबसे बड़ी संस्था पार्लियामेंट से छनकर जनता तक पहुंचती है। जबकि, ''सच बात यह है कि हुकूमत या सत्ता जनता के बीच रहती है, जनता की होती है और जनता समय-समय पर अपने प्रतिनिधियों की हैसियत से जिनको पसंद करती है उनको उतने समय के लिए सत्ता सौंप देती है।''

यहां विद्यार्थियों के लिए प्रस्तुत किए गए गांधी के रचनात्मक कार्यक्रम और

विशेष तौर पर उसमें दिए कौमी एकता के संदेश पर गौर करने लायक है। पहले तो वे कहते हैं कि अगर विद्यार्थी का सही अर्थ किया जाए तो मैं उनका सहपाठी विद्यार्थी हूं, क्योंकि मेरी यूनिवर्सिटी दूसरी है। मैं शोध और अनुसंधान का जो काम कर रहा हूं, उसमें शामिल होने के लिए अपनी इस यूनिवर्सिटी में भरती होने के नियम इस प्रकार हैं :

1. विद्यार्थियों को दलबंदी वाली राजनीति में कभी शामिल नहीं होना चाहिए। विद्यार्थी विद्या के खोजी और ज्ञान का शोध करने वाले हैं। राजनीति के खिलाड़ी नहीं।
2. उन्हें राजनीतिक हड़तालें नहीं करनी चाहिए। विद्यार्थी वीरों की पूजा चाहें करेंए उन्हें करनी चाहिए। लेकिन जब उनके वीर जेलों में जाएं या मर जाएं या यों कहिए कि उन्हें फांसी पर लटका दिया जाए, तब उनके प्रति भक्ति प्रकट करने के लिए उनको उनके गुणों का अनुसरण करना चाहिए, हड़ताल नहीं। ऐसे मौकों पर विद्यार्थियों का शोक असह्य हो जाए और हर एक विद्यार्थी की वैसी भावना बन जाए तो अपनी संस्था के अधिकारी की सम्मति से स्कूल और कॉलेज बंद रखे जाएं।

1. वदे मातरम गाने या राष्ट्रीय झंडा फहराने के मामले में किसी पर जबरदस्ती न करें। राष्ट्रीय झंडे के बिल्ले वे खुद अपने बदन पर चाहे लगाएं, लेकिन दूसरों को उसके लिए मजबूर न करें।
2. तिरंगे झंडे के संदेश को अपने जीवन में उतारकर दिल में सांप्रदायिकता या अस्पृश्यता को घुसने न दें। दूसरे धर्मोंवाले विद्यार्थियों और हरिजनों को अपने भाई समझकर उनके साथ सच्ची दोस्ती कायम करें।
3. अपने दुखी–दर्जी पड़ोसियों की सहायता के लिए वे तुरंत दौड़ जाएं, आसपास के गांवों में सफाई का और भंगी का काम करें और गांवों के बड़ी उमरवाले स्त्री और पुरुषों को पढ़ाएं।

यहां एक बात गौर करने लायक है कि महात्मा गांधी युवाओं को किसी भी तरह की साजिश करने या लुक छिप कर काम करने की सलाह नहीं देते। वे चाहते हैं कि युवा न तो साजिश करें और न ही जासूसी। क्योंकि ऐसे काम अंततः हिंसा की ओर ले जाते हैं या हिंसा के लिए किए जाते हैं। लेकिन इसका मतलब यह नहीं कि वे मौका पड़ने पर युवाओं को खामोश बैठे रहने और करियर बनाते रहने का ही सुझाव देते हैं। वे अपने समय में युवाओं को ज्ञान प्राप्त करने और कौशल विकास की पूरी छूट देते हैं और चाहते हैं कि वे अपनी ऊर्जा को बचा कर रखें ताकि आजादी की आखिरी लड़ाई में काम आ सकें। यहां अगर हम गांधी की आजादी की आखिरी लड़ाई को कौमी एकता के रूप में देखें या आजादी की जगह पर कौमी एकता को

रखकर देखें तो उनके उस समय के संदेश को आज के संदर्भ में बेहद संप्रेषणीय और प्रासंगिक बना सकते हैं।

गांधी युवाओं से कहते हैं, ''वे लुक-छिपकर कुछ न करें, जो करें खुल्लम-खुल्ला करें। अपने हर काम में उनका व्यवहार बिल्कुल शुद्ध हो। वे अपने जीवन को संयमी और निर्मल बनाएं। किसी चीज से न डरें और निर्भय रहकर अपने कमजोर साथियों की रक्षा करने में मुस्तैद रहेंय दंगों के अवसर पर अपनी जान की परवाह न करके अहिंसक रीति के उन्हें मिटाने के लिए तैयार रहें। और जब स्वराज्य की आखिरी लड़ाई छिड़ जाए तब अपनी संस्थाएं छोड़कर लड़ाई में कूद पड़ें और जरूरत पड़ने पर देश की आजादी के लिए अपनी जान कुर्बान कर दें।'' (रचनात्मक कार्यक्रम, उसका रहस्य और स्थान-गांधीजी, नवजीवन प्रकाशन मंदिर, अहमदाबाद)।

गांधी की कौमी एकता की समझ और हिंदू-मुस्लिम समस्या के समाधान के बिंदु समझे बिना युवाओं को यह बता पाना कठिन है कि वे इसे उद्देश्य के लिए कैसे काम करें। इसलिए 1909 में हिंद स्वराज में इस समस्या के बारे में व्यक्त किए गए उनके विचार पर ध्यान देना जरूरी है। वे लिखते है ''हिंदुस्तान में चाहे जिस धर्म के आदमी रह सकते हैं उससे वह एक राष्ट्र मिटने वाला नहीं है। जो नए लोग उसमें दाखिल होते हैं वे उसकी प्रजा को तोड़ नहीं सकतेए वे उसकी प्रजा में घुलमिल जाते हैं। ऐसा हो तभी कोई मुल्क एक राष्ट्र माना जाएगा। ऐसे मुल्क में दूसरे लोगों का समावेश करने का गुण होना चाहिए। हिंदुस्तान ऐसा था और आज भी है। एक राष्ट्र होकर रहने वाले लोग एक-दूसरे के धर्म में दखल नहीं देते। अगर देते हैं तो समझना चाहिए कि वे एक राष्ट्र होने के लायक नहीं हैं। अगर हिंदू मानें कि सारा हिंदुस्तान हिंदुओं से भरा होना चाहिए, तो यह एक निरा सपना है। मुसलमान अगर ऐसा मानें कि उसमें सिर्फ मुसलमान ही रहें तो उसे भी एक सपना समझना चाहिए। फिर भी हिंदूए मुसलमान, पारसी, ईसाई जो इस देश को अपना वतन मानकर बस चुके हैं एक देशी, एक मुल्की हैं वे देशी भाई हैं और उन्हें एक-दूसरे के स्वार्थ के लिए भी एक होकर रहना पड़ेगा। दुनिया के किसी हिस्से में एक राष्ट्र का अर्थ एक धर्म नहीं किया गया है और हिंदुस्तान में तो ऐसा था ही नहीं।'' (हिंद स्वराज, हिंदुस्तान की दशा-3, हिंदू-मुस्लिम, पृष्ठ-31)।

संवाद शैली में लिखी गई हिंद स्वराज का पाठक जब दोनों कौमों के कट्टर बैर का सवाल उठाता है तो संपादक कहते हैं कट्टर बैर शब्द दोनों के दुश्मनों ने खोज निकाला है। जहाँ हिंदू-मुसलमान झगड़ते थे तो वे ऐसी बातें भी करते थे। झगड़ा तो हमारा सबका बंद हो गया तो फिर कट्टर बैर काहे का? और याद रखिए कि अंग्रेजों के आने के बाद हमारा झगड़ा बंद हुआ ऐसा नहीं है। हिंदू लोग मुसलमान बादशाहों के मातहत रहते आए हैं और मुसलमान लोग हिंदू राजाओं के मातहत रहते आए हैं।

दोनों को बाद में समझ में आया कि झगड़ा करने से कोई फायदा नहीं है। झगड़े से कोई अपना धर्म नहीं छोड़ेंगे और कोई अपनी जिद नहीं छोड़ेंगे। इसलिए दोनों ने मिलकर रहने का फैसला किया। झगड़े तो फिर अंग्रेजों ने शुरू करवाए।

'मियां और महादेव की नहीं बनती' इस कहावत का भी ऐसा ही समझिए। कुछ कहावतें हमेशा के लिए रह जाती हैं और नुकसान करती ही रहती हैं। हम कहावत की धुन में इतना याद नहीं रखते कि बहुतेरे हिंदुओं और मुसलमानों के बाप दादे एक ही थे, हमारे अंदर एक ही खून है। क्या धर्म बदला इसलिए हम आपस में दुश्मन बन गए? धर्म तो एक ही जगह पहुंचने के अलग-अलग रास्ते हैं। हम दोनों अलग-अलग रास्ते लें, इससे क्या हो गया? उसमें लड़ाई काहे की?''

इसी सिलसिले में हिंदू और मुस्लिम विवाद की जड़ में गाय भी रही है और जब उनसे गोरक्षा और उससे जुड़े विवाद के बारे में पूछा जाता है तो वे बेहद समझदारी भरा उत्तर देते हैं। वे कहते हैं, ''जैसे मैं गाय को पूजता हूं वैसे मनुष्य को भी पूजता हूं। जैसे गाय उपयोगी है वैसे मनुष्य भी फिर चाहे वह हिंदू हो या मुसलमान उपयोगी है। तब क्या गाय को बचाने के लिए मैं मुसलमान से लड़ूंगा? क्या उसे मैं मारूंगा? ऐसा करने से मैं गाय का और मुसलमान का और गाय का दुश्मन बनूंगा। इसलिए मैं कहूंगा कि गाय की रक्षा करने का एक यही उपाय है कि मुझे अपने मुसलमान भाई के सामने हाथ जोड़ने चाहिए और उसे देश के खातिर गाय को बचाने के लिए समझाना चाहिए। अगर वह नहीं समझे तो गाय को मरने देना चाहिएए क्योंकि यह मेरे बस की बात नहीं। अगर मुझे गाय पर बहुत दया आती है तो अपनी जान दे देनी चाहिएए लेकिन मुसलमान की जान नहीं लेनी चाहिए। यही धार्मिक कानून है, ऐसा मैं मानता हूं।''

कौमी एकता पर गांधीजी के आरंभिक विचार इस प्रकार थे कि धर्म के सच्चे स्वरूप को मानने वालों से राजनीति को कोई खतरा नहीं है, चाहे वह धर्म राजनीति में हस्तक्षेप भी करे। इसीलिए वे हिंद स्वराज में कहते भी हैं कि, ''सब अपने अपने धर्म का स्वरूप समझ कर उससे चिपके रहें और शास्त्रियों व मुल्लाओं को बीच में न आने दें तो झगड़े का मुंह हमेशा के लिए काला ही रहेगा।'' लेकिन जैसे-जैसे भारत में सांप्रदायिक विभाजन और तनाव तेज होने लगा वैसे-वैसे वे धर्म और राजनीति के अलगाव के पक्ष में होते गए और बाद में उनकी सोच पंडित नेहरू की धर्मनिरपेक्ष सोच के ज्यादा नजदीक पहुंची। नेहरू यूरोप की आधुनिक सेक्यूलर अवधारणा में यकीन करते थे और उनका मानना था कि आधुनिक राज्य को धर्म के प्रति निरपेक्षता या तटस्थता की नीति अपनानी चाहिए। उसका आचरण धर्मविरुद्ध भले न हो लेकिन किसी एक धर्म के अधीन या उसक पक्ष में नहीं होना चाहिए। वरना धार्मिक राज्य बनने के खतरे के साथ तानाशाही का खतरा भी कायम रहता है।

इतिहासकार विपिन चंद्र लिखते हैं कि 1940 के दशक में गांधीजी ने धर्म और राजनीति के संबंध में अपनी भाषा बदलनी शुरू कर दी। ऐसा उन्होंने उस समय किया जब उन्होंने देखा कि सांप्रदायिक राजनीति का प्रचार करने तथा सांप्रदायिक फूट को बढ़ावा देने के लिए धर्म आधारित देशों की मांग की जा रही है। अब गांधी ने कहना शुरू कर दिया कि धर्म अर्थात संप्रदाय धर्म और राजनीति को अलग रखा जाना चाहिए और धर्म व्यक्ति का निजी या व्यक्तिगत सरोकार माना जाना चाहिए। 1940 के दशक में उन्होंने कई बार यह बात कही,

1. जून, 1940 – यदि धर्म को यथावत ईश्वर और मनुष्य के बीच व्यक्तिगत सरोकार और मामला रहने दिया तो दोनों में ऐसे प्रबल तत्त्व बच जाएंगे जो सांझे जीवन और सांझी कार्रवाई के लिए बाध्य कर देंगे।
2. अगस्त, 1942 – धर्म निजी मामला है और राजनीति में उसके लिए कोई जगह नहीं होनी चाहिए।
3. सितंबर, 1946 में गांधी ने एक मिशनरी को बताया—यदि मैं डिक्टेटर होता तो धर्म और शासन को अलग कर देता। मैं अपने धर्म की शपथ खाता हूं इसके लिए मर जाऊंगा। लेकिन यह मेरा निजी मामला है। शासन को इससे कुछ लेना देना नहीं है।
4. अक्तूबर, 1946 – केंद्रीय और प्रांतीय सरकारों में हिंदू और मुसलमान या अन्य किसी प्रकार का सांप्रदायिक भेद नहीं होना चाहिए। सब भारतीय हैं। धर्म निजी मामला है।
5. फरवरी, 1947– धर्म विशुद्ध रूप से निजी मामला है।
6. अगस्त, 1947 – यदि हम इसे निजी क्षेत्र तक सीमित रख सकें तो हमारे राजनीतिक जीवन में सब ठीक रहेगा।
7. धर्म हर व्यक्ति का निजी मामला है। उसका राजनीति और राष्ट्रीय मामलों के साथ घालमेल नहीं किया जाना चाहिए।
8. डीजी तेंदुलकर ने बताया है कि 11 जनवरीए 1948 को एक प्रार्थना सभा में गांधीजी ने कहा कि वह चाहते हैं कि सभी राष्ट्रवादी धर्म को राजनीति के साथ न मिलाएं। सभी धर्मनिरपेक्ष मामलों में वे सबसे पहले और सबसे अंत में भारतीय हैं। धर्म संबंधित व्यक्ति का निजी मामला है।
9. जून, 1947 – धर्म राष्ट्रीयता की कसौटी नहीं है बल्कि मनुष्य और ईश्वर के बीच निजी मामला है। दुनिया के किसी हिस्से में एक धर्म और एक राष्ट्र पर्यायवाची नहीं हैं और भारत में भी ऐसा नहीं होगा।

अप्रैल, 1947 में गांधी ने डॉ. जाकिर हुसैन को बताया कि मैं इस बात से सहमत नहीं हूं कि सरकार धार्मिक शिक्षा दे यदि आप ऐसा करने की कोशिश करेंगे

तो उसक बुरे परिणाम निकल सकते हैं। जो लोग धार्मिक शिक्षा देना चाहते हैं वे स्वयं यह काम करें लेकिन वह कानून और व्यवस्था या नैतिकता को भंग करने वाली नहीं होनी चाहिए। सरकार सभी पार्टियों की सहमति से सभी धर्मों के सिद्धांत पर आधारित नीति शास्त्र पढ़ा सकती है। वास्तव में हमारा धर्म निरपेक्ष शासन है।''

सांप्रदायिकता से लड़ने यानी कौमी एकता कायम करने के लिए राज्य के दमनकारी तंत्र का सहारा लेना चाहिए या विचारधारात्मक अभियान चलाना चाहिए यह विवाद अक्सर होता रहता है। तमाम बौद्धिक यह कहते देखे जाते हैं कि अगर समय पर पुलिस पहुंच गई होती तो दंगा न होता। अगर अफवाह को रोका गया होता तो दंगा न होता। अगर किसी समुदाय के ज्यादा लोग पकड़े गए होते तो दंगा न होता या अर्द्धसैनिक बलों को समय रहते लगा दिया होता तो दंगा रोका जा सकता था। सेना को बुला लिया गया होता तो दंगा न होता। इन तमाम सुझावों के बीच गांधी कौमी एकता के लिए विचारधारात्मक संघर्ष और हृदय परिवर्तन के रचनात्मक कार्यक्रम को सर्वाधिक कारगर उपाय मानते हैं।

भारत-पाक विभाजन और उससे पहले समय-समय पर होने वाले दंगों ने गांधी की इस सोच को काफी क्षति पहुंचाई। वे जीवन के आखिरी दिनों में मानने लगे थे कि हिंदू और मुस्लिम एकता के मोर्चे पर नाकाम रहे। इसके बावजूद उन्होंने अपनी प्रतिबद्धता नहीं छोड़ी। इस दौर में युवाओं की रचनात्मक ऊर्जा कौमी एकता नई तरह से कायम करेगी जो पिछली सदी के भिन्न होगी। लेकिन इस बात से इनकार नहीं किया जा सकता कि जब-जब भारत या इस उपमहाद्वीप में कौमी एकता की जरूरत पड़ेगी तो महात्मा गांधी बहुत याद आएंगे। बिना हथियार और फौज के वे इस समस्या के निदान का एक रास्ता दिखाते हैं। उनके तमाम आलोचक भी उनकी इस ताकत से इनकार नहीं करते। विपिन चंद्र लिखते हैं, सांप्रदायिक चुनौती का मुकाबला करने में नाकाम रहने के बावजूद गांधीजी ने हिंदू-मुस्लिम एकता के लिए भले ही अपर्याप्त लेकिन निजी और जीवन पर्यंत अभियान चलाया। सांप्रदायिकता के विरुद्ध धर्मनिरपेक्षता के प्रति उनका उत्साह जीवन के अंतिम दिन तक कायम रहा।

इसका प्रमाण 13 जनवरी, 1948 को दिल्ली में शुरू किया गया उनका अंतिम उपवास था। कुमकुम संगारी लिखती हैं ''13 जनवरी, 1948 को गांधी ने दिल्ली में अपना आमरण उपवास शुरू किया। उन्होंने सांप्रदायिक सद्भाव, भारत और पाकिस्तान दोनों में ही अल्पसंख्यकों और उनके लोकतांत्रिक अधिकारों की रक्षा के लिए अपना जीवन दांव पर लगा दिया। सांप्रदायिक हिंसा ने इस उपमहाद्वीप को अपनी चपेट में ले लिया था। ऐसा लगता था कि सांप्रदायिकता की समस्या पर काबू नहीं पाया जा सकेगा। वर्तमान और भावी लोकतंत्र दांव पर लगा था। अपने

सपनों के भारत को चूर-चूर होते देखकर उनमें जीवन की कोई इच्छा नहीं बची थी।

गांधी के उपवास और उनकी सात बिंदु वाली शांति शपथ को लेकर पूरे उपमहाद्वीप में बड़ी हलचल थी। उनकी मांगें थीं— कब्जे में ली गई या मंदिरों में तब्दील की गई मस्जिदों को स्वेच्छा से खाली करनाए ख्वाजा कुतुबुद्दीन बख्तियार की दरगाह को उर्स से पहले ठीक किया जानाए मुफ्त आवाजाहीए मुसलमानों के अपने घरों में लौटने की पूरी सुरक्षा और आजादी व उनके आर्थिक बहिष्कार को समाप्त करना। गांधी के इस आग्रह पर पूरे भारत में असंख्य शांति जुलूस निकाले गएए हस्ताक्षर अभियान चलाए गएए सड़क और नुक्क ड़ पर प्रार्थना सभाएं हुईं जिनमें शांति बहाल का आह्वान किया गया। इसका आयोजन समाज के सभी तबकों ने किया। बाद में आरएसएस और हिंदू महासभा के लोगों ने भी शांति शपथ पर दस्तखत किए। उधर पाकिस्तान में ही नहीं पूरी दुनिया में गांधी के अनशन को लेकर बेहद सकारात्मक अपील जारी की गई। समाचार पत्रों ने सराहाए नेताओं ने आदर दिया और जनता ने अपनी गलती का एहसास भी किया।''

कुमकुम संगारी लिखती हैं ''गांधी के उपवास पर प्रतिक्रिया से स्पष्ट हो गया कि सांप्रदायिक मित्रता की एक जबरदस्त इच्छा दोनों देशों में मौजूद है। गांधी के व्यक्तित्व के रूप में मूर्तिमान इस इच्छा के कारण ही आरएसएस और हिंदू महासभा शांति के लिए शपथ पर हस्ताक्षर करने और उन्हें शीघ्र समाप्त कर देने के लिए मजबूर हुए।'' (पुनरुद्धार का आख्यान, कुमकुम संगारी, गांधी एक पुनर्विचार, सहमत)

अंत में गांधी के हिंद स्वराज से उधार लेते हुए यहां यह कहा जा सकता है गांधी द्वेषधर्म की जगह प्रेमधर्म सिखाते हैं, हिंसा की जगह आत्मबलिदान को प्रेरित करते हैं और पशुबल से टक्क र लेने को आत्मबल को खड़ा करते हैं। उनकी यही ताकत कौमी एकता के लिए युवाओं की प्रेरणा है। संभवत: नफरत, हिंसा और हथियार में यकीन बढ़ाती जा रही इस सभ्यता में सद्भाव और एकता के लिए इससे अच्छे बिंदु हो नहीं सकते।

काका कालेलकर

समाज-परिवर्तन और गांधी-दृष्टि

गांधीजी ने कहा कि मेरा समाजवाद पाश्चात्य समाजवाद से अच्छा है क्योंकि पाश्चात्य समाजवाद में सब कुछ सरकार के द्वारा ही किया जाता है। आचार्य नरेन्द्रदेव, नेहरू और संपूर्णानन्द आदि गांधीजी के पास गए क्योंकि उन लोगों ने आपस में विचार किया कि "हम लोगों का समाजवाद में विश्वास है, हम हिंदुस्तान में समाजवाद लाना भी चाहते हैं। लेकिन हम सबों में इतनी क्षमता नहीं है कि हिंदुस्तान में स्वराज्य भी ला सकें। स्वराज्य लाने की एकमात्र क्षमता तो इस बुड्ढ़े गांधी में ही नजर आती है और बिना स्वराज्य का समाजवाद आनेवाला नहीं है। इसलिए इस बुड्ढ़े की चाहे जो भी विचारधारा हो, वह हमारे पल्ले पड़े अथवा नहीं, हमें उसके पास जाना ही होगा। उसे सेनापति मानना ही होगा। जो पहनने के लिए कहेगाए वह जो वर्दी देगाए वह पहना जाएगा।"

गांधी ने कहा "खादी पहनो।" नेहरूजी खादी का अर्थशास्त्र समझते थे, अतरू उन्होंने इसे स्वीकार किया। उन्होंने कहा 'खादी' माने 'आजादी'। 'खादी' शब्द है तो 'आजादी' शब्द आएगा ही। इसीलिए हिंदुस्तान में स्वराज्य लाने के लिए प्राय: सबों ने गांधीजी की नीति को स्वीकार किया था। यह बात और थी कि उनके सारे विचार सबों को मान्य नहीं थी। उनके कुछ विचारों को कुछ अपनाते थे, कुछ छोड़ भी देते थे। लेकिन उनकी कही मुख्य बातेंए जैसे अस्पृश्यता-निवारण, हिंदू-मुस्लिम एकता, आजादी के लिए अहिंसात्मक संघर्ष आदि को लोगों ने प्राय: स्वीकार किया था। असल में गांधीजी की मृत्यु अणु-युग में हुई। इस युद्ध-युग में उन्होंने अहिंसा का बीज बोया। वह उगे या न उगे, यह अलग बात है लेकिन ज्यों-ज्यों दिन बीत रहे हैं, गांधी-विचार ज्यादा सार्थक दिख रहा हैं।

स्वराज्य की व्याख्या करते हुए गांधीजी एक अमरीकी विद्वान के वचन का प्राय: उद्धहरण दिया करते थे श्वह सरकार ही सबसे अच्छी है जो कम से कम हुकूमत करती है (That govt. is the best which governs the least)। राजसत्ता के वर्णन में गांधीजी ने दो अत्यन्त कठोर और अभद्र शब्द कहते थे।" पूछने पर

कहते ''क्या करूँ! सत्य बिना बोले तो चारा नहीं।'' गांधीजी ने वे शब्द भारत या ब्रिटिश सरकार के विषय में ही नहीं सारी दुनिया की पार्लियामेन्टरी गवर्नमेंट के संदर्भ में कहा था, श्यह सरकार वेश्या और बंध्या है। वेश्या इसलिए कि जिस किसी की बहुमत होगी उसके पीछे जाने को तैयार है और बंध्या इसलिए की अपनी ओर से कोई कार्य नहीं करेगीए हाँए दबाव आने पर जो करना पड़ेगाए करेगी'' यानी इस संसदीय प्रजातंत्र में प्रजाहित का कोई काम सरकार को अपनी इच्छाए प्रेरणा या साहस से करने की शक्ति ही नहीं है। हमारे समाजवादी भाई कहते हैं कि वही राज्य सर्वोत्तम है जो सर्वाधिक शासन करता है। यानी राज्य के अधिकारों में अधिकाधिक वृद्धि में उनकी आस्था है ताकि जनता का अधिकाधिक कल्याण हो सके। लेकिन इसका अर्थ यह कदापि नहीं कि हमें समाजवाद का विरोध कर पूंजीवाद लाना है। समाजवाद का अंध-समर्थन और अंध-विरोध दोनों काल-बाह्य विचार है। इन दोनों के विकल्प के रूप में गांधी का विचार है। उनके अनुसार 'प्राईवेट सेक्टर' और 'पब्लिक सेक्टर' का यह विभाजन ठीक नहीं है। मुख्य चीज है कि ठीक से चलने का। यदि 'प्राईवेट सेक्टर' ठीक से नहीं चलता है तो उसे सुधारा जाना चाहिए और यदि 'पब्लिक सेक्टर' में खराबी आ गई है तो उसे भी देखना चाहिए। सबके मूल में है, मानव और उसका चरित्र एवं उसकी संस्कृति। यदि हमारी संस्कृति सुधर गई तो प्राइवेट सेक्टर भी दुरुस्त हो सकता है। आज इसकी हालत अत्यंत खराब है। उसी तरह जिसे हम 'पब्लिक सेक्टर' कहते हैं, वह वस्तुत: 'गवर्नमेंट सेक्टर' है, उसे हम सार्वजनिक क्षेत्र नहीं कह सकते। इसीलिए गांधीजी न प्राइवेट सेक्टर और न ही तथाकथित 'पब्लिक सेक्टर' के पक्ष में थे बल्कि वे 'अ-सरकारी सार्वजनिक क्षेत्र' (Non-Government Public Sector) चाहते थे। ऐसा पूछा जा सकता है कि क्या ऐसा कहीं हुआ? तो सीधा उत्तर है कि गांधीजी का खादी विभाग यही है यानी ''नन-गवर्नमेंट पब्लिक सेक्टर।'' अन्य किसी का अनुकरण न करें।

आपके सामने के बुद्ध को मैं जानता हूँ, आपके बुद्ध अंग्रेज और अमेरिकन लोग हैं। आप ग्रंथ पढ़कर उनका वर्गीकरण आदि करके जरा-सा फेरबदल कर दिया तो आपका शोध हो गया। आप बुद्धों के शिष्य हैं। आप मूल का अध्ययन नहीं करते हैं। क्या मैं नहीं जानता हूँ कि आपके हर एक विश्वविद्यालय में जो शोध चलता है वहाँ पश्चिम से ग्रंथ लाकर उनका वर्गीकरण और व्यवस्था लेकर के अपने शब्दों में ढाल के तैयार कर दिया जाता है। गांधीजी के पास गुरुकुल के प्रोफेसरों ने एक बार कहा-आपका अर्थशास्त्र हम समझना चाहते हैं तो गांधीजी ने कहा आप तो आदम स्मिथ के शिष्य हैं और आदम स्मिथ ने जो अर्थशास्त्र लिखा है उसके अनुसार चलने वाले हैं, तो गांधी को छोड़ दीजिए। आदम स्मिथ को भी छोड़ दीजिए। गाँव में जाकर गाँव की स्थिति का अध्ययन करें। उसमें से निकलेगा अर्थशास्त्र। अर्थशास्त्र

कोई हवा में से नहीं निकलेगा। जनता की स्थिति को देखने से ही अर्थशास्त्र निकलता है। आदम स्मिथ को छोड़ दियाए गांधी को ले लिया। लेकिन हम तो शब्द के बाहर नहीं जाएंगे। बुद्ध के बाहर नहीं जाएगा। चलेगा। भूल तो होती ही है, भूल कौन नहीं करता? भूल हुई तो हुईए लेकिन मौलिक करें। जब मैं गुजरात विद्यापीठ का कुलपति बना तब मैं अमेरिका में जाकर वहाँ की स्थिति को समझ कर आया। फिर कहा गांधीजी का भाव ले लीजिए और चले जाइए। गुजरात का अध्ययन करने के लिए हमने एक प्रमुख शोध विभाग खोलाए गुजराती लोग तो आते नहीं थे तो उनको बड़े विषय दे दिए और अध्ययन करने लगे ताकि गुजरात का आर्थिक और सामाजिक अध्ययन हो। वल्लभ घबरा गए। वल्लभ भाई गुजरात के नेता थे। इस वास्ते-इजाजत दीजिएए आज्ञा दीजिए कि वैदिक संस्कृति में इसका अनुवाद करेंगे। बुद्ध भगवान नाराज हो गए। बुद्ध भगवान ने कहा मैं जनता के लिए आया हूँ। बहुजन हिताय और बहुजन सुखाय। मैं आपको अनुज्ञा नहीं देता हूँ। मेरे उपदेश का संस्कृत में अनुवाद न करें। वह मिट जाएगा। लेकिन मैं अनुज्ञा देता हूँ कि जहाँ पर भी इसका अनुवाद किया जाए इसे वहाँ की भाषा में अनुवाद किया जाय। लोक भाषा में अनुवाद करें। लेकिन हम लोगों में भाव हो गया कि कोई हमारे ऊपर राज्य करे तो ब्राह्मण करेए संस्कृत क्यों, अरबी क्यों, अंग्रेजी हो। और इन बुद्धों का राज्य हमारे सिर पर बराबर होना चाहिए। इसको तोड़ने का प्रयत्न एक बार दयानन्द सरस्वती ने किया और उनको हराया उन्हीं के शिष्यों ने। शिष्यों ने दयानन्द सरस्वती से कहा किसी एक ग्रंथ का बोझ कबूल करें और बाकी सभी ग्रंथ छोड़ दीजिए। बाकी को फेंकने के लिए लोगों ने प्रयास किए। अब लोगों ने क्या किया। हमलोग हिंदू धर्म, सनातन धर्म में वैदिक धर्म के अनुसार चलते थे और ऐसा आदेश था कि इसके बाहर नहीं जाइए। दयानन्द सरस्वती ने कहा वेद का अर्थ करने का अधिकार सभी को है। कबूल है, लेकिन उन्होंने कहा कि इसके बाहर हम जाने को तैयार नहीं हैं। यह स्वभाव जो हमारा है कि वृद्ध कहेंगे, ग्रंथ कहेगाए इसी को लेकर चलेंगे और उसी के अनुसार चलना है। वृद्ध लोग कभी जवान होने वाले नहीं है। मेरे जैसा सफेद दाढ़ी वाला जवान से कहने आया है कि वृद्धों के पीछे न चलें। वृद्ध वह है जो थके हुए हैं। मैं शांति निकेतन में था। उस समय रवीन्द्रनाथ बुड्ढे हो गए थे। दाढ़ी सफेद, बाल सफेद। तब उन्होंने एक गीत तैयार किया था। वे आकर गाकर हमें सुनाए। मेरे बाल कभी भी सफेद होने वाले नहीं हैं। मुझे अच्छा लगा तो मैं आपको कहना चाहता हूँ कि मेरे सफेद बाल होते हुए भी मैं युवाओं का प्रतिनिधि हूँ। मैं आपको कहने आया हूँ कि वृद्धों का तथा नौकरों का राज्य है। हमारे महाराष्ट्र के नेता और भारत के नेता लोकमान्य तिलक ने उनके लिए शब्द उपयोग किया था, नौकरशाही यानी नौकरों के द्वारा जो हमारा शासन चलाता है। नौकरों की इच्छा के

अनुसार राज्य चलता है और देखिए प्रजा के पास अक्ल नहीं और सरकारी नौकर सब बुद्धिमान बने हुए हैं।

राजा दशरथ ने अपनी प्रजा से पूछा कि राम को राज्य का शासक चुनता हूँ, ठीक है। प्रजा सबने एक ही साथ कहा, हाँ हम सबों को राम बहुत ही पसंद है। उसने राम को जंगल में भेजा तोए न प्रजा ने पूछा और न ही प्रजा ने कोई शिकायत की। यह प्रजा-राज्य था या उसका दिखावा। राजा दशरथ ने औपचारिकता के रूप में ही पूछा था कि मैं राम को अपने राज्य का उत्तराधिकारी चुनता हूँ। प्रजा ने हाँ में हाँ मिलाया। ऐसा कहना ही चाहिए था यह तो प्रजा का धर्म ही है। लेकिन राज्याभिषेक के समय एक रानी ने राम को जंगल में भेज दिया तो प्रजा रोती-रोती राम के पीछे-पीछे बहुत दूर तक चली और शाम तक चलती रही। सुबह उठते ही राम जल्दी चले गए और प्रजा रोती-बिलखती वापस लौट गई। यह थी हमारी प्रजा। आर्य संस्कृति में मैं प्रजा को ऐसे स्थान पर रखता हूँ। प्राचीन संस्कृति में राजा का पक्ष और ब्राह्मण का पक्षए सारा साहित्य पढिएए ब्राह्मण और क्षत्रिय के बाहर आदमी मिलेंगे ही नहीं। यह है ऊपर से राज्य करना प्रजा पर। दुनिया में संस्कृत अत्यंत श्रेष्ठ भाषा है। संस्कृत का साहित्य भी उत्तम है। संस्कृत ने भारत की एकता उत्पन्न की और यह भाषा ऊपर से राज्य करेगी और प्रजा की भाषा दूसरी होगी।

इस भूमि में पैदा हुए बुद्ध भगवान। बुद्ध भगवान ने उपदेश दिया, लोगों की भाषा में मेरे जैसा ब्राह्मण गया बुद्ध भगवान के पास। बुद्ध भगवान ने कहा तथागत आपका उपदेश विश्व कल्याण के लिए है। लेकिन आप प्रजा की भाषा में बोलते हैं। इसलिए इसकी प्रतिष्ठा नहीं होती हैं।

आज आपको नया उदाहरण देता हूँ। आज जितने सहकारी संस्थान (Co-operagtives) हैं वे ज्यादातर असहकारी सार्वजनिक क्षेत्र है। लेकिन सरकार ने उसकी शक्ति को देखकर अपने काबू में लेने के लिए इसे अनुदान देकर कानून के द्वारा उसको अपने हाथ में ले लिया है। सहकारी समितियाँ अभी सरकार के हाथ में नहीं होती तो मैं कहता कि वह गांधी का समाजवाद है। और यह अ-सरकारी समाजवाद (Non-Government Socialism) सरकार के हाथों में हैं। आज जहाँ जाता हूँए लोग पूछते हैं गांधीवाद पुराना वाद हो गया। उसका जमाना चला गया। गांधी मर गए और उनका जमाना भी मर गया। अब उसको क्यों ले आए हैं। तो गांधीवाद का विरोध करना चाहिए वह भी अहिंसा का। हमें पूछा जाता है। आज गांधी विचार की क्या सार्थकता है? गांधीजी के जमाने में क्या आधुनिक युग नहीं था? क्या 20-25 वर्ष में युग बदलता है? आधुनिक युग के प्रतिनिधियों को देखकर शर्म आती है। यूरोप अमेरिका के लोगों ने पुरुषार्थ किया हमने अपने क्या किया? क्या समाजवाद दु:ख में से पैदा हुआ। यूरोप अमेरिका के लोगों को

समाजवाद (Socialism) सूझा। अनुभव उनकाए बहादुरी हमारी। कैसे चलेगा? मैं समाजवाद का विरोध नहीं करूँगा बल्कि उसमें सुधार करूँगा। सत्यानाश नहीं करूँगा। आज के समाजवाद के विषय में मैंने जवाहरलाल जी को कहा था कि आप जनतांत्रिक समाजवाद चाहते हैं। लेकिन जनता को जनतंत्र और समाजवाद नहीं सिखाया है आपने। इस वास्ते आप इसे ला सकेंगे मुझे इसमें शक है। आज तो लोकशाही के बदले नौकरशाही है। आर्थिक सर्वेक्षण कीजिए। सामाजिक सर्वेक्षण छोड़ दीजिए। मैंने कहा आधा तो मर गया। मानना पड़ा। वल्लभ भाई की बात मैंने मान ली। आर्थिक सामाजिक सर्वेक्षण की बात मैंने छोड़ दी और बच गया। लेकिन वह सर्वेक्षण भी इतना जिंदा बन गया कि पंजाब ने लोगों ने जे.सी.कुमारप्पा को बुलाया। आसाम के लोगों ने कुमारप्पा को बुलाया। यह मौलिक क्षेत्र है, जो अंग्रेजी सीखा वह बुड्ढा बन गया। वह तो वहाँ का शोध (Research) लेकर के आता है। एक अमेरिका होकर आते हुए भी तुम्हारे पास जो अंश है उन्होंने मात्र गुजरात में एक तालुका का सर्वे किया और हमको दे दिया। उस पर से पंजाब को सूझा। अफगानिस्तान को सूझा। लेकिन आगे नहीं बढ़ा तो मूल शोध (Originality Research) के लिए जो मौलिकता (Originality) चाहिए। इतनी मौलिकता (Originality) का ग्रंथ प्रमाण और वचन प्रमाणए गुरु प्रमाण भी मानने वाले लोगों में आने वाले नहीं हैं। आजकल के युवा परेशान करते हैं। उनके बारे में मेरे मन में बिलकुल आदर नहीं है और प्रश्न मौलिक (Original) तो दिखाइए। आज जो वियतमान में हुआ, फ्रांस में हुआ। तो वहाँ के लड़के का अनुकरण करते हैं। शर्म नहीं आती है इनको। इसके पहले कुछ नहीं किया था। फ्रांस के विद्यार्थी वियतनाम के विद्यार्थी लड़ने लगे वह बहादुरी कियाए हाँ हम उनका अनुकरण करेंगे। अनुकरण माने मृत। इससे भी अगर आप बुरा काम किए होते और वह अगर मौलिक (Original) रहता तो मेरे मन में आदर होता। कहीं देखकर के किसी का अनुकरण करने वालेए मरे के समान है। ऐसा क्यों नहीं समझते?

गांधीजी की एक सबसे महत्त्व की बात आप ध्यान में रखिए। गांधीजी ने कहा मैं अपने पीछे कोई शिष्य छोड़ना नहीं चाहता। इतनी बुद्धिमत्ता भारत में मैंने दो ही आदमी को देखी। एक स्वामी विवेकानन्द और दूसरे महात्मा गांधी में। देश की सारी संस्कृति को स्वीकार करके इसमें नया जान डाल के आगे चलना। हिंदुस्तान से ज्यादे शिष्य दुनिया में कहीं नहीं है। ईसाई लोग में भी इतने शिष्य नहीं होंगे। शिष्य को प्यार करने में प्रवीण तो ईसाई लोग है। ईसाई धर्म में जितने शिष्य हैं उतने दुनिया के किसी भी धर्म में नहीं है। ईसाई में ज्यादा शिष्य पैदा करने पर गांधीजी ने कहा हम ज्यादा शिष्य पैदा करने वाले नहीं हैं। मैं शिष्य पैदा नहीं करूँगा, सनातन का ही रहूँगा। सनातनी माने पुरातनी नहीं। पुरातनी बासी बनते हैं। सनातनी नित्य नूतन।

सनातनी का अर्थ है नित्य नूतन। माने पुरानी चीजों में से बहुत सी चीजों को फेंक देंगे और बहुत सा संभाल रखेंगे। नया भी लेंगे। गांधीजी का वचन तो आप जानते हैं। दुनिया के देशों में घूमें, मैं किसी को मना नहीं करूँगा। लेकिन जो मेरे पास हैं उसको उड़ा नहीं सकेंगे। गांधीजी के समाज परिवर्तन का उद्‌देश्य था कि हम अपने देश के सांस्कृतिक उत्तराधिकारी हैं। हम भूतकाल के सेवक नहीं है हम भूतकाल के गुलाम नहीं है। सनातन धर्म का भी यही नियम है। किसी ने कहा "वेद को आप प्रमाण मानते हैं कि नहीं"! मैं तो नहीं मानूँगा। वेद आदरणीय है। मैं सनातन हिंदू हूँ। मैंने कहा कि मैं वेद करण कराता हूँ, वेद के प्रति मेरा आदर कम कैसे हो सकता है। लेकिन प्रमाण की बात कहाँ से आए। मेरे पिता के प्रति मेरे मन में आदर है। उनके पिता के प्रति भी आदर है उनके ऊपर वाले पिता के प्रति तीन गुणा आदर है, दस गुणा आदर है। इस वास्ते सारी मानवता का आदर है। उनका खून मेरे खून में हैं। मेरे शरीर में है तो उनके प्रति तो मेरा आदर भी रहेगा ही लेकिन उन्हीं की प्रेरणा से मुझे नई बात सूझी तो उनकी बात छोड़कर मैं नया लेने वाला हूँ। इस वास्ते मैं वेद परंपरा का हूँ।

बौद्धों को जैनों को आप पूछे वेद को प्रमाण मानते हैं या नहीं! वेद परंपरा है कि नहीं। यह किस मुँह से कहेंगे नहीं। बौद्धों को, जैनों को पूछिए की आप परंपरा के हैं या नहीं? तो वे कहेंगे हाँ हम हैं ही। तो यह बात गांधी जी में थी और शंकराचार्य में भी थी। शंकराचार्य से बढ़कर सनातन धर्म का प्रतिनिधि नहीं मिलेगा। शंकराचार्य ने एक जगह पर कहा है अग्नि-शीतल है ऐसे वेद के सौ वचन भी आप लाकर रखेंगे तो मैं कैसे मान सकता हूँ। अग्नि-शीतल है ऐसा वचन आपने किसी भी धर्मग्रंथ से या वेद से निकाल कर मेरे सामने रखें तो वह बात मैं नहीं मान सकता हूँ। इतने हिम्मती थे। शंकराचार्य की तरह याज्ञवलक्य सच्चे सनातनी थे। नई-नई बात लाते थे। नया-नया अर्थ करते थे। नए-नए प्रयोग करते थे। भूलें करते थे, भूलें सुधारते थे। आगे बढ़ते थे। भूतकाल तो बहुत कीमती वस्तु है। हमारी सृष्टि तो भूतकाल की है। भूतकाल तो अच्छी खाद है। खाद फेंक दिया तो खेती नहीं चलेगी। खाद अत्यंत उपयोगी वस्तु है, लेकिन खाद खाने बैठेंगे तो आप बीमार पड़ेंगे और आप मर जाएंगे। खाद किसी ने खाया है? खाद किसी ने फेंक दिया तो खेती अच्छी की है? खाद फेंक भी नहीं सकते हैं और खाद खा भी नहीं सकते हैं। यह खाद है और इसे समझकर काम लाइए और खाइए। आज कल की फसल है वह। यह गांधीजी का विचार है। लोगों के स्वभाव को गांधीजी जानते थे। इस वास्ते बहुत बकवास न करते हुए अत्यंत सूक्ष्म ढंग से लेकिन अत्यंत सम्यक ढंग से गांधीजी ऐसी बात लाते थे कि सारा प्रयोजन आप ही आप हो जाता था। गांधीजी भारत में आए तो जाति-प्रथा का विचार उनको करना था। तो गांधीजी ने कहा जाति रहे लेकिन यह रोटी-बेटी व्यवहार के लिए नहीं। हम अन्न किसी के हाथ का भी

खा सकते हैं। शादी कहीं भी कर सकते हैं। गांधीजी ने कहा जाति के बाहर जो शादी नहीं करने का जो संयम हैय वह हटा तो कम से कम बाकी के लड़कियों के शादी के भाव से तो नहीं देखेंगे आदमी। कुछ संयम तो है। लेकिन जब गांधीजी ने भारत में देखा जाति प्रथा तो अच्छी बात नहीं है। तब गांधीजी ने कहा जाति का नाश करना चाहिए। जाति हमारा नाश करने बैठी है और वर्ण हमको बचाएगा। वर्ण तो परंपरागत है ही चाहे वह पहले रहे या न रहे। लेकिन जाति प्रथा तो विकृत संस्था है। वर्ण कर्म प्रधान संस्था है। तो गांधीजी ने जाति को तोड़ कर वर्ण को आगे किया और वर्ण का नया अर्थ-विचार किया। गांधीजी के आश्रम में मुख्य नियम यह था कि आश्रम में आकर रहने वाले सब लोग एक परिवार में जाए। फिर वहाँ पर तो कोई नौकर होता ही नहीं। गांधीजी के आश्रम में कोई नौकर नहीं हो सकता था। वे कहते थे नौकर शब्द का मैं नाम नहीं सुनना चाहता हूँ सबके सब सेवक हैं। नौकर कोई नहीं है। रसोई बनाने का काम गांधीजी करते थे। कस्तूरबा करती थी। विनोबा भावे करते थे, काका कालेलकर करते थे। इमाम साहब करते थे। उनकी लड़की अमीना करती थी। हम सब लोग मिलकर के रसोई करते थे। रसोई करने में सब का हाथ। परोसने में सबका हाथ। सब मिलकर बैठकर के खावे और वर्तन साफ करने के लिए कभी भी अलग से कोई आदमी नहीं रहेगा। टोकना साफ सब लोग करते थे। गांधीजी भी करते थे, हम सब लोग करते थे।

मैं वेलगांव का रहने वाला था। जब वेलगांव के नेता ने मुझको बुलाया कि वेलगांव कांग्रेस अधिवेशन है आप यहाँ आइए। मैं गांधीजी की इजाजत लेकर के चला तो उन्होंने कहा कि "कांग्रेस के जितने लाखों लोग हों उनके टोकना साफ करने का सारा काम आपको सौंप देता हूँ। क्योंकि मैं जानता हूँ कि सफाई के काम का इन्चार्य आचार्य काका साहेब का है। मैं अन्य विषय का आचार्य हूँ" सरकार ने मुझे पद्मविभूषण बनाया होगा और डी.लिट्. की मेरी पदवी गांधीजी के मुँह से मिली। यह ब्राह्मण सफाई का आचार्य है। कर्नाटक सरकार का एक आदमी उनके आश्रम में आए तो उन्होंने कहा "गांधीजी! आप मुझे कुछ काम दीजिए।" तो उन्होंने कहा कि आप आचार्य काका साहेब के पास जाएंए वे आश्रम के सारे टोकना साफ करने का काम सिखलाएगा। वे आचार्य हैं। गांधीजी कहते थे कि अगर हमने अस्पृश्यता का सवाल हल किया तो जाति का सवाल अपने ही आप हल हो जाएगा। विरोध करने की आवश्यकता ही नहीं होगी। तो गांधीजी न्यूनतम विरोध और अधिकतम लाभ उठाते थे। जब उन्होंने देखा कि बिहार के अंदर लोग सब कुछ करने को तैयार है लेकिन पुरुष की श्रेष्ठता को छोड़ने को तैयार नहीं और स्त्रियाँ ऐसी बदकिस्मत कि वह अपनी हीनता छोड़ने को तैयार नहीं। क्या किया जाय? पुरुषों को तो हम समझा सकते हैं लेकिन अगर स्त्रियाँ न समझे? वह तो कहती है

हम तो नीचे ही रहने वाली हैं। हम तो डोम हैं। तो गांधीजी ने आश्रम की एक लड़की राधा को यहाँ भेज दिया और कहा जाओ तुम बिहार में काम करो। यह दुनिया में सबसे बड़ा अन्याय है जो अमेरिकाए जापान और भारत में भी है। अमेरिका में स्त्रियों का सम्मान तो बहुत बड़ा होता है। ''आइए आप यहां पहले बैठिए'' मान्यता यानी स्त्रियों को सामाजिक प्रतिष्ठा (Social Dignity) वहाँ बहुत दी गई है। पहले स्त्री को जगह दे दी। अगर आप ट्रेन में हैं कोई स्त्री आई तो सभी लोग खड़े हो जाएंगे। पहले इनको जगह दे दो। स्त्री को ही पहले बैठने को कहेगा। यह सब होते हुए भी यहाँ स्त्री का राज्य नहीं। स्त्री की महानता नहीं। जापान में भी मैंने यही देखा। तो सारी दुनिया में जो सबसे बड़ा अपराध फैला हुआ है वह स्त्री-पुरूष का संबंध है। यह गांधीजी को बदलना था। यही उनका समाज-परिवर्तन था। लेकिन यह काम मात्र प्रचार से नहीं होगा? प्रयोग से होगा। उस वास्ते आश्रम में गांधीजी ने सारी परिस्थिति बदल डाली। इसका एक उदाहरण मैं आपके सामने रखूँगा।

एक दिन गांधीजी से आश्रम में बात करते हुए मैंने पूछा कि बापूजी हमलोग आश्रम में आए सिद्धांत समझ करके आपकी लोकसेवा को देखकर के। लेकिन हमारी स्त्रियाँ आपके काम के ऊपर आकर्षित होकर के नहीं आईं। हमारे पीछे-पीछे आईं। रोज डर के मारे प्रार्थना में आकर बैठती हैं। आज गांधीजी कड़ा नियम लेकर आए तो क्या किया जाय, बैठना ही है। यही रोज चिंतन करने वाली हमारी स्त्रियाँ है। हम तो समझाने की कोशिश करते हैं लेकिन पूरा नहीं होता है। हम अपना काम करते हैं। गांधीजी ने कहा तुम्हारी बात बिल्कुल सही है। बापूजी को मैंने कहा ''बापूजी इसका इलाज आपको करना चाहिए।'' गांधीजी ने दूसरे दिन से आश्रम की दो प्रार्थनाएं अपराह्न में की जिसमें एक खासकर स्त्रियों के लिए शुरू की। स्त्रियों का वर्ग लेने लगे। प्रार्थना करने के बाद प्रवचन करने लगे और अपने ढंग से सिखाने लगे। जब बाहर गांव जाने लगे तो स्त्रियों की जो मुखिया थी उनके नाम पत्र लिखने लगे और इस तरह से स्त्रियों को तैयार करने का काम गांधीजी ने किया। मुझे पूछ सकते हैं कि गांधीजी को इसमें कितनी सफलता मिली? गांधीजी ने अंग्रेजों के राज्य को तोड़ने के लिए अंतिम फैसला करने के लिए आश्रम में से सारे पुरुषों को निकाल लिया और सारा आश्रम स्त्रियों के हाथ में सौंप दिया और कहा ''डेढ़ साल, दो साल मैंने तुमलोगों को पढ़ाया है। अब तुम्हारे में परिवर्तन हो गया है। सारा आश्रम तुम्हें सौंप देता हूँ।'' तो आश्रम का एक भी कमरा एक भी विभाग बंद नहीं करना पड़ा। स्त्रियों ने गांधीजी के उपदेश से इतनी तैयारी की कि आश्रम की गोशालाए आश्रम की खेती, आश्रम का स्कूल, आश्रम की उद्योगशाला सब स्त्रियों ने अच्छी तरह से संभाला। और वे दुनिया को कह सके कि भारत की स्त्रियाँ क्रांति कर सकती हैं। भारत की स्त्रियाँ ही क्रांति कर सकती हैं अगर पुरुषों के पीछे-

पीछे चलने का स्वभाव छोड़ दे। अभी तो उसका स्वभाव पुरुष के पीछे चलने का है। यह मैं निंदा नहीं कहूँगा। विनोबा ने बापू के सामने आकर प्रार्थना की। उसमें उनका अपना निजी प्यारा आश्रम है। ब्रह्म-विद्या-मंदिर है वर्धा के पास। वह सारा स्त्रियों को सौंप दिया उसमें ऐसे कई प्रोफेसर हैं; कई दूसरे हैं—सारी लड़कियों को उन्होंने सौंप दिया। मैं खुश हो गया। मैंने अपने अखबार में लिखा—विनोबा ने बहुत अच्छे-अच्छे काम किए हैं। उनमें सबसे अच्छा यह कि उन्होंने अपना ब्रह्म-विद्या-मंदिर स्त्रियों को सौंप दिया और स्त्रियों का आश्रम बनाया है। अब वहाँ अपनी इच्छा के अनुसार स्त्रियाँ अपनी उन्नति कर सकती हैं। देश की उन्नति के लिए नया रास्ता ढूंढ़ सकती हैं। इतना मैंने लिखा। तीन दिन के अंदर वहाँ की व्यवस्था के बारे में मेरे पास पत्र आया। आप हमारे बीच में आकर रहिए और हमें दिशा-दर्शन कराइए। आप जैसा कहेंगे वैसा हम चलेंगे। स्त्री ने अपने स्वभाववश कह दिया पुरुष चाहिए। रास्ता दिखाने के लिए दिशा दर्शन कराने के लिए पुरुष ही चाहिए। मैंने शीघ्र ही खत लिखा। "नालायक शर्म नहीं आती है। पहले स्त्रियों को चलाने के लिए आश्रम मिला और शीघ्र ही वह पुरुषों को सौंपने के लिए तैयार हो गई। मैं नहीं आऊँगा, मेहमान के तौर पर आऊँगाए निरीक्षक के तौर पर आऊँगा। सवाल पूछोए जवाब दूँगा, सलाह दूँगा। लेकिन कुछ चला नहीं स्त्रियों का। तबसे वह जागरूक हो गई हैं। अब किसी तरह के कार्य के लिए और दिशा-दर्शन के लिए इन्हें पुरूष नहीं चाहिए और अब कुछ सोचने लगी है। और जबसे सोचने लगी है, यूरोप और अमेरिका की स्त्रियाँ उनके साथ आकर रहने लगी हैं। यहाँ पर कुछ जागृति हो गई है। तो किसी के पीछे-पीछे चलना यह छोड़ दीजिए। सारे भारत में स्त्रियों की संस्था देखी है मैंनेए जहां भी गए मुझसे उन सबों ने यही कहा, देखिए काका साहब मैंने यह काम किया है। हमारी संस्था ने इतनी प्रगति की है। मैं सारा सुनने के बाद एक सवाल पूछता हूँ आपकी संस्था में हिसाब लिखने वाली हैं कोई? इस पर उन लोगों का छोटा सा मुँह देखने लायक होता है। पैसे के बारे में हमारी हिम्मत क्यों नही चलती है? बजट तैयार करना, हिसाब रखना, ऑडिटर के सामने पेश करनाए यह भी स्त्रियों को करना चाहिए। मैं जब भारत सरकार में पिछड़ा वर्ग आयोग का अध्यक्ष था तो कहा कि स्त्रियाँ पिछड़े वर्ग की हैं।

लेकिन एक स्त्री बिगड़ गई। मैंने कहा क्यों बिगड़ गई? क्यों बिगड़ती हो? कांग्रेस ने कहा जो कोई स्त्री पार्लियामेंट में आने को तैयार हो जाए तो उसको टिकट मिलेगा। 50 प्रतिशत या 60 प्रतिशत। लेकिन केवल 14 प्रतिशत आया। वह आए तब न। तो 14 प्रतिशत आई। तो 60 प्रतिशत में से 14 प्रतिशत आई। उनको पिछड़ा न कहूँ तो क्या कहूँ।

तो समाज परिवर्तन में सबसे पहले हिम्मत चाहिए। भूलें होगी जो स्वाभाविक

बात है। पुरुष क्या कम भूल करते हैं? मनुष्य का इतिहास चाहे पुरुष का हो या स्त्री काए भूलों का इतिहास है। पहले सौ-सौ वर्ष में युद्ध होता था। अब लोग दस-दस वर्ष में युद्ध करते हैं। जिनमें अक्ल का दिवाला निकल गया है। ऐसे पुरुषों के हाथ में देश का राज्य रखकर क्या करेंगी? तो गांधीजी की अपेक्षा थी जिनके हाथ लड़ाई के रक्त से दूषित नहीं हुए हैं। जीत नहीं है, वे स्त्रियां अहिंसक संस्कृति को समझकर आगे आएंगी। जैनियों के अहिंसा की बात मैं नहीं कर रहा हूँ। अहिंसा माने प्रतियोगिताए प्रतिस्पर्धा युद्ध आदि को छोड़कर सहयोग करना। सहयोग की जो संस्कृति है वह सारी दुनिया के लिए चाहिए। ये धन के पीछे जाकर नहीं चलेगा। धन और गरीबी दोनों अभिशाप है। दरिद्रता अभिशाप है लेकिन उसी तरह समृद्धि भी अभिशाप है। धन साधन है साध्य नहीं। दुनिया में अत्यधिक समृद्धि की प्रधानता होती है। इसके लिए स्वैच्छिक गरीबी (Voluntary Poverty) के द्वारा अनिवार्य दरिद्रता को दूर करना है। समाज सेवक एवं राष्ट्र सेवकए गरीब भाई को स्वीकार करके धर्म करके दुनिया का दुख दूर करना है। गांधीजी के समाज परिवर्तन में सबसे बड़ी बात यह थी कि वे कहते थे कि मैं युद्ध से बिल्कुल नहीं डरता यह तो निर्भीक लोग कहते हैं कि युद्ध लेकर के क्या करें। लेकिन युद्ध से भी भयानक वस्तु हैं मानव द्वारा मानव का शोषण। सामाजिक इतिहास के जानने वाले आर्थिक शोषण की तो बहुत बातें करते हैं लेकिन वास्तविक शोषण तो वैचारिक और आध्यात्मिक शोषण है। एक-एक धर्मगुरु एवं मठाधीश लोग यही करते हैं। धर्म का 'प्राईवेट सेक्टर' है—मठ, मंदिर, मस्जिद आदि। धर्म के माध्यम से भी सामाजिक शोषण होता है। यही काम कॉलेजों एवं विश्वविद्यालयों में भी प्रकारांतर से होता है। यहाँ अंग्रेजियत का दास बनाया जाता है। केवल अंग्रेजी ही पढ़ने की बात नहीं होती है बल्कि रहन-सहन में अंग्रेजियत का दास बनाने पर जोर रहता है। यह है बौद्धिक गुलामी या बौद्धिक शोषण ये सभी प्रकार के शोषणों के निराकरण के लिए अहिंसक क्रांति की आवश्यकता है जो गांधी-विचार का केंद्र-बिंदु है। यह ठीक है कि हिंसा पर से दुनिया का विश्वास टूट चूका है लेकिन शायद अहिंसा पर विश्वास जमा नहीं है। अभी भी कुछ लोग हैं जो अहिंसा की शक्ति पर विश्वास नहीं करते। यह उनकी मर्जी है। लेकिन आज हिंसा माने सत्यानाश है। हिंसा में किसी की विजय नहीं। लेकिन अहिंसा का माने केवल इतना ही नहीं है कि खाना या नहीं खाना। गांधीजी की अहिंसा में एक तेज है जिनमें सांस्कृतिक परिवर्तन की क्षमता है। आज हमारे नेता लोग गांधीजी की इस सांस्कृतिक अहिंसाए जीवन-व्यापी और विश्वव्यापी अहिंसाए मानवीय और समाजवादी अहिंसा का चिंतन नहीं करते हैं। सत्ता और संपत्ति के बँटवारा का अहिंसक आंदोलन जिस रूप में चलाए वह गांधी-मार्ग है। अंतरराष्ट्रीय संबंधों में युद्ध भाव नहीं रखना और सबों से दोस्ती रखने का हमने अवश्य प्रयास

किया है लेकिन इतना ही काफी नहीं है। समाज के अंदर भी अस्पृश्यता आदि एक प्रकार की हिंसा ही है। अस्पृश्यता भी केवल इतने में नहीं है कि किसके हाथ का छुआ खाए किसके हाथ का नहीं खाए बल्कि हरिजनों के प्रति अपमान, अवहेलना और अत्याचार का भाव समाप्त होना चाहिए। इस दिशा में हमने कुछ किया नहीं है। केवल अस्पृश्यता-निवारण का एक कानून बनाकर संतोष कर लिया है। जब मैं अमेरिका गया तो बड़े अभिमान से वहां के लोगों को कहा "देखिए, हमारे यहां अस्पृश्यता थी लेकिन सारे राष्ट्र ने एकमत से सर्वानुमति से अस्पृश्यता को पाप और गुनाह घोषित किया। आप लोग नीग्रो लोगों के प्रति जो अन्याय करते हैं, क्या उसके खिलाफ एक प्रस्ताव पास नहीं कर सकते?" यानी अमेरिका के सामने तो हमने खूब जोर से कहा लेकिन देश के अंदर हमने हरिजनों को मंदिर प्रवेश आदि का कुछ विशेष अधिकार भर दिया ताकि भगवान से प्रार्थना करें कि भगवान हमारी अस्पृश्यता कायम रखें। यानी हमने अस्पृश्यता-निवारण की बात भी राजनैतिक ढंग से की लेकिन धार्मिक, सामाजिक, अन्याय निवारण की दृष्टि से ज्यादा नहीं कर सके। फलत: आज भी हरिजन समस्या मुँह बाए खड़ी है। हम अपने को जब तक श्रेष्ठ एवं हरिजन को कनिष्ठ मानेंगे तब तक हमें मानना होगा कि हिन्दुस्तान में प्रजातंत्र नहीं है। सबों को वोट का अधिकार मिला लेकिन सामाजिक समानता भी तो जरूरी है। बौद्धिक जगत में हर हरिजन-समस्या पर एक थीसिस तैयार कर देते हैं लेकिन यह तो बौद्धिक व्यायाम मात्र है।

विश्वविद्यालय स्तर पर भी यदि हमारा चिंतन अंग्रेजी में नहीं होता है तो हमारी प्रतिष्ठा गिरने लगती है अत: हमने जो कुछ लिखा दूसरे राष्ट्रों को समझाने के लिए लिखा, अपने गांवों के लोगों के लिए नहीं। शिक्षकों को गांवों और शहरों में जाकर देखना चाहिए कि हमारे जन-जीवन में अहिंसा की वृत्ति कहाँ तक आयी है। जहाँ शोषण है, वहां हिंसा है। अत: शोषण के खिलाफ संघर्ष ही अहिंसा की सच्ची साधना है। केवल सत्ता एवं सरकार के हाथ शोषण निवारण का काम होने से उसका लाभ नीचे जनता तक नहीं पहुँच पाता। संस्कृत की एक कहावत है कि "सरकार के पक्ष का है, राजा के पक्ष का है, लोग उसको दूर रखते हैं।" गांधीजी ने स्पष्ट कहा कि सरकार द्वारा कम से कम काम लिया जाय और इसीलिए उन्होंने गैर-सरकारी सार्वजनिक क्षेत्र (Non-Government Public Sector) पर जोर दिया था एवं रचनात्मक कार्यक्रम को स्वराज्य की कुंजी माना था। गांधीजी ने अपनी आखिरी वसीयत में लिखा था कि कांग्रेस को अब लोक सेवक संघ के रूप में रचनात्मक कार्यक्रम अपना कर जनता के पास पहुँचना चाहिए। केवल कानूनए टैक्स लादने से समाजवाद नहीं आ सकता। राज्य-कर्त्ता के जीवन में भी समाजवाद दिखना चाहिए जो अभी नहीं दिखाई पड़ता है। आज तो संपत्ति संग्रह की होड़ चल रही है। अत: यह गांधीजी के समाज-परिवर्त्तन का मार्ग नहीं हो सकता।

आचार्य राममूर्ति

भारत नहीं तो हम कहाँ?

'हमारा' राष्ट्र कहाँ है?

'भारत माता की जय'। एक समय था जब भारत के पूरे आकाश में इस नारे की गूंज थी। यही नारा था जिसने कितनों को जेल भेजाए फाँसी के तख़्ते पर चढ़ाया, लेकिन अंग्रेजी सत्ता के सामने सिर झुकने नहीं दिया। यह केवल नारा नहीं था, इसमें भारत के जनता की गुलामी से मुक्ति और संकल्प की घोषणा थी। इस नारे ने करोड़ों के हृदयों में स्वदेश का प्रेम जगाया तथा राष्ट्रीयता की ऊँची भावना भरी थी। लेकिन आज आज़ादी के इतने वर्षों के बाद हमें क्या हो गया? क्यों हमारे करोड़ों भाई-बहन कह रहे हैं कि वे हमारी इस भावना में शरीक नहीं है? अगर वे ऐसा कहते हैं तो हमें यह मान लेना चाहिए कि हमारी राष्ट्रीयता की भावना में कोई कमी है। हमें यह जानने की कोशिश करनी चाहिए कि वह कमी क्या है और कैसे दूर होगी

करोड़ों लोग पूछ रहे हैं, 'हम वोट देते हैं, हम टैक्स देते हैं, हम इस देश के नागरिक कहे जाते हैं तो हमारा राष्ट्र कहां है?' भूमिहीन कहता है, 'हमारे पास ज़मीन का एक टुकड़ा भी नहीं है।' भूखा कहता है, 'हमारा पेट खाली है।' दोनों पूछते हैं, 'आखिर हमारा राष्ट्र कहां है?'

इस प्रश्न का उत्तर हमने बहुत टटोला, इतने बरसों से हम टालते ही जा रहे हैं, लेकिन अब और नहीं टाल सकते। देश के हर मर्द और औरत को, हर जवान और बूढ़े को, बताना ही पड़ेगा कि उसका राष्ट्र यह है, यहाँ है। लोग अपने राष्ट्र को अपनी ज़मीन से, अपने दाल-भात से, और सबसे ज़्यादा अपनी इज़्ज़त से नापते हैं। उनके दिलों में राष्ट्र की यही तस्वीर है जिसे वे धरती पर आँखों से देखना चाहते हैं। जनता का राष्ट्र राजधानियों का राष्ट्र नहीं है।

हमारे कुछ नेता कह रहे हैं कि इस देश में हिंदुओं की संख्या इतनी अधिक है कि उसकी राष्ट्रीयता हिंदू-राष्ट्रीयता के सिवाय दूसरी नहीं हो सकती। वे कहते हैं कि अगर बहुमत की पार्टी की सरकार बनती है तो राष्ट्रीयता भी बहु-संख्यक समुदाय की ही होनी चाहिए। क्या सरकार और राष्ट्र एक ही हैं? सरकार बदलती

रहती है लेकिन राष्ट्र स्थाई होता है। सरकार बहुमत से भले ही बने, राष्ट्र सबका है और सदा उसे सबका बना रहना चाहिए।

हमारी संस्कृति कैसी है?

राष्ट्र सबका है तो उसकी संस्कृति भी सबकी है। इसलिए हम आज तक मानते आए थे और गर्व से कहते आए थे कि भारत की संस्कृति संगम संस्कृति है लेकिन अब हमसे कहा जा रहा है कि नहीं, राष्ट्रीयता हिंदू है और संस्कृति भी हिंदू है।

हमने माना था कि आदिवासी संस्कृतिए आर्य संस्कृतिए कुषाणों की संस्कृति, हूणों की संस्कृति, मुसलमान और ईसाई संस्कृति, पश्चिम और पूरब की संस्कृति, ये सब धाराएं सदियों-सदियों से भारतीय संस्कृति की गंगा में मिलती गई हैं। इस तरह बनी है भारत की संगम संस्कृति।

हमारे धर्म-ग्रंथों, वेदों, उपनिषदों, गीता आदि ने हमें सिखाया है कि समस्त जीवों में एकता है, सारी सृष्टि में एकता है। इस एकता के कारण हमने एक-एक प्राणी के भीतर अनादि, अनन्त परमात्मा को देखा था, जो सृष्टि का कर्ता-धर्ता है। इसी एकता के आधार पर भारत का अध्यात्म विकसित हुआ था। लेकिन आज उस आधार को अस्वीकार किया जा रहा है और कहा जा रहा है कि भारत में जो भी है वह सब 'हिंदू' है, जो करोड़ों-करोड़ लोग हैं वे 'हिंदू' हैं। हिंदू सौ में पचासी हैं। शेष मुसलमान, सिख, ईसाई आदि हैं, लेकिन सब भारत माता की संतानें हैं। भारत माता की सब संतानें भारतीय हैं। भारतीय नाम से दुनिया हमें जानती है। धर्म हमारे अलग-अलग हैं किंतु हम सब भारत के नागरिक हैं। भारत नाम हमारे प्यारे देश का है।

हमारे संविधान ने हमें छूट दी है कि हमारा जो भी धर्म हो उसे हम मानें, अपने मंदिर, मस्जिद, गिरिजाघर में जाएं और भगवान को याद करें। तो धर्म के नाम पर लड़ाई क्यों? अगर यह लड़ाई बढ़ती ही गई तो भारत का क्या होगा? एक ओर 20 करोड़ अमीरों का भारत है और दूसरी ओर 65 करोड़ गरीबों का। दोनों के दो भारत। इस खाई को जल्द पाटने की ज़रूरत है, न कि धर्म, जाति, भाषा, क्षेत्र के नाम में नई-नई खाइयाँ खोदने की। भारत अलगाव और टकराव से पैदा होनेवाली हिंसा के बोझ को बर्दाश्त नहीं कर सकता। अगर देश को बचाना है तो हिंसा की आग को हमेशा के लिए बुझा देना चाहिए।

एकता की रक्षा कैसे हो ?

आज देश के लिए जो ख़तरा पैदा हो गया है उसे गांधी ने, विनोबा ने और जे.पी. ने अपने समय में ही देख लिया था। लेकिन देश की राजनीति आज़ादी के बाद उनके रास्ते पर नहीं चला। अब आज जो लोग इन ख़तरों को आँखों से देख रहे हैं वे माँग

कर रहे हैं कि देश की व्यवस्था बदली जाए और नई व्यवस्था न्याय और समता के मज़बूत आधार पर बनाई जाएं। इसके लिए भारतीय संघ की संपूर्ण रचना बदल देनी पड़ेगी। राज्यों की छोटी स्वायत्त इकाइयां बनाई जाएं, सत्ता का गाँव तक विकेंद्रीकरण हो, अर्थनीति की बुनियादें बदली जाएं, विकास की दिशा नई हो तथा शिक्षा जीवन की हो आदि। नया भारत एक होगा, शक्तिशाली होगा। आज राष्ट्र की एकता की रक्षा सब प्रश्नों के ऊपर है, जिस तरह किसी समय आज़ादी का प्रश्न सबसे ऊपर था। स्वैच्छिक संगठनों, रचनात्मक कार्यकर्ताओं तथा नागरिकों को यह बात समझनी चाहिए कि अगर राष्ट्र नहीं तो रचना किसकी और अगर एकता नहीं तो दूसरा कार्य क्या?

राष्ट्र की एकता के लिए राजनैतिक दलों की राजनीतिक क्रिया या सेना के सैनिक की मुस्तैदी ही काफ़ी नहीं है। दलीय राजनीतिए एकता को भी दलीय बना देती है। किसी राष्ट्र की एकता दलों का प्रश्न नहीं हो सकती। वह पूरे देश का प्रश्न है। भारत की राष्ट्रीयता एकता के लिए गैर-दलीय राजनीतिक क्रिया (नान-पार्टी पीपुल्स ऐक्शन) की जरूरत है जो दलों के दायरे से बाहर पूरे राष्ट्र के स्तर पर हो।

राष्ट्र की रक्षा राजधानियों से ही नहीं होगी। यह देश गांव-गांव में, नगर-नगर में बिखरा हुआ है। इतिहास साक्षी है कि यहां केंद्रित सत्ता कभी टिकाऊ नहीं हुई हैं। मौर्यों काए गुलामों काए खिलजियों का, तुगलकों काए मुगलों का, अंग्रेजों का इनमें कोई भी साम्राज्य बहुत दिनों तक नहीं टिका। सबसे ज़्यादा टिकाऊ मुगलों का साम्राज्य भी केवल 181 वर्ष तक ही रहा। अंग्रेजों का साम्राज्य तो सौ साल भी नहीं टिका जबकि उसमें सूरज नहीं डूबता था।

आज की दुनिया साम्राज्यों की नहीं है। वह समाजों की और समुदायों की है। आज हर देश का हर आदमी सिर उठाकर खड़ा होना चाहता है। अगर हम उसी पुरानी साम्राज्यवादी, सामंतवादी रास्ते पर चलते रहेंगे तो राष्ट्र की रक्षा कैसे होगी? हमें राष्ट्रीयता में न्याय और समता का नया अर्थ भरना है। तब नया राष्ट्र बनेगा, जिसकी रक्षा सैनिकों से अधिक उसके नागरिक करेंगे।

अगर हमने मान लिया कि भारत की संस्कृति हिंदू-संस्कृति है, संगम संस्कृति नहीं है तो संप्रदायवाद का हम चाहे जितना विरोध करें, देश को हम एक, स्वतंत्र और अखंड नहीं रख पाएंगें। एक जीवन-पद्धति को मानने वाले अगर दूसरी पद्धतियों को अपनी विरोधी संस्कृति मान लेंगे तो संस्कृतियों की यह लड़ाई राष्ट्र के जीवन को छिन्न-भिन्न कर देगी।

शांति के सैनिक

इस संकट की स्थिति में राष्ट्र को शांति के सिपाहियोंए सैनिकों, प्रहरियों की जरूरत है- शांति की स्थापना के लिएए अशांति को रोकने के लिए। देश में शांति सिपाहियों

का एक जाल बिछ जाना चाहिए। जहां भी तनाव की स्थिति पैदा हो वहां प्रहरी तुरंत पहुँच जाएं और तनाव को दूर कर दें ताकि विस्फोट न होने पाएं। जिस तरह निरोधात्मक शांति (प्रिवेंटिव पीस) का काम बुनियादी महत्व का है उसी तरह अगर दस आदमी जलाए जाएं तो वहां पाँच सौ शांति-प्रहरी जलने के लिए पहुँच जाएं। ऐसा होगा तो राष्ट्र के जीवन में बिजली दौड़ जाएगी और जलाने वाले के हाथ रूक जाएंगे। गांधी और जे.पी. के बताए शांतिपूर्ण सत्याग्रह का यही रास्ता है।

हमारी राजनीतिक क्रिया का ध्येय यह है कि एकता तथा परिवर्तन के लिए राजशक्ति और लोक-शक्ति का मिलन बिन्दु निकल आए-दलीय राजनीतिक क्रिया संसदीय मोर्चे पर हो तथा गैर-दलीय क्रिया समाज के मोर्चे पर। इस प्रकार एक संपूर्ण राष्ट्रनीति विकसित होगी जो दलों, संप्रदायों, जातियों, धर्मों, भाषाओं आदि सबसे ऊपर होगी।

यदि कोई यह मानता हो कि आज की व्यवस्था को बदलने में संगठित स्वार्थों के साथ संघर्ष नहीं होगा तो वह वास्तविकता को नहीं पहचानता है। देश द्वन्द्वों में घिर गया है। लोकतंत्र की शांतिपूर्ण प्रक्रियाओं के द्वारा अगर हम द्वन्द्वों को हल करने तथा हर व्यक्ति के लिए ईमान की रोटी और इ़ज्जत की जिंदगी का रास्ता नहीं निकालेंगे तो यह देश अशांति और अराजकता से कैसे बचेगा? यह चुनौती है ज़माने की। इस पर निर्भर है हमारी एकता और हमारा भविष्य।

ज़रूरत इस बात की है कि हम अपने-अपने दायरों से बाहर निकलें और राष्ट्र की पुकार को सुनें। हम भारतीय हैं और हर भारतीय से भारतीय के नाते मिलना चाहते हैं और मिलकर चुनौती का मुक़ाबला करना चाहते हैं। हमारी आँखों के सामने देश के रूप में भारत का चित्र है। हम सबके साथ मिलकर यह पुकार लगाना चाहते हैं कि ष्भारत नहीं, तो हम कहाँ'

(राष्ट्रीय एकता बिरादरी की ओर से कार्यकर्ता प्रशिक्षण का आधार पत्र का संपादित अंशए वर्ष—1993)

लवणम

समय का संकट और गांधी

मैं शोधक हूँ और साधक भी। मैंने आठवे दर्जे की पढ़ाई भी नहीं की है। सातवीं कक्षा के बाद पिता प्रो. गोरा ने 1924 में अध्यापक के पद से इस्तीफा दे दिया। इसके पूर्व वे दो बार कॉलेज से बर्खास्त हो चुके थे। मुझे तो अपने आदर्श और नौकरी में से किसी को एक चुनना था। मैंने सोचा जिस शिक्षा पद्धति में मेरे पिताजी के लिए कोई जगह नहीं है, वह पढ़ाई मैं क्यों करूँ पढ़ाई तो जीवन की, की जाती है इसलिए मैंने जीवन को पाठशाला मानकर सीखने की कोशिश की है। जीवन अत्यंत विशाल और गहरा है, इसे जितना सीखूँ, थोड़ा है। इसलिए मैं यह भी दावा नहीं कर सकता कि मैंने जीवन को सीख लिया है, मैं इतना ही कह सकता हूँ कि मैं थोड़ा जानता हूँ। मैं बीसवीं शताब्दी का अत्यंत भाग्यशाली व्यक्ति हूँ। पिताजी के कारण 14 से 16 वर्ष की अवस्था में गांधीजी के साथ काम करने का मुझे अनोखा अनुभव मिला है। विनोबा जी और जयप्रकाश जी का भी सानिध्य मिला, वे हमें लड़ने के लिए उकसाते थे, जहां हम मतभेद रखते हैं उस मतभेद तक लड़ाई लड़ने के लिए उन्होंने मुझे प्रोत्साहन और मौका दिया। धर्म सुधारक मार्टिन लूथर किंग हमसे एक ही वर्ष बड़े थे। मैं उनका छोटा भाई था। काले लोगों के अधिकार की लड़ाई और वियतनाम के सवाल पर मुझे उनके साथ रहने और सीखने का मौका मिला।

दुनिया में सातवां दशक (बीसवीं सदी का) अत्यंत महत्त्वपूर्ण रहा है। जनतंत्र में जिसकी संख्या अधिक होती है उसकी आवाज का महत्त्व होता है। मानवीय इतिहास में यह दशक इसलिए अनोखा है क्योंकि इस समय 30 वर्ष के लोग पचास प्रतिशत से अधिक थे। इण्डोनेशिया से जकार्ता तक विद्यार्थियों की बगावतें हुई। इन बगावतों का हमने अध्ययन किया है और पाया कि वहां किस प्रकार से शोषण के खिलाफ आवाजें बुलंद की गईं। उसी समय युवा 'युद्ध नहीं, प्यार' (Make love not war) का नारा लगाकर सामने बैठ जाते थे। एक–दूसरे को चूमते थे। वे कहते थे हम युद्ध नहीं चाहते, उस समय हमने उनसे सहभागी स्तर पर सीखा। पीछे देखता हूँ तो दुःख होता है जो कुछ हमने सीखा है उस लायक मैंने समाज को क्या दिया है।

सीखना आसान है, लेकिन उसे वापस समाज को देना कठिन है, जो सीखा है उसे समाज को देने में कई रोड़े हैं।

मार्क्स ने कहा था दुनिया के मजदूरों एक हो, तुम्हें कुछ खोना नहीं है, सिर्फ जंजीर खोना है। आज दुनिया के पूँजीपति एक हुए हैं। 15-20 वर्षों में जब हम मानवीय मूल्यों को छोड़ने के लिए तैयार हैं, इस समय हम मानवीय मूल्यों की बात करें तो कौन सुनेगा फिर भी हम निराश नहीं है, कहीं-कहीं चमक दिख जाती हैं, इस लड़की (नाडा जवाली) के पिता जोर्डन के है। इस लड़की ने अरब इजराइल के संघर्ष में जोर्डन के हिंसा को देखा है, इसने लाशें देखी हैं। अस्पताल में घायलों की सेवा की हैं। इसकी एक वेदना है, क्या यहूदी, इस्लाम, फेलेस्टिन इनसान नहीं हैं? अगर हैं तो वे एक-दूसरे का गला क्यों काट रहे हैं। यहूदी अरवन को और अरवन यहूदी को मारकर वीर हो जाता है। क्या वीरता मारने में है क्या वीरता इन्सानियत में, लोगों में नहीं है। स्वीडेन में शांति और संघर्ष समाधान (Peace & Conflict Resolution) का एक विभाग है। उस विभाग के 28 विद्यार्थियों में नाडा भी एक है। इनको शिक्षा मिली है कि हिंसा को अधिक हिंसा और शांति के लिए हिंसा। उसने प्रश्न किया कि हम गांधी को क्यों नहीं पढ़ते हैं गांधी ने संघर्ष समाधान (Conflict Resolution) के लिए काम किया। उसके शिक्षक ने नाडा से कहादृवह समय आ रहा है जब लोग गांधी को मानेंगे। आज गांधी की जरूरत हो या न हो, भविष्य के लिए गांधी की जरूरत है। स्टॉकलैण्ड में मैं अहिंसा (Non-Violence) पर बोल रहा था वहीं नाडा प्रभावित हुई और कहा कि मैं भारत आना चाहती हूँ। इसके चेहरे पर जिज्ञासा थीए उनके प्रोफेसर ने कहा लवणम शिक्षाविद् नहीं है वह एक्टिविस्ट हैं। एक्टिविस्ट से सीखने की गुजांइश नहीं है। उसने कहा अगर शिक्षक से ही सीखना है तो बाहर जाने की क्या जरूरत है। आपसे ही क्यों न सीखूँ। आखिर इजाजत मिली। हम जो कुछ भी सीखें अच्छा सीखें। गांधीजी ने कहा था मैंने जो कुछ कहा या सिखाया है उसे मेरे समाधि पर रख दीजिए। जब आप गलत करेंगे तब मैं कब्र से बोलूँगा गांधी एक अकादमिक व्यक्ति नहीं थे (Gandhi was not a academician)।

गांधी के पास एक डॉक्टर आए थे उन्होंने गांधीजी से कहा कि मैं अंडे से सब रोगों को ठीक कर दूँगा। गांधीजी ने कहा था यहाँ अंडा खाने की किसी को इजाजत नहीं है फिर भी आप अंडा खिलाएं और अस्थमा के रोगी के रोग को दूर करें। गांधीजी के जीवन में पहले आचरण था। अच्छा को दस हजार बार लिखने या भाषण में कहने से अच्छा है आचरण में उतार कर दिखाओ। ब्रह्माण्ड में गांधी समग्र विचारक और कार्यकर्ता थे (Gandhi was holistic thinker and activist in the universe)।

मैं मार्टिन लूथर किंग से सन् 1959 में भारत में मिला था, वे भारत एक ही बार आए थे। उन्होंने कहा था 'गांधी मेरा हथियार है (Gandhi is my weapon)।

मार्टिन लूथर किंग के लिए गांधी शिक्षक या दार्शनिक नहीं थे बल्कि अस्त्र थे। तब तक मैंने किसी से यह नहीं सुना था किए 'गांधी मेरा तलवार है, मेरा अस्त्र है, मेरा साधन है।' इन्होंने गांधी का प्रयोग किया। हमने उन्हें भगवान मान लिया इसलिए प्रार्थना करने बैठ गए। सामाजिक अन्याय से लड़ने के लिए गांधी एक हथियार है।

साम्राज्यवादी कोशिशें थी कि गांधी को सफल नहीं होने दो, यह कोशिश आजादी के पहले से चल रही है। अगर गांधी सफल होता है तो पूँजीवाद खत्म हो जाता, भूमंडलीकरण का विकल्प गांधी है। पूँजीवाद केंद्रीकृत मास प्रोडक्शन की बात करता है जबकि गांधी 'जनता द्वारा उत्पादन' (Production by Masses) की बात करते हैं।

मैं जो कहता हूँ दुनिया को उसे सुनने का समय नहीं है, हमें समय है। गांधी के बारे में सुनाने के लिए मैं 9 घंटे खड़े होकर बात कर सकता हूँ, लेकिन यह जो जमात है, मेरी अपनी जमात का है, आपमें मैं अपने को देखता हूँ। छात्रों ने भी अभी कहा है गांधी विचार अध्ययन नहीं, आचरण है। अक्सर 15-40 वर्ष का समय हमें बनाता है, सिखाता है। मुझे और भी सीखना, समझना और काम करना चाहिए। मैंने गांधी विनोबा, जे.पी., गोरा और मार्टिन लूथर किंग से प्रेरणा ली है। किंग अगर दो तीन वर्ष जिंदा रह जाते तो हमारा जीवन अलग होता। हम मिलकर अंतरराष्ट्रीय स्तर पर शांति के लिए कुछ करना चाहते थे। मैं चाहता हूँ कि मैंने जो सीखा है उसे साझा करूँ।

कोरापुर में साहूकारों से बचाने के लिए आदिवासियों की हमने जो सहकारी संस्था बनाई थी उसमें किसानों को पहले सत्तर प्रतिशत लाभ दिया जाता था, बाद में अस्सी प्रतिशत दिया जाने लगा। इस धन से ग्रामकोष बना। इसका परिणाम यह हुआ कि साहूकार परेशान हो गए और इतना ही नहीं उनके आर्थिक, राजनीतिक तथा प्रशासनिक निहित स्वार्थ (Economic, Political & Administrative Verted Interest) समाप्त हो गए। उस समय नवकृष्ण चौधरी उड़ीसा के मुख्यमंत्री थे। पूँजीपतियों के प्रतिनिधि हरे कृष्ण मेहता ने कहा कि हमें पागल युवा लोगों को नीचे रखना होगा (We have to put doewn the mad young People), पागल ही समाज बनाता है। लगीन पारिख हमारे नेता थे, वे ऑक्सफोर्ड यूनिवर्सिटी में अंग्रेजी के प्रोफेसर थे। 50 से 60 दशक के बीच इंग्लैण्ड और जर्मनी में दस हजार भारतीय युवा थे। जो गांधी के विचारों पर नए भारत का निर्माण करना चाहते हैं। हरे कृष्ण मेहता ने कहा कि तुम आदिवासियों को ठग रहे हो। मुझे नक्सलवादी तक कहा गया। प्रशासन ने भी तरजीह दी।

प्रजातांत्रिक और पूँजीवादी व्यवस्था में विकास, पूँजी आधारित होता है। साम्राज्यवाद खत्म होने के बाद अमेरिका आज पूँजी लेकर खड़ा है, विकास के लिए मुफ्त पैसा बाँट रहा है। अमेरिका के आधार पर हमने सर्वप्रथम उ.प्र. के इटावा जिले में सामुदायिक विकास के प्रयोग किए। अमेरिका में काले-गोरे का समुदाय है। वे

बराबर, लेकिन अलग हैं। दोनों के लिए स्कूल, अस्पताल अलग-अलग हैं। बराबर और अलग के सिद्धांत पर प्रयोग हुए, भारत में समुदाय नहीं है। यहाँ क्षेत्रीय समुदाय है। भौतिक क्षेत्र का समुदाय है। वे भारत में सामुदायिक विकास थोपना चाहते थे। एस.के.डे. भारत के मंत्री थे। गांधी का विकास प्रकृति और मानव आधारित है। गांधी बाहरी निरर्भरता नहीं चाहते थे। गांधी का विकास सिद्धांत गाँव की आवश्यकता और संसाधनों पर आधारित था। लेकिन हुआ उल्टा, राजनीतिक साम्राज्यवाद के खाली स्थान को अमेरिकी आर्थिक साम्राज्यवाद ने पूरा कर दिया। जो भूमंडलीकरण की रणनीति लेकर मार्केट इकॉनोमी को प्रोत्साहित कर रहा है। मैं रूस गया था, स्टेट गेस्ट था, मैंने वहाँ से आने पर कम्युनिस्ट मित्रों से कहा था कि अगले 10 वर्षों में सोवियत यूनियन खत्म हो जाएगा। मेरे साम्यवादी मित्रों को बुरा लगा था। राज्य के भीतर राज्य (स्टेट विदिन स्टेट) चल सकता है लेकिन इस अर्थव्यवस्था के भीतर अर्थव्यवस्था (Economy within Economy) खतरनाक है। विदेशी विनिमय, पुरस्कार, उपकार के नाम पर विदेशी मुद्राओं का प्रचलन बढ़ता गया। डॉलर इकॉनोमी ने रूबल इकॉनोमी को खत्म कर दिया।

मामूली आदमी उतना आदर्श नहीं रहता है वह आदर्श के लिए जीए, आदर्श के लिए लड़े या आदर्श के लिए करे। सामुदायिक प्रयोग में व्यक्ति नहीं है, वर्ग है। गांधी के लिए व्यक्ति एक यूनिट था। गांधीजी ने व्यक्ति के पहल (इमिसिएटिव) को विकास का आधार बनाया और गांव को परिवार बनाया।

गांधी के विचारों को हम 'सत्य से सत्य की यात्रा' (Travelling From Truth to Truth) कहते हैं। गांधी किसी दर्शन को लेकर नहीं आए थे न ही उन्होंने कोई दर्शन दिया। मार्क्स ने समाज निर्माण का दर्शन दिया। गांधी ने कहा कि समाज निर्माण करते हुए दर्शन खुद बनाओ, हम तुम्हें अपने दर्शन से मुक्त करते हैं। गांधीजी को एक समय जो सत्य जैसा लगा उसका अध्ययन किया, आचरण के दरम्यान दूसरा सत्य पाया तो उन्होंने पुराना सत्य छोड़ दिया। गांधी ने केवल चिंतन से ही सत्य नहीं खोजा बल्कि उस पर प्रयोग भी किया।

1940 ई. में रामास्वामी नामका हरिजन लड़का एम.एस.सी. करने लखनऊ जाना चाहता था। मेरे पिताजी ने उससे कहा वर्धा उतरकर गांधी को सिर्फ देखते चले जाओ। गांधीजी ने उन्हें देश की लड़ाई के लिए उत्प्रेरित किया, आश्रम में रहने को कहा। रामास्वामी ने कहा कि मैं गोरा के पास रहना चाहता हूँ। उन्हीं के पास काम करूँगा। आपके पास हरिजनों के लिए सबसे बड़ा कार्यक्रम 'मंदिर प्रवेश' है। मैं उस भगवान के दर्शन करने क्यों जाऊँ जिसने मुझे अछूत रखा। गोरा नास्तिक थे, वे अंतरजातीय भोजए अंतरजातीय विवाह को बढ़ावा देते हैं। गांधीजी ने गोरा को लिखा—मैं तुमसे बात करना चाहता हूँ। गांधीजी को लगा कि एक नास्तिक, हरिजन

को आकर्षित करता है। वह इंसान-इंसान के बीच समता की बात करता है, पूर्णाहुति के दूसरे खण्ड में बिना नाम के इस वार्तालाप का वर्णन है। 'एन एथिस्ट विथ गांधी' में गोरा से बातचीत का वर्णन है। गांधी सकारात्मक तथ्यों को चुनते थे।

जहाँ आत्मसम्मान के खिलाफ कानून बन जाता है तो एक मानव होने के नाते उसका विरोध करने का हमें अधिकार है। गांधीजी ने दक्षिण अफ्रीका में पहचान पत्र का 1906 में विरोध किया। पहचान पत्र की होली जलाई गई। जो गोरों के लिए कानून है वह हमारे लिए भी होंगे। उन्होंने आत्मसम्मान के लिए लड़ाई लड़ी। उन्होंने जमीनए सत्ता, जाति, धर्म के लिए लड़ने को नहीं कहा बल्कि आत्मसम्मान के लिए लड़ने की शिक्षा दी। मेरित्जवर्ग में वे आत्मसम्मान के लिए लड़े।

गांधी की सामाजिक रचना ओसियन सर्किल है। गांधी के लिए मानव-समुद्र का केंद्र मानव है। आज के बाजारी अर्थव्यवस्था में मानव नहीं है। आप शर्ट बनाते हैं, दर्जी उसमें आपका नाप लेता है, लेकिन रेडीमेड में आप बने बनाए साइज में अपने को ढ़ालते हैं। गांधी के समाजशास्त्र की सबसे बड़ी देन है कि उसमें समूह की कोई पहचान नहीं है।

प्रारंभ में पूँजीवाद में कच्चा माल था—पूँजी थी, मजदूर नहीं था, उसकी पूछ नहीं थी। काफी संघर्ष खासकर रूस बनने के बाद उन्हें मजदूर को स्वीकार करना पड़ा। पूँजीवाद ने श्रमकल्याण को जोड़कर अपना मानवीय चेहरा प्रदर्शित करने की कोशिश की। वात्रा ने 'द फॉल ऑफ कम्युनिज्म' नामक पुस्तक में लिखा है कि अगर कम्युनिज्म फेल होगा तो पूँजीवाद भी फेल होगा। मैं अक्सर कहता हूँ कि साम्यवादियों ने इतिहास से नहीं सीखा, पूँजीवादियों ने सीखा है। आज उनमें एकता है, पहले वे लड़ते थे। पूँजीवाद में मुनाफा उनका ईश्वर है, सस्ते मजदूर उनकी राष्ट्रीयता और बाजार उनका दर्शन है। एशिया, सिंगापुर, रोमानिया में उसे मजदूर मिलते हैं। आज बेरोजगारी के आलम में एक देश का मजदूर दूसरे देश के मजदूर के खिलाफ खड़ा है। साम्यवाद चला गया। अब पूँजीवाद प्रासंगिक हो गया है। साम्यवाद अप्रासंगिक हो गयाए मजदूर यूनियन अप्रासंगिक हो गए। बाजार के अर्थशास्त्र में सबसे बड़ा नुकसान भारत को होगा। हमारे यहाँ विदेशी वस्तुओं के प्रति ललक है। हममें आत्मसम्मान नहीं है। इसमें हमें राष्ट्रीयता नहीं दिखती है। यहां मैं इतना ही कहूँगा कि मार्केट इकॉनोमी में सेल्फ रिसपेक्ट नहीं है, आत्मसम्मान से ही राष्ट्रीयता की रक्षा हो सकती है।

हमारे समाज में न्याय चाहने वालों की संख्या अधिक है फिर भी वे संगठित नहीं हैं जबकि स्वार्थी तत्व संगठित हैं। मैं तीसरी बार भागलपुर आया हूँ। गांधी विचार द्वारा यह कार्य किया जा रहा है कि हम संगठित होकर कार्य करें। यह कार्य साधारण नहीं है, दुनिया के लिए एक आदर्शपरक कार्य होने वाला है। इसके लिए

कोई आवश्यक नहीं कि हम शिक्षित (साक्षर) हों। कभी-कभी तो ऐसा लगता है कि पढ़ाई ने ही हमें स्वार्थी बनाया है। गांधीजी ने ईमानदार और समझदार लोगों के संगठन की बातें कही। अगर आप साक्षर नही हैं तो निराशा की कोई बात नहीं। यहाँ पचपन प्रतिशत लोग निरक्षर हैं दो-एक सप्ताह में हम साक्षर हो सकते हैं।

1945 ई. में गांधीजी के आश्रम में सभी भंगी का कार्य करते थे क्योंकि वह काम सबसे छोटा माना जाता है। मुझे (लवणम) बगीचे से अमरूद और टमाटर लाकर धोने का काम दिया गया। मेरा (लवणम) कमरा बापू के बगल में ही था। प्रतिदिन गांधीजी हमें देखकर मुस्कुरा देते थे। एक दिन उन्होंने मुझसे पूछा क्या कर रहे हो ? मैंने कहा फल साफ कर रहा हूँ। फल साफ करते होए खाते क्यों नहीं होए मैंने कहा मुझे दोपहर के खाने में वह मिल जाता हैं। गांधीजी ने कहा तुम ईमानदार हो इसलिए तुम्हें तुम्हारे श्रम का फल मिलेगा।

आज गरीब और धनी व्यक्ति के बीच अंतर बढ़ा है। अब दो जून का भोजन अधिक लोगों को मिल जाता है। लेकिन काफी लोग ऐसे हैं जिन्हें वर्ष में 100 दिन भी काम नहीं मिलता इसलिए सरकार उन्हें काम नहीं, मुआवजा देगी। जिस देश में श्रम शक्ति बेकार हो वह देश कभी तरक्की कर ही नहीं सकता।

आजादी के पहले भी भ्रष्टाचार था, लेकिन भ्रष्ट व्यक्ति का पैसा देश में ही रहता था। अंग्रेजों के शासन में यह पैसा बाहर जाना आरंभ हुआ। आज भी भ्रष्टाचार का पैसा विदेश चला जाता है। स्वीट्जरलैण्ड में हमारे देश के नेताओं का अकूत काला धन जमा है। मैं अमेरिका में अक्सर कहता हूँ आपका विकास भारत के भ्रष्टाचार के पैसे पर निर्भर है। सरकार के गोदामों में अनाज भरे हैं, लेकिन लोगों को काम नहीं है। भारत में गरीबीए विदेशों में जमा पैसे के कारण से भी है। हम अपने यहाँ से अपना पैसा विदेश न भेंजे। आज शोषण करने वाले कारखाने, व्यवसाय ज्यादा हो गए हैं, विदेशी कंपनियाँ बढ़ रही हैं। इससे संपदा बढ़ रही है, लेकिन वह कुछ लोगों के हाथों में केंद्रित होती जा रही है। गरीबों की संख्या में निरंतर वृद्धि का एक प्रमुख कारण यही है।

भारत में संगठन की कमी दो कारणों से है। पहलाए जातिवाद और दूसरा, स्त्रियों को कम करके आंकना। देश में स्त्रियों का कम होना अत्यंत ही अशुभ संकेत है। बालिका भ्रूणहत्या तमिलनाडु में सबसे ज्यादा है। स्त्री-पुरूषों की संख्या और भागीदारी समान किए बिना गाँव की उन्नति असंभव है। जातिवाद सर्वाधिक बिहार में है। यहाँ के लोग भावुक हैं। अछूत कालांतर में ब्राह्मण थे। हम यह घोषणा करें कि यह इंसानों की नगरी है। हमारी समस्याएं आर्थिक नहीं, सामाजिक है। रोटी-बेटी के संबंध हुए बिना इंसानों का समाज नहीं बन सकता। ऐसे कामों में गांधी विचार के छात्रों को लगना चाहिए। आज गांव में रहने वाले लोग वहां नहीं रहना

चाहते हैं। ग्रामवासी गांव में मन से नहीं हैं। शहरवालों को गांव में रुचि नहीं है। वे गांव को शहर बनाने पर तुले हुए हैं। अमेरिकाए कनाडाए आस्ट्रेलिया आदि देशों में गांव नहीं हैं। बड़े-बड़े किसान हैं। इन्हें अनाज अधिक होने या मूल्य गिरने पर सरकार मुआवजा देती है। अंतरराष्ट्रीय बाजार को नियंत्रित करने के लिए वे कृषि उत्पादन को नष्ट कर देते हैं। एक तरफ विश्व की आधी आबादी अन्न के लिए तरसती है। दूसरी तरफ पूँजीवादी सभ्यता में ऐसे अमानवीय तरीके अपनाए जाते हैं। अमेरिका के दक्षिणी राष्ट्र को 'बनाना स्टेट' कहा जाता है। चार्ली चैपलिन ने नाटक में बताया है कि केला समुद्र में फेंक दिया जाता है। रास्ते में पड़ा केला कुत्ते से छिनकर जब भूखे खाते हैं तो पुलिस उन्हें चोर कहकर हवालात में बंद कर देती है। भारत और चीन किसानों का देश है। अभी इन दोनों राष्ट्र में पूँजीवाद की जकड़ जमीन पर मजबूत नहीं हुई है। अप्रत्यक्ष रूप से बीज और खाद के नाम पर ट्रेक्टर और डीजल के नाम पर उन पर आक्रमण प्रारंभ हो चुका है। गांव इसलिए है कि हमारे गांव में खेती है। गांव इसलिए है कि हम उगाते हैं और खाते हैं। शहरी सभ्यता परजीवी सभ्यता है। हमें स्वाभिमानी समाज का निर्माण करनेए इंसानी समरसता को एकाकार करने और जातपात को तोड़ने की जरूरत है। दूसरों को भी इंसान मानना यही सामाजिक न्याय है। अब हमारे माताओं की कोख सेए हमारे गांव और परिवार से ही गांधी आएगा। गांव में सेवा होती है, शासन नहीं होताए शहर सीमेंट के जंगल हैं। हमें शहरों में गांव की भावना जगानी है। पड़ोसी की भावना जहाँ नहीं है, वही शहर है। गांव की सभ्यता सच्ची और समृद्ध सभ्यता है।

राजनीतिक नेताओं, व्यापारियों का धर्म ही भ्रष्टाचार का हो गया है। हमें यह कहने की जरूरत है कि हमारा धर्म इंसानियत का है। अगर तुम अपने को सुधारोगे तो दुनिया में एक सज्जन ज्यादा होगा। हमारा धर्म सज्जनता है और हमारा काम सज्जनता बढ़ाना है। यह काम भगवान नही करेंगे। रामए कृष्ण ने लोगों को मारने की शिक्षा दी है। यह काम भगवान का नहीं है। ऐसे भगवान हमें नहीं चाहिए। जनतंत्र का भगवान आमजन है।

आज जनतंत्र में जो समस्याएं हल नहीं हो रही है उसके लिए जनता नहीं, जनप्रतिनिधि जिम्मेदार हैं। नक्सली बंदूक और जनप्रतिनिधि भ्रष्टाचार के साधन का इस्तेमाल कर रहे हैं। बावजूद बुराइयों के दुनिया को भारत ही अच्छा जनतंत्र दे सकता है। बिहार ने राजनीति को दिशा दी थी। बिहार से संपूर्ण क्रांति का उद्घोष हुआ था। राजनीतिज्ञों ने संपूर्ण क्रांति को भ्रष्ट किया है। हमें अपने युवाओं पर भरोसा है और वे नए रास्ते जरूर निकालेंगे।

(तिण्मां. भागलपुर विश्वविद्यालय के गांधी विचार विभाग में 1 फरवरी, 2006 को श्री लवणम द्वारा दिए गए व्याख्यान का संपादित अंश)

वेदप्रकाश मिश्रा

युवा रचनात्मकता और गांधी विमर्श

आज के हालात में कुछ बुनियादी चीजों का स्पष्ट चिंतन हमारे सामने होना चाहिए। इंसानी जिंदगी सफल हो, इसकी कामना इंसानी ज़िंदगी के अंतर्गत होना नैसर्गिक है। सफलता, सिद्धता में रूपांतरित हो मनुष्य की यह भी अपेक्षा तर्क सम्मत है। परंतु इंसानी जिंदगी की सार्थकता क्या हो? कैसी होगी? कहाँ होगी? किस रूप में होगी और कैसे प्रमाणित होगी, इसका चिंतन अनिवार्य है। अनायास ही तुलसी नहीं लिख देते हैं किए 'बड़े भाग मानुष तन पावा।' बड़े भाग्य से मनुष्य का तन मिला है। क्या इंसानी ज़िंदगी केवल सफलता की मांग के अंतर्गत समाप्त हो जाएगी? क्या केवल सफलता के प्रामाणिक चिन्हों के आधार पर इसका समापन हो जाएगा या इसकी सार्थकता के प्रयोजनों के साथ जुड़ने का मन और जैसा कि प्रो. गिरीश्वर मिश्र ने कहा, उस मन के अंतर्गत जुड़ाव के साथ सिद्धता में रूपांतरण की भाषा उसकी अभिव्यक्ति, उसका सोच और उसका एक व्यावहारिक चित्रण कैसा हो कैसे प्रश्नों को हल करेगी? अगर मैं और आप विचार करके देखें तो सबसे बड़ी सार्थकता इंसानी ज़िंदगी की संवेदनशीलता के साथ है। मैं आपके बीच आने से पहले नागपुर से निकला रास्ते में मैं एल्विन टॉफ्लर की पुस्तक पढ़ रहा था—"थर्ड वेव"। पुस्तक के खत्म होने के बाद लेखक एक प्रश्न खड़ा करता है कि जिस भौतिकता कीए प्रगति की अंधी दौड़ के अंतर्गत हम दौड़े चले जा रहे हैं, जिस प्रगति ने हमें संवेदनशून्यता के द्वार पर लाकर खड़ा कर दिया है ऐसे संवेदनशून्य समाज के अंतर्गत मनुष्य रोबोटिक होता चला जा रहा है। उस रोबोटिक की संकल्पना क्या आप कर पाएगें? मैं उस रोबोटिक समाज की परिकल्पना के अंतर्गत चित्र आपके सामने रखना चाहता हूँ। मित्रों, कल्पना कीजि, कि रोबोटिक सोसाइटी के अंतर्गत माँ प्रसव वेदना सहन करने के बाद में जब अपने बेटेध्बेटी को जन्म देगी तो उसके रुदन का इंतजार करने के पहले एक मेमोरेंडम ऑफ अंडरस्टैंडिंग इसमें साइन करना चाहिए कि तुझे उसी शर्त के अंतर्गत दूध पिलाऊँगी जिसके अंतर्गत आने वाले समय में तू मेरी सुरक्षा की ज़िम्मेदारी का स्वरूप निर्धारित करेगा या अपने कंधों पर लेगा। क्या

ये संभव है, हम सोचकर देखें कि ऐसा अगर संभव हो तो भी भगवान करें संभव न हो। हम ऐसी अपेक्षा क्यों करते हैं? रोबोटिक सोसाइटी के मैकनाइजेशन के अंतर्गत हमारा मन पीड़ित और आहत क्यों होता है? गांधी इस मर्म के अंतर्गत मेकेनिकल सोसाइटी के संदर्भों के औचित्यों को जब समझते हैं तो हमारे मन की पीड़ा कहीं न कहीं अपने आंखों के सामने रखने का प्रयास कर रहे हैं। मशीन के पास गति है, क्षमता है, औकात है, काबिलियत है, पर्फ़ेक्सन है, पर मशीन के पास भावना नहीं है, कारण है कि वो मशीन है। वर्षों तक किसी मशीन के ऊपर कोई आदमी काम करता रहे और एकाएक अपने वर्षों से काम करने वाले मजदूर का हाथ उस मशीन के अंतर्गत आ जाए, मशीन इस बात का इंतजार नहीं करती कि आप हाथ निकाल लें, ऐसा नहीं होता। मशीन अपना काम कर जाती है, उसके साथ अनेक वर्षों से काम करने वाले का हाथ बेरहमी से काटती है। काटकर फेंक देती है और आज तक कभी कोई मशीन किसी शोक सभा और किसी संवेदना के अंतर्गत शामिल नहीं हुई। उसने कभी यह संवेदना नहीं जताई किए नहीं-नहीं बहुत गलती हो गई। अपनों को नहीं पहचाना, हाथ काटकर फेंक दियाए मशीन रुककर कभी संवेदना के शब्दों का वर्णन नहीं करती। मशीनीकृत समाज क्या मानवीयता चला पाएगा? यह एक यक्ष प्रश्न मुझे आपके सामने रखना होगा। मशीनीकृत समाज जो हमें अत्यंत संवेदन शून्य बना रहा है ऐसे में इस संवेदनशून्यता का उत्तरदायित्व, इस संवेदनशून्यता के तमाम दर्द से निकलने का रास्ता और इस संवेदनशून्यता से बाहर निकलकर फिर कहीं हमजोली बनने का सपना, दार्शनिकता के इस रूप की तलाश में वर्कशॉप के माध्यम से मुझ जैसे आदमी को क्या सीखने को मिला? मैं बेझिझक कहता हूँ कि इस संवेदनशून्यता से बाहर निकलने का मार्ग इसी तरीके से प्रस्तुत हो सकता है। इसके बिना संवेदनशून्यता से बाहर आने का कोई रास्ता नहीं है। मेडिकल साइंस का विद्यार्थी होने के नाते और मेडिकल साइंस पिछले 35 सालों से पढ़ने के नाते, मैं तो ज़िंदगी भर बच्चों को पढ़ाता हूँ और पढ़ाने के बाद मैं फिर अपने आंखों के सामने प्रश्न खड़ा करता हूँ कि दुनिया में कोई किसी का दर्द नहीं बाँट सकता। पढ़ाता हूँ, क्योंकि यही मैंने पढ़ा है, मैंने मेडिकल साइंस के अंतर्गत पढ़ा कि कोई किसी का दर्द नहीं बाँट सकता, चोट मुझे लगी है बीमारी मुझे है तो दर्द मुझे हुआ। आप कहाँ आ गए उसमें, आपके दर्द में मैं शामिल नहीं हूँ और मेरे दर्द में आप शामिल नहीं है। ये मेडिकल साइंस बाकायदा तथ्यों के आधार पर कहता है। अगर ज़िंदगी में यही सच है और यही एकमात्र सच है तो मुझे साहिर लुधियानवी के उन पंक्तियों के अंतर्गत आशा क्यों दिख पड़ती है किए 'मेरी खातिर आए हैं, तुम्हारी आँख में आँसू, मेरी आँखों में भी आ जाए तुम्हारे आँसू।' अगर ये सच है कि मैं आपके दर्द में शामिल नहीं हूँ, अगर ये सच है आप मेरे दर्द में शामिल नहीं है, अगर ये सच है कि

दर्द में शामिल होने का मामला केवल एक है तो कौन सा कारण है कि मेरी आँखों में तुम्हारे आँसू आ जाने की संकल्पना मन को आंदोलित करने के साथ गुदगुदाने का काम क्यों करती है, यही संवेदनशील होने का प्रमाण है, कांटा तेरे पैर में चुभे और आँखें मेरी नम हो जाएए इसी रिश्ते को संवेदनशीलता का रिश्ता कहते हैं। यही वह रिश्ता है जो यूटिलिटी के सारे संदर्भों से परे है, मेरे मन में विचार आया कि आखिर इस वर्कशॉप में संवेदनशीलता के स्वरूपों से क्या बतलाना चाहते हैं, क्या समझाना चाहते हैं यूं तो इंसानी ज़िंदगी अगर पूरी हो जाए और उन्नति की स्थिति आप देखें तो दो चीजें और स्थल महत्त्वपूर्ण हैं, इंसानी ज़िंदगी के अंदर बाजार आवश्यक है, परंतु जितना बाजार आवश्यक है, परिवार उतना ही या उससे अधिक आवश्यक है। दोनों आवश्यक हैं पर दोनों के बीच का फर्क क्या है? इस फर्क को हम नहीं समझते, इस फर्क को स्वीकार करते हुए इसके बाहर और इसके बीच का रास्ता नहीं बनाया तो निश्चित तौर पर उन्हीं के पदचिन्हों पर हम चल रहे होंगे। उन्हीं पदचिन्हों पर हमें चलना होगा। बाजार यूटिलिटी के सहारे चलता है, बाजार क्रय और विक्रय के सहारे चलता है, बाजार के अंतर्गत आप जाएं और वहाँ जाने के बाद एक किलो आलू ले लें और उसके बाद दुकानदार से कहें इसके एवज में मैं तुम्हें प्यार भरी मुस्कान दूँगी। यह नहीं हो सकता इस आधार पर बाजार नहीं चल सकताए शास्त्रकार कहते हैं कि बाजार बिल के सहारे चलते हैं, बाजार दिल के सहारे नहीं चलते। ये आवश्यक है, मार्केट के मूल्य स्थलीय हैं, पर यही चीज अगर आप परिवार के अंतर्गत लेकर चले आए तो फिर क्या होगा अगर बाजार के अंदर पारिवारिक युक्ति नहीं चली तो परिवार के अंदर बाजार का चलना भी उतना ही नकारात्मक है उसे भी स्वीकृति नहीं होनी चाहिए। परिवार यूटिलिटी के सहारे नहीं चलताए परिवार के चलने का मूल कारण ही यह है कि वहाँ पर कांसेप्ट ऑफ यूटिलिटी इट्स कनवर्टेड इंटू कांसेप्ट ऑफ सेंसटिविटीए यहां पर यूटिलिटी सेंसटिविटी के सिद्धांतों के साथ जुड़ जाती है, वह परिवार बन जाता है, वहाँ भावना बन जाती है। वहाँ आपदा आ जाती है, वहाँ स्वजता आती है, वहाँ प्रजननता आ जाती है, वहाँ स्वीकृति आ जाती है, अनुभूति आ जाती है और अनुभूति के साथ मेरे आंखों के आँसू तुम्हारी वेदना के साथ जुड़ने के लिए लालायित हो जाते हैं।

सामुदायिकता के चिंतन के अंतर्गत पारिवारिक संदर्भों को वृहद बनाना यही मानवीय मन की आवश्यकता होनी चाहिए। मैं गाँव लौटूँगा, यहाँ लौटूँगा—वहाँ लौटूँगा, ये सारे दिशा निर्देशों के संकेत हैं। परंतु जब तक मैं भावना के परिवारों को व्यापकता के सहारे अपने आपको व्यापक नहीं बनाता। लोग ग्लोबलाइजेशन की बात करते हैं और कहते हैं इट्स मॉडर्न गिफ्ट गिवेन टू ह्यूमन सोसाइटी। मुझे हँसी आती है भाई। आज जिस ग्लोबलाइजेशन की बात दुनिया कर रही है वह कमर्शियल

ग्लोबलाइजेशन है, स्वार्थ का ग्लोबलाइजेशन है। इस देश ने मार्केट ग्लोबलाइजेशन की बात नहीं कीए इस देश की संस्कृति के अंतर्गत तो वसुधैव कुटुंबकम के चिंतन को निर्धारित करने का संकेत दिया गया था। हमने भी ग्लोबलाइजेशन की बात की लेकिन हमारा ग्लोबलाइजेशन कमर्शियल नहीं था, हम भावनात्मकता के आधार पर दुनिया को एक करने के लिए निकले थे और इसलिए आ अब लौट चलें, मैं गाँव की ओर जाने की चिंतन की बात के आधार पर लेकर चलता हूँ कि हमें लौटना होगा। बहुत दूर हम जिन कदमों को छोड़कर आगे निकल गए और जब उन कदमों के साथ में इतनी दूर चले गए और आज असमंजस और दुविधा की स्थिति के अंतर्गत खड़े हैं तो इसलिए नहीं कि कहीं किसी पर भावना का एहसान करने के लिए लौटना है बल्कि इसलिए कि सचमुच में हमारे लौटने की अनिवार्यता आकर खड़ी हो गई है। इससे पहले कि लोग निराश होकर लौटें, इससे पहले कि लोग दुख के साथ में लौटेंए इस वस्तुस्थिति के निराकरण का भाव निरर्थक है, इस भावना से लौटें। हमें कुछ सोचना होगा गाँव को देश के प्रमुख धारा के अंतर्गत लाने का तात्पर्य गाँव को शहर बनाना नहीं है। डॉ. अब्दुल कलाम कहते थे कि वैश्वीकरण और प्रौद्योगिकी के इस दौर में हम जिस विकास की गंगा के अंतर्गत उन्हें स्थापित करना चाहते हैं इसका अर्थ क्या है? इसका मतलब केवल यह नहीं कि 'अर्बन फैसिलेटी इफ क्रियटेड इन द विल्लेज' इसका अर्थ उससे अलग है। आवश्यकता इस बात की है कि गाँव के अंतर्गत बसने वाली वह अबोधताए गाँव के अंतर्गत बसने वाली वह निश्चिंतता, गाँव के अंतर्गत बसने वाली मानवीय मूल्यों की जतन करने वाली संस्कृति सुरक्षित की जाए। इसको समझने के लिए हम गाँव के अंतर्गत जाकर उनका कल्याण करने के लिए बैठे हैं, गांवों का कल्याण हमारे माध्यमों से नहीं है, हम अपना कल्याण करना चाहते हैं तो हमें गाँव के अंतर्गत जाकर उन सारी समझदारियों को, उन सारी भावनाओं कोए उन सारी संभावनाओं को, उन तमाम सांस्कृतिक परिवेशों को जिन्हें हम कभी लेकर के चला करते थे और आज हमसे छूट गई है, एक बार नए सिरे से उन्हें पकड़ने के लिए, उनके साथ जुड़ने के लिए, उनके साथ आत्मसात होने के लिए और उनके साथ समरस होने के लिए लौटना अनिवार्य है। इसलिए गांव लौटना मानव मन का प्रामाणिक विचार है। अगर गांधीजी कहते थे कि अपना हिंदुस्तान कहाँ बसा है, हमारे गाँव में, मुझे कई बार ऐसा लगता है कि इस देश में सहज रूप में गाँव अगर कहीं बसता है तो मातृभाव गाँव के अंतर्गत बसता है और इसलिए मातृभाव अगर गाँव के अंतर्गत बसता है तो माता का आँचल कहीं जर्जर भी हो गया हो तो उस जर्जरता के अंतर्गत ममता, ममता और केवल ममता झांकती है। उससे और कहीं झांकने का संदर्भ, औचित्य पैदा ही नहीं होता। मैं तीसरा निवेदन करना चाहता हूँ भाइयों एवं बहनों, मुझे कई बार ऐसा

लगता है कि इस देश के अंतर्गत युवा पीढ़ी को सचमुच में अगर संवेदनशीलता का सबक पढ़ाना है, संवेदनशीलता के साथ जुड़ने का सबक देना है और संवेदनशीलता को सचमुच में अगर कहीं न कहीं चरितार्थ करना है तो संवेदनशीलता रोबोटिक सोसाइटी के अंतर्गत चरितार्थ नहीं हो सकती, मैकेनाइज सोसाइटी के अंतर्गत चरितार्थ नहीं हो सकती। फोसेलाइज सोसाइटी के अंतर्गत चरितार्थ नहीं हो सकती। दादा धर्माधिकारी कहते हैं कि जब हम छोटी झोपड़ियों के अंतर्गत रहा करते थे, जिनकी दीवारें मजबूत नहीं थी तो मजबूती के अभाव में उन दीवारों से भावना के झरने बहा करते थे। हम डेवलप्ड हुए, हम उन्नत हुए, हमने प्रगति की और प्रगति के नाम पर अपने मकानों की तथाकथित जर्जर दीवारों को इस कदर मजबूत बना डाला कि अब तक जो उनके अंतर्गत प्रामाणिकता की भावना के लेन-देन के संबंध हुआ करते थे वह नदारद हो गए। अब दीवारें इतनी पुख्ता और मजबूत हो गई कि उनके आर-पार जाना कठिन हो गया। गैर मराठी होकर मराठी समाज मे मैं कैसे प्रतिष्ठित हूँ, मेरी प्रतिष्ठा का एक मात्र कारण मैं महसूस करता हूँ कि मेरा पड़ोसी कौन है। कुछ लोगों की स्थिति उलट होती है। वे कहते है पिछले तीस साल से हूँ कौन पड़ोसी है, मुझे आज तक पता नहीं, अरे तुझे तेरे पड़ोसी का पता नहीं, पड़ोसी को तेरा पता नहीं, अगल में और बगल में होने के बावजूद दोनों एक-दूसरे को बगली मारते रहें फिर भी तुझे पता नहीं, ये अगर उपलब्धि है तो इस उपलब्धि के प्रमाण निश्चित तौर पर मानवीय मूल्यों के लिए घातक है। इस घातकता से बाहर निकलने की जरूरत है। मुझे तो कई बार ऐसा लगता है कि हम इस भ्रम के अंतर्गत न रहें कि हमारे जानने के माध्यम से हमारे उनको बताने से, हमारे उनको समझाने से कोई बहुत बड़ा लोककल्याणकारी प्रयोजन का स्वरूप निर्धारित हो जाएगा। उन्हें बताने के लिए नहीं, उनके हित में नहीं, बल्कि उनके लिए नहीं, मैं उनके द्वारा मेरा कुछ भी हो जाए, मैं भावना के इस रिक्त कटोरे को लेकर उसकी संभावना की तलाश के तहत भी गाँव चला जाता हूँ तो इस भिखारी के कटोरे के अंतर्गत आज भी भावना भीख में मिल जाती है ।

कई बार ऐसा लगता है कि अगर बच्चों को सचमुच भावनात्मकता का सिलेबस दिया जाए तो उस भावनात्मकता के सिलेबस की लेबोरेटरी कहाँ है? हिन्दुस्तान के अंतर्गत भावनात्मकता के सिलेबस की लेबोरेटरी अगर कहीं है तो वह केवल गाँवों के अंतर्गत है, यह कहने में मुझे कोई झिझक नहीं है। मैं एक चौथा प्रयोजन निश्चित तौर पर आपके सामने रखना चाहता हूँ और वह प्रयोजन, मुझे ऐसा लगता है कि आज गाँव और शहरों के बीच की दूरियाँ जो हम विकास के आधार पर आकलन करने का प्रयास कर रहे हैं। वी आर वोनली डिमार्केटिंग देम ऑन द बेसिस ऑफ द इकोनॉमिक पैरामीटर्स। सोशल डिटरमिनेशन की बात जब हम करेंगे

उस दिन सोशल डिटरमिनेशन के आधार के ऊपर जब हम नापने की कोशिश करेंगे। उन नापने की कोशिश के अंतर्गत आज दुनिया जिस इन्डेक्स की ओर जाना चाहती है वह है 'मोशन एंड इन्डेक्स ऑफ हैपिनेश' यानी आनंद की परिधि के अंतर्गत आता है। हैपिनेश के पोर्शन की बात अगर हम करेंगे तो मुझे आप सोचकर बताइए कि हैपिनेश के इन्डेक्स के अंतर्गत केवल सुख–सुविधाओं के आधार सबकुछ पर केवल मैं और आप सुखी हैं। जिस चीज का जिक्र करते हुए गिरीश्वर जी ने कहा कि आज महानगरों के अंतर्गत ऐश्वर्य के सारे साधन हैं लेकिन प्रकृति को जिस प्रकार से हमने अपने पैरों के नीचे दबाकर रौंद डालाए इन दूरियों को पाटने का चिंतन कहाँ पर होगा हैपिनेश के पोर्शन, द पोर्शन ऑफ हैपिनेश, कॉन्सेप्ट ऑफ हैपिनेश, द डिटेरमिन्श ऑफ हैपिनेश, आनंद की अनुभूति काए आनंद के अनुभव काए आनंद के संग्रह का, इन सारी परिस्थितियों को लेकर अगर हम डिटेरमिन्श के आधार पर बात करेंगे तो फिर हमें ऐसा लगेगा कि गाँव की ओर लौटना होगा। आनंद की तलाश के लिए लौटना होगा, कहीं आत्मीयता के लिए लौटना होगाए कहीं न कहीं संवेदनशीलता के लिए लौटना होगा। हम क्यों लौट रहे हैं? जब तक लौटने की विधा केवल फॉर्मल तकाजे के साथ होगी वह फॉर्मल तकाजा केवल फॉर्मालिटी को पूरा करने वाला होगा।

मैं अगर केवल अपनी प्रश्नावली को लेकर उसे भर देने की मानसिकता के लिए ही वहाँ जा रहा हूँ तो उनके द्वारा दिए गए उत्तर मुझे मिल जाएंगें, पर मेरे उत्तरदायित्व को निभाने के अवसर का उत्तर मुझे कभी नहीं मिल पाएगा। अगर यह केवल एक फॉर्मल (औपचारिक) एक्सरसाइज है कि मेरा प्रमेय पूरा करना है, मेरा डिजरटेशन पूरा करना है, मेरी थीसिस पूरी करनी है, मेरा वर्क रिपोर्ट पूरा करना है और इस वर्क रिपोर्ट की पूर्णता के लिए सारा का सारा प्रयोजन एक औपचारिकता का हिस्सा है तो यह मैंने बिल्कुल कालबद्ध तरीके से पूरा कर डाला। आपका प्रयोजन पूरा हो गया, क्या भावनात्मक प्रयोजन पूरा हुआ या रचनात्मक प्रयोजन पूरा हुआ या क्रियात्मक प्रयोजन पूरा हुआ? आप जिस शिविर के अंतर्गत बैठे हुए हैं तीन दिवसों से वैचारिक मंथन कर रहे हैं, वह रचनात्मकता की निर्मिति का शिविर है। रचनात्मकता का तात्पर्य किस बात से जुड़ा हुआ है, एक्चुलाइजेशन से है क्या, इंटरटेनमेंट से है क्या रचनात्मकता की बुनियाद स्वामी विवेकानंद ने वर्णित की है अपने व्याख्यान के अंतर्गतए ईसाई, पादरियों के बीच व्याख्यान करते हुए उन्होंने रचनात्मकता की बुनियाद चार आधारों पर वर्णित की है, उन चार आधारों पर रचनात्मकता को पकड़ना उसके अंदर बसने वाला उसका जो जुनून है और उसके अंदर बसने वाली जो अंतरात्मा है, उसको स्पर्श करना होगा तथा उसके माध्यम से व्यावहारिकता के तत्व को समझने होंगे। विषय गहरा है, मैं आपके सामने अत्यन्त

विनम्रता से कहना चाहता हूँ, इसकी गहराई को पकड़ने का मन बनाना होगा (I can't be a onetime exercise, it can't be a formal exercise)। जिस दिन वह डेस्टिन एक्सरसाइज हो जाती है उस दिन उम्मीद बनती है। डेस्टिन एक्सरसाइज वह नहीं होती जो डेस्टिनी के सहारे चलती है, डेस्टिन एक्सरसाइज वह है जो जिंदगी के डेस्टिनेशन पर ले जाकर के पहुँचा देती है। हमारे और आपके मन के अंतर्गत उस डेस्टिनेशन को लेकर दृढ़ निश्चय होना चाहिए। यह एक बार के प्रयास से नहीं होगा, यह अनौपचारिक प्रयास से नहीं होगा, यह इच्छित प्रयास नहीं होगा, यह एक नियत प्रयास होगा। अगर भाव है तो भाव पैदा करने की आवश्यकता नहीं होगी, भाव स्वभाव में रूपांतरित हो जाता है और जिस दिन वह स्वभाव बन जाता है तब फिर किसी शिविर की आवश्यकता नहीं होती। तब फिर नए सिरे से किसी रचनात्मकता के बिंदु पकड़ने की आवश्यकता नहीं होती, क्योंकि आप स्वभावत: उस रचनात्मकता के सागर के अंदर गोते लगाना शुरू कर देते हैं। ईश्वर से हम प्रार्थना करते हैं कि, ईश्वर हमें वह मन दे जो संवेदनशील होए ईश्वर हमें वह चित्त दे जो संवेदनशीलताओं को स्पर्श करें, ईश्वर हमें वह बुद्धि दे जो तमाम कलेवरों को स्पर्शित करते हुए आनंदित हो और ईश्वर हमें वो क्रियाशीलता दे जो इन सारी वस्तु स्थितियों को रचनात्मकता की गोद के अंतर्गत हकीकत के स्वरूप में रूपांतरित करने का बल दे और उस बल को क्रियान्वयन के साथ जोड़ने की इच्छाशक्ति दे और उस इच्छाशक्ति के साथ क्रियान्वित कर, फिर उस पर अभिमान न करने की विनम्रता दे। इन सात विधाओं के साथ रचनात्मकता का मन तैयार होता है, वह मन तैयार करने के लिए कहीं न कहीं किसी न किसी प्रकार के प्रयोजन के साथ आपको जुड़ना होगा, यह शिविर उस प्रयोजन के साथ जुड़ने का एक डेटाअनलिसिस का प्रारूप है। ऐसी मेरी भावना है डेटाअनलिसिस अनिवार्य है। केवल दिशानिर्देश से गुजरने से यह काम नहीं होता, दिशानिर्देश के साथ चलने का रास्ता हो, चलने के रास्ते के अंतर्गत संभावनाओं के संदर्भ, संभावनाओं के संदर्भ के अंतर्गत प्राप्त करने की औपचारिकता का औचित्य और उस औचित्य के साथ क्रियाशीलता की दमक। इन सारी वृहता के अंतर्गतए इन चीजों के लिए आपका आकलन हुआ होगा, आपने इसे इन सारी चीजों को लेकर वैचारिक मंथन किया होगा और वैचारिक मंथन करने के बाद आपने अपना मन बनाया होगा। समरूपता का तात्पर्य ही यही है कि आप मन बनाकर इस विधा को दैनंदिन जीवन का संस्कार बना ले, आदत जब तक संस्कार में रूपांतरित नहीं होगी तब तक वह कहीं न कहीं प्राप्ति की अपेक्षा के साथ जुड़ी हुई होती है, यह जब संस्कार बन जाती है, तब अब कछु नाथ ना चाहिए मोरे, मुझे इसके एवज में कुछ नहीं चाहिए ऐसा भाव होगा। एवज के अंतर्गत जब तक अपेक्षा का भाव होगा। मुझे प्रसिद्धि मिले, इसके माध्यम से मेरी अमुक चीज पूरी हो, इसके माध्यम

से मेरी फलां चीज पूरी हो, ये केवल अपेक्षाओं के संदर्भों के साथ में जुड़ा हुआ मसला होगा। अपेक्षा रहित वह केवल तभी होगा जब वह मेरी आदत या आवश्यकता का भाव नहीं मेरे संस्कार का भाव होगा, इसे आप अपना संस्कार बनाने की मानसिकता के साथ जोड़ने का प्रयास करें। इसे आप अपनी कर्तव्य दक्षता के प्रयोजन के साथ जोड़ने का प्रयास करें, इसे जिसे मैंने कहा कि इसी के अंतर्गत जीवन की सार्थकता की संभावनाओं को तलाश करने का चिंतन जब आप पैदा कर देते हैं, तब आप खुद महसूस करेंगे कि आपने अपने आपको सचमुच एक ऐसी अभिनव शैली के अंतर्गत ढ़ाल लिया है, जिस शैली को तब जब आप गांधी को पढ़ेगें तो ऐसा लगेगा कि वह कितनी अद्‌भुत है। प्रश्न केवल चिंतन का नहीं है, ना ही उसके क्रियान्वयन का है, उसके क्रियान्वयन के लिए ध्रुवों को अमरता के संदर्भ के अंतर्गत नारद समझाते हुए जो कहते हैं, वहीं मुझे अपने अंतिम वाक्यों के अंतर्गत कहना है, प्रयोजन की पूर्णता तब होती है, जब वह प्रयोजन संकल्प में रूपांतरित हो जाता है। नारद की व्याख्या के हिसाब से संकल्प वे होते हैं, जो विकल्पों की तलाश नहीं करते और जो विकल्पों की तलाशों में रहते हैं, वे संकल्प कभी कर ही नहीं सकते। संकल्प और विकल्प इन दोनों की लड़ाई जीवन के अंदर हम लड़ते रहते हैं और हर बार विकल्पों की लड़ाई विकल्पों के सामने नतमस्तक होकर खड़ी हो जाती हैं। इस विधा को, इस चिंतन को, इस शैली को, इस सिद्धता को, इस सफलता को, और इस सार्थकता को आप अपनी जिंदगी के संकल्प के रूप में लेकर के चलें तो कही किसी प्रकार की कोई अड़चन नहीं पैदा होगी। कई बार मन में विचार पैदा होता है और यह विचार पैदा होना लाजमी है कि मेरे इस अकेले के प्रयास से क्या यह संभव हो जाएगा। इतना बड़ा वृहत कार्य, इतना व्यापक प्रश्न है इसके उत्तर देने के लिए क्या मेरे द्वारा दी गई एक छोटी सी गद्‌दी, एक छोटा सा योगदान, एक छोटा सा संकल्प इस बात को क्या यह पूरा कर पाएगा, हाँ यह पूरा कर सकता है।

मैं केवल इसी दिलासे के लिए आपके सामने खड़ा हूँ। सन्‌ 1968 के अंतर्गत हमारे स्कूल में स्नेह सम्मेलन के लिए दादा धर्माधिकारी मुख्य अतिथि के रूप में आए, उन्होंने एक कहानी बतायी थी मैं अत्यन्त विनम्रता से कहता हूँ कि उस कहानी ने निश्चित रूप से केवल जीवन दर्शन नहीं, जीवन दिशा नहीं, जीने का एक सलीका दे दिया। उन्होंने कहानी बताते हुए कहा था किए बच्चों एक बहुत बड़ा जंगल था, जंगल में भयानक आग लगी, आग लगी तो आग बुझाने का संदर्भ पैदा हुआ, बड़े-बड़े रणनीतिकर मिलकर चर्चा कर रहे थे कि, इतनी बड़ी आग कैसे बुझाई जाए, अचानक एकाएक उनकी नजर गई कि एक छोटी सी चिड़िया अपनी छोटी सी चोंच के अंदर कुछ बूंद पानी लाती है और उस आग पर डालती है। लोगों

ने आश्चर्य से देखा और चिड़िया को बुलाया, छोटी सी चिड़िया देख आग कितनी बड़ी है, देख समस्या कितनी व्यापक है, तेरा शरीर कितना है बहुत छोटा सा, उस छोटे से शरीर की चोंच कितनी छोटी है, बहुत छोटी सी, उस छोटी सी चोंच में कितना पानी आता होगा। कुछ बूंदें, तेरी इन बूंदों से क्या आग बुझने वाली है और चिड़िया ने दादा धर्माधिकारी के शब्दों में उत्तर दिया, ''मैं जानती हूँ कि मेरे इस प्रयास से आग नहीं बुझने वाली, मैं जानती हूँ कि मेरा शरीर छोटा है, मैं जानती हूँ कि मेरे शरीर की चोंच और भी छोटी है और मेरी चोंच के अंतर्गत आने वाला पानी अत्यल्प है, फिर भी मैं यह भी जानती हूँ कि, कल जब इतिहास लिखा जाएगा तो मेरा नाम आग लगाने वालों में नहीं, आग बुझाने वालों में होगा।'' इस एक संकेत में मेरा नाम कहाँ होगा और इसलिए नहीं कि वह नाम लौकिक अथवा अलौकिक होगा, मेरा नाम संकल्प की प्रतिबद्धता की पावन बेदी पर अगर हस्ताक्षर के रूप में अक्षरित कर सकूँ तो, इससे बड़ा प्रयोजन मेरी जिंदगी का कोई दूसरा नहीं हो सकता और कदाचित यही मेरी जीवन की सार्थकता का प्रयोजन होगा। यह भी उतना ही सत्य है कि कदाचित हमारे आपके इस अत्यल्प से प्रयत्न से इतिहास के अंतर्गत जमा होने के अलावा भी लोग कहें कि क्या कर लिया आपने इतनी मेहनत के बावजूद। उसको भी दिलासा देना। आपका बड़ा भाई आपका पिता होने के नाते मेरी जिम्मेदारी है कि मैं समारूपीय समारोह के अंतर्गत बोल रहा हूँ तो कहीं न कहीं वस्तुस्थितियाँ का समारूप करना भी मेरी जिम्मेदारी है। किसी शायर ने दो पंक्तियों के अंतर्गत इन सारे के सारे चिंतन को प्रतिपादित कर दिया है, इन तमाम प्रयोजनों से इन तमाम प्रयोगों सेए इन अल्प से प्रयोजनों से कितना कुछ बदलेगा, इसमें अट्टहास की जरूरत नहीं। शायर कहता है ष्माना इस जहान को रोशन न कर सके, कुछ खार कम किए हैं गुजरे जिधर से हम', और जिस रास्ते से गुजरेंगे उसके दो कांटों को भी हमने कम किया है तो उसे हम अपनी जिंदगी का पुरुषार्थ मानेंगे। हमारे माध्यम से वातावरण बदला या नहीं, ये हम नहीं जानते हैं। हमारे माध्यम से जिन मार्गों पर चलने का संकल्प किया उन मार्गों को निष्कंटक करने के प्रयोजनों में हमारे अल्प से प्रयास हमने लगा दिए यही हमारे जीवन में साफल्यता का प्रमाण है। भाइयों और बहनों इन संकेतों को आइए हम और आप अपने जीवन के तमाम स्वरूपों पर चलने के लिए स्वीकार करने का मन बना लीजिए। मन की स्वीकृति जिस दिन हो जाएगी उसके बाद कभी किसी की कोई प्रेरणा की आवश्यकता नहीं होगी। जब तक मन की स्वीकृति नहीं बनती तब तक वह सतही प्रयोजन का औपचारिक संदर्भ बन जाता है। इस वर्कशॉप के माध्यम से निकलने वाला प्रामाणिकता का जो अमृत है वह आपके स्वभाव का हिस्सा बने और वह आपके मन की स्वीकृति के अंतर्गत अंतर्मुख होकर वह आपके तमाम आगामी जीवन के अंतर्गत

चलने की विधा का संकल्पित स्वरूप बनाकर आपको चला सके, ये आज की आवश्यकता है। इस आवश्यकता को आप पूरा करने का संकल्प लें और इस संकल्प के अंतर्गत ही आपकी सार्थकता के प्रयोजनों का वास हो। ये कहने में मुझे कहीं कोई झिझक नहीं होती है। औपचारिक संदर्भों के अंतर्गत अनेक बात कही जा सकती हैं। परंतु मैं निश्चित तौर पर कहता हूँ कि जो बात मन को पट जाए, जो बात ज़ेहन में उतर जाए, जो बात ज़िगर को छू जाए और जो बात जुबां के ऊपर में आनंद देने लगे, उन्हीं चारों का एकीकृत स्वर ही जीवन का संकल्प होता है। वह संकल्प तमाम प्रतिभागियों को इस शिविर के माध्यम से प्राप्त हुआ है, ऐसी कामना करते हुए और उसे प्रामाणिकता के साथ वहन करने का चिंतन उनके ज़ेहन में है, यह अपेक्षा करते हुए और आप इसे सिद्ध व सार्थक कर दिखायेंगे। बूढ़ी आंखें उनको देखने की लालसा रखते हुए आप सभी को समुचित आशीर्वाद देते हुए आपको थपथपाते हुए, आप इस मार्ग के प्रामाणिक पथिक बनकर सचमुच में परिवर्तन की आधारशिला के हस्ताक्षर बनेंगे और इस हस्ताक्षर की कामनाएं बूढ़ी आंखें कालांतर में देख सके। इन्हीं अपेक्षाओं के साथ आयोजकों को बधाई देते हुए, अभिनंदन करते हुए अपनी शब्दों को मैं विराम देता हूँ।

(महात्मा गांधी अंतरराष्ट्रीय हिंदी विश्वविद्यालयए वर्धा के म.गां.फ्यू.समाज कार्य अध्ययन केंद्र और गांधी स्मृति एवं दर्शन समिति (संस्कृति मंत्रालय), नई दिल्ली द्वारा 'युवा रचनात्मकता' विषय पर आयोजित त्रिदिवसीय कार्यशाला के समापन के अवसर पर दत्ता मेघे इंस्टीट्यूट ऑफ मेडिकल साइंस के चांसलर प्रो. वेद प्रकाश मिश्रा द्वारा दिए गए व्याख्यान का संपादित अंश)

ओम विकास

नवयुवकों की रचनात्मकता : गांधी चिंतन में तब और उड़ान अब

स्वराज की संकल्पना 20वीं सदी के पूर्वार्द्ध में

'हिन्द स्वराज' (1909) की पुस्तक में मोहनदास करमचन्द गांधी की दृष्टि स्पष्ट थीए बेरोजगारी, सामाजिक विषमता, मशीनें और हिन्दुस्तान की दशा के बारे में। 'हिन्द स्वराज' में सांस्कृतिक दृष्टि से तत्कालीन सभ्यता का मूल्यांकन है। शताब्दी पूर्व 1915 में दक्षिण अफ्रीका से वे भारत लौटे गुलामी के कटु अनुभव लेकर। भारत में ब्रिटिश शासन में मैकाले की अंग्रेजी शिक्षा नीति थोपी गई, व्यापारिक लाभ के लिए मशीनों का प्रयोग बढ़ा, बेरोजगारी बढ़ी, पश्चिमी चकाचौंध में संभ्रांत समाज के विकास के प्रयास किए जा रहे थे। भारत के खास और आम के बीच तब भी बहुत कुछ साझा था। भारत में उपभोग की विशिष्ट संस्कृति रही है—अपने श्रम से भोग और दान भारतीय की प्रकृति है और पराए श्रम से भोग विकृति है। विविधता का आदर है; उत्सव सामूहिकता का संगम हैं और पुनर्नवता का अहसास कराते हैं। महात्मा गांधी ने हिन्दुस्तान को आजाद करने के लिए तर्कसंगत सूत्र उपाय दिए—सत्याग्रह, स्वराजए स्वदेशी।

महात्मा गांधी, अंबेडकर, मदनमोहन मालवीय, राजेन्द्र प्रसाद, गोपाल कृष्ण गोखले, अब्दुल कलाम आजाद आदि सभी स्वाधीनता विचारकों का अभिप्राय था—लोगों की अशिक्षा, बेरोजगारी, निर्धनता, कुरीतियों से निजात पाना और इसके लिए ब्रिटिश शासन से मुक्ति और स्वराज लेना। चर्चा-विमर्श में शिक्षा, आर्थिक प्रगति और राजनीति होते थे। महात्मा गांधी ने विचार-नेतृत्व दिया। इन स्वाधीनता विचारकों के समेकित अभिप्राय को गांधी दर्शन कह सकते हैं। उनके अनुसार भाषा मात्र संवाद का माध्यम नहीं है, संस्कृति की संवाहक भी है। करोड़ों लोगों को अंग्रेजी में शिक्षा देना उन्हें गुलामी में डालने जैसा है, नवयुवकों की रचनात्मकता, सृजनात्मकता, कल्पनाशीलता, नवाचार, आविष्कारोन्मुखी प्रवृत्ति को कुचलने जैसा है।

मशीनें कहीं मानव को बेरोजगार न बना दें

औद्योगिकीकरण के संदर्भ में महात्मा गांधी उन मशीनों के खिलाफ थे जो मानव को विस्थापित करके उनकी जगह लें। अम्बेडकर मजदूरों की मेहनत कम करने के लिए मशीनों के प्रयोग के पक्षधर थे। गांधीजी मानव द्वारा किए गए शिल्प कार्य में सहायक और उत्पादकता में बढ़ोत्तरी करने के लिए मशीनीकरण, नई विधाए और तकनीकी अपनाने के पक्ष में थे जैसे हाथ के चरखे में सुधार। विश्लेषण करने पर इसे यों कह सकते हैं कि पारदर्शी यंत्र व्यवस्था (White box) के प्रयोग से मशीनीकरण की जन-स्वीकारता है, क्योंकि इसका रख-रखाव, असेम्बली, विनिर्माण वहीं के लोग कर सकते हैं, उत्पादकता बढ़ेगीए मेहनत कम लगेगीए रोजगार के नए अवसर भी बढ़ेंगे। जबकि अ-पारदर्शी यंत्र व्यवस्था (Black box) के प्रयोग से मशीनीकरण की स्वीकारता नहीं है, क्योंकि इससे कलपुर्जों को समझनाए मरम्मत करना, असेम्बल करना बहुत मुश्किल है; इसे बाहर से ही लाना और मरम्मत कराना पड़ेगा। बेरोजगारी बढ़ेगी! अपेक्षा है कि औद्योगिकीकरण रोजगारपरक होए नवाचार, आविष्कार और सृजन की संभावना रहे।

युवा शक्ति परिवर्तन कारक

गांधी विचारक युवावर्ग को परिवर्तन का कारक मानते थे। शिक्षा-प्रणाली नवयुवकों को योग्य, कौशल संपन्न बनाए, उनकी रचनात्मकता को विकसित करे। दलित वर्गों के उत्थान का प्रश्न शिक्षा पर निर्भर है। शिक्षा अपनी भाषाए राष्ट्रभाषा में हो। प्रारंभिक विज्ञान की रोचक शिक्षा दी जाए। विज्ञान उस समय तक राष्ट्र की संपत्ति न हो सकेगा जब तक बच्चों के लिए राष्ट्रभाषा में उसका अध्ययन नहीं होता। नवयुवकों को व्यावसायिक और व्यावहारिक विज्ञान की शिक्षा दी जाए जिससे निर्धनता और बेरोजगारी की जटिल समस्या बहुत अंश में दूर हो। इससे देश में विनिर्माण बढ़ेगा और बाहर जाने वाले कच्चे माल को भी रोक सकेंगे। आधुनिक वैज्ञानिक शिक्षा का देशीकरण होए इसमें चरित्र और संस्कृति की रक्षा पर भी बल दिया जाए। यह विशेषज्ञता का युग है। व्यापार में उच्चकोटि की प्रबंधकारिणी शक्ति की आवश्यकता है। नवयुवकों में उच्चकोटि की व्यवसाय-बुद्धि तथा चातुर्यता का विकास किया जाए। देश की दशा तभी सुधर सकती है, जब देश में देशी चीजों का व्यापार बढ़ेए हमारे लिए आवश्यक चीजें देश में ही बनने लगें। कृषि और औद्योगिक व्यवसाय दोनों की साथ-साथ उन्नति की जाए। युवा वर्ग में रचनात्मकता, नवाचार और बिल्कुल अलग नया सोचने की क्षमता बढ़े। इस संदर्भ में प्रसिद्ध वैज्ञानिकों के चिंतन शैली और रचनात्मकता संवर्धन के तौर तरीकों से परिचय लाभकारी होगा।

वैज्ञानिकों की रचनात्मक विचार-चर्या

थॉमस एडीसन (1847-1931) रचनात्मक विचारों के प्रपात कहे जाते हैं। इनके 1031 पेटेंट थे। एडीसन ने प्रकाश बल्बए फोनोग्राफए इलेक्ट्रिक पेन, मोशन पिक्चर कैमरा, अल्कलाइन स्टोरेज बैटरी इत्यादि महत्त्वपूर्ण आविष्कार किए। एडीसन के अनुसार अधिक से अधिक प्रयोग करके बड़ा आविष्कार कर पाना संभव है। एडीसन ने प्रति 10 दिन में एक छोटा अविष्कार और 6 माह में बड़ा अविष्कार करने का लक्ष्य निर्धारित किया था। मान्यताओं पर प्रश्न करने का साहस हो। एडीसन प्रत्येक प्रयास और प्रयोग को चित्रण के साथ नोटबुक में लिखते थे। उनकी नोटबुक थी- 'द ब्राइट आइडियाज नोटबुक', इसमें अपने और दूसरों के अभिनव विचारों (आइडिया) को लिख लेते थे। उनकी 3500 नोटबुक मिली जिनमें एडीसन के नवाचारमय विचारों का लिपिबद्ध और चित्रण सहित संग्रह है। कोई भी प्रयास या अविष्कार उन्मुखी विचार व्यर्थ नहीं होताए सो लिखितए चित्रित करते जाते। नया विचार (आइडिया) पुराने आइडिया या विचारों की पृष्ठभूमि पर प्रस्फुटित होता है इसलिए आविष्कारात्मक विचार को सदा सुधारते जाते। अपनी तथा औरों की विफलता से सीखते। माना कि 10,000 बार विफल हुए लेकिन ज्ञात हुआ कि ये रास्ते कारगर नहीं होंगे। एडीसन के अनुसार 99: कठोर परिश्रम और 1: भाग्य संयोग का मिश्रण मनुष्य को विलक्षण प्रतिभा-संपन्न बना सकता है।

अल्वर्ट आइन्स्टाइन (1879-1955) जीनियस थे, विलक्षण प्रतिभावान थे। आइन्स्टाइन हाई थिंकिंग (सघन चिंतन) में सभी पक्षों को ध्यान में रखकर नोट्स बनातेए प्रयोग करतेए सहकर्मियों से चर्चा करतेए रिकॉर्ड करते। इसके अतिरिक्त सॉफ्ट थिंकिंग (मनोरंजन), जैसे वॉयलिन बजानाए पेंटिंग आदि को भी महत्त्वपूर्ण मानते थे, क्योंकि जब आप शांत अवस्था में मनोरंजन करते हैं, इस बीच अवचेतन मन चिंतन करते-करते नवनवीन समाधान खोजताए अद्‌भुत अन्वेषण का विचार देता है। आइन्स्टाइन के अनुसार 20 मिनट अलग से लक्षित करें, जिसमें संभावनाएं सोचे और निज अभिरुचि को जानने की कोशिश करें। जो ज्ञात है, उसके परे भी सोचेंए प्रश्न करें। मानसिक विचार-प्रयोग करें। कल्पना में नए अविष्कारात्मक विचार का मानसिक चित्रण करें। "एक चित्र हजार शब्दों को अभिव्यक्ति देता है।"

लियोनार्डो डा विन्ची (1452-1519) बहुमुखी प्रतिभा संपन्न थे। वैज्ञानिक, इंजीनियर, कलाकार, दार्शनिक, संगीत कम्पोजर थे। कहानी किस्से, जोक सुनाने के लिए भी मशहूर थे। हर काम उत्कृष्टता से करने के पक्षधर थे। उनके अनुसार, प्रत्येक वस्तु अथवा घटना का संबंध दूसरी वस्तुओं अथवा घटनाओं से भी है; इसलिए विभिन्नता में अंतर-संबंध के बारे में विचार करें। दो भिन्न चीजों को मिलाकर नई चीज बनाने की कोशिश करें। रचनात्मक व सृजनात्मक प्रतिभा का विकास विविध

प्रकार की प्रतिभाओं के समेकित विकास से होता है। प्रतिभा से तात्पर्य है कि नया सीखने, समझने और परिवेश में संवाद स्थापित करने की सक्षमता।

किसी व्यक्ति में सभी प्रतिभाएं चरम पर नहीं होती; कुछ प्रतिभाएं अधिक प्रभावी होती हैं, अन्य नगण्य। लियोनार्डो डा विन्ची में अधिकांश प्रतिभाएं प्रबल थीं। इसलिए उन्हें इस युग का महानतम प्रज्ञावान माना जाता है। उन्होंने रचनात्मक, सृजनात्मक एवं आविष्कारोन्मुखी प्रवृत्ति के विकास को और तीव्रतर करने के लिए चार सिद्धांत दिए—कलाओं के विज्ञान (Science of Art) का अध्ययन करोय विज्ञान में कला (Art of Science) का अध्ययन करो; अवलोकन सामर्थ्य का विकास करो और सभी चीजों में कोई संबंध है, इस दृष्टि से विज्ञान, कला, का अवलोकन-अध्ययन सक्षमता से करो।

एक क्षेत्र में सीख और अनुसंधान अन्य क्षेत्र के अध्ययन और समझ में भी सहायक होते हैं। रचनात्मकता को बढ़ाने के लिए एकाग्रता और अभ्यास आवश्यक हैं। बादलों में विविध आकृतियों की कल्पना करें, नए दृश्य, पशु, आकृतियां, चेहरे आदि देख सकते हैं; कल्पनाशीलता प्रबल होगी। डा. विन्ची भी प्रत्येक विचार और प्रयोग को नोटबुक में लिखते थे। नोटबुक में रिकार्ड करने से मानसिक चिंतन, कल्पनाशीलता, प्रज्ञा प्रखर होती है। डा. विन्ची अपने रचनात्मक विचारों के कार्टून आदि बनातेए जो उनकी रचनात्मक सोच में अभिवृद्धि करते हों।

सभी वैज्ञानिकों, मनीषियों में रचनात्मक चिंतन, सृजन और सुधार की सतत् प्रक्रिया मिलती है। उनमें प्रतिभा वैविध्य है। पूर्णता की दृष्टि से विविध प्रकार की प्रतिभाओं को बढ़ाया जाए; कला और विज्ञान को जोड़कर देखें, प्रकृति में विविध आकार के कल्पना-अवलोकन करें। आज का सृजनात्मक विचार नोटबुक में लिखें, परस्पर चर्चा कर परिष्कृत करें, नए संकल्पना इसके ऊपर करें। छोटे-बड़े विचार सभी महत्त्वपूर्ण मानकर लिखते जाएं। स्वप्न दृष्टा बनें; नया सोचने, बनाने-खोजने का साहस करें। हर भूल से सीखें, अपने अनुभव के आधार पर नया सृजन पथ प्रशस्त करें।

[हॉवर्ड गार्डनर की पुस्तक "Frames of Mind : The Theory of Multiple Intelligence" 1983 में नौ प्रकार की प्रतिभाओं का उल्लेख किया है। ये हैं—प्रकृति उन्मुख प्रतिभा (Naturalistic Intelligence) संगीत उन्मुख प्रतिभा (Musical Intelligence) तर्क गणितीय प्रतिभा (Logical Mathematical Intelligence) अस्तित्व जिज्ञासा प्रतिभा (Existantial Intelligence) व्यक्ति समूह व्यवहार प्रतिभा (ntra Personal Intelligence) शरीर-स्फूर्ति उन्मुख प्रतिभा (Body kinesthetic Intelligence) भाषा परक प्रतिभा (Linguistic Intelligence) अन्तःव्यक्ति उन्मुख प्रतिभा (Intra Personal Intelligence) और आकार-आकृति उन्मुख प्रतिभा-(Spatial Intelligence)]

नवाचार में योग सहायक

मन चंचल है, एकाग्रता और अभ्यास से छिपी हुई प्रतिभाओं को जाग्रत और सबल किया जा सकता है। इस संदर्भ में महत्त्वपूर्ण है शरीर-मन-आत्मा का संतुलन हो जो योग से संभव है। योगासन, प्राणायम और ध्यान के सतत् अभ्यास से शरीर लचीला, स्फूर्तिवान बनता है, अधिक काम करने की क्षमता बढ़ती है, तनाव दूर होते हैं, एकाग्रता बढ़ती है, अधिक शांति मिलती है, पारस्परिक व्यवहार मधुर होता है, आशावादिता से ओत-प्रोत रहते हैं। इसलिए सृजनात्मकता और कल्पनाशीलता की अभिवृद्धि में योग बहुत सहायक है। योगः कर्मसु कौशलम्। स्वस्थ शरीर और एकाग्र मन से नवाचार और उत्कृष्टता आसान होते हैं। एसोचैम (ASSOCHAM) के सर्वे-2015 के अनुसार भारत में 53% कंपनियां ऑफिस और कार्यस्थल पर योग को प्रोत्साहन देतीं हैं। 45.5% लोग डिप्रेशन, तनाव, 6 घंटे से कम निद्रा से परेशान रहते हैं; 23% मोटापे से, और कई उच्च रक्तचाप, मधुमेह से ग्रसित हो जाते हैं। इससे कंपनी की उत्पादकता कम होती है, सर्विस की गुणवत्ता भी कम होती है। देश और विदेशों में संस्थान व कार्यालयों में नवाचारमय उत्पादकता बढ़ाने और सौहार्दपूर्ण तनावमुक्त वातावरण बनाने में योग को महत्त्वपूर्ण माने जाने लगा है। इंटेल, माइक्रोसॉफ्ट, गूगल, स्नेप्डील, इन्फोसिस, मारुति-सूजिकी, रेलवे आदि कई कंपनियों ने योग को कार्यस्थल पर प्रोत्साहित किया है। भारत की पहल पर संयुक्त राष्ट्र संघ ने भी योग को महत्त्वपूर्ण माना और 21 जून को अंतराष्ट्रीय योग दिवस घोषित कर दिया। विभिन्न देशों को योग प्रशिक्षकों की आवश्यकता है। भारत के योग प्रशिक्षित नवयुवकों की मांग बढ़ेगी।

नवाचार प्रेरक काव्य सृजन

गुलामी में पस्तए निराश, हतप्रभ किंकर्त्तव्यविमूढ़ समाज को जगाने और स्वराज पाने के लिए उद्यत होने के लिए कई विचारकों और समाज सुधारकों ने आह्वान किया। स्वामी विवेकानन्द ने ललकारा—"उत्तिष्ठत् जाग्रत प्राप्य वरान्निबोधत"। महर्षि अरविंद ने भारतीय शिक्षा चिंतन में महत्वपूर्ण योगदान किया। रवीन्द्रनाथ टैगोर कवि, साहित्यकार, दार्शनिक थे। उन्होंने भारतीय सांस्कृतिक चेतना में नई जान फूंकने वाले साहित्य का सृजन किया। रामधारी सिंह दिनकर, माखनलाल चतुर्वेदी, हरिवंशराय बच्चन, सोहनलाल द्विवेदी आदि अनेक विचारकों ने काव्य सृजन से भारतीय मानस को झकझोरा। विफलता से सीखने, दृढ़निश्चय और सतत प्रयास से नव सृजन की संभावनाएं प्रशस्त करने के लिए आह्वान किया। इस संदर्भ में सोहन लाल द्विवेदी की प्रेरक कविता का अंश विचारणीय है—

"कोशिश करने वालों की कभी हार नहीं होती
डुबकियां सिंधु में गोताखोर लगाता है
जा-जा कर खाली लौट कर आता है
मिलते न सहज ही मोती गहरे पानी में
बढ़ता दूना विश्वास इसी हैरानी में
मुट्ठी उसकी खाली हर बार नहीं होती
कोशिश करने वालों की कभी हार नहीं होती"

स्वराज की उड़ान 21वीं सदी के भोर में

भारत औद्योगिक क्रांति से वंचित रहा। कदाचित् मशीनों का प्रयोक्ता बना, निर्माता नहीं बन पाया क्योंकि तब भारत स्वतंत्र नहीं था। आजाद इंडिया को शोषितए शिक्षा में पिछड़ाए थोड़े संसाधन वाला बड़ी आबादी का भारत मिला। राजनीतिक प्रयासों से उच्चतर शिक्षा के लिए IITs खुले; BEL, BHEL, ECIL जैसे निगमों का गठन हुआ। CSIR की लैब खुली। लेकिन उद्योग और संस्थानों में प्रतिस्पर्धा, साझेदारी और नवाचार, इन्नोवेशन की कमी रही। विज्ञान एवं प्रौद्योगिकी की प्रगति धीमी रही। भारत की प्रतिद्वंदिता चीन से है क्योंकि लगभग बराबर आबादी वाला पड़ोसी देश है। चीन में आर्थिक विकास बहुत तेजी से हुआ, सीमा पार व्यापार बढ़ा। 2011 में आर्थिक विकास दर चीन में 9.5% थी और भारत की 6.6%। हां, अब चीन की अर्थव्यवस्था चरमराई है। IMF रिपोर्ट के अनुसार 2015 में चीन में विकास दर 6.9% थीए जबकि भारत में 7.334% रही।

वैश्विक स्तर पर नवाचार में भारत

बोस्टन कंसल्टिंग ग्रुप (BCG) नेशनल एसोशिएशन ऑफ मेन्यूफेक्चरर्स (NAM) तथा मेन्यूफेक्चरिंग इंस्टीट्यूट (MI) ने संयुक्त अध्ययन की रिपोर्ट 2009 में वैश्विक नवाचार सूचकांकों (Global Innovation Index) को क्रमानुसार (Ranking) प्रकाशित किया। इसके आधार पर साउथ कोरिया, अमेरिका, जापान का इन्नोवेशन इंडेक्स सबसे अधिक 1,2,3 क्रम में रहा। चीन और भारत प्रतिद्वंदी देश क्रमशः 13वें और 15वें स्थान पर रहे। इन्नोवेशन आउटपुट प्रति व्यक्ति साउथ कोरिया की अपेक्षा चीन का 1/3 रहा और भारत का 1/30 रहा, बहुत कम था। इस अध्ययन में इन्नोवेशन इनपुट के अंतर्गत शोध-विकास के लिए वित्तीय प्रावधान, शिक्षा एवं अनुसंधान सुविधाओं और संस्थानों को रखा गया। इन्नोवेशन आउटपुट के लिए तकनीकी और व्यापार निष्पादन (Performance) को रखा गयाय व्यापार के संदर्भ में उत्पादकता, शेयरहोल्डरों के रिटर्न, और आर्थिक प्रगति शामिल थे। तकनीकी के संदर्भ में

शोध-प्रकाशन, पेटेंट, निवेश पर लाभ और उत्पादकता शामिल है।

तालिका 1: वैश्विक नवाचार सूचकांक

देश	रैंकिंग	समेकित नवाचार	इन्नोवेशन इनपुट	इन्नोवेशन आउटपुट
साउथ कोरिया	1	22.6	1.75	2.55
अमेरिका	2	1.30	1.28	2.16
जापान	3	1.79	1.16	2.16
चीन	13	0.73	0.07	1.37
भारत	15	0.14	0.14	0.02

(स्रोत – https//enlwikipedialorg/wiki/international_Innovation_index)

शिक्षा, व्यापार और टेक्नोलोजी के क्षेत्र में किए जा रहे इन्नोवेशन (नवाचार)-नई पहल, नई विधा, नए प्रोडक्ट का असर राष्ट्रीय अर्थव्यवस्था पर पड़ता है। आवश्यकता है नवाचार-कौशल (इन्नोवेशन स्किल) का विकास करने की। शिक्षा में इन्नोवेशन से अपेक्षा है कि नवयुवकों में नवाचार, रचनात्मकता, आविष्कारोन्मुखी प्रवृत्ति का विकास किया जाए, शिक्षा पुस्तकीय तक न रह जाएए प्रयोगात्मक पक्ष भी मजबूत हो। प्रख्यात वैज्ञानिकों की विश्लेषणात्मक और खोजी आदतों के बारे में जानकारी देने से रचनात्मक सोच की प्रेरणा मिलेगी।

नवाचार संवर्धन के विविध प्रयास

राष्ट्रीय स्तर पर इन्नोवेशन (नवाचार) पर समाजिक एवं आर्थिक विकास के लिए आवश्यक है शिक्षा, टेक्नोलॉजी, व्यापार और प्रशासन (गवर्नेंस) में इन्नोवेशन (नवाचार) हो जिससे उन क्षेत्रों की प्रभावकारिता बढ़े। तकनीकी अनुसंधान से प्रबुद्ध कौशल प्रशिक्षित नवाचारी लोग अधिक मिलें, प्रशासन लोकमित्र हो, सरल हो, व्यापार करना सुगम हो। नवाचार के महत्व को समझा गया। जनवरी 2010 में भारत सरकार ने 2010-20 को इन्नोवेशन डिकेड (नवाचार दशक) घोषित किया। नेशनल इन्नोवेशन कौंसिल का गठन किया गया। स्कूली स्तर पर बच्चों में प्रश्न परक अध्ययन को बढ़ावा दिया जाने और उनमें रचनात्मकता के बीज बो देने के उद्देश्य से बैंगलोर, कलकत्ताए दिल्ली, मुंबई आदि नगरों में इन्नोवेशन हब (नवाचार उन्नयन केंद्र) बनाए गए।

प्रधानमंत्री नरेन्द्र मोदी ने 'सबका साथ सबका विकास' को सरकार का लक्ष्य बनाया। नवाचार अमीरों, डिग्रीधारियों तक ही सीमित न रहेए प्रत्युत गरीब, ड्रॉप आउट भी कौशल संपन्न बनें, जीवन स्तर को बेहतर बनाएं, अपनी रचनात्मक प्रतिभा से नवाचार में योगदान दे सकें। गरीब को समर्थ बनाने, बहुजन भागीदारी

बढ़ाने और वैश्विक स्तर पर विज्ञान और टेक्नोलॉजी में शिखर पर पहुंचने के उद्देश्य से भारत सरकार ने करीब 25 मिशन परियोजनाएं शुरू की। इसे प्रशासन (गवर्नेंस) में इन्नोवेशन कहा जा सकता है।

जन-धनए अटल पेंशन, आवास, जीवन ज्योति बीमा, सुरक्षा बीमा, सुकन्या समृद्धि, एलपीजी सब्सिडी पहल, उज्ज्वला योजनाएं, गरीबों के जीवन स्तर को बेहतर बनाने और उनकी भागीदारी देश के विकास में बढ़ाने के लिए हैं। किसान, मजदूर, बेरोजगार युवाओं के लिए स्किल इंडिया, स्टार्ट अप इंडिया, स्टेंड अप इंडियाए मुद्रा बैंक, कौशल विकास केंद्र, मेक इन इंडिया, नई मंजिल, ई-बस्ता आदि शुरू किए गए। दूरस्थ ग्रुप या संस्था से तेजी से संपर्क साधने, सेवाओं को सुगम करने के लिए डिजिटल इंडिया, डिजिटल लॉकर जैसी योजनाएं शुरू की गईं। स्वच्छ भारत, नमामि गंगे, स्मार्ट सिटी, सांसद आदर्श ग्राम योजनाएं भारत को विकसित देश बनाने की दिशा में महत्त्वपूर्ण हैं।

विनिर्माण केंद्र बनाने की राह पर

चुनौती है भारत की अर्थव्यवस्था को मजबूत बनाना, निवेश बढ़ाना, रोजगार के नए अवसर सृजन करना और नवाचार में जन भागीदारी। कम कीमत में भारत में निर्मित मंगलयान के सफल परीक्षण से भारतीय वैज्ञानिकों की क्षमता का परिचय विश्व की अर्थशक्तियों को भी हुआ। लाँच के 298 दिन बाद मंगलयान ने मंगल ग्रह के ऑर्बिट में 24 सितंबर, 2014 को सफलतापूर्वक प्रवेश किया। यह प्रथम प्रयास में अनूठी सफलता थी। इन्फोर्मेशन टेक्नोलॉजी के क्षेत्र में भारतीय इंजीनियर और कंपनियों की प्रतिष्ठा विश्वभर में है। आत्मविश्वास जगा भारत का। 15 अगस्त, 2014 को लाल किले के प्राचीर से प्रधानमंत्री नरेन्द्र मोदी ने कम एण्ड मेक इन इंडिया (come and make in India) कहते हुए देशी-विदेशी विनिर्माताओं को भारत में मेन्यूफेक्चरिंग करने का आह्वान किया, आश्वस्त किया कि इस हेतु सरकार अनुकूल नीति बनाएगी। तदनुसार 25 सितंबर, 2014 को 'मेक इन इंडिया' मिशन का प्रारंभ हुआ। 30 देशों की करीब 3000 प्रमुख कंपनियों के प्रमुख प्रतिनिधियों ने इसमें भाग लिया। अक्टूबर 2014 तक 200 मिलियन (10^6) रुपये के निवेश प्रस्ताव आए, 25 सेक्टर विनिर्माण क्षेत्र चिन्हित किए गए जिनमें प्रत्यक्ष विदेशी निवेश (FDI) की अधिक संभावनाएं हैं। ये हैं-ऑटोमोबाइलए ऑटोमोबाइल कम्पोनेन्ट, फूड प्रोसेसिंग, अक्षय ऊर्जा, सूचना प्रौद्योगिकी, सड़क-राजमार्ग, एविएशन, चमड़ा उद्योग, अंतरिक्ष, जैव प्रौद्यगिकी, मीडिया व मनोरंजनए टैक्स्टाइल व गार्मेंट, केमीकल, माइनिंग, थर्मल पावर, कंस्ट्रक्शन (निर्माण), तेल व गैस, पर्यटन, रक्षा उत्पादन, फार्मास्यूटिकल, जन-कल्याण, इलेक्ट्रिकल मशीनरी, पोर्ट (बंदरगाह),

इलेक्ट्रॉनिक सिस्टमए रेलवे।

2015 में इस मिशन में डॉलर US$ 63 बिलियन (बिलियन=100 करोड़) विदेशी प्रत्यक्ष निवेश (एफडीआई) मिला। मेक इन इंडिया सप्ताह 13-18 फरवरी 2016 को मुंबई में मनाया गया। US$ 230 बिलियन का प्रत्यक्ष विदेशी निवेश (FDI) हुआ। स्पाइस ग्रुप, सेमसंग, हिताची, ह्वोवेइ, जाइओमी, फॉक्सकॉन, जनरल मोटर्स, लेनेवो, बोइंग, ऑल्स्टन, जनरल इलेक्ट्रिक, माइक्रोमेक्स आदि कंपनियों ने निवेश करने की प्रतिबद्धता जताई।

पिछले दशक में चीन ने "मेक इन चाइना" अभियान चलाया बहुत सफल परिणाम निकले। अब चीन की GDP (PPP) क्रयशक्ति के सापेक्ष सकल घरेलू उत्पाद 18.09 ट्रिलियन (1012) डॉलर है, जबकि अर्थशक्ति अमेरिका की 17.35 ट्रिलियन डॉलर है। भारत की 7.41 ट्रिलियन डॉलर है। विश्व में मंदी का दौर है और चीन में भी आर्थिक विकास दर 2015 में घटी है। जबकि भारत की आर्थिक विकास दर बढ़ी। 2016 की पहली तिमाही में बढ़कर 7.9% हुई। आशा भरी चुनौतियां हैं।

भारत सरकार के विनिर्माण सहायक नीति-निर्देश

- आसान व्यापार (case of doing business) अधिकांश ई-फाइलिंग
- विदेशी प्रत्यक्ष निवेश (FDI) - अधिकांश सेक्टरों में 100%
- बौद्धिक संपदा अधिकार कानून में ढील

देश में विनिर्माण से अपेक्षा है 2022 तक GDP में मेन्यूफेक्चरिंग क्षेत्र का अंशदान 16% से बढ़कर 25% हो, 10 करोड़ नए जॉबध्रोजगार पैदा करना, गांव से पलायन करने वाले और शहरों की झुग्गियों में रहने वाले नवयुवकों को कौशल प्रशिक्षण देना और वैश्विक प्रतिद्वंद्विता के लिए सक्षम बनाना। भारत में 65% युवाशक्ति हैं, कुशल श्रमिक कम लागत में मिल सकते हैं। भारत आउटसोर्सिंग हब बन सकता है। विदेशी कंपनियां यहां विनिर्माण करें; उन्हें भी लाभ मिले और भारत की अर्थव्यवस्था सुधरे, मजबूत बने। 'मेक इन इंडिया' से औद्योगिकीकरण अद्यतन टेक्नोलॉजी प्रधान होगा। 'मेक इन इंडिया' मिशन से विदेशी टेक्नोलॉजी मिल सकेगी, नवयुवकों को प्रशिक्षण और रोजगार के अवसर मिलेंगे। उच्च तकनीकी संस्थान के प्रोफेसरों को कंसल्टेंसी मिलेगी। नए अनुसंधान एवं नवाचार के लिए अवसर पैदा होंगे।

कौशलयुक्त जनशक्ति विकास

सृजनात्मक कौशलयुक्त जनशक्ति बनाने और बढ़ाने की दिशा में नए मंत्रालय "कौशल विकास एवं उद्यमिता मंत्रालय" (मिनिस्ट्री ऑफ स्किल डेवलपमेंट एण्ड

एन्ट्रेप्रेन्यूरशिप MSDE) का गठन किया गया। इस मंत्रालय ने 15 जून, 2015 को स्किल इंडिया अभियान शुरू किया था।

स्किल इंडिया प्रोग्राम की विशेषताएं हैं—

- कौशलयुक्त युवाओं के लिए नौकरी और उद्यमिता के लिए ट्रेनिंग और आर्थिक मदद देना,
- परंपरागत कलाकारों, जैसे कारपेंटर, मेसन, वैल्डर, टेलर, बुनकर के लिए ट्रेनिंग और आर्थिक मदद देना,
- नए कार्यक्षेत्र, जैसे रियल एस्टेट, भवनध्पथ निर्माण आदि का पता लगाना,
- वैश्विक मानकों के अनुसार ट्रेनिंग की व्यवस्था करना,
- सॉफ्ट स्किल प्रोग्राम में व्यक्तित्व विकास, संवाद व्यवहार, नियुक्ति योग्य कौशल की ट्रेनिंग देना,
- नवाचारमय शिक्षण पद्धति जैसे ग्रुप डिस्कशनए ब्रेनस्टोमिंग, करके अनुभव, केस स्टडीज को अपनाना
- 'स्किल इंडिया' मिशन के अंतर्गत नवयुवकों को विभिन्न क्षेत्रों में कौशल-प्रशिक्षित किया जा रहा है। 2015-16 में (104 लाख) नवयुवकों को कौशल-प्रशिक्षित किया गया। इनकी अर्हता कक्षा 10 या 12 पास थी। इस योजना से नए सृजित रोजगारों में 75% कौशल प्रधान होंगे। लक्ष्य है 2016 से 2020 तक एक करोड़ युवाओं को ट्रेनिंग और सृजन कार्य अभ्यास की व्यवस्था करना। इसके लिए 12000 करोड़ रुपये आवंटित किए गए हैं।

इसमें नयापन है कि बेरोजगार और पढ़ाई छोड़ने वालों को भी सॉफ्ट स्किल ट्रेनिंग की व्यवस्था होगी जिससे उन्हें कहीं रोजगार मिल सके। ट्रेनिंग के लिए कॉर्पोरेट, गैर-सरकारी संस्थाओं, शिक्षा संस्थान और समाज का सहयोग लिया जाएगा। आज चुनौती है कि 80% प्राथमिक श्रमशक्ति को सॉफ्ट स्किल, संवाद, व्यवहार, कार्यदल कौशल पाने के अवसर नहीं मिलेए उन्हें ट्रेनिंग के अवसर देना। प्रतिवर्ष 128 लाख नए युवाजन जुड़ जाते हैं। ट्रेनिंग की वर्तमान क्षमता मात्र 31 लाख प्रति वर्ष है। कोरिया में 96% स्किल ट्रेनिंग किए होते हैं, जर्मनी में 75%, जबकि भारत में केवल 2%। इस प्रकार बड़ा अंतर है; स्किल ट्रेनिंग की संभावनाएं बहुत अधिक है।

कक्षा 10 या 12 पास न कर सके ड्रॉपआउट के लिए 2013-17 के दौरान 24 लाख नवयुवकों को प्रशिक्षित करने, कौशल प्रशिक्षित करने के उद्देश्य से प्रधानमंत्री कौशल विकास योजना (PMKVY) कौशल विकास एवं उद्यमिता मंत्रालय ने शुरू की है। टेक्नीकल स्किल ट्रेनिंग के साथ-साथ व्यक्तित्व विकास, व्यवहार, स्वच्छता, कार्य नैतिकता का भी प्रक्षिक्षण दिया जाता है। करीब 45 दिन की ट्रेनिंग

होती है। स्किल इंडिया अभियान से कौशल-सघन जनशक्ति का विकास होगा जो 'मेक इन इंडिया' के लिए महत्वपूर्ण है।

तकनीकी शिक्षा को कौशल-परक बनाने की दिशा में और राष्ट्रीय स्तर पर एकरूपता के लिए 27 दिसंबर, 2013 को भारत सरकार की केबिनेट ने नेशनल स्किल क्वालिफिकेशन फ्रेमवर्क (NQSF) को स्वीकृति दी। AICTE ने 14 स्किल सेक्टर और UGC ने 10 स्किल सेक्टर प्रस्तावित किए हैं। UGC ने बैचलर ऑफ वोकेशन (B. Voc) को मान्यता दी है। यह 10+2 के बाद तीन वर्ष का प्रोग्राम है।

भारत सरकार का लक्ष्य है 2020 तक 56 करोड़ नवयुवकों का कौशल प्रशिक्षित करने का। 2020 में विश्व में कौशल परक कर्मिकों की अनुमानतः 47 करोड़ कमी होगी। भारत वैश्विक स्तर पर कुशल कर्मिक हब बन सकता है। आईटी (सूचना प्रौद्योगिकी) के क्षेत्र में भारतीय इंजीनियरों की प्रतिभा विश्व में सराहनीय है। स्पेस (अंतरिक्ष) तकनीकी में भी उत्कृष्ट उपलब्धियां हुई हैं।

उद्यमिता की राह सरल अब

नवाचार की परिणति उद्यमिता में होती है। 16 जनवरी, 2016 को एन्ट्रेप्रेन्युर्स (नव उद्यमी) सम्मेलन का आयोजन किया गया। नवयुवकों को नवाचारमय उद्यमी बनाने का प्रोत्साहन 'स्टार्ट अप इंडिया' मिशन से मिल रहा है। इसमें बैंक से धन जुटाने की प्रक्रिया को सरल किया गया है। 'स्टार्ट अप इंडिया' से नवाचारमय कुशल जनशक्ति को प्रोत्साहन दिया जाता है, जिससे वे नव नवीन उद्योग धंधे शुरू करेंए बढ़ावें।

'स्टेंड अप इंडिया' मिशन से अनुसूचित जातिए आदिवासीए ग्रामीण महिलाएं आदि दलितए पिछड़े लोगों को उद्यमी बनकर सक्षम बनाने का लक्ष्य हैं। मुद्रा बैंक से स्टार्ट अप और स्टेंड अप उद्यम लगाने के लिए सरलतम प्रक्रिया से आरंभिक धनराशि दी जाती है। इसके लिए 20,000 करोड़ रुपए आबंटित किए गए हैं। एक जगह पर सभी स्वीकृतियां मिलती हैं, पेटेंट फीस 80% कम हैं, टैक्स में रियायतें हैं, स्वयं सत्यापन स्वीकार्य है। स्टार्ट अप उद्यमियों को नवाचार सहायता अटल इन्नोवेशन मिशन के अंतर्गत स्थापित 75 स्टार्ट अप सपोर्ट हब से मिलती है। ये हब IITs, IISER, NIPER में बनाए गए हैं।

इसके साथ-साथ आवश्यक है जन सामान्य को टेक्नोलॉजी के माध्यम से कार्य साधक कौशलपरक साक्षर बनाना, सरकारी सेवाओं को जन सामान्य तक पहुंचाना और राष्ट्रीय विकास में जन सामान्य की भागीदारी सुनिश्चित करना। इस उद्देश्य से डिजिटल इंडिया मिशन 01 जुलाई, 2015 को शुरू किया गया। इससे डिजिटल साक्षरताए ढांचा, और सेवा तंत्र मजबूत होगा; शहर और गांव के बीच

सुविधा विषमता कम होगी। डिजिटल इंडिया के 10 अवयव हैं- डिजीलोकर (डिजिटल डॉक्यूमेंट मंजूषा), भारतनेट (2.5 लाख ग्राम पंचायतों को ब्रोड बैंड कनेक्टिविटी), My Gov app (Mygoviin का मोबाइल वर्जन), Ae-sign (इलेक्ट्रोनिक हस्ताक्षर), राष्ट्रीय छात्रवृत्ति पोर्टलए ई-एजुकेशन (इंटरनेट से शिक्षण सुविधा), ई-हेल्थ (इंटरनेट से स्वास्थ्य सुविधा), नेक्स्ट जनरेशन नेटवर्क (NGN : IP आधारी एक्सचेंज) और वाई-फाई हॉट स्पोट्स। इन अवयवों के कार्यान्वयन से आशा है डिजिटल भारत के उदय की। इन उपक्षेत्रों में भी नवयुवकों को नवाचार, उद्यमिता और रोजगार के अवसर मिलेंगे ।

कछुक मोर मन माही

स्वतंत्रता के चिंतक गांधी मित्रों ने शिक्षा पर बल दिया। प्राथमिक शिक्षा राष्ट्रभाषा लोकभाषा में हो जिससे संकल्पनाओं की समझ बनेए समाज से जुड़ें, प्रकृति के प्रति संवेदनशील हों। उच्चशिक्षा में अंग्रेजी या अन्य विदेशी भाषा का अध्ययन इंटरफेस भाषा के रूप में हो। भाषा का गहन अध्ययन होए विज्ञान और उनके अनुसंधानों को अपनी भाषा में अभिव्यक्ति करने की सक्षमता होए आवश्यकता के अनुसार विदेशी भाषा में विषय विशेष के ज्ञान की स्पष्टता और अभिव्यक्ति में कुशलता हो। लेकिन प्रस्तावित ड्राफ्ट शिक्षा नीति में इंगलिश को कक्षा-1 से पढ़ाए जाने की वकालत की है। समर्थन में कहा है कि अधिकांश माता-पिता ऐसा चाहते हैं। सोचिए क्यों वे ऐसा चाहते हैं। कारण स्पष्ट है नौकरी के टेस्ट अंग्रेजी में, सॉफ्ट स्किल का अभिप्राय अंग्रेजी बोलने में दक्षता, उच्च तकनीकी शिक्षा की पढ़ाई प्रथम वर्ष में भी अंग्रेजी में। आगे बढ़ने के दरवाजे बंद कर दिए सो मजबूरी अंग्रेजी सीखने की। इसके भयावह परिणाम होंगे—भारतीय संस्कृति का ह्रास, पश्चिमी चमक संस्कृति का शोर, लड़ाई-झगड़ों में अभिवृद्धि, 80% भारत दीन हीन और 20% इंडिया अप-टू-डेट के बीच भयावह विषमता। प्राथमिक कक्षाओं में अंग्रेजी का बोझ वैज्ञानिक प्रवृत्ति के विकास में बाधक होगा। नवाचार की प्रक्रिया सिमट कर रह जाएगी, जन भागीदारी नहीं हो सकेगी।

स्किल इंडिया मिशन में ट्रेनिंग के नोट्स अंग्रेजी में हैं। लोक भाषा के शब्दों से भी परिचय कराया जाय। सॉफ्ट स्किलए नैतिकता और व्यवहार की शिक्षा राष्ट्रभाषा में भी दी जाए। यह मान कर स्किल ट्रेनिंग दी जाए कि इनमें से 90%-95% तो देश में भी रहेंगे और भारतीय लोक मानस से मिलते रहेंगे।

स्कूलों में नवाचार अथवा रचनात्मक सोच का विकास विज्ञान तक ही सीमित रह जाता है। रचनात्मकता का परिचय हिंदी, संस्कृत, अन्य भारतीय भाषाओं समाज शास्त्रए कलाओं में भी दिया जाए। कला और विज्ञान को सहचर बनाकर समान

महत्व मिले। भारत सरकार भरोसा रखे भारतीयता में, भारतीय चिंतन में, भारतीय वैज्ञानिक प्रवृत्ति में, भारतीय भाषाओं में। जाग्रति, परिवर्तन, उन्नयन, विश्व प्रतिष्ठा भारतीय प्रतिभा के प्रोत्साहन से ही संभव है। भारतीयता मूल में रहेए पल्लव-पुष्प रंग बिरंगे हो सकते हैं।

संक्षेप में

गांधी चिंतन समग्र था, स्वाभिमान, स्वावलंबन, स्वाधीनता से प्रेरित था। लक्ष्य था निराशाए निर्धनता, बेरोजगारी, पराधीनता से निजात पाना और स्वराज लाना।

शत वर्ष बीते, उचित है मूल्यांकन और मंथन। क्या सोचा, क्या बन पाए? क्या सुधार संभव हैं अब भी? शिक्षा रही उपेक्षित, पराए सोच की। प्रकृति से असंवेदन हो अनेक विकृतियां हुईं। सुधार की अपेक्षा है।

स्वराज का अब प्रयास हो रहा है गरीबों को उठाने काए नवयुवकों को कौशल-प्रशिक्षित करने काए स्वावलंबी उद्यमी बनाने का। भारतीय भाषाए संस्कृति और प्रतिभा पर मंथन होए सरकारी मेहरवानी भी हो। कला और विज्ञान की सहचरी शिक्षा से व्यक्तित्व के समग्र विकास और आविष्कारोन्मुखी समाज के निर्माण पर बल दिया जाए।

कतिपय उपयोगी संदर्भ :

1. "हिन्द स्वराज", मोहनदास करमचंद गांधी, 1909 (प्रभात प्रकाशन, 2010)
2. ओम विकास, "मेक इन इंडिया मिशन - चुनौतियों को चीरता भारत विनिर्माण केंद्र" गर्भनाल, फरवरी 2016 (इंटरनेट संस्करण : 111)
3. wwwlmakeindialcom/mumbai-week
4. wwwldipplnctin
5. wwwlmsdelgovlin
6. wwwiskilldevelopmentgovlin
7. wwwlnsdcindatorg
8. wwwistartup-indaiorg
9. wwwidigitalindalgovlin
10. नई शिक्षा नीति-2016, mhrdigovlin/nep-new

सुनीलम

युवाओं के लिए गांधीजी के मंत्र

गांधीजी के नाम से युवाओं के मन में जो छवि उभरती है वह एक संत की होती है, जो सत्य अहिंसा में विश्वास रखने वाले थे। आजादी के आंदोलन में गांधीजी की भूमिका को सभी युवा अति महत्त्वपूर्ण मानते हैं लेकिन साथ ही यह भी कहते हैं कि नेताजी सुभाष चंद्र बोस तथा शहीद भगत सिंह यदि नहीं होते तो देश आजाद नहीं होता। इतिहासकारों ने गांधीजी को सुभाष चंद्र बोस, भगत सिंह एवं बाबा साहेब आंबेडकर के खिलाफ खड़ा किया है। नेताजी को गांधीजी ने दोबारा कांग्रेस का अध्यक्ष बनने के बावजूद काम नहीं करने दिया अंततः उन्हें इस्तीफा देना पड़ा। गांधीजी अगर चाहते तो भगत सिंह को फांसी नहीं होती। गांधीजी मनुवादी व्यवस्था में विश्वास रखते थे तथा उन्होंने जातिवाद को बढ़ाने का काम किया। सतही तौर पर भले ही तीनों बाते सच के तौर पर प्रदर्शित की जाएं लेकिन तथ्य यह है कि गांधीजी का तीनों के साथ आत्मीय रिश्ता था, कम से कम सुभाष चंद्र बोस और बाबा साहेब ने आजादी के आंदोलन के दौरान जो महत्त्वपूर्ण स्थान हासिल किया उसे दिलाने में गांधीजी की महत्त्वपूर्ण भूमिका थी। गांधीजी ने कभी भी भगत सिंह को फांसी दिए जाने की वकालत नहीं की तथा अब जो तथ्य सामने आए हैं उससे स्पष्ट हुआ है कि वह फांसी दिए जाने के खिलाफ थे।

केवल अहिंसा एवं सत्याग्रह के रास्ते पर चलकर आजादी पाई गई। इसे तथ्य के तौर पर युवा स्वीकार करने को तैयार नहीं होता। गांधीजी के लिए सत्य और अहिंसा एक ही सिक्के के दो रूप थे। वे कहते थे कि दोनों की कीमत एक ही है। केवल पढ़ने में ही फर्क है एक तरफ अहिंसा है दूसरी तरफ सत्य। संपूर्ण पवित्रता के बिना अहिंसा और सत्य निभ ही नहीं सकते। शरीर या मन की अपवित्रता को छिपाने से असत्य और हिंसा ही पैदा होगी।

समाज में बढ़ती हुई हिंसा को इसी परिप्रेक्ष में देखा जाना चाहिए। गांधीजी की मान्यता थी की किसी भी परिस्थिति में जब हिंसा, घृणा या नफरत किसी व्यक्ति के दिमाग में घर कर जाती है तो फिर वह परिस्थिति बदल जाने, समय निकल जाने

के बाद भी पूरी तरह खत्म नहीं होती। इस कारण वे मानते थे कि हिंसा के माध्यम से की गई कोई भी क्रांति स्थाई नहीं हो सकती और ना ही वह शांतिपूर्ण समाज स्थापित कर सकती है। रूस और चीन की क्रांति के बाद जिस तरह से बड़े पैमाने पर हिंसा हुई तथा राज्य का दमन हुआ उससे गांधीजी के विचार की पुष्टि होती है।

युवा पीढी के जैसे प्रतीक होंगे वैसा ही समाज बनेगा। हमारी शिक्षा प्रणाली में जिन प्रतीकों को स्थापित किया है। उनमें गांधीजी भी एक हैं लेकिन उनको आजीवन अहिंसात्मक संघर्ष करने वालेए अंग्रेजों के हर अन्याय और अत्याचार का विरोध करने वालेए आजादी के आंदोलन को जनआंदोलन में तब्दील करने वाले योद्धा के तौर पर स्थापित नहीं किया गया है, कट्टर हिंदू के तौर पर उनकी छवि बनाई गई। लेकिन हर तरह से सभी धर्मों के प्रति समभाव रखने वालेए रोज सर्वधर्म प्रार्थना करने वालेए सत्ता और संपत्ति के प्रति अपरिग्रह का भाव रखने वाले, आंदोलनों के साथ-साथ रचनात्मक कार्यों के माध्यम से लाखों देशवासियों को जोड़ने वाले अपनी कथनी के अनुसार आचरण करने वाले, अनुशासित, संयमित एवं सादगीपूर्ण जीवन जीने वालेए अंग्रेजों को खदेड़ने के लिए अभेद्य रणनीति बनाने वाले व्यक्ति के तौर पर युवा पीढी का ध्यान उस तरह केंद्रित नहीं होता जैसा होना चाहिए था। शिक्षा को लेकर गांधीजी का स्पष्ट मत था कि भारत के लिए नि:शुल्क और अनिवार्य शिक्षा पद्धति होनी चाहिए जो बच्चों का शारीरिकए मानसिक तथा आध्यात्मिक शक्तियों का विकास करे ताकि न्यायपूर्ण समाज व्यवस्था की नींव पड़ सके। गांव के नाश की प्रक्रिया रुक सके। अमीरों और गरीबों के अस्वाभाविक विभेद की गुंजाइश न रहे तथा हर एक को जीवन-मजूदरी और स्वतंत्रता के अधिकारों का आश्वासन दिया जा सके। वे कहते थे अक्षर ज्ञान में शिक्षा नहीं है। ना ही वह शिक्षा का आरंभ अथवा शिक्षा का अंतिम लक्ष्य है। वे कहते थे मैं बच्चों की शिक्षा का श्रीगणेश उससे कोई उपयोगी दस्तकारी सिखा कर और जिस क्षण से वह अपनी शिक्षा का आरंभ करे उसी क्षण से उसे उत्पादन के योग्य बनाकर करूंगा। इस प्रकार की शिक्षा प्रणाली से मस्तिष्क और आत्मा का उच्चतम विकास संभव है। वे चाहते थे कि शिक्षा मातृभाषा में ही हो। उन्होंने कहा कि मेरी मातृभाषा में कितनी भी कमियां क्यों न हो मैं उससे उसी तरह चिपका रहूंगा जैसे बच्चा मां की छाती से। उन्होंने कहा कि अंग्रेजों ने जो साम्राज्य खड़ा किया है वह राजनैतिक दृष्टि से उतना डरावना नहीं जितना कि सांस्कृतिक दृष्टि से। उन्होंने कहा कि मैं अंग्रेजी को भाषा के रूप में दूसरा स्थान दूंगा वह भी स्कूलों में नहीं यूर्निवसिटी के पाठ्यक्रम में।

युवकों से वे बार-बार कहते थे कि युवाओं कों ग्राम सभ्यता अपनानी चाहिए। विशेष तौर पर शहर के युवाओं को गांव में जाकर समाज सेवा करनी चाहिए। मालिक या उपकारकर्त्ता की तरह नहीं, विनम्र सेवक की तरह। वे जानते थे

कि यह कठिन रास्ता है लेकिन गांधीजी का तर्क था कि आज तक देहाती लोग हजारों लाखों की संख्या में हमारे जीवन का पोषण करने के लिए मरते आए हैं अब उनके जीवन का पोषण करने के लिए शहरी युवाओं को मरना होगा, बेशक उनके मरने में बुनियादी फर्क होगा, वे बिना जाने अनिच्छा पूर्वक मरे हैं, उनके इस विवश बलिदान ने हमें गिराया है। यदि युवा ज्ञानपूर्वक और इच्छापूर्वक मरेंगे तो हमारा बलिदान, हमें और हमारे समूचे राष्ट्र को ऊपर उठाएगा। उन्होंने कहा था यदि हम एक आजाद और स्वावलंबी देश की तरह जीना चाहते हैं तो इस बलिदान से हमें एक कदम भी पीछे नहीं हटना चाहिए। युवाओं के मन में समाज, देश और मानवता के प्रति त्याग और बलिदान की भावना पैदा हो इस भावना को जागृत करने में हम असफल रहें हैं। देश में सातवें और आठवें दशक में तमाम युवाओं ने शहर का जीवन छोड़कर गांव की तरफ रुख किया था। मेधा पाटकर उनमें से एक थी जिन्होंने नर्मदा घाटी में 30 साल लगाकर विस्थापितों के पुनर्वास के प्रश्न को वैकल्पिक विकास की अवधारणा की बहस तक पहुंचाया।

आज पूरी दुनिया में यह आम सहमति का विषय है कि गांधीजी द्वारा हिन्द स्वराज में बताया गया विकास का रास्ता ही देश और दुनिया को वर्तमान सभ्यता के संकट विशेष तौर पर पर्यावरण के संकट से उबार सकता है। इसके लिए गांधीजी के सादगी और स्वालंबन के सिद्धांत के साथ-साथ आवश्यकता से अधिक नहीं के सिद्धांत को अपनाने की जरूरत है। दुनिया में जहां कहीं भी पर्यावरण पर चर्चा होती है वहां गांधीजी का सूत्र वाक्य वक्ताओं द्वारा जरूर दोहराया जाता है। जिसमें उन्होंने कहा था कि 'पृथ्वी मांए दुनिया के सभी नागरिकों की न्यूनतम आवश्यकताओं की पूर्ति करने में सक्षम है लेकिन एक भी व्यक्ति के लालच को पूरा नहीं कर सकती।' वर्तमान बाजार व्यवस्था लालचए लोभ, विलासिता तथा अधिकतम मुनाफे पर टिकी हुई है। युवाओं को बाजार सबसे बड़े उपभोक्ता समूह के तौर पर देखता है तथा वस्तुओं की मांग पूरा करने के लिए युवाओं को चकाचौंध वाले विज्ञापनों से दिन-रात प्रभावित करने का काम करता है। युवा बाजार की चकाचौंध से जब प्रभावित होता है तब वह अधिकतम उपभोग करने के लिए अधिकतम कमाने की दौड़ में शामिल हो जाता है। जिसके लिए वह सार्टकट अपनाने के लिए तैयार हो जाता है। गांधीजी ने किसी भी उद्देश्य को हासिल करने के लिए साधन की सुचिता को अति महत्त्वपूर्ण माना था। अर्थात उद्देश्य हासिल करने का रास्ता/तरीका उनके लिए अति महत्त्वपूर्ण था। लेकिन यह सोच समाज में बहुत अधिक स्थान नहीं पा सकी। जिसके चलते समाज में अपराध, भ्रष्टाचार एवं चारित्रिक पतन चरम पर दिखलाई पड़ता है। समाज ने गांधी के विचार को यदि अपनाया होता तो हम इस स्थिति में नहीं पहुंचते।

हालांकि यह दिलचस्प है कि आम युवा भ्रष्टाचार के खिलाफ बोलता है। आजादी के बाद भ्रष्टाचार के खिलाफ जो भी आंदोलन चले, युवाओं ने उसमें बढ़-चढ़ कर भागीदारी की। जेपी आंदोलन के नाम पर मशहूर छात्र आंदोलन हो या अन्ना आंदोलन युवाओं ने बढ-चढ़कर इन आंदोलनों में हिस्सा लिया। यहां तक कि विश्वनाथ प्रताप सिंह द्वारा जब बोफोर्स के मुद्दे पर राष्ट्र व्यापी मुहीम छेड़ गई तब युवाओं ने उसका बढ़-चढ़कर समर्थन किया।

आमतौर पर पुरानी पीढ़ी के लोग यह मानते है कि युवावर्ग आत्मकेंद्रित है तथा वह अपनी पद-प्रतिष्ठा तथा आमदनी बढाने के अलावा और कुछ भी सोचने को तैयार नहीं है लेकिन अन्ना के आंदोलन में देश के करोड़ों युवाओं ने जिस तरह भागीदारी की उससे यह स्पष्ट को गया कि यदि नेतृत्व प्रामाणिक हो तो युवा समाज और देश के लिए आज भी सोचने और सबकुछ करने को तैयार है।

नरेन्द्र मोदी जी ने युवावर्ग को जोड़कर ही सरकार बनाई है। लेकिन केवल एक साल के भीतर ही युवावर्ग की ओर से उन्हें चुनौती मिलना शुरू हो गई है। एफटीआईआईए हैदराबाद विश्वविद्यालय से लेकर जवाहरलाल नेहरू विश्वविद्यालय तक युवा सरकार को चुनौती देता हुआ दिखाई पड़ रहा है। वह नागपुर, झंड़ेवाला, आरएसएस, भाजपा तथा सरकार के द्वारा थोपे गए निर्णयों को मानने को तैयार नहीं है। आंदोलन चाहे रोहित वेमुला की मौत को लेकर हो या कन्हैया, उमर एवं अन्य छात्रों पर राष्ट्रद्रोह का मुकदमा चलाने को लेकर हो, सभी आंदोलन अहिंसा और सत्याग्रह के सूत्र को लेकर ही चलाए जा रहे हैं यह बात अलग है कि सरकार हिंसात्मक तरीके अपना रही है। यह केवल युवा आंदोलनों को लेकर ही नहीं सभी आंदोलनों को लेकर कहा जा सकता है। सरकार चाहे वह किसी भी पार्टी की क्यों न रही हो वह दमन और हिंसा के माध्यम से ही राज करना चाहती है। आजादी के बाद से अब तक पुलिस गोलीचालन में निहत्थे, निर्दोष 80 हजार से ज्यादा नागरिक मारे जा चुके हैं। इसके बावजूद भी देश में अधिकतर जनआंदोलन अहिंसा के सिद्धांत को लेकर चल रहे हैं। जिनमें आर्मड़ फोर्सेज स्पेशल पॉवर एक्ट के खिलाफ ईरोम शर्मिला द्वारा गत दो दशकों से चलाया जा रहा आंदोलन हो या कश्मीरी छात्रों के द्वारा चलाया जा रहा आंदोलन।

गांधीजी शुरू से ही सरकारों द्वारा पुलिस और सेना के इस्तेमाल को गलत मानते थे। वे बार-बार कहते थे यदि पुलिस और सेना के प्रयोग के बिना कांग्रेस के मंत्री राजकाज नहीं चला सकते तो उन्हें इस्तीफा दे देना चाहिए तथा कांग्रेस पार्टी के विधान से सत्य और अहिंसा जैसे शब्दों को हटा देना चाहिए। गांधीजी ने 4 अगस्त 1946 को 'खुद कूदो' नामक लेख में कहा कि जब तक हमारे हृदयों में बहादुरी और प्रेम के साथ मरने की शक्ति पैदा नहीं होती तब तक हम वीरों की अहिंसा का

विकास नहीं कर सकते। जब बंबई सरकार के गृहमंत्री मोरारजी भाई अहमदाबाद के दंगों की आग बुझाने के लिए सेना और पुलिस की मदद लेने की अनुमति लेने गांधीजी के पास पहुंचे तब उन्होंने कहा कि अगर जरूरत पड़े तो दंगे की आग को बुझाने की कोशिश में उन्हें गणेश शंकर विद्यार्थी की तरह मर जाना चाहिए।

नशा देश के युवाओं को बड़े पैमाने पर प्रभावित कर रहा है। लेकिन देश में नशाबंदी के आंदोलन भी जोरों से चल रहें हैं जिसमें महिलाएं और युवा बढ़-चढ़कर हिस्सा ले रहे हैं। तमिलनाडु के युवाओं ने 100 दिन की नशाबंदी की यात्रा निकालकर आम चुनाव में इसे एक अहम मुद्दा बना दिया है। मुख्यमंत्री जयललिता ने शराबबंदी की बात करनी शुरू कर दी है। केरल के अंदर भी यूडीएफ 10 साल में शराबबंदी की बात कर रही है। बिहार में शराबबंदी के मुद्दे को बिहार के मुख्यमंत्री नीतीश कुमार ने न केवल मुख्य मुद्दा बनाया बल्कि चुनाव जीत जाने के बाद कानून बदल कर शराबबंदी लागू करने का फैसला भी किया है। हरियाणाए उत्तराखंड तथा आंध्रप्रदेश में भी महिलाओं के नेतृत्व में शराबबंदी आंदोलन किए जा रहें हैं जिसमें युवा महिलाएं अगुवाई कर रही हैं।

शराबबंदी के खिलाफ सरकारों द्वारा जो तर्क दिए जाते हैं, वे नए नहीं हैं। सर्वाधिक राजस्व की आय शराब बिक्री से होती है इस कारण शराबबंदी नहीं की जा सकतीए यही सरकारों का तर्क रहता है। गांधीजी ने 14 जुलाईए 1937 को कांग्रेस के राज्यों में सरकार बनने के बाद अपेक्षा की थी कि वे तीन वर्ष के अंदर शराब एवं मादक द्रव्यों पर पूर्ण पाबंदी लगा देंगे। उनका तर्क था कि शराब लोगों का नैतिकए मानसिक और शारीरिक पतन करती है तथा भ्रष्टता के लिए मजबूर करती है। लेकिन सरकार ने गांधीजी के सुझाव को यह कहकर नामंजूर कर दिया कि यदि शराबबंदी कर दी गई तो राजस्व आना बंद हो जाएगा। जिससे शिक्षा देना संभव नहीं रहेगा। इस पर गांधीजी ने कहा कि जो शिक्षा शराब की आय से दी जाती हो उसे तत्काल बंद कर दिया जाना चाहिए। आज हर वर्ष शराब से होने वाली आय में सालाना 20 प्रतिशत की बढ़ोतरी हो रही है। तथा सरकारें सरकार की आय से ही कर्मचारियों का वेतन दे रहीं हैं इसके बावजूद शराबबंदी का प्रश्न अहम बना हुआ है जो समाज में गांधीजी के प्रभाव को दर्शाता है। युवाओं का नेतृत्व इस आंदोलन को राष्ट्रव्यापी बना सकता है।

गांधीजी का सबसे अधिक आग्रह खादी को लेकर था वे चाहते थे कि हर व्यक्ति अपने हाथ का बना कपड़ा पहने। लगता है सरकारों ने खादी उद्योग को पूरी तरह खत्म करने का संकल्प कर रखा है। इसी कारण देश भर में खादी संस्थाएं बंद पड़ी हैं। युवाओं के बीच खादी का प्रचलन फिर से बढ़ना शुरू हुआ है। सरकार द्वारा खादी संस्थाओं को सबसिडी नहीं दिए जाने के कारण खादी लगातार महंगी होती

जा रही है। उसके बावजूद भी युवाओं का आकर्षण खादी की ओर बढ़ रहा है। युवा अगर तय करें तो देश में खादी और ग्राम उद्योग को पुर्नजीवित कर पुर्नस्थापित किया जा सकता है जिससे करोड़ों युवाओं को रोजगार भी मिल सकता है।

गांधीजी सादगी के पक्षधर थे। वे कहते थे कि रहन-सहन में शासकों और नागरिकों के बीच तालमेल होना चाहिए। शासकों द्वारा अंग्रेजों की नकल करने से जनता के बीच हीनभावना पैदा होती है। वे मंत्रियों और अफसरों के अधिक वेतन पर भी सवाल उठाते थे।

गांधीजी ने नीति बनाने वालों के लिए जो मंत्र दिया था वह आज भी कारगर है। वे कहते थे कि ''जब भी कभी आपके मन में संदेह उत्पन्न हो तथा आप अपने बारे में अत्याधिक विचार करें तब आप अपने सामने यह कसौटी रखेए अपनी आंखों से देखे हुए सबसे गरीब और सबसे दुर्बल मनुष्य का चेहरा याद करें और अपने मन से यह पूछे कि जो कदम आप उठाने का विचार कर रहे हैं, वह उस गरीब और दुर्बल के लिए उपयोगी होगा कि नहीं? उस कदम से क्या वह अपने जीवन और भविष्य के लिए कुछ अधिक पा सकेगा या नहीं? दूसरे शब्दों में कहूं तो क्या आपका वह कदम भूखे और आध्यात्मिक दारिद्र भोगने वाले लोगों को स्वास्थ्य दिशा में ले जाएगा? उसके बाद आप देखेंगे कि आपका संदेह और आपका व्यक्तित्व सर्वथा लुप्त हो गए हैं।''

आज नीतियां बनाने वाली सरकारें और पार्टियां कारपोरेट को अधिकतम लूट की छूट देने के उद्‌देश्य के साथ कार्य कर रहीं हैं जिसका परिणाम यह हो रहा है कि किसान, किसानी और गांव नष्ट हो रहे हैं। कांग्रेस के मंत्रियों के बारे में गांधीजी लगातार कहते थे कि शहरों की सेवा करके मंत्रियों को लगता है कि उनका कर्तव्य पूरा हो गया है। वे भूल जाते हैं कि हिन्दुस्तान कुछ हजार शहरों में नहीं बल्कि 7 लाख गांवों में बसता है। वे शहरों को राज्यों की संस्था के फोड़े मानते थे। वे कहते थे यदि शहर वालों के हृदय में गांव रम गए तथा वे ग्राम मानस वाले बन गए तो फोड़ा चीरे जाने के बाद जल्दी भरकर अच्छा हो सकता है।

गांधीजी ने संविधान को देश के नागरिकों का अधिकार पत्र कहा था उन्होंने कहा था कि ''मैं ऐसे संविधान की रचना का प्रयत्न करूँगा जो भारत को हर तरह की गुलामी और किसी पर आश्रित होने की भावना से मुक्त कर देगा। मैं ऐसे भारत के निर्माण के लिए कार्य करूँगा जिसमें गरीब से गरीब आदमी को ऐसा लगे कि भारत उनका अपना देश है और उसके निर्माण में उनका भी महत्वपूर्ण हाथ है। मैं ऐसे भारत के लिए कार्य करूँगा जिसमें बसने वाले लोगों का ऊंचा और नीचा वर्ग नहीं होगा। वह ऐसा भारत होगा जिसमें सभी कौमें पूरी तरह मेल-मिलाप और मित्रता के साथ रहेंगी। ऐसे भारत में अस्पृश्यता के अभिशाप अथवा नशीले पेयों और मादक

पदार्थों के अभिशाप के लिए कोई गुंजाइश नहीं होगी, उसमें स्त्रियों और पुरुषों के साथ समान अधिकारों का उपयोग करेंगे। चूंकि हम बाकी दुनिया के साथ शांति से रहेंगे इसलिए, हम ना तो दूसरे का शोषण करेंगे और ना ही अपना शोषण होने देंगे। इसलिए हमारी सेना छोटी से छोटी होगी जिसका देश के करोंड़ों मूल नागरिकों के हितों के साथ कोई संघर्ष और विरोध नहीं होगा। मैं व्यक्तिगत रूप से देशी-विदेशी के भेद से नफरत करता हूं यह मेरे सपनों का भारत है।''

गांधीजी के सपनों का भारत तथा संविधान में जिस भारत की कल्पना की गई है उसमें कोई बहुत अंतर नहीं है। लेकिन इस समय देश में सत्तारूढ़ सरकारें भारत के संविधान के मूल्यों तथा सिद्धांतों पर कुठाराघात करते हुए दिखलाई पड़ती हैं। सरकारें अडानी और अंबानी के सपनों का भारत बनाने पर आमादा है जिसमें आम नागरिकए बाजार के गुलाम की भूमिका में हैं।

देश के युवाओं के समक्ष यही सबसे बड़ी चुनौती है कि वह मैं से हम तक के सफर पर निकलें। समाजए देश और मानवता के लिए वे क्या योगदान कर सकते हैं वह तय करें तथा खुद के द्वारा तय की गई भूमिका को लेकर जीवन जीए जिसमें उनके अलावा दूसरे भी समताए न्याय, बंधुत्व और लोकतंत्र पर आधारित सम्मानपूर्वक जीवन जी सकें।

उल्हास जाजू

वर्तमान संदर्भ में कुछ रचनात्मक कार्यक्रमों की दिशा

सद्-विचार को मूर्तरूप देकर ही समाज-परिवर्तन होता है। विचार को मूर्तरूप देने के दो तरीके हैं। पहलाए अन्याय निवारण के लिए किया गया संघर्ष आंदोलन है। उसमें सहभागी होने वाला लोकसमूह, अन्याय से पीड़ित वर्ग होता है, और उन्हें साथ देने वाले, आंदोलन को दिशा-दर्शाने वाले, वैचारिक दृष्टि से जुड़े हुए होते हैं जिन्हें एक्टिविस्ट (Activist) कहा जाता है। आंदोलन के विचार से सहानुभूति रखने वाला सर्वसाधारण समाज, मौन रहता है (Culture of Silence)। अन्याय समाज के जीवन को जब तक नहीं झकझोरता, तब तक आंदोलन मुखरित नहीं होता। सर्वसाधारण के जीवन पर जब अन्याय की पराकाष्ठा होती है, तब अन्याय-निवारणए लोक आंदोलन का रूप लेता है, जैसा आजादी की लड़ाई के समय हुआ था। आंदोलन यदि ठीक तरह से न चलाया जाएए तो विचार को वह विकृत रूप दे सकता है। दूसराए रचनात्मक कार्यक्रम सद्विचार को व्यक्तिगत जीवन में मूर्तरूप देने की साधना है। श्रद्धा से ही कर्म का सातत्व टिकता है। विचार जब दिमाग से दिल में पैठता है, आचरण में प्रकट होता है, तब वह व्रत का रूप लेता है। व्रतस्थ जीवन की सुगंधए सत्संग से फैलती है। मेरा जीवन ही मेरा संदेश बनता है। सज्जन-शक्ति (मौन रहने वाली) कालानुरुप, अन्याय की पराकाष्ठा पर संगठित होती है और एक शांतिमय क्रांति को जन्म देती है। स्वाभाविक रूप से इस ढंग के परिवर्तन में आंदोलन जैसाए 'ज्वार' नहीं होताए ना ही 'भाटा' होता है। व्यक्तिगत जीवन में विचार को मूर्तरूप देने की साधना, लोक-आंदोलन के नींव का पत्थर है।

कलियुग (लोभ का युग) के लाचार समाज-जीवन में रचनात्मक कार्यक्रमों की दिशा स्वावलंबन की है। स्वावलंबन शक्तिसाधना का पहला कदम है। सत्याग्रह के मार्ग पर अग्रसर होने का पहला पड़ाव है।

अर्थ-स्वावलंबन भौतिक जीवन में सबसे अधिक अहमियत रखता है और बाजार पर परावलंबी होकर हमने आर्थिक स्वावलंबन खोया है। अतः आर्थिक स्वावलंबन का पहला चरण बाजार-मुक्ति है। किसी वस्तु को खरीदने या बेचने के

लिए बाजार न जाना पड़े, तब ही बाजार से मुक्ति मिलेगी। अतः स्वदेशी व्रतभावना सेए अपने परिसर कीए परस्परावलंबन से आवश्यकताओं की पूर्ति करनाए बाजार-मुक्ति की ओर अग्रसर होना है। अपने परिसर में ही कच्चे माल का पक्के माल में परिवर्तन करना और उसका उपभोग करना ही स्वदेशी है। उत्पादन बाजार के लिए कमए अधिकतम खुद के लिए या पड़ोस के लिए होगाए तभी बाजार-मुक्ति सधेगी।

दैनंदिनी जीवन की प्राथमिक आवश्यकताओं, अन्न तथा वस्त्र, स्वावलंबन से ही पूर्ण करनी होगी। स्वावलंबन के लिए खेती और स्वावलंबन के लिए कताईए यह इस दिशा में प्रथम चरण होंगें।

कलियुग में 'रुपया' भी एक आवश्यक दुश्मन (Necessary Evil) बन गया है। हमारे परिसर कीए गांव-गांव कीए विकेंद्रित वित्त संस्थाओं, स्वावलंबन के प्रवास का अभिन्न अंग बन गई हैं। गांव का पैसा गांव में ही प्रवाहित करकेए परस्पर विश्वास के आधार पर, वित्तपूर्ति करने वाले महिलाओं के स्वयं सहायता समूहए आज के युग की मांग है।

हम ऐसे समाज में रहते हैं जहाँ सभी लोग बराबर हैं पर कुछ लोग ज्यादा ही बराबर हैं (All men are equal, but few are more equal than others), ऐसे समाज में भौतिक विकास के लिए बने संगठन, More equal का ही विकास साधते हैं। भौतिक विकास से पायी अर्थसत्ता चरित्र हनन की ओर ले जाती हैं, ऐसा सेवाग्राम (जहां कि महात्मा गांधी का आश्रम है) परिसर का अनुभव है। भौतिक विकास स्वार्थवृद्धि के कारण, समाज खंडित करता नजर आता है। सेवाग्राम परिसर में पूरे गांव के कुंटुंबों का सहभाग प्राप्त कर (गांव समाज को ईकाई मानकर), दूध उत्पादन सहकारी संस्थाए उपसा जलसिंचन (Lift Imgation) सहकारी संस्था, सेवाग्राम अस्पताल की ग्रामीण स्वास्थ्य बीमा योजना और एक घर-एक संडास योजना साकार हुई। योजनाओं का लाभ गरीब तक पहुँचा है। पूरा गांव इकट्टठा आया। व्यक्तिगत स्वार्थपूर्ति सामूहिक ढंग से हुई। स्वार्थपूर्ति के लिए बने संगठन परिवर्तन का वाहक नहीं बने, बल्कि शराब, जुआ, सट्टा, सत्ता-स्पर्धा और झगड़ों को निमंत्रण देने वाले साधन सिद्ध हुए।

अतः रचनात्मक कार्यक्रमों की प्रेरणा अंतिमतः आध्यात्मिक ही होनी चाहिए, अन्यथा वह क्रांति का वाहक नहीं बन पाएंगे, इसका भान हमें हुआ। उपरोक्त परिपेक्ष्य में, आइए देखें कि वर्तमान संदर्भ में उभरे कुछ रचनात्मक कार्यक्रमों की दिशा क्या होनी चाहिए।

1. स्वावलंबन के लिए खेती : खेती का उत्पादन बाजार में लूटा जाता है। पैसे का लोभ उसे अधिकाधिक उत्पादन के मृगजल के पीछे दौड़ाता है। अधिक उत्पादन के लोभ में, निसर्ग पर बलात्कार करने में वह नहीं चूकता। परिणामतः

उपजाऊ जमीन धीरे-धीरे निर्जीव होती जा रही है। उत्पादन का और कोई साधन नहीं, इसलिए लाचारी से वह खेती करता है। कर्ज बाजारी बनता है और अंततः सच्चरित्र श्रमजीवी अपराधी भावना से आत्महत्या करने की सोचता है।

बुद्धिजीवी, खेती करने वालाए जानता है कि पूँजी आधारित (Capital intensive) खेती रोग का कारण है। अतः कम खर्चे की खेती की ओर मुड़ता है। बीज-स्वावलंबनए खाद-स्वावलंबन, औषधि स्वावलंबन की ओर अग्रसर होता है। स्वावलंबी खेती की ओर कदम बढ़ते हैं। धरती-माता पीढ़ी दर पीढ़ी, अन्न देती रहेए यह चाहते हैं तो सेंद्रीय खेती की ओर ही मुड़ना पड़ेगा, हमें यह बात अच्छी तरह समझ लेना चाहिए। अपनी खेती में उत्पन्न होने वाले कच्चे माल पर प्रक्रिया करके पक्का माल हाट में भेंजे (कपास से कपड़ाए गन्ने से गुड़ए तुअर से तुअर दाल) तो ही कुछ पैसे हाथ लगते हैं, यह मैं अनुभव कर रहा हूँ।

एक कदम आगे बढ़ने वाला खेतिहर, संकल्प पूर्वक खेती करेगा। पहला संकल्पए आधिकाधिक बाजार-मुक्ति का। अपनी अधिकांश विविध न्यूनतम आवश्यकताओं की पूर्ति खेती से ही करेगा। दैनंदिनी-जीवन को लगने वाले 'लफंगे' रुपये की आवश्यकता कम करते जाएगा। पैसे के माध्यम से नहीं, पर बदलोन पद्धति (Barter) से अपनी आवश्यकताओं को पूरी करने का अधिकाधिक प्रयास करेगा, ताकि उसके श्रममूल्य का शोषण न हो। मेंढ़ा लेखा गांव (गड़चिरोली जिला) अपनी कताई की पूनी पाने के लिएए सेवाग्राम के पास के पिंपळगांव और दिंदोड़ा गांव को चावल बदलोन में देता है। हमने अनुभव किया है कि 'स्वावलंबन के लिए' खेती ही व्रतपूर्वक आचरण वाली खेती है। इसमें खेतिहर को अनेक व्रत लेने पड़ते है। उदाहरण के लिए—

- कौशलयुक्त युवाओं के लिए नौकरी और उद्यमिता के लिए ट्रेनिंग और आर्थिक मदद देना,
- पैसा लगाकर बाजार से बीजए खादए औषधि नहीं लाऊंगा।
- मेरे कुटुंब और परिसर की आवश्यकता पूर्ति के लिए प्राथमिकता दूंगा।
- धरती माता जो देगी, उसे प्रसाद रूप में ग्रहण कर उसी में समाधान मानूंगा।

खेती की जमीन से जितना लूंगा, उतना उसे वापस करूंगा (सृष्टि की हानि पूरी करूंगा) ताकि जमीन सजीव बनी रहे।

ऐसा खेतिहर विविध प्रकार का अनाज उगाएगा। ईंधन, घर के लिए लकड़ी ढोरों का चाराए पक्षियों के निवास, इन सब आवश्यकताओं को ध्यान में रखकर नियोजन करेगा। निसर्ग खेती से पूरक वातावरण की निर्मिति करेगा। पानी का लघुत्तम उपयोग करेगा। गाय-बैल बगैर शाश्वत खेती हो नहीं सकतीए यह अच्छी

तरह समझेगा। धरती पर बलात्कार कर अधिक उत्पादन लेने की चाह नहीं रखेगा। जमीन अधिकाधिक जीवित कैसी होगीए इसका अखंड विचार रखेगा। कुल मिलाकर निसर्ग से एकरूप होकर सृजन का आनंद पाएगा। लफंगे रुपये की आवश्यकता न्यूनतम करने के लिए व्रतपूर्वक सादगी से रहेगा। शरीर श्रमए अस्तेयए अपरिग्रहए स्वदेशी यह व्रत जीवन का अभिन्न अंग बनेंगे। एक साधक के तपमय जीवन का दर्शन हमें होगा।

2. वस्त्र-स्वावलंबन : बाजार-मुक्ति के लिए खादी वस्त्र पहला कदम है। कच्चे माल का पक्के माल में गांव में ही परिवर्तन कर, बाजार के शोषण से मुक्ति पाया जा सकता है। परंतु इतना सा करने के लिएए उसे खुद के हाथ-कताई का ही वस्त्र पहनूंगा, ऐसा व्रत लेना होगा। आकर्षकए इस्तरी टिकने वाले कपडों का मोह छोड़ना होगा। कपड़ा धुलाई और खादी वस्त्र के रखरखाव की तकलीफ सहर्ष सहनी होगी। इसके प्रतिफल में वह पाएगा, अपने बरबाद जाते रिक्त समय का सदुपयोग करेगा, उत्पादक शरीर श्रम का साधन और अपने श्रम से निर्मित कपड़े के दान का आनंद लेगा।

व्रतस्थ होकर श्रद्धापूर्वक कातने वाला बटोरेगा सृजन का आनंदए श्रमजीवी के प्रति करुणा। एकाग्रता की साधना सहज फलेगीए गतिशील चिंतन के रूप में! एक छोटे से संकल्प से आरंभ करने वाले इंसान कोए अन्य संकल्प जीवन में उतारने की प्रेरणा भी मिलेगी। जीवन-आरोहण के शनैः-शनैः डगर भरे जाएंगे। हमारे अनुभव में समराही मित्रों की पहचान का यह साधन बनता है, मैत्री पथ पर सज्जन समर्थ व्यक्ति चल पड़ते हैं।

महिलाओं के स्वयं सहायता समूह (Self Help Group of Women) : आरंभ महिलाओं के आर्थिक स्वावलंबन से होगा। वित्त स्वावलंबन महिला की लाचारी दूर करेगी। जब कुटुंब की आवश्यकताओं के लिए, महिला के माध्यम से आर्थिक स्त्रोत आएगाए तो परिवार में महिला की अस्मिता की पुष्टि होगी। आर्थिक व्यवहार में विश्वास का सातत्य टिका रहे, भ्रष्टाचार जन्म न लेए इसलिए आवश्यक होगा कि आर्थिक व्यवहार की पारदर्शिता बनी रहे। सर्वानुमति से निर्णय लेने की परिपाटी महिला-समूह से संस्कारित करना होगा। इस समूह में 'चुनाव' से नहीं, 'मनाव' से पदाधिकारी चुने जाएंगे। पद पर पदाधिकारी दो साल से अधिक नही रहेंगे। जिम्मेदारियाँ अधिकाधिक महिलाओं में बांट दी जाएगी। महिलाओं के इस समूह को अपना अर्थव्यवहार खुद संभालने के लिए सीखना होगा, किसी एक स्वयंसेवी संस्था के भरोसे भी नहीं रहना चाहिए। संस्था रजिस्टर करके (Credit) सोसायटी बन जाने के धोखे से बचना होगा, अन्यथा सर्वानुमति के संस्कार को ही खो बैठेंगे। अर्थव्यवहार सामान्य सभासद के हाथ से निकलकर आर्थिक सत्तास्थान निर्माण न

करे, इसलिए जागरूक रहना होगा। हम बैंक से क्रेडिट लिंकेज (Credit) द्वारा समूह अपने अर्थव्यवहार की क्षमता को बढ़ा सकते हैं। पारदर्शी अर्थव्यवहार स्वयं-सहायता समूहों का अंतिम पड़ाव नहीं है। महिला सबलीकरण (Empowerment) के लिए अन्याय-निवारणों के मुद्दों पर सक्रिय होना होगा। गांव-गांव में शराब बंदी शायद पहला पड़ाव होगा।

अन्न स्वावलंबन के लिए खेती तथा वस्त्र स्वावलंबन जैसे रचनात्मक कार्यक्रमों में, कच्चे माल का पक्के माल में परिवर्तन करने के लिए उद्योग समूह को प्रवृत्त करना होगा। इस प्रवास में सतत् ष्स्वाध्याय' के लिए, महिला समूह को अपनी शैक्षणिक भूमिका भी निभानी होगी। ग्रामीण जीवन से संबंधित प्रश्नों पर प्रबोधन सत्र, चर्चासत्र, शैक्षणिक ट्रिप इत्यादि के आयोजन से विचार परिपक्व होगा, सहभागिता बढ़ेगी और बुद्धिपूर्वक कदम उठेंगे।

गांव की पक्षगत राजनीति से इन संगठनों को अलग रखना होगा। यदि समूह एकनिष्ठ न हो तो प्रवास भटक जाएगा। 'हमारे प्रश्न हम ही हल करेंगे, इसके प्रति निष्ठा रखेंगे। परस्पर विश्वास की, एक संघ रहने की शपथ लेंगे। पूरे गांव की महिलाएं एक संघ न रह पाए, तो यह आंदोलन, अंतर्विरोध के कारण बिखर जाएगा।

चिन्मय मिश्र

खादी : विचार की तरह पहनिए-ओढ़िए

''इस बात को लेकर मैं सुनिश्चित हूँ कि हाथ कताई और हाथ बुनाई के पुनरुद्धार का भारत के आर्थिक व नैतिक पुर्नजागरण में सर्वाधिक योगदान होगा। इससे लाखों लाख लोगों के पास कृषि के स्थानापन्न के रूप में एक सरल/सहज उद्योग होगा। वर्षों पहले एक कुटीर उद्योग था और अगर आज लाखों लोगों को भुखमरी से बचना है तो हमें उनके घरों में कताई पुनः शुरू करनी होगी और प्रत्येक गांव को अपने बुनकरों पर पुनः निर्भर होना होगा।'' (महात्मा गांधी, यंग इंडिया 21/07/1920)

''ऐसा प्रतीत होता है कि खादी का मानो हम मजाक कर रहे हैं। 15 अगस्त को किसी ने चरखे को याद नहीं किया। मेरा बस चले तो मैं मंत्रियों से शपथविधि कराने से पहले उनसे उसी हाल में आधा घंटा यज्ञार्थ कताई करवाऊँ और प्रार्थना करवाऊँ। इसके बाद ही शपथ विधि पूरी होगी।'' महात्मा गांधी (सन् 1947)
खादी'' का नाम सुनते ही हमारी आँखों के सामने दो तस्वीरें उभरती हैं, पहली हाथ में तिरंगा लिए हजारों नागरिकों की जो खादी के वस्त्र पहने प्रदर्शन कर रहे हैं और ब्रिटिश पुलिस के जवान उन पर लाठियां बरसा रहे हैं। दूसरी तस्वीर बापू की कौंधती है। घुटने तक की धोती, आँखों में चश्मा और सिर नीचे किए चरखों पर सूत कातते हुए उनकी दिव्य छवि। खादी या खद्दर ऐसा वस्त्र है जिसके लिए हाथ से सूत काता जाता है और हाथकरघा पर उसे बुना जाता है। भारत तो कमोवेश उन्नीसवीं शताब्दी के अंत तक खादी को भूल चुका था। परंतु महात्मा गांधी ने सन् 1915 में दक्षिण अफ्रीका से लौटने के बाद एक तरह से उसे पुनः खोजा या उसका पुनः आविष्कार किया था। इसलिए खादी के पुनर्आविष्कार के मात्र 100 वर्ष बाद उसके पुनरुत्थान के बारे में बात करना अत्यन्त विचित्र मालूम पड़ता है। महात्मा गांधी द्वारा घोषित कुल 18 रचनात्मक कार्यों की सूची में खादी चौथे स्थान पर है और पहले के तीन महत्त्वपूर्ण रचनात्मक कार्य हैं, सांप्रदायिक एकता, अछूत समस्या का निराकरण एवं नशाबंदी। इसके बाद खादी का स्थान है। खादी के बाद ग्रामीण

या ग्रामद्योग आते हैं। हम अक्सर इन्हें एक ही मानते हैं और सरकारों ने भी खादी एवं ग्रामोद्योग आयोग व मंत्रालय बना दिए हैं। परंतु खादी का अपना एक विशिष्ट स्थान रहा है। इसकी महत्ता भारत के उद्गम से लेकर अभी तक बनी हुई है। आज जब सारा विश्व बढ़ते औद्योगीकरण जिसमें कृषि का औद्योगीकरण भी शामिल है, की वजह से अपने अस्तित्व के संकट से जूझ रहा है, ऐसे में गांधी के रचनात्मक कार्य हमें आसन्न संकट से बचा सकते हैं। याद रखिए गांधीजी ने हिंद स्वराज में ही इस नई औद्योगिक वैश्विक संरचना के दुष्प्रभावों को हमसे साझा किया था। उस समय तक विश्व पूरी तरह से यंत्रीकृत भी नहीं हुआ था। पहले और दूसरे विश्वयुद्ध ने वैश्विक आर्थिक व सामाजिक परिदृश्य को पलट दिया। इसके परिणामस्वरूप सन् 1960 के दशक तक औद्योगीकरण का आंशिक सकारात्मक दृश्य हमारे सामने आता है इसके बाद जैसे-जैसे भौतिक संसाधनों खासकर विलासिता और आवागमन के साधनों में परिष्कार आता जाता है वैसे-वैसे जलवायु परिवर्तन की रफ्तार भी बढ़ती जाती है। इस दौरान धीरे-धीरे पृथ्वी से जीवों एवं वनस्पतियों की अनेक प्रजातियां या तो विलुप्त हो जाती हैं या विलुप्ति के कगार पर पहुंच जाती हैं। इसके मायने यह हुए कि पिछले 50-55 वर्षों के हमारे कथित ''वैज्ञानिक विकास'' ने हमारे 4 करोड़ साल के क्रमिक विकास को न केवल अवरुद्ध किया बल्कि उसे प्रलय की ओर मोड़ दिया। मगर हम इस पूरे घटनाक्रम को भली प्रकार आत्मसात नहीं कर पा रहे हैं और ठीक वैसा ही व्यवहार कर रहे हैं जैसा कि दलदल में फसने के बाद कोई विचलित व्यक्ति करता है। हम बजाए शांत व स्थिर रहकर, घबड़ाहट में बिना सोचे समझे हाथ पैर मार रहे हैं जिसकी वजह से दलदल में और गहरे धंसते जा रहे हैं। जे. कृष्णमूर्ति कहते हैं, ''मनुष्य को सोचने में खतरा मालूम होता है। डर लगता है कि कहीं अपनी स्थिति से हम खिसक न जाएं। मनुष्य अपनी स्थिति से खिसकना नहीं चाहता, इसलिए वह परिस्थितियों के साथ और अपने आप से ''एडजस्टमेंट'' यानी समझौता कर लेता है। वह नुकसान में भी अपना फायदा देख लेता है। हानि में भी लाभ देख लेता है और दु:ख में भी सुख मान लेता है। लेकिन यह समझौता मानसिक आलस्य का लक्षण है। मनुष्य विचलित नहीं होना चाहता। किसी तरह समय काटना चाहता है।''

संभवत: इसीलिए हम लगातार युवाओं को भविष्य के प्रति सचेत होने की चेतावनी देते रहते हैं। चेतावनी इसलिए कि सलाह देने में युवा द्वारा अपने विवेक के प्रयोग की संभावना बनी रहती है। उसे लगातार चेताया जाता है और भविष्य के प्रति अत्यंत मोहित बना दिया जाता है। इस प्रक्रिया में न तो वह अपने अतीत से कुछ ज्यादा सीखना चाहता है और न वर्तमान के प्रति उत्तरदायी होने हेतु प्रतिबद्ध होता है। दुनिया भर के उत्पादों को इस तरह से उसके समक्ष प्रस्तुत किया जाता है जैसे कि

अति उपभोग के बिना दुनिया का चल पाना असंभव है। जबकि वास्तविकता इसके ठीक विपरीत है। इसका नतीजा भी हमारे सामने है। गांधीजी कहते थे, ''एक देश दोनों ही प्रकार की संपदाओं यथा भौतिक व बौद्धिक से कृपण बना रहता है यदि वह अपना हस्तशिल्प और उद्योग विकसित नहीं करता तथा बाहर से आयात की हुई वस्तुओं पर सुस्त परजीवी जीवन जीता है। एक समय था जब हम अपनी जरूरत की तकरीबन सभी वस्तुओं का स्वयं निर्माण कर लेते थे। अब यह प्रक्रिया उलटी हो गई है। आज हम अपनी आवश्यकता की कमोवेश सभी वस्तुओं के लिए बाहर के देशों पर निर्भर हो गए हैं अतएव यह परिभाषित करना होगा कि स्वदेशी से आशय क्या हैं पंरतु परिभाषित करते हुए हमें यह ध्यान में रखना होगा कि हम इसे इतना संकीर्ण न बना दें कि निर्माण करना ही असंभव हो जाए या यह इतनी व्यापक हो जाए कि हास्यास्पद हो जाए और केवल नाम के लिए स्वदेशी रह जाए। हमें कुएं में मेंढक वाली नीति नहीं अपनानी है न ही अंतरराष्ट्रीय होने की जिद में हम अपनी जड़ों से कट जाए। यदि हम अपनी वैयक्तियता यानी राष्ट्रीयता को छोड़ देंगे तो हम अंतरराष्ट्रीय भी नहीं रह पाएंगे।'' (यंग इंडिया 20/08/1931) यह दुखद है कि आज भारत में ''खादी'' जो कि स्वतंत्रता संग्राम की नींव का हिस्सा रही की सलामती के लिए एशिया विकास बैंक से ऋण लिया जा रहा है और रेमण्ड जैसे-ब्रांड के माध्यम से इसको बेचने और कथित रूप से लोकप्रिय बनाने के दिवास्वप्न दिखाए जा रहे हैं और विदेशी खासकर चीनी वस्तुओं से बाजार अटे पड़े हैं। याद रखिए खादी सिर्फ एक वस्त्र नहीं, यह एक विचार है, एक निश्चित जीवनप्रणाली है जो कि स्वावलंबन और आत्मनिर्भरता की पैरोकारी करती है और न्यूनतम आवश्यकताओं में जीवन निर्वाह को प्रोत्साहित करती है। खादी कहीं न कहीं हमें ईमानदार व सच्चरित्र होने को भी प्रोत्साहित करती है। हमें यह समझना होगा कि कैसे खादी व गांधी और खादी और स्वतंत्रता संघर्ष कमोवेश पर्याय बन गए थे। खादी और गांधी के अंतर्संबंध एवं दोनों के महत्व को विनोबा ने बहुत सुंदरता से समझाते हुए कहा है, ''महात्मा गांधी खादी के शास्त्रकार हैं। अगर उन्होंने खादी का विचार न सुझाया होता, तो मुझे नहीं लगता कि हम लोगों को वह स्वतंत्र रूप से सूझता।'' एक दफा तो मैंने यहां तक कह डाला था कि ''अगर अहिंसा का नाम लेकर गांधीजी सामने न आए होते तो दूसरा कोई आता, क्योंकि हिन्दुस्तान की विशेष परिस्थिति में इस चीज की जरूरत थी, उसके बगैर छुटकारा ही नहीं था। वह एक ऐतिहासिक आवश्यकता बन गई थी। यह जो मैने अहिंसा के लिए बताया कि गांधीजी उसके लिए निमित्त मात्र हुए, वह बात खादी के लिए नहीं है। अगर गांधीजी हमें खादी न बताते, तो मुझे नहीं लगता कि सहज ही वह हमें सूझती क्योंकि यह चीज सारे प्रवाह के बिल्कुल उलटी थी। हास्यास्पद भी मालूम होती

थी। फिर वह हमें कैसे सूझती? आखिर हम पढ़े-लिखे जो थे, बुद्धिमान और पश्चिम की विद्या पाए थे। अर्थशास्त्र भी काफी पढ़े हुए थे। उस हालत में वह चीज हमें सूझना संभव ही नहीं था। आज जब सारा विश्व किसी एक जीवनशैली को आतुर हो गया है और बिना भविष्य की चिंता किए उसे पाने की होड़ में स्वयं को नष्ट कर रहा है ऐसे में गांधीजी का मिलों में बन रहे सस्ते कपड़े के बरक्स लुप्तप्राय खादी को न केवल अपनाना बल्कि उसे आजादी पाने का माध्यम बना लेना सहज ही उत्सुकता पैदा करता है।''

आज का युवा भी क्या ''खादी'' के मामले में सन् 1915 में जब गांधीजी ने इसके पुनर्आविष्कार का बीड़ा उठाया था, से अलग कुछ और सोचता है? गौर करि, सन् 1915 में भारत में सूती कपड़ा मिलों का जाल बिछना प्रारंभ हो गया था। यूरोप में औद्योगिक क्रांति की शुरुआत हुए करीब 150 वर्ष बीत चुके थे। भारत में चरखा विलुप्त हो गया था और गांधीजी को उसकी खोज करवानी पड़ी थी। गांधीजी अपनी विस्तृत आत्मकथा ''सत्य के प्रयोग'' का अंत ''खादी का जन्म'' और ''चरखा मिला'' से करते हैं। इसके बाद कुल जमा 2-3 छोटे-छोटे संवाद से हैं। ''खादी का जन्म'' में उन्होंने बताया किए ''सन् 1908 तक मैंने चरखा या करघा शायद कहीं देखा हो। फिर भी मैने ''हिन्द स्वराज्य'' में यह माना था कि चरखे के जरिए हिन्दुस्तान की कंगालियत मिट सकती है और यह तो सबके समझ सकने जैसी बात है कि जिस रास्ते भुखमरी मिटेगी उसी रास्ते स्वराज्य मिलेगा। सन् 1915 में मैं दक्षिण अफ्रीका से हिन्दुस्तान वापस आया तब तक मैंने चरखे के दर्शन नहीं किए थे। आश्रम खुलते ही उसमें करघा शुरु किया था।'' उन्होंने मिल में तैयार सूती धागे से बुनाई का कार्य प्रारंभ किया था परंतु अंदर ही अंदर वे पूर्ण स्वावलंबन के प्रति बेचैन थे। इसीलिए वे चरखे की खोज में लगे रहे। सत्य कें प्रयोग में ''चरखा मिला'', में वे लिखते हैं, ''गुजरात में अच्छी तरह भटक चुकने के बाद गायकवाड़ के बीजापुर गांव में गंगाबहन को चरखा मिला। वहां बहुत से कुटुंबों के पास चरखा था, जिसे उठाकर उन्होंने छत पर चढ़ा दिया था। पर यदि कोई उनका सूत खरीद ले और उन्हें पूनी मुहैया कर दे, तो वे कातने को तैयार थे। गंगाबहन ने मुझे खबर भेजी। मेरे हर्ष का कोई पार नहीं रहा। पूनी मुहैया कराने का काम मुश्किल मालूम हुआ। स्व. भाई उमर सोबानी से चर्चा करने पर उन्होंने अपनी मिल से पूनी की गुछलियां भेजने का जिम्मा लिया। मैंने वे गुछलियां गंगाबहन के पास भेजीं और सूत इतनी तेजी से कतने लगा कि मैं हार गया।''

इसी ''हार'' ने तो गांधी को एक प्रकार का विश्वविजेता ही बना दिया। गांधीजी के सामने खादी की आर्थिक उपादेयता और मिलों के कपड़े के सस्ते होने की बात भी जोर-शोर से उठाई गई थी। उनसे कहा गया था कि भारत जैसे देश में

जब मिल का कपड़ा सस्ते में उपलब्ध हो तो कोई खादी क्यों पहनेगा। इस कार्य में असफल हो जाने की पूरी संभावना भी गांधीजी को बताई गई थी। परंतु उन्होंने यह कहकर सबको निरुत्तर कर दिया था कि यदि बुनना और पहनना संभव नहीं है तो मैं नंगा रहना पसंद करूंगा। गौरतलब है गांधीजी ने यह दृढ़ता भारतीय स्वतंत्रता संग्राम में अपनी सक्रिय भागीदारी के शुरू होने के पहले दर्शाई थी और तब तक भारत में वे बहुत लोकप्रिय भी नहीं हुए थे। इससे यह भी पता चलता है कि वे पूरी तरह से तैयार होकर ही भारत लौटे थे। इसलिए हमें बहुत बारीकी से खादी के आर्थिक एवं नैतिक ही नहीं राजनीतिक निहितार्थों पर भी विचार करना होगा। याद करिए सन् 1814 तक भारत का विश्वव्यापार में योगदान 20 प्रतिशत से अधिक था और इसकी वजह भारतीय वस्त्र ही थे। जैसे-जैसे अंग्रेजी शासन का भारत पर आधिपत्य और विस्तार होता गया वैसे-वैसे भारतीय वस्त्र उद्योग छिन्न भिन्न होता गया। निम्न तालिका पर गौर करिए,

वर्ष	ब्रिटिश सूती उत्पादों का भारत में आयात (गज)	भारतीय सूती वस्त्रों का ब्रिटेन को निर्यात (गज)
1814	8,18,208	12,66,608
1821	1,91,38,726	5,34,495
1828	4,28,22,077	4,22,504
1835	5,17,77,277	3,06,068

(स्त्रोत - ताराचंद, भारतीय स्वतंत्रता संग्राम का इतिहास — खंड -1, प्रकाशन विभाग, दिल्ली - पृष्ठ-324)

उपरोक्त तालिका से स्पष्ट होता है कि तकरीबन 21 वर्षों के कालखंड में भारत से कपड़ा निर्यात में 75 प्रतिशत से अधिक की कमी आई और आयात में करीब 63 गुना की वृद्धि हो गई थी।

गौरतलब है जो स्थिति सन् 1835 में भारतीय कपड़ा उद्योग के चरम पतन तक पहुंची, उसकी शुरुआत सन् 1700 में ही हो गई थी। यानी करीब 135 वर्ष पहले ब्रिटेन ने एक कानून बनाकर सभी प्रकार के भारतीय कपड़ों के आयात पर प्रतिबंध लगा दिया था। हमें हमेशा यह याद रखना चाहिए कि ब्रिटेन की औद्योगिक क्रांति की अगुवाई वस्त्र निर्माण से ही हुई थी और भारत अनंत काल से पूरी दुनिया में वस्त्र निर्माण व गुणवत्ता में अद्वितीय था। यह गांधीजी के ही बस का था कि वे विपरीत धारा में आगे बढ़ सकते थे। जिस समय सारा विश्व औद्योगीकरण में अपना भविष्य देख रहा था गांधी अपने पैर पीछे खीच रहे थे क्योंकि वे स्वप्नदर्शी थे और कल्पना करने और उन्हें साकार करने दोनों का मुद्दा रखते थे। सुसन बीन जिन्होंने गांधीजी के वस्त्रों पर गहन शोध किया है, का मानना है, ''उन्होंने अपने रूप को अपने सबसे महत्त्वपूर्ण संदेशों को संप्रेषित करने के लिए कुछ इस तरह से अपनाया जो कि सभी भारतीयों को बोधगम्य हो। कताई जैसे साधारण श्रम में जुटे एवं एक

गरीब की तरह लंगोटी और चादर पहने, इस महत्त्वपूर्ण एवं ताकतवर मनुष्य ने गरीबी की गरिमा, सभी भारतीयों में समानता और भारतीय सभ्यता की महानता के साथ ही साथ अपनी साधुता को भी संप्रेषित किया। उनके वस्त्रों की संप्रेषणीय शक्ति ने बहुभाषीय एवं निरक्षर भारत की (मानसिक) सीमाओं का अतिक्रमण कर लिया था। उनकी छवि में सभी सांस्कृतिक अवरोधों को भी ध्वस्त कर दिया था। पश्चिम पर उनका प्रभाव, जो कि उनके वस्त्रों की सादगी एवं साधुता में परिलक्षित होता था, की वजह से उन्हें सूली पर लटके ईसा मसीह के सादृश्य आंका जाने लगा था।'' तो गांधी किसी भावावेश या अतिरेक में खादी को अपनाने पर जोर नहीं दे रहे थे। वे भारतीय आम जनता की गरिमा और आत्मविश्वास की पुनर्स्थापना चाहते थे, जिसे ब्रिटिश उपनिवेशवाद ने छिन्न-भिन्न कर दिया था। इसके लिए खादी से बेहतर कुछ और हो ही नहीं सकता था। जिस कपड़े के प्रति ईर्ष्या ने भारत को गुलाम बनाया था गांधीजी अपने अनूठे प्रयोग से उसी खादी को भारतीय आजादी आंदोलन का एक औजार या उपकरण बना लेते हैं।

खादी के माध्यम से गांधी अर्थव्यवस्था के लोकव्यापीकरण का सपना देख रहे थे। यदि देश के प्रत्येक व्यक्ति के पास काम है तो उसमें गरिमा का प्रवेश स्वमेव होगा। इसीलिए विनोबा ने खादी को रक्षा तंत्र भी निरूपित किया था। वे चरखा को अहिंसा का प्रतीक मानते हुए कहते थे किए ''खादी से आशय है गरीबों से एकरूपता, मानवता की दीक्षा, आत्मनिष्ठा का चिन्ह/यह संप्रदाय नहीं है, मानवता का हृदय है। इसलिए पुराने सांप्रदायिक चिन्हों में से जिस तरह आगे दुष्परिणाम निकले, वैसे खादी में से निकलने के भय नहीं है। और उसमें जीवन में परिवर्तन करने का अद्भुत सामर्थ्य है। हमारी पोशाक, हमारे सूत का बनना स्वाभिमान की चीज है। यह समझकर जो खादी बनाएगा, उस पर किसी की सत्ता नहीं चलेगी। मैं किसी का गुलाम नहीं रहूंगा और न किसी को गुलाम बनाऊँगा। खादी इसी प्रतिज्ञा का प्रतीक है।'' आज जब हम वैश्वीकरण के युग में जी रहे हैं और यह दावा कर रहे हैं कि भारत दुनिया का सबसे नौजवान देश है, क्योंकि यहां संख्या के आधार पर सर्वाधिक युवा हैं। लेकिन दूसरी ओर बढ़ती यांत्रिकता के चलते क्या संभव है कि हम इन सबको गरिमामय रोजगार दे पाएंगे? शायद नहीं!

सब ओर से आज सुनाई दे रहा है कि गांधी ही भविष्य हैं। यहां गांधी से आशय उनके विचारों से ही है। जबकि हमारा सारा उपक्रम तो गांधी विचार के बिल्कुल विपरीत नजर आ रहा है। वे कहते थे, ''स्वराज्य की मेरी कल्पना के विषय में किसी को कोई गलतफहमी नहीं होना चाहिए। उसका अर्थ विदेशी नियंत्रण से पूरी मुक्ति और पूर्ण आर्थिक स्वतंत्रता से है। उसके दूसरे उद्धेश्य भी हैं। एक छोर पर है नैतिक व सामाजिक उद्देश्य और दूसरे छोर पर इसका दूसरा उद्देश्य है धर्म। यहां

धर्म शब्द का सर्वोच्च अर्थ अभीष्ट है। उसमें हिंदू धर्म, इस्लाम धर्म, ईसाई धर्म आदि सबका समावेश होता है, लेकिन वह इन सबसे ऊँचा है। इसे हम स्वराज्य का सम-चतुर्भज भी कह सकते हैं। यदि उसका एक भी कोण विषम हुआ, तो उसका रूप विकृत हो जाएगा। ''इतना ही नहीं उनका मानना था कि, ''पूर्णस्वराज्य का अर्थ है भारत के नरकंकालों का उद्धार पूर्ण स्वराज्य ऐसी स्थिति का द्योतक है, जिसमें गूंगे बोलने लगते हैं और लंगड़े चलने लगते हैं।'' इसे समझने के लिए गांधीजी की बातों को वर्तमान परिप्रेक्ष्य में तौलना होगा। यह जानने का प्रयास करना होगा कि आर्थिक लोकतंत्र या समानता को कैसे पाया जा सकता है। गौरतलब है आज जलवायु परिवर्तन के बाद विश्व की सबसे बड़ी समस्या बढ़ती आर्थिक असमानता है। पिछले एक दशक में इसमें चार गुना तक वृद्धि हुई है। इसके अलावा आप हम सभी जानते हैं कि औद्योगीकरण के इस युग में, हम चाहे जितने रूमानी हो जाएं परंतु वास्तविकता यही है कि भारत की करीब दो तिहाई आबादी अभी भी कृषि पर निर्भर है और इस वजह से कहा जा सकता है कि भारतीय अर्थव्यवस्था पूरी तरह से कृषि पर ही निर्भर है। क्योंकि एक ओर किसान खाद्यान्नों का उत्पादक है और वहीं दूसरी ओर भौतिक संसाधनों का उपभोक्ता भी है। ऐसे में आप कृषि और कृषि आधारित समुदाय के सशक्त हुए बिना एक मजबूत अर्थव्यवस्था और शक्तिशाली राष्ट्र की परिकल्पना तक नहीं कर सकते हैं। गांधीजी ने सन् 1921 में यंग इंडिया में लिखा था, ''अगर हम भारतीय नरकंकालों का चित्र अपने ध्यान में रखें तो हमें अपने 80 प्रतिशत (100 वर्ष बाद सन् 2016 में करीब 70 प्रतिशत लेखक) लोगों का ख्याल करना होगा जो अपने ही खेतों में काम करते हैं, जिनके पास साल में कम से कम चार महीने लगभग कोई धंधा नहीं होता और इसीलिए भुखमरी के कगार पर रहते हैं। यह साधारण स्थिति है। आए दिन के अकालों से इस अनिवार्य बेकारी में और वृद्धि होती रहती है। ये नर-नारी अपने ही घरों में आसानी से ऐसा कौन सा काम कर सकते हैं, जिससे उनकी अत्यंत अल्प आय में थोड़ी वृद्धि हो? क्या अब भी किसी को संदेह है कि वह काम केवल हाथ कताई है, कोई दूसरा नहीं है। ''इस वर्ष (सन् 2016) देश के 11 राज्यों के 33 करोड़ लोग अकाल से पीड़ित हैं। खेती बर्बाद हो गई है लेकिन किसानों और खेतिहर मजदूरों के पास कोई वैकल्पिक कार्य नहीं हैं। परंतु हम तो महात्मा गांधी राष्ट्रीय ग्रामीण रोजगार कानून में भी कताई का प्रावधान नहीं कर रहे है। सरकारों को तो एक तरफ छोड़िए गांधीजी के रचनात्मक कार्य करने वाली तमाम गांधी संस्थाएं आज भी ''पूनी'' के संकट से जूझ रही हैं और आंशिक तौर पर कताई को यंत्रों से करने पर भी राजी होती जा रही हैं और सरकार को कोसने को ही अपना कर्तव्य मान रहीं हैं।

ऐसे में देश के युवाओं से क्या अपेक्षा नहीं की जानी चाहिए कि वे कुछ

रचनात्मक सोच से स्थितियों को समझने और सुधारने का प्रयास करें? गांधीजी अपनी बातों को बहुत सरल और बोधगम्य उदाहरणों से समझाया करते थे। एक बार उन्होंने कहा, ''जैसे घर पर बना भोजन महंगा नहीं पड़ता और उसका स्थान होटल का खाना नहीं ले सकता, वैसे ही घर पर सूत कात लेना और कपड़ा बुन लेना भी महंगा नहीं पड़ सकता।'' इसीलिए खादी महज एक वस्त्र नहीं एक पूरा दर्शन है। आवश्यकता इस बात की है कि इस दर्शन से सहमत या असहमत होने से पहले इसे समझने का प्रयास तो करें। परंतु हमें एक ऐसी जीवनशैली का आदी बना दिया गया है जो कि उपभोग और फेंको (यूज एण्ड थ्रो) के सिद्धांत से आगे नहीं जाती। पृथ्वी पर बढ़ते पर्यावरणीय संकट से भी हमें किसी प्रकार का डर महसूस नहीं होता। हम सोचते हैं कि गर्मी ज्यादा पड़ी तो एयर कंडीशनर विकल्प है और ज्यादा ठंड पड़ी तो भी। परंतु जोर देकर सोचने से स्पष्ट हो जाता है कि मशीन कभी भी प्रकृति का विकल्प नहीं हो सकती। अपने घर को ठंडा रखने वाला यंत्र बाहरी वातावरण को केवल अधिक गरम करता है बल्कि उसे विषैला भी बनाता है। यानि जाने अनजाने हम विनाश में सहयोगी बन रहे हैं। गांधीजी का मानना था किए ''खादी भावना'' का अर्थ है पृथ्वी के प्रत्येक मानव के प्रति भ्रातृत्व की भावना।'' आज का वैश्विक वातावरण इससे ठीक विपरीत है। अतएव खादी को इस नजरिए से भी देखना और समझना होगा।

मार्क्सवादी चिंतक एवं महान लेखक कवि गजानन माधव मुक्तिबोध ने गांधीजी की हत्या के बाद लिखा था, ''पहली बार, भारत के इतिहास में करोड़ों भूखे जनों को महत्व देने वालाए इनका सगा बनने वाला, एक व्यक्ति सम्मुख आया, जिसने उसी गरीब दबी-कुचली जनता को नैतिक साहस प्रदान कर क्या का क्या बना दिया। उस नैतिकतापूर्ण जनशक्ति के आघात से, ब्रिटिश साम्राज्य चूर-चूर हो गया। नए भारत के उस प्रणेता की मृत्यु भी उसी शहीदाना तरीके से हुई। बिस्तर पर मरने या चलते हुए हार्ट फेल होने के बजायए वह आत्मा, हमारा राष्ट्रपिता राम नाम का पाठ करते हुए एक तुच्छ हिन्दु सम्प्रदायवादी की गोली का शिकार हुआ।'' सोचिएए मुक्तिबोध बापू की मृत्यु को लेकर भी अत्यंत गौरवान्वित क्यों महसूस कर रहे हैं? ऐसा इसलिए क्योंकि गांधी ने गरीबए दबी-कुचली जनता को नैतिक साहस प्रदान किया था। कैसे? आजादी मिलने के पहले गांधीजी ने एक बार कहा था, ''आज करोड़ दो करोड़ आदमी चरखे के असर में आ गए हैं। चरखे में स्वराज्य पाने की शक्ति है, ऐसा हम आज तक कहते आ रहे हैं। हम चरखे द्वारा इतने सालों में देहात में काफी पैसा भी पहुंचा पाए हैं। क्या आज भी हम ऐसा कह सकते हैं कि चरखे के बिना स्वराज्य नहीं आ सकता। ''गांधीजी ने सरकारी अर्थव्यवस्था के समानांतर भारत में देशी एवं ग्रामीण अर्थव्यवस्था को ''खादी'' के माध्यम से बहुत

सकारात्मक ढ़ंग से स्थापित किया। देश की आजादी के समयए खेती के बाद सबसे ज्यादा रोजगार हाथकरघा उद्योग ही प्रदान कर रहा था और कमोवेश यह स्थिति आज तक बनी हुई है। इसलिए युवाओं को इस बात पर विचार करना चाहिए कि विकास के किसी अतिरेक वाले नमूने को अपनाने के बजाय हमें ऐसा देशज तरीका ढूंढना होगा जो हमारी सामाजिक परिस्थिति के अनुकूल हो। परंतु हमारी शिक्षा प्रणाली किसी तरह के देशज उपक्रम को पैरोकारी करती नजर नहीं आती। गांधीजी कहते थे, ''तीन ऊंगुली वाली नहीं, बल्कि दस ऊंगलियों वाली शिक्षा में भरोसा करते हैं। परंतु कंप्यूटर आधारित शिक्षा प्रणाली ने तो विद्यार्थियों की लिखने की क्षमता ही कम कर दी इस तरह स्वदेशी के प्रति सम्मान भी नई शिक्षा प्रणाली जागृत नहीं कर पा रही है।''

इसीलिए आज खादी को फैशन की वस्तु बनाने की होड़ सी मच गई है। परंतु खादी तो अनिवार्यता है और उसे उसी नजरिए से देखा जाना चाहिए। वर्ष में कुछ मीटर खादी खरीद कर पहनने से खादी का विचार मजबूत नहीं होगा। हाँए महज खादी का बाजार जरूर मजबूत हो सकता है। वहीं वर्तमान परिस्थितियों के परिप्रेक्ष्य में उपरोक्त विचार को तौलें तो साफ नजर आता है कि बाजार कितना भी मजबूत हो वह स्थाई रूप से सशक्त नहीं हो सकता। अतएव खादी को एक विचार की तरह ही अपनाना होगा। गांधीजी द्वारा तैयार अंतिम दस्तावेज ''गांधीजी का आखिरी वसीयतनामा'' के नाम से प्रसिद्ध हुआ। इसमें उन्होंने कांग्रेस को भंग कर ''लोक सेवा संघ'' के गठन का सुझाव दिया था। इसकी प्रस्तावना में उन्होंने लिखा था, ''यह याद रखा जाए कि सेवकों के इस समुदाय को अधिकार या सत्ता अपने उन स्वामियों से यानी सारे हिन्दुस्तान से मिलेगी, जिसकी उन्होंने अपनी इच्छा से और बुद्धिमानी से सेवा की है। संघ के कार्यक्रमों पर प्रकाश डालते हुए उन्होंने पहला बिंदु सामने रखा था, ''हर एक सेवक को हमेशा अपने हाथ कते सूत का कपड़ा या चरखा संघ द्वारा प्रमाणित खादी पहनने वाला और नशीली चीजों से दूर रहना चाहिए।''

कार्ल मार्क्स ने कहा था, ''दार्शनिकों ने दुनिया को विभिन्न प्रकारों से व्याख्यायित किया है, किंतु सवाल इसके बदलने का है।'' गांधीजी के जीवन व कृतित्व पर निगाह डालें तो साफ समझ में आता है कि वह दुनिया को बदलने में न केवल विश्वास करते थे बल्कि उसका जरिया भी जानते थे और उस हेतु प्रयासरत भी थे। वर्ना क्या संभव था कि बढ़ते औद्योगीकरण के युग में वह पैर पीछे खींचने की बात सोचते? आज बढ़ता प्रदूषण, नदियों का समाप्त होते जाना, ग्लेशियरों का पिघलना, समुद्र की सतह का लगातार ऊपर उठना, मौसम की बढ़ती अनिश्चितता जैसे तमाम संकट मुँह बाए खड़े हैं और हम उपाय उन्हीं संकटों में ढूंढ रहे हैं। गांधीजी ने आजादी के पहले से ही इस व्यवस्था के ''विकल्प'' पर विचार करना

प्रारंभ कर दिया था और सन् 1909 में लिखी ''हिन्द स्वराज'' पुस्तक इसका ज्वलंत प्रमाण है। परंतु उन्हें कांग्रेस के भीतर भी अपने विकल्पों के क्रियान्वयन को लेकर कभी पूरा समर्थन नहीं मिल पाया। सन् 1937 में भारतीय राष्ट्रीय कांग्रेस ने एक ''राष्ट्रीय योजना समिति'' का गठन किया था। इसमें डॉ. जेण्सी. कुमारप्पा जिन्होंने अत्यंत महत्वपूर्ण पुस्तक ''गांव आंदोलन क्यों'' जिसकी प्रस्तावना स्वयं महात्मा गांधी ने लिखी थी, अखिल भारतीय ग्रामोद्योग एसोशिएशन के प्रतिनिधि के नाते या यू कहें कि गांधीजी के ग्रामीण अर्थव्यवस्था के प्रवक्ता की तरह शामिल हुए थे। परंतु उन्हें योजना समिति से इस्तीफा देना पड़ा क्योंकि राष्ट्रीय योजना समिति के उनके अन्य साथी ग्राम केंद्रित योजना तैयार करने को राजी ही नहीं थे। आजादी के बाद योजना आयोग की सलाहकार समिति के सदस्य के रूप में सर्व सेवा संघ ने उन्हें नियुक्त किया। इस गांधीवादी अर्थशास्त्री को तुरंत ही महसूस हो गया कि उनकी यहां चलेगी नहीं और उन्होंने वहां से भी तुरंत ही इस्तीफा दे दिया था।

डॉ. जे.सी. कुमारप्पा भी गांधीजी की तरह ही मानते थे कि, ''बिना हिंसा या दस्युवृत्ति के औद्योगीकरण हो ही नहीं सकता।'' उनका भी पूरा जोर अहिंसक अर्थव्यवस्था को स्थापित करने पर ही था। कहा जाए तो वह एक तरह से गांधीजी के अर्थशास्त्र संबंधी दर्शन के सर्वश्रेष्ठ प्रवक्ता थे। आज से करीब 100 वर्ष पूर्व वह खेती और समाज में पानी, भूमि, खाद, पशुधन, वन, लकड़ी व ग्रामोद्योगों को लेकर चिंतित थे। थोड़ा या विषयांतर होगा पर अर्थव्यवस्था को समझाने का उनका तरीका शायद आप सबको पसंद आए। वे विश्व में विद्यमान आर्थिक संरचनाओं या विचारों को पांच श्रेणियों में बांटते हैं, ये हैं—1. आदमखोर, 2. लुटेरा, 3. कारोबारीए 4. गिरोहबंद और 5. सेवा।

इसे थोड़ा विस्तार से समझते हैं। ''आदमखोर'' में वह जानवरों में सबसे हिंसक चीते का उदाहरण लेते हैं जो सबसे ज्यादा हिंसक और बेरहम है। चीता कुछ भी पैदा नहीं करताए पैदावार में रत्तीभर मदद भी नहीं करताए लेकिन बिना पैदा किए सिर्फ मार डालता है या अपने उपयोग में ले लेता है। मनुष्य के संदर्भ में चोर व डाकू जैसे लोग हैं अर्थात सिर काटाए बदन के जेवर उतारे और चंपत। सरकार और राष्ट्रों के संदर्भ में, हिंदुस्तान को अंग्रेजों द्वारा गुलाम बनाए जाने को आदमखोर अर्थनीति की मिसाल बताते हैं। ''लुटेरा'' के संदर्भ में वह बंदर का उदाहरण देते हैं। वह अपनी खुराक कैसे पाता है? इधर उधर का फल तोड़ा-पत्ती ली। अर्थात् वह लूट मचाता रहता है। बंदर अपने को खुराक देने वाले साधन को खत्म नहीं करता लेकिन जितना संभव होता है, उससे ले लेता है। इस मायने में वह चीते से कम हिंसक है, लेकिन गुजारा तो लूट से ही करता है। मनुष्यों में वह इसकी तुलना ''पॉकेटमार''

या ''जेबकतरे'' से करते हैं। राष्ट्र के संबंध में वह इसे अमेरिका से तौलते हैं जो दूसरों पर दबाव डालता रहता है। जगह-जगह दखल देता रहता है। यह लुटेरी अर्थनीति की मिसाल है। ''कारोबारी'' में फर्ज और हक दोनों का बराबरी का हिस्सा होता है। इसमें आप पैदा करते हैं और फिर खर्च करते हैं। इसे वह घर में छोटी चिड़िया का घोंसला मानते हैं जिसे वह मेहनत व दूरदर्शिता से तैयार करती है जिससे कि बिल्ली वहां न पहुंच पाए। इस संदर्भ में उनका कहना है कि अतीत में भारत में यही अर्थनीति थी। ''गिरोहगिरी'' में वह शहद की मधुमक्खी का प्रतीक लेते हैं। मधुमक्खी शहद जमा करती है। उसे लाकर छत्ते में भरती है। वह यह नहीं कहती कि कोई खास छेद मेरा है। वह सारे गिरोह या समूह के लिए शहद इकट्ठा करती है। वह अपने निजी खर्च के लिए नहीं बल्कि सबके खर्च के लिए पैदा करती है। वह एक खानदान की तरह रहती है। पैदावार खर्च से ज्यादा है और बचत सबके काम आती है। भारत के संदर्भ में वह इसकी तुलना भारतीय संयुक्त परिवार से करते हैं। एक भाई सिर्फ अपने लिए नहीं बल्कि सारे परिवार के लिए काम करता है। राष्ट्र के रूप में वह तत्कालीन ''सोवियत रूस'' को इसका उदाहरण मानते थे। उनके हिसाब से अर्थनीति का अंतिम स्वरूप है ''सेवा'' अर्थनीति। इसमें वे घोंसला बनाकर उसमें बच्चे देने वाली चिड़िया का रूपक उठाते हैं। बच्चा होने के बाद वह सुबह निकल पड़ती है, अनाज आदि के दाने जमा कर उसे खिलाती है। वह यह नहीं कहती कि जो चीज मेरी लाई हुई है, उसे खाने का हक सिर्फ मेरा है। वह यह भी नहीं सोचती कि बड़ी होने पर मुनिया मुझ बूढ़ी माँ को खिलाएगी। मनुष्य के संदर्भ में इसकी तुलना ''माँ'' से करते हैं जो नि:स्वार्थ ढ़ंग से कार्य करती है। डॉ. कुमारप्पा कहते हैं इतिहास में सेवा अर्थनीति का उदाहरण नहीं मिलता। मगर गांधीजी की कोशिश उसी अर्थ नीति की ओर बढ़ने की थी।

गांधीजी की नीति ''कातो तो पहनो और पहनो तो कातो'' की परिपूर्ण व्याख्या और उसके क्रियान्वयन में आने वाली बाधाओं से निपटने का मार्ग सुझाने में भी डॉ. कुमारप्पा समर्थ थे। गांधीजी की आर्थिक सोच को लेकर तमाम भ्रम भी फैलाए जाते रहे हैं खासकर औद्योगीकरण को लेकर। परंतु गांधी भारत को लेकर अपनी प्राथमिकताओं के क्रम में सुनिश्चित करते हैं। वे किसी भी तरह की जल्दबाजी के विरुद्ध थे। सन् 1940 में डॉ. राम मनोहर लोहिया ने गांधीजी से भारत में पश्चिमी विज्ञान एवं तकनीक के संभाव्य प्रयोग के बारे में पूछा था। इस पर गांधीजी का जवाब था, ''यदि मैं अपने नजरिए से देश को रूपांतरित कर पाया, तो भविष्य की सामाजिक स्थिति मुख्यत: चरखे और उसमें अंतर्निहित सभी अवयवों पर आधारित होगी। उसमें वह सब कुछ शामिल होगा जो ग्रामीणों के कल्याण को प्रोत्साहित करता हो। इसमें उन उद्योगों को बहिष्कृत नहीं किया जाएगा जो कि

गांवों एवं ग्रामीण जीवन के अनुकूल हों एवं उनका गला नहीं घोंटते हो। मैं बिजली, जहाज निर्माण, लोहे के कार्य, मशीन निर्माण जैसे उद्योगों की कल्पना ग्रामीण हस्तशिल्प के साथ ही साथ करता हूँ। परंतु निर्भरता का क्रम एकदम उलट होगा। अभी तो औद्योगीकरण की योजना गांवों एवं ग्रामीण शिल्पों को नष्ट करने के लिए बनाई जा रही है। भविष्य के राष्ट्र में यह गांवों और उनके शिल्पों की रक्षा में उपयोगी होगी।''

याद रखिए गांधी अतीत के औद्योगिक भारत से सबक लेते हुए भविष्य के भारत की नींव रखना चाह रहे थे और खादी को वे इसका परचम बनाना चाहते थे। गौरतलब है, सन्‍ 1800 तक ;और देश के कुछ हिस्सों में तो इसके कई वर्षों बाद तकद्ध देश के अधिकांश हिस्सों में 100 से ज्यादा शिल्प और उद्योग फल-फूल रहे थे। परंतु सन् 1800 के पश्चात ब्रिटिश अधिकारियों द्वारा अपनाई गई व्यावसायिकए व्यापार, वित्तीय एवं राजनीतिक नीतियों की वजह से इनका पतन आरंभ हो गया और उन्नीसवीं शताब्दी के अंत तक आते-आते कुछ तो पूरी तरह से विलुप्त हो गए और अन्य अत्यंत पतन के गर्त में चले गए। इसी के बाद बीसवीं शताब्दी की शुरूआत यानी सन् 1915 में गांधी खादी के पुनर्आविष्कार से इस धारा को मोड़ने का प्रयास करते हैं और उसके सकारात्मक परिणाम आने भी लगते हैं। परंतु राष्ट्र के परिप्रेक्ष्य में धारा को मोड़ पाना अत्यंत कठिन कार्य है और वह भी तब जबकि अपने निकटस्थ सहयोगी तक पूरी तरह से आपसे सहमत न हों। इसे पंडित नेहरू और गांधीजी के इस पत्र व्यवहार से समझते हैं। सन् 1927-28 में पंडित जवाहरलाल नेहरू ने महात्मा गांधी को लिखा था, ''आपने कहीं कहा है कि भारत को पश्चिम से कुछ भी सीखने की आवश्यकता नहीं है, वह अतीत में ज्ञान के शिखर को छू चुका है। मैं निश्चित तौर पर आपके इस नजरिए से असहमत हूँ और मैं यह भी सोचता हूँ कि कथित रामराज्य न तो अतीत में बहुत अच्छा था और न ही मैं उसे वापस लाना चाहता हूँ। मैं सोचता हूँ पश्चिमी या कहें तो औद्योगिक सभ्यता तमाम परिवर्तनों एवं अनुकूलता के साथ भारत पर विजय प्राप्त कर ही लेगी। परंतु हर हालत में हमारा प्रेरणास्त्रोत तो औद्योगीकरण ही होगा।'' इस पर गांधीजी ने जवाब दिया था, ''मेरे और तुम्हारे बीच के मतभेद इतने व्यापक एवं मूलभूत हैं कि प्रतीत होता है कि हमारे बीच कुछ भी साझा नहीं है। मैं तुम्हारी बात सामने लाने का एक गरिमामय रास्ता सुझाता हूँ। अपने मतभेद बताते हुए तुम मुझे एक पत्र लिखो। मैं उसे यंग इंडिया में प्रकाशित करूंगा और संक्षिप्त जवाब भी लिखूंगा।'' परंतु पंडित नेहरू संभवतः अपने विचार सार्वजनिक नहीं करना चाहते थे अतएव गांधीजी ने उन्हें टेलीग्राम कर लिखा कि उनकी कुछ भी प्रकाशित करने की इच्छा नहीं है।'' ''गौरतलब है गोपालकृष्ण गांधी अपने पितामह महात्मा गांधी की विवेचना कुछ

इस तरह करते हैं। 1. वह मृत्यु या पराजय से भयभीत नहीं होते थे। 2. उन्हें स्वयं के मूर्ख दिखाई देने में भी डर नहीं लगता था और 3. अपनी गलती मानने में उन्होंने कभी भी डर महसूस नहीं किया।

अपनी आलोचनाओं से विचलित हुए बिना गांधीजी नवंबर, 1934 में अखिल भारतीय ग्रामोद्योग एसोशिएशन का उद्घाटन कर देते हैं। वह भारत को महज राजनीतिक रूप से स्वतंत्र नहीं देखना चाह रहे थे बल्कि वे इसे एक ऐसे देश के रूप में विकसित करना चाहते थे जो पूरी तीसरी दुनिया के लिए आदर्श हो। एक ऐसी व्यवस्था जहां व्यक्ति और उसके हुनर दोनों का सम्मान हो। इसके अलावा उसकी यंत्रों पर न्यूनतम निर्भरता हो। वर्तमान में यह पूरी तरह से संभव है कि वर्तमान परिप्रेक्ष्य में युवा वर्ग गांधी को कतई अप्रासांगिक माने और उनके तमाम रचनात्मक कार्यों से असहमति भी जताए। परंतु आधुनिक अर्थव्यवस्था का अध्ययन करने वाले ज्यादा बेहतर तरीके से बता सकते हैं कि सन् 2008–09 के बाद से भारत में रोजगार के अवसरों में लगातार कमी क्यों आ रही है? दस हजार करोड़ रु. के निवेश से स्थापित कोई कारखाना एक हजार लोगों को भी सीधे रोजगार उपलब्ध नहीं करवा पा रहा है। ऐसे में हमारे सामने विकल्प क्या है? गाँवों में रोजगार नहीं हैं। कृषि की स्थिति बद् से बद्तर होती जा रही है। लाखों किसान आत्महत्याएं कर चुके हैं। पानी के लिए धारा 144 लग रही है, हत्याएं तक हो रहीं है और विकल्प? शहरों की ओर पलायन? परंतु शहर भी अब और भार वहन कर पाने की स्थिति में नहीं हैं। शहर प्रदूषण और गंदगी से सराबोर हैं और रहने की तो दूर सड़कों पर चलने तक की जगह नहीं बची है। शहरों और गाँवों में 50 प्रतिशत से अधिक बच्चे और महिलाएं कुपोषित हैं और करोड़ो लोग बेरोजगार हैं। ऐसे में हम कहां से रास्ता ढूंढ पाएंगे? गांधीजी कहते थे, ''सारी बुराई का बड़ा कारण उसकी जड़ बेकारी है। और अगर यह जड़ नष्ट की जा सके तो दूसरी किसी कोशिश के बिना ही अधिकांश बीमारियों का सुधार किया जा सकता है। भूखों मरने वाले राष्ट्र में आरंभ या प्रारंभ शक्ति नहीं रह जाती। वह गंदगी और बीमारी के प्रति उदासीन हो जाता है। सभी सुधारों के लिए वह कहने लगता है, ''इनसे क्या लाभ होगा?'' जीवनदायी चरखे के द्वारा ही करोड़ों लोगों के लिए निराशा का यह अंधकार आशा के प्रकाश में बदला जा सकता है।'' आज के युवाओं को खादी की पुनर्स्थापना या इसके माध्यम से आर्थिक संकट से मुक्ति की बात भरोसेमंद मालूम नहीं होती होगी। परंतु हमें पुन: ध्यान रखना होगा कि ''खादी'' कोई एक ''वस्तु'' नहीं हैं यह एक ''विचार'' है और विचार की कोई सीमा नहीं होती वह अनंत तक विचरण करता है। इसलिए ''खादी'' परिवर्तन का आधार प्रदान कर सकती है और इमारत उसके बाद की स्थिति है।

विनोबा लिखते हैं, ''खादी वालों ने इन दिनों ''रिबेट'' और ''कमीशन''

देना शुरू किया है। लेकिन सरकार कब तक मदद देती रहेगी? हैदराबाद में मोरारजी भाई ने कहा था कि हम खादी को कब तक मदद देते रहेंगे? खादी को तो अब अपने पांव पर खड़ा होना चाहिए। इसलिए हम यह विचार समझ लें कि खादी का काम धंधा नहीं हो सकता। खादी एक विचार है। हमको तो यह करना चाहिए कि गांधीजी के नाम से गांधी जयंती से एक महीना खादी थोड़ी महंगी करें। लोगों को समझाएंगे कि तीन आना (करीब 20 फीसदी) खादी का दाम बढ़ा दिया है, उतना ज्यादा देना होगा। जल्दी खादी खरीदिए नहीं तो समय नहीं रहेगा। यह है खादी स्पिरिट (आत्मा-भावना)। उसके बदले हम दाम कम करते हैं।'' वहीं इसके बहुत पहले गांधीजी ने 10 दिसंबर, 1938 के हरिजन के अंक में लिखा था, ''जीवन धन से ज्यादा मूल्यवान है। हमारे लिए अपने वृद्ध पालकों को मारना सस्ता है क्योंकि वे काम नहीं करते और हमारे सीमित संसाधनों पर भार भी हैं। हमारे लिए अपने बच्चों को भी मारना सस्ता है क्योंकि भौतिक विलास के लिए हमें उनकी आवश्यकता नहीं है और हमें बिना किसी लाभ की संभावना उनकी देखभाल करनी होती है। परंतु न तो हम हमारे पालकों को और न ही बच्चों को मारते हैं बल्कि उनके सरंक्षण को तो हम अपना विशेषाधिकार मानते हैं बदले में हम पर चाहे जितना आर्थिक भार पड़ रहा हो। इसीलिए हमें अन्य सभी वस्त्रों को बहिष्कृत करते हुए भी खादी को बचाए रखना है। जब हम राष्ट्र के कल्याण के नजरिए से उसका (खादी की अर्थव्यवस्था) अध्ययन करेंगे तो पांएगे कि खादी कभी भी महंगी नहीं है।'' उपरोक्त दोनों कथन खादी की महिमा को हमारे सामने लाते हैं। वहीं हम आज भी देख रहे हैं कि छूट आधारित हमारा ई-कॉमर्स कमोवेश भस्मासुर साबित हो रहा है। लागत से कम पर बेचने के फायदे आज तो उपभोक्ता को नजर आ रहे हैं लेकिन अंततः दुष्परिणाम भी उसी को भोगना पड़ेंगे। मूल्य बढ़ाकर उस पर छूट देना आज व्यापार मूल्य की तरह स्थापित हो गया है। ईमानदारी से व्यवसाय तभी हो सकता है जबकि व्यवसाय के प्रत्येक मोड़ पर ठीक प्रकार से मूल्यांकन हो।

आज सारा विश्व एकाग्रता, शांति एवं संतोष की तलाश में तमाम तरह के ध्यान व अन्य कसरत कर रहा है और असंख्य फिटनेस केंद्रों से लेकर तथाकथित बाबाओं तक की शरण में है। कार्य की अधिकता से भी कार्यक्षमता पर बुरा प्रभाव पड़ता है। हम देख रहे हैं कि तमाम बड़ी-बड़ी कंपनियां अपने यहां पर शिविरों आदि का आयोजन कर अपने कर्मचारियों को नैराश्य से बचाने में लगी हैं। क्या इस सबमें हम चरखे का प्रयोग नहीं कर सकते? क्योंकि सूत कातना एकाग्रता और शांति प्रदान करने का सर्वश्रेष्ठ माध्यम बन सकता है और यह वर्तमान धसानभरी जीवनशैली का स्वाभाविक विकल्प भी पैदा करेगा। यहां प्रसिद्ध पत्रकार स्व. प्रभाष जोशी याद आ रहे हैं वे कहते थे, ''जो गांधी मनोरंजन करे वह स्वीकार्य हैं लेकिन

जो गांधी व्यवस्था पर सवाल उठाए वह हमें स्वीकार्य नहीं है।'' इसलिए अपनी तमाम आपाधापी और आर्थिक लालसा बरकरार रखते हुए हम एक टोटके की तरह गांधी को अपने बाहरी आवरण पर मढ़ लेना चाहते हैं उसे आत्मसात नहीं करना चाहते।''

तमाम आपसी मतभेदों के बावजूद पं. जवाहरलाल नेहरू ने ''खादी को आजादी का गणवेश'' की संज्ञा दी थी। यह उस समय की सत्यता थी। आज खादी स्वराज्य व स्वावलंबन का गणवेश बन सकती है। आवश्यकता इस बात की है कि हम खादी की भावना को आत्मसात करने का सच्चा प्रयास करें। दांडी यात्रा के बीच में गांधीजी ने कहा था, ''जीवन मरण (यह निरंतर चलने वाला क्रम है।) यह महाधर्मयुद्ध है, (हम) एक महाव्यापक यज्ञ कर रहे हैं और इसमें हम सबको आहुति देनी है। आप में शक्ति न हो तो हट जाएं। आपकी कमजोरी यह आपकी शर्म नहीं है बल्कि मेरी शर्म है, क्योंकि भगवान ने मुझे जो शक्ति दी है, वह आप सबमें भी है। आत्मा मात्र एक है।'' इसी वर्ष उन्होंने कहा था कि ''यदि मैं स्वराज्य तक जिंदा रह पाया तो हमें इसे पाने के बाद और भी कठोर सत्याग्रह करने पड़ेंगे।'' उनका आशय एकदम स्पष्ट था। आज हमारे सामने जो तमाम परिस्थितियां हैं उसे निपटना आजादी के संघर्ष से ज्यादा कठोर है क्योंकि अब हमारे सामने औपनिवेशिक शासन नहीं बल्कि हमारे अपने मतों से चुनी हुई सरकार है।

लुई फिशर ने कहा था, ''गांधी हमेशा ऊँची राजनीति और नीची राजनीति को मिला देते थे। एक दिन अगर वह नेहरू से कश्मीर पर बात करतेए तो दूसरे दिन गांव में जाकर किसानों को मैले से खाद बनाने की तरकीब बताते।'' वे आगे कहते हैं, ''गांधी जी इतने महान थे कि उनकी सफलता संभव ही नहीं थी। उनके लक्ष्य अत्यधिक ऊँचे थे, उनके अनुयायी अत्यधिक मानवी और क्षुद्र।'' यदि हमारे युवा इस कथन को असत्य साबित कर देंगे तो लुई फिशर से ज्यादा प्रसन्न और कोई नहीं होगा। परस्पर निर्भरता एक अच्छा सामाजिक गुण है, परंतु यह जितनी भावनात्मक और मानसिक हो उतनी ही अच्छी। भौतिक संसाधनों खासकर विलासिता के संसाधनों को लेकर ऐसी निर्भरता अंततः अत्यन्त क्षुद्र व्यावसायिक प्रतिस्पर्धा में परिवर्तित हो जाती है। ''खादी'' अपने विचार में ही प्रतिस्पर्धा के खिलाफ है। आज सारी दुनिया रासायनिक पदार्थों के प्रयोग के विरुद्ध काफी सचेत हो रही और जैविक पदार्थों की ओर स्वयं को धकेल रही है। ''खादी'' सृष्टि के सर्वश्रेष्ठ जैविक उत्पादों में से है क्योंकि यह अपनी प्रकृति में ही जैविक नहीं है बल्कि अत्यंत मानवीय भी है। यह समानता को संप्रेषित करती है और पूरे समाज को एक सूत्र में जोड़ने का प्रयास करती है। हम देखते हैं कि वट सावित्री अमावस्या पर महिलाएं वट वृक्ष पर कच्चे सूत से रक्षा सूत्र बांधकर उसका सम्मान करती हैं। त्रिपुरा

में ग्रामीण अपने गांव को बुरी नजर से बचाने के लिए पूरे गांव को कच्चे सूत से बांधते हैं। ''खादी'' इन दोनों रीतियों और रूढ़ियों का विस्तार है, यह हमें सच बोलने व नैतिक आचरण में शुद्धता के लिए प्रोत्साहित करती है। विनोबा कहते हैं बापू मीराबाई के एक भजन का अनेक बार स्मरण करते थे। यह है, ''काचे तांतणे रे मने हरिजीए रे बांधी, ''अर्थात एक कच्चा तार है, उसने मुझे बांधा है और वह इतना मजबूत है कि उसके बल पर भगवान मुझे खीचते हैं, मैं उससे खिंची चली जाती हूँ। इस कच्चे तार की प्रेम रज्जु (रस्सी) से सारे विश्व को खींच सकते हैं। और हम भी इसके साथ खिचे चले जाते है यही भाव चरखे में निहित है।'' इसलिए ''खादी'' को वस्त्र की तरह नहीं बल्कि विचार की तरह पहनना और ओढ़ना संभव करना होगा।

शिवदत्त मिश्र

स्वराज्य की बुनियाद त्र नई तालीम

महात्मा गांधी ने ''हिन्द स्वराज्य'' या सच्चे स्वराज्य की स्थापना हेतु, आजादी से पूर्व ही देश व नवयुवकों के समक्ष 18 रचनात्मक कार्यक्रमों के माध्यम से राष्ट्र निर्माण की न केवल एक रूपरेखा प्रस्तुत की थी, वरन् उनको कार्यान्वित करने के लिए यथोचित कदम उठाए व विभिन्न संगठनों का एक ढाँचा भी खड़ा किया था। इसी संदर्भ में शिक्षा स्वराज की स्थापना हेतु गांधीजी ने 22-23 अक्टूबर, 1937 कोए मारवाड़ी शिक्षा मंडल, वर्धा की रजत जयंती के अवसर पर आयोजित वर्धा शिक्षा परिषद में, 'नई तालीम' शिक्षा की अभिनव अवधारणा देश व दुनिया के समक्ष प्रस्तुत की थी परंतु यह विचार अनायास ही गांधीजी द्वारा प्रकट नहीं हुआ था। दक्षिण अफ्रीका में निवास के दौरान, 1896 ई. में अपने बच्चों की शिक्षा से उनके शैक्षणिक प्रयोगों का प्रारंभ हुआ फिर फीनिक्स आश्रम व टालस्टाय आश्रम में तो उन्होंने विधिवत विद्यालय ही चलाया।[1] इन शैक्षणिक प्रयोगों से प्राप्त अनुभवों के आधार पर शिक्षा के संदर्भ में गांधीजी के विचार व्यक्त हुए उन्हें उन्होंने 1909 ई. में लिखित अपनी पुस्तक ''हिन्द स्वराज'' में स्पष्टता से व्यक्त किया है। अंग्रेज विद्वान हक्सले को उद्धृत करते हुए गांधीजी ने लिखा है : ''उस आदमी ने सच्ची शिक्षा पाई है, जिसके शरीर को ऐसी आदत डाली गई है कि वह उसके बस में रहता है; जिसका शरीर चैन से और आसानी से सौंपा हुआ काम करता है। उस आदमी ने सच्ची शिक्षा पाई हैं, जिसकी बुद्धि शुद्ध, शांत और न्यायदर्शी है। उसने सच्ची शिक्षा पाई है, जिसका मन कुदरती कानूनों से भरा है और जिसकी इंन्द्रियाँ उसके बस में हैं; जिसके मन की भावनाएं बिलकुल शुद्ध हैं, जिसे नीच कामों से नफरत नहीं है और जो दूसरों को अपने जैसा मानता है। ऐसा आदमी ही सच्चा शिक्षित माना जाएगा; क्योंकि वह कुदरत के कानून के मुताबिक चलता है। कुदरत उसका अच्छा उपयोग करेगी और वह कुदरत का अच्छा उपयोग करेगा।''[2]

शिक्षा के संदर्भ में उपरोक्त स्पष्टता के साथ गांधीजी 1915 ई. में भारत लौटे। भारत लौटने के पश्चात् शांतिनिकेतन में शिक्षा स्वावलंबन का प्रयोग;

कोचरब आश्रम में विद्यालय; नील सत्याग्रह के समय चंपारण (बिहार) के गांवों में ग्राम शिक्षा का आयोजन; साबरमती आश्रम में उद्योग शिक्षण, 1920 ई. के सत्याग्रह के दौरान देशव्यापी 'राष्ट्रीय शिक्षा' का प्रयोग; गुजरात विद्यपीठ आदि प्रयोगों के माध्यम से गांधीजी अपने सतत विकसित होते शैक्षणिक विचारों को सतत उद्योगों द्वारा सिद्ध व परिवर्धित करते गए।[3] और अंततः 1937 में 35 प्रयोगों से प्राप्त निष्कर्षों को एक सुव्यवस्थित शिक्षा प्रणाली के रूप में देश के समक्ष प्रस्तुत किया।

(2)

22-23 अक्टूबर, 1937 को वर्धा (महाराष्ट्र) में आयोजित शिक्षा परिषद में अपने उद्घाटन भाषण में गांधीजी ने नई तालीम शिक्षा योजना को प्रस्तुत करते हुए प्रमुख रूप से कहा कि वर्तमान में चल रही प्राथमिक व माध्यमिक; दोनों शिक्षाओं को एक में मिलाकर; प्राथमिक शिक्षा का क्षेत्र निश्चित किया जाय तथा किसी उद्योग या दस्तकारी को केंद्र में रखकर, उसके माध्यम से यह सारी शिक्षा दी जानी चाहिए। गांधीजी ने यह भी स्पष्ट किया कि उनकी इस योजना में सिर्फ उद्योग सिखाने की बात नहीं है बल्कि उद्योग सिखाए हुए जो अन्य प्रश्न उपस्थित होते जाते हैं उनका ज्ञान साथ ही देते जाना है। इसमें इतिहास, भूगोल, गणित, भाषा, चित्रकला, संगीत, स्वास्थ्य, समाजशास्त्र आदि सभी विषय शामिल होंगे। परंतु यह विषय अलग से न पढ़ा, जाकर, चुने हुए उद्योग के साथ संबद्ध करके ही पढ़ाए जाएंगे।

गांधीजी ने उपरोक्त प्राथमिक शिक्षा की अवधि सात वर्ष निश्चित की तथा यह भी कहा कि देश के सभी बच्चों की शिक्षा देने का एक ही उपाय है कि शिक्षा को स्वावलंबी बना दिया जाय और यदि किसी दस्तकारी के माध्यम से दी जाय तो आसानी से शिक्षा को स्वावलंबी बनाया जा सकता है। चर्चा के उपरांत उपरोक्त परिषद ने निम्नलिखित चार प्रस्तावों को सर्व सम्मति से स्वीकृत किया :[4]

1. इस परिषद की राय में देश के सब बच्चों के लिए सात वर्ष की मुफ्त और अनिवार्य शिक्षा का प्रबंध होना चाहिए।
2. शिक्षा मातृभाषा के माध्यम से ही दी जानी चाहिए।
3. यह परिषद महात्मा गांधी की इस तजवीज का समर्थन करती है कि इस तमाम मुद्दत में शिक्षा का मध्यबिंदु किसी किस्म का उत्पादक दस्तकारी होना चाहिए और बच्चों में जो अन्य अच्छे गुण पैदा करते हैं और उनको जो शिक्षा-दीक्षा देती है, उसका संबंध जहाँ तक हो सके इसी केंद्रीय दस्तकारी से होना चाहिए और इस दस्तकारी का चुनाव बच्चों के वातावरण और स्थानीय परिस्थिति को ध्यान में रखकर किया जाना चाहिए।
4. परिषद यह आशा करती है कि शिक्षा की इस पद्धति से धीरे-धीरे शिक्षकों के

वेतन का खर्च निकल आएगाए अर्थात शिक्षक का वेतन निकालने की सीमा तक शिक्षा स्वावलंबी होगी।

परिषद द्वारा स्वीकृत उपरोक्त प्रस्तावों के आलोक में एक सुव्यवस्थित शिक्षण योजना व पाठ्यक्रम तैयार करने के लिए डॉ. जाकिर हुसैन की अध्यक्षता में एक समिति का भी गठनए परिषद की स्वीकृति से, गांधीजी द्वारा 23 अक्टूबर, 1937 को किया गया। समिति ने पूरी दक्षता के साथ काम पूरा किया और दिसंबर, 1937 में अपनी प्रथम रिपोर्ट एवं द्वितीय रिपोर्ट फरवरी, 1937 में गांधीजी को सौंपी।[5] गांधीजी ने प्रथम रिपोर्ट को कांग्रेस की स्वीकृति के लिए भेजा और फरवरी, 1938 के तीसरे सप्ताह में आयोजित कांग्रेस के हरीपुरा अधिवेशन में नई तालीम शिक्षण योजना को कांग्रेस की स्वीकृति मिली। कांग्रेस द्वारा पारित प्रस्ताव में नई तालीम को देशभर में चलाने के लिए एक अखिल भारतीय शिक्षा मण्डल; जो महात्मा गांधी की देख-रेख व सलाह से बनाया जाय, गठित करने के लिए डॉ. जाकिर हुसैन और श्री इ.डब्ल्यू. आर्य नायकम को अधिकृत किया गया था। तदनुसार 22 अप्रैल, 1938 को हिन्दुस्तानी तालीमी संघ का गठन किया गया।[6] संघ का अध्यक्ष डॉ. जाकिर हुसैन को व मंत्री श्री आर्यनायकम को बनाया गया तथा संघ के सदस्यों में प्रतिष्ठित शिक्षा-विशेषज्ञों को शामिल किया गया। हिन्दुस्तानी तालीमी संघ ने समस्त आवश्यक तैयारियों के साथ, योजनाबद्ध तरीके से देशभर में नई तालीम को फैलाने का काम प्रारंभ किया। संघ ने यह आशा व्यक्त की थी कि यदि ठीक तरह से काम हो और सभी से अपेक्षित सहयोग प्राप्त हो तो 20-25 वर्षों में देशभर में शिक्षा का वर्तमान ढाँचा बदलकर सभी बच्चों के लिए नई तालीम शिक्षण पद्धति से अनिवार्य व मुफ्त प्राथमिक शिक्षा की व्यवस्था की जा सकती है।[7] हिन्दुस्तानी तालीमी संघ ने इसी लक्ष्य को सामने रखकर पूरी निष्ठा से नई तालीम के काम का श्री गणेश किया।

1942 के ''भारत छोड़ो'' आंदोलन के दौरान गांधीजी को गिरफ्तार कर जेल में डाल दिया गया। मईए 1944 में जेल से छूटने के बाद गांधीजी कहा किए कैद के दौरान वह नई तालीम के बारे में ही चिंतन करते रहते थे और इस चिंतन-मनन से वह जिस निष्कर्ष पर पहुँचे; वह यह था कि नई तालीम तो जीवन-भर की तालीम होनी चाहिए न कि केवल प्राथमिक शिक्षा। नई तालीम के इस नए दर्शन पर विचार करने के लिए जनवरी, 1945 में सेवाग्राम आश्रम में एक नई तालीम सम्मेलन आयोजित किया गया और चर्चाओं के बाद नई तालीम के निम्न विभाग निश्चित किए गए :

1. पूर्व बुनियादी शिक्षा- ढाई वर्ष की उम्र से सात वर्ष की उम्र तक
2. बुनियादी शिक्षा- 7 वर्ष की उम्र से 15 वर्ष की उम्र तक

3. उत्तर बुनियादी- तीन वर्ष का पाठ्यक्रम
4. उत्तम बुनियादी- (विश्वविद्यालय स्तर की शिक्षा)—तीन वर्ष का पाठ्यक्रम।

इस तरह "नई तालीम" जन्म से मृत्यु तक की शिक्षा योजना है। इसीलिए नई तालीम को जीवन द्वारा जीवन के लिएए जीवन शिक्षण भी कहा जाता है।

(3)

नई तालीम के विचार की स्पष्टता के लिए यह आवश्यक है कि वर्धा शिक्षा परिषद में स्वीकृत प्रस्तावों का संक्षिप्त विवेचन कर लिया जाय।

1. सात साल की मुफ्त एवं अनिवार्य शिक्षा : गांधीजी ने बुनियादी शिक्षा की मूल संकल्पना स्पष्ट करते हुए कहा था कि देश के सभी बच्चों को 7 से 14 वर्ष की उम्र की अवधि में मुफ्त तथा अनिवार्य रूप से शिक्षा मिलनी चाहिए। उनका स्पष्ट रूप से यह मानना था कि संपूर्ण प्राथमिक शिक्षा के लिए 7 वर्ष की अवधि आवश्यक है और यह शिक्षा की एक स्वाभाविक इकाई है। बहुत छोटे बच्चों को स्कूल भेजने की अपेक्षा, उनकी शिक्षा व्यवस्था घर में माता-पिता के जरिए ही होनी चाहिए। क्योंकि छोटे बच्चे अपरिचित वातावरण व अपरिचित लोगों के बीच असहज व तनावग्रस्त रहते हैं। इसलिए गांधीजी का मानना था कि, 3 या 4 वर्ष से 6 वर्ष तक बाल शिक्षा तो माता-पिता के जरिए ही पारिवारिक वातावरण में मिलनी चाहिए और उसमें भी लिखना-पढ़ना सिखाने के बजाय मौखिक ज्ञान देना चाहिए। सर्वप्रथम बच्चे को ढंग से उठना, बैठना, चलना, बातचीत करना, सफाई व स्वास्थ्य संबंधी बातें आदि सिखानी चाहिए। हाथ, पैर, नाक, कान तथा आँखों का विधिवत प्रयोग करना जब बच्चा सीख जाए तथा मस्तिष्क व अन्य इंन्द्रियों का समन्वय ठीक ढंग से करने लगे तब उसे विभिन्न आकृतियाँ बनाना, सिखाना चाहिए। जब बच्चा विभिन्न आकृतियों को अच्छे ढंग से बनाना तथा उन्हें पहचानना सीख ले तब उसे पढ़ना सिखाना चाहिए और लिखना तो सबसे अंत में ही सिखाया जाना चाहिए। यह संक्षेप में गांधीजी की पूर्व-बुनियादी शिक्षा की योजना है।

गांधीजी के अनुसार 7 साल की बुनियादी शिक्षा में विद्यार्थी को अंग्रेजी छोड़ कर, वह सब ज्ञान मिल जाएगा जो प्रचलित शिक्षा व्यवस्था में हाईस्कूल की शिक्षा के अंतर्गत दिया जाता है। इसके साथ ही साथ वह इससे भी ज्यादा चीजें आसपास से ही सीख जाएगा। यह एक बाल मनोवैज्ञानिक तथ्य है कि 7 से 14 वर्ष की उम्र तक बच्चों में सीखने की अत्यधिक प्रवृत्ति रहती है। इस अवधि में उन्हें जो कुछ भी सिखाया जाए उसे वह सहज ही सीख लेते हैं। मस्तिष्क विज्ञान के अनुसार बच्चे के दिमाग का विकास उसके गर्भ में आने के सोलहवें दिन से प्रारंभ होकर जन्म के बाद 14वें वर्ष तक निरंतर होता रहता है। इस दृष्टि से बच्चों के मस्तिष्क का स्वाभाविक

विकास 14 वर्ष की उम्र तक पूर्ण हो जाता है। उनके जीवन में यह एक ''साइकोलॉजिकल स्टेज'' है। इसीलिए यह वैज्ञानिक तथ्य है कि, सार्वजनिक और देशव्यापी शिक्षा 7 से 14 वर्ष तक ही दी जानी चाहिए। इसके साथ ही यदि भारत जैसे गरीब देश में शिक्षा को सार्वजनिक व सर्वसुलभ बनाना है तो उसे निःशुल्क ही होना चाहिए। व्यापक प्राथमिक शिक्षा में स्वभाषा (मातृभाषा या प्रांतीय भाषा) और राष्ट्रभाषा हिन्दुस्तानी दोनों का स्थान होना चाहिए। अंग्रेजी व अन्य भाषाएं 14 वर्ष के बाद सीखी जा सकती हैं।

2. शिक्षा का माध्यम मातृभाषा : गांधीजी के अनुसार नई तालीम शिक्षा की योजना के अंतर्गत शिक्षा का माध्यम मातृभाषा ही होनी चाहिए। तमाम मनोवैज्ञानिक तथ्य मानवशास्त्री इस बात से सहमत हैं किए बच्चे के लिए मातृभाषा में सीखना सहज होता है, मातृभाषा के अतिरिक्त किसी दूसरी भाषा में और वह भी यदि विदेशी भाषा हो तो मस्तिष्क पर बोझ पड़ता है। अंग्रेजी माध्यम से शिक्षा देने के बारे में गांधीजी का विचार है कि करोड़ों लोगों को अंग्रेजी की शिक्षा देना उन्हें गुलामी में डालने जैसा है। मैकाले ने शिक्षा की जो बुनियाद डालीय वह सचमुच गुलामी की बुनियाद थी।[8] अंग्रेजी माध्यम से शिक्षा देने के कारण ही आज बच्चे न तो अंग्रेजी ढंग से लिख व बोल पाते हैं और न ही मातृभाषा में। यहाँ यह स्पष्ट कर देना आवश्यक है कि गांधीजी अंग्रेजी भाषा के खिलाफ नहीं हैं। वह तो अंग्रेजी भाषा के माध्यम से समस्त शिक्षा देने के खिलाफ हैं। गांधीजी ने स्पष्ट रूप से कहा है कि बालक जब पक्की उम्र के हो जाएं भले ही वे अंग्रेजी शिक्षा पायें और वह भी उसे मिटाने के इरादे से न कि उसके जरिए पैसे कमाने के इरादे से।[9] गांधीजी 'हिन्द स्वराज' पुस्तक में लिखते हैं श्हमें अपनी भाषा में ही शिक्षा लेनी चाहिए। जो अंग्रेजी पुस्तकें काम की है उनका हमें अपनी भाषा में अनुवाद करना होगा। बहुत से शास्त्र सीखने का प्रेम और वहम हमें छोड़ना होगा। हर एक पढ़े लिखे हिन्दुस्तानी को अपनी भाषा का और सब को हिंदी का ज्ञान होना चाहिए। उत्तरी और पश्चिमी हिन्दुस्तान के लोगों को तमिल सीखनी चाहिए। सारे हिन्दुस्तान के लिए हिंदी ही होनी चाहिए। ऐसा होने से हम आपस के व्यवहार में अंग्रेजी को निकाल सकेंगे।''[10]

आज तमाम लोग, खासकर अंग्रेजी में पढ़े लिखेए कहते हैं कि यदि अंग्रेजी में शिक्षा नहीं होगी तो ज्ञान-विज्ञान कैसे सीखेंगे? दुनिया में जो नई-नई खोजें हो रही हैं उन्हें जानने तथा नया ज्ञान सब अंग्रेजी में हैं और दुनिया से संपर्क के लिए भी अंग्रेजी तो चाहिए ही। इस पर गांधीजी का जवाब है कि सौ-दो सौ या हजार व्यक्तियों को जिनके पास समय हो और भाषा सीखने की रुचि हो उन्हें अंग्रेजी सिखा देनी चाहिए तथा उनका यह काम होना चाहिए कि दुनिया में ऐसा अंग्रेजी में क्या नया छप रहा है जो हमारे देश के काम का है उसे वह पहचाने तथा उसे

हिन्दुस्तानी भाषाओं में अनुवाद करें। इस तरह हमारे देश के सर्वसाधारण लोग भी आसानी से नए ज्ञान-विज्ञान का लाभ उठा सकेंगे। इतने से काम के लिए देश के सभी बच्चों के ऊपर एक विदेशी भाषा का बोझ लादना, उनके दिमाग को कुंद करने के समान है तथा जैसा गांधीजी ने कहा है, उनको गुलामी में डालने के समान है।

इसीलिए शिक्षा का माध्यम मातृभाषा ही होना चाहिए। विदेशी भाषा का शिक्षा के माध्यम के रूप में प्रयोग केवल अवांछनीय ही नहीं हैं किंतु राष्ट्रीय एवं सांस्कृतिक दृष्टिकोण से भी अत्यंत प्राकृतिक एवं हानिप्रद है। देश की सभ्यता तथा संस्कृति को अक्षुण रखने के लिए, 'उनका पूर्ण परिचय देने के लिए और फलकों में उनके प्रति रुचि व गर्व उत्पन्न करने के लिए मातृभाषा के माध्यम द्वारा ही शिक्षा देना आवश्यक है। क्योंकि जिस भाषा में विचार सांस्कृतिक एवं सरल रूप से प्रकट किए जा सकें व समझे जा सकें उसी भाषा को शिक्षा का माध्यम बनाया जाना केवल उपयोगी तथा सार्थक ही नहीं अपितु मनोवैज्ञानिक भी है।

3. शिक्षण का माध्यम उद्योग : गांधीजी ने बुनियादी शिक्षा की शिक्षण पद्धति को स्पष्ट करते हुए वर्धा शिक्षा परिषद के अपने भाषण में कहा कि समस्त प्राथमिक शिक्षा किसी उद्योग या दस्तकारी को केंद्र में रखकर उसके माध्यम से दी जानी चाहिए।[11] नई तालीम, शिक्षा के साथ-साथ एक धंधा सिखाने की चीज नहीं है इसके अंतर्गत तो बच्चों को जो कुछ भी सिखाया जाय, सब किसी न किसी उद्योग या दस्तकारी के माध्यम से ही सिखाने की बात है। नई तालीम के अंतर्गत धंधा सिखाना उद्‌देश्य नहीं हैं, जैसा कि अधिकांश लोग भ्रमवश समझते हैं, प्रधान उद्‌देश्य तो बच्चे को शिक्षित करना है उनकी मानसिकए शारीरिक व आत्मिक शक्तियों को विकसित करना है। हाँए उनको विकसित करने का माध्यम उद्योग द्वारा शिक्षण होगा।

गांधीजी ने अपनी बात को और स्पष्ट करते हुए आगे अपने भाषण में कहा कि ''एक बात इस सिलसिले में और साफ कर देना चाहता हूँ। मेरी तजबीज सिर्फ उद्योग सिखाने के लिए नहीं हैं। मैं तो उद्योग द्वारा विद्यार्थियों को सभी विषयों का ज्ञान कराना चाहता हूँ। मेरी योजना में इतिहास, भूगोल, गणित, विज्ञान, भाषा, चित्रकला, संगीत, कसरत, व्यायाम आदि सबका समावेश होता है। लेकिन मेरी शर्त यह है कि इन सबका ज्ञान कोरा किताबी ज्ञान न होना चाहिए। ज्ञान जीवन व्यापी होगा और वह उद्योगों द्वारा हासिल किया जाएगा।''[12]

नई तालीम शिक्षा योजना के संदर्भ में कुछ लोगों की यह धारणा भी है कि इसके अंतर्गत केवल उद्योग ही सिखाया जाता है और अन्य साहित्यिक शिक्षा के गांधीजी खिलाफ थे। जबकि गांधीजी स्वयं कहते हैं, ''मगर बात ऐसी नहीं है मैं तो सिर्फ वह तरीका बता रहा हूँ जिससे ऐसी शिक्षा दी जानी चाहिए। प्राथमिक शिक्षा

की इस योजना में सफाई, आरोग्य और आहार-शास्त्र के प्राथमिक सिद्धांतों का समावेश भी हो जाता है। इसमें बच्चों की वह शिक्षा भी शामिल है, जिससे वे अपना काम खुद करना सीखेंगे और घर पर अपने मां-बाप के काम में भी मदद पहुँचाएगे। लेकिन जहाँ बच्चों को इस बात का बढ़ावा दिया जाएगा कि वे सूत कातने और खेतों के काम में अपने मां-बाप की मदद करें, वहाँ उन्हें यह महसूस करने का मौका भी दिया जाएगा कि उनका संबंध सिर्फ उनके मां-बाप से ही नहीं, बल्कि अपने गांव और देश से भी है, और उन्हें इनकी भी सेवा करनी चाहिए।''[13]

आज दुनिया के तमाम शिक्षा शास्त्री गांधीजी द्वारा प्रतिपादित इस तथ्य का समर्थन करते हैं कि बच्चों को अच्छी और सच्ची शिक्षा तभी दी जा सकती है जबकि वे जो सीखें, कुछ करके सीखें। बचपन में कोई 13-14 वर्ष की उम्र तक बच्चे (कुछ बच्चों को छोड़कर) सब यही चाहते हैं कि कुछ करें, बनाए, बिगाड़ें, तोड़ें और जोड़ें। सीखने-समझने का यही स्वाभाविक व प्राकृतिक तरीका है। सही बात तो यह है कि किताबें देकर बच्चों को एक स्थान पर बैठा देना उनके साथ हिंसा है। इसके अलावा केवल शाब्दिक ज्ञान से न बुद्धि का ही सच्चा विकास होता है व सूझबूझ ही बढ़ती है। आज चल रही शिक्षा में दिल और दिमाग के विकास के लिए जबान और कान का उपयोग ही अधिक किया जाता है। आंखों का उपयोग भी निरीक्षण की अपेक्षा पठन-पाठन करने में ही अधिक किया जाता है। परंतु अब तमाम शिक्षाशास्त्रियों का यह मानना है कि आंखों से मुख्यतः निरीक्षण और परीक्षण होना चाहिए और शिक्षा का साधन प्रधान तथा हाथ-पैर का काम हो। क्योंकि जब हाथ-पैर से परिश्रम होगा और प्रयोगों द्वारा समाज हितकारी उद्योगों का रहस्य हस्तगत किया जाएगा तभी मस्तिष्क का और हृदय का सच्चा विकास हो सकेगा।

इसके अतिरिक्त यह एक वैज्ञानिक सत्य है कि ज्ञान और क्रिया का एक अविछिन्न संबंध होता है जो ज्ञान क्रिया द्वारा प्राप्त किया जाता है वह स्थायी एवं सार्थक होता है और वह व्यक्तित्व के विकास में अत्यंत महत्त्वपूर्ण सिद्ध होता है। बिना कार्य के अर्जित ज्ञान पंगु एवं सारहीन होता है। मनोवैज्ञानिक दृष्टि से भी बालक के मानसिक एवं भावात्मक पक्षों के संतुलित विकास के लिए यह आवश्यक है कि उसकी ज्ञानेद्रियों एवं कर्मेन्द्रियों को एक साथ काम करने का मौका मिले। शैक्षणिक दृष्टि से क्रिया और ज्ञान का इस प्रकार का समन्वय शिक्षा को सार्थक, व्यावहारिक तथा उपयोगी बनाता है।

गांधीजी के अनुसार उद्योग केंद्रित नई तालीम का ध्येय बालकों को केवल उत्तम कारीगर बनाना ही नहीं है बल्कि उद्योग की शैक्षणिक उपयोगिता का पूर्ण लाभ उठाकर उनका सर्वांगीण विकास करना है। उद्योग अथवा क्रिया 'नई तालीम' शिक्षा का अंतिम लक्ष्य नहीं वरन् उसका एक साधन मात्र है। प्राकृतिक तथा

सामाजिक वातावरण के अनुरूप बालकों को अपने व्यक्तित्व का विकास करने में तथा उसकी आवश्यकताओं की पूर्ति करने की क्षमता उत्पन्न करने में सहायता देना ही बुनियादी शिक्षा का लक्ष्य है।

थोड़ा गंभीरता से विचार करने पर यह एकदम स्पष्ट होता है कि उद्योग अथवा कर्म-केंद्रित शिक्षा को ही हम वास्तविक रूप से जीवन शिक्षा कह सकते हैं। वास्तविक एवं स्थायी ज्ञान की प्राप्ति कर्म से ही हो सकती है। कर्म से अनुभूति और अनुभूति से ज्ञान की प्राप्ति होती है। इस प्रकार कर्म ही ज्ञान का जन्मदाता है। चूँकि मनुष्य स्वाभाविक रूप से क्रियाशील है, इस अर्थ में जीवन की प्रत्येक क्रिया शिक्षा का साधन है। उद्योग, प्रकृति एवं समाज को जोड़ने वाली एक कड़ी है। उद्योग के रूप में मनुष्य प्रकृति की वस्तुओं को अपनी कुशलता द्वारा समाज के लिए उपयोगी बनाने का प्रयत्न करता है। इस प्रयास में उसकी प्रतिभा तथा संपूर्ण जन्मजात प्रवृत्तियाँ और शक्तियों तथा गुणों का पूर्ण विकास होता है। इसीलिए गांधीजी ने बालक के शारीरिकए मानसिक, बौद्धिक एवं आध्यात्मिक विकास के लिए सृजनात्मक अथवा उत्पादक कर्म या उद्योग को ही प्रधान साधन माना न कि पुस्तकीय ज्ञान को। इस तरह उद्योग केंद्रित शिक्षा का सिद्धांत व्यक्ति तथा समाज दोनों के विकास की दृष्टि से उपयुक्त है।

4. शिक्षा स्वावलंबी होनी चाहिए : नई तालीम शिक्षा योजना के संदर्भ में गांधीजी की यह स्पष्ट मान्यता है कि उद्योग द्वारा जो शिक्षा दी जाए; तथा इसे सीखने की प्रक्रिया में विद्यार्थी जो कुछ पैदा करे, उसकी कीमत से शिक्षण का खर्च निकल आए अर्थात शिक्षक का वेतन निकल आना चाहिए। शिक्षक का वेतन निकल सके इस हद तक तो नई तालीम शिक्षा को स्वावलंबी होना ही चाहिए। क्योंकि यदि देश के करोड़ों बच्चों को अनिवार्य व मुफ्त प्राथमिक शिक्षा देनी है तो शिक्षा स्वावलंबन के बिना कोई रास्ता नहीं है।

नई तालीम शिक्षा योजना के स्वावलंबन वाले पक्ष पर प्रारंभ से ही तमाम प्रश्न खड़े किए गए थे। जैसे, स्वावलंबन संभव ही नहीं है या शिक्षक अपना वेतन निकालने के लिए बच्चों से अत्यधिक कार्य कराएगा; या शिक्षा की ओर से उदासीन ही रहेगा; अथवा इससे बच्चों पर काम का बोझ आएगा; तथा स्कूलों में नई तरह की गुलामी पैदा होगी; इत्यादि।

गांधीजी उपरोक्त प्रकार की सभी शंकाओं को निर्मूल और अवास्तविक बताते हुए कहते हैं कि, ''अगर यह तजवीज जैसी की मैंने रखी है बहुत कुछ वैसी ही चली, तो पहले साल में जरूर कुछ नुकसान रहेगा। लेकिन तीसरे साल तो एक कौड़ी का भी नुकसान न रहना चाहिए। यह बात मैं अनुभव से कह रहा हूँ।''[14] गांधीजी इसको और स्पष्ट करते हुए आगे कहते हैं कि, ''अगर सात साल का

हिसाब लगाया जाए, तो मेरे विचार में शिक्षा अवश्य ही स्वावलंबी हो सकती है। पहले साल में हर एक विद्यार्थी रोज के दो पैसे भी कमा ले, तो दूसरे साल एक आना कमा लेगा। यों हर साल उसकी उपार्जन शक्ति बढ़ती ही जाएगी। और यदि सात साल के काम को मिलाकर देखा जाय तो यह निश्चित है कि शिक्षा स्वावलंबी हो सकती है, होनी चाहिए।''[15]

शिक्षा स्वावलंबन पर गांधीजी ने अत्यंत जोर दिया तथा स्पष्ट रूप से कहा कि ''बुनियादी शिक्षा की उपयोगिता की मेरी कसौटी तो यह होगी कि मैं इसे स्वावलंबी बना हूँ। सात साल के अंत में बालकों को इस काबिल हो जाना चाहिए कि वे अपनी पढ़ाई का खर्च खुद अदा कर सकेंए और अपने परिवार के कमाऊ पूत बन सकें।''[16] गांधीजी ने जो पूर्व में विभिन्न शैक्षणिक प्रयोग किए थे उनसे प्राप्त अनुभवों एवं परिणामों के ठोस आधार पर ही गांधीजी को पूर्ण विश्वास था कि बुनियादी शिक्षा स्वावलंबी होनी चाहिए और हो सकती है। इसी कारण गांधीजी ने यहाँ तक कह दिया किए ''जो शिक्षक सात वर्ष तक लड़कों को अपने हाथ में पाकर भी उनकी स्वाश्रयी शिक्षा नहीं दे सकता, वह शिक्षक ही निकम्मा है।''[17]

वर्धा शिक्षा परिषद में बोलते हुए बिनोबा जी ने कहा था कि शिक्षा को स्वावलंबी बनाने में बच्चों के शोषण का तो सवाल ही नहीं रहता; क्योंकि जब पाठशाला में उद्योग को प्रधान स्थान मिल जाएगा, तो शिक्षक को कुर्सी छोड़कर विद्यार्थियों के साथ बैठना होगा। खुद काम करके सिखलाना होगा, जिससे दोनों की भूमिका समान हो जाएगी और दोनों की बुद्धि भी तेजस्वी बनेगी।

विद्यार्थियों द्वारा उत्पादित कपड़ा व अन्य सामान के संदर्भ में खरीदार; बाजार तथा अन्य कारीगरों द्वारा व मिलों में उत्पादित सामानों से प्रतिस्पर्धा के सवाल पर गांधीजी का विचार था कि, ''हमारी सरकारों को अपनी जरूरत का तमाम कपड़ा व अन्य सामान; जो विद्यार्थी तैयार करेंगे; उसे ही खरीदना होगा, चाहे वह कुछ ज्यादा दाम देकर ही क्यों न खरीदना पड़े। सरकार को तो सामान खरीदना ही पड़ता है। शिक्षा यदि स्वावलंबी हुई तो सरकार को शिक्षा पर तो कुछ भी खर्च नहीं करना पड़ेगा, इस स्थिति में यदि सरकार को कुछ मंहगा भी सामान खरीदना पड़ा, तो कुल मिलाकर शिक्षा स्वावलंबन से उसे फायदा ही होगा।''18

यदि सामान्य बुद्धि से भी सोचा जाए तो भी गांधीजी द्वारा सुझाए गए स्वावलंबन के स्तर को (अर्थात शिक्षक का वेतन निकल आए इस हद तक स्वावलंबन) प्राप्त करना कतई मुश्किल नहीं होना चाहिए। क्योंकि बच्चों के साथ शिक्षक भी तो काम करेगा और काम करते–करते ही सिखाएगा। अब यदि एक कक्षा में 20 बच्चे मान लिए जाएं तो 20 बच्चों का तथा शिक्षक के काम का क्या इतना भी मूल्य न होगा कि एक परिवार का भरण पोषण हो सके? अर्थात यह

स्वावलंबन आसानी से प्राप्त हो सकता है।

गांधीजी द्वारा प्रतिपादित नई तालीम शिक्षा योजना में निहित शिक्षा स्वावलंबन सिद्धांत के प्रमुख रूप से तीन पहलू हैं। पहला, यह कि उद्योग द्वारा शिक्षा से पूरा नहीं तो अधिकांश अर्थात् शिक्षक का वेतन, विद्यार्थियों एवं शिक्षक के कार्य से निकल सके। अर्थात् शिक्षा व्यवस्था स्वावलंबी हो। दूसरा, यह कि उद्योग अथवा उत्पादक कार्य केंद्रित शिक्षा प्राप्त कर विद्यार्थी अपने भविष्य जीवन में आर्थिक रूप से स्वावलंबी बन सके। वह समाज का शोषक न बनकर समाज के सृजनात्मक कार्यों में सक्रिय सहयोग दे सके। तीसरा और सबसे महत्वपूर्ण पहलू यह है कि समाज अथवा देश स्वावलंबी हो। उसे विदेशों पर जीवन की आवश्यकताओं, जैसे अन्न, वस्त्र आदि के लिए निर्भर न रहना पड़े। अहिंसा के सिद्धांत के अनुसार समाज में शोषण की भावना तथा वर्गभेद का अंत हो। यह तभी संभव है जब शिक्षा पद्धति इस प्रकार की हो जिससे समाज का प्रत्येक व्यक्ति समाज की आवश्यकताओं की पूर्ति करके स्वयं तथा समाज दोनों को स्वावलंबी बनाने की क्षमता प्राप्त कर सके और यह लक्ष्य शिक्षा योजना को स्वावलंबी बना कर ही प्राप्त किया जा सकता है।

शिक्षा स्वावलंबन की बात गांधीजी ने सर्वप्रथम 1920 में शराब-बंदी के संदर्भ में उठायी थी परंतु नई तालीम शिक्षा योजना की संकल्पना प्रस्तुत करते हुए उन्होंने साफ तौर पर कहा कि "अब जो मैं यह कह रहा हूँ कि हमारी प्राथमिक शिक्षा स्वावलंबी होनी चाहिए, सो मेरा स्वतंत्र सिद्धांत है। शराब-बंदी के साथ उसका कोई संबंध नहीं। शराब-बंदी हो या न होय शिक्षा तो स्वावलंबी होनी ही चाहिए। मैं समझता हूँ कि हमारे अहिंसा के सिद्धांत का यही तकाजा है।"[19]

(4)

महात्मा गांधी ने कहा है कि नई तालीम उनकी देश को अंतिम एवं सर्वोत्तम देन हैं। व्यक्ति विकास के संदर्भ में देखें तो नई तालीम के माध्यम से शरीर; बुद्धि और आत्मा तीनों का विकास एक साथ होता है और सामाजिक संदर्भों में नई तालीम एक अहिंसक क्रांति की वाहक है जिसके द्वारा गांधीजी "रामराज्य" या ग्राम स्वराज्य का सपना पूरा करना चाहते थे। शिक्षा शास्त्र की दृष्टि से भी देखने पर नई तालीम परिपूर्ण शिक्षा-पद्धति के सभी मानदण्डों पर खरी उतरती है। साथ ही नई तालीम का विकास गांधीजी द्वारा किए गए सतत प्रयोगों से प्राप्त अनुभवों के आधार पर हुआ था। नई तालीम का उद्देश्य समग्र व्यक्तित्व का विकास करना अर्थात बच्चे के अंदर में छिपे सभी गुणों का समुचित व संतुलित विकास जिससे वह श्रेष्ठ नागरिक के सभी अनिवार्य गुणों यथा निस्वार्थ भावना, समाज-सेवा, कर्तव्यपरायणता, सत्य, अहिंसा, श्रमनिष्ठा, स्वावलंबन आदि से संपन्न हो सके। नई तालीम नए समाज

बनाने का साधन है। इस अर्थ में यह मात्र एक शिक्षण-पद्धति नहीं है; यह तो समाज-निर्माण की प्रक्रिया है। नई तालीम यानी नए मूल्यों की स्थापना। नई तालीम सभी को उद्योगशील एवं विचारशील बनाना चाहती है। नई तालीम समाज में कर्म की प्रधानता स्थापित कर कर्म से बुद्धि का मेल स्थापित करती है जिससे अन्वेषण बुद्धि का विकास होता है और लोग केवल साक्षर नहीं बल्कि शिक्षित एवं वैज्ञानिक बनते हैं। इसीलिए जहाँ एक ओर नई तालीम सर्वोत्कृष्ट शिक्षा प्रणाली होने के कारण साध्य थी वहीं दूसरी ओर अहिंसक समाज रचना के लिए साधन भी थी। इस तरह गांधीजी द्वारा प्रतिपादित ग्राम-स्वराज्य की स्थापना के संदर्भ में नई तालीम साधन व साध्य दोनों दी थी।

नई तालीम शिक्षण योजना का गांधीजी के जीवन दर्शन और समाज दर्शन से गहरा संबंध है। इन्हीं के प्रकाश में गांधीजी को 'नई तालीम' का दर्शन हुआ था। गांधीजी के जीवन दर्शन तथा तदनुसार समाज दर्शन का आधार तीन महत्वपूर्ण सिद्धांतदृसत्यए अहिंसा और अपरिग्रह है। गांधीजी ने आत्मा के विकास का आधार सत्यए सामाजिक व्यवस्था का आधार अहिंसा तथा आर्थिक ढांचे का आधार अपरिग्रह माना था। इन सिद्धांतों के आधार पर गठित एक ऐसे आदर्श समाज की स्थापना करना गांधीजी का उद्देश्य था जिसे उन्होंने रामराज्य या सर्वोदय समाज की संज्ञा दी। सर्वोदय समाज दर्शन के मूल तत्वों में आत्मोन्नति सत्य के आधार पर, समाजोन्नति अहिंसा अर्थात सहयोग; स्वावलंबन, विकेंद्रीकरण के आधार पर तथा आर्थिक समृद्धि अपरिग्रह (संयम) अर्थात समता, शोषणहीनता; श्रमनिष्ठा, आत्म निर्भरता के आधार पर मानी जाती है। इस नवीन जीवन दर्शन के अंतर्गत नवीन जीवन मूल्यों का प्रतिष्ठान हुआ। इन नवीन मूल्यों में प्रमुख है श्रमनिष्ठा के अनुसार समाज के सभी कार्यों को समान मूल्य व प्रतिष्ठा प्रदान कर; समाज में वर्ग, वर्ण तथा जातिभेद को मिटाकर समान अधिकार को स्थापित करना। समाज के सभी लोगों को श्रम के द्वारा अपनी जरूरी आवश्यकताओं की पूर्ति की सहज सुविधा होनी चाहिए; अपरिग्रहीय संयमपूर्ण तथा त्यागमय जीवन ही जीवन का लक्ष्य है। असंतोषए हिंसाए द्वेष, स्वार्थ आदि दुर्बलताओं पर नियंत्रण करना परम हितकर है। श्रमनिष्ठा के अनुसार आर्थिक विषमता को नष्ट कर उसके स्थान पर ऐसे परस्परावलंबी समाज की स्थापना करना जहाँ श्रम का महत्व हो।

गांधीजी ने देश की जनता के साथ प्रत्यक्ष संपर्क द्वारा यह बात अच्छी तरह जान ली थी कि देश की प्रमुख समस्या निर्धनता न होकर बेकारी की है। कार्य न होने के कारण ही लोगों में हीनता की भावना; आत्मविश्वास की कमी तथा आत्मसम्मान के ह्रास आदि दोष आ जाते हैं। इन सब दोषों के निवारण का हल जनता को काम करने की सुविधा देकर उनका बेकारी से छुटकारा कराना है। समाज

में नए मूल्यों की स्थापना करना है। ऐसे समाज की स्थापना करना जिसमें सब व्यक्तियों को यथा योग्य काम मिले। श्रम का महत्व हो। व्यक्ति का सम्मान उसके वंशए जन्मए वर्ण अथवा धन पर निर्भर न होकर उसकी कार्यक्षमता पर आधारित हो और जहाँ श्रम ही समाज की व्यवस्था का मूल आधार हो। क्योंकि श्रम की प्रतिष्ठा बढ़ने से ही समाज में शोषणय वर्गभेद तथा असमानता आदि दोनों का निवारण होना संभव है और तभी समाज में सच्चा लोकतंत्र या प्रजातंत्र स्थापित हो सकता है। इसलिए गांधीजी ने समाज में श्रम के महत्व की पुनर्स्थापना एवं तदनुसार सर्वोदय समाज की स्थापना 'नई तालीम' का प्रधान उद्देश्य निश्चित किया। ''नई तालीम'' के शिक्षा दर्शन के मूल सिद्धांत सर्वोदय दर्शन के सिद्धांतों के अनुरूप हैं। 'नई तालीम' की सारी शिक्षण व्यवस्था इन्हीं सिद्धांतों को कार्यान्वित करने का एक साधन है। इसी कारण गांधीजी ने कहा था कि अहिंसक सामाजिक क्रांति करने के लिए 'नई तालीम' एक अमोध एवं अचूक शस्त्र है।

'नई तालीम' शिक्षा योजना को गांधीजी के जीवन दर्शन तथा उस पर आधारित समाज दर्शन से अलग करके देखने के कारण ही तमाम शंकाएं-कुशंकाएं तथा सवाल खड़े होते हैं। गांधीजी का समाज दर्शन जिसके अंतर्गत गांवों को स्वराज्य दिलानाए गरीबी मिटाना, शोषण व लूट का नाश, वर्ग कलह और कौमी झगड़ों का अंत, स्वावलंबनय स्वदेशी धर्म का पालन इत्यादि लक्ष्य प्राप्त करना अभीष्ट है और यह लक्ष्य अहिंसा के द्वारा प्राप्त करना है। गांधीजी की शिक्षा योजनाए 'नई तालीम' उपरोक्त लक्ष्यों को अहिंसा के जरिए प्राप्त करने के उद्देश्य से ही बनाई गई थी। इसीलिए उन्होंने यह तक कहा कि बुनियादी शिक्षा के जरिए देश में एक अहिंसक क्रांति हो जाएगी। शायद इसी कारण उन्होंने कहा था कि नई तालीम मेरी देश को अंतिम व सर्वश्रेष्ठ देन है।

(5)

अब सवाल है भविष्य का। गांधीजी ने जब नई तालीम शिक्षा योजना को देश के सामने रखा था उससे कहीं ज्यादा आज इसकी प्रासंगिकता है। अत: आज आवश्यकता है कि गांधीजी के सिद्धांतों में पूर्ण निष्ठा रखते हुए पूरी ईमानदारी व प्रमाणिकता से नई तालीम को पुनर्स्थापित करने की। यदि पूरी इमानदारी से कार्य किया जाय तो कोई कारण नहीं कि नई तालीम को देश में स्थापित न किया जा सके। बुनियादी शिक्षा के मूल तत्वों से बिना छेड़-छाड़ किये, बिना समझौता किये, जहाँ कहीं आज के समय की जरूरतों के हिसाब से जो भी परिवर्तन आवश्यक लगें, उन्हें करके; इसे अद्यतन बनाया जा सकता है। इसी प्रक्रिया के संदर्भ में विनोबा जी ने नई तालीम को 'नित्य नई तालीम' के रूप में निरूपित किया है।

विगत दो शताब्दियों से प्रचलित अंग्रेजी शिक्षा के माध्यम ने जनमानस को पूर्ण रूप से प्रभावित किया है। इसलिए शिक्षा, स्वराज को प्राप्त करना वर्तमान समय में सबसे कठिन कार्य लगता है। परंतु इस दिशा में प्रभावी कदम उठाए बिना अन्य क्षेत्रों में स्थायी सुधार की अपेक्षा करना व्यर्थ होगा। आज अधिकांश शिक्षण संस्थाएं राज संचालित हैं अथवा पूँजीपति द्वारा संचालित एक व्यवसाय है। इनसे शिक्षा को मुक्त करना इस समय शिक्षकों की उपलब्धता एवं अभिभावकों की मानसिकता दोनों के कारण सरल नहीं है। इसलिए दीर्घकालिक एवं तात्कालिकए दो प्रकार की योजनाएं बनानी होंगी।

(क) तात्कालिक योजना :

1. नई तालीम सिद्धांतों के निकट शिक्षण संस्थाएं उदाहरण: आश्रम पद्धति विद्यालय और गुरुकुल पद्धति विद्यालय जितने भी हों; उन सब के बीच समन्वय स्थापित करके एक साझा पाठ्यक्रम और शिक्षण प्रणाली विकसित करना, जो नई तालीम की दिशा में हो।
2. नई तालीम पद्धति से चलने वाली कोई भी शिक्षण संस्था होए उसे सुदृढ़ और विकसित करना।
3. यथासंभव प्रबुद्ध लोगों को अल्पकालीन प्रशिक्षण देकर गांवों में पूर्ण कालिक अथवा अंश कालिक एक शिक्षक-विद्यालय खोलने आदि का प्रयास करना।

(ख) दीर्घकालिक योजना :

1. बुनियादी शिक्षा में आस्था रखने वाले प्रबुद्ध लोगों को गहन प्रशिक्षण देकर बड़े पैमाने पर वैकल्पिक नए विद्यालयों की स्थापना की परिकल्पना।
2. समाज में अभिभावकों को सुबुद्धि देकर अपने बच्चों को नई तालीम शिक्षा की ओर प्रेरित करना।
3. प्रत्येक विषय की उच्च शिक्षा एवं शोध पूर्णत: भारतीय भाषाओं में उपलब्ध कराने का प्रयास करना; आदि।

यह सच है कि नई तालीम को देश में स्थापित करने का काम कठिन है पर बड़े काम आसान भी तो नहीं होते। यही गांधीजी के रचनात्मक कार्यक्रमों की युवाओं को चुनौती है। क्या भारतीय युवा इस चुनौती को स्वीकार करेंगे?

(सेवाग्राम आश्रम -जून 2016)

संदर्भ सूची—

1. गांधीजी द्वारा किए गए शैक्षणिक प्रयोगों के विस्तृत विवरण के लिए देखें, समग्र नई तालीम, शिवदत्त; नई तालीम समिति, सेवाग्राम, वर्धा।
2. हिन्द स्वराजय गांधीजी, पृ. 71, नवजीवन ट्रस्ट, अहमदाबाद, 2009।
3. विस्तृत विवरण के लिए देखें, समग्र नई तालीम, शिवदत्त; नई तालीम समिति, सेवाग्राम, वर्धा।
4. वर्धा शिक्षा परिषद और जाकिर हुसैन समिति का विवरण, हिन्दुस्तानी तालीमी संघ, वर्धा, महाराष्ट्र, पांचवा संस्करण, पृ. 60।
5. विस्तृत विवरण के लिए देखें, उपरोक्त।
6. हिन्दुस्तानी तालीमी संघ, कार्यवाही रजिस्टर के अनुसार।
7. वर्धा शिक्षा परिषद और जाकिर हुसैन समिति का विवरणए हिन्दुस्तानी तालीमी संघ, पांचवां संस्करण, जुलाई 1957, पृष्ठ 189-190।
8. हिन्द स्वराज- गांधीजी, पृ. 72, नवजीवन ट्रस्ट, अहमदाबाद, सितंबर 2009।
9. हिन्द स्वराज-गांधीजी, पृ. 74, नवजीवन ट्रस्ट, अहमदाबाद, सितंबर 2009
10. उपरोक्त।
11. वर्धा शिक्षा परिषद का विवरण, पृ. 7-18ए हिन्दुस्तानी तालीमी संघ, सेवाग्राम, 5वीं आवृत्तिय 1957।
12. उपरोक्त।
13. उपरोक्त।
14. उपरोक्त।
15. उपरोक्त।
16. उपरोक्त।
17. उपरोक्त।
18. उपरोक्त।
19. उपरोक्त।

डी.एन. प्रसाद

शिक्षा का माध्यम एवं भाषा–नीति पर गांधी का चिंतन

शिक्षा : सामाजिक रचना की बुनियाद है शिक्षा। यह विकसित समाज का सर्वाधिक महत्त्वपूर्ण घटक है। विश्व के लगभग सभी समाजों में सभी कालों में शिक्षा का महत्त्व एक समान बना रहा है। वस्तुतः उन्हीं समाजों ने उल्लेखनीय प्रगति की है जहाँ शिक्षा का महत्त्व स्वीकार किया गयाए न केवल स्वीकार ही किया गया बल्कि उसे प्रसार के लिए समुचित और वास्तविक व्यवस्था भी की गई। जिन समाजों में शिक्षा का आलोक नहीं फैला वे कूप–मण्डूक और अतीतजीवी बने रहे, इसके अनेक उदाहरणों से हम वाकिफ हैं।

वस्तुतः शिक्षा और साक्षरता हमें आधुनिक सभ्यता की उपलब्धियों को जानने–समझने और उन्हें आत्मसात करने के योग्य बनाती है, अपनी समृद्ध सांस्कृतिक विरासत के साथ–साथ आधुनिक वैज्ञानिक उपलब्धियों से जोड़ती है और चाहे हम किसी भी कार्य व्यापार से सम्बद्ध क्यों न हों- उनसे जुड़ी उपयोगी तकनीक के दैनिक जीवन में प्रयोग को प्रोत्साहित करती है। यह हमारी विश्लेषण क्षमता और तर्कबुद्धि का विकास करती है और सही–गलत का निर्णय कर पाने का विवेक पैदा करती है।

जीवन और शिक्षण का अटूट संबंध है, ये दोनों अभिन्न हैं जैसे नदी का होना और बहना दो क्रियाएं नहीं हैं, वैसे ही मनुष्य का सीखना और जीना दो अलग-अलग क्रियाएं नहीं होनी चाहिए। अगर मनुष्य को जीने में आनन्द आता है, जीवन से प्रेम है, जिंदगी में रुचि है तो उसे शिक्षा में भी मजा आना चाहिए। गांधीजी ने लिखा है कि मैं यह मानता हूँ कि बुद्धि का सच्चा शिक्षण तभी हो सकता है जब शरीर के विभिन्न अंगों उदाहरणार्थ—हाथ, पैर, आँख, कान, नाक आदि को अभ्यास तथा प्रशिक्षण मिले। दूसरे शब्दों में बुद्धिमत्तापूर्वक बच्चों के शारीरिक अंगों का उपयोग उसे सर्वोत्तम तथा शीघ्रताशीघ्र मानसिक विकास करने का मार्ग उपलब्ध करता है। इस तरह गांधी शिक्षा के लिए शारीरिक श्रम आवश्यक मानते हैं। उनका विश्वास है कि श्रम से छात्रों में सहयोग की भावनाए अनुशासन एवं नम्रता का भाव

जागृत होता है। गांधीजी के अनुसार "सा विद्या या विमुक्तये" ही शिक्षा का लक्ष्य होना चाहिए—जिससे देश की मुक्ति और आत्मा की मुक्ति दोनों की प्राप्ति हो जाए। बुद्धि के शुद्ध विकास के लिए आत्मा और शरीर का विकास साथ-साथ तथा एक-सी गति से होना चाहिए।[1] सिर्फ साक्षरता ही शिक्षा नहीं है।

उस आदमी ने सच्ची शिक्षा पायी है, जिसके शरीर को ऐसी आदत डाली गई है कि वह उसके बस में रहता है, जिसका शरीर चैन से और आसानी से सौंपा हुआ काम करता है। उस आदमी ने सच्ची शिक्षा पायी है, जिसकी बुद्धि शुद्ध, शांत और न्यायदर्शी है। उसने सच्ची शिक्षा पायी है, जिसका मन कुदरती कानूनों से भरा है और जिसकी इन्द्रियाँ उसके बस में हैं, जिसके मन में की भावनाएं बिलकुल शुद्ध हैं, जिसे नीच कामों से नफरत है और जो दूसरों को अपने जैसा मानता है। ऐसा आदमी ही सच्चा शिक्षित (तालीमशुदा) माना जाएगा, क्योंकि वह कुदरत के कानून के मुताबिक चलता है। कुदरत उसका अच्छा उपयोग करेगी और वह कुदरत का अच्छा उपयोग करेगा।[2]

शिक्षा की व्यापक व्याख्या करते हुए गांधीजी ने कहा था—"शिक्षा एक स्वतंत्र धर्म दर्शन है। शिक्षा जीवन का एक अंग नहीं बल्कि शिक्षा में जीवन का सर्वांग आ जाता है और आना चाहिए। इसी जीवन दर्शन का जिसे साक्षात्कार हुआ है वही शिक्षा का ऋषि है, वही धर्मकार है, क्योंकि समाज धारक का रहस्य उसे अवगत है। वही शिक्षा पथ को प्रदीप्त करेगा।"[3]

शिक्षा व्यक्ति और समाज में मानवीय सद्गुणों का समावेश कर भावी विकास के साधन के रूप में अत्यन्त महत्त्वपूर्ण कार्य करती है, इसलिए उसका रूप ऐसा होना चाहिए जिसमें व्यक्ति का सर्वांगीण और सांगोपांग विकास हो सके। गांधी शिक्षा की इस मूलभूत अवधारणा की महत्ता से पूर्णतया परिचित थे।

शिक्षा का आधारभूत सिद्धांत यह है कि इसकी रचना समाज की आवश्यकताओं को ध्यान में रखकर की जानी चाहिए। शिक्षा का अर्थ है अपने को बाहर ले जाना अर्थात् मानव के अंदर जो शक्ति छिपी है या मूर्छित पड़ी हुई है उसे विकसित करना, उद्बुद्ध करना। इसलिए सच्ची शिक्षा और साक्षरता के बीच कोई अनिवार्य संबंध नहीं है।

गांधीजी ने शिक्षा और मनुष्यता के संबंधों का विवेचन करते हुए कहा था हम मनुष्य बनें यह पहली शिक्षा है, मनुष्य ही अक्षर ज्ञान के योग्य है। इस प्रकार शिक्षा का मूल उद्देश्य मनुष्य को सच्चे अर्थ में मनुष्य बनाना है जो शिक्षा मानवीय सद्गुणों के विकास में योग नहीं देती और व्यक्ति के सर्वांगीण विकास का मार्ग नहीं प्रशस्त करती वह शिक्षा अनुपयोगी है। इसलिए गांधीजी ने कहा था कि मेरे विचार से मानव बनना ही अत्यन्त महत्त्वपूर्ण शिक्षा है।[4]

शिक्षा का माध्यम : गांधीजी का आग्रह था कि विद्यालयों में मातृभाषा के माध्यम से ही बच्चों को शिक्षा देनी चाहिए। अंग्रेजी भाषा ने हमारी शिक्षा के माध्यम के रूप में जो महत्त्व प्राप्त कर लिया है उसका अंत कर देना चाहिए। अंग्रेजी भाषा का वे आदर करते थे, जागतिक भाषा और राजनयिक भाषा के रूप में उसका महत्त्व स्वीकार करते थे। वे इसे विचारों का बहुत बड़ा भंडार भी समझते थे और इसे एक विषय के रूप में बालकों को पढ़ाने के कदापि विरुद्ध नहीं थे। परंतु वे यह कभी नहीं चाहते थे कि वह भारतीय भाषाओं का स्थान ले या उसे शिक्षा का माध्यम बनाया जाय। भारत और इंग्लैण्ड के संपर्क काल में एक वह भी स्थिति थी जब अंग्रेजी भाषा को ही शिक्षा का पर्याय समझा जाता था और ऐसे किसी आदमी को कहने योग्य शिक्षित नहीं समझा जाता था जिसे अंग्रेजी न आती हो। फिर वह चाहे टूटी-फूटी अंग्रेजी क्यों न बोलता हो। धारा-प्रवाह अंग्रेजी बोलने में सक्षम व्यक्ति के बहुतेरे दोष भी ढँक जाते थे। गांधीजी ने तर्कपूर्वक कहा था कि कोई देश अनुवादकों और नकलचियों का बहुत बड़ा वर्ग तैयार करके राष्ट्र नहीं बन सकता। उनका यह भी विचार था कि स्वतंत्रता की धारणाएं ग्रहण करने और विचारों में यथा-तथ्यता लाने के लिए अंग्रेजी भाषा का ज्ञान आवश्यक नहीं है। इस संबंध में विभिन्न विचारधाराओं वाले लोगों के भिन्न-भिन्न मत हैं। कुछ लोगों का कहना है कि अंग्रेजी भाषा के द्वारा ही भारतीयों का पाश्चात्य विचार जगत में प्राकृतिक विज्ञानों, नवीन सामाजिक और राजनीतिक विचारधाराओं और प्रयोगों में प्रवेश हो सकता है। धीरे-धीरे इस सत्य को भी मान्यता मिल रही है कि ऐसी भाषा के माध्यम से बालकों को शिक्षा प्राप्त कराना उचित नहीं है जिस पर उनका पूरा-पूरा अधिकार न हो, क्योंकि ऐसा होने पर वे आत्मअभिव्यक्ति नहीं कर पाते, उनकी रचनात्मक कर्मशीलता दब जाती है और सामाजिक क्षेत्रों में वे जनसाधारण से कट कर दूर जा पड़ते हैं। यह भी देखने में आता है कि ऐसे लोग अपनी भाषाओं की उपेक्षा करते हैं फिर चाहे इसके लिए उन्हें ग्लानि भी होती है यह स्थिति मानसिक दासता की सूचक है जिससे न तो गांधीजी सहमत थे और न जिससे कोई प्रतिष्ठित व्यक्ति ही सहमत हो सकता है।

गांधीजी ने मातृभाषा के महत्त्व पर प्रकाश डालते हुए कहा था कि हम तो भारतीय भाषाओं को पढ़ना, आवश्यक इसलिए मानते हैं कि अपनी भाषा के ज्ञान के बिना कोई सच्चा देशभक्त बन ही नहीं सकता। मातृभाषा के ज्ञान के बिना हमारे विचार विकृत हो जाते हैं और हृदय से मातृभूमि का स्नेह जाता रहता है। उनकी स्पष्ट धारणा थी कि अतीत को विस्मृत कर नए भारत के निर्माण की कल्पना नहीं की जा सकती। यदि दासता की श्रृंखलाओं को तोड़कर स्वतंत्र भारत का नव-निर्माण करना था तो वह निर्माण भारत के अतीत की अच्छी बातों को अपनाकर ही किया जा

सकता था और भारत के अतीत के ज्ञान के लिए मातृभाषा को शिक्षा का माध्यम होना आवश्यक था। गांधी विदेशी माध्यम से शिक्षा के विरोधी थे क्योंकि विदेशी भाषा के माध्यम से सही शिक्षा नहीं दी जा सकती। मातृभाषा के माध्यम से दी जाने वाली शिक्षा बच्चों को सरलता से ग्राह्य होती है।

गांधीजी ने राष्ट्रभाषा के रूप में जिस प्रकार अंग्रेजी को स्वीकार नहीं किया उसी प्रकार उन्होंने शिक्षा के माध्यम के रूप में अंग्रेजी को स्वीकार नहीं किया। विदेशी भाषा के माध्यम से सीखने के अतिरिक्त बोझ के प्रति गांधीजी ने संकेत दिया है कि इससे नवयुवकों के मस्तिष्क की शक्ति, उत्साह, ताजगी और चेतना का ह्रास हुआ है।[5] अंग्रेजी माध्यम रखने से मानसिकहीनता की गंध ही नहीं आती वरन् एक अतिरिक्त बोझ होने के कारण वह व्यक्तित्व के विकास में भी बाधक होती है। इसका दुखद परिणाम बालक को, परिवार को, समाज को और संपूर्ण देश को भोगना पड़ता है।

गांधीजी को यह देखकर दुःख का अनुभव होता है कि विदेशी भाषा के माध्यम ने इस देश की शक्ति को लगभग चूस लिया है, विद्यार्थियों की जिंदगी में प्रेरणा-शक्ति को समाप्त कर दिया और शिक्षा को अनावश्यक रूप में खर्चीला बना दिया है। इसलिए गांधीजी विदेशी भाषा के माध्यम को किसी भी रूप में चलते देखना नहीं चाहते थे। शिक्षित भारत जितनी जल्दी इस विदेशी माध्यम के जादू से अपने आपको मुक्त कर लेगा, उतना ही लोगों के लिए उचित होगा।[6] यही कारण है कि गांधीजी जहाँ एक तरफ अंग्रेजी भाषा के माध्यम से देश को मुक्ति दिलाने के लिए उत्सुक रहे वहाँ दूसरी ओर वह प्रांतीय भाषाओं के विकास के लिए भी उत्सुक रहे हैं। भाषा के माध्यम को बदलने में गांधीजी 'धीरे चलो' की नीति का समर्थन नहीं करते। वह तो उसमें तुरंत ही परिवर्तन चाहते हैं, क्योंकि देरी करने का अर्थ पारस्परिक भ्रमों को अधिक उभारना है। यदि माध्यम धीरे-धीरे न बदल कर तुरंत बदल दिया जाए तो आवश्यकता की पूर्ति के लिए हमें बहुत थोड़े ही समय में पाठ्य-पुस्तकें और शिक्षक दोनों ही मिल जाएंगे।[7]

गांधीजी बहुत से शिक्षाशास्त्रियों के इस विचार से भी अपनी सहमति प्रकट नहीं करते कि मातृभाषा के माध्यम से अभी देश में वैज्ञानिक शिक्षा नहीं दी जा सकती। उनका यह निश्चित मत था कि ऐसा सोचना अज्ञान का प्रतीक है। इसके लिए वह जापान का प्रायः उदाहरण दिया करते थे जो वैज्ञानिक शिक्षा को भी अपनी ही भाषा में देकर कितना समर्थ देश बना हुआ है। जापान आज अमेरिका और इंग्लैण्ड से लोहा ले रहा है। लोग इसके लिए उसकी तारीफ करते हैं। मैं नहीं करता फिर भी जापान की कुछ बातें हमारे लिए अनुकरणीय है। जापान के लड़के और लड़कियों ने यूरोप वालों से जो कुछ पाया है, अपनी मातृभाषा जापानी के माध्यम से

पाया है, अंग्रेजी के जरिए नहीं।[8] यही कारण था कि गांधीजी ने वर्धा शिक्षा योजना में अंग्रेजी को कोई स्थान नहीं दिया। गांधीजी ने विदेशी भाषा के माध्यम को हटाकर मातृभाषा 'हिन्दुस्तानी' को माध्यम बनाया। लेकिन उनका दुराग्रह ऐसा नहीं है कि बालक को उसकी प्रांतीय भाषा से पृथक किया जाए। अपने देश की सभी भाषाओं की उन्नति होनी चाहिए पर हिंदी सभी को आनी चाहिए। हिन्दुस्तान की राष्ट्रभाषा तो हिंदी ही होनी चाहिए।[9]

इस प्रकार गांधीजी भाषा के संबंध में न केवल राष्ट्रीय विचारों के प्रणेता थे वरन् वह भाषा के माध्यम से देश में सामाजिक और राष्ट्रीय क्रांति के भी प्रवर्तक थे। गांधीजी ने न तो राष्ट्रभाषा के रूप में और न ही शिक्षा के माध्यम के रूप में अंग्रेजी को स्वीकार किया।

शिक्षण के माध्यम के संबंध में विचार करते समय जहाँ उन्होंने अंग्रेजी का विरोध किया है, वहीं हिन्दुस्तानी का भी किया है। सच्चा शिक्षण स्वभाषा के माध्यम से ही हो सकता है। यह उनकी दृढ़ मान्यता थी। इसलिए अपनी परिकल्पना के राष्ट्रीय विश्वविद्यालय 'गुजरात विद्यापीठ' में जब उन्होंने सन् 1920 में हिंदी-हिन्दुस्तानी के शिक्षण को अनिवार्य विषय बनायाए तो शिक्षा के माध्यम के रूप में स्वभाषा (गुजराती) को चुना। विद्यापीठ के विधान में इन दोनों तथ्यों का स्पष्ट निर्देश है—

1. 'राष्ट्रभाषा' हिंदी-हिन्दुस्तानी का शिक्षण विद्यापीठ के अभ्यासक्रम में अनिवार्य रहेगा।
2. सारे अभ्यासक्रम के शिक्षण का माध्यम 'स्वभाषा' गुजराती रहेगा।

आज इतने वर्षों बाद भी जो लोग शिक्षा के माध्यम के संबंध में अँधेरे में टटोलते हैं और सभाओं में वाद-विवाद करते हैं, उन्हें विचार करना चाहिए कि स्वभाषा के अतिरिक्त और कोई भाषा शिक्षा का सफल माध्यम हो ही नहीं सकती।

इसी प्रकार कुछ लोग ऐसे भी हैं जो स्वभाषाओं की सुरक्षा के विचार से भयभीत हैं और अपने प्रांत के स्कूल, कॉलेजों और विश्वविद्यालयों में अंग्रेजी को इस डर से अनादिकाल तक चलाए रखना चाहते हैं कि यदि उसे हटाकर हिंदी को अनिवार्य विषय के रूप में पढ़ाया जाएगा तो उनकी स्वभाषा को क्षति पहुँचेगी। ऐसे लोगों को कौन समझाए कि स्वभाषाएं हिंदी के संचरण से ही संपन्न होंगी। जिस प्रांत में हिंदी बोली जाती है उस प्रांत में भी जब ब्रजए अवधी, भोजपुरी आदि समृद्ध एवं संपन्न भाषाएं फल-फूल रही हैं तो दूसरी भाषाओं को क्षति पहुँचने का तो प्रश्न ही नहीं उठता। जो लोग मन में इस प्रकार की संकुचित भावनाएं रखते हैं, उनके लिए गांधीजी द्वारा 'नवजीवन' में उद्धृत सर टी. विजयराघवाचारियर का निम्नलिखित कथन द्रष्टव्य है— ''भारतीय शिक्षा प्रणाली में हिंदी का आवश्यक स्थान होना

चाहिए।''[10] कहने का तात्पर्य यह है कि संपूर्ण भारत के लिए शिक्षा में हिंदी को अनिवार्य बनाने हेतु गांधी कायल थे।

भाषा : मातृ एवं क्षेत्रीय भाषाओं में प्राथमिक एवं माध्यमिक स्तर की शिक्षा देने की बात बराबर कही गई है। लेकिन जिन नगरों में पूरे देश के सभी भाषा-भाषी बच्चें हों तो क्या मातृभाषा में शिक्षा देना सरकार के लिए संभव होगा? वाराणसी जैसे नगर में पंद्रहों भाषा-भाषी लोग बसे हैं और स्वेच्छा से हिंदी में प्राथमिक शिक्षा ग्रहण करने की उनकी पुनीत परंपरा बन गई है। इसलिए यह आवश्यक है कि जो जिस प्रदेश में बस गया है उस प्रदेश की भाषा में उसे प्राथमिक से लेकर सर्वोच्च शिक्षा उपलब्ध कराने की पूर्ण व्यवस्था राज्य सरकार की तरफ से हो। यह प्रश्न अलग है कि अपने व्यक्तिगत प्रयास से मातृभाषाओं के भी प्राथमिक विद्यालय चलाए जाए तथा मातृभाषा का भी उन्हें ज्ञान कराया जाय। लेकिन इस प्रकार के प्रयास की जिम्मेदारी उस समाज की होगी न कि सरकार की। भाषाई अल्पसंख्यकों के लिए मातृभाषा के माध्यम से शिक्षण की सुविधा सुनिश्चित करने की जो मंशा है, वह न तो उचित प्रतीत होती है और न राज्य सरकारों के लिए व्यावहारिक। इसलिए जिस प्रदेश में जो रह रहा है उस प्रदेश की भाषा में शिक्षण की व्यवस्था होने से प्रदेश के अंदर भाषायी विद्वेष समाप्त होगा तथा भाषा के माध्यम से जो विषमता कायम होती है, समाप्त करना संभव होगा।

प्रादेशिक भाषा के अतिरिक्त जिन विद्यालयों में अंग्रेजी माध्यम से शिक्षा की व्यवस्था है, उनकी मान्यता एवं सहायता समाप्त करनी होगी तभी भारतीय भाषाओं को अध्ययन का माध्यम बनाना और राज्य भाषाओं की स्थापना करना संभव होगा। उच्च शिक्षा के स्तर पर शिक्षा का माध्यम ऐसा होना चाहिए कि वह उच्च शिक्षा संस्थाओं से देशभर में शिक्षकों और विद्यार्थियों की जुड़ने की प्रक्रिया में बाधक न बने। इसके लिए न तो आज की परिस्थिति में हिंदी पढ़ना सभी के लिए आवश्यक बनाना संभव है और न अंग्रेजी को ही माध्यम रखने का औचित्य है। एक प्रदेश के लोगों का जिन प्रदेशों में प्रशासन अधिक होता है, उन प्रदेशों की भाषाओं में से कम-से-कम एक भाषा 6 से 12 वर्ष के पाठ्यक्रम में अनिवार्य रूप से सभी के पढ़ने के लिए ढाँचा खड़ा करने से ही राष्ट्रीय स्तर पर भाषा समस्या का समाधान निकालना संभव होगा। इसका एक उदाहरण देना प्रासंगिक होगा। उत्तर प्रदेश के लोग कलकत्ता, बंबई, अहमदाबाद और चंडीगढ़ अधिक प्रवास में काम के लिए आते हैं। इस प्रकार बांग्ला, मराठी, गुजराती और गुरुमुखी सीखना यहाँ के लोगों के लिए अधिक उपयोगी होगा और उनके भावी जीवन में काम आएगा। इन चार भाषाओं में से प्रदेश को कई अंचलों में बाँटकर, एक भाषा अनिवार्य रूप से 6 से 12 वर्ष के पाठ्यक्रम में पढ़ाने से इसका व्यावहारिक उपयोग बना रहेगा। इसी प्रकार

दक्षिणए पश्चिम और पूरब के लोगों का अधिक प्रवास उत्तर की तरफ होता है और उत्तर की भाषा हिंदी होने से उन्हें भी हिंदी अनिवार्य रूप से 6 से 12 वर्ष के पाठ्यक्रम में पढ़ाने की व्यवस्था से देश की एकता, उच्च शिक्षा की समस्या, राष्ट्रभाषा और संपर्क भाषा का एक साथ ही समाधान निकालना संभव होगा और एक राज्य से दूसरे राज्यों के गमनागमन तथा अध्यापकों एवं छात्रों का प्रवास भी संभव होगा। इस सिद्धांत को अपनाने के बाद भी कहीं किसी को भाषाई कठिनाइयों की समस्या उत्पन्न होती है तो ऐसे लोगों की संख्या बहुत सीमित होगी और उनके लिए सबको कष्ट न देकर इस प्रकार से हर प्रदेशों में भाषाई शिक्षण संस्थानों की स्थापना कर इसका समाधान खोजना होगा और इस व्यवस्था से केवल उन्हीं लोगों के लिए प्रयास करना होगा जो सचमुच उसका लाभ लेने के लिए इच्छुक एवं जरूरतमंद लोग हैं। अन्यों को इस कष्ट से मुक्त रखना ही श्रेयस्कर होगा।

अंतरप्रांतीय संबंधों को सुदृढ़ बनाने एवं एक-दूसरे की सांस्कृतिक गतिविधियों का ज्ञान होने के लिए आवश्यक है कि हर प्रदेश के कवियोंए लेखकोंए विद्वानों, स्वतंत्रता संग्रामियों, संतों तथा सांस्कृतिक गतिविधियों का सभी भाषाओं में कक्षा के स्तर के अनुसार पाठ्यक्रमों में इस प्रकार संयोजन हो कि पूरे देश के विषय में सबको ज्ञान का आधार तैयार करना संभव हो। इसके लिए यह भी आवश्यक होगा कि देश की 15 भाषाओं में दो हजार शब्दों का पर्यायवाची शब्द सभी भाषाओं में सभी छात्रों को 6 से 10 वर्ष के पाठ्यक्रम में पढ़ाया और सिखाया जाय, जिससे पूरे देश में कहीं भी जाने पर बोलियों को समझना आसान हो जाए और यात्रा में आने वाली कठिनाइयाँ भी दूर हो जायं।

भाषा समस्या : भाषा की समस्या बहुत जटिल है। आजादी की लड़ाई में प्राय: सभी राष्ट्रीय नेता भारतीय भाषाओं और हिंदी को अपना लिए थे और आजादी की लड़ाई की भाषा देशी भाषाएं हो गई थीं तथा उसमें हिंदी का महत्त्व सर्वोपरि था। इस पर कहीं कोई विवाद नहीं था और तमिलनाडु में भी हिंदी पढ़ाने और सिखाने की एक राष्ट्रीय संस्था 'राष्ट्रभाषा प्रचार समिति' थी जो सभी दक्षिणी राज्यों में हिंदी के अध्ययन-अध्यापन में सक्रिय भूमिका निभा रही थीए लेकिन आजादी के बाद परीक्षाओं का माध्यम अंग्रेजी होने के कारण इसकी महत्ता दिन-प्रतिदिन बढ़ती गई। अब तो नौबत यहाँ तक आ पहुँची है कि कुछ लोग अंग्रेजी माध्यम से ही पूरी शिक्षा देने की मानसिकता से ग्रसित हैं। उनकी दृष्टि से अंग्रेजी माध्यम से शिक्षा देने से भाषा समस्या का समाधान निकालना संभव है। लेकिन जो देश आज सभी बच्चों को उनकी भाषा में शिक्षा की व्यवस्था नहीं कर सकाए वह परायी भाषा में किस प्रकार शिक्षा की व्यवस्था कर सकता है, यह विचारणीय प्रश्न है? अंग्रेजी में शिक्षा देना तो और कठिन है। यही नहीं इस प्रकार की सोच तो पूर्णतया गुलाम मानसिकता

की सोच है और इस प्रकार की सोच वालों को अपनी धरती से क्या लेना-देना है। उनकी मानसिकता का देश तो पश्चिमी विकसित देश है और अब खाड़ी क्षेत्र भी उसमें शामिल हो गए हैं। ऐसे लोग न तो अपने समाज के बन पाते हैं और न देश केए ये सीधे विश्व नागरिक बन जाते हैं। इनके सामने केवल पैसा और भोग होता है। उनके लिए अपनी अस्मिता को खोने का कोई कष्ट नहीं होता है। इस मानसिकता को समाप्त करने पर ही भाषा-समस्या का समाधान खोजना संभव होगा।

जिस प्रकार हर इंसान और पदार्थ को प्रकृति प्रदत्त हवाए धूप और पानी की समान और सहज सुविधा उपलब्ध है और इसे लोग अपनी आवश्यकता भर और इच्छा भर सहज ढंग से सेवन करते हैं उसी प्रकार भाषा भी माँ से संतानें सहज रूप से सीखती हैं। माँ के बाद परिवार का स्थान होता है और इस प्रकार जब बच्चा थोड़ा बड़ा होता है तब समाज से सीखता है और तब तक विद्यालय नहीं पहुँचताए जब तक अपने सामाजिक परिवेश से बहुत कुछ सहज ढंग से सीख कर पारंगत हो जाता है। विद्यालय में अथवा घर में लिपि सिखायी जाती है और भाषा सिखायी जाती है, लेकिन परिवार और परिवेश से जो भाषा का ज्ञान सहज ढंग से अर्जित करता है उसी पर उसकी भाषा की बुनियाद डालने पर समझने की सहज प्रवृत्ति विकसित होगी और इस प्रकार भाषा का ज्ञान देने पर ही बुद्धि का सहज रूप से विकास होने की संभावना बनती है। इस प्रक्रिया में कुंठाओं से दूर, चिंतन और मनन द्वारा उनमें निखार आता है और जब सहज ढंग से कोई भाषा सिखाई जाती है तब बुद्धि पर भार नहीं पड़ता है बल्कि बुद्धि का विकास होने से उसमें सर्जनात्मक शक्ति का विकास होता है। शिक्षा मनोविज्ञान भी यही कहता है कि बच्चे के ज्ञान के आधार पर शिक्षा का ढाँचा खड़ा करने पर गुणात्मक उपलब्धियों की संभावना प्रकट होती है। इसीलिए शिक्षा मनीषियों ने इसे सीखने की सहज प्रक्रिया कहा है और इस प्रक्रिया से चलने पर बौद्धिक क्षमता का पूर्ण विकास सहज ढंग से होता है।

दुनिया का कोई देश जो आज आगे बढ़ा हुआ है इसी प्रक्रिया से चल कर आगे बढ़ा हुआ है, उनमें अपनी भाषा, संस्कृति और परिवेश से पूर्णतया लगाव है। इसी कारण वे अपने समाज को आगे बढ़ाने में हर क्षण का पूरी तरह उपयोग कर विश्व में अपना स्थान बनाए हुए हैं। लेकिन भारत में भाषा का सवाल अति भोगवादी संस्कृति से जुटा हुआ है। अंग्रेजी शिक्षा के माध्यम का तात्पर्य उच्च नौकरी और भोग का पर्याय। उन्हें अपने समाज और संस्कृति से क्या लेना-देना है? उसके माध्यम से विश्व में जहाँ भी उसे अधिक भोग की संभावना प्रकट होगी, वहाँ जाएगा और उस भोग का बनकर रह जाएगा। बिना इस ढाँचे को बदले और बिना इस मनोवृत्ति को समाप्त किए, नया समाज बनाना संभव नहीं है।

बढ़ो यार दुनियाँ का हर रश्म सीखो,
भुलाना न अपनी संस्कृति का नारा।

आचार्य सायल की उक्त पंक्तियाँ गांधीजी का वैश्विक चिंतन उजागर करती हैं, तात्पर्य यह कि वैश्विक परिदृश्य में गांधीजी अंग्रेजी भाषा को अनिवार्य मानते थे, अत: इस संदर्भ में उन शोध-छात्रों को जिनका कार्य वैश्विक-परिप्रेक्ष्य में प्रासंगिक है, उन्हें एक विदेशी भाषा, यथा—जापानी, चीनी, रूसी, जर्मन, अरबी, फारसी, फ्रेंच और अंग्रेजी आदि में से कोई एक भाषा सीखना अनिवार्य करना होगा। इसी प्रकार से ऑनर्स करने वाले विद्यार्थियों के लिए उत्तर वालों को एक दक्षिण की भाषा और दक्षिण वालों के लिए एक उत्तर की भाषा सीखना अनिवार्य करने से ही सही मायने में भाषा समस्या का समाधान निकालना संभव होगा तथा विदेशी भाषा के लिए दरवाजा न खोलकर खिड़की से काम चलाने की अपनी दृष्टि बनानी होगी और अंग्रेजी भाषा के कारण जो प्रतिभा पलायन तेजी से हो रहा है और प्रतिभा पलायन से अरबों रुपयों का नुकसान देश को हो रहा है, उससे देश बचेगा। कुशल, उत्तम और प्रवीण युवा-शक्ति विदेशों में पलायित हो जाती है, उनके सपनों का भारत, अमेरिका और अन्य पश्चिमी देश होते हैं और अब खाड़ी देश होते जा रहे हैं।[11] लाखों की संख्या में भारतीय युवा खाड़ी देश के विकास एवं सेवा के क्षेत्र में महती भूमिका अदा कर रहे हैं, उसके लाभ से देश वंचित हो जाता है। शिक्षा काल से ही वे विदेशों में जाने के लिए सपने सँजोए रहते हैं। अस्तुए भाषा के अध्ययन की अपनी व्यवस्था से देश के प्रति उनकी प्रारंभिक काल से आस्था प्रबल होगी और अपनी धरती से जुड़ने की भावना विकसित होगी। विदेशी व्यवस्था को बनाए रखने के लिए जो वृहत ढाँचा देशभर में खड़ा किया गया है और उस पर करोड़ों रुपये हर साल खर्च होता है उससे देश को मुक्ति मिलेगी तथा उन संसाधनों का उपयोगए भारतीय भाषाओं के अध्ययन-अध्यापन में करने से भारत की सांस्कृतिक एकता मजबूत होगी।

राष्ट्रभाषा के संबंध में विचार करते समय गांधीजी को स्वाभाविक रूप से उस भाषा के संबंध में भी विचार करना पड़ा जिसने भारत की सदियों से चली आ रही संपर्क-भाषा हिंदी तथा प्रांतीय भाषाओं को उनके अधिकारों से वंचित करके अपदस्थ कर दिया था। उन दिनों प्राय: सभी पढ़े-लिखे यह मानते थे कि 'अंग्रेजी के अभाव में हमारा कारोबार रुक जाएगा।' गांधीजी ने इसीलिए सबसे पहले अपने दैनिक व्यवहार में से अंग्रेजी को निकाल बाहर करने की बात 'हिन्द स्वराज' में सन् 1909 में की।[12] इसके बाद सन् 1917 में गुजरात शिक्षा परिषद में दिए गए भाषण में यह भी सिद्ध कर दिया कि जो लोग यह मानते हैं कि अंग्रेजी राष्ट्रभाषा है अथवा भविष्य में कभी बनने वाली है, वे भारी भ्रम में हैं। अंग्रेजी में हिन्दुस्तान की

राष्ट्रभाषा बनने के योग्य 'एक भी लक्षण नहीं है।'[13]

किसी एक समय राजा राममोहन राय ने यह भविष्यवाणी की थी कि आगे चलकर एक दिन हिन्दुस्तान अंग्रेजी बोलने वाला देश बन जाएगा। अंग्रेजों के राज में सभी पढ़े-लिखे और हाकिम-हुक्काम अंग्रेजी के ही मुतंजिर थे। यह हकीकत है कि अगर महात्मा गांधी ने डटकर अंग्रेज-परस्ती का विरोध नहीं किया होता तो राजा राममोहन राय की भविष्यवाणी सच होकर रहती। गांधीजी जानते थे कि अंग्रेजी-परस्ती से कभी देश का भला होने वाला नहीं है; इस गुलाम मनोवृत्ति से न तो हिन्दुस्तान और हिन्दुस्तानियों का सम्मान बढ़ने वाला है और न उनमें लोकशाही का सच्चा जोश ही पैदा होने वाला है। इसीलिए उन्होंने पूरे विश्वास के साथ ष्यंग इण्डिया' तथा ष्हरिजन सेवक' में लिखा—"150 वर्ष के अंग्रेजी राज के बाद भी अंग्रेजी भाषा हिन्दुस्तान की राष्ट्रभाषा का स्थान प्राप्त करने में विफल हुई है। कुछ सौ अमलदारों या हाकिमों की सहूलियत के लिए करोड़ों लोगों को एक परदेशी भाषा सीखनी पड़ती है, यह बेहूदापन की हद है।"[14]

"मैं अपने देश के बच्चों के लिए यह जरूरी नहीं समझता कि वे अपनी बुद्धि के विकास के लिए एक विदेशी भाषा का बोझ अपने सिर ढोयें और अपनी उगती हुई शक्तियों का ह्रास होने दें।"[15]

यहाँ यह स्पष्ट कर देना अनिवार्य प्रतीत होता है कि गांधीजी भाषा के रूप में अंग्रेजी सीखने के विरोधी नहीं थे। वे केवल यह चाहते थे कि अंग्रेजी को प्रांतीय भाषाओं तथा राष्ट्रभाषा का स्थान न मिले। अंतरराष्ट्रीय काम-काज के लिए वे अंग्रेजी के महत्त्व को मानते थे। उन्होंने कहा भी है—"मेरी राय में अंग्रेजी एक खुली खिड़की है, जिसकी राह हम पश्चिम वालों के विचारों और वैज्ञानिक कार्यों से परिचित हो सकते हैं।"

उनकी यह दृढ़ मान्यता थी कि अंग्रेजी ने भारत में खास और आम लोगों के बीच एक गहरी खाई खोदी है और जब तक अंग्रेजी की मुहब्बत हमारे दिल से दूर नहीं होगीए तब तक न तो यह खाई पटेगी और न हिन्दुस्तान की गरीब भाषाओं (Vemaculars) को विकसित होने का अवसर मिलेगा।

गांधीजी ने अपनी इन मान्यताओं को सन् 1942 में हिन्दू विश्वविद्यालय, काशी के दीक्षांत भाषण में बहुत ही सुलझे हुए ढंग से पेश किया। उन्होंने विद्यार्थियों को संबोधित करते हुए कहा कि आप लोग यह माँग कीजिए कि हमें अपनी मातृभाषा में पढ़ाओ और साथ ही यह भी कहा—"अंग्रेजों को हम गालियाँ देते हैं कि उन्होंने हिन्दुस्तान को गुलाम बना रखा है, लेकिन-अंग्रेजी के तो हम खुद ही गुलाम बन गए हैं। अंग्रेजों ने हिन्दुस्तान को काफी पामाल किया है। इसके लिए मैंने उनकी कड़ी-से-कड़ी टीका भी की है किंतु अंग्रेजी की अपनी इस गुलामी के लिए

मैं उन्हें जिम्मेदार नहीं समझता।''

इस तरह जब हिंदी और उर्दू का झगड़ा चल रहा था तब उन्होंने स्पष्ट करते हुए कहा था—''दरअसल झगड़ा हिंदी-उर्दू का नहीं, बल्कि हिंदी और उर्दू का अंग्रेजी से है। नतीजा इसका एक ही हो सकता है, दोनों (हिंदी-उर्दू) की फतह।''[16]

जैसा कि ऊपर के उद्धरणों से स्पष्ट हो चुका है, गांधीजी अंग्रेजी को राष्ट्रीय तथा प्रांतीय व्यवहार के लिए अनावश्यक एवं अनुपयुक्त मानते थे। उनका यह दृढ़ विश्वास था कि अंग्रेजी भारत की आम जनता की भाषा कभी नहीं बन सकती। ''अगर अंग्रेजों का राज्य जब तक सूरज और चाँद हैं, तब तक रहने वाला है, तो वह उनके अमलों की भाषा जरूर होगी, लेकिन आम जनता की कभी नहीं।''[17]

अंग्रेजी के जिस मोह ने जनता को जकड़ रखा था, उसे मिटाकर उसके स्थान पर राष्ट्रभाषा हिन्दुस्तानी को लाने का प्रयास गांधीजी ने किया था। उन्हीं के सतत् प्रयत्नों से कांग्रेस में अंग्रेजी के स्थान पर हिन्दुस्तानी में बहस-मुबाहसे और लिखा-पढ़ी चालू हुई। बहुत से लोगों को विश्वास था कि जब स्वराज्य आएगा और अंग्रेजी का राज खत्म हो जाएगा तो अंग्रेजी का प्रभाव भी स्वतः समाप्त हो जाएगा किंतु इस मामले में गांधीजी अधिक आशावादी नहीं थे, क्योंकि वे जानते थे कि अंग्रेज भले चलें जाए, अंग्रेजी आसानी से जाने वाली नहीं है। अंग्रेजों का साम्राज्य जाएगा, क्योंकि वह दूषित था और है, लेकिन अंग्रेजी का साम्राज्य कभी नहीं जाएगा।[18] इसीलिए वे निरंतर इसके लिए सोच-विचार किया करते थे। अंग्रेजी का प्रभाव और मोह कैसे मिटे? उसे मिटाना स्वराज्य की लड़ाई का बड़ा हिस्सा है, नहीं तो स्वराज्य के मानी बदलने होंगे।[19]

इस अवलोकन से स्पष्ट है कि गांधीजी अंग्रेजी को अंतरराष्ट्रीय कामकाज की भाषा समझते थे और उसके महत्त्व को भी स्वीकार करते थे; किंतु वे न तो उसे राष्ट्रभाषा के रूप में स्वीकार कर सकते थे, न शिक्षा के माध्यम के रूप में।

जिस समय राष्ट्रभाषा की समस्या पर विचार किया जा रहा था, अंग्रेजी और उर्दू ये दो भाषाएं भी अपने दावे के साथ हिंदी की प्रतिद्वंद्विता में उपस्थित थीं। नेताओं में से यद्यपि अधिकांश हिंदी के समर्थक थे, किंतु कुछ अंग्रेजी की और कुछ उर्दू की भी हिमायत कर रहे थे। उस समय देश को भाषा के मामले में एक सबल नेतृत्व की आवश्यकता थी। संयोग से इस क्षति की पूर्ति गांधीजी के भारत आगमन से हुई। इस समस्या की ओर गांधीजी का ध्यान अफ्रीका से लौटने के बाद तुरंत हो गया। सन् 1909 में 'हिंदी स्वराज' में उन्होंने लिखा—''हर एक पढ़े-लिखे हिन्दुस्तानी को अपनी भाषा काए हिंदू को संस्कृत का, मुसलमान को अरबी काए पारसी को पर्शियन का और सब को हिंदी का ज्ञान होना चाहिए।''[20]

जिस समय गांधीजी ने ये पंक्तियाँ लिखींए उस समय अंग्रेजी का बोलबाला

था। अंग्रेजी के स्थान पर हिंदी को प्रतिस्थापित करने के लिए ही उन्होंने उपर्युक्त शब्द कहे थे और सब लोगों को हिंदी का सामान्य ज्ञान प्राप्त कर लेने का दूरदर्शी सुझाव दिया था।

मात्र दो से चार प्रतिशत लोग ही अंग्रेजी जानते हैं। वर्तमान ढाँचे के तहत सबको सिखाने में हजारों साल लगे थे। वह अब संभव नहीं है। इसलिए क्षेत्रीय भाषाओं की शरण में जाने पर ही उनमें साक्षरता बढ़ाई जा सकती है और उनकी चेतना का विकास करना संभव हो सकता है। पर अंग्रेजी साहित्य का सृजन कर, उनके बीच पहुँचना पूर्णतया असंभव है। यही स्थिति वर्तमान नियोजन और तकनीक की भी है। विकास का यह समृद्धि संवर्द्धन आधारित ढाँचा अति-केंद्रीकृत, अति-पूँजीवादी और जटिल तकनीक वाला है। वह पूर्णतया अभिजात्यवर्गीय समाज की माँग और उसकी पूर्ति हेतु, नित नए स्वचालन की तरफ बढ़ने वाले तकनीक पर आधारित है। इस प्रकार का ढाँचा पूर्णतया आयातित तकनीक पर आधारित होने के कारण उसके स्वस्थ संचालन के लिए आयातित भाषा की अनिवार्यता एवं मजबूरी बन गई है। इसीलिए अभिजात्यवर्गीय समाज उस भाषा को अपनाकर, बिना परिश्रम के विकास का सर्वोच्च लाभ उठाने में सफल हुआ है। जब तक इस केंद्रीयकृत ढाँचे को समाप्त कर, विकेंद्रीकरण को नहीं अपनाया जाता, पूँजी की जगह मान शक्ति के स्थान को स्थान नहीं दिया जाता और आयातित तकनीक की जगह स्वदेशी तकनीक को नहीं अपनाया जाताए तब तक भाषा भी विदेशी रहेगी, अपनी भाषा तिरस्कृत होगी, स्वदेशी भाषा के लिए स्थान सीमित होगा और अंग्रेजी की अनिवार्यता बनी रहेगी। इसलिए सामाजिक न्याय के लिए इस ढाँचे को बदलना प्राथमिक आवश्यकता है।

जिस प्रकार विदेशी पूँजी और तकनीक पर भारतीय योजनाओं की सफलता का भविष्य निर्भर है उसी प्रकार योजनाओं को बनाने और उसके निर्माण में विदेशी भाषा का महत्त्व बने रहने से गरीबों के विकास में ऋणात्मक योगदान है। शिक्षा की भाषाए आदेश पालकों की भाषा, नीति निर्धारकों की भाषा, प्रशासकों की भाषा, योजना बनाने वालों की भाषा और जनता की भाषा में बहुत अंतर और भिन्नता रहने का परिणाम यह है कि जो अंग्रेजी भाषा में जितना अधिक प्रवीण है, वह विकास का और योजनाओं का उतना ही अधिक लाभ उठाता है। गैर आम जनता जिसकी भाषा भिन्न है इसके लाभ से वंचित रही है। यह सब जान-बूझकर योजनाबद्ध तरीके से किया गया है। बिना इस जाल को काटे सामाजिक परिवर्तन की बात बेमानी हो जाती है। समाज में दो धाराएं समानांतर रूप से चल रही हैं। एक अभिजात्यवर्गीय मुख्यधारा जो अंग्रेजियत और विदेशी उपभोक्तावादी संस्कृति का अंग है तो दूसरी आमजन की धारा जो अपनी क्षेत्रीयताए अपने परिवेश से जुड़ी हुई है और अपनी

भाषा को सँजोकर, उसके माध्यम से अपने समाज को आगे बढ़ाना चाहती है। इसकी एक अपनी संस्कृति है, जो इस धरती से जुड़ी हुई है और अभिजात्य वर्ग की परोपजीवी पाश्चात्य उन्मुख अति-उपभोक्तावादी संस्कृति है। विकसित देशों ने दुनिया का शोषण करके उस स्तर को प्राप्त किया है, लेकिन भारत सहित वे तमाम विकासशील देश अपने लोगों की भाषा के माध्यम से शोषण कर, इस स्तर को प्राप्त किए हैं।

यह सवाल बार-बार उठाया जाता है कि यह भ्रम समाया हुआ है और अंग्रेजी के बिना-विज्ञान और तकनीक की पढ़ाई संभव नहीं है, तब प्रश्न यह उठता है कि जर्मनीए फ्रांस, रूस और जापान जहाँ का विज्ञान और तकनीक दुनियां में सर्वोच्च है, क्या वे अपनी भाषा में पढ़कर उस श्रेष्ठता को प्राप्त किए हैं या अंग्रेजी के माध्यम से? जापान और कोरिया के लोग जिस प्रकार की अंग्रेजी जानते हैं, वह विश्व-विदित है। लेकिन वे अपने समाज और संस्कृति से जुड़े होने के कारण उनमें अपनी भाषा के प्रति जो लगाव है उससे उनकी जीवंतता का सर्वोपरि विकास हुआ है। जब तक लोगों को मातृभाषा में विज्ञान की शिक्षा नहीं दी जातीए तब तक उसका लाभ आम जनता को मिलना कठिन है। आज दुनियां में जापानी प्रौद्योगिकी विश्व में छाई हुई है और अमेरिका जैसे अंग्रेजीदां देश में जापानी प्रौद्योगिकी उसके घरों में घुस गई है। यह जापानी प्रौद्योगिकी और जीवंतता का सर्वोच्च स्वरूप है। जब जन-विज्ञान की बात की जाती है तब उसके साथ जन की भाषा और आवश्यकता उससे जुट जाती है और इस जनभाषा और जन-आवश्यकता की पूर्ति के लिए जो विज्ञान होगा, वही जन-विज्ञान का स्वरूप ले सकता है अन्यथा अभिजात्यवर्ग का विज्ञान एवं तकनीक तो जन-विज्ञान और तकनीक के शोषण-दोहन पर ही फूल-फल रही है।

जो व्यक्ति जिस समाजिक परिवेश में पैदा हुआ और बढ़ा है उसी परिवेश की भाषा ही उसके लिए जीवंत विकास का मार्ग प्रशस्त कर सकती है। बिना अपनी भाषा के न तो नए का बोध संभव है और न जीवंत वार्ता ही संभव है। भाषा का संबंध माँ और बच्चे की तरह होने से ही नया जीवन, नई दृष्टि और नया सृजन संभव है। यदि अभिजात्यवर्गीय समाज की रचना करना है तब अंग्रेजी को अपनाना अत्यंत उचित एवं वांछित है लेकिन जब हमें समाज की रचना करना है तब उसकी आवश्यकता क्यों प्रतीत होती है? समाज में गुणात्मक परिवर्तन के लिए स्थानीय परिवेश से जुड़ना होगा और इस स्थानीय परिवेश की सशक्त अभिव्यक्ति का माध्यम स्थानीय भाषा होती है। केंद्रित समाज के लिए अंग्रेजी आवश्यक हो सकती है। लेकिन जब विकेंद्रित समाज की बात की जाती है या करनी है तब इस रचना में जनता की सक्रिय भागीदारी की अपेक्षा भी होती है और सक्रिय सहभागिता का संबंध जनभाषा से होता है। जनता को वह मार्ग दर्शन भी जानना होगा, जिस पर

विकास की बुनियाद डाली जाएगी, तब उसकी अपनी भाषा ही एकमात्र विकल्प होगी जो विकास दर्शन को उसे अच्छी तरह परिचित करा सकती है। अगर जनता से बात करनी है तब अपनी भाषा में ही अपनी जनता से संवाद करने का औचित्य है और सामुदायिक कार्य जनभाषा में करने का जहाँ औचित्य प्रतिपादित होता है, वहीं सामुदायिक कार्य जनभाषा में ही स्वस्थ ढंग से हो सकता है।

एक भाषा का सर्जन एक सभ्यता के क्रियान्वयन के साथ होगा। जैसे-जैसे सभ्यता बनेगी, वैसे-वैसे भाषा भी स्वरूप लेगी। इसका स्थान रेडीमेड भाषा नहीं ले सकती। समाज ही भाषा और सभ्यता दोनों को गढ़ता है। ऊपर से लादी गई सभ्यता और भाषा में वह जीवंतता और बोध नहीं होता जो अपने से गढ़ने और बनाने से होता है।

राष्ट्रभाषा : महात्मा गांधी ने जिस हिंदी को राष्ट्रभाषा के रूप में स्वीकार किया उसकी परिभाषा तथा व्याख्या भी उन्होंने अपने लेखों तथा भाषणों में प्रस्तुत की। हिंदी-साहित्य-सम्मेलन के इन्दौर अधिवेशन (आठवाँ अधिवेशन, 29 मार्च, सन् 1918) में उन्होंने अपनी इस परिभाषा को आग्रह के साथ अध्यक्षीय भाषण में प्रस्तुत किया—"हिंदी भाषा वह भाषा है, जिसको उत्तर में हिंदू व मुसलमान बोलते हैं और जो नागरी अथवा फारसी लिपि में लिखी जाती है। यह हिंदी एकदम संस्कृतमयी नहीं है, न वह एकदम फारसी शब्दों में लदी हुई है।"

उल्लेखनीय बात यह है कि हिंदी की परिभाषा केवल अध्यक्षीय भाषण का अंश न होकर उस प्रस्ताव का भी अंश है, जिसे सम्मेलन ने स्वीकार करके अपने उद्देश्यों में भी सम्मिलित कर लिया था।

गांधीजी द्वारा प्रस्तुत की गई हिंदी की यह परिभाषा उनकी भाषा-नीति की बुनियाद है। इसमें तीन बातें द्रष्टव्य हैं—

1. हिंदी उत्तर भारत के हिंदू-मुसलमान की संयुक्त भाषा है।
2. यह नागरी तथा फारसी दोनों लिपियों में लिखी जाती है।
3. इसका वास्तविक रूप न संस्कृतनिष्ठ है न फारसीयुक्त।

गांधीजी द्वारा प्रस्तुत हिंदी की यह परिभाषा उनके व्यक्तित्व के प्रभाव से संमेलन द्वारा स्वीकार तो कर ली गईए किंतु सम्मेलन के अधिकांश कार्यकर्ताओं तथा साहित्यकारों के गले वह उतरी नहीं। सन् 1935 के अधिवेशन 21 में दबे स्वर से गांधीजी की भाषा-नीति का विरोध किया गया। परिणामस्वरूप 1945 में गांधीजी को सम्मेलन से अलग हो जाना पड़ा। इस तरह हिंदी-उर्दू के साथ-साथ हिन्दुस्तानी की एक नई समस्या सामने आयी।

राष्ट्रभाषा के विकास के इतिहास में सम्मेलन से गांधीजी के संबंध-विच्छेद को नजरअंदाज नहीं किया जा सकता। विशेषकर इसलिए कि यह घटना राष्ट्रभाषा

की परिभाषा को लेकर घटी थी। अतः इसके संबंध में थोड़े विस्तार से विचार करना आवश्यक प्रतीत होता है।

1. गांधीजी भाषा-समस्या पर विचार करते समय भाषाविद् अथवा साहित्यकार की दृष्टि से विचार नहीं करते थे। वे स्वतंत्रता-प्राप्ति के साधनों में से एक साधन राष्ट्रभाषा को मानते थे और उसके ऐसे स्वरूप को अपनाना या आकार देना चाहते थे, जिसके द्वारा कहीं कोई बाधा उपस्थित न हो।
2. गांधीजी, जैसा कि वे स्वयं कहते थे, हिंदू-मुस्लिम एकता के लिए जीते थे। वे जानते थे कि संस्कृतनिष्ठ हिंदी तथा केवल नागरी लिपि को अपनाने से मुसलमानों को आपत्ति होगी। अतः वे मिली-जुली सरल भाषा और दोनों लिपियों का आग्रह करते थे।

सम्मेलन के सदस्य भाषा की सरलता के संबंध में तो कुछ हद तक सहमत थे, किंतु दो लिपियों वाली बात उन्हें बिलकुल स्वीकार नहीं थी। उन दिनों हर पढ़ा-लिखा हिंदू नागरी लिपि के साथ फारसी लिपि भी जानता था। इसलिए उस समय गांधीजी की दो लिपियों वाली बात उतनी अनावश्यक प्रतीत नहीं होती थी जितनी आज प्रतीत होती है।

जहाँ तक भाषा के समन्वय एवं सरल होने का प्रश्न है, इस संबंध में दो मत हो ही नहीं सकते। उर्दू, हिंदी की ही एक विशिष्ट शैली है। जैसे हम अवधी, ब्रज, भोजपुरी, राजस्थानी के शब्द-भंडार एवं साहित्य को उदारतापूर्वक हिंदी का ही मान लेते हैं, उसी प्रकार की उदारता हमें उर्दू के प्रति भी रखनी चाहिए थी। किंतु दुर्भाग्यवश ऐसा नहीं हो सका। अतः गांधीजी ने हिंदी-उर्दू के समन्वय की बात उठायी और उस मिले-जुले सरल, सीधे रूप को उन्होंने हिन्दुस्तानी कहा।

स्वरूप के इस झमेले को लेकर काफी वाद-विवाद हुआ। पंडितों ने गांधीजी की हिन्दुस्तानी की हँसी उड़ाई और कटु आलोचनाएं कीं: 'बादशाह दशरथ, शहजादा राम और बेगम सीता' वाली फब्तियाँए जो हिन्दुस्तानी पर कसी गईं, जानी-पहचानी हैं। किंतु देश का नेतृत्व करने वाले डॉ. राजेन्द्र प्रसाद, जवाहरलाल नेहरू और डॉ. जाकिर हुसैन जैसे नेताओं ने बापू की हिन्दुस्तानी भाषा का पूर्ण समर्थन किया और हिन्दुस्तानी प्रचार-कार्य में उन्होंने सक्रिय सहयोग भी दिया।

सारे भारतवर्ष के लिए सरल, सुगम एवं बोधगम्य राष्ट्रभाषा के निर्माण की जितनी आवश्यकता आज है उतनी शायद कभी नहीं रही। एक बात यह भी इस संदर्भ में स्वीकार करनी पड़ेगी कि हिंदी के अध्यापक-प्राध्यापकों तथा लेखकों ने एक ऐसी संस्कृतनिष्ठ हिंदी का निर्माण कर लिया है, जिसका जनसाधारण से बहुत कम संबंध है। साथ ही उर्दू-फारसी के जो मुहावरे हमारी भाषा में घुल-मिल गए थे, उन्हें भी हमने बहिष्कार के कारण भाषा से निकल दिया है। परिणामस्वरूप हमारी

भाषा संस्कृत शब्दावली से बोझिल, रूखी और बंजड़ हो गई है। उनकी नैसर्गिक लक्षणा तथा व्यंजना शक्ति नष्ट होती जा रही है। कहने का तात्पर्य यह कि गांधीजी ने भाषा के जिस अखिल भारतीय सरल सुगम स्वरूप की आवश्यकता उस समय महसूस की थीए वह आज भी महसूस की जा रही है। गांधीजी तो केवल हिंदी-उर्दू के समन्वय की ही बात करते थे परंतु अब तो 22 भाषाओं से शब्दावली ग्रहण करने का आग्रह किया जा रहा है।

इस अवलोकन से स्पष्ट है कि राष्ट्रभाषा की जो परिभाषा एवं परिकल्पना गांधीजी ने प्रस्तुत की थी वह उचित थी। उच्चतर साहित्य-भाषा की बात अलग रखकर यदि हम राष्ट्रभाषा के उस स्वरूप पर विचार करें, जिसे जनता समस्त भारत में विचार-विनिमय के लिए अपना रही है, तो यह स्वीकार करना होगा कि वह भाषा गांधी की परिभाषा के अनुरूप सरल-सुगम हिंदी ही है। वह न तो संस्कृत-गर्भित है और न फारसी शब्दों से बोझिल ही है।

हिंदी की परिभाषा के संबंध में विचार करते समय उसके स्वरूप के संबंध में भी थोड़ा-बहुत निर्देश ऊपर किया जा चुका है, क्योंकि परिभाषा और स्वरूप का निकट संबंध है। हमने यह भी देखा कि गांधी द्वारा की गई राष्ट्रभाषा की परिभाषा और उसको लेकर उठे मतभेद के कारण आगे चलकर राष्ट्रभाषा के स्वरूप के संबंध में गांधी की जो परिकल्पना थी वह 'हिन्दुस्तानी' के आग्रह रूप में सुदृढ़ हो गई।

सन् 1917 के भड़ौंच की 'गुजरात शिक्षा परिषद्' के दूसरे अधिवेशन में दिए गए भाषण में उन्होंने राष्ट्रभाषा के पाँच प्रमुख लक्षणों का निरूपण किया था। ये लक्षण उन्हीं के शब्दों में इस प्रकार हैं—

1. अमलदारों के लिए वह भाषा सरल होनी चाहिए।
2. उस भाषा के द्वारा भारत वर्ष का आपसी धार्मिक, आर्थिक और राजनैतिक व्यवहार हो सकना चाहिए।
3. यह जरूरी है कि भारतवर्ष के बहुत से लोग उस भाषा को बोलते हों।
4. राष्ट्र के लिए वह भाषा आसान होनी चाहिए।
5. उस भाषा का विचार करते समय किसी दक्षिण या अल्प-अस्थाई स्थिति पर जोर नहीं देना चाहिए।

गांधीजी ने अपने भाषण में इन पाँच लक्षणों की सविस्तार व्याख्या करते हुए यह बताने की कोशिश की कि हिंदी में, पाँचों लक्षण हैं और अंग्रेजी में एक भी (यहाँ तक कि पहला लक्षण भी) नहीं है। अतः अंग्रेजी कभी भी इस देश की राष्ट्रभाषा नहीं हो सकती। साथ ही उन्होंने यह भी जोर देकर कहा था कि "ये पाँच लक्षण धारण करने में हिंदी की होड़ करने वाली दूसरी कोई भाषा नहीं है और राष्ट्रीय भाषा के नाते हिंदी का निर्माण हो चुका है।"

हिंदी : सन् 1857 की राज्य क्रांति यद्यपि प्रत्यक्ष रूप से विफल रही तथापि भारतीय स्वतंत्रता के इतिहास में परोक्ष रूप से उसने बहुत महत्त्वपूर्ण योग दिया, इस विफलता के पश्चात भारतीय जनता को पहली बार यह अनुभव हुआ कि देश को एक सूत्र में बाँधे बिना स्वतंत्रता प्राप्ति का भगीरथ कार्य संपन्न नहीं हो सकता। परिणामस्वरूप जब देश में जागृति उत्पन्न हुई और राष्ट्र को एकता के सूत्र में पिरोने का प्रयास समस्त भारत में प्रारंभ हुएए तब जनता के कर्णधारों ने अनुभव किया कि इस संगठन के लिए एक भाषा की बड़ी आवश्यकता है। अतः बंगाल, पंजाब, गुजरातए तथा दक्षिण-भारत के नेताओं ने हिंदी को इस कार्य के लिए चुनने का प्रयास किया। हिंदी के लिए वास्तव में वह गौरव का दिन था, जब उसका नाम अहिंदी भाषियों द्वारा प्रस्तावित किया गया था।

राष्ट्रभाषा का इतिहास जानने के जिज्ञासुओं के मन में यह प्रश्न सहज ही उत्पन्न हो सकता है कि उस समय अहिंदी भाषी नेताओं ने राष्ट्रभाषा के लिए स्व-भाषाओं के नाम प्रस्तावित न करके हिंदी का नाम क्यों प्रस्तावित किया? अतः हम सबसे पहले इसी जिज्ञासा का समाधान करने का प्रयास करेंगे।

यह निर्विवाद है कि भारत की सभी भाषाएं अपने-अपने स्थान पर महत्त्वपूर्ण, संपन्न तथा समृद्ध हैं। पर व्याप्ति की दृष्टि से हिंदी सर्वाधिक व्याप्त भाषा है। डॉण्ग्रियर्सन महोदय ने अपने ष्भाषा सर्वेक्षण' में ठीक ही कहा है कि ''हिंदी का विकास प्रारंभ से ही अंतरभाषा के रूप में हुआ है।''[22] यह भाषा सदियों से समस्त भारत में थोड़ी-बहुत समझी तथा बोली जाती रही है। कहने की आवश्यकता नहीं कि सार्वदेशिक व्याप्ति के कारण ही इस भाषा को राष्ट्रभाषा के रूप में अपनाने का प्रस्ताव अहिंदी-भाषी प्रदेशों के नेताओं ने किया था।

इस भाषा की सार्वदेशिक व्याप्ति के कारणों पर भी दृष्टिपात कर लेना अप्रासंगिक न होगा। परिवार, समाज, व्यापार व लोक-व्यवहार का पक्ष इतना न मजबूत था कि हिंदी के अलावा दूसरी किसी भाषा की व्याप्ति गौण थी। लोक-व्यवहार, संस्कार-संस्कृतिए धार्मिकए राजनैतिक व व्यापारिक व्यवहार की आदान-प्रदान की भाषा हिंदी ही थी। दूसरी भाषाओं के शब्दों को भी आत्मसात कर उसे व्यावहारिक बना देने की व्याप्ति में हिंदी सक्षम थी। इसे मुख्यरूप से चार वर्गों में बाँटकर देखने से बात और स्पष्ट हो जाती है-

1. सांस्कृतिक : भारतीय संस्कृति की सबसे बड़ी विशेषता है, उसके मूल में निहित समन्वय की भावना। इसी की साधना के हेतु संभवतः प्राचीन भारत में चार-धामों की यात्रा का विधान था। धर्मपरायण हिंदू चाहे किसी प्रांत के हों, वे उत्तर में बद्रीनाथ से दक्षिण में रामेश्वरम तक और पश्चिम में द्वारका से पूर्व में कामाख्या तक की यात्रा करते थे। यह उन दिनों की बात है जब मोटर, रेल आदि साधन उपलब्ध

नहीं थे। अपनी यात्रा के दरमियान तीर्थ-स्थानों पर ये यात्री हिंदी भाषा के माध्यम से ही विचार-विनिमय करते थे। दक्षिण के प्राय: सभी तीर्थों तथा सांस्कृतिक केंद्रों पर हिंदी बोली एवं समझी जाती थी। आज भी दक्षिण के मंदिरों के पुजारी हिंदी बोलते हैं।

2. राजनैतिक : हिंदी की व्यापकता का दूसरा कारण राजनैतिक भी है। मुसलमान बादशाहों की सल्तनत का जैसे-जैसे प्रसार होता गयाए वैसे-वैसे उनके हाकिम-हुक्काम और फौज के सिपाही इधर गुजरातए महाराष्ट्र तथा दक्षिण भारत में और उधर बंगाल, असम आदि अहिंदी प्रदेशों में फैल गए। ये लोग जहाँ कहीं गए, वहाँ दिल्ली-आगरा के आसपास की बोलचाल की भाषा को भी वे अपने साथ लेते गए और इस तरह लश्करों के साथ हिंदी सुदूर देशों में पहुँच गई।

3. धार्मिक : (क) संत : भारतवर्ष एक धर्मपरायण देश है। इसके धर्मोपदेशकों ने संस्कृतए प्राकृत तथा अपभ्रंश के बाद बोलचाल की भाषा को अपनाया। यह बोलचाल की भाषा हिंदी थी। इसी में घूम-घूमकर ये रमते राम समस्त भारत में उपदेश दिया करते थे। इन संतों की अपनी एक भाषा-पद्धति थी। उत्तर भारत के कबीर व दादू से लेकर पंजाब के गुरुनानकए महाराष्ट्र के नामदेव, गुजरात के अखो आदि सभी संत अपने उपदेशों के लिए संत टकसाल की सधुक्क ड़ी हिंदी का प्रयोग करते थे। आगे चलकर स्वामी दयानन्द सरस्वती ने तथा महात्मा गांधी ने गुजराती होते हुए भी अपने उपदेशों के लिए इनका प्रयोग किया।

(ख) इस्लाम और सूफी फकीर: मुगलकाल में अनेक सूफी फकीर भारत आए। जहाँ-जहाँ मुगल शासक तथा उनकी छावनियाँ भारत में स्थापित हुईं, वहाँ-वहाँ खानकाहें भी बनीं और ये सूफी फकीर भी पहुँचे। इन सूफी फकीरों के प्रभाव से अरबी-फारसी मिश्रित खड़ी बोली का गुजरातए महाराष्ट्र तथा दक्षिण भारत में काफी प्रचार हुआ।

4. व्यापारिक : यद्यपि बहुत पुराने समय के प्रमाण उपलब्ध नहीं हैं तथापि पिछले तीन-चार सौ वर्षों में तो निर्विवाद रूप से भारत के विभिन्न प्रांतों में पारस्परिक वाणिज्य-व्यवसाय के लिए हिंदी का प्रयोग होता था। मारवाड़ी लोग का व्यापार-व्यवसाय तथा लेन-देन बंगाल, पंजाब, गुजरात, महाराष्ट्र तथा दक्षिण भारत में हिंदी के माध्यम से था। अत: वाणिज्य-व्यवसाय के लिए भी सारे भारत में हिंदी का प्रचलन था।

उपर्युक्त विहंगावलोकन से स्पष्ट है कि जिस समय भारत के नेता राष्ट्र को एक सूत्र में पिरोने के लिए किसी एक भाषा को चुनने का प्रयास कर रहे थे, उस समय उपर्युक्त कारणों से उन्हें हिंदी ही एक ऐसी भाषा दृष्टिगत हुई जो सर्वाधिक व्याप्त थी।

भाषाए धर्म, संस्कृति और राष्ट्रीयता—ये चार तत्व हैं, जो मनुष्य जाति को परस्पर मिलाते हैं और अलग भी करते हैं। इन पर विचार करते समय अथवा इनके संबंध में विधान करते समय यह बात ध्यान में रखनी होती है कि ये तत्व सम्यक एवं सुचारु ढंग से प्रयुक्त होकर किसी भी देश या राष्ट्र के एकीकरण के लिए महत्त्वपूर्ण सिद्ध हो सकते हैं पर यदि इनका प्रयोग जरा भी असावधानी से किया जाए तो ये ही राष्ट्र के अंतर्विग्रह के कारण भी बन सकते हैं।

राष्ट्रपिता महात्मा गांधी भाषा के संबंध में विचार करते समय इस बात को समझते थे। वे जानते थे कि किसी एक लिपि या एक भाषा-स्वरूप का समर्थन करना खतरे से खाली नहीं है। अत: उन्होंने खूब विचार के बाद हिंदी-उर्दू के समन्वय को अपनी भाषा-नीति की बुनियाद माना और हिंदी-उर्दू के इस मिलाप से पैदा होने वाली आम फहम मुश्तरका जबान को ''हिन्दुस्तानी'' नाम दिया।[23]

उन्होंने संस्कृतनिष्ठ हिंदी और फारसीनुमा उर्दू दोनों भाषा-शैलियों को राष्ट्रभाषा के स्वरूप की दृष्टि से अनुपयोगी बताते हुए उत्तर भारत में हिंदु-मुसलमानों के द्वारा बोली जाने वाली देहाती हिंदी को भारत की राष्ट्रभाषा का आदर्श स्वरूप घोषित किया। गांधीजी अपनी बात कितने सुंदर ढंग से कहते थे, यह निम्नलिखित उद्धरण से स्पष्ट हो जाएगा—''भाषा का मूल करोड़ों मनुष्यरूपी हिमालय में मिलेगा और उसी में रहेगा। हिमालय से निकली गंगाजी अनंतकाल तक बहती रहेंगी। ऐसा ही देहाती हिंदी का गौरव होगा और जैसे छोटी-सी पहाड़ी से निकला हुआ झरना सूख जाता है वैसे ही संस्कृतमयी तथा फारसीमयी हिंदी की दशा होगी।''[24]

यह बात गांधीजी ने सन् 1918 में हिंदी साहित्य संमेलन के अध्यक्षीय भाषण में कही थी। इसके करीब 27 वर्ष बाद हिन्दुस्तानी प्रचार-संमेलन में उन्होंने इसी बात को और अधिक आग्रह एवं अधिकार के साथ कहा—

''हिंदी और उर्दू दो नदियाँ हैं, उनमें से हिन्दुस्तानी की तीसरी नदी प्रकट होने वाली है।... यदि हिंदी और उर्दू मिल जायँ तो गंगा और यमुना से बड़ी सरस्वतीए हुगली की तरह बन जाएगी। हुगली तो गंदी है, मैं उसका पानी नहीं पीता। पर यदि यह हुगली बन गयी, तो यह बड़ी खूबसूरत होगी।''[25]

इन उद्धरणों से स्पष्ट है कि गांधीजी अपनी भाषा-नीति पर अडिग थे। उन्होंने जिस सरल-सुबोध स्वरूप की परिकल्पना सन् 1918 में हिंदी साहित्य संमेलन में प्रस्तुत की थी, प्राय: तीन दशकों के बाद भी वे उसी स्वरूप को राष्ट्रभाषा के लिए उपयुक्त मानते थे। उन्हें आस्था थी कि राष्ट्रभाषा का वह स्वरूप गंदला और बदसूरत न होकर निहायत साफ-सुथरा और खूबसूरत होगा।

गांधी ने राष्ट्रभाषा के लिए जिस स्वरूप की कल्पना की थी वह कितना

स्वस्थ एवं सुंदर था। गांधी ने उत्तर भारत में हिंदु-मुसलमानों द्वारा बोली जाने वाली उस स्वाभाविक एवं बोधगम्य जीवित भाषा को हिन्दुस्तानी कहा था, जिसकी जड़ें जनता में थीं और जिसका स्वरूप 'बहते नीर' की भाँति निर्मल था।

हिन्दुस्तानी के संबंध में फैली हुई सबसे बड़ी एवं दुर्भाग्यपूर्ण भ्रांतिए जो प्राय: उसके प्रचारकों तक में फैली हुई है, यह है कि हिन्दुस्तानी गांधीजी द्वारा ईजाद किया गया एक फार्मूला है। उस फार्मूले का सार यह है कि एक शब्द हिंदी का लोए एक शब्द उर्दू का लोए दोनों को मिलाओ और गांधी की हिन्दुस्तानी तैयार! इससे बढ़कर बुद्धि के दिवालिएपन का उदाहरण शायद ही कहीं मिले। भाषा कभी फार्मूलों से नहीं बनती। आधा तीतर आधा बटेर के पक्ष में गांधीजी कभी नहीं रहे। उन्होंने हिंदी-उर्दू के सुगम समन्वय का आग्रह किया, पर उसका यह मतलब थोड़े ही है कि एक शब्द हिंदी का हो तो दूसरा उर्दू का हो। भाषा में यह सब नैसर्गिक रूप से होता है। यदि हम आग्रह-दुराग्रह न रखें, तो उचित स्थान पर उचित शब्द बातचीत अथवा लेखन में स्वत: प्रयुक्त हो जाते हैं, उसके लिए प्रयास नहीं करना पड़ता। तो यह निश्चित मत है कि अच्छी हिंदी बोलने या लिखने के लिए उर्दू का ज्ञान होना वांछनीय हीं नहीं नितांत आवश्यक है। दोनों भाषा-शैलियों का ज्ञान हो जाने पर अरोचित शब्द बिना प्रयास किए स्वत: प्रयुक्त होकर उस स्वरूप का निर्माण करेंगेए जिसे गांधी ने 'हिन्दुस्तानी' नाम दिया है।

यूरोपीय विद्वानों ने भारत की बोलचाल की भाषा को हिन्दुस्तानी माना... इसे उर्दू का पर्याय समझना चाहिएय क्योंकि उसकी प्रवृत्ति उर्दू की ओर ही अधिक हैण्. अंग्रेजों के जाने के साथ उसका अस्तित्व लुप्त हो गया है और वह स्वाभाविक अवसान प्राप्त कर चुकी है।

यहाँ यह स्पष्ट कर देना आवश्यक है कि इस भाषा को हिन्दुस्तानी नाम अंग्रेजों ने नहीं दिया। अब तक की जानकारी के आधार पर इस भाषा के लिए 'हिन्दुस्तानी' शब्द का प्रयोग सबसे पहले सुप्रसिद्ध संत प्राणनाथ (संवत् 1675-1751) का दिया हुआ है। उन्होंने अपने सुप्रसिद्ध ग्रंथों को कुलजम-स्वरूप ;कुलजमे शरीफद्ध कहा है—

"बिना हिसाबे बोलियाए भाषा सकल जहानि।
सबको सुगम जानिके, कहूँगी हिन्दुस्तानि॥"

संभव है, इससे पूर्व भी हिन्दुस्तानी नाम प्रचलित रहा हो। अत: यह कहना कि अंग्रेजी विद्वानों ने बोलचाल की भाषा को हिन्दुस्तानी मानाए उचित नहीं। बोलचाल की भाषा (सबको सुगम) शुरू से ही हिन्दुस्तानी कहलाती थी। इसी तरह यह कहना कि इसे उर्दू का पर्याय समझना चाहिए, चूँकि इसकी प्रवृत्ति उर्दू की ओर अधिक है, भी भ्रामक है। इसमें उर्दू का समावेश है और इसका आग्रह है, यह

सुविदित है। समावेश होना और पर्याय होना एक नहीं है। अंत में यह कहना कि अंग्रेजों के जाने से उसका अस्तित्व लुप्त हो गया और अवसान हो गया, यह धारणा भी भ्रामक है। भाषा कोई ऐसी वस्तु तो नहीं, जिसे कोई जाने वाला साथ उठाकर ले जाए। हिंदी-हिंदुस्तानी सदियों से हिंदुस्तान की बोलचाल की भाषा रही है और सदियों तक आगे भी रहने वाली है। विधान में तो राष्ट्रभाषा के स्वरूप को न केवल उर्दू से बल्कि भारत की 22 भाषाओं के समन्वय से विकसित करने का भी आदेश है।

विश्व की शायद ही किसी भाषा का प्रचार इतनी शीघ्रता से और इतने बड़े पैमाने पर हुआ हो, जितना की राष्ट्रभाषा के रूप में हिंदी का। यह भी सच है कि शायद ही किसी भाषा के स्वरूप को लेकर इतना मतभेद रहा हो जितना कि इस भाषा के संबंध में रहा है। हिंदी को राष्ट्रभाषा का पद प्राप्त करने के लिए अनेक संघर्षों का सामना करना पड़ा है। राष्ट्रभाषा हिंदी के प्रचार का इतिहास भारत के स्वतंत्रता संग्राम के इतिहास के समानांतर अग्रसर हुआ है और वह उसी के समान महत्त्वपूर्ण भी है। जिस प्रकार गांधी के व्यक्तित्व को समझे बिना हमारी स्वतंत्रता का इतिहास समझ में नहीं आ सकताए उसी प्रकार गांधी के योगदान को समझे बिना हिंदी-प्रचार आंदोलन का वास्तविक स्वरूप समझ में नहीं आ सकता। पं. जवाहरलाल नेहरू ने बापू की इस विशेषता के संबंध में कहा है, "एक बड़ी भारी मूर्ति की तरह बापू हिंदुस्तान के इतिहास की आधी सदी में पाँव फैलाकर खड़े हैं। वह बड़ी भारी मूर्ति शरीर की नहीं, बल्कि मन और आत्मा की है।"

भाषा समस्या के अधिकारी विद्वान स्व. मगनभाई देसाई ने अपनी "हिंदु प्रचार मूवमेण्ट' शीर्षक अंग्रेजी पुस्तक में, हिंदी प्रचार आंदोलन में गांधी के योगदान के संबंध में स्पष्ट शब्दों में लिखा है,"भारत में हिंदी-प्रचार आंदोलन का इतिहास मुख्यतः महात्माजी के इस दिशा में किए गए प्रयत्नों का इतिहास है।"

स्वर्गीय मगनभाई देसाई का कथन अक्षरशः सत्य है। सन् 1908-09 से सन् 1948 तक के राष्ट्रभाषा-प्रचार के प्रायः सभी प्रयत्न गांधीजी के नेतृत्व में अथवा उनको केंद्र में रखकर हुए थे। 1908 से पूर्व भी हिंदी-प्रचार के छिटपुट प्रयत्न सहज रूप में हुए थे, इस तथ्य को भी अस्वीकार नहीं किया जा सकता।

लिपि

गांधीजी ने जिस विषयों पर गंभीरता से विचार कियाए उनमें से लिपि भी एक है। उन्होंने कहा था—"सचमुच मेरा दृढ़ विश्वास है कि भारत की तमाम भाषाओं के लिए एक ही लिपि का होना फायदेमंद है और वह लिपि देवनागरी ही हो सकती है।" इस प्रश्न पर अपने विचार व्यक्त करते हुए उन्होंने 'हिंदी नवजीवन' में भारत की सब भाषाओं को देवनागरी लिपि में लिखने का समर्थन करते हुए लिखा था,

''इस समय बंगाल के लिए बंगालीए पंजाब के लिए गुरुमुखी, सिंध के लिए सिंधीए उत्कल के लिए उड़िया, गुजरात के लिए गुजराती, आंध्र देश में तेलगू, तमिलनाडू में तमिलए केरल में मलयाली और कर्नाटक में कन्नड़ लिपि है। मैं बिहार की कैथी और दक्षिण की मौड़ी तो छोड़ ही देता हूँ। यदि तमाम व्यवहार और राष्ट्रीय कामों के लिए इन सब लिपियों के लिए स्थान-स्थान पर देवनागरी का उपयोग होने लग जायए तो वह एक भारी प्रगति होगी।''[26]

यहाँ स्वाभाविक रूप से यह प्रश्न उठ सकता है कि गांधीजी ने एक लिपि और उसमें भी देवनागरी की ही हिमायत क्यों की? इसका एक कारण तो यह है कि भाषाओं के साथ भारत में लिपियाँ भी अनेक हैं, इसलिए जो उलझन भाषाओं की अनेकता को लेकर है, वह लिपि की अनेकता को लेकर भी है। उत्तर भारत की भाषाओं में इतना साम्य तो है ही कि सुनने पर दो-चार शब्द तो पकड़ में आ ही जाएए पर अपरिचित लिपि के कारण कुछ भी हाथ नहीं लगता। भाषाओं का यह पारस्परिक अंतर एक लिपि के द्वारा आधा तो पाटा ही जा सकता है। इसीलिए गांधीजी ने एक लिपि का आग्रह किया था।

दूसरा कारण यह भी है कि जिस तरह राष्ट्र की एकता का आधार भाषा की एकता है, उसी प्रकार भाषाओं की एकता का भी कुछ आधार लिपि की एकता है। आज हमारे देश में बाईस भाषाएं और प्रायः बारह-तेरह लिपियाँ प्रचलित हैं। जहाँ तक देवनागरी के समर्थन का प्रश्न है, यह निर्विवाद कहा जा सकता है कि संस्कृत का वाहन होने के कारण यह लिपि भारत की लिपियों में सबसे बोधगम्य एवं व्यापक है। विद्वानों का मत है कि देवनागरी के समान संसार की कोई लिपि ध्वन्यात्मक तथा वैज्ञानिक नहीं है। स्पष्ट है कि देश की तत्कालीन आवश्यकताओं और देवनागरी लिपि की उपर्युक्त विशेषताओं के कारण गांधीजी ने भारत की भाषाओं के लिए एक लिपि वाली बात उठायी थी, पर उन्होंने इस प्रश्न को कभी आवश्यकता से अधिक महत्त्व नहीं दिया। उन्होंने इस संबंध में स्पष्ट निर्देश भी किया है—''जिन प्रश्नों पर मैंने वर्षों विचार किया है और जिन्हें मैं अतिशय महत्त्व के मानता हूँ, उनके प्रचार को एक लिपि के प्रचार के मुकाबले में ज्यादा महत्त्वपूर्ण समझता हूँ। ... देवनागरी लिपि का प्रचार मेरा खास विषय नहीं है।''[27]

स्पष्ट है कि राष्ट्रपिता महात्मा गांधी के सामने राष्ट्र की इतनी समस्याएं एक साथ उपस्थित थीं कि उनमें लिपि वाली बात उतनी अहमियत नहीं रखती थी। उन्होंने राष्ट्रभाषा प्रचार आंदोलन का श्रीगणेश कर दिया था और पहले वे उसमें सफलता प्राप्त करना चाहते थे। राष्ट्र के लिए भाषा के प्रचार के साथ यदि वे चाहते तो एक लिपि के प्रचार को भी जोड़ सकते थे, पर उन्होंने उचित नहीं समझा। गांधीजी दूरदर्शी थे, वे जानते थे कि ऐसा करने से हिंदी-प्रचार आंदोलन को परोक्ष

रूप से ठेस पहुँच सकती है, अत: उन्होंने अपने एक लेख में स्पष्टीकरण कियाए ''यह कार्य लिपि-प्रचार करने वाली संस्था को करना चाहिए और इस हलचल को राष्ट्रभाषा हिंदी प्रचार के साथ नहीं जोड़ना चाहिए।''[28]

भारतीय भाषाओं के लिए एक लिपि का आग्रह करने वाले गांधीजी का राष्ट्रभाषा के लिए दो लिपियों का आग्रह करना बहुत से विचारकों को बड़ा अटपटा लगा। हिंदी साहित्य सम्मेलन के गले यह बात तो एक हद तक उतर गयी कि हिंदी भाषा सरल हो पर वे देवनागरी के साथ फारसी लिपि में भी लिखी जाए, यह बात सम्मेलन के पदाधिकारियों की समझ में बिलकुल नहीं आयी और उन्होंने इसका विरोध भी किया। आज भी जो लोग गांधी की भाषा संबंधी विचारों का पूर्ण समर्थन करते हैं, वे भी उनकी दो लिपियों के आग्रह को प्राय: हृदयंगम नहीं कर पाते। अत: इस संबंध में थोड़े विस्तार से विचार करने की आवश्यकता है।

पहली बात यह कि गांधीजी ने राष्ट्रभाषा-प्रचार का जो काम उठाया था उसका उद्देश्य राष्ट्र को एक सूत्र में बाँधना और संगठित होकर पराधीनता की बेड़ियों को काटने का प्रयत्न करना था। अत: इस प्रश्न पर वे जब कभी विचार करते थे तब हिंदु-मुस्लिम एकता की समस्या सदैव उनके सामने उपस्थित रहती थी। उन्होंने कहा भी है कि ''मैं तो हिंदु-मुस्लिम एकता के लिए जीता हूँ।''

भाषा के स्वरूप के संबंध में विचार करते समय भी गांधीजी इसीलिए हिंदी तथा उर्दू के समन्वय का प्रयत्न करते थे क्योंकि वे नहीं चाहते थे कि भारत में बसने वाले मुसलमान भाई किसी भी अदना बात को लेकर रुसवा हों। वे जो भी काम करते, इन दोनों समुदायों को साथ लेकर करते थे। इसीलिए उन्होंने मुसलमान भाइयों की उर्दू भाषा और फारसी लिपि को भी राष्ट्रभाषा में समा लेने का प्रयत्न किया था।

यह बात हमें आज जितनी अनावश्यक प्रतीत होती है उस समय वह उतनी नगण्य नहीं थी। आज से आधी सदी पहले हिंदी भाषा और नागरी लिपि का उतना बोलबाला नहीं था, जितना आज है। उन दिनों कट्टर ब्राह्मणों के घरों में भी विद्यारंभ ''बिस्मिल्ला उर्रहमान उर्रहीम'' के साथ 'अलिफ, बे, पे' से होता था। चूँकि उन दिनों दफ्तरों तथा कचहरियों का काम अंग्रेजी के अतिरिक्त फारसी लिपि में ही होता था, पढ़े-लिखे धर्मप्राण हिंदु अपने धर्मग्रंथों का परायण करने के लिए नागरी लिपि भी सीखते थे। सरकारी काम-काज की दृष्टि से उर्दू-फारसी न पढ़-लिख सकने वाला उन दिनों अनपढ़ ही कहलाता था। कायस्थों की तो जैसे मादरे-जबान ही फारसी लिपि में लिखी उर्दू थी।

उपर्युक्त कारणों से गांधीजी राष्ट्रभाषा हिन्दुस्तानी के लिए दृढ़तापूर्वक दो लिपियों का आग्रह करते थे। उनका विश्वास था कि उनका आग्रह इन दोनों जातियों

व समुदायों के बीच सद्भाव उत्पन्न करेगा और इस पारस्परिक सौजन्य-स्वभाव से ही देश दासता की श्रृंखलाओं से मुक्त होगा। गांधी के लिपि-संबंधी विचारों का गहराई से अध्ययन करने पर यह स्पष्ट हो जाता है कि गांधी यद्यपि अपनी दो लिपियों की मान्यता पर अटल थे, पर न तो वे इन दो लिपियों को तत्कालीन चालीस करोड़ जनता पर थोपना चाहते थे और न वे इन दोनों को चिरकाल तक लादे ही रहना चाहते थे। वे केवल देश की सेवा के समर्पित पढ़े-लिखे हिंदु-मुसलमानों से ही राष्ट्रधर्म के नाते हिंदी-उर्दू शैलियों और देवनागरी तथा फारसी दोनों लिपियों को सीखने का आग्रह करते थे। निम्नलिखित उद्धरण से यह स्पष्ट हो जाता है—

"मैं नहीं कहता कि हिन्दुस्तान के चालीस करोड़ को दोनों लिपियाँ सीखना है। ऐसा अवश्य है कि जो सारे मुल्क में फिरता है, जिसको अपने सूबे की ही नहीं बल्कि सारे मुल्क की सेवा करनी है, उसे दो लिपियाँ सीखनी ही चाहिएए चाहे वह हिंदू हो चाहे मुसलमान।"[29]

जिस प्रकार वे देश के चालीस करोड़ लोगों पर दोनों लिपियाँ थोपना नहीं चाहते थे उसी प्रकार वे दोनों लिपियों का बोझ भी चिरकाल तक लादे रखना नहीं चाहते थे। वे तभी तक दो लिपियाँ रखना चाहते थे जब तक हिंदु-मुस्लिम वैमनस्य का अंत न हो जाय। उनकी मान्यता थी कि इस वैमनस्य का अंत हो जाने पर राष्ट्रभाषा की दोनों शैलियाँ और दोनों लिपियाँ मिलकर एक हो जाएंगी। इस कथन की पुष्टि निम्नलिखित उद्धरण से हो जाती है, "जब तक हिंदु-मुसलमान वैमनस्य कायम रहेगा, तब तक उसका रूप द्विविध होगा। वह कहीं तो फारसी लिपि में लिखी जाएगी और उसमें फारसी और अरबी शब्दों की प्रधानता होगी, कहीं वे देवनागरी में लिखी जाएगी और तब उसमें संस्कृत शब्दों की बहुतायत होगी। जब दोनों के हृदय एक हो जाएंगे तब एक ही भाषा के ये दोनों रूप तथा लिपि के भेद भी एक हो जाएंगे।"[30]

आशा की जाती है कि इस पुनरीक्षण से गांधीजी के लिपि-संबंधी विचार स्पष्ट हुए होंगे और तत्संबंधी भ्रांतियों का निवारण भी हुआ होगा। जो लोग गांधीजी के लिपि संबंधी विचारों की गहराई में उतरे बिना केवल सतही जानकारी के आधार पर उनकी कटु आलोचना करते थे, वे गांधीजी के साथ तो अन्याय करते ही हैं, भावी पीढ़ी के साथ भी अन्याय करते हैं।

गांधीजी चाहते थे कि भारत की सभी भाषाओं के लिए, विशेषकर उनके लिए जिनमें संस्कृत के शब्दों की अधिकता है, देवनागरी लिपि का उपयोग किया जाए। उनकी यह मान्यता थी कि बहुत-सी लिपियों को प्रयोग से विभिन्न प्रांतों को लोगों के लिए आपस में मेल-जोल में बाधा पड़ती है। रोमन लिपि को सारे देश की लिपि बनाने के संबंध में गांधीजी का दृढ़ विचार था कि रोमन-लिपि राष्ट्र की लिपि नहीं

हो सकती। ''उर्दू और नागरी लिपियों की बजाय रोमन-लिपि अपनाने के बारे में मेरी राय यह है कि यह प्रस्ताव कितना ही आकर्षक होए फिर भी ऐसा करना घातक भूल होगी और हम कुएं से निकलकर खाई में पड़ जाएंगे।''[31] आज हम पुनः खाई में पड़ गए हैं, मोबाइल द्वारा रोमन-लिपि में संदेश भेजकर। गांधीजी ने बहुत-सी लिपियों के स्थान पर देवनागरी लिपि को हिन्दुस्तानी भाषा के साथ प्रयुक्त करना आवश्यक अनुभव किया। देवनागरी का सीखना भारतीयों के लिए सरल भी है और सस्ता भी।

भाषा-नीति

स्वाधीन भारत की नींव को सुदृढ़ करने के लिए गांधीजी ने जितने काम किए, उनमें हिंदी को राष्ट्रभाषा बनाने का काम भी प्रमुख स्थान रखता है। लेकिन गांधीजी की भाषिक मान्यताओं पर विमर्श करने से पूर्व यह जानना भी जरूरी है कि क्या गांधी से पहले भी हिंदी को लोक या राष्ट्रभाषा बनाने की आवाज उठी थी? बात यह है कि गांधी जैसे महान व्यक्तित्व के प्रति हमारी आस्था इतनी प्रगाढ़ होती है कि लगता है कि वे जो कुछ करते हैं, पहली बार कर रहे हैं, किंतु यह और कहीं के लिए भले ही सच होए लेकिन वर्तमान संदर्भ में कतई सही नहीं है। गांधी से पूर्व हिंदी को राष्ट्रभाषा बनाने की अनगिनत कोशिशें की गईए संक्षेप में, उनकी स्थिति इस प्रकार है।

प्रख्यात फ्रांसीसी विद्वान गार्सा द तासी ने अपने सन् 1852 के फ्रांस के एक भाषण में 'हिंदुई-हिंदुस्तानी' को हिन्दुस्तान की लोक या सार्वदेशीय भाषा के रूप में सामने रखा था। अंग्रेजी के प्रसिद्ध कोश 'हाब्सन-जाब्सन' ने जिसका प्रकाशन सन् 1886 में लंदन से किया गया था, 'हिन्दुस्तानी' को सभी भारतीय मुसलमानों की राष्ट्र-भाषा माना गया है, फिर तो ग्रियर्सन जैसे अनेक लोग हिंदी के सार्वदेशिक रूप को लेकर आगे आए।

कहा जाता है कि स्वदेशी लोगों में सबसे पहले राजा राममोहन राय ने अपने एक भाषण में संकेत दिया। श्री पेठेए जो बंबई के एक कॉलेज में प्राध्यापक थे, ने मराठी में 'राष्ट्रभाषा' नाम की एक पुस्तक सन् 1864 में लिखीए जिसमें हिंदी को भारत की आवश्यक भाषा के रूप में स्वीकार किया गया। बंगाल के महान धार्मिक नेता केशवचंद्र सेन ने अपने 'सुलभ समाचार' नामक पत्र में भारत की एकता के लिए हिंदी अपनाने की पूरी वकालत की। यही नहीं, श्री सेन ने हिंदी के प्रचार-प्रचार में सक्रिय सहयोग भी दिया। वैदिक धर्म के अनन्य प्रचारक और विद्वान स्वामी दयानन्द सरस्वती नेए जो पहले संस्कृत में ही प्रचार कार्य करते थे, 48 वर्ष की अवस्था में उन्हीं सेन के कहने से हिंदी सीखी और उसी में सारा कार्य करने लगे।

गुजराती के लल्लूजी 'लाल' ने एक तरह से हिंदी की प्रथम व्यवस्थित ग्रंथ 'प्रेमसागर' की रचना की। 1870 के आस-पास मराठी हरिगोपाल पाण्डे ने 'भाषातत्व-दीपिका' संज्ञक हिंदी व्याकरण लिखा। प्रख्यात बंगला साहित्यकार बंकिमचन्द्र चटर्जी ने बंगाल के प्रसिद्ध साहित्यिक पत्र 'बंग दर्शन' में 1817 में एक लेख लिखाए जिसमें राष्ट्रभाषा हिंदी के बारे में अपने विचार बड़ी दृढ़ता से व्यक्त किए। बंगाली शिक्षाविद् भूदेव मुखर्जी ने प्रशासन से टक्क र लेकर बिहार की कचहरियों में नागरी तथा कैथी लिपियों को प्रवेश दिलाया और 'आचार-प्रबन्ध' नामक अपनी पुस्तक में हिंदी को सभी भारतीय भाषाओं की एकता का साधन-सूत्र बतलाया। कहने का अभिप्राय यह कि हिंदी को उसका उचित स्थान दिलाने के लिए जो भी प्रयास किए गए, उन सबका सरोकार हिंदीतर प्रदेशों से ही था। सन् 1900 तक आते-आते अनेक बंगालीए मराठी और गुजराती हिंदी समर्थकों और प्रचारकों की भीड़ खड़ी हो गईए जिसमें योगेन्द्रनाथ बसु, अमृतलाल चक्रवर्ती सदाशिवराव, श्रीपाद दामोदर सातवलेकर, हरगोविन्द दास सेठ आदि के नाम प्रमुख हैं। इन प्रयासों के बल पाकर जब राष्ट्रनायक जैसे 'महिमंड' व्यक्तित्व के धनी गांधीजी ने हिंदी राष्ट्रभाषा के प्रश्न को राजनैतिक दृष्टि से सामने रखा और उन्हीं के प्रयास से जब इसे संविधान में राष्ट्रभाषा-पद मिला तो यह मान लिया गया कि वे इस क्षेत्र के अपूर्व नायक हैं। लड़ाई तो वास्तव में सैनिक ही लड़कर जीतते हैं, किंतु विजयश्री पाने का श्रेय सेनाधिपति को ही जाता है।

भाषा-नीति पर गांधी का चिंतन

कहना न होगा कि गांधीजी की इन भाषिक मान्यताओं के पीछे लोक-संग्रह के संतुलन का भाव प्रमुख है। लोकभाव को अक्षत और अक्षुण्ण रखते हुए इसके लिए वे जो कारगर तरीका अपनाने की बात करते हैं, वह यही कि भारत की प्रत्येक जाति का निवासी पहले तो अपने को ठीक से समझने के लिए अपने जातीय संस्कार की संस्कृतए अरबी भाषा आदि को जानेंए फिर दोनों एक-दूसरे की भाषा का ज्ञान भी रखें। फिर सामाजिक या राष्ट्रीय संपर्क के लिए हिंदी से सभी अवगत हों। सारे हिंदुस्तानियों के लिए हिंदी जानने की बात का समर्थन करते हुए वे उसकी लिपि नागरी या उर्दू (फारसी) में किसी एक को अपनाने की छूट भी देते हैं। अन्यत्र भी उन्होंने लिखा है—"यदि मेरी चले तो मैं देवनागरी और उर्दू लिपि का सीखना अनिवार्य कर दूँ।" लेकिन जैसा प्रो.ए. चन्द्रहासन ने अपने एक आलेख में उल्लेख किया है—"जब संविधान बन रहा था तो हमारे देश के नेताओं में हिंदी-उर्दू को लेकर बड़ा भारी झगड़ा हुआ था। समझौते के रूप में गांधीजी ने यह बताया कि हमारे देश की राष्ट्रभाषा का नाम 'हिन्दुस्तानी' होगा और वह नागरी लिपि में या

फारसी लिपि में लिखी जा सकती है। लेकिन हमारे नेताओं में इस पक्ष के लोग ज्यादा थे कि राष्ट्रीय भाषा का नाम 'हिंदी' होगा और उसको लिखने के लिए नागरी लिपि का प्रयोग किया जाएगा। गांधीजी को इस बात को मानना पड़ा। गांधीजी को शत-प्रतिशत इसका भरोसा था कि हिंदी आगे चलकर एक सार्वदेशिक रूप अवश्य ग्रहण करेगी।

गांधीजी अंत में, रूपकों की भाषा में हिंदी की अपनी अवधारणा को व्यक्त करते हुए जो कहते हैं, उसका यथार्थ यही निकलता है कि जनसमूह हिमालय है और उससे फूटने वाली स्रोतस्विनी गंगा उस जनसमूह की पावन वाणी है, जो जैसे बहती आई है वैसे अनंत काल तक बहती ही जाएगी अर्थात् जन-प्रवाह की भाषा कभी सूखती नहीं। इसके विपरीत वे फारसी और संस्कृतमयी हिंदी को उस छोटी-सी पहाड़ी से निकला झरना मानते हैं, जो समय पाकर सूख जाता है। निष्कर्ष यह कि शब्द-संपत्ति की दृष्टि से उसे (भाषा) सामान्य बोलचाल के बहुत करीब होना चाहिए।

गांधी के सामने भाषा-नीति का निर्धारण करने हेतु भाषाए राष्ट्रभाषाए शिक्षा माध्यम, लिपि और सबसे ऊपर हिंदी भाषा की समस्या थीए दूसरी तरफ राष्ट्र की स्वतंत्रता में समन्वय की भावना टूटे नए इसकी समस्या थीय फलस्वरूप समय की पुकार और काल की कमजोरियों का ऐक्य उनका समाधान था और गांधी इसमें सफल रहे। गांधीजी के सभी विचार प्रांचल और पारदर्शी हैं उसमें भाषा-विषयक विचार भी बड़े निर्मल, वस्तुनिष्ठ और पूरी तरह व्यावहारिक हैं। उनके सारे विचार सत्य के प्रयोग से निःसृत हैं, भाषा-नीति संबंधी उनके विचार भी समयानुकूल सार्वभौम पुष्ट प्रयोगों का सत्य स्वरूप है जो समय की शिला पर शाश्वत हैं, जिसे संस्कार में डालने की आज भी जरूरत है।

संदर्भ सूची—

1. हरिजनए 13ण्7ण्1937
2. एक अंग्रेज विद्वान हक्सले का शिक्षा के विषय में कथनए हिन्द स्वराज- गांधी, पृष्ठ 78
3. दैनिक नवजीवनए 21.3.1930, पृष्ठ 73
4. नवजीवन, 10.10.1920
5. पटेल, एम. एस.ए दी एजूकेशनल फिलॉसाफी ऑफ महात्मा गांधी, पृष्ठ 226
6. यंग इण्डिया, 5 जुलाई, 1928
7. हरिजनए 30 जुलाई, 1938
8. हरिजन सेवक, 1 फरवरी, 1942
9. हिन्द स्वराज, गांधी, पृष्ठ 104
10. नवजीवन, 23.8.1928
11. इण्डियन लेबर माइग्रेशन टू गल्फ कन्ट्रीजरू के लक्ष्मइया नायडूए इ. पी. ड़ब्ल्यू., फरवरी, 1991, पृष्ठ 349-52 एवं परिशिष्ट तालिका 3-6
12. हिन्द स्वराज, पृष्ठ 124
13. हिन्द स्वराज, पृष्ठ 124
14. यंग इंडिया, 21.5.1920
15. हरिजन सेवक, 1.2.1942
16. हरिजन सेवक, 8.2.1942
17. हरिजन सेवक, 10.2.1946
18. हरिजन सेवक, 25.1.1948
19. वही, 26.5.1946
20. हिंदी स्वराज, 1909, पृष्ठ 104
21. इन्दौर, 20 अप्रैल, 1935, 24वां अधिवेशन
22. ए लिंग्विस्टिक सर्वे ऑफ इंडिया, ग्रंथ 9, भाग 1, पृष्ठ 44
23. राष्ट्रभाषा हिन्दुस्तानी, गांधी, पृष्ठ 16
24. हिंदी साहित्य संमेलनय इन्दौर, 29.03.1918, अध्यक्षीय भाषण
25. अखिल भारतीय हिन्दुस्तानी प्रचार संमेलन, वर्धा, 26.2.45, अध्यक्षीय भाषण
26. हिंदी नवजीवन, 21.7.1927
27. हिंदी नवजीवन, 21.7.1927
28. अखिल भारतीय हिन्दुस्तानी प्रचार संमेलन, वर्धा, 27.2.1945, तीसरा भाषण
29. हरिजन सेवक, 9.1.1947
30. हिंदी नवजीवन, 21.7.1927
31. हरिजन, 23 मार्च, 1947

मिथिलेश कुमार

शिक्षा का प्रयोजन : गांधीय विकल्प

शिक्षा के उद्देश्यों एवं प्रक्रियाओं को लेकर शिक्षाविदों में सदैव मत-भिन्नता रही है तथा कोई सर्वमान्य धारणा विकसित नहीं हो पाई है। फिर भी यदि बहुप्रचलित धारणाओं की बात करें तो शिक्षा को 'जीवन के समग्र विकास के औजार' के रूप में देखा गया है। लेकिन यह इस बात पर निर्भर करता है कि यह औजार किस मूल्यबोध से प्रेरित हैं। यदि यह शिक्षण प्रक्रिया मनुष्य की स्वतंत्र चेतना, विवेकशीलता एवं रचनात्मकता को विकसित करने वाली प्रक्रिया है तो यह अहिंसक एवं सामाजिक बराबरी की ओर ले जाने वाली प्रक्रिया होगी अन्यथा यह शिक्षा गैर-बराबरी और अस्वस्थ प्रतिस्पर्धा को बढ़ावा देगी। शिक्षा का बुनियादी प्रयोजन (कुछ हद तक समस्या भी) यही है कि वह व्यक्ति को अपने परिवेश (प्राकृतिक तथा सामाजिक) के प्रति किस तरह का रिश्ता विकसित करने की प्रेरणा देता है प्रस्तुत आलेख में मेरा उद्देश्य ऐसे ही कुछ मूलभूत प्रश्नों पर बातचीत करना है। ये सवाल दार्शनिक तथा सैद्धांतिक किस्म के हैं- मसलन- आखिर शिक्षा से हमारा तात्पर्य क्या है? शिक्षा का उद्देश्य/प्रयोजन क्या है? आधुनिक शिक्षा-प्रक्रिया के अंतर्विरोध क्या हैं? शिक्षा सेए वह भी खासकर प्राथमिक शिक्षा से हम प्राप्त क्या करना चाहते हैं? प्राथमिक शिक्षा के संदर्भ में बुनियादी तालीम किस हद तक प्रासंगिक है? आदि ।

प्रस्तुत आलेख में मेरा उद्देश्य कुछ मूलभूत प्रश्नों पर बातचीत करना है। ये सवाल दार्शनिक/सैद्धांतिक किस्म के हैं- मसलन- आखिर शिक्षा से हमारा तात्पर्य क्या है? शिक्षा का उद्देश्य क्या है? आधुनिक शिक्षा-प्रक्रिया के अंतर्विरोध क्या हैं? शिक्षा सेए वह भी खासकर पूर्व प्राथमिकध्प्राथमिक शिक्षा से हम प्राप्त क्या करना चाहते हैं? पूर्व-प्राथमिक/प्राथमिक शिक्षा के संदर्भ में बुनियादी तालीम किस हद तक प्रासंगिक है? आदि।

शिक्षा के उद्देश्यों एवं प्रक्रियाओं को लेकर शिक्षाविदों में सदैव मत-भिन्नता रही है तथा कोई सर्वमान्य धारणा विकसित नहीं हो पाई है। फिर भी यदि बहुप्रचलित धारणाओं की बात करें तो शिक्षा को 'जीवन के समग्र विकास के

औजार' के रूप में देखा गया है। लेकिनए यह इस बात पर निर्भर करता है कि यह औजार किस मूल्यबोध से प्रेरित हैं। यदि यह शिक्षण प्रक्रिया मनुष्य की स्वतंत्र चेतनाए विवेकशीलता एवं रचनात्मकता को विकसित करने वाली प्रक्रिया है तो यह अहिंसक एवं सामाजिक बराबरी की ओर ले जाने वाली प्रक्रिया होगी। अन्यथा यह शिक्षा गैर-बराबरी और अस्वस्थ प्रतिस्पर्धा को बढ़ावा देगी।

शिक्षा को परिभाषित करते हुए कहा गया है कि—''शिक्षा वह प्रक्रिया है, जिसके द्वारा वयस्क होता हुआ व्यक्ति समूह के जीवन और संस्कृति में प्रवेश करता है।''[1]

इसलिए महत्वपूर्ण यह है कि शिक्षा के आधुनिक मूल्यबोध में जीवन के समग्र विकास की गुंजाइश हो। वकौल नंदकिशोर आचार्य—''हमारी वर्तमान शिक्षा-प्रणाली पाठ्यक्रम तय करने, कक्षा में उसका शिक्षण करने और अंत में एक परीक्षा के माध्यम से उस शिक्षण की सूचनात्मक जाँच करने के तीन चरणों में विभाजित है और इन तीनों चरणों का आपस में कोई तालमेल नहीं है। इस सारी प्रक्रिया में विद्यार्थी की रुचिए प्रतिभा, परिस्थिति और आवश्यकता पर कोई विचार नहीं किया जाता है। इस प्रक्रिया का सबसे दिलचस्प लेकिन दुखद पक्ष यह है कि उपरोक्त तीनों प्रक्रियाओं से अलग एक प्रशासक या नौकरशाह वर्ग इन सारी गतिविधियों को निर्देशित व संचालित करता है जो या तो राज्य का प्रतिनिधि होता है या फिर पूंजीपति या बाजार का ।''[2]

इसीलिए इवान इलिच जैसे शिक्षाशास्त्री यह मानते हैं कि 'पाठ्यक्रम को सुधारने या बदलने से शिक्षा में कोई बुनियादी परिवर्तन नहीं लाया जा सकता है। हमें पूरी शिक्षा प्रक्रिया को, जो आज भी मुख्यत: स्कूली-प्रक्रिया है, बदलना होगा।'[3]

इवान इलिच शिक्षा प्रक्रिया में दो तरह के पाठ्यक्रम की बात करते हैं। एक-घोषित पाठ्यक्रम, दूसरा-गुप्त पाठ्यक्रम। इलिच अपनी प्रसिद्ध पुस्तक 'डी स्कूलिंग सोसाइटी' में कहते है कि यह गुप्त पाठ्यक्रम घोषित पाठ्यक्रम की तुलना में विद्यार्थी के आचरण को अधिक प्रभावित करता है। इस गुप्त पाठ्यक्रम का मुख्य उद्देश्य विद्यार्थियों को बाजार का एक 'उपभोक्ता' बनाने का होता है। बर्ट्रेंड रसेल ने भी शिक्षा की प्रक्रिया के बारे में विचार प्रकट करते हुए लिखा हैं कि अधिकांश बच्चे अनजाने ही अपने माता-पिता और अपने अध्यापकों के असली विचारों को ग्रहण कर लेते है, लेकिन आमतौर पर वे उनकी उन धारणों को ग्रहण नहीं करते, जिनका वे प्रचार तो करते है, पर वास्तव में जो उनकी सच्ची धारणा नहीं होती। रसेल की यह बात समूची शिक्षण प्रक्रिया के बारें में भी उतना ही सच है।

इस प्रकार कहा जा सकता है कि आधुनिक शिक्षा-प्रक्रिया अपने स्वरूप और आचरणध्व्यवहार में मानवीय स्वतंत्रता, गरिमा एवं रचनात्मकता का दमन करती है।

जिससे गैर-बराबरी को बढ़ावा मिलता है एवं सार्थकता की जगह सफलता को महत्व दिया जाता है। यह प्रक्रिया परिवेश के साथ जीवंत रिश्ते की बजाय किताबी सूचना को वरीयता देकर मनुष्य को एक निर्जीव आंकड़े में तब्दील कर देती है।

जाहिर है कि समग्र शिक्षा प्रक्रिया में बुनियादी परिवर्तन की आवश्यकता है। यह तभी संभव है, जब पाठ्यक्रम और शिक्षण-प्रक्रिया के चुनाव में विद्यार्थियों की आवश्यकताए रुचि, परिस्थिति आदि को केंद्रीय महत्त्व मिले तथा उसके क्रियान्वयन में उनकी सक्रिय सहभागिता भी हो। शिक्षा को अपनी प्रक्रिया और मूल्यांकन में सफलता और प्रतिस्पर्धा की बजाय सहभागिता, सार्थकता एवं आत्मावलोकन को महत्त्व मिले। यह तब तक नहीं हो सकता जब तक ज्ञान को उपयोगी-अनुपयोगी के ढाँचे में विभक्त करके देखा जाता रहेगा। आज ऐसे तरीकों को खोजना होगा जो शिक्षक-विद्यार्थी को प्रतिस्पर्धा की बजाए पूरक बनायें। इसके लिए जरूरी है कि सभी स्तरों पर शिक्षा की प्रक्रिया को खुलेपनए समानता एवं सहयोग की भावना से विकसित किया जाए।

उपरोक्त परिप्रेक्ष्य में बुनियादी तालीम की प्रासंगिक एवं औचित्यता पर विचार किया जा सकता है।'' हमें अपनी शिक्षा व्यवस्था में आमूल-चूल बदलाव लाना हैं। इसमें मस्तिष्क को हाथ के जरिये शिक्षित होना चाहिए। अगर मैं कवि होता तो पाँचों उंगलियों की संभावनाओं पर कविता लिखता। आप ऐसा क्यों सोचते हैं कि दिमाग ही सब कुछ है और हाथ-पैर कुछ नहीं? जो लोग हाथ को प्रशिक्षित नहीं करते और सामान्य ढंग से शिक्षा पाते हैं, उनमें जीवन का संगीत नहीं होता। उनके शरीर का हर अंग प्रशिक्षित नहीं होता। सिर्फ किताबी ज्ञान बच्चे के भीतर इतनी जिज्ञासा नहीं जगा सकता है कि उसका पूरा ध्यान उस पर केन्द्रित हो सके। सिर्फ शब्दों की शिक्षा से बच्चे का दिमाग थक जाएगा और भटकने लगेगा। फिर हाथ वह काम करेगा जो उसे नहीं करना चाहिए। आँख वह देखेंगी जो उन्हें नहीं देखना चाहिएए कान वह सुनेंगे जो उन्हें नहीं सुनना चाहिए यानी वे वह काम नहीं करेंगे जिसके लिए वे बने हैं। ऐसे में जब वे अपने सही काम के लिए प्रशिक्षित नहीं किए जाते तो प्राय: उनकी शिक्षा ही उन्हें बर्बाद कर देती है। जो शिक्षा अच्छे-बुरे और अपने-पराये में भेद कर पाने की शिक्षा नहीं देती, वह मिथ्या हैं।''[4]

महात्मा गांधी द्वारा प्रतिपादित बुनियादी शिक्षा जिसे हमें 'नयी तालीम' के नाम से जानते हैं, उसका प्रमुख उद्‌देश्य चिंतन, अनुभूति और कर्म में एक अहिंसक व्यक्ति का निर्माण करना है। सामान्यत: बुनियादी तालीम को 'लर्निंग बाई डूइंग' या 'करके सीखो' तक सीमित कर उसे कुछ दस्तकारियों की शिक्षा मात्र मान लिया जाता है। निश्चय ही यह आजीविका-कौशल की भी शिक्षा है जो हर शिक्षा पद्धति में होनी चाहिए। लेकिन इसका वास्तविक उद्‌देश्य एक ऐसे स्वावलंबी व्यक्ति का

निर्माण करना है जो अपने परिवेश ;प्राकृतिक व मानवीयद्ध के साथ सर्जनात्मक रूप से जुड़ा हुआ हो। यही कारण है कि गांधीजी कहते हैं कि "मनुष्य केवल शरीर नहीं है, केवल बुद्धि नहीं है, केवल हृदय अथवा आत्मा नहीं है। तीनों के समान विकास से मनुष्य का मनुष्यत्व सधता है। इसी में शिक्षा का सच्चा अर्थशास्त्र निहित है।"[5]

यहाँ महत्वपूर्ण बात यह है कि बुद्धि, शरीर और हृदय (Head, Hand & Hart) का विकास न केवल समान होना चाहिए बल्कि उसकी गतिकी भी एक समान हो। तीनों में से किसी एक के प्रति उदासीनता मनुष्य के समग्र विकास में अवरोधक हो सकता है। यही कारण है कि शिक्षा को परिभाषित करते हुए गांधीजी ने कहा कि— "शिक्षा से मेरा तात्पर्य ऐसी शिक्षा से है जो बच्चे और मानव के शरीर, आत्मा ओर मस्तिष्क से सर्वश्रेष्ठ को विकसित करे। साक्षरता न तो शिक्षा का अंत है न और न ही प्रारंभ। यह तो केवल एक साधन है, जिससे पुरुष और महिला शिक्षित हो सकते है। साक्षरता अपने आप में शिक्षा नहीं है। इसलिए मैं बच्चे की शिक्षा एक उपयोगी हस्तकला सिखाने से शुरू करूंगाए जिससे वह सीखना शुरू करने के साथ ही उत्पादन शुरू करने योग्य बन जाए।"[6]

उपरोक्त आधारों पर परिकल्पित बुनियादी तालीम के मूल सिद्धांतों में निम्न बाते शामिल है— 1. राष्ट्रव्यापी स्तर पर सात वर्षों के लिए निःशुल्क और अनिवार्य शिक्षा उपलब्ध कराई जाए, 2. शिक्षा का माध्यम मातृभाषा हो, 3. इस पूरी अवधि (सात वर्षो तक) के दौरान शिक्षा का तरीका किसी शारीरिक और उत्पादक काम पर आधारित हो और जो अन्य गतिविधियाँ विकसित की जाए तथा जो प्रशिक्षण दिया जाएए वह जहाँ तक संभव हो दस्तकारी से अभिन्न रूप से जुड़ा होए जिसका चुनाव बच्चे के आसपास के वातावरण का भली प्रकार ध्यान रखते हुए किया जाएए 4. दस्तकारी के उत्पादों से इतनी आमदनी धीरे-धीरे होने लगे कि उस में शिक्षकों का परिश्रमिक चुकाया जा सके।

वर्धा शिक्षा परिषद् के अध्यक्षीय भाषण के दौरान नयी तालीम की शिक्षण पद्धति को स्पष्ट करते हुए गांधी ने कहा कि—"समस्त प्राथमिक शिक्षा किसी उद्योग या दस्तकारी के बीच में रखकर, उसके जरिये दी जानी चाहिए। नयी तालीम शिक्षा के साथ-साथ एक धंधा सिखा देने की चीज नहीं है। लड़कों को जो कुछ भी सिखाया जाय, सब किसी न किसी उद्योग या दस्तकारी के जरिये ही सिखाया जाय।"[7]

यहाँ यह स्पष्ट कर देना आवश्यक है कि नयी तालीम में धन्धा सिखाना प्रधान उद्देश्य नहीं है, जैसा कि अधिकांश लोग भ्रमवश समझते हैं, प्रधान उद्देश्य तो बच्चे को शिक्षित करना है उसकी मानसिक, शारीरिक व आत्मिक शक्तियों को विकसित करना है। हाँए उनको विकसित करने का माध्यम उद्योग द्वारा शिक्षण

होगा। इसलिए नयी तालीम केवल उद्योग या दस्तकारी की ही शिक्षा नहीं है बल्कि उद्योग के माध्यम से बच्चों को सारी शिक्षा देना नयी तालीम है। जिस तरह आज प्रचलित शिक्षा पद्धति में लिखना-पढ़ना जानना ही एकमात्र शिक्षा का माध्यम है उसी तरह नयी तालीम शिक्षण पद्धति में उद्योग के माध्यम से सभी विषयों की शिक्षा में देने की बात है। गांधी जी ने स्वयं स्पष्ट किया है, "एक बात इस सिलसिले में मैं और साफ कर देना चाहता हूँ। मेरी तजवीज सिर्फ उद्योग सिखाने के लिए नहीं है। मैं तो उद्योग के द्वारा विद्यार्थियों को सभी विषयों का ज्ञान कराना चाहता हूँ। मेरी योजना में इतिहास, भूगोल, गणित, विज्ञान, भाषा, चित्रकला, संगीत, कसरत, व्यायाम, आरोग्य एवं आहारशास्त्र आदि सबका समावेश होता है। लेकिन मेरी शर्त यह है कि इन सबका ज्ञान कोरा किताबी ज्ञान न होना चाहिए। ज्ञान जीवनव्यापी होगा और वह उद्योगों द्वारा हासिल किया जाएगा।"[8]

गांधीजी नयी तालीम शिक्षण पद्धति के संदर्भ में तकली या वस्त्र उद्योग के उदाहरण द्वारा स्पष्ट करते हैं किशिक्षण का तरीका क्या होगा। इसके अंतर्गत तकली का पाठ विद्यार्थियों का पहला पाठ होगा, जिसके माध्यम से वह कपास काए लंकाशायर का, भारतीय वस्त्र-उद्योग विनाश का, अंग्रेजी हुकूमत का बहुत कुछ इतिहास सीख जाएगा। फिर कपास किस मौसम में बोई जाती है, उससे तमाम मौसम संबंधी ज्ञानए किस मिट्टी में बोई जाती है, अन्य कितने प्रकार की मिट्टी होती है, यह अपने देश में व दुनिया में कहां-कहां पायी जाती है, इसके माध्यम से भूगोल का ज्ञान कराया जा सकता है। कपास के साथ अन्य कौन-कौन सी फसलें बोईं जातीं हैं उनको कैसा वातावरण चाहिए। तकली कैसे चलती है, घूमने पर खड़ी क्यों रहती है, उसकी डंडी और गोल चकती का अनुपातिक संबंध इतना ही क्यों है उससे गति का विज्ञान तथा अन्य संबंधित विज्ञान का ज्ञान कराया जा सकता है। गणित का ज्ञान तो स्वाभाविक रीति से होगा ही क्योंकि जो सूत बच्चा कातता है उसके तार उसमें गिनवाए जायेंगे। बुनाई की प्रक्रिया में जाने पर तो उच्च गणित, बीज गणित, रेखा गणित आदि सभी का ज्ञान उपयोग के माध्यम से बच्चा सीखेगा ही। कपड़ा व सूत रंगने की प्रक्रिया में तमाम रसायनशास्त्र का ज्ञान दिया जा सकेगा। इस तरह कपास बोने से लेकर कपड़ा बनाने तक की प्रक्रिया में बच्चे को सभी विषयों की शिक्षा दी जा सकती है चाहे वह भौतिक विज्ञान हो रसायनशास्त्रए गणित हो या भूगोलए इतिहास हो या मौसम विज्ञान। इस शिक्षण पद्धति की यह विशिष्टता है कि इन सब विषयों को सीखते हुए बच्चे के दिमाग पर इन सबका जरा भी बोझ नहीं पड़ता। बच्चा अपने काम में मस्तए खेलता-कूदता है और गाता रहता है और इसी में बहुत कुछ सीख लेता है। इस पद्धति की मुख्य बात यह है कि उद्योग की तमाम क्रियाओं द्वारा बच्चों के अन्दर जो भी अच्छी चीज है, जो भी गुण है, उन

सबका विकास लक्ष्य है तथा बच्चों को इतिहास, भूगोल, गणित, विज्ञान आदि के जो भी पाठ सिखाने हैं, सभी इस दस्तकारी से संबंधित होंगे।''[9]

इस तरह गांधीजी के अनुसार नयी तालीम शिक्षण पद्धति का उद्‌देश्य या ध्येय बालकों को केवल उत्तम कारीगर बनाना ही नहीं है बल्कि उद्योग की शैक्षणिक उपयोगिकता का पूर्ण लाभ उठाकर उनका सर्वांगीण विकास करना है। उद्योग अथवा शिक्षण नयी तालीम का अंतिम लक्ष्य नहीं बल्कि उसका एक साधन मात्र है। प्राकृतिक तथा सामाजिक वातावरण के अनुरूप बालकों को अपने व्यक्तित्व का विकास करने में तथा उसकी आवश्यकताओं की पूर्ति करने की क्षमता उत्पन्न करने में सहायता देना ही नयी तालीम का लक्ष्य है।

नयी तालीम की विस्तृत एवं व्यवस्थित योजना तैयार करने के लिए गठित डॉ. जाकिर हुसैन समिति ने भी अपनी रिपोर्ट में लिखा है कि शिक्षा की इस योजना का असल ध्येय यह कभी नहीं है कि महज ऐसे कारीगर पैदा किए जाएं जो मशीन की तरह हाथ का काम कर सकते हैं। इसका ध्येय तो यह है कि दस्तकारी के अन्दर मनुष्य की शिक्षा को लाभ पहुँचाने की जो शक्तियाँ भरी पड़ी हैं,उन सबका पूरा-पूरा उपयोग हो। इसलिए यह जरूरी है कि दस्तकारी का काम स्कूल की पढ़ाई का एक अंग ही न होए बल्कि दूसरे सब विषयों को सिखाने का यह एक माध्यम हो और दूसरे सब विषयों की पढ़ाई इसके जरिए आप-से-आप हो सके।''[10]

इस तरह नयी तालीम शिक्षण पद्धति शिक्षण की व ज्ञान प्राप्ति की स्वाभाविक प्रक्रिया होने के साथ ही साथ वैज्ञानिक पद्धति भी है। क्योंकि वैज्ञानिक पद्धति भी यही कहती है कि समस्त ज्ञान अवलोकन से और अनुभव से प्राप्त होता है। ज्ञान स्थूल से सूक्ष्म की ओर बढ़ता है, व्यावहारिक से सैद्धांतिक बनता है। पहले हम अवलोकन करते हैं, अनुभव करते हैं और फिर अनुमान की पद्धति से एक सामान्य नियम बनाते हैं। अनुमान सिद्ध हो जाने पर हम उस नियम से परिणाम निकालते हैं। लेकिन ऐसा करते समय भी हमें अनुभव की कसौटी हमेशा पास रखनी पड़ती है। यदि नियम अनुभव सिद्ध है परन्तु परिणाम अनुभव सिद्ध नहीं होते तो हमें नियम को ही त्यागना पड़ता है। इसका अर्थ यह हुआ कि समस्त ज्ञान जीवन व्यवहार से ही निकलता है और जीवन-व्यवहार में आना ही ज्ञान का अंतिम लक्ष्य है। किसी भी तरह के ज्ञान को जीवन-व्यवहार की कसौटी पर खरा उतरना हो होता है। नयी तालीम शिक्षण पद्धति के अंतिम स्वरूप पर गांधी जी इसी विधि से पहुंचे थे। गांधी जी ने पहले अपने बच्चों की शिक्षा के प्रयोग किए और उनसे प्राप्त अनुभवों को बड़े पैमाने पर बार-बार प्रयोग किया और अंततः निष्कर्षों पर पहुंचे। यह निष्कर्ष भी आगे प्रयोगों द्वारा परिवर्तित व उन्नत किए जाने के लिए खुले थे और आज भी खुले हैं।

संदर्भ सूची—

1. आचार्य, नंदकिशोर, आधुनिक मूल्य और शिक्षा, शिक्षा का सत्याग्रह, वाग्देवी प्रकाशन, बीकानेर, 2009, पृ. 24.
2. वही, पृ. 24.
3. वही, पृ. 24.
4. महात्मा गांधी, प्रशिक्षु अध्यापकों से बातचीत, हरिजन, 18 फरवरी 1939, गांधी समग्र, भाग-68, पृ. 372-73.
5. महात्मा गांधी, हरिजन, 11 अप्रैल, 1937, संपूर्ण गांधी वांग्डमय, खंड-65, पृ. 82.
6. महात्मा गांधी, हरिजन, 31 जुलाई 1937, संपूर्ण गांधी वांग्डमय, खंड-65, पृ. 487.
7. निम्न सिद्धांतों को 22-23 अक्टूबर, 1937 को वर्धा में आयोजित वर्धा शिक्षा परिषद के सम्मेलन में प्रस्ताव के रूप में पारित किया गया जिसे अखिल भारतीय कांग्रेस का फरवरी-मार्च, 1938 में हुई वार्षिक बैठक में राष्ट्रीय शिक्षा नीति के रूप में स्वीकार किया गया।
8. महात्मा गांधी, नयी तालीम की मूल कल्पना, हिन्दुस्तानी तालीम संघ, सेवाग्राम, वर्धा, पृ. 2.
9. महात्मा गांधी, वर्धा शिक्षा परिषद् 1937 का विवरण, हिन्दुस्तानी तालीम संघ, सेवाग्राम, पृ. 32
10. जाकिर हुसैन, डॉ. जाकिर हुसैन समिति का विवरण, हिन्दुस्तानी तालीम संघ, सेवाग्राम, पृ. 127.

मनोज कुमार, बसंत भाई

शराबबंदी और गांधी विमर्श

भारतीय संविधान की धारा 47 में उल्लेखित है कि श्राज्य अपनी जनता की पोषक भोजन और जीवन निर्वाह के स्तर को ऊँचा करने और सार्वजनिक स्वास्थ्य में सुधार को अपने प्रारंभिक कर्त्तव्यों में मुख्य समझेगा और विशेषतया राज्य यह प्रयत्न करेगा कि नशीले पेयों और नशीली दवाइयों से, जो स्वास्थ्य के लिए हानिकारक है, के प्रयोग का निषेध होए सिवाय उनके जो चिकित्सा के काम की हैं। भारतीय संविधान पर गांधी का प्रभाव पड़ा या परंपरा का, जो भी हो भारतीय परंपरा में मादक वस्तुओं का निषेध किया गया है इसका अर्थ यह नहीं है कि भारतीय समाज मादक पेयों से सर्वथा अपरिचित था लेकिन युगों से भारतीय समाज सुरा-पान को एक घृणित अपराध और अनैतिक कृत्य मानता आया है। फाह्यानए मेगास्थनीज, वास्कोडिगामा आदि विदेशी पर्यटकों के वृतांतों से पता चलता है कि देश के बाजारों में शराब की दुकानें नहीं थी और भारतीय समाज सुरा-पान से घृणा करता था। मनु ने जिन सात महापातकों का वर्णन किया है उसमें सुरा-पान भी एक है, वह इसके लिए कठोर दंड की व्यवस्था करता है। मार्केण्डेय पुराण में मद्य-पान करने वालों को ब्रह्म हत्यारा बताया गया है। याज्ञवल्यक्य में भी सुरा-पान के लिए कठोरतम दण्ड का प्रावधान है। बौद्ध धर्म सर्वसाधारण को इससे दूर रहने की शिक्षा देता है। बौद्ध धर्मवादियों के संकल्प और प्रार्थना में इससे दूर रहने की शिक्षा दी गई है। कौटिल्य के अर्थशास्त्र में शराब के व्यवसाय को निषिद्ध माना गया है। सम्राट अशोक ने अनेक शिलालेखों में मद्यपान की बुराइयों को अंकित किया है। इस्लाम में तो शरीर के उस स्थान को काट देने का हुक्म है जहाँ शराब की एक बूँद भी गिरती हो। मुस्लिम शासक न्यूनाधिक रूप से इसके विरोधी रहे हैं। इसमें रजिया सुल्तान, औरंगजेब तथा टीपू के नाम उल्लेखनीय हैं। अलाउद्दीन खिलजी ने 1310 ई. में मद्य-पान पर पूर्ण प्रतिबंध लगाया था। अंग्रेजों के पूर्व शराब किसी भी रूप में राजस्व का स्रोत नहीं था। अंग्रेज व्यापारियों के आने और उनके द्वारा सत्ता हासिल करने के बाद भारतीय समाज के दृष्टिकोण में बदलाव आया। ब्रिटिश जीवन पद्धति के प्रति उच्च तथा उच्च मध्य

वर्ग का आकर्षक बढ़ा। पाश्चात्य शिक्षा पद्धति ने भारतीय जीवन मूल्यों को ही बदल दिया। हमारी मानसिक दासता की प्रवृत्ति ने हमारी सदियों पुरानी सुरा-पान के संबंध में विरक्ति की भावना को क्षीण करना आरंभ किया। महादेव भाई देसाई ने लिखा है कि वायसराय महोदय को चेम्सफोर्ड क्लब में दिए गए रात्रि-भोज में एक-दो को छोड़कर सभी भारतीयों ने जी भर कर शेम्पेन पी। गांधी कहते हैं कि जब शैतान स्वतंत्रता, सभ्यता और संस्कृति आदि के समर्थन का रूप लेकर सामने आता है तो वह लगभग दुर्निवार्य बन जाता है।[1] सरकारी आमदनी बढ़ाने के लिए लोगों को शराब पीने का लालच दिया गया है। अफीम के व्यापार का काला इतिहास भी इसकी सत्यता का साक्षी रहा है। सरकार शराब को आर्थिक कारणों से समाप्त करना नहीं चाहती थी।

19 वीं शताब्दी में सरकारी कानून बनाए इसे लागू करने के लिए आबकारी पुलिस का भी गठन हुआ। शराब सरकार की कामधेनु बन गई। सुरा-पान के व्यसन ने भारतीय चिंतकों को सोचने पर विवश किया। ब्रह्म समाज के केशवचन्द्र सेन ने कहा है कि सुरा-पान की आदत के कारण लोगों में अधार्मिकता और नैतिक पराभव की वृद्धि हो रही है। राष्ट्र भक्तों (जिसमें राजाराम मोहनराय, गोपाल कृष्ण गोखले आदि प्रमुख थे) ने शराब के राजस्व को पाप की कमाई कहा। बाल गंगाधर तिलक ने 1908 ई. में शराब बिक्री के विरुद्ध आंदोलन आरंभ करने का प्रस्ताव रखा था। देश के पितामह दादा भाई नौरोजी ने भी शराबंदी को आवश्यक माना। यह रचनात्मक कार्यक्रम कांग्रेस का एक महत्त्वपूर्ण कार्यक्रम बन गया था। राजनीतिक सत्ता के अभाव में कांग्रेस शराब को बंद तो नहीं कर सकती थी इसीलिए दुकानों पर धरना देने का कार्यक्रम बनाया गया जिसमें देश भर के हजारों स्त्री-पुरूष सहित पारसी भी शामिल हुए।[2] असहयोग आंदोलन के दिनों में अधिकारियों को प्रेरित कर शराबबंदी का कानून बनवाने की कोशिश की गई। बिना अपवाद के सभी अधिकारियों ने कहा कि आर्थिक कठिनाइयों के कारण वे यह कानून नहीं बना सकते। किसी ने भी यह नहीं कहा कि जनता को राज्य द्वारा शराब उपलब्ध कराने की व्यवस्था करने की अपेक्षा करने का अधिकार है और नशाबंदी कानून जनता के उस अधिकार में हस्तक्षेप होगा।

शराब से होनेवाली बुराई का गांधी को कड़वा अनुभव था। वे कहते हैं कि सार्वजनिक काम करने वाले किसी सेवक को शायद ही ऐसा अनुभव हुआ हो। 1887 में मैट्रिक की परीक्षा पास करने के उपरांत विलायत जाने की जब बात हुई तो माता जी ने इसकी इजाजत नहीं दी। उन्होंने सुन रखा था कि विलायत जाकर नौजवान बिगड़ जाते हैं अंत में जैन साधु ने गांधीजी को तीन व्रत दिलाया। इन तीन व्रतों में मदिरापान न करना भी शामिल था। दणअफ्रीका के अपने अनुभव को उन्होंने अपनी पुस्तक श्आरोग्य की कुंजी'' में उल्लेखित किया है। इसके पूर्व 1906 के

इंडियन ओपीनियन में भी आरोग्य विषयक कुछ प्रकरण लिखे गए थे। 1941 में रचनात्मक कार्यक्रम उसका रहस्य और स्थान में श्गाँव की सफाई'' और श्आरोग्य की शिक्षा'' को स्थान दिया गया है। गांधी मानते हैं कि स्वस्थ्य शरीर में ही निर्विकार मन का वास होता है।[3] उन्होंने कहा है कि हमने राष्ट्रीय या सामाजिक सफाई को न ही जरूरी गुण माना और न ही उसका विकास ही किया। हमें अपनी नदियोंए जलाशयों, नाला या कुओं को बिगाड़ने या गंदा करने में कोई हिचकिचाहट नहीं होती। 'आरोग्य की कुंजी' में उल्लेखित है कि दक्षिण अफ्रीका में रह रहे हिन्दुस्तानियों कोए जिन्हें शराब घर ले जाने की इजाजत नहीं थीए वे शराब की दुकान पर ही मद्यपान करते थे। दक्षिण अफ्रीका में स्त्रियां भी शराब की शिकार बन गई थीं। उनकी हालत करुणाजनक थी। वहां के हबशियों के मजदूर वर्ग को शराब ने नाश कर दिया था उनका जीवन निरर्थक हो गया था। सभ्य माने जाने वाले अंग्रेजों को शराब पीकर गटर में पड़े उन्होंने देखा था। हिन्दुस्तान में भी उन्हें यह दुःखद अनुभव हुआ। राजा-महाराजा और अनेक धनिक युवक भी शराब से बर्बाद हुए। गांधीजी के बड़े पुत्र को शराब की लत ने घेर लिया था। गांधीजी अपने बड़े पुत्र के बारे में कहते हैं कि एक जमाने में वह बुद्धिशाली, बहादुर, देशाभिमानी और त्याग शक्ति वाला था जिसे शराब की लत ने बिल्कुल बर्बाद कर दिया। आज वह दानी व्यक्तियों की अनुचित उदारता पर जिंदगी बसर कर रहा है। इस तरह उच्च वर्ग के लड़कों के कई उदाहरण दिए जा सकते हैं। गांधी कहते हैं कि ऐसे श्कड़वे अनुभवों के बाद वे शराब के सख्त विरोधी बन गए, तो आश्चर्य की क्या बात है?''[4]

गांधीजी ने कहा कि यह कांग्रेस के कार्यक्रम में 1920 से चला आ रहा है। मेरे लिए तो जब से मैं दणअफ्रीका के प्रवासी भारतीयों और द. अफ्रीकियों के संपर्क में आया तभी से यह एक उत्कट आकांक्षा के रूप में रहा है। ''शराब की लत कितना भयानक अभिशाप है, यह मैंने अपनी आँखों से देखा है। इसने लोगों का नैतिकए शारीरिक तथा आर्थिक सत्यानाश किया है और घर तथा कुटुंब की सुख-शांति और पवित्रता को नष्ट कर दिया है। दूसरे सर्वनाश पर जब मैं विचार करता हूँ तो खून के आँसू रोता हूँ और शराब-बंदी तुरंत लागू करने के लिए व्याकुल हो जाता हूँ।''[5]

गांधी ने लिखा है किए उड़ीसा और असम के अफीमची कब्र में पैर लटकाकर बैठे हैं। अफीम का खराब असर चीन में हुआ है। अफीमची मुर्दे से दिखते हैं। वे दीन बन जाते हैं। अफीम की लड़ाई के नाम से चीनियों और अंग्रेजों के बीच एक लड़ाई हुई थी। हिन्दुस्तान भी अफीम के इस अनीतिपूर्ण व्यापार में शामिल था। वे उन चीजों के जो इस तरह प्रजा का नाश करने वाली है वे उसे क्षणभर के लिए भी सहन करने योग्य नहीं मानते हैं। वैद्यक और चिकित्सा-शास्त्र को छोड़कर व्यसन के रूप में वह सर्वथा त्याज्य है। गांधीजी तंबाकू शीर्षक के अंतर्गत टॉलसटाय के मंतव्य

को उद्धृत करते हुए कहते हैं कि टॉलस्टाय ने तंबाकू के व्यसन को सबसे खराब व्यसन माना है। अपने उपन्यास में टॉल्सटाय एक पात्र को काम करने के पहले शराब पिलवाते हैं। इसे भयंकर खून करना है लेकिन उसे खून करने में संकोच होता है फिर वह सिगार जलाता है और धुंआ उड़ाता है। फिर धुआँ उड़ाते-उड़ाते बोल उठता है श्खून करना अगर कर्त्तव्य है तो संकोच क्यों? चल उठ और अपना काम कर।'' टॉल्सटाय यह कहना चाहते हैं कि तंबाकू के नशे में मनुष्य अपने विवेक-बुद्धि को मंद कर देता है और छोटे-छोटे पाप किया करता है। तंबाकू पीने वाले का विवेक इतना मंद हो जाती है कि वह पड़ोसी का विचार नहीं करता। तंबाकू का धुआँ नहीं पीने वाले सहन नहीं कर सकते लेकिन दूसरों का उन्हें ध्यान नहीं रहताए वे जहाँ-तहाँ थूकते हैं। एक कहावत है ''खानेवाला का कोना, सूंघनेवाला का कपड़ा और पीनेवाले का घर तीनों एक समान है।'' गांधीजी का मानना है कि शराब से शारीरिक प्रतिक्रियाएं मंद पड़ जाती हैं तथा सुननेए देखनेए स्पर्श और गति-संबंधी क्रियाओं में कमी आ जाती है यानी तंतुओं और स्नायुओं का स्थूल और सूक्ष्म समन्वय बिगड़ जाता है, हाथ और आँख का सामंजस्य नहीं रहता है। शराब और नशीली चीजों का उपयोग और व्यापार करने वाले दोनों का पतन होता है। शराबी माताए बहन और पत्नी का भेद भूल जाता है और वह ऐसा गुनाह कर बैठता है जिससे होश आने पर उसे बड़ी ग्लानि होती है।[6] गांधीजी मादक पदार्थ और शराब दोनों को शैतान के हाथ मानते हैं।[7] इन हाथों से प्रहार करके वह अपने असहाय शिकारों को जड़ बुद्धि और मत बना देता है। गांधी अन्य बुराइयों की ओर भी इशारा करते हुए कहते हैं कि कोई भी बुराई इतनी नाशकारी नहीं है बल्कि दूसरी बुराइयां मद्य-पान से ही पैदा होती है। गांधी जुए का भी नाश चाहते हैं किंतु कहते हैं शराबखोरी की बुराई तो मनुष्य के शरीर तथा आत्मा दोनों का नाश कर देती है।[8]

गांधीजी ने कहा है कि यदि एक घंटे के लिए भी उन्हें सारे हिन्दुस्तान का निरंकुश शासक बना दिया जाए तो सबसे पहला काम मैं यह करूँगा कि शराब की एक-एक दूकान को किसी तरह का हर्जाना दिए बगैर बंद कर दूँगा। गुजरात में जितने ताड़ के पेड़ हैं, उन सबको कटवा दूँगा। कारखाने के मालिकों को बाध्य करूँगा कि वे मजदूरों को मनुष्योचित सुविधा दें और मजदूरों के लिए ऐसे उपहार गृह और क्रीड़ागृह खुलवाएंए जहाँ उन्हें स्वास्थ्यकर पेय और निर्दोष मनोरंजन के साधन मिल सकें। उन्होंने कहा कि कारखानों के मालिक अगर आर्थिक तंगी का बहाना बताएंगे तो मैं उनके कारखाने बंद करा दूँगा।[9] यदि उन्हें उस एक घंटे के बीच यह भरोसा नहीं दिया गया कि मजदूरों को आवश्यक सुविधा देकर भी सरकार इन कारखानों को चलाकर मुनाफा कमा सकती है तो कारखानों के बंद हो जाने से जिन मजदूरों के पास काम नहीं रह जाएगा उनके लिए कारखानों के नजदीक फौरन ही

आदर्श कृषि फार्म खोलेंगे।[10] वे उस एक घंटे की निरंकुश सत्ता में अपना होश हवास दुरुस्त रखेंगे, यानी अपने यूरोपीय मित्रों और बीमार लोगों कीए जिन्हें दवाई के तौर पर ब्राण्डी या ऐसी ही किसी चीज की जरूरत होए उनके सरकारी खर्च से डॉक्टर द्वारा परीक्षण कराएंगे, और जहाँ आवश्यक होगा वहाँ उन्हें प्रमाण-पत्र प्राप्त दवा की दुकानों से नियत मात्रा में उत्तेजक पेय प्राप्त करने का अधिकार पत्र दिलवाऊँगा।[11] उन्हें बोअर युद्ध के समय स्ट्रेचर-वाहनों के लिए फौजी स्टोर से शराब माँगनी पड़ी थी। उन लोगों का मानना था कि शराब से थकावट दूर होगी लेकिन यह उनका भ्रम था।

संसार में भारत ही एक ऐसा देश है जहाँ शराब एवं अन्य मादक पदार्थों के सरकारी व्यापार पर पाबंदी लगाने का करोड़ों आदमी समर्थन करते हैं। इसके लिए मत लेने की जरूरत नहीं है। गांधी कहते हैं कि देश के विधान-सभाओं में इस कानून के समर्थन का भारी बहुमत ही अनुकूल जनमत का प्रमाण है।[12] यों हम दुर्व्यसनों को नियत्रंण में रखने वाले कानूनों के अभ्यस्त नही हैं। जर्मनदृजैसे देशों में वेश्यालयों को चलाने के लिए लाइसेंस लेना पड़ता है। उन देशों में वेश्यालयों या शराबखानों के लाइसेंस बंद करने पर किस प्रकार की नाराजगी होगी? गांधी कहते हैं कि जब महिलाएं अपने गौरव को समझने लगेगीए तब वह अपने सतीत्व को बेचने से इनकार कर देंगी, और वे महिलाएं जिन्हें नारी-जाति के सम्मान का ख्याल है कानून सम्मत व्याभिचार को खत्म कर देने के लिए जमीन-आसमान एक कर देंगी। तब क्या यही कहा जाएगा कि वेश्यागृहों का लाइसेंस बंद करने से वेश्याओं को हानि पहुँचेगी, क्योंकि उनके तथा उनके आश्रितों के गुजारे का एकमात्र साधन यही था?[13]

अमेरिका में शराब पीना शर्म नहीं है। वहाँ यह फैशन है, पर भारत में शराब पीने वालों की संख्या काफी कम है। अधिकांश लोग ऐसे हैं जिन्होंने शराब को छुआ भी नहीं होगा। इसलिए राज्य शराबखोरी को रोकने के लिए उसी तरह कानून बना सकता है जैसा कि वह हत्या या बलात्कार आदि के लिए बनाता है। फिर हम क्या कहेंगे कि हत्यारे को कानून द्वारा सदाचारी नहीं बना सकते। मद्य-निषेध के कानून में ध्वंसात्मक अंश के अलावा रचनात्मक पहलू भी है। लोग शराब क्यों पीते हैं? गांधी मानते थे कि लोग अपनी असहाय अवस्था के कारण शराब पीते हैं। मनुष्य आत्मा प्रधान जीव है। वह अपनी बुराइयों पर विजय प्राप्त कर सकता है क्योंकि अच्छाई उसके मूल स्वभाव में होता है इसलिए शराब से दूर रहने वाले को संत कहना ठीक नहीं है, उसी प्रकार शराब पीने वाले को स्वभाव का बुरा मानना भी गलत है।[14] शराब बंदी का अर्थ सिर्फ शराब की दुकानों को बंद कर देना नहीं है यह तो एक प्रकार से राष्ट्र में प्रौढ़ शिक्षण का प्रारंभ है।[15] गांधीजी ने कहा कि जिन अभागों को इसकी लत लग गई है हमें लत को छुड़वाने में उनकी मदद करनी चाहिए। शराब खोरी के खिलाफ जनता की भावनाएं उमड़ पड़ी है। यह आंदोलन अपने आप चल

पड़ा है। उन्होंने कहा कि आज हमारे देश में इस बुराई के खिलाफ जनता जितनी एकता और प्रबुद्धता के साथ खड़ी हुई है इतनी यदि संसार के किसी देश में हो गई होती तो वहाँ शराब का बचे रहना नामुमकिन हो जाता।[16]

गांधीजी को कांग्रेस के पद-ग्रहण से लगा था कि शराबबंदी को तुरंत लागू करने का स्वर्ण अवसर मिला है। उन्होंने कहा कि मद्यनिषेध का कदम बहुत बरसों बाद उठाया जा रहा है। इसके लिए हजारों बहनों ने सामूहिक धरना दिया था इससे कुछ प्रांतों में अवकारी की आमदनी शून्यवत हो गई थी। लेकिन गांधीजी को इस बात का दु:ख था कि कांग्रेसजन इस बात को महसूस करते हुए नहीं मालूम पड़ते कि मद्यनिषेध से लाखों आदमियों को नई जिंदगी हासिल होगी। इससे उन्हें ठोस रूप में नया नैतिक और आर्थिक बल प्राप्त होगा। वे यह भी महसूस नहीं करते कि मद्यनिषेध से कांग्रेस को ऐसी प्रतिष्ठा और इज्जत मिलेगी जैसी और किसी काम से नहीं।[17] उनके अनुसार मद्यनिषेध के कार्यक्रम को चलाना जनता के जीवन के साथ हमारे तादात्म्य का और इस हद निश्चय का द्योतक है।

गांधीजी ने कहा कि रचनात्मक कार्यक्रम पर पूरी शांति से कार्य कर सत्याग्रह के लिए आवश्यक अहिंसक वातावरण हम तैयार कर सकते हैं।[18] कांग्रेसजनों ने यह सीखा है कि आजादी हासिल करने के लिए कोई भी कीमत चुकाना ज्यादा नहीं है। लेकिन अगर हम शराब और नशेबाजी के शिकार बने रहे तो हमारी आजादी गुलामों की आजादी होगी। दरअसल प्रथम श्रेणी के राष्ट्रीय महत्वपूर्ण प्रश्न के संबंध में अगर कांग्रेस फायदे नुकसान का ख्याल करेंगी, तो उसका शराब बंदी में सफलता की आशा करना व्यर्थ होगा।[19] कांग्रेसियों की उदासीनता का कारण यह नहीं है कि कार्यक्रम में कुदरती तौर पर कोई खराबी है बल्कि यह कहा जाना चाहिए कि उन्हें अहिंसा में जीवंत विश्वास नहीं है। राजस्व हानि के संबंध में गांधीजी का स्पष्ट मानना था कि शराब की दुकानें बंद करके उससे होने वाली हानि से हाथ धो लिया जाय...यदि भारत के धनी स्त्री-पुरुष शराब तथा अन्य नशीली चीजों की दुकानें बंद करवा कर इन चीजों के शिकार बने बेचारे गरीबों के सामने इन प्रलोभनों को हटाने के निमित्त अपने सिर करों का अतिरिक्त बोझ नही लेंगे...तो अहिंसक स्वराज्य असंभव हैं।[20]

शराबखोरी को बंद करने का स्थायी अहिंसक तरीका क्या हो? उन्हें शिक्षित बना कर शराब के दुर्गुणों को बताकर इस आदत से मुक्त करने का क्या कोई तरीका नहीं है? यह प्रश्न पहले भी उठाए जाते थे और आज भी उठाए जा रहे हैं। कहा जाता है कि कानून के भय से लोग गुप्त उपाय खोज निकालते हैं। चोरी से लाकर अपनी लालसा पूरी करते हैं। गैरकानूनी व्यापार बढ़ता है, राज्य आय से वंचित हो जाता है। इसे स्वीकार करना चाहिए कि शराबखोरी के खिलाफ शिक्षात्मक प्रचार आवश्यक है। कानून तभी प्रभावी होता है जब जनता में उसपर आस्था हो। कानून का होना

और प्रचार दोनों एक-दूसरे का पूरक है। शिक्षात्मक प्रचार कानून को प्रभावी बनाता है। व्यावहारिक दृष्टि से मात्र प्रचार से व्यसन को दूर नहीं किया जा सकता। जार्ज डीण्कटन ने 'शुड प्रोहिबिशन रिटर्न?' और श्रीमती डी.अेल. कॉल्बिन ने 'वेकअप अमेरिका' नामक पुस्तक में अमेरिका में बढ़ते शराब के प्रचलन का वर्णन किया है। उन्होंने लिखा है कि अमेरिका में 1934 से 1945 तक में अथक प्रचार के बावजूद शराब की खपत 380 फीसदी बढ़ गई थी। भारतन कुमारप्पा ने कहा है कि प्रचार तेजी से भागती हुई नदी को झाड़ू से रोकनेवाले बहादुर आदमियों की करुण कहानी है।[21]

गांधीजी कहते हैं कि शराबबंदी के लिए घोषणा मात्र नहीं करनी है, हर जगह अपने कार्य में लोगों को लगाना है। कर्मचारियों का पूरा दल-आबकारी इंस्पेक्टरों का दलए अधिकारियों का दल और उसकी सेवा को पूर्ण मद्यनिषेध के काम में लगाया जाना चाहिए। मधुशाला को मनोरंजन का केंद्र बनाएं, उपहार गृहों की व्यवस्था करें। श्रमिकों के लिए गन्ने के रस जैसे पेय पदार्थ और खेलों का प्रबन्ध करें। गाँव के स्कूल मास्टर और सब अधिकारियों को मद्यनिषेध का कार्यकर्त्ता बनना चाहिए।[22] मधुशाला के परिवर्तित मनोरंजन केन्द्रों की लोकप्रियता हमें बढ़ानी चाहिए। शराबबंदी के लिएए लोगों को पीने की आदत छुड़ाने के लिए लोगों को माथे पर चोट सहने के लिए भी तैयार रहना होगा। उन्होंने स्वंयसेवकों से पूछा कि जहाँ हिन्दू और मुसलमान परस्पर गला काटने को तैयार हों, क्या तुम वहाँ छाती पर गोलियों की बाढ़ सहोगे? पिछली आधी सदी से राष्ट्र शराबबंदी की जो पुकार कर रहा है उसका आधार झूठा, मादक और छूत की बीमारियों की तरह फैलने वाला आदर्श नहीं हो सकता। जो आदर्श झूठा, मादक और सतही हो वह हमेशा अस्थाई ही होगा। शराब पीने वालों ने 1921 में शराबबंदी के सत्याग्रहियों (धरनार्थी) पर जुल्म किए थे।[23] नरम दलीय भाइयों से उन्होंने कहा कि शराबबंदी के बारे में आपका कोई मतभेद नहीं हो सकता। इस तरह गांधी कांग्रेस के अलावा अलग-अलग घटकों से समर्थन प्राप्त करना चाहते थे।

मद्य विक्रेता संघ के शिष्टमंडल द्वारा उठाए गए एक सवाल के जबाव में गांधीजी ने कहा कि मेरे सामने यह धर्म का प्रश्न है। मैं जितनी चाहे कुरबानी और कीमत देकर भी उस पर अमल कराकर ही रहूँगा। उन्होंने कहा कि समाज-सुधारक तब तक अपने प्रचार में सफल नहीं हो सकते, जब तक कि लाइसेंसशुदा शराबखाने शराबियों को अपनी ओर आकृष्ट करते रहेंगे।[24] तमाम नशीले पेय और मादक वस्तुओं की बिक्री पूरी तरह रोक दी जाए। ये चीजें सिर्फ अधिकृत डॉक्टर, वैद्य अथवा हकीम की सिफारिश पर सरकारी भण्डारों से मिले जो सिर्फ इसी काम के लिए खोले जाएगें। भोजनालयों और उपहार गृह में मादक पेयों की बिक्री नहीं हो। एक पारसी मित्र ने उनसे भेदभावपूर्ण प्रतिबंध पर चिंता जाहिर की और कहा कि

भेदभाव पूर्ण नीति नहीं होनी चाहिएए इसपर गांधीजी ने कहा कि पारसी मित्र भेदभाव हटाने के लिए आंदोलन करें न कि खुद भी वैसी ही छूट पाने की कोशिश करें।[25] उनका सुझाव था कि शराबबंदी का प्रारंभ सबसे पहले नई दुकानों को खोलने के ठेके बंद करने के साथ उन दुकानों को बंद कर दिया जाए जिससे जनता को असुविधा होने का भय है। हर हालत में शराब की एक भी दुकान नहीं खुलनी चाहिए।[26]

शराब और नशीली चीजों से होने वाली आय को गांधीजी अत्यन्त हेयकर मानते हैं। गांधीजी के अनुसार सच्चा कर वह है जो करदाताओं को आवश्यक सेवाओं के रूप में दस गुणा लाभ पहुँचाए। जबकि आबकारी आय से लोगों का नैतिक मानसिक और शारीरिक पतन होता है। भ्रष्टता पर कर देने से उन पर पहाड़ जैसा बोझ बन जाता है फिर यह राजस्व कारखानों तथा खेतों में काम करने वाले मजदूरों से लिया जाता है।[27] गांधी मजदूरों और हरिजनों को इस बुराई से बचाना चाहते थे। जो लोग शराब नहीं पीते, शराब को हेय समझते हैं। फिर भी राज्य को होने वाली आय के कारण शराबबंदी का विरोध करते हैं। उनका यह तर्क है कि राष्ट्रनिर्माण के लिए हमें धन की जरूरत है उसकी पूर्ति हम शराब की आय से कर सकते हैं। गरीबों को सस्ता अन्न मिल सके इसके लिए सरकार को शराबबंदी छोड़ देनी चाहिए। उन लोगों का मानना है कि जैसे-जैसे लोगों की निर्भरता सरकार पर बढ़ेगीए सरकार को अधिकाधिक संसाधनों की जरूरत होगी। लोक कल्याणकारी कार्यक्रम के लिए धन की जरूरत होगी और इसकी पूर्ति सरकार शराब से होने वाली आय से कर सकेगी। गांधीजी कहते हैं कि मंत्री लोग मद्यनिषेध कार्यक्रम को विशुद्ध बनियेपन की भावना से देख रहे हैं। अगर सभी शराबी और अफीमची यकायक शराब और अफीम परित्याग कर दें तो वे क्या करेंगे भूकंप से हुए नुकसान से बिहार सरकार का काम रुक नहीं गया था। जब अकाल तथा बाढ़ से लोग तबाह होते हैं और सरकारी आमदनी में कमी होती है तो प्रांतीय सरकारें क्या करती हैं? कांग्रेसी सरकार आमदनी की खातिर मद्यनिषेध के काम में देरी करके अपनी प्रतिज्ञा को भंग कर रही है। इसलिए निश्चित समय के भीतर शराबबंदी को पूरा करने में आमदनी का ख्याल न करते हुए इसे उत्साह से चलाया जाना चाहिए।[28] इसके लिए कुछ घंटे भी उदासीन रहना या राजस्व के दूसरे साधनों को ढूढ़ कर ही इस राजस्व को त्यागना गलत होगा। उन्होंने कहा कि प्लेग होने पर हम दूसरे घर मिलने तक उस घर में नहीं रुके रह सकते। हम तत्काल घर खाली कर दूसरा तलाश करते हैं।[29] गांधी कहते हैं कि जिस दिन सरकार 25 करोड़ की आमदनी छोड़ने की हिम्मत दिखलाने को तैयार होगी। भट्ठी वालों को शराब का ठेका नही देगीए पूर्ण शराब बंदी हो जाएगी।

लोगों का यह भी मानना है कि शराब से प्राप्त होने वाले राजस्व के बिना

हमारे बच्चे शिक्षा से वंचित रह जाएंगें। हमारे लिए यह सोचना लज्जास्पद और अपमानजनक होना चाहिए।[30] जाग्रत और क्रुद्ध जन चेतना के सामने यह धंधा टिक नहीं सकता। भ्रष्ट साधन से चलने वाली शिक्षा बुरी चीज है। मंत्रियों से उन्होंने कहा कि समय रहते वे चेत जाएं यह न हो कि उन पर कभी राजस्व के लोभ में अंधे होकर समय को न पहचान पाने का दोष लगाया जाए। गांधीजी ने कहा कि शराब की चुंगी से मिलनेवाले धन से देश के बच्चों की पढ़ाई-लिखाई का इंतजाम करना हमारे लिए बड़ा ही शर्मनाक है। आनेवाली पीढियां हमें कोसेगी। हमें स्कूलों को आत्मनिर्भर बनाना पड़ेगा।[31] अगर निकट भविष्य में जनता की दिन-दिन बढ़ती गरीबी को रोकना हो और उसमें काफी कमी करनी हो तो हमें अफीम और शराब की चुंगी से होने वाली आमदनी ही नहीं अन्य करों की आमदनी भी छोड़ देनी पड़ेगी।[32]

जो लोग व्यक्तिगत स्वाधीनता की बात करते हैं वे हिन्दुस्तान को नहीं जानते। किसी को अपनी विषय-वासना तृप्त करने के लिए राज्य से वैश्या मुहैया कराने की सहूलियतें मांगने का जितना अधिकार है, उतना ही अधिकार शराब पीने की सहूलियतें मांगने का है।[33] इसलिए गांधी यह नहीं मानते हैं कि नशे को रोकना हर हालत में बल प्रयोग है। गांधी व्यक्तिगत स्वतंत्रता के समर्थक थे, वे अपने को अराजकतावादी कहते हैं, वे मानते हैं कि व्यक्ति की पूर्ण स्वतंत्रता के लिए राज्य एक आवश्यक बुराई है लेकिन मनुष्य के विकास की वर्तमान स्थिति में व्यक्ति के लिए अबाधित स्वतंत्रता का अर्थ होगा जंगल का कानून। सबके सर्वोत्तम हितों के लिए राज्य अपने सदस्यों के जीवन को नियंत्रित करने के लिए जो कानून बनाता है, वह उचित है। यों गांधी मानते हैं कि कानूनी कार्रवाई करना तो मद्यनिषेध कार्यक्रम का सबसे छोटा और ध्वंसात्मक अंश ही है।[34] यह भी दलील दी जाती है कि कानून द्वारा लोगों को जबरदस्ती सदाचारी नहीं बनाया जा सकता है। कानून का सफल होना या न होना लोकमत पर निर्भर करता है। पश्चिम की तुलना भारत से नहीं की जा सकती। पश्चिम में शराब का अधिक प्रचार है। इसने सामाजिक रिवाजों में गहरी जड़ें जमा ली हैं जबकि भारत में बहुत थोड़ी संख्या में लोग शराब पीते हैं। शराब के प्रति लोगों की धारणा अच्छी नहीं है। शराबी को लोग अच्छी नजर से नहीं देखतेए हमारे सामाजिक रिवाजों में इसका प्रचलन बिलकुल नहीं है। सारे संसार में भारत ही ऐसा देश है जहां शराब एवं अन्य मादक पदार्थों के सरकारी व्यापार पर पाबंदी लगाने का करोड़ों आदमी समर्थन करते हैं। उन्होंने कहा कि इसके लिए मत लेने की जरूरत नहीं है। देश के विधानसभाओं में इस कानून के समर्थन का भारी बहुमत ही अनुकूल जनमत का प्रमाण है।[35]

नशाबंदी की समस्या बल प्रयोग से दूर नहीं की जा सकती है। क्या ऐसा कानून बनाना संभव है कि कोई व्यक्ति अपने घर में ताड़ी पिए तो उसे जुर्माना या

सजा हो। ऐसे प्रश्नकर्ता नशाबंदी का पूरी तरह से समर्थन करते हैं लेकिन वे अत्याचार पूर्वक इसे लागू करना नहीं चाहते। उन लोगों को गांधी ने समझाते हुए कहा कि नशे को रोकना बल प्रयोग नहीं है जब हम अपने बच्चे को अनुचित कार्य से रोकते हैं या ऐसे कार्य में जब हम उपवास के द्वारा अपने को सजा देते हैं तो क्या इसे बल प्रयोग कहा जाएगा। अगर यह बल प्रयोग है तो यह शारीरिक नहीं आत्मिक है, क्रूरता का नहीं, प्रेम का है। एक दूसरे प्रश्नकर्ता ने भी इसी तरह का प्रश्न गांधीजी से कियाए वे भी शराब नहीं पीते थे लेकिन उन्होंने कहा कि अगर कोई मुझे कहे कि आप शराब मत पीजिएए तो मेरा खून खौल उठेगा। गांधीजी ने उन्हें जबाव दिया कि चोरी करने के विरूद्ध भी कानून है, तो क्या आप कानून की अवमानना करने के लिए चोरी भी करेंगे।[36]

शराबखोरी के समर्थन में यह भी दलील दी जाती है कि जबरदस्ती मार-मार कर हमें हकीम बनाने की कोशिश नहीं करनी चाहिए और जो शराब पीकर होशों-हवास खोना चाहते हैं उन्हें पीने की सुविधा होनी चाहिए। गांधीजी ने कहा कि क्या राज्य का काम लोगों की बुराइयों के लिए सहुलियतें जुटाना होता है? हम वेश्यावृत्ति को कायदे से चलाने और लाइसेंस शुदा बनाने की कोशिश तो नहीं करते। हम चोरों को चोरी करने की सुविधाएं तो नहीं जुटाते। शराबखोरीए चोरी यहाँ तक की वेश्यावृत्ति से भी ज्यादा निंदनीय है क्योंकि शराबखोरी अक्सर ही इन दोनों बुराइयों को पैदा करती है।[37]

शराब नहीं पीने वाले लोगों का यह तर्क है कि शराबबंदी जबरदस्ती नहीं हो सकती। लोगों से सही काम भी जबरन कराना गलत है। क्या इसे तलवार के बल से विचार बदलने की कोशिश मानी जाए? क्या शराब बंदी से मनुष्य के स्वातंर्त्य चिंतन और काम करने के अधिकार का हनन होता है? सिद्धांत रूप में प्राप्त अधिकार चारों ओर से मर्यादित होते हैं हम अपने अधिकार की प्राप्ति के लिए दूसरे के अधिकारों का हनन नहीं कर सकते। "सैद्धांतिक रूप में हमें जो आजादी प्राप्त है, वह व्यावहारिक जीवन में चारों तरफ से सीमित है।"[38] हमें टिकट लेने के लिए कतार में अपने पारी तक इंतजार करना पड़ता है। स्पष्ट है कि हमारी स्वतंत्रता अगर हमारे पड़ोसियों को नुकसान पहुँचाती है तो उस स्वतंत्रता को सीमित करना राज्य का कर्त्तव्य है। हिन्दुस्तान में शराबबंदी की कल्पना गरीबों के हित को ध्यान में रखकर की गई है। क्या उन गरीबों को जो मुश्किल से अपनी आवश्यकता पूरी कर पाते हैं अपने आश्रितों के मुंह का कौर छिनकर उन्हें पीने की छूट देना उचित है, जो अपने आश्रितों के प्रति कर्त्तव्य को भूलकर उन्हें असहाय बना देते हैं? भारतन कुमारप्पा कहते हैं कि राज्य को हस्तक्षेप करके व्यक्ति की स्वतंत्रता पर उस हालत में पाबंदी लगानी पड़ती है, जब वह उसका उपयोग समाज-विरोधी ढ़ंग से उन लोगों के हित

के खिलाफ करता है, जो असहाय है जिन्हें रक्षा की जरूरत है।[39]

समाज-सुधारक सरदार सर जोगेन्द्र सिंह ने अपने लेख में लिखा कि लोग गैर-कानूनी ढ़ंग से शराब बनायेंगे और छिपकर पियेंगे, इसलिए पूर्ण शराब बंदी के लिए प्रयत्न बेकार है।'' यह सफल नहीं हो सकता है। गांधीजी ने इसके उत्तर में कहा कि चोरी भी अनंत काल से चली आ रही है तो क्या उसे कानूनी मंजूरी दे दी जाए। मस्तिष्क की चोरी करना अधिक अपराधपूर्ण है।

गांधी यह स्वीकार करते हैं कि गैर-कानूनी ढंग से कुछ हद तक लोग शराब बनाएंगें। इससे हमें सरकार के ईमानदार प्रयास का पता चलेगा और यह भी पता चलेगा कि जागरूक जनता इस कार्य में किस हद तक सरकार को सहयोग दे रही है। पारसियों के एक शिष्टमंडल ने गांधी से बताया कि शराब हमारे सामाजिक रहन-सहन काए हमारे दैनिक जीवन की मांग है, हम शराब पीना चाहते हैं। पारसी कौम सदियों से शराब और ताड़ी का आजादी से उपयोग करती आ रही है। इसका उनपर बुरा असर नहीं हुआ है। शराबबंदी हमारे लिए एक तरह का बलात्कार है। हमारे धार्मिक क्रियाओं में दखलंदाजी है। कइयों के व्यापार चौपट हो जाएंगेए प्रांत की आर्थिक स्थिति गड़बड़ हो जाएगीए व्यापारी और ताड़ी निकालने वाले मुसीबत में पड़ जाएंगे। यह धार्मिक क्रियाओं में भी दखलंदाजी होगी। सर काबस जी जहाँजीर1 ने कहा कि पियक्क ड़पन बुरा है लेकिन पीने में कोई दोष नहीं। कुछ लोग जो शराब पीते हैं, के कारण सारी कौम को आप सजा दे रहे हैं? मैं रोज शेरी के दो या तीन प्याले पीता हूँए दूसरे कई लोग हैं जो शराब-बंदी की बात तो करते हैं, फिर भी पीते हैं और शराब-बंदी के बाद भी पियेंगे। गांधीजी ने उनसे कहा कि जिस महान सुधार की हम कोशिश कर रहे हैं उसके मुकाबले हम बहुत थोड़ा मूल्य दे रहे हैं। भूतकाल में कई नाजुक मौकों पर पारसियों ने हमारी मदद की है और इस समय भी हमें उम्मीद है कि आप हमारी मदद करेंगे।[40] उन्होंने यह भी कहा कि भारत के 35 करोड़ लोगों में आपकी संख्या बमुश्किल एक लाख हैं। आप दुनिया भर में फारस के नहीं बतौर हिन्दुस्तानी के रूप में प्रसिद्ध हैं। एक लाख के हिसाब से नहीं, हिन्दुस्तान के हिसाब सेए संकुचित दृष्टि से नहीं बल्कि सारे देश के विशाल हित की दृष्टि से मैं आपसे विचार करने को कहता हूँ। यह आपको शोभा नहीं देता कि देश एक महान और उच्च प्रयोग करे और आप उसे नष्ट करने की कोशिश करें।

सनतानबे वर्ष पूर्व शराबबंदी को भारतीय राष्ट्रीय कांग्रेस के कार्यक्रम में शामिल किया गया। उस समय जिस तरह के सवाल उठाए जाते थे लगभग उसी तरह के सवाल आज भी उठाए जा रहे हैं। वर्तमान स्थिति में सरकारी खर्च बढ़ने तथा विकास के विभिन्न कार्यक्रमों के लिए पूँजी की अधिक आवश्यकता आ गई है। विकासशील तीसरे देशों को विदेशी कर्ज पर निर्भर रहना पड़ रहा है ऐसी स्थिति में

आंतरिक संसाधनों से पूँजी इकट्ठा करना और भी आवश्यक हो गया है। शराबबंदी एक साहसिक कदम है लेकिन इसकी सफलता के लिए आवश्यक है कि जीवनदृष्टि में परिवर्तन लाया जाए। सरकारी खर्च को कम किया जाए। पड़ोसी देशों के साथ तनावपूर्ण रिश्तों में सुधार हो ताकि सैनिक खर्च को कम किया जा सके। आंतरिक शांति के लिए समाज सेवकों का वैसा दल भी प्रशिक्षित किया जाना आवश्यक है जो शहादत देकर अशांति की स्थिति में हस्तक्षेप कर सकें। शक्ति का विकेंद्रीकरण होए पंचायत को सशक्त किया जाए। इन सभी सामाजिक संस्थानों को मजबूत किए बिना शराबबंदी की कल्पना नहीं की जा सकती है। बावजूद इसके गुजरात और बिहार ने इस दिशा में उल्लेखनीय पहल की है। जब हम आर्थिक दृष्टि से शराबबंदी के बारे में सोचते हैं तो आबकारी आय में उस खर्च में नहीं घटाते हैं जो शराब के कारण होने वाली बीमारियों पर होता है। आए दिन सड़कों पर होने वाले हादसों में अधिकांश मामले शराब पीने के कारण घटित होते हैं। यहां तक कि समाज में होने वाली हिंसा और व्याभिचार का भी शराब एक कारण होता है। बिहार के अनुभवों से हमें सीख लेने की जरूरत है कि भारत भी पूर्णरूपेण शराबबंदी का फैसला कर सकता है। गांधीजी भी यह मानते थे कि अगर शराब का प्रलोभन हटा दिया जाए तो पीने की आदत जाती रहेगी। युवाओं की दृष्टि से अगर हम विचार करें तो उनकी सृजनशक्ति को शराब ने जितना नष्ट किया है उतना और किसी ने नहीं। युवा शक्ति का राष्ट्र के निर्माण में अधिकतम उपयोग शराबबंदी के बिना संभव नहीं है।

संदर्भ सूची—

1. यंग इण्डिया, 11.7.1924, संपूर्ण गांधी वाडमय, खण्ड-41, पृ. 211-212
2. हरिजन (अंग्रेजी), 16.6.1939, संपूर्ण गांधी वाडमय, खण्ड-69, पृ. 366
3. आरोग्य की कुंजी—1942-44 के बीच गांधी आगा खां महल पूना में नजरबंद रहे। वहीं पर 28.08.1942 से उन्होंने इस पुस्तक को लिखना प्रारंभ किया जो 18.12.1942 को पूरा हुआ। मूल गुजराती पुस्तक का हिन्दी और अंग्रेजी अनुवाद डॉ. सुशीला नैय्यर द्वारा किया गया।
4. आरोग्य की कुंजी, 1959, पृ. 24-25
5. हरिजन, 10.06.1939, संपूर्ण गांधी वाडमय, खण्ड-69, पृ. 346
6. हिंदी नवजीवन, 04.02.1936, पृ. 196
7. यंग इण्डिया, 22.04.1926, संपूर्ण गांधी वाडमय, खण्ड-30, पृ. 359
8. हरिजन, 10.06.1939, संपूर्ण गांधी वाडमय, खण्ड-69, पृ. 349
9. यंग इंडिया, 25.06.1931, संपूर्ण गांधी वाडमय, खण्ड-47, पृ. 61-62
10. यंग इण्डिया, 25.06.1931, संपूर्ण गांधी वाडमय, खण्ड-47, पृ. 62
11. यंग इण्डिया, 25.06.1931, संपूर्ण गांधी वाडमय, खण्ड-47, पृ. 61-62
12. हरिजन, 17.06.1939, संपूर्ण गांधी वाडमय, खण्ड-69, पृ. 365

13. हरिजन (अंग्रेजी), 17.06.1939, संपूर्ण गांधी वाङ्मय, खण्ड-69, पृ. 367
14. यंग इण्डिया, 8.9.1927, संपूर्ण गांधी वाङ्मय, खण्ड-34, पृ. 530
15. हरिजन, 31.7.1937
16. यंग इण्डिया, 8.6.1921, संपूर्ण गांधी वाङ्मय, खण्ड-20, पृ. 191
17. हरिजन (अंग्रेजी), 24.12.1938, संपूर्ण गांधी वाङ्मय, खण्ड-68, पृ. 244
18. हरिजन (अंग्रेजी), 28.7.1939, संपूर्ण गांधी वाङ्मय, खण्ड-70, पृ. 11
19. हरिजन, 31.07.1937 संपूर्ण गांधी वाङ्मय, खण्ड-65, पृ. 484
20. उपरिवत्
21. शराबबन्दी क्यों, पृ. 16
22. हरिजन (अंग्रेजी), 21.8.1937, संपूर्ण गांधी वाङ्मय, खण्ड-66 पृ. 65
23. संपूर्ण गांधी वाङ्मय, खण्ड-37, पृ. 173
24. हरिजन, 17.06.1939, संपूर्ण गांधी वाङ्मय, खण्ड-69, पृ. 367
25. संपूर्ण गांधी वाङ्मय, खण्ड- 69, पृ. 367
26. संपूर्ण गांधी वाङ्मय, खण्ड- 65, पृ. 486
27. हरिजन, 31.7.1937, संपूर्ण गांधी वाङ्मय, खण्ड-65, पृ. 484
28. हरिजन, 24.12.1938, संपूर्ण गांधी वाङ्मय, खण्ड-68, पृ. 244
29. यंग इण्डिया, 06.07,1921 संपूर्ण गांधी वाङ्मय, खण्ड-20, पृ. 340
30. हरिजन, 21.08.1938 संपूर्ण गांधी वाङ्मय, खण्ड- 66, पृ. 65
31. यंग इण्डिया, 08.06.1921, संपूर्ण गांधी वाङ्मय, खण्ड-20, पृ. 192
32. उपरिवत्
33. हरिजन (अंग्रेजी), 16.6.1939 संपूर्ण गांधी वाङ्मय, खण्ड-69, पृ. 366-67
34. यंग इंडिया, 8.9.1927
35. हरिजन, 17.6.1939, संपूर्ण गांधी वाङ्मय, खण्ड-69, पृ. 365
36. हरिजन, 10.6.1939, संपूर्ण गांधी वाङ्मय, खण्ड-69, पृ. 348
37. यंग इण्डिया, 08.06.1921, संपूर्ण गांधी वाङ्मय, खण्ड- 20, पृ. 190
38. शराबबंदी क्यों ?, भारतन कुमारप्पा, अहमदाबाद, नवजीवन प्रकाशन मंदिर, पृ. 4
39. उपरिवत् पृ. 6
40. हरिजन, 10.06.1939, संपूर्ण गांधी वाङ्मय, खण्ड-69, पृ. 346-47

राहुल सिंह

गांधी के सपनों का भारत और पंचायती राज

आज के दौर में जब सरकारें लोककल्याणकारी राज्य की अपनी भूमिका से हाथ वापस खींच रही हैं, जब लोकतंत्र का 'आखिरी आदमी' लोक और तंत्र की चिंताओं से ओझल हो चुका है और जब हम चौतरफा विकास के दिगंतव्यापी शोर के बीच विकल्पहीनता के दौर में दाखिल हो चुके हैं, ऐसे संकट के क्षणों में उम्मीदए विकल्प और राह की तरह याद आते हैं गांधी। गांधी को जानने-समझने का सबसे बेहतर और सरल तरीका है-उनको पढ़ना। यों तो गांधी ने अपने जीवन काल में जो विपुल लेखन किया है वह शताधिक खंडों में फैला है। उनके लेखन की विपुलता उनको जानने-समझने की राह में शुरुआती रोड़े जरूर अटकाती है, पर उसकी एक छोटी राह भी है। यह राह उनकी चंद किताबों से होकर गुजरती है। गांधी को कम पढ़ कर ज्यादा समझना हो तो इन पाँच किताबों के जरिए भी उनके बारे में एक बुनियादी समझ बनाई जा सकती है। पहलीए उनकी आत्मकथा ('सत्य के साथ मेरे प्रयोग'), दूसरा 'दक्षिण अफ्रीका के सत्याग्रह का इतिहास', तीसरा 'हिन्द स्वराज', चौथा ष्ग्राम स्वराज्य' और पांचवाँ, 'पंचायती राज'। आरंभ की दो किताबें गांधी के गांधी बनने की कहानी बयां करती हैं और बाकी तीन में गांधी के सपनों के संभावित भारत की तस्वीर है।

'पूंजी-वाद' के बदलते रूपों के कारण समाजए संस्कृतिए पर्यावरण समेत अन्य मोर्चों पर जो असंतुलन पैदा हो रहे हैं, उन संदर्भों में विकल्प के तौर पर यों तो बौद्धिकों द्वारा 'मार्क्स-वाद' को प्रस्तावित करने का चलन-सा रहा है। पर इस बात को हमेशा ध्यान में रखना चाहिए कि किसी भी समाज, संस्कृति और पर्यावरण के संकट को उसी जमीन से पैदा हुई सोच, सच्चे और अच्छे ढंग से संबोधित कर सकती है। गांधी और उनके द्वारा सुझाए गए रास्तों का उत्सव इस देश की परंपराओं में सन्निहित है। इस बात को मार्क्सवादी आलोचक मैनेजर पांडेय ने बहुत खूबसूरत ढंग से रखा है। ''गांधी की राजनीति की संस्कृति में सत्याग्रह, रामराज्य और चरखा का क्या महत्व है—यह सब लोग जानते हैं। लेकिन इन तीनों का भक्ति काव्य से

क्या संबंध है-यह बहुत लोग नहीं जानते। गांधीजी को सत्याग्रह की प्रेरणा मीराबाई से मिली और रामराज्य की कल्पना तुलसीदास से। उनका चरखा कबीर का है और पराई पीर का अनुभव करनेवाली संवेदनशीलता नरसी मेहता की।''[1] 'अनभै साँचा' को भी संभवत: उन्होंने कबीर से ग्रहण किया था। 'अनभै साँचा' की भी बहुत सारगर्भित व्याख्या मैनेजर पाण्डेय ने की है। 'अनभै साँचा' अर्थात 'अनभय सच', 'अनुभव का सच' और 'अनुभव का अनभय सच'। गांधी के यहाँ आत्म बल के मूल में इस 'अनभै साँचा' को सहजता से लक्षित किया जा सकता है। गांधी के सत्यए आत्मबलए आत्मतपए इंद्रिय निग्रह आदि की अवधारणाओं पर विचार करें तो गौतम बुद्ध और महावीर जैन के उपदेशों की अनुगूंजें सुनी जा सकती हैं। गांधी ने भारतीय परंपराओं को जिस कदर आत्मसात किया था उसकी व्याख्या करते हुए रुडोल्फ एण्ड रुडोल्फ की किताब में यह बात मिलती है कि ष्परंपराओं के अलग-अलग पहलुओं की अपने देश-काल के अनुरूप की गई व्याख्या गांधी के करिश्माई नेतृत्व के मूल में थी।'[2] गीता, रामचरितमानस, बाईबिल जैसे धार्मिक ग्रंथों को अपने लिए प्रेरक और मार्गदर्शक माननेवाले गांधी को 'धार्मिक' और 'परंपरावादी' दोनों मान लिया जाता है। पर 'धार्मिक' और 'परंपरावादी' होने के बावजूद वे हमारे समय के 'धार्मिक-परंपरावादियों' से बिलकुल अलग थे। इसे सिर्फ लुई फिशर के द्वारा रेखांकित की गई इस मार्के की बात से समझा जा सकता है कि ''धर्मविहीन जिन्ना एक धार्मिक राज्य बनाना चाहते थे। पूर्णतया धार्मिक गांधी एक धर्मनिरपेक्ष राज्य चाहते थे।''[3] लुई फिशर ही इस बात को भी गांधी के संदर्भ में कहते हैं कि ''गांधीजी का धार्मिक अध्ययन आकस्मिक और असंबद्ध था। फिर भी स्पष्टत: उनकी एक बड़ी आवश्यकता की पूर्ति हुई।''[4] गांधी अपने चिंतन और विचारों में ईश्वर को जिस तरह बार-बार याद करते हैं, उसे खुद को 'रैशनल' कहने और समझनेवाला कोई भी बौद्धिक हँसी में उड़ा सकता है, पर असल सवाल यह है कि गांधी की ईश्वर पर अमिट आस्था के कुछ सामाजिक अर्थ भी निकलते हैं क्या? ईश्वर स्वयं में एक 'प्रीमिटिव कान्सेप्ट' है, लेकिन ईश्वर पर विश्वास करना एक मध्ययुगीन मूल्य के बतौर प्रचलित है। तो आखिर गांधी स्वाधीनता आंदोलन के दौरान ईश्वर के अस्तित्व को स्वीकार कर क्या संदेश देना चाहते थे? वे केवल ईश्वर की सत्ता का भय कराना चाहते थे, न कि भौतिक सत्ता (अंग्रेजों) का। इस कारण से उनके चिंतन में नैतिकताए शुचिताए चरित्र आदि पर प्राणपन से बल दिया गया है। गौर से देखें तो हमारे समय का असल संकट इसी चरित्र, नैतिकता, ईमान के अभाव का संकट है। गांधी भारतीय समाज के पतन से बहुत परेशान थे। भारत के नवजागरण के लिए उसका पुनर्गठन जरूरी था। एक नए नैतिक आधार और नए भारतीय मनुष्य की चेतना का निर्माण उनकी मुख्य चिंता थी। 'आजादी की आधी

सदी बाद' गांधी का स्मरण करते हुए पूरन चंद्र जोशी इसी सवाल को लेकर सामने आते हैं कि 'हमारी स्वराज की परिभाषा क्या है? क्या हमने मानसिक स्वराज्य हासिल कर लिया है?'[5]

हिंदी साहित्य का वह दौर जिसमें हम गांधीवादी प्रभावों को साहित्य में प्रतिबिंबित होता हुआ पाते हैं, वहाँ बिना नागा 'आदर्श' को एक मूल्य या प्रतिमान के बतौर व्यवहृत होता हुआ पाते हैं। प्रेमचंद के पास ऐसी कहानियों का जखीरा है, जिसमें 'आदर्श' को ध्वनित होता हुआ हम पाते हैं। पर एक बात जो हमें अपनी समझदारी में सचेत ढंग से शामिल किए जाने की जरूरत है, वह यह कि जिसे हम 'आदर्श' कहते हैं, वह उस समय का 'यथार्थ' था। हमारे समय का यथार्थ इतना 'आत्मकेंद्रित' हो गया है कि उस आत्म के बाहर जाकर हम कुछ करें तो वह 'आदर्श' की श्रेणी में चला जाता है। गांधी ने अपने आत्मत्याग के जरिए देशवासियों के मानस में 'स्व' की परिधि को इतना व्यापक बना दिया था कि हम आज उसकी कल्पना नहीं कर सकते हैं। उनके कहने पर 'देश' की खातिर नौकरियाँ छोड़ कर असहयोग आंदोलन में भाग लेनेवालों और जेल जानेवालों को देखने से इस बात को समझा जा सकता है। स्वयं प्रेमचंद अपनी लगी-लगाई मास्टर की नौकरी गांधी के आह्वान पर छोड़ बैठे थे। इस बात को आज की पीढ़ी कैसे समझ सकती है, एक वह पीढ़ी थी जो देश की खातिर नौकरी छोड़ रहे थे और एक आज की पीढ़ी है जो नौकरी के खातिर देश छोड़ने को लालायित है। गांधी एक भविष्यद्रष्टा थे और उन्हें शिक्षितों से बहुत उम्मीद नहीं थी। वे बार-बार इस बात को दुहराते थे ''जिन्हें शिक्षा का सौभाग्य प्राप्त है, उन्होंने गांवों की बहुत समय से उपेक्षा की है। उन्होंने अपने लिए शहरी जीवन को चुना है।''[6] निजी बातचीत में उन्होंने मेडलिन स्लेड (उर्फ मीराबेन) से यह बात कही थी कि ''मैं शिक्षित भारत को अपनी तरफ आकर्षित करने के लिए नहीं बना हूँ। मुझे इससे कोई परेशानी भी नहीं है। यह मेरी सीमा है।''[7] यह हमारा दुर्भाग्य ही रहा है कि गांधी के पदचिह्नों पर चलने का दावा करनेवाली राजनीतिक पार्टी ही अपने सुदीर्घ शासनकाल के दौरान उनके बताए रास्ते से कोसों दूर चलती रही। अन्यथा मार्क्सवाद की भांति गांधीवादी शासन का भी एक मॉडल विकसित हो सकता था। 'स्वराज' आधारित 'सुराज' का मॉडल। ''व्यक्तिशः उनकी प्रवृत्ति आध्यात्मिक स्वराज्य के स्थापना की थीए लेकिन आंदोलन उन्होंने पार्लियामेंटरी स्वराज्य के लिए चलाया।''[8] आगे सत्याग्रह की अवधारणा में शामिल कारकों पर गौर करें तो पाएंगे कि वह राजनीतिक शास्त्र की शब्दावली न होकर अध्यात्म की शब्दावली है।

गांधी के स्वराज विषयक चिंतन की भी अपनी सीमाएं रहीं हैं। आवश्यकता इस बात की थी कि उन सीमाओं को रेखांकित करते हुए उनके समाधानों की दिशा

में संधान किया जाता। जैसे उनकी दलित दृष्टि को लेकर दलित विमर्शकार और चिंतक लगातार सवाल उठाते रहे हैं। पर गांधी द्वारा और गांधी पर लिखे गए विपुल साहित्य का अवगाहन किया जाए तो इस दिशा में गांधी द्वारा किए गए प्रयासों के मूल में उनकी ईमानदार नीयत का पता चलता है। गांधी की कोशिश दलितों के प्रति भारतीय समाज की मानसिकता को बदलने की थीए उस मानस को बदले बगैर उनके आचार-व्यवहार को बदला नहीं जा सकता था। इसलिए अछूतोद्धार के उनके कार्यक्रमों का सर्वाधिक विरोध सवर्ण हिन्दुओं के द्वारा किया गया। सुधीर कक्क ड़ की एक किताब है 'मीरा और महात्मा'। यों तो यह पूरी किताब एक दूसरे प्रसंग में लिखी गई है पर यथाप्रसंग गांधी द्वारा दलितों के संदर्भ में किए जा रहे प्रयोगों की भी बानगी इस किताब में है। केवल एक प्रसंग का उसमें से उल्लेख भर कर रहा हूँ। अहमदाबाद के गांधी आश्रम में श्याम नाम का एक अस्पृश्य युवक था। उसे अक्सर रहस्यमय बीमारियाँ होती रहती थीं। गांधी उसके मल पर शोध कर रहे थे। "इस जाँच में, जिसमें श्याम सहायक की भूमिका निभा रहा था, बापू का उत्साह देखने लायक था। वे कह रहे थे-'जरा सोचो मीरा, हमारे कितने गरीब देशवासी श्याम की तरह अपच और पेचिश के शिकार होते हैं। साफ-सफाई और स्वास्थ्य संबंधी शिक्षण ही इसका एक समाधान है। दूसरा समाधान है सस्ती और आसानी से उपलब्ध साग-सब्जी का आहार, जिसे गरीब लोग खरीद सकते हैं और पचा सकते हैं।'"[9] गांधी श्याम को जो भोजन उपलब्ध कराते थे उसके मल के निरीक्षण के द्वारा यह जानना चाह रहे थे कि उसकी आंत इसे सहजता से पचा पाती है या नहीं? क्या भूखए गरीबी और कुपोषण से जूझती इस जमात के लिए कोई सस्ताए सुलभए पौष्टिक और सुपाच्य भोज्य पदार्थ हो सकता है? वे इस दिशा में कार्यरत थे। यह गांधी की दृष्टि की मूलगामिता थी। पूना पैक्ट के नाम पर शोर मचानेवाले दलित चिंतक आपको गांधी के इन पक्षों के बारे में नहीं बताएंगे। वे नहीं बताएंगे कि गांधी ने लक्ष्मी नामक एक दस साल की अस्पृश्य बच्ची को भी गोद लिया था। वे नहीं बताएंगे कि अछूतों के मंदिर प्रवेश कराने को लेकर उनके द्वारा चलाए गए आंदोलनों में उन्हें उसी किस्म की हिंसा का शिकार होना पड़ा जिस किस्म की हिंसा का शिकार वे हिंदू-मुस्लिम एकता की अपनी कोशिशों के कारण हुए। इन प्रसंगों से गुजरते हुए गांधी की दलित विषयक नेकनीयती का पता चलता है। पर बावजूद इसके गांधी के साथ अंबेडकर, मार्क्स को मिला कर और थोड़ा लोहिया को शामिल करके शासन का एक भारतीय प्रारूप विकसित किया जा सकता था। इसके बजाय पश्चिम के पूंजीवादी मॉडलों को आदर्श के तौर पर स्वीकार कर लिया गया। यह गांधी के बताए रास्ते से बिलकुल अलग रास्ता था। यह अंग्रेजों के जाने के बाद भी अंग्रेजियत को धूम-धाम से बनाए रखने का रास्ता था। गांधी जिसके धुर विरोधी

थे। पूंजीवाद की संस्कृति प्लूट और झूठ की संस्कृति' है। गांधीवाद इसके ठीक उलट सत्य और आत्म त्याग की संस्कृति है। यह अकारण नहीं है कि गांधी के 'हिन्द स्वराज' को पश्चिमी आधुनिकता के एक 'क्रिटीक' के बतौर देखा जाता है। पश्चिमी आधुनिकता के बरक्स एक भारतीय विकल्प के तौर पर देखा जाता है।

महात्मा गांधी का पंचायती राज उस भारत का सपना है जो महात्मा गांधी ने देखा था। पंचायती राज उस भारत की बुनियाद थी जिसका पुनर्निर्माण वे करना चाह रहे थे। दक्षिण अफ्रीका के सत्याग्रह के अपने अनुभवों के साथ जब वे 1915 में भारत लौटे, उसी समय से उन्होंने भारत के लिए ग्राम स्वराज की अवधारणा को जरूरी बतलाना आरंभ कर दिया था। महात्मा गांधी के समग्र लेखन में जिस चीज की सबसे अधिक आलोचना देखने को मिलती है वह है पश्चिमी सभ्यता। पश्चिमी सभ्यता अर्थात् आधुनिक सभ्यता को वे एक रोग मानते थे और उसे 'चांडाल सभ्यता' कहा करते थे। उस पश्चिमी सभ्यता के आधार पर वे भारत का नवनिर्माण नहीं करना चाहते थे। जिस आधुनिक भारत का सपना गांधीजी देख रहे थे उसके मूल में सात लाख भारतीय गांव थे और उनकी दृढ़ मान्यता थी कि भारत का भविष्य तब तक उज्ज्वल नहीं होगा जब तक ये सात लाख गांव उसके जीवन में उचित रूप से भाग नहीं लेंगे। इन गांवों को पंचायती राज के बिना मजबूत नहीं बनाया जा सकता था। इस तरह गांधीजी के अनुसार ग्राम स्वराज को लाए बिना आधुनिक भारत का निर्माण संभव नहीं था और पंचायती राज ही उसकी कुंजी ठहरती है। (1990 के बाद इस देश में कृषि और कृषकों पर कितना ध्यान दिया गया है, इसको ध्यान में रखकर गांधी के गांवों पर दिए जानेवाले बल पर गौर करें तो निराशा हाथ लगेगी। हाल के वर्षों में विदर्भ समेत भारत के अलग-अलग भागों से किसानों की आत्महत्या की जो डरावनी खबरें और भयावह आँकड़ें आ रहे हैं, उसके मूल में सरकारों के द्वारा सचेत तौर पर की जानेवाली कृषि क्षेत्र की अनदेखी है। उदारीकरण, निजीकरण और भूमंडलीकरण के गठजोड़ से इन आत्महत्याओं के संबंध को समझना हो तो 1990 के बाद बीजए खाद, कीटनाशकों के उपयोग के स्तर पर आनेवाले बदलावों के मूल में कृषिक्षेत्र में बहुराष्ट्रीय कंपनियों के आमद और उनके लिए सरकारों के द्वारा किए गए प्रावधानों को देखा-समझा जा सकता है।)

पंचायती राज की पूरी रूपरेखा महात्मा गांधी के चिंतन व लेखन में मौजूद है। 1909 में गांधीजी ने 'हिन्द स्वराज' की रचना की थी। जिसमें रेल, वकील, डॉक्टर और नई शिक्षा की बहुत कड़ी आलोचना उन्होंने की थी। इस पुस्तक को स्वयं उन्होंने 'आधुनिक सभ्यता' की सख्त टीका कहा है। गांधीजी का मानना था कि हिन्दुस्तान को रेलए वकील और डॉक्टरों ने कंगाल बना दिया है। वे मानते थे कि 'हिन्दुस्तान में अंग्रेजी सत्ता की एक मुख्य कुंजी उनकी अदालतें हैं और

अदालतों की कुंजी वकील हैं। वकीलों ने हिन्दुस्तान को कंगाल बनाया है हिंदू मुस्लिम के झगड़े बढ़ाए हैं और अंग्रेजी हुकूमत को यहां मजबूत बनाया है। लोग दूसरों का दुख दूर करने के लिए नहीं बल्कि पैसा पैदा करने के लिए वकील और डॉक्टर बनते हैं। अंग्रेजी शिक्षा को वे गुलामी की बुनियाद डालने वाली शिक्षा मानते थे क्योंकि अंग्रेजी शिक्षा प्राप्त लोगों ने गांवों की अनदेखी की है जिससे गांव लगातार पिछड़ते चले गए हैं। इसीलिए वे नई तालीम की जगह दैनिक जीवन में काम आनेवाली कलाओं को सीखने पर बल दे रहे थे। नई तालीम का अर्थ उद्योगों द्वारा शिक्षा देना माना जाता था। गांधीजी इसके पक्ष में नहीं थे। वे मैट्रिक तक की शिक्षा में अंग्रेजी की जगह कोई अच्छा-सा उद्योग सिखाना चाहते थे। ;प्रधानमंत्री नरेन्द्र मोदी की 'स्किल इंडिया' के मूल में गांधी के विचारों को देखा जा सकता है।द्ध सारी तालीम विद्यार्थियों को उनकी प्रांतीय भाषा में दिए जाने के पक्षधर थे। राष्ट्र निर्माण के लिए वे नैतिक शिक्षा का दिया जाना जरूरी मानते थे। देशी खेल-कूद को बढ़ावा दिए जाने के समर्थक थे। कॉलेज की शिक्षा को राष्ट्रीय जरूरतों से जोड़कर वे विकसित करना चाहते थे। गांधी के लिए शिशक्षा का अर्थ 'अक्षर ज्ञान' नहीं, बल्कि 'चरित्र निर्माण' है।''[10]

पुराने समय से चली आ रही ग्राम पंचायतों को गांधीजी लोकराज्यों का शासन संभालनेवाली व्यवस्था कहते थे। उनका मानना था कि अंग्रेजों ने महसूल वसूलने के क्रम में इसे नष्ट किया और इसकी जगह अदालतों की स्थापना की। उसी तरह यहाँ के गृह और लघु कुटीर उद्योगों को नष्ट कर आधुनिक कल-कारखानों की स्थापना की। गांधीजी यंत्रों के विरोधी उतने नहीं थे जितने उन यंत्रों को चलानेवाली मानसिकता के विरोधी थे। यंत्रों के उपयोग के पीछे श्रम की बचत की नहीं बल्कि धन के लोभ को वे प्रेरक कारण मानते थे। इसीलिए उनका उद्देश्य तमाम यंत्रों का नाश करना नहीं बल्कि उनकी हदें बांधना था जिससे समाज में वैसी मशीनों के लिए कोई जगह न रह जाए जो इंसान की मेहनत को चंद हाथों में इकट्ठा कर दे। (1924 में श्री रामचन्द्रन के साथ गांधीजी का जो वार्तालाप हुआ था। उस वार्तालाप को महादेव देसाई ने उद्धृत किया है। उस वार्तालाप में गांधीजी ने कहा कि सिंगर की सिलाई मशीन को मैं उचित यंत्र मानता हूँ। उसका मेरे यहाँ स्वागत है। क्यों स्वागत है? गांधीजी के शब्दों में महादेव देसाई द्वारा याद किए गए विवरण के अनुसार ''उनकी खोज के पीछे अद्‌भुत इतिहास है। सिंगर ने अपनी पत्नी को सीने और बखिया लगाने का उकताने वाला काम करते देखा। पत्नी के प्रति प्रेम ने, गैरजरूरी मेहनत से उसे बचाने की इच्छा नेए सिंगर को ऐसी मशीन बनाने की प्रेरणा दी।'')[11] वे देख रहे थे कि बड़े पैमाने पर औद्योगीकरण का अनिवार्य परिणाम यह होगा कि ज्यों-ज्यों प्रतिस्पर्धा और बाजार की समस्याएं खड़ी होंगी त्यों-त्यों गांवों

का प्रगट या अप्रगट शोषण होगा। कारखाने इन उद्देश्यों को पूरा करने के साधन थे। इसीलिए गांधीजी का यह मानना था कि अहिंसक समाज की रचना कारखानों की सभ्यता की बुनियाद पर नहीं हो सकती बल्कि आत्मनिर्भर गांवों की बुनियाद पर ही हो सकती है।

महात्मा गांधी का एक ही सपना था कि भारत का प्रत्येक गांव आत्मनिर्भर बन जाए। उस प्रजातंत्र का कोई व्यक्ति अनपढ़ न रहेए काम के अभाव में कोई बेकार न रहे बल्कि किसी न किसी कमाऊ धंधे में लगा रहे। हरेक आदमी को पौष्टिक चीजें खाने कोए रहने को अच्छा हवादार मकान और तन ढकने को काफी खादी मिले। हर देहाती को आरोग्य के नियम मालूम हो और वह उनका अनुपालन किया करे। महात्मा गांधी गांवों को स्वायत्त रूप में देखना चाहते थे। इसके लिए उन्होंने रास्ते भी सुझाए जैसे – गांवों के मकान ऐसी चीजों के बने हो जो पांच मील की सीमा के अंदर उपलब्ध हो। देहातवालों को वह कला और कारीगरी आनी चाहिए जिससे बाहर उनके द्वारा पैदा की गई चीजों की कीमत मिल सके। राष्ट्रभाषा के विवाद में न पड़कर स्थानीय भाषा का ज्ञान अर्जित कर अपना काम चला सके। कुदरती इलाजए सहकारी पशुपालन, कृषि में कम्पोष्ट खाद का उपयोग और अन्य ग्रामीण उद्योगों चरखाए करघाए चमड़े के काम आदि को बढ़ावा देकर गांवों को आत्मनिर्भर बनाने की सलाह दी। उनका मानना था कि हर हाथ को काम और हर पेट को अन्न मिले। इसलिए कृषि, पशुपालन और खादी के प्रचार–प्रसार पर उन्होंने विशेष जोर दिया था। कृषि छोड़कर यदि कोई खादी अपनाना चाहे तो उन्हें कोई आपत्ति नहीं थी। गांधीजी खादी–मनोवृत्ति का अर्थ बताते हैं जीवन के आवश्यक पदार्थों के उत्पादन और वितरण का विकेंद्रीकरण। (विकेंद्रीकरण की उनकी इस संकल्पना को ज्यादा बेहतर तरीके से समझना हो तो रुडोल्फ एण्ड रुडोल्फ की किताब 'पोस्टमार्डन गांधी' देखी जानी चाहिए। इस किताब में गांधी के पंचायती राज की अवधारणा के मूल में जो विकेंद्रीकरण का विचार है, उसे एक उत्तर आधुनिक विचार के तौर पर स्वीकार किया गया है। इतना ही नहीं रुडोल्फ एण्ड रुडोल्फ ने 'हिन्द स्वराज' की उनकी संकल्पना को न सिर्फ आधुनिक सभ्यता की बल्कि आधुनिकता की आलोचना के बतौर स्वीकार किया है और पंचायती राज में निहित विकेंद्रीकरण की बुनियादी चिंता को गांधी के उत्तर आधुनिक पक्ष से जोड़ा है।)

गांधी ने अव्यवस्थित ग्रामोद्योगों को प्रोत्साहित और व्यवस्थित करने की बात की थी। इन अव्यवस्थित ग्रामोद्योगों में दूध का उद्योगए हाथकूटा चावलए हाथपिसा आटाए घानी का तेलए गुड़ का निर्माणए मधुमक्खी पालनए चमड़े का धंधाए हाथ से बना कागजए साबुनए स्याही आदि का उल्लेख उन्होंने किया है। यदि ये ग्रामोद्योग बचे रहते हैं तो इनसे जुड़े लोकगीत और संगीत भी संरक्षण पा सकेंगे।

शिक्षित वर्ग से उन्होंने अपील की थीए विशेषकर रसायनशास्त्रियों से कि वे कम्पोस्ट खाद बनाने का सहज तरीका लोगों को बताएं। कृषि की पैदावार बढ़ाने की देशज पद्धति को वे पुनः उपयोगी बनाना चाह रहे थे। चरखा उनके लिए आलस्य को दूर भगाने के साथ ही स्वावलंबन का मुख्य साधन था।

गांव को आत्मनिर्भर बनाने के लिए आर्थिक समानता की बात गांधीजी ने की थी। सबसे पहले अर्थशास्त्र को नैतिक सिद्धांतों के अनुरूप ढालने की वकालत करते हुए उन्होंने कहा कि वह अर्थशास्त्र गलत है जो नैतिक सिद्धांतों की उपेक्षा या अवज्ञा करता है। अहिंसा धर्म का अर्थ अपने व्यापक रूप में यह है कि अंतरराष्ट्रीय व्यापार को नियमित करने में नैतिक सिद्धांतों को पूरा महत्व दिया जाए। आर्थिक समानता के लिए काम करने का मतलब उन्होंने समझाया कि पूंजी और मजदूरी के बीच के झगड़ों को हमेशा के लिए मिटा देना। ऐसा किए बिना समतामूलक समाज का गठन संभव नहीं है। क्योंकि जब तक मुट्ठीभर धनवानों और करोड़ों गरीबों के बीच जमीन-आसमान का अंतर बना रहेगा तब तक अहिंसा की बुनियाद पर चलनेवाली राज्य-व्यवस्था कायम नहीं हो सकती। समतामूलक समाज की स्थापना के लिए गांधीजी ने शारीरिक श्रम को अनिवार्य बताते हुए कहा कि शारीरिक श्रम नहीं करनेवाले को खाने का क्या अधिकार हो सकता है? आजीविका चलाने के लिए बौद्धिक श्रम के स्थान पर शारीरिक श्रम को ही प्राथमिकता देते हुए कहा है कि शरीर की आवश्यकताएं शरीर द्वारा ही पूरी की जानी चाहिए। इसीलिए हर स्त्री-पुरुष को चाहिए कि जीवित रहने के लिए वह शारीरिक श्रम करे। इतना ही नहीं उनकी दृढ़ मान्यता थी कि जिसने तीन वर्ष तक शारीरिक श्रम ना किया हो उसे मताधिकार नहीं दिया जाना चाहिए।

गांधीजी के लिए आजादी का मतलब हिन्दुस्तान के आम लोगों की आजादी थी। ऐसी आजादी जो नीचे से शुरू हो और जिसका आधार पंचायती राज हो। पंचायती राज पर आधारित इस ग्राम स्वराज के केंद्र में व्यक्ति होगा। जिसमें सबसे पहला और सबसे आखिरी व्यक्ति बराबर होगा। पूर्ण स्वराज का मतलब ही है न कोई पहला होगा न कोई आखिरी। उनका मानना था कि हमारी शासन पद्धति हमारी प्रजा के प्रकृति के अनुरूप होना चाहिए तभी उस स्वराज की प्राप्ति संभव है जिसमें भारतवर्ष का शासन लोक-सम्मति के अनुसार हो। इसके लिए उन्होंने सत्याग्रह, असहयोग और अहिंसा की सत्ता को ग्रामीण समाज का शासन बल बताया। महात्मा गांधी के समग्र लेखन को देखने से पता चलता है कि सत्याग्रह, असहयोग और अहिंसा न सिर्फ ग्रामीण समाज का शासन बल है बल्कि संपूर्ण भारत के लिए जिस स्वराज्य की रूपरेखा उन्होंने बनाई थी उसका आधार भी यही है।

सत्याग्रह की अवधारणा का साधन उन्होंने अपने जीवनए समाज और साहित्य

से ग्रहण किया था। गांधीजी ने भोगे हुए सत्य के आधार पर सत्याग्रही के लिए चार विशेषताओं को अनिवार्य बताया है-ब्रह्मचारी, निर्धन, सत्यव्रती और अभय। ब्रह्मचर्य पर बल देने का कारण दक्षिण अफ्रीका के 'जुलू विद्रोह' के समय का उनका यह अनुभव था कि संतानोत्पति और संतान का लालन-पालन सार्वजनिक सेवा के विरोधी हैं। इसलिए ब्रह्मचर्य के द्वारा वे संन्यासी की जीवन पद्धति अपनाने की बात करते थे। गरीबी अपनाने की सलाह से उनका मतलब यह था कि सत्याग्रह का सेवन करते हुए अगर पैसा चला जाएए तो चिंता नहीं करनी चाहिए। गरीबी अपनाने का एक अर्थ लोभ का त्याग करना भी है। लोभ न करने से मनुष्य निर्भीक रहता है उसका विवेक जाग्रत रहता है। विवेक के जाग्रत रहने से वह वर्तमान को समझ सकता है और भविष्य का अनुमान कर सकता है। गांधीजी के लिए सत्यव्रती होना और निर्भय होना एक दूसरे के पर्याय है। मनुष्य जब सत्य को छोड़ता है तब किसी तरह के भय के कारण ही छोड़ता है। सत्याग्रह के क्रम में जेल जाने की संभावना लगातार बनी रहती थी और गांधीजी का मानना था कि जहाँ लोग जेल इत्यादि के विषय में निर्भय बन जाते हैं वहाँ राजदंड लोगों को दबाने के बदले शूरवीरता उत्पन्न करता है। इसलिए उन्होंने सत्याग्रह को सच्चाई का हथियार कहा है। गांधीजी का मानना था कि सत्याग्रही की अभ्यर्थना अन्यायी के भय से नहीं सदैव उसके हृदय से होती है। सत्याग्रही का उदेश्य अन्यायी का हृदय परिवर्तन करना है। वे मनुष्य की वृत्तियों को ठीक करना चाहते थे। मतलब रोग का समूल नाश करना चाहते थे। इसीलिए जमींदारों के संदर्भ में उनका कहना था कि मैं जमींदारों का नाश नहीं चाहता बल्कि उनका हृदय परिवर्तन करना चाहता हूं। (हिंदी कथा साहित्य में प्रेमचंद की कहानी और उपन्यासों में गांधीजी की इस सीख का प्रतिफलन देखा जा सकता है। पर अंत तक आते-आते प्रेमचंद को भी विश्वास हो चला था कि हृदय परिवर्तन जैसे 'आदर्शोन्मुखी यथार्थवाद' साहित्य के पन्नों पर तो घटित हो सकता है पर जमीनी धरातल पर ऐसा संभव नहीं है। ष्कफन' और षोदान' जैसी उनकी आखिरी दौर की कालजयी कृतियों में गांधी के हृदय परिवर्तन वाली धारणा से उनके मोहभंग को देखा जा सकता है।)

गांधी के लिए सत्याग्रहय अन्यायी के विरोध प्रतिरोध का एक तरीका था, जिसमें अपने विरोधी से घृणा और हिंसा किए बगैर उसके खिलाफ खड़ा होना था। इसके लिए अपार नैतिक साहस की जरूरत थी। वे सत्याग्रही के लिए हमेशा एक ऊँचा नैतिक धरातल चाहते थे। इसी के कारण उनकी पश्चिमी सभ्यता की आलोचना 'सभ्यता समीक्षा' में तब्दील हो जाती है। रुडोल्फ द्वय इसी बात को इस रूप में रेखांकित करते हैं कि श्गांधी न सिर्फ पश्चिमी सभ्यता की आलोचना करते हैं बल्कि ष्सभ्यता की एक वैकल्पिक नैतिक समझदारी' भी विकसित करते हैं।''[12]

गांवों की आत्मनिर्भरता पर गांधीजी इतना बल इसलिए दे रहे थे कि गांवों के रूप में वे छोटे-छोटे प्रजातंत्र विकसित करना चाह रहे थे, राज्य की शासन व्यवस्था का विकेंद्रीकरण चाह रहे थे। जिससे राज्यों पर शासन का बोझ कम होता। ग्रामोत्थान के द्वारा राष्ट्र का निर्माण उनका अभीष्ट था। भारत जिन जड़ताओं में फंसा हुआ था उससे निकालकर वे जिस नए भारत का निर्माण करना चाह रहे थे उसका मूलाधार था, पंचायती राज। विकास रूपी विनाश की इस अंधी दौड़ में हम भी आंख मूंदकर दौड़ रहे हैं। आजादी के अड़सठ साल बाद भी बापू के पंचायती राज का सपना अधूरा है, उनके ग्राम स्वराज की कामना अधूरी है। आज महात्मा गांधी के पंचायती राज की जरूरत पहले से कहीं ज्यादा है। आज की पीढ़ी को इन बातों को पढ़ते हुए एक पल को ऐसा लग सकता है कि उनके 'हिन्द स्वराज' में जिस चरखे-कर्घे वाली भारत की परिकल्पना थी, वह भारत को अठारहवीं सदी में ले जाने वाले प्रयत्न सरीखा है। पर उनके लिए किशन पटनायक की इस संदर्भ में कही हुई एक बात भर निवेदित करना चाहता हूँ कि "हिन्द स्वराज' भारत को अठारहवीं सदी में ले जाने का एक आह्वान था, ताकि गुलामी से पहले वाली स्थिति में खड़े होकर हम अपनी नई यात्रा शुरु करें।"[13] आप मानें या ना मानें पर कभी ना कभी यह नई यात्रा हमें शुरू करनी होगी। बेहतर हो कि हम अभी करें क्योंकि अब और ज्यादा विलंबए नए किस्म के असंतुलनों को बढ़ानेवाला होगा।

संदर्भ सूची—

1. मैनेजर पाण्डेय, भारतीय समाज में प्रतिरोध की परम्पराए वाणी प्रकाशन, 2013, पृ 149
2. Lloyd I. Rudolph & Susanne Hoeber Rudolph, Post Modern Gandhi and other essays, OUP, 2006, Pg vii
3. लुई फिशर, महात्मा गांधी की कहानी, सस्ता साहित्य मंडल, नई दिल्ली, 2006, पृ 182
4. लुई फिशर, महात्मा गांधी की कहानी, सस्ता साहित्य मंडलए नई दिल्ली, 2006, पृ 23
5. देखें, पूरन चंद्र जोशी, आजादी की आधी सदी: स्वप्न और यथार्थ, नई दिल्ली, 2003
6. गांधीजी, पंचायत राज, नवजीवन प्रकाशन मंदिर, अहमदाबाद, पृ 3
7. सुधीर ककक्ड़, मीरा और महात्मा, राजकमल पेपरबैक्स, नई दिल्ली, 2005, पृ 92
8. गांधीजी, हिन्द स्वराज, नवजीवन प्रकाशन मंदिर, अहमदाबाद, पृ 26
9. सुधीर ककक्ड़, मीरा और महात्मा, राजकमल पेपरबैक्स, नई दिल्ली, 2005, पृ 97-98
10. लुई फिशर, महात्मा गांधी की कहानी, सस्ता साहित्य मंडल, नई दिल्ली, 2006, पृ 34
11. पुरुषोत्तम अग्रवाल, मजबूती का नाम महात्मा गांधी, सदीनामा, वर्ष-13ए अंक-7ए 1 से 31 मई 2013ए कोलकाता, पृ 10
12. Lloyd I. Rudolph & Susanne Hoeber Rudolph, Post Modern Gandhi and other essays, OUP,2006,Pg 16
13. किशन पटनायक, विकल्पहीन नहीं है दुनिया, राजकमल, नई दिल्ली, 2001 पृ 25

सुधांशु शेखर

गांधी का राष्ट्रवाद

"अगर तुम्हारे लाने से आजादी आ सकती है/और बड़ी से बड़ी सरकारें संसद से उठाकर/पटकी जा सकती है सड़क पर/अगर तुम जलियाँवाले बाग में/सामूहिक आत्मबलिदान कर सकते हो/निकल पड़ सकते हो दाँडी मार्च पर/चौरीचौरा कर सकते हो/कर सकते हो सन बयालीस/तो क्या कुछ नहीं कर सकते तुम/...क्या तुम्हारा यह देश अब सिर्फ एक कंपनी है/जिसे चला रहे हैं, कारपोरेट्स/किसी एक के बेटे को कोई एक बड़ी कुर्सी मिल गई है/कोई एक और बैठा-बैठा कागज के नोट पर दस्तखत मार रहा है/किसी एक और का भाई लाल बत्तीवाली गाड़ी में बैठा रौब झाड़ रहा है/किसी की जात-विरादर फहरा रहा है, तिरंगा/और भाषण झाड़ रहा है/कोई तीसरा या चौथा पढ़ रहा है, राष्ट्र के नाम संदेश/चीजें कितनी उलट-पुलट हो गई हैंध्राष्ट्र रो रहा है और तिलतिल मर रहा है/और कुछ पेशेवर जन-गण-मन गा रहे हैं/...पहचाना/कि तुम्हारा अपना जरूरी राष्ट्र-विमर्श क्या है?"[1]

विजय बहादुर सिंह की यह कवितानुमा पंक्तियाँ समसामयिक संदर्भों में 'राष्ट्र' पर आए संकटों को सामने लाती हैं और 'राष्ट्र-विमर्श' की जरूरत को भी बयाँ करती हैं। इसे ही इस आलेख का प्रस्थान बिंदु चुना गया है।

हम जानते हैं कि 'राष्ट्र' शब्द 'रज्' धातु में 'ष्ट्रन्' प्रत्यय लगाने पर बना है।[2] इसका अर्थ है—'देश', 'मुल्क', 'नेशन' आदि। यह किसी भौगोलिक क्षेत्र की सीमा मात्र नहीं है, बल्कि सभी नागरिकों के सम्मिलित अस्तित्व का नाम है। इसमें राष्ट्र के प्रति सार्वभौमिक एवं सर्वकालिक कर्तव्य एवं निष्ठा के तत्व निहित हैं। 'राष्ट्र' की व्यापकता में सारी वैयक्तिक संकीर्णताएं विलीन हो जाती हैं और सांस्कृतिक विभिन्नताओं का लोप हो जाता है। यही कारण है कि राष्ट्र-आराधना समस्त आराधनाओं में सर्वोपरि है। राष्ट्र का गौरवगान सर्वोत्तम भजनए राष्ट्रहित साधन सर्वश्रेष्ठ तप और राष्ट्र के लिए निःस्वार्थ निष्ठा पवित्रतम यज्ञ माना गया है।[3]

जाहिर है कि राष्ट्र के कुछ विशेष गुण हैं, जो उसे अरा'ट्रिक जनसमूहों से अलग करते हैं। इतिहासकार ई. एच. कार ने राष्ट्रीय मानव समूह की निम्न

विशेषताएं बतलाई हैं[4] –

1. अतीत और वर्तमान में वास्तविक अथवा भविष्य के लिए आकांक्षा के रूप में सर्वनिष्ठ सरकार की धारणाय
2. अपना अलग विशिष्ट आकार और सदस्यों का पारस्परिक संपर्क्य सामीप्यय
3. न्यूनाधिक निर्धारित भूभागय
4. ऐसी चरित्रागत विशेषताएं (भाषा इनमें सर्वाधिक बहुल है), जो किसी राष्ट्र को अन्य राष्ट्रों और अरा'ट्रिक समुदायों से अलग करती हैं;
5. सदस्यों में सम्मिलित स्वार्थय
6. सदस्यों के मन में राष्ट्र की जो छवि है, उससे संबंधित समवेत भाव या इच्छाशक्ति।

महात्मा गांधी के जीवनदर्शन में 'राष्ट्र' का महत्त्वपूर्ण स्थान रहा है और यह बात उनकी कृति 'हिंद स्वराज' को देखने पर भी स्पष्ट होती है। जैसा कि 'हिंद स्वराज' नाम से ही स्पष्ट है कि इसमें भारतीय (हिंद) राष्ट्र पर विचार करना सर्वोपरि माना गया है। यहाँ भारतीय राष्ट्र अपने उद्धात्त स्वरूप में सामने आता है, जिसके संबंध में कई बातें उल्लेखनीय हैं–

पहलाए गांधी ने लॉर्ड एम्पथिल को एक चिट्ठी लिखी थी। इस चिट्ठी में उन्होंने लिखा था कि वे देशवासियों के राष्ट्रीय आंदोलन एवं राष्ट्रीय चेतना पर लिखना चाहते थे, जो उस समय ज्यादातर भद्दे एवं आत्मसंयम से वंचित रूप में था। दरअसल, 'हिंद स्वराज' लिखने के पूर्व 1909 ई. में लंदन (इंग्लैंड) में गांधी की कुछ भारतीय राष्ट्रवादियों से मुलाकात हुई थी। वे राष्ट्रवादी हिंसा में विश्वास करते थे, जो गांधी की दृष्टि में, उनके राष्ट्रवाद का दोष था। इसलिएए गांधी ने स्पष्ट कहा, "मैं राष्ट्रीय भावना की कद्र करता हूँ, पर उनके तरीके से सहमत नहीं हूँ, चाहे वे अतिवादी हों अथवा मध्यममार्गी।"[5]

दूसरा, गांधी ने 'हिंद-स्वराज' के मूल गुजराती संस्करण की भूमिका में भी स्वीकार किया है कि इस पुस्तक को लिखने का मूल उद्देश्य देश की सेवा है। उनके शब्दों में, "इस पुस्तक को लिखने का उद्देश्य सिर्फ देश की सेवा करना और सत्य की खोज करने का और उसके मुताबिक बरतने का है। इसलिएए अगर मेरे विचार गलत साबित हों, तो उन्हें पकड़ रखने का मेरा आग्रह नहीं है। अगर, वे सच साबित हों, तो दूसरे लोग भी उनके मुताबिक बरतेंए ऐसी देश के भले के लिए साधारण तौर पर मेरी भावना रहेगी।"[6] इसी तरह, अंग्रेजी संस्करण की भूमिका में भी राष्ट्रवाद की सुगंध है। वहाँ गांधी ने लिखा है, अगर, लाखों देशवासियों और कुछ अंग्रेज मित्रों ने ऐसा नहीं कहा होताए तो मैं राष्ट्रीय आंदोलन पर कुछ नहीं कहता।"[7]

तीसरा, 'हिंद स्वराज' एक छोटी सी पुस्तिका है, जो 'कलेक्टेड वर्क्स ऑफ गांधी' के मात्र 56 पृष्ठों में सिमटी है, लेकिन इतने ही पृष्ठों में 'राष्ट्र' शब्द का प्रयोग 75 बार हुआ है। इससे भी 'हिंद स्वराज' में राष्ट्र के महत्त्व का सहज ही अंदाजा लगाया जा सकता है। यहाँ ध्यातव्य है कि गांधी ने 'राष्ट्र' के लिए गुजराती शब्द 'प्रजा' का प्रयोग किया है और यही शब्द हिंदी अनुवाद में भी व्यवहृत हुआ है।[8] यहाँ 'प्रजा' शब्द यह बतलाता है कि भारतीय जनसमुदाय एक पूर्ण प्रजातांत्रिक इकाई है। वे पहले भारतीय हैं, बाद में कोई धर्म मानने वाले, किसी प्रदेश में रहने वाले या कोई भाषा बोलने वाले।[9]

कुल मिलाकर, 'हिंद-स्वराज' में राष्ट्र की अवधारणा में मुख्यत: निम्न बातों पर प्रकाश डाला गया है—

1. भारत एक राष्ट्र है, न कि कई : साम्राज्यवादी व्याख्याकारों ने एक साजिश के तहत यह प्रचारित किया था कि भारत महज एक प्रशासनिक भूखंड है, जिसे अँग्रेजों ने राजकाज की सुविधा हेतु जोड़ दिया है। यहाँ के लोगों में परस्पर एकता एवं राष्ट्रीयता का घोर अभाव है। भारतीयों में जो थोड़ी बहुत राष्ट्रीयता दिखाई पड़ती है, वह भी कोई पारंपरिक एवं स्वभाविक नहीं है। वरन् वह पश्चिमी (विशेषकर अँग्रेजी) विचारों एवं रेल-टेलीफोन आदि संचार उपकरणों द्वारा प्रत्यारोपित है।

गांधी ने इस साम्राज्यवादी स्थापना का पुरजोर खंडन किया। उन्होंने जोर देकर कहा कि भारत अंग्रेजों के आने से पहले ही एक राष्ट्र रहा है। उनके शब्दों में, "आपको अँग्रेजों ने सिखाया है कि आप एक राष्ट्र नहीं थे और एक राष्ट्र बनने में आपको सैकड़ों बरस लगेंगे। यह बात बिल्कुल बेबुनियाद है। जब अँग्रेज हिंदुस्तान में नहीं थे, तब भी हम एक राष्ट्र थे, हमारे विचार एक थे, हमारा रहन-सहन एक था। तभी तो अँग्रेजों ने यहाँ एक राज्य कायम किया। भेद तो हमारे बीच बाद में उन्होंने पैदा किए।"[10] गांधी के लिए राष्ट्रवाद का अर्थ राष्ट्रप्रेम था, जिसका आगे अर्थ था, राष्ट्र के सभी नागरिकों से प्रेम। उन्होंने स्पष्ट रूप से कहा है कि भारत सिर्फ कुछ समुदायों का बहुरंग समूह नहीं है, वरन् यह एक ऐसा राष्ट्र है, जहाँ लोगों की आकांक्षाएं व आशाएं साझे हित से प्रेरित हैं। उन्होंने सामूहिक गौरव, पारस्परिक उत्तरदायित्व एवं बौद्धिक खुलेपन को राष्ट्रवाद के अनुकल बताया।[11]

इस क्रम में गांधी ने भारतीय राष्ट्रवाद की प्राचीनता, अविच्छिन्नता एवं सामासिकता को भी बखूबी स्पष्ट किया है। उन्होंने भारत को कई सदियों में एक होती हुई 'समास' की प्रक्रिया कहा। इसका आशय है कि भारतीय संदर्भ में, 'प्रजा' या 'राष्ट्र' शब्द कई इकाईयों का बोध कराते हुए भी अपने सामासिक अर्थ में संपूर्णता का द्योतक है। भारत कई सदियों से एक होती हुई 'समास' की प्रक्रिया

है।[12] इस सामासिक प्रक्रिया में यह जरूरी है कि सभी मिलने वाली इकाईयाँ एक वृहत इकाई में समाहित होने की इच्छा एवं ताकत रखती हों।

वास्तव में, भारत जैसे देश में जहाँ कई उपराष्ट्र हों, वहाँ केवल किसी एक समूह के चाहने से एक राष्ट्र नहीं बन सकता। साफ-साफ कहें कि अपेक्षाकृत बाद में आने वाले मुस्लिम, ईसाई, पारसी आदि को भी भारतीय सभ्यता की सर्वग्राही भावना के अनुकूल अपने को तैयार करना होगा। उन्हें अपनी अस्मिता या पहचान को भारतीयता की सर्वग्राह्य सीमाओं में रखना होगा।[13]

भारत के लोगों में शुरू से ही सर्वग्राहिता एवं स्वीकार्यता की भावना है। हमारी भारतीय सभ्यता संस्कृति में सबों को जोड़ने की अद्‌भुत शक्ति रही है। यही कारण है कि विभिन्न देशों के लोग विभिन्न कालों में भारत आए और यहीं के होकर रह गए। वास्तव में, एक-दूसरे को स्वीकारने एवं ग्रहण करने की शक्ति से ही 'विविधता में एकता' का मंत्र प्रस्फुटित हुआ है। इसलिएए गांधी ने कहा, ''हिंदुस्तान में चाहे जिस धर्म के आदमी रह सकते हैं; उससे यह राष्ट्र मिटने वाला नहीं है। जो नए लोग उसमें दाखिल होते हैं, वो उसकी प्रजा को तोड़ नहीं सकतेए वे उसकी प्रजा में घुल-मिल जाते हैं। ऐसा हो तभी कोई मुल्क एक राष्ट्र माना जाएगा। ऐसे मुल्क में दूसरे लोगों का समावेश करने का गुण होना चाहिए। हिंदुस्तान ऐसा था और आज भी है।''[14]

गांधी के अनुसार, भारतीय राष्ट्रीय बोध के लिए हमारे पूर्वजों ने मुख्य-केंद्रों में तीर्थस्थलों की स्थापना की थी। महाकुंभ सेतुबंध रामेश्वर, जगन्नाथपुरी और हरिद्वार आदि तीर्थस्थलों को राष्ट्रीय एकता की दृष्टि से ही विकसित किया गया था। इन तीर्थ-स्थलों ने पूरे देश को एक समझने का आधार बना दिया है। वास्तव में, यह सब महज धर्म-कर्म के लिए नहीं, वरन् संपूर्ण भारतवासियों को एकसूत्र में बाँधने के लिए था। हमारे पूर्वज यह जानते थे कि भारत एक अविच्छिन्न भूभाग है और प्रकृति ने उसमें एक राष्ट्र-भावना की ज्योति जलायी है, जो अन्यत्र कहीं नहीं है।[15]

गांधी ने भारतीय समाज में मौजूद पैदल तीर्थ-यात्रा करने की परंपरा को भी राष्ट्रीयता से जोड़कर देखा। उन्होंने पद-यात्राओं को राष्ट्र-निर्माण एवं मानव-सेवा का माध्यम बताया। उन्होंने लिखा है, ''जब तेज सवारियाँ नहीं थींए हमारे व्यापारी एवं साधुजन पैदल ही देश के एक छोर से दूसरे छोर तक जाते थे, कोई स्वास्थ्य लाभ या मौज मनाने के लिए नहीं, बल्कि सारी आपदाओं को झेलते हुएए मानवता की सेवा में।''[16] स्वयं अपने जीवन में भी गांधी ने पद-यात्राओं को पर्याप्त स्थान दिया। वे अपनी पद-यात्राओं को तीर्थ-भ्रमण मानते थे। इससे जन-जागरण का काम आसान होता था और आम जनता के साथ उनकी निकटता बनी रहती थी। यही कारण है कि 'हिंद-स्वराज' में उन्होंने रेलगाड़ियों की आलोचना की। वे चाहते थे

कि लोग यथासंभव अपने काम पैदल ही करें। उन्होंने लिखा है, ''मुझे मोटर, रेल या बैलगाड़ी पर भी भ्रमण करना अच्छा नहीं लगता है, जहाँ मैं पैदल चलकर जा सकता हूँ। मैं तो चाहूँगा कि रेल हटा दिए जाएं और रोगी एवं अपंग को छोड़कर, सभी अपना काम पैदल करें। मैं कल्पना कर सकता हूँ और कोशिश भी कर रहा हूँ कि एक ऐसी सभ्यता आ जाएए जहाँ कि मोटर गाड़ियों का होना कोई गुण नहीं माना जाए और रेल न हों।''[17]

2. धार्मिक विभिन्नता से राष्ट्रीयता खंडित नहीं होती: 'भारत एक राष्ट्र हैष्-यह भारतीय इतिहास के कुछ तथ्यों से सवालों के घेरे में आ जाता है। मसलन, 'हिंद-स्वराज' का पाठक सवाल उठाता है कि मुसलमानों के आने से भारत एक राष्ट्र रहा या मिटा?[18] इसके जवाब में गांधी ने कहा, ''एक राष्ट्र होकर रहने वाले लोग एक दूसरे के धर्म में दखल नहीं देतेय अगर देते हैं, तो समझना चाहिए कि वे एक राष्ट्र होने के लायक नहीं हैं। अगर, हिंदू मानें कि सारा हिंदुस्तान सिर्फ हिंदुओं से भरा होना चाहिएए तो यह एक निरा सपना है। मुसलमान अगर ऐसा मानें कि उसमें सिर्फ मुसलमान ही रहें, तो उसे भी सपना ही समझिए। फिर भी हिंदूए मुसलमानए पारसी, ईसाई, जो इस देश को अपना वतन मानकर यहाँ बस चुके हैं, एक-देशीए एक-मुल्की हैं; वे देशी-भाई हैं; और उन्हें एक-दूसरे के स्वार्थ के लिए भी एक होकर रहना पड़ेगा।''[19]

गांधी का मानना था कि धर्मों की विभिन्नता से भारतीय राष्ट्र को कोई खतरा नहीं है। क्योंकिए वास्तव में, सभी धर्म विभिन्न पंथ हैं और कई पंथों के बावजूद भी कोई देश एक राष्ट्र हो सकता है। फिर, किसी पंथ के विदेशी होने अथवा दो पंथों के आपसी विद्वेष से भी कोई राष्ट्र भंग नहीं होता है। भारत में भी हिंदुओं-मुसलमानों और वैष्णवों-शैवों के बीच काफी मनमुटाव रहा है, पर इससे भारत की राष्ट्रीयता खत्म नहीं होती है। इसलिए, अलग राष्ट्रीयता का प्रश्न धर्म से नहीं जुड़ा है।

वास्तव में, गांधी का राष्ट्रवाद सर्वधर्म समभाव के विचारों पर आधारित था। धर्म के प्रति उनका दृष्टिकोण बहुत ही व्यापक था। वे धर्म को रूढ़ियों एवं अंधविश्वासों से मुक्त करना चाहते थे।[20] उनका मानना था कि धर्म व्यक्तिगत अनुभूतिए आस्था एवं विश्वास की चीज है। वे अपने आपको सनातनी हिन्दू कहते थे। मगर, आगे उनका कहना था, ''वे एक ऐसे धर्म के अनुयायी हैं, जो सभी धर्मों को सत्य मानता है। अत: वे दावा कर सकते हैं कि वे एक ईसाई, एक बौद्ध, एक मुसलमान एवं एक पारसी भी हैं।[21] उनके लिए हिंदू-मुस्लिम एकता का तात्पर्य केवल हिंदू एवं मुसलमान के बीच एकता से नहीं था, बल्कि उन सब लोगों के बीच एकता से था, जो विश्वास करते हैं कि भारत उनका घर है, चाहे वे किसी भी धर्म या संप्रदाय के हों।[22]

3. भारतीय राष्ट्रीय काँग्रेस की भूमिका : गांधी ने 'हिंद-स्वराज' में भारत के राष्ट्रीय आंदोलन का भी आकलन किया है। यहाँ उनका उद्देश्य काँग्रेस को राष्ट्रीयता से प्रेरित-भारत के विभिन्न जनसमुदायों की भागीदारी वाली संस्था बताना था। 'हिंद-स्वराज' के पहले ही अध्याय में पाठक सवाल करता है, श्क्या स्वराज की भावना हिंद में पैदा हुई आप देखते हैं?''[23] इसके जवाब में गांधी कहते हैं, श्वह तो जबसे नेशनल कांग्रेस कायम हुईए तभी से देखने में आई हैं। ष्नेशनल' शब्द का अर्थ ही वह विचार जाहिर करता है।''[24] लेकिन, पाठक गांधी के जवाब से संतुष्ट नहीं होता है। वह गांधी का प्रतिकार करता है और कहता है कि आज के युवाओं की नजर में काँग्रेस अँग्रेजों का राज्य निभाने का साधन है। गांधी पाठक की इस मान्यता को निराधार मानते हैं और विभिन्न उदाहरणों के माध्यम से यह दिखाते हैं कि काँग्रेस एवं उसके नेताओं ने राष्ट्रहित में काम किया। यहाँ यह उल्लेखनीय है कि उन्होंने 'हिंद-स्वराज' में मुख्य रूप से कांग्रेस के तीन राष्ट्रवादी नेताओं की चर्चा की है- दादा भाई नौरोजी, गोपाल कृष्ण गोखले और बदरूद्दीन तय्यबजीए एक पारसीए एक हिंदू और एक मुस्लिम। भारत का प्रजा रूप इससे अच्छा क्या हो सकता था?[25] गांधी की दृष्टि में नौरोजी राष्ट्र के पिता और राष्ट्रीयता के हस्ताक्षर थे। वे देश की सेवा के प्रतिरूप थेय उन्होंने यहाँ की मिट्टी को स्वराज के लायक बनायाए जिसकी पाठक कल्पना भी नहीं कर सकता था; उनके 'प्रवाह का सिद्धांत' ने बताया कि अँग्रेजों ने हमें चूस लिया था। जो हमने सीखा, उन्हीं से जाना। प्रो. गोखले का उदाहरण भी वैसा ही है। उन्होंने राष्ट्रीय हित में गरीबी का वरण किया और जीवन के बहुमूल्य बीस वर्ष देश को समर्पित कर दिया। वास्तव में, वे माता-पिता की जगह पर थे, उनका राष्ट्रप्रेम इतना था कि वे राष्ट्र के लिए जान भी दे सकते थे। तय्यबजी भी ऐसे ही महापुरुषों में एक थे। उन्होंने कांग्रेस के जरिए स्वशासन की नींव डाली। जाहिर है कि एक राष्ट्र, जो स्वराज की चाह रखता है, वह अपने राष्ट्रभक्त पूर्वजों की उपेक्षा नहीं कर सकता। अपने ऐसे पूर्वजों को अँग्रेज सरकार का पिट्ठू कहकर उनकी राष्ट्रभक्ति पर प्रश्नचिह्न लगाना गांधी की दृष्टि में अनुचित प्रवृत्ति थी।[26]

वास्तव में, गांधी कांग्रेस को भारत में स्वराज की लहर पैदा करने वाली संस्था के रूप में देखते थे और इसमें वे न केवल कांग्रेस के भारतीय नेताओंए वरन् कांग्रेस से जुड़े एणओ. ह्यूमए सर विलियम वेडरबर्न आदि अँग्रेजों की भूमिकाओं को भी महत्त्वपूर्ण मानते थे। गांधी का साफ-साफ कहना था, ''जो नियम हिंदुस्तानियों के बारे में है, वही अँग्रेजों के बारे में समझना चाहिए। सारे-के-सारे अँग्रेज बुरे हैं, ऐसा तो मैं नहीं मानूँगा। बहुत से अँग्रेज चाहते हैं कि हिंदुस्तान को स्वराज मिले। उस (अँग्रेज) प्रजा में स्वार्थ ज्यादा है, यह ठीक है, लेकिन उससे हर एक अँग्रेज

बुरा है, ऐसा साबित नहीं होता। जो हम न्याय चाहते हैं, उन्हें सबके साथ न्याय करना होगा।''[27]

इस तरह गांधी अपने उदाहरणों एवं तर्कों के माध्यम से यह दिखाने में कामयाब होते हैं कि कांग्रेस एक राष्ट्रवादी संस्था है और उसके नेताओं ने स्वराज की दिशा में महत्त्वपूर्ण प्रयास किए हैं। लेकिनए अभी भी पाठक सवाल उठाता है, श्कांग्रेस के आरंभ से स्वराज की नींव पड़ी, यह कैसे कही जा सकती है?''[28] इसके जवाब में गांधी कहते हैं, ''कांग्रेस ने अलग-अलग जगहों पर हिंदुस्तानियों को इकट्ठा करके उनमें 'हम एक राष्ट्र हैं' ऐसा जोश पैदा किया। कांग्रेस पर सरकार की कड़ी नजर रहती थी। महसूल का हक प्रजा को होना चाहिएए ऐसी माँग कांग्रेस ने हमेशा की है। जैसा स्वराज कनाडा में है, वैसा स्वराज कांग्रेस ने हमेशा चाहा है। वैसा स्वराज मिलेगा या नहीं मिलेगा, वैसा स्वराज हमें चाहिए या नहीं चाहिए, उसमें बढ़कर दूसरा कोई स्वराज है या नहीं, यह सवाल अलग है। मुझे दिखाना तो इतना ही है कि कांग्रेस ने हिंद को स्वराज का रस चखाया। ...कांग्रेस को अलग समझने और स्वराज के खिलाफ मानने से हम उसका उपयोग नहीं कर सकते।''[29]

4. गरमपंथियों से असहमति : गांधी ने 'हिंद स्वराज' में गरमपंथियों के उग्र राष्ट्रवाद से असहमति जताई है। वे श्यामजी कृष्ण वर्माए विनायक दामोदर सावरकर एवं मदनलाल ढ़ींगरा जैसे गरमपंथियों के इस विचार से सहमत नहीं थे कि भारत को अँग्रेजों की हत्या करके मुक्ति मिलेगी। उन्होंने साफ-साफ कहा कि जो लोग खून करके राज करेंगेए वे प्रजा को सुखी नहीं बना सकेंगे। ढींगरा आदि गरमपंथियों ने जो खून किए, उससे देश को कोई फायदा नहीं हुआ। बेशक वे देशाभिमानी (राष्ट्रवादी) थे, लेकिन उनका देश प्रेम पागलपन से भरा था। उन्होंने अपने शरीर का बलिदान गलत तरीके से दिया। उससे अंत में देश को नुकसान ही होने वाला है।[30] क्योंकि, मारकर शक्ति हासिल करने से शांति नहीं मिल सकती।[31] साथ ही यह भी गौरतलब है कि हिंसा से प्रतिहिंसा का जन्म होता है और फिर हिंसा-प्रतिहिंसा का एक अंतहीन सिलसिला चल पड़ता है। यह एक अंधी दौड़ है, जो हमें सर्वनाश की ओर ले जाती है।

गांधी का मानना था कि गरमपंथी 'स्वराज' का सही अर्थ नहीं समझते थे और इस मामले में गरमपंथियों के विचार अपने विपक्षियों (नरमपंथियों) से ज्यादा गलत थे। गरमपंथी मूर्खतापूर्वक यह समझते थे कि स्वराज हिंसा के माध्यम से प्राप्त होगा और उसके लिए अँग्रेजों को भारत से भगाना मात्र पर्याप्त है। वे स्वराज का अर्थ शासन-सत्ता पर भारतीयों का कब्जा भर समझते थे। यह गांधी की दृष्टि में बिना अँग्रेजों के अँग्रेजी शासन की तरह था। दूसरे शब्दों में, गरमपंथी बाघ के स्वभाव को तो चाहते थे, बाघ को नहीं। जाहिर है कि जो लोग भारतीयों को अँग्रेज बनाना

चाहते थे, वे सच्चे राष्ट्रवादी नहीं थे। क्योंकिए गांधी के शब्दों में, "...हिंदुस्तान जब अँग्रेज बन जाएगा, तब वह हिंदुस्तान नहीं कहा जाएगाए लेकिन सच्चा इंग्लिस्तान कहा जाएगा।"[32]

अत:, गांधी ने साफ-साफ कहा, श्वे भारत के करोड़ों लोगों की खुशहाली चाहते हैं, न कि (केवल) शासन की बागडोर।"[33] यही कारण है कि वे इटली जैसी राष्ट्रीय स्वतंत्रता के कटु आलोचक थे।[34] इटली के लोग यह समझते थे कि उनकी स्वतंत्रता आस्ट्रिया की फौजी शक्ति से गैरीबाल्डी और उनके सहयोगियों द्वारा माँगने से मिली है। भारत के चरमपंथी भी इटली की स्वतंत्रता से प्रभावित थे और वहाँ के उग्रपंथी नेता गैरीबाल्डी एवं सबूर आदि की प्रशंसा करते थे। लेकिन, गांधी इससे सहमत नहीं थे।[35] उनका मानना था कि इटली की कोई बात जानने की है, तो यह कि भारत का रास्ताए वह नहीं है।[36] वे इस बात पर भी जोर देते थे कि इटली का हित भी गैरीबाल्डी आदि उग्रपंथियों की बजाय मैजिनी जैसे नरमपंथियों के रास्ते पर चलकर होगा और मैजिनी की दृष्टि से इटली की स्वतंत्रता अभी अधूरी है। गांधी के शब्दों में, "मैजिनी ने साफ-साफ बताया है कि इटली आजाद नहीं हुआ है। ...मैजिनी के विचार से इटली का अर्थ था, इटली के लोग उसके किसान। ...वे अब भी दुखी हैं। प्रजा की हालत सुधरी नहीं है।"[37]

5. अहिंसा एवं सत्याग्रह का समर्थन : गांधी ने अहिंसा एवं सत्याग्रह को राष्ट्र की असली शक्ति माना है। उनका कहना था कि भले ही इतिहास में हिंसक शक्तियों की विस्तृत चर्चा होए लेकिन दुनिया का वास्तविक संचालन तो नैतिक शक्तियों (अहिंसाए सत्याग्रह आदि) से ही होता है। इतिहास भी इस बात का गवाह है कि विघ्नों के बीच भी नैतिक एवं आत्मिक शक्ति का निर्णायक महत्त्व रहा है। अगर, दुनिया की कहानी युद्धों से शुरू होती, तो आज एक भी जिंदा आदमी नहीं बचा होता। मगर, दुनिया में इतने लोग आज जिंदा हैं, यह बताता है कि दुनिया का आधार हथियार-बल पर नहीं, परंतु सत्य, दया या आत्मबल पर है।[38] गांधी की स्पष्ट मान्यता थी कि हिंसा के सहारे हिंदुस्तान में स्वराज नहीं लाया जा सकता है। उन्होंने लिखा है, "हिंसा हिंदुस्तान के दुखों का इलाज नहीं है, और उसकी संस्कृति को देखते हुए उसे आत्मरक्षा के लिए कोई अलग और ऊँचे प्रकार का शस्त्र काम में लाना चाहिए।"[39]

6. देशी राजाओं एवं कुलीन (एलीट) वर्ग की आलोचना : गांधी का राष्ट्रवाद एक स्वशासन की परिसीमा है। इसमें मुख्य रूप से तीन बातें हैं। एक, पूरा समुदाय न कि कुछ प्रबुद्ध वर्ग, स्वतंत्र और कार्यशील हो। दो, जन-संगठन आत्मा की शक्ति, न कि दुरात्मा की शक्ति से चलेए और तीन, राजकाज का नैतिक मूल्य केवल स्वार्थ न हो।[40] इसलिएए उन्होंने राष्ट्र, राष्ट्रीयता एवं राष्ट्रवाद को आम जनता

के सापेक्ष परिभाषित किया। उन्होंने 'हिंद-स्वराज' में पाठक से साफ-साफ कहा, ''आप हिंदुस्तान का अर्थ मुट्ठीभर राजा करते हैं। मेरे मन से तो हिंदुस्तान का अर्थ वे करोड़ों किसान हैं, जिनके सहारे राजा और हम सब जी रहे हैं।''[41] केवल अभिजात वर्ग का शासन राष्ट्रीय हित में न होगा। क्योंकि, भारतीय नवाबों और महाराजाओं के अत्याचार अँग्रेजों से कम नहीं थे। वास्तव में, कई भारतीय राजाओं के अधीन भी जनता पिसती रही है और इन्होंने जनाकांक्षाओं को क्रूरता से दबाया। उनका अत्याचार अँग्रेजों से भी अधिक था।[42] इसलिएए गांधी ने स्पष्ट कहा, ''मेरा स्वदेशाभिमान मुझे यह नहीं सिखाता है कि देशी राजाओं के मातहत जिस तरह प्रजा कुचली जाती है, उसी तरह उसे कुचलने दिया जाए। मुझमें बल होगाए तो मैं देशी राजाओं के जुल्म के खिलाफ और अँग्रेजी जुल्म के खिलाफ जूझूँगा। स्वदेशाभिमान का अर्थ मैं देश का हित समझता हूँ। अगर, देश का हित अँग्रेजों के हाथों होता होए तो मैं आज अँग्रेजों को झुककर नमस्कार करूँगा। अगर, कोई अँग्रेज कहे कि देश को आजाद करना चाहिएए जुल्म के खिलाफ होना चाहिए और लोगों की सेवा करनी चाहिएए तो उस अँग्रेज को मैं हिंदुस्तानी मानकर उसका स्वागत करूँगा।''43 आगेए उन्होंने कुलीन (एलीट) वर्ग, अर्थात् वकीलों, डॉक्टरों और अँग्रेजी शिक्षा प्राप्त नवप्रबुद्ध लोगों की राष्ट्रीय दुर्बलताओं को भी रेखांकित किया। उन्होंने साफ साफ कहा, ''...हमें यह स्वीकार करना होगा कि अँग्रेजी राज्य को यहाँ टिकाए रखने वाले ये धनवान लोग ही हैं।''[44]

7. राष्ट्रभाषा का महत्त्व : गांधी के भाषा-दर्शन की तीन मुख्य बातें हैं। एक भारत में मैकाले की अँग्रेजी भाषा का विरोध, दूसरा, मातृभाषा हिंदी एवं अन्य भारतीय भाषाओं का विकास, और तीसराए देश के लिए एक राष्ट्रभाषा के रूप में हिंदी का उत्थान। 'हिंद-स्वराज' में गांधी ने कहा है, ''जिस शिक्षा की मैकाले ने नींव डाली है, उससे हम गुलाम हो गए।''[45] इसके लिए मैकाले के प्रस्ताव को मानने वाले अँग्रेजीदाँ भारतीय भी दोषी हैं। गांधी के शब्दों में, ''मैकाले के प्रस्ताव को जिस प्रकार कुछ भारतीयों ने नासमझी से मान लियाए उससे पूरा राष्ट्र गुलाम हो गया। ...अँग्रेजीदाँ भारतीयों ने राष्ट्र को गुलाम बनाया है और राष्ट्र की हाय अँग्रेजों को नहीं पड़ेगीए बल्कि हम पर पड़ेगी।''[46]

'हिंद-स्वराज' में पाठक सवाल उठाता है, ''तब कैसी शिक्षा दी जाएघ्''[47] गांधी का जवाब है, ''मुझे तो लगता है कि हमें अपनी सभी भाषा को उज्ज्वल एवं शानदार बनाना चाहिए। हमें अपनी भाषा में ही शिक्षा लेनी चाहिए-इसके क्या मानी है, इसे ज्यादा समझाने का यह स्थान नहीं है। जो अँग्रेजी पुस्तकें काम की हैं, उनका हमें अपनी भाषाओं में अनुवाद करना होगा। बहुत से शास्त्र सीखने का दंभ और बहस हमें छोड़ना होगा। सबसे पहले तो धर्म की शिक्षा या नीति की शिक्षा दी जानी

चाहिए। हर एक पढ़े-लिखे हिंदुस्तानी को अपनी भाषा काए हिंदू को संस्कृत काए मुसलमान को अरबी काए पारसी को फारसी का और सबको हिंदी का ज्ञान होना चाहिए। कुछ हिन्दुओं को अरबी और कुछ मुसलमानों और पारसियों को संस्कृत सीखनी चाहिए। उत्तरी और पश्चिमी हिंदुस्तान के लोगों को तमिल सीखनी चाहिए। सारे हिंदुस्तान के लिए जो भाषा चाहिए, वह तो हिंदी ही होनी चाहिए।''[48]

8. अँग्रेज विरोधी नहीं : गांधी यह मानते थे कि हिंदुस्तान में आने वाल जो अँग्रेज हैं, वे अँग्रेज प्रजा (राष्ट्र) के सच्चे नमूने नहीं हैं, और हिंदुस्तान में भी जो लोग आधे अँग्रेज जैसे बन गए हैं, वे सच्ची हिंदुस्तानी प्रजा (राष्ट्र) के उदाहरण नहीं हैं।[49] उन्होंने स्पष्ट किया है, ''हम जो करना चाहते हैं, वह अँग्रेजों के लिए (हमारे मन में) द्वेष है, इसलिए या उन्हें सजा देने के लिए न करेंए बल्कि इसलिए करें कि ऐसा करना हमारा कर्तव्य है।''... मैंने जो कुछ कहा है, वह अँग्रेजों के लिए द्वेष होने के कारण नहीं, बल्कि उनकी सभ्यता के लिए द्वेष होने के कारण कहा है।''[50] जाहिर है कि गांधी का राष्ट्रवाद अँग्रेजियत का विरोधी था, अँग्रेजों का नहीं। उन्होंने भारतीयों से कहा, ''अँग्रेजों को बाहर निकाला कि आपने स्वराज पा लियाऽ ऐसा अगर आप मानते हों, तो वह ठीक नहीं है।''[51] अलबत्ता, यदि अँग्रेज हिंदुस्तानी बनकर रहें, तो हम उनका समावेश यहाँ कर सकते हैं।[52]

जाहिर है कि गांधी ने हिंदुस्तानी राष्ट्रवाद को प्रतिक्रियावादी होने से बचाया और उसके मूल सर्वग्राही चरित्र को निखारने की कोशिश की। लेकिन, यहाँ भी उन्होंने राष्ट्र एवं राष्ट्रीयता से कोई समझौता नहीं किया। उन्होंने अँग्रेजों से कहा, ''आप हमारे देश में रहें, इसका मुझे द्वेष नहीं है। लेकिन, राजा होते हुए भी आपको हमारा नौकर बनकर रहना होगा। आपका कहा हमें नहीं, बल्कि हमारा कहा आपको करना होगा। आजतक आप इस देश से जो धन ले गए, वह भले आपने हजम कर लिया। लेकिनए अब आगे आपका ऐसा करना हमें पसंद नहीं होगा। आप हिंदुस्तान में सिपाहीगिरी करना चाहेंए तो रह सकते हैं। हमारे साथ व्यापार करने का लालच आपको छोड़ना होगा। जिस सभ्यता की आप हिमायत करते हैं, उसे हम नुकसानदेह मानते हैं। अपनी सभ्यता को हम आपकी सभ्यता से कहीं ज्यादा ऊँची समझते हैं। आपको भी ऐसा लगेए तो उसमें आपका लाभ ही है। लेकिन, ऐसा न लगेए तो भी आपको, आपकी ही कहावत के मुताबिकए हमारे देश में हिंदुस्तानी होकर रहना होगा।''[53]

9. हिंदुस्तानी सभ्यता की श्रेष्ठता : गांधी की दृष्टि में, सभ्यता वह आचरण है, जिससे आदमी अपना फर्ज अदा करता है। फर्ज अदा करने का मानी है, नीति का पालन करना। नीति के पालन का मतलब है, अपने मन और इंद्रियों को बस में रखना। ऐसा करते हुए हम अपने (अपनी असलियत) को पहचानते हैं। यही सच्ची

सभ्यता है और इस अर्थ में हिंदुस्तान की सभ्यता दुनिया की सर्वश्रेष्ठ सभ्यता है। जो सभ्यता हिंदुस्तान ने दिखाई है, उस सभ्यता की बराबरी में दुनिया में कोई नहीं पहुँच सकता। जो बीज हमारे पुरखों ने बोए हैं, उनकी बराबरी कर सकेए ऐसी कोई चीज देखने में नहीं आई। रोम मिट्टी में मिल गयाए ग्रीस का सिर्फ नाम ही रह गया। मिस्र की बादशाही चली गईए जापान पश्चिम के शिकंजे में फँस गया और चीन का कुछ भी कहा नहीं जा सकता। लेकिनए गिरा-टूटा जैसा भी होए हिंदुस्तान आज भी अपनी बुनियाद में मजबूत है।[54]

गांधी दावा करते थे कि जहाँ आधुनिक सभ्यता नहीं पहुँची है, वहाँ हिंदुस्तान आज भी अपने पुराने गौरव एवं स्वाभिमान के साथ मौजूद है। वास्तव में, हिंदुस्तान अँग्रेजों से नहीं, बल्कि आधुनिक सभ्यता से कुचला जा रहा है, उसकी चपेट में वह फँस गया है। ऐसे में स्वराज के लिए आधुनिक भोगवादी सभ्यता से मुक्ति अपरिहार्य है। क्योंकिए गांधी के शब्दों में, ''यह सभ्यता दूसरों का नाश करने वाली और खुद भी नाशवान है।''[55] इसलिए, उन्होंने कहा, ''इस राष्ट्र से मैं कहूँगा कि जिन हिंदुस्तानियों को स्वराज की सच्ची खुमारी यानी मस्ती चढ़ी होगी, वह अँग्रेजों के रोब से नहीं दबेगा। फिर, सच्ची खुमारी तो उसी को चढ़ सकती है, जो ज्ञानपूर्वक समझ बूझकर यह मानता हो कि हिंद की सभ्यता सबसे अच्छी है और यूरोप की सभ्यता चार दिनों की चाँदनी है।''[56]

10. अंतरराष्ट्रीयतावाद : गांधी के संपूर्ण जीवन एवं दर्शन में राष्ट्रवाद के तत्त्व विद्यमान हैं। मगर, उनका राष्ट्रवाद पश्चिमी दुनिया के हिंसक राष्ट्रवाद से भिन्न है। गांधी ने यह स्वीकार किया है कि भारतीय संस्कृति की अस्मिता को बनाए रखने के लिए एक राष्ट्रीय विचारधारा अपेक्षित है, किंतु यह राष्ट्रीय विचारधारा पश्चिम की छायाप्रति (फोटोकॉपी) नहीं होगी। क्योंकिए पश्चिम का राष्ट्रवाद आक्रामक है। राष्ट्र के अंदर उसकी निष्पत्ति शोषण है और राष्ट्र के बाहर साम्राज्यवाद। दोनों स्थितियों में वह मनुष्य की गरिमा को नष्ट करता है। कुल मिलाकर, वहाँ राष्ट्रवाद के व्यामोह में वैयक्तिक स्वतंत्रता एवं मानवता का बलिदान किया जाता है। इसके विपरीत गांधी का राष्ट्रवाद वैयक्तिक स्वतंत्रता का रक्षक है और संपूर्ण मानवता से प्रेम का आदर्श प्रस्तुत करता है। अत: उनके राष्ट्रवाद में अंतरराष्ट्रीयता का पुट है।[57]

गांधी का कहना है कि उनके लिए देशप्रेम और मानवप्रेम में कोई भेद नहीं हैय दोनों एक ही हैं। उनके शब्दों में, ''मैं देशप्रेमी हूँय क्योंकि मैं मानव-प्रेमी हूँ। मेरा देशप्रेम संकीर्ण नहीं है। मैं भारत के हित में इंग्लैंड या जर्मनी का नुकसान नहीं करूँगा। जीवन की मेरी योजना में साम्राज्यवाद के लिए कोई स्थान नहीं है। यदि कोई देशप्रेम में उतना ही उग्र मानव-प्रेमी नहीं है, तो कहना चाहिए कि उसके देश

प्रेम में उतनी न्यूनता है। वैयक्तिक आचरण और राजनैतिक आचरण में कोई विरोध नहीं है; सदाचार का नियम दोनों पर लागू होता है।''[58]

वास्तव में, देश प्रेम का धर्म हमें आज यह सिखाता है कि व्यक्ति को परिवार के लिएए परिवार को ग्राम के लिए, ग्राम को जनपद के लिए और जनपद को प्रदेश के लिए मरना सीखना चाहिए। किसी राष्ट्र को इसलिए स्वतंत्र होना चाहिए कि वह आवश्यकता पड़ने पर संसार के कल्याण हेतु अपना बलिदान दे सके। गांधी ने स्पष्ट कहा, ''मेरा देश इसलिए स्वाधीन हो कि प्रयोजन उपस्थित होने पर सारा ही देश मानवजाति की प्राणरक्षा के लिए स्वेच्छापूर्वक मृत्यु का अलिंगन करे। उसमें जातिद्वेष के लिए कोई स्थान नहीं है।''[59] उन्होंने यह भी कहा है, ''मैं भारत का उत्थान इसलिए चाहता हूँ कि सारी दुनिया उससे लाभ उठा सके। मैं यह नहीं चाहता कि भारत का उत्थान दूसरे देशों के नाश की नींव पर हो।''[60] अत: भारतीय राष्ट्रवाद दूसरे देशों के लिए कभी संकट का कारण नहीं हो सकता। क्योंकिए जिस तरह हम किसी को अपना शोषण नहीं करने देंगे, उसी तरह हम भी किसी का शोषण नहीं करेंगे। स्वराज के द्वारा हम सारी मानवजाति की सेवा करेंगे।[61]

दरअसलए गांधी यह मानते थे कि यूरोप के पाँवों में पड़ा हुआ अवनत भारत मानवजाति को कोई आशा नहीं दे सकता है। किंतु, जाग्रत और स्वतंत्र भारत दर्द से कराहती हुई दुनिया को शांति और सद्भाव का संदेश अवश्य देगा।[62] उन्होंने सार्वजनिक जीवन के लगभग 50 वर्ष के अनुभव के बाद यह बताया कि अपने देश की सेवा दुनिया की सेवा से असंगत नहीं है। यह एक उत्तम सिद्धांत है। इस सिद्धांत को स्वीकार करके ही दुनिया की मौजूदा कठिनाइयाँ आसान की जा सकती हैं और विभिन्न राष्ट्रों में जो पारस्परिक द्वेषभाव नजर आता है, उसे रोका जा सकता है।[63]

अत: गांधी की दृष्टि में राष्ट्रवादी हुए बिना कोई अंतरराष्ट्रीयतावादी नहीं हो सकता। अंतरराष्ट्रीयतावाद तभी संभव है, जब राष्ट्रवादी सिद्ध हो चुके-यानी जब विभिन्न देशों के निवासी अपना संघटन कर लें और हिल-मिलकर एकतापूर्वक काम करने की सामर्थ्य प्राप्त कर लें। ऐसे राष्ट्रवाद में कोई बुराई नहीं हैय बुराई तो उस संकुचितता, स्वार्थवृत्ति और बहिष्कारवृत्ति में है, जो मौजूदा राष्ट्रों के मानस में जहर की तरह मिली हुई है। हर एक राष्ट्र दूसरे की हानि करके अपना लाभ करना चाहता है और उसके नाश पर अपना निर्माण करना चाहता है। लेकिनए भारतीय राष्ट्रवाद ने एक नया रास्ता लिया है। वह अपना संघटन या अपने लिए आत्म-प्रकाशन का पूरा अवकाश विशाल मानवजाति के लाभ के लिएए उसकी सेवा के लिए ही चाहता है।[64] इस बावत गांधी ने कहा, ''भगवान ने मुझे भारत में जन्म दिया है और इस तरह मेरा भाग्य इस देश की प्रजा के भाग्य के साथ बाँध दिया है, इसलिए यदि मैं उसकी सेवा न करूँए तो मैं अपने विधाता के सामने अपराधी

ठहरूँगा। यदि मैं यह नहीं जानता कि उसकी (भारत की) सेवा कैसे की जाए, तो मैं मानव-जाति की सेवा करना सीख ही नहीं सकता। यदि अपने देश की सेवा करते हुए मैं दूसरे देशों को कोई नुकसान नहीं पहुँचाताए तो मेरे पथभ्रष्ट होने की कोई संभावना नहीं है।''[65]

आगे, गांधी स्पष्ट करते हैं कि उनका देश प्रेम कोई बहिष्कारशील वस्तु नहीं, बल्कि अतिशय व्यापक वस्तु है। देशप्रेम की यह कल्पना हमेशाए बिना किसी अपवाद के हर एक स्थिति में, मानवजाति के विशालतम हित के साथ सुसंगत है। गांधी कहते हैं, ''मैं न केवल मनुष्य नाम से पहचाने जाने वाले प्राणियों के साथ बंधुता और एकात्मता सिद्ध करना चाहता हूँ, बल्कि समस्त प्राणियों के साथ रेंगने वाले साँप आदि जैसे प्राणियों के साथ भी- उसी एकात्मता का अनुभव करना चाहता हूँ। कारण, हम सब उसी एक सृष्टा की संतति होने का दावा करते हैं और इसलिए सब प्राणी, उनका रूप कुछ भी हो मूल में एक ही हैं।''[66]

आलोचना: गांधी हमेशा आलोचकों के निशाने पर रहे हैं। यह बात दीगर है कि वे आलोचकों का काफी सम्मान करते थे और खुद भी अपने निर्मम आलोचक थे। उनके विचारों में निरंतर प्रगति देखने को मिलती है और कई बार दो समय में कहे गए उनके वक्तव्य परस्पर विरोधाभासी भी लगते हैं। इसे ही ध्यान में रखकर समाजवादी विचारक किशन पटनायक ने कहा है, श्गांधी की ष्कथनी' और ष्कथनी' में फरक है।''[67] वास्तव में, गांधी सत्य के अन्वेषक थे और किसी भी बात को बुद्धि विवेक की कसौटी पर सही उतरने के बाद ही मानने व अपनाने की हिमायत करते थे। 'हिंद स्वराज' के संदर्भ में भी उन्होंने कहा है, ''...अगर, मेरे विचार गलत साबित हों, तो उन्हें पकड़ रखने का मेरा आग्रह नहीं है। अगर, वे सच साबित हों, तो दूसरे लोग भी उसके मुताबिक बरतेए ऐसी देश के भले के लिए साधारण तौर पर मेरी भावना रहेगी।''[68]

यहाँ यह भी उल्लेखनीय है कि गांधी आजीवन 'हिंद-स्वराज' के प्रति प्रतिबद्ध रहे। उनके शब्दों में, ''यह पुस्तक अगर आज मुझे फिर से लिखनी होए तो कहीं-कहीं मैं उनकी भाषा बदलूँगा। लेकिनए इसे लिखने के बाद जो तीस साल मैंने अनेक आँधियों में बिताए हैं, उनमें मुझे इस पुस्तक में बताए हुए विचार में फेरबदल करने का कुछ भी कारण नहीं मिला।''[69]

लेकिन, गांधी 'हिंद-स्वराज' को लोक व्यवहार में सफल नहीं बना। उन्होंने स्वयं भी तत्कालीन परिस्थितियों से समझौता कर लिया। जैसा कि उन्होंने स्वीकारा है, ''...मैं पाठकों को एक चेतावनी देना चाहता हूँ। वे ऐसा न मान लें कि इस किताब में जिस स्वराज की तस्वीर मैंने खड़ी की है, वैसा स्वराज कायम करने के लिए आज मेरी कोशिश चल रही है। मैं जानता हूँ कि अभी हिंदुस्तान उसके लिए

तैयार नहीं है। ...लेकिन, मुझे पक्का विश्वास है कि इसमें जिस स्वराज की तस्वीर मैंने खींची है, वैसा स्वराज पाने की मेरी निजी कोशिश जरूर चल रही है।''[70]

गांधी द्वारा 'हिंद-स्वराज' को अपनी सामूहिक प्रवृत्ति का ध्येय नहीं बनाना आलोचना का एक विषय हो सकता है और उनकी इस भूल को सुधारने के लिए हम 'हिंद-स्वराज' को अपनाने के लिए आगे आ सकते हैं। लेकिनए कई विचारकों ने 'हिंद-स्वराज' को ही 'मूर्ख आदमी की रचना', 'विकास विरोधी प्रस्ताव' एवं 'पिछड़ेपन की निशानी' करार दिया है। ऐसे लोगों में गांधी के गुरु गोपाल कृष्ण गोखले और शिष्य जवाहर लाल नेहरू आदि के नाम भी शामिल हैं। लेकिनए यहाँ अन्य आलोचनाओं को छोड़कर, सिर्फ राष्ट्रवाद से संबंधित आलोचनाओं को सामने लाने की कोशिश की गई है। ये आलोचनाएं निम्न हैं-

1. गांधी के आलोचकों ने उन्हें पुरातनपंथी एवं अतीतजीवी बताया है। आलोचकों का कहना है कि गांधी भारतीय सभ्यता संस्कृति के प्रति अत्यधिक मोहग्रस्त थे और इस मोहासक्ति के कारण उन्हें इसकी बुराइयाँ नजर नहीं आती थी। 'हिंद-स्वराज' में भी पाठक की ओर से ऐसी बातें सामने आती हैं। वहाँ पाठक सवाल उठाता है, ''...जिस देश में हजारों बाल विधवाएं हैं, जिस देश में दो बरस की बच्ची की शादी हो जाती है, जिस देश में बारह साल की उम्र में लड़के-लड़कियाँ घर-संसार चलाते हैं, जिस देश में स्त्री एक से ज्यादा पति करती है, जिस देश में नियोग-प्रथा है, जिस देश में धर्म के नाम पर कुमारिकाएं वेश्याएं बनती हैं, जिस देश में धर्म के नाम पर बकरों की हत्या होती है, वह देश भी हिंदुस्तान ही है। ऐसा होने पर भी आपने जो बताया क्या वह सभ्यता का लक्षण है?''[71]

   मगर, गांधी का कहना है, ''आप भूलते हैं। आपने जो दोष बताए, वे तो सचमुच दोष ही हैं। उन्हें कोई सभ्यता नहीं कहता। वे दोष सभ्यता के बावजूद कायम रहे हैं। उन्हें दूर करने के प्रयत्न हमेशा हुए हैं, और होते ही रहेंगे। ...हिंदुस्तान की सभ्यता का झुकाव नीति को मजबूत करने की ओर है, पश्चिम की सभ्यता का झुकाव अनीति को मजबूत करने की ओर है...। ऐसी श्रद्धा रखकर हिंदुस्तान के हितचिंतकों को चाहिए कि वे हिंदुस्तान की सभ्यता से, बच्चा जैसे माँ से चिपटा रहता है, वैसे चिपटे रहें।''[72]

2. कई आलोचकों ने गांधी पर हिंदूवादी होने के भी आरोप लगाए हैं। ऐसे आलोचकों का कहना है कि अपनी उदार एवं व्यापक दृष्टि के बावजूद गांधी हिंदू धर्म के प्रति विशेष आग्रह रखते थे। भीखू पारिख के शब्दों में, ''जब भी विश्लेषण या सहअस्तित्व की बात आती है, तो गांधी अनजाने ही हिंदुत्व के प्रति आकर्षित हो जाते हैं।[73] इससे ऐसा लगता है कि राष्ट्रीय समन्वय के

प्रति गांधी का दृष्टिकोण सांप्रदायिक था।[74] इसलिएए कई आलोचकों का मानना है कि गांधी ने सांप्रदायिकता की समस्या को खत्म करने की बजाय और राष्ट्रव्यापी गूढ़ एवं जटिल बना दिया।[75]

मगर, यहाँ गांधी के प्रखर आलोचक रहे एम.एन. राय के विचार उल्लेखनीय हैं। राय ने माना है कि गांधी का धार्मिक विचार नैतिक, वैश्विक एवं मानवतावादी है। उनमें किसी व्यक्तिए पंथए समाज या राष्ट्र के प्रति लेशमात्र भी दुराग्रह नहीं था। अंतिम दिनों में गांधी के धार्मिक बहुलतावाद की सीमा बहुल हिंदुत्व से आगे जाकर बहुधर्मी ताने-बाने में गुंथ गई थीं। फलतःए उनके धार्मिक विचारों का स्वरूप पूर्णतः वैश्विक हो गया था।[76]

3. कई आलोचकों का कहना है कि गांधी अपने जीवन के अंतिम दिनों तक वर्ण व्यवस्था में विश्वास करते थे और कभी भी उन्हें ऐसा नहीं लगा कि यह भारत की दुर्दशा के लिए जिम्मेदार है।[77] अपनी इस मान्यता के कारण वे दलितों के प्रति चाहकर भी ज्यादा कुछ नहीं कर पाए। क्योंकिए जातिवाद एवं अस्पृश्यता आदि की समस्याओं के केंद्र में भी कहीं न कहीं वर्ण-व्यवस्था ही रही हे। ऐसे में वर्ण-व्यवस्था और उससे भी आगे बढ़कर हिंदू धर्म पर चोट किए बगैर दलित-मुक्ति की बात बेइमानी है।

आलोचकों का यह भी कहना है कि गांधी द्वारा 'हरिजन सेवक संघ' की स्थापना दलितों के उत्थान हेतु नहीं, वरन् एक एजेंसी के रूप में किसी अन्य उद्देश्य से की गई थी। उनका मंदिर प्रवेश आंदोलन भी बेहद अनिच्छा भरा और आधे-अधूरे वाला था। कुछ विद्वानों ने गांधी के आश्रम में अनुसूचित जाति एवं अनुसूचित जनजाति परिवार के लोगों की स्थिति को लेकर भी सवाल उठाए हैं। ऐसा कहा जाता है कि जब गांधी ने अपने आश्रम में एक जनजातीय परिवार को अपनायाए तो वित्तीय मददकर्ताओं ने इस पर आपत्ति जाहिर की। इसके बाद गांधी ने उस जनजातीय परिवार को आश्रम से हटा दिया। आलोचकों का यह भी कहना है कि दलित-मुक्ति के प्रति गांधी के आधे-अधूरे प्रयास एवं कथित दोहरे रूख के कारण ही दलितों में पृथक राजनैतिक प्रतिनिधित्व की माँग उठी। पुनः पृथक निर्वाचन के मुद्दे पर भी गांधी ने मुस्लिमों को तरजीह दी और दलितों की उपेक्षा की। हिंदुओं की एकता के लिए पृथक निर्वाचन के विरोध में उनके द्वारा किए गए आमरण अनशनए जिसकी परिणति गांधी-अंबेडकर के बीच हुए बहुचर्चित 'पुणा-पैक्ट' की भी काफी आलोचना होती है।[78]

लेकिन, यहाँ यह ध्यान रखने की बात है कि राष्ट्र की मुक्ति ही गांधी का चरम लक्ष्य था और इसमें दलित-मुक्ति की भावना भी निहित थी। फिर, उन्होंने बार-बार यह कहा कि स्वराज के लिए अस्पृश्यता-निवारण अपरिहार्य है और इस

दिशा में काफी काम भी किया। ऐसे में, गांधी पर दलित-विरोधी होने का आरोप लगाना उचित नहीं जँचता है।[79]

वर्तमान संदर्भ: भूमंडलीकरण के इस दौर में साम्राज्यवादी ताकतें राष्ट्र-राज्य के अंत की घोषणा कर रही हैं। ऐसे लोगों का कहना है कि राष्ट्र-राज्य (नेशन स्टेट) का जमाना लद गया और विश्वयारी (कॉसमो पॉलिटॉनिज्म) का नया युग आया है। मगर, वास्तव में यह एक नवसाम्राज्यवादी साजिश है, जिसकी आड़ में दुनिया में बाजारवाद एवं उपभोक्तावाद का विचार फैलाया जा रहा है। साम्राज्यवादी ताकतें चाहती हैं कि लोग क्षणिक सुखों के नशे में डूबे रहें और राष्ट्र-राज्य की चिंता नहीं करें। इन ताकतों की यह भी कोशिश है कि दुनिया की सभी देशों की सरकारें साम्राज्यवाद-पूँजीवाद के दलालों के हाथों रहें, राष्ट्रवादी-जनवादी नायकों के हाथों नहीं।

साम्राज्यवादी ताकतों ने बुद्धिजीवियों को भी अपना गुलाम बना लिया है। तीसरी दुनिया के देशों में जहाँ राष्ट्रवादी भावनाओं की कमी हो गई है, बुद्धिजीवी अपनी बुद्धि को भाड़े पर लगा रहा है। इस वक्त यूरोपए अमरीका एवं जापान में राष्ट्रीय भावना सबसे अधिक है, जबकि सबसे कम है भारत जैसे विकासशील देशों के सत्ताधीशों एवं बुद्धिजीवियों में। तभी तो सरकार राष्ट्रीय संप्रभूता की अनदेखी कर अमरीका से अपमानजनक परमाणु-करार करती हैय पूँजीपतियों के लिए 'सेज' सजाती हैय मुनाफे में चल रहे राष्ट्रीय उपक्रमों का भी निजीकरण करती हैय रक्षा, सीमा एवं खुदरा व्यापार में भी प्रत्यक्ष विदेश निवेश (एफड़ीआई) की अनुमति देती है और क्या-क्या नहीं करती है...। संक्षेप में, देश नई गुलामी में फँसता जा रहा है। समाजवादी विचारक किशन पटनायक के शब्दों में, "जिन अधिकारों को हथियाने के लिए 'ईस्ट इंडिया कंपनी' को इतने सारे युद्ध करने पड़े थे, उन सारे अधिकारों को बेचने के लिए आज दिल्ली एक बाजार बना हुआ है।[80]

साम्राज्यवादी एवं पूँजीवादी विकास-पद्धति की वजह से भी राष्ट्रवाद की बड़ी बदनामी हुई है। जहाँ एक राष्ट्र जान बूझकर साम्राज्यवादी नहीं है, अगर वहाँ का राष्ट्रवाद भी संकीर्ण या आक्रामक रवैया प्रदर्शित करता है, तो उसकी असली वजह आधुनिक विकास-पद्धति ही है। उदाहरण के लिए, भारतीय राष्ट्र देश के आदिवासी जनसमूहों को पिछड़ा रखना चाहता है, तो इसका कारण राष्ट्रवाद नहीं है, इसका कारण है, आधुनिक विकास-पद्धति। अत: विकास-पद्धति को बदलने से राष्ट्रवाद की बहुत सारी रूढ़ियाँ खत्म हो जाएगी।[81] इसके बावजूद यदि कोई राष्ट्रवाद को संकीर्णता कहता है, तो वह गद्दार एवं मानवता विरोधी ही कहलाएगा।[82] किशन पटनायक के शब्दों में, "राष्ट्रवाद को उग्र राष्ट्रवाद कहकर उसका रचनात्मक उपयोग नहीं करना एक अजीब किस्म का बौद्धिक पलायनवाद है। साम्राज्यवाद से

लड़ने का और कौन-सा दूसरा साधन है?''[83] जाहिर है कि साम्राज्यवाद से मुकाबला करने और राष्ट्रीय एकता एवं राष्ट्रीय अखंडता की रक्षा के लिए भी राष्ट्रवाद की जरूरत है। साथ ही गांधीय राष्ट्रवाद को अपनाकर राष्ट्र के विरोधियों, विदेशीकरण के पुजारियों और छद्म-राष्ट्रवाद के खिलाड़ियों को भी माकूल जवाब दिया जा सकता है।

निष्कर्ष : गांधी का राष्ट्रवाद ष्समायोजन' पर आधारित है, जिसमें भारत के विभिन्न समुदायों के बीच राष्ट्रवादी समरसता का महान आदर्श अंतर्निहित है।[84] साथ ही उनके जीवन में ष्जननी जन्मभूमि स्वर्गादपि गरियसी ...' और ष्वसुधैव कुटुंबकम्...', दोनों आदर्श एक साथ बिना किसी 'कंट्राडिक्सन' के मौजूद हैं। इस संबंध में रवीन्द्र कुमार का कहना है श्गांधी के मानस में भारत की वास्तविक तस्वीर वर्गोंए जातियोंए समुदायों तथा धार्मिक समूहों के एक स्वच्छंद घनीभूत इकाई के रूप में थी। वे इस उपमहाद्वीप के जन-मानस में राष्ट्रीय भावना भरने में जितना समर्थ थे, उतना न तो उनके पहले कोई था और न कोई बाद में हुआ।''[85] इस तरह उन्होंने ऐसे राष्ट्रवाद की कल्पना की है, जिसमें विश्व-कल्याण के निमित्त अपने राष्ट्रीय हितों की बलि चढ़ाने का आदर्श निहित है। सुप्रसिद्ध साहित्यकार जैनेंद्र कुमार के अनुसार, ''आगे दुनिया में गांधी की कल्पना का समाज होगाए जिसमें व्यक्ति अपने को परिवार के हित में, परिवार को समाज के हित में, समाज को राष्ट्र के हित में और राष्ट्र को विश्व के हित में आहुति देने में अपनी उन्नति देखेगा। ...यदि ऐसा नहीं हो सका, तो मानवता नहीं बचेगी।''[86] तो आइए हम स्वहित से ऊपर उठने का प्रयास करें। जय हिंद! जय जगत!

संदर्भ सूची—

1. सिंह, विजय बहादुर; 'एक संपादकीय भड़ास' (संपादकीय), वागर्थ, संपादक: विजय बहादुर सिंह, भारतीय भाषा परिषद्, कोलकाता (पश्चिम बंगाल), अंक-174, जनवरी 2010, पृ. 18-23
2. अँग्रेजों ने भारत का राजनैतिक एवं आर्थिक शोषण तो किया ही, इसके सामाजिक-सांस्कृतिक एवं नैतिक मूल्यों को भी आघात पहुँचाया। उन्होंने एक (कु) नियोजित साजिश के तहत भारत की नकारात्मक एवं कायरतापूर्ण छवि को प्रचारित-प्रसारित किया। दुनिया भर में यह झूठ फैला दिया कि भारत सपेरों, लूटेरों, संन्यासियों एवं भिखारियों का देश है। यहाँ के लोग असभ्य, अज्ञानी, अंधविश्वासी, भी: एवं कायर हैं और उनमें परस्पर एकता एवं राष्ट्रीयता का घोर अभाव है। इसतरह जो भारत हजारों वर्षों की गौरवशाली यात्रा करते हुए न केवल आर्थिक दृष्टि सेए वरन् सभ्यता-संस्कृति, धर्म-नीति एवं ज्ञान-विज्ञान की दृष्टि से भी उच्च शिखर छू चुका था, उसे व्यक्तित्वहीन करार दिया गया। इससे भारतीयों के स्वावलंबन, स्वदेशी एवं स्वराष्ट्रवाद की भावना कुप्रभावित हुई।
   दुर्भाग्य से, भारत की इसी नकारात्मक छवि को प्राय: सभी विदेशियों एवं अधिकांश भारतीय बुद्धिजीवियों ने भी अंगीकार कर लिया और भारतीयता के बरक्स पाश्चात्यता (विशेषकर अँग्रेजियता)

को निर्विवाद रूप से 'श्रेष्ठ' घोषित कर दिया गया। इसके बाद एक मृगमरीचिका की तरह अँग्रेजों के नेतृत्व में वहीं के ज्ञान-विज्ञान, साहित्य-दर्शन, भाषा-विचार, आचार-व्यवहार एवं सभ्यता-संस्कृति के अनुकरण में ही भारतवर्ष का सर्वकालिक हित दिखाई देने लगा। शायद यही वह समय था, जब नेल्सन मंडेला के शब्दों में, औपनिवेशिक मनुष्य (जिनमें भारतीय भी शामिल थे) ने सोचना छोड़ दिया था और उसका समर्थ होने का एहसास लुप्त होने लगा था। संकट की उस घड़ी में गांधी (मोहनदास करमचंद गांधी) ने उसे सोचना सिखाया और उसके सामर्थ्य के एहसास को पुनर्जीवित किया।'हिंद-स्वराज' उसी पुनर्जीवन या नवजीवन का 'बीजमंत्र' है। इसलिए, आज जबकि भूमंडलीकरण के इस दौर में दुनिया एक ध्रुवीय हो गई है और सब कुछ अमरीकी साम्राज्यवाद द्वारा परिचालित-संचालित एवं नियोजित हो रहा है, तो भारतीय राष्ट्र को उसकी शक्ति का एहसास दिलाने हेतु 'राष्ट्र' पर नए सिरे से विमर्श की जरूरत है।

3. त्रिवेदी, डॉ. सुरचनाय 'राष्ट्र आराधना', दैनिक जागरण, पटना (बिहार), संपादक : संजय गुप्त, 7 अगस्त 2011, पृ. 14

4. देसाई, ए. आरण्य भारतीय राष्ट्रवाद की सामाजिक पृष्ठभूमि, अनुवादक: प्रज्ञादत्त त्रिपाठी, मैकमिलन इंडिया लिमिटेड, नई दिल्ली, प्रथम हिंदी संस्करण-1976ए पृ. 2 (उद्धृत : कार, ई.एच.य नेशनलिज्म, 1939, पृ. 20)

5. परेल, जे. एंथनीय 'हिंद-स्वराज में गांधी की राष्ट्र की धारणा', अनुवादक : प्रो. उमा सिंह, हिंद स्वराजः शताब्दी विमर्श, संपादक : कन्हैया त्रिपाठी, वाणी प्रकाशन, नई दिल्ली, प्रथम संस्करण-2010, पृ.135
(उद्धृतः कलेक्टेड वर्क्स ऑफ महात्मा गांधी, सूचना एवं प्रसारण मंत्रालय, भारत सरकार, नई दिल्ली 1958-84, वोल.-1, पृ. 508-509)

6. गांधी; हिंद स्वराजए अनुवादक : अमृतलाल ठाकोरदास नानावटी, सर्व सेवा संघ प्रकाशन, वाराणसी (उत्तर प्रदेश), आठवाँ संस्करण-जून 2009, पृ. 4

7. परेल, जे. एंथनीय 'हिंद स्वराज में गांधी की राष्ट्र की धारणा', अनुवादक: प्रो. उमा सिंह, हिंद स्वराजः शताब्दी विमर्श, पूर्वोक्त, पृ. 135
(उद्धृतः कलेक्टेड वर्क्स ऑफ महात्मा गांधीए सूचना एवं प्रसारण मंत्रालय, भारत सरकार, नई दिल्ली, 1958-84ए वोल.-1, पृ. 190)

8. वही, पृ. 136

9. वही, पृ. 135

10. गांधी; हिंद स्वराज, पूर्वोक्त, पृ. 48-49

11. यादव, आर.एस. एवं मिश्रा, श्वेताय 'गांधी का राष्ट्रवाद', गांधी: एक अध्ययन, संपादक : सुरजीत कौर जौली, कंसैप्ट पब्लिशिंग कंपनी, नई दिल्ली, पृ. 254-255
(उद्धृतः कार, ई. एच. य नेशनलिज्म, 1939)

12. परेल, जे. एंथनीय 'हिंद स्वराज में गांधी की राष्ट्र की धारणा', अनुवादक : प्रो.उमा सिंह, हिंद स्वराजः शताब्दी विमर्श, पूर्वोक्त, पृ. 136
(उद्धृतः करेन, हंसय नेशनलिज्मः इट्स मीनिंग एंड हिस्ट्रीए रेनन के आलेख से)

13. वही, पृ. 136-137

14. गांधी; हिंद स्वराज, पूर्वोक्त, पृ. 51

15. वही, पृ. 49

16. परेल, जे.एंथनीय 'हिंद स्वराज में गांधी की राष्ट्र की धारणा', अनुवादक: प्रो.उमा सिंह, हिंद स्वराजः शताब्दी विमर्श, पूर्वोक्त, पृ. 138

17. गांधी; हरिजन, 14 अक्टूबर 1939
18. गांधी; हिंद स्वराज्य, पूर्वोक्तए पृ. 51
19. वही
20. पारिखए भीखूय गांधीज पालीटिकल फिलॉसफी: ए क्रिटिकल एग्जामिनेशनए अजंता प्रकाशन, दिल्ली, 1995, पृ. 189
21. घोष, शैलेन्द्रनाथ; 'गांधी असफल क्यों हुए...', गांधी मार्ग, नई दिल्ली, नवंबर-दिसंबर, 1997, पृ. 11
22. राव, यू. आर. य द वे टू कम्यूनल हारमोनी वाई एम.के. गांधी, नवजीवन प्रकाशन, अहमदाबाद, 1983, पृ.8
23. गांधीय हिंद स्वराज, पूर्वोक्त, पृ. 23
24. वही
25. परेल, जे. एंथनीय 'हिंद स्वराज में गांधी की राष्ट्र की धारणा', अनुवादक: प्रो.उमा सिंह, हिंद स्वराज: शताब्दी विमर्श, पूर्वोक्त, पृ. 143
26. किशोर, गिरिराजय हिंद स्वराज: गांधी का शब्द-अवतार, सस्ता साहित्य मंडल प्रकाशन, नई दिल्ली, 2009, पृ. 69
27. गांधी; हिंद स्वराज, पूर्वोक्त, पृ. 26
28. वही, पृ. 27
29. वही, पृ. 27-28
30. वही, पृ. 70
31. वही, पृ. 62
32. वही, पृ. 33
33. वही, पृ. 68-69
34. परेल, जे.एंथनीय 'हिंद-स्वराज में गांधी की राष्ट्र की धारणा', अनुवादक: प्रो.उमा सिंह, हिंद स्वराज: शताब्दी विमर्श, पूर्वोक्त, पृ. 144
35. वही
36. वही
37. गांधी; हिंद स्वराज, पूर्वोक्त, पृ. 68
38. वही, पृ. 78
39. गांधी; यंग इंडिया, (गुजराती अनुवाद में), जनवरी 1921, पृ. 5
40. परेल, जे. एंथनीय 'हिंद-स्वराज में गांधी की राष्ट्र की धारणा', अनुवादक: प्रो.उमा सिंह, हिंद स्वराज: शताब्दी विमर्श, पूर्वोक्त, पृ.144
41. गांधी; हिंद स्वराज, पूर्वोक्त, पृ. 93
42. वही, पृ. 69
43. वही, पृ. 69
44. वही, पृ. 94
45. वही, पृ. 90
46. वही, पृ. 91
47. वही, पृ. 92
48. वही
49. किशोर, गिरिराजय हिंद स्वराज : गांधी का शब्द-अवतार, पूर्वोक्त, पृ. 280
50. गांधी; हिंद-स्वराज, पूर्वोक्त, पृ. 104

51. वही, पृ. 97
52. वही, पृ. 66
53. वही, पृ. 99
54. वही
55. वही, पृ. 40
56. वही, पृ.101
57. यादव, आर. एस. एवं मिश्रा, श्वेत; 'गांधी का राष्ट्रवाद', गांधी: एक अध्ययन, पूर्वोक्त, पृ. 259
58. गांधी; यंग इंडिया, 16 मार्च, 1921
59. गांधी, महात्माय मेरे सपनों का भारत, राजपाल एंड संजए दिल्ली, संस्करण-2008, पृ. 17
60. गांधी, यंग इंडिया, 12 मार्च 1925
61. वही, 16 अप्रैल 1931
62. वही, 1 जून 1921
63. गांधी; हरिजन, 17 नवंबर 1933
64. गांधी, यंग इंडिया, 18 जून 1925
65. वही
66. वही, 4 अप्रैल 1929
67. पटनायक, किशन; विकल्पहीन नहीं है दुनियाए राजकमल प्रकाशन प्राइवेट लिमिटेड, नई दिल्ली, 2000, पृ. 99
(नोट: 'कथनी और कथनी में फरक है' यह छापे की भूल नहीं है। इसे 'कथनी और करनी में फरक है' नहीं पढ़ें-समझें। गांधी की कथनी और करनी में फरक ढूँढना मुश्किल है। लेकिन, उन्होंने स्वयं अपनी 'कथनी एवं कथनी' में फरक की बात जोर देकर कही और अपने 'पहले की कथनी' एवं ष्बाद की कथनी' में दूसरे को चुनने एवं मानने की सलाह दी है।
68. गांधी; हिंद-स्वराज, पूर्वोक्त, पृ. 4
69. वही, पृ. 11
70. वही, पृ. 6
71. वही, पृ. 64
72. वही
73. पारिख, भीखूय गांधीज पॉलिटिकल फिलॉसफी: ए क्रिटिकल एग्जामिनेशनए पूर्वोक्त, पृ.189
74. यादव, आर.एस. एवं मिश्राए श्वेता; 'गांधी का राष्ट्रवाद', गांधी: एक अध्ययन, पूर्वोक्त, पृ. 263
75. संगारी, कुमकुमय 'नैरेटिव ऑफ रेस्टोरेशन: गांधीज लास्ट ईयर्स एंड नेहरूवियन सेकलुरिज्म', सोशल साइंटिस्टए वॉल्यूम-30, मार्च-अप्रैल 2002, पृ. 30-33
76. यादव, आर.एस. एवं मिश्राए श्वेता; 'गांधी का राष्ट्रवाद' (आलेख), गांधी: एक अध्ययनए पूर्वोक्त, पृ. 265
(विस्तार के लिए देखें: सिन्हाए सशाधर; इंडियन इंडिपेंडेंस इन पर्सपेक्टिव, बाम्बे, एशिया, 1963, पृ. 150
77. राय, विभूति नारायण; 'हिंद-स्वराज का वर्णाश्रमी पाठ' (आलेख), हिंद स्वराज: शताब्दी विमर्श, पूर्वोक्त, पृ. 273
78. अम्बेडकर, डॉ. बी.आर.य बाबा साहेब अम्बेडकर संपूर्ण वाङ्मय, खंड-10, डॉ. अंबेडकर प्रतिष्ठान, कल्याण मंत्रालय, भारत सरकार, नई दिल्ली, पृ.147-329
79. शेखर, सुधांशुय ष्वर्ण-व्यवस्था और सामाजिक न्याय: डॉ. अम्बेडकर के विशेष संदर्भ में, पी-एच.

डी. शोध-प्रबंध (अप्रकाशित), मानविकी संकाय (दर्शनशास्त्र विभाग), तिण्माँ. भागलपुर विश्वविद्यालय, भागलपुर (बिहार), 2011, पृ. 138-143 एवं 186-190

80. पटनायक, किशनय 'धार्मिक राष्ट्रीयता बनाम आर्थिक राष्ट्रवाद', युवा संवादए संपादकः ए.के. अरूण, नई दिल्ली, फरवरी-2004, पृ. 9

81. वही, पृ. 8

82. शेखर, सुधांशुय 'हिंद-स्वराज में राष्ट्रः एक विमर्श' दर्शन के आयाम डॉ. श्रीप्रकाश दुबे अभिनंदन ग्रंथए संपादकः रमेशचंद्र सिंहा, जटाशंकर एवं अम्बिकादत्त शर्मा, अखिल भारतीय दर्शन परिषद् एवं न्यू भारतीय बुक कॉरपोरेशनए नई दिल्ली, 2012, पृ. 413

83. पटनायक, किशनय विकल्पहीन नहीं है दुनियाए पूर्वोक्त, पृ. 235

84. हार्डिमैन, डेविडय गांधी इन हिज टाइम एंड आवर्स, नई दिल्ली, 2003, पृ. 12-38

85. कुमार, रवीन्द्र (सं.), 'कास्ट, कम्यूनिटी एंड नेशनः गांधीज क्रेस्ट फॉर ए पॉपुलर कंसेंसश इन इंडिया', एसेज इन द सोशल हिस्ट्री ऑफ मॉडर्न इंडिया, नई दिल्ली, 1983, पृ. 51

86. कुमार, जैनेंद्र; 'अहिंसा, प्रजातंत्र और राष्ट्रीयतावाद', अकाल पुरुष गांधी, संपादकः धर्मवीर, पूर्वोदय प्रकाशन, दिल्ली, 1968, पृ. 140

मुकेश कुमार

महात्मा गांधी की रचनात्मक क्रांति की प्रक्रिया

महात्मा गांधी बीसवीं सदी के उपनिवेशवाद के खिलाफ भारतीय राष्ट्रीय आंदोलन के सबसे प्रभावशाली नेताओं में से एक थे। उन्होंने लगभग तीन दशक तक राष्ट्रीय आंदोलन के प्रमुख घटक-भारतीय राष्ट्रीय कांग्रेस का नेतृत्व किया और इसकी सैद्धांतिकी गढ़ने का प्रयास किया था। सत्य और अहिंसा इसके केंद्र में थे। राष्ट्रीय आंदोलन को नेतृत्व देते हुए उन्होंने रचना और संघर्ष की साथ-साथ चलने वाली प्रक्रिया के बतौर रचनात्मक कार्यक्रम को प्रयोग में लाने की गंभीर कोशिश की थी। उनकी यह मान्यता थी कि हिंदुस्तान में ब्रिटिश हुकूमत उपनिवेशवादी वर्जनाओंए निषेधाज्ञाओं और नीतियों को सामए दाम, दंड, भेद के बल पर थोंपने में अंग्रेज़ शासकों की सफलता के कारण बना हुआ था। इसके साथ ही उनकी महत्त्वपूर्ण स्थापना थी कि हिंदुस्तानियों को अंग्रेजों ने जो लोभ-लालच दिखायाए उसमें हिंदुस्तान फँस गया। और जब तक लोभ की यह प्रवृत्ति काम करती रहेगी तब तक आगे भी फँसने का खतरा बना रहेगा। उनकी नजर में इससे मुक्ति का वैकल्पिक रास्ता यह था कि जनता उससे छुटकारा पाने के लिए सोच-समझकर ऐसी नीतियां अपना लें कि ब्रिटिश साम्राज्य का औचित्य अपने आप ही खत्म हो जाए।

गांधी के लिए रचनात्मक कार्यक्रम एक ऐसी अहम नीति का हिस्सा था, जो सत्ता की वैधता को ही कटघरे में ला खड़ा करता था। जनता जब सत्ता पर अपनी निर्भरता से इंकार कर दे और अपने आप पर भरोसा करने लगेए तब सत्ता का औचित्य संकटग्रस्त हो जाता है। और जरूरत पड़ने पर सत्ता से सविनय अवज्ञा से लेकर असहयोग करने के रास्ते पर आत्मकष्ट सहन करते हुए जनता जब बढ़ चले तो किसी भी सत्ता के समक्ष गंभीर मुश्किल पैदा हो जाती है। इस रास्ते जनता सत्ता के सामने ऐसी चुनौती पेश कर रही होती है, जिसका सत्ता के पास कोई वैध उत्तर नहीं होता है।

गांधी ने रचनात्मक कार्यक्रम के जरि, स्वावलंबी व मानवीय समाज रचना का अमूल्य कार्यक्रम प्रस्तुत किया था। इसके तहत उन्होंने तत्कालीन परिस्थिति के

मद्देनजर अठारह रचनात्मक कार्यक्रम-खादी, ग्रामोद्योग, पशुपालन, खेती-किसानी, भंगी, आदिवासी, छात्र-नौजवान से लेकर मद्य निषेध और स्वच्छता तक पर ज़ोर दिया तथा इसके लिए ठोस कार्यक्रम पेश किया। उनके लिए खादी का अर्थ था, देश के सभी लोगों की आर्थिक स्वतंत्रता और समानता का आरंभ।[1] इसलिए उन्होंने खादी को विस्तृत अर्थ में ग्रहण करने पर बल दिया। यद्यपि चरखा भारत के हजारों वर्षों के अतीत से जुड़ा रहा है। लेकिन आधुनिक युग में इसके सबसे बड़े प्रवर्तक गांधी ही हुए। उनके लिए चरखा हिंदुस्तान की कंगालियत मिटाने और ब्रिटिश साम्राज्यवाद से मुक्ति का जरिया था। चरखा हिंदुस्तान के हर व्यक्ति को वस्त्र के मामले में स्वावलंबी बनाने का जरिया था। चरखा गांधी के नए अर्थशास्त्र के निर्माण का ही औज़ार था, एक ऐसा अर्थशास्त्र- जो सबों को शोषणए विषमताए बेकारीए गरीबी और भुखमरी से छुटकारा दिलाता हो। एक ऐसा अर्थशास्त्र जो प्रकृति-पर्यावरण का अमर्यादित दोहन कर पर्यावरणीय संकट पैदा करने के बजाय प्रकृति से मातृवत संबंध स्थापित करता है। गांधी के चरखे के सिद्धांत को इस पूरे संदर्भ में समग्रतापूर्वक समझने की जरूरत है। चरखा को गांधी के संपूर्ण दर्शन से अलग-थलग समझने की कोशिश करने पर गलत निष्कर्ष निकल जाएगा। दरअसल 19 वीं और 20 वीं सदी में पिछड़े देशों का इतिहास विकसित देशों की नकल करके उनके जैसा बनने का ही इतिहास रहा है। गांधी को यह नकलचीपन कतई स्वीकार नहीं था और वे इससे भारत को मुक्ति दिलाना चाहते थे। चरखा मुक्ति की इसी प्रक्रिया की शुरुआत थी।

गांधी 1915 ई. में जब दक्षिण अफ्रीका से भारत वापस आए और उन्होंने यहाँ अपना पहला आश्रम बनाया तब वहाँ चरखा लाया गया। आपको यह जानकर हैरत होगी कि इसके पहले गांधी ने चरखा देखा तक नहीं था। लेकिन उनकी सुस्पष्ट धारणा बन चुकी थी कि जिस रास्ते हिंदुस्तान की भुखमरी मिटेगी उसी रास्ते स्वराज आएगा। इससे पूर्व ही भारत के हस्त-शिल्प को अंग्रेजों ने तबाह कर यहां के लोगों को बेरोजगार व विदेशी वस्त्रों पर आश्रित बना दिया था। सूती वस्त्र की जननी कहलाने वाला भारत अब केवल कच्चे माल पैदा करने और इंग्लैंड के तैयार वस्त्र खरीदने के बाज़ार में तब्दील हो चुका था। गांधी ने चरखा के जरिए विदेशी पूँजीपतियों और उनके कपड़ा मिलों के साथ-साथ देशी पूँजीपतियों को भी चुनौती प्रदान की थी। उन्होंने यह चुनौती केवल आर्थिक स्तर पर ही नहीं थी बल्कि इसने साभ्यतिक स्तर पर पश्चिमी सभ्यता की वैधता पर ही सवाल खड़े कर दिए थे। 1896 ई. में ही गांधी ने पश्चिमी सभ्यता को प्रधानत: हिंसक और शैतानी सभ्यता करार दिया था। क्योंकि गांधी मानते थे कि पश्चिमी सभ्यता के प्रेरक तत्व ही अनिष्टकारी हैं और यह भोग को बढ़ाने वाली है। इस पश्चिमी भोगवाद के स्थान

पर वे नीतिए संयमए सादगी तथा कर्त्तव्यबोध पर आधारित सभ्यता की प्राण-प्रतिष्ठा करते हैं।

अंधाधुंध औद्योगीकरण पर आधारितए लोभ व मुनाफा बढ़ाने वालीए प्रकृति-पर्यावरण का अमर्यादित दोहन करने वालीए बेकारी-विषमता बढ़ाने वाली अर्थनीति को गांधी अनिष्टकारी बताते हैं और इसके स्थान पर संयमए सादगीए स्वावलंबनए परस्परावलंबनए समानताए शरीर श्रम आधारित विकेंद्रित अर्थनीति की बात करते हैं। इसी परिप्रेक्ष्य में उन्होंने चरखा को देखा था। उनके लिए चरखा उद्योग के विकेंद्रीकरण का भी सर्वोत्तम आदर्श था। बहुत सारे लोग चरखे को बीते जमाने की चीज और हास्यास्पद मानते हैं। लेकिन गांधी के लिए चरखा आर्थिक आज़ादी व आर्थिक स्वावलंबन हासिल करने का जरिया था। उनकी नज़र में यह जनता में आत्मविश्वास पैदा करने का भी सशक्त माध्यम था। गांधी का चरखा ष्सरवायवल ऑफ द फिटेस्ट' के पूंजीवादी सिद्धांत के स्थान पर ष्सरवायवल ऑफ द विकेस्ट' यानी कमजोरों के संरक्षण के मूल्य को अर्थशास्त्र में प्रतिष्ठित करता है। सबसे महत्त्वपूर्ण बात तो यह भी है कि बिना किसी बड़ी पूंजी के चरखा हर वक्त और हर जगह स्त्री, पुरुष, बालक, वृद्ध, अशक्त सबको काम दे सकता है। क्योंकि कपड़े की आवश्यकता हमारी रोज़मर्रा की और हमेशा .जारी रहने वाली आवश्यकता है। अन्न के बाद इसकी सबसे अहम जरूरत है और कपड़े की जरूरत कभी खत्म नहीं होने वाली है।

गांधी के चरखे का सिद्धांत उनके अन्य सिद्धांतों की भांति सत्य और अहिंसा से ही निकले हैं। चरखे के जरिए गांधी अर्थशास्त्र की बुनियाद में सत्य-अहिंसा को प्रविष्ट कर देते हैं। इसमें हिंसा और शोषण का कोई स्थान नहीं रह जाता है। इसमें वे स्वतंत्रता और समानता को सर्वोपरि स्थान देते हैं। वस्तुत: गांधी मनुष्य की स्वतंत्रता के प्रबल समर्थक थे और उनके लिए मनुष्य की स्वतंत्रता का अर्थ उसके अधिकतम स्वावलंबी होने में ही निहित था। गांधी अक्सर कहते थे कि अगर मनुष्य को स्वतंत्रता का आनंद लेना है तो प्रत्येक मनुष्य को रोज़मर्रा के उपयोग की सारी चीजें स्वयं पैदा करना सीख लेनी चाहिए। वे कहते थे कि जो चीज आदमी खुद पैदा न कर सके, उसके बिना उसे काम चला लेना चाहिए। इससे स्वावलंबन बढ़ेगा और मनुष्य उत्तरोत्तर प्रगति करता चला जाएगा। उनके लिए स्वावलंबन स्वतंत्रता की बुनियाद और परावलंबन गुलामी की निशानी थी। यही वजह है कि उनके अर्थशास्त्र में यंत्रों और भौतिक वस्तुओं से ज्यादा अहमियत मनुष्य को दिया गया है। इसी कारण वे कहते हैं कि हमारी अर्थनीति और उत्पादन के साधन मनुष्य और उसकी मनुष्यता को नष्ट करने अथवा मनुष्य को अलगाव में डालने वाले नहीं होने चाहिए।

यह गौर करने वाली बात है कि उत्पादन जब मानव श्रम पर अधिकतम निर्भर

रहता है तो उत्पादन के औज़ार सर्वसुलभ और सादे होते हैं। इसके विपरीत जब उत्पादन मानव श्रम की अपेक्षा भारी-भरकम औजारों पर ही अधिक आश्रित हो जाता है तो उसकी अनिवार्य परिणति बेरोजगारी और विषमता के रूप में सामने आती है। इसलिए गांधी का ज़ोर एक ऐसी व्यवस्था बनाने पर है जिसमें जरूरी औज़ार और हथियार भी उतने ही सस्ते और सादे होते हैं। गांधी उत्पादन कार्य में लगे लोगों को अपने काम में सहूलियत प्रदान करने वाले ऐसे औज़ार अपनाने पर बल देते हैं, जिसे वे खुद बना सकें। इसलिए गांधी जब चरखा और खादी की बात करते हैं तो कपास बोनेए चुनने, रुई ओटने-पींजने से लेकर पुनी बनानेए सूत कातने-रंगने और ताना-भरणी करते हुए अपने हाथों से ही वस्त्र तैयार कर पहनने तक की बात करना नहीं भूलते। ऐसा करते हुए गांधी मनमानी दरों पर कच्चे माल खरीदने व तैयार माल की बिक्री कर मुनाफा हड़पने वाली पूंजीवादी अर्थनीति की जड़ों पर ही प्रहार करते हैं। इसमें एक खास बात यह भी होती है कि इसके जरिए किसान बाज़ार की मंदी-मुद्रास्फीति के संकट के कुचक्र से हमेशा के लिए छुटकारा पा जाते हैं।

वर्तमान में आधुनिक यंत्रीकरण ने 'बुद्धि' और 'श्रम' के बीच जिस प्रकार अलगाव को बढ़ा दिया है। गांधी इस अलगाव को नुकसान देह बताते हुए हर मनुष्य के लिए उत्पादक श्रम करना अनिवार्य मानते हैं। वे कहते हैं कि अगर बुद्धि और श्रम के बीच अटूट गठबंधन हो जाय तो इसके आश्चर्यजनक परिणाम होंगे। आज यह देखा जा रहा है कि यंत्रीकरण और श्रम विभाजन की अति के कारण काम में से मनुष्य के व्यक्तित्व का ही लोप हो जाता है और इससे मजदूर अपने काम में सुख और संतोष का अनुभव नहीं कर पाते हैं। इस प्रक्रिया में मनुष्य स्वयं यंत्र का एक पुर्जा मात्र बन कर रह जाता है और व्यक्ति उत्पादन की प्रक्रिया से आनंद की अनुभूति करने के बजाय अलगाव महसूस करने लगता है। गांधी के लिए चरखा इसी बुद्धि और श्रम के बीच के अलगाव को दूर करने का बेहतरीन जरिया था। कार्य उनके लिए आनंद का स्रोत था।

आलोचक गांधी के चरखा संबंधी सिद्धांत को उनके यंत्र विरोधी होने से उत्पन्न मानते हैं। लेकिन यह सच नहीं है। जबकि सच तो यह है कि गांधी यंत्र विरोधी कतई नहीं थे। उनका आग्रह तो यह था कि आर्थिक व्यवस्था ऐसी होनी चाहिए कि यंत्र मुट्ठी भर लोगों का नहीं, बल्कि सबके समय और परिश्रम की बचत करने में समर्थ हो सके। गांधी चाहते थे कि मनुष्य यंत्रों का गुलाम बनकर अपनी स्वतंत्रता न खो बैठे। यंत्र मनुष्य के लिए है, मनुष्य यंत्रों के लिए नहीं। वे कहते हैं कि आज मशीन की मदद से ही मुट्ठी भर मालिक करोड़ों लोगों पर शासन कर रहे हैं। इसलिए गांधी के लिए स्वतंत्र इच्छा से जीने का अर्थ है कि मनुष्य

औजारों की तरह इस्तेमाल किए जाने से इंकार कर दे। इसलिए वे वैज्ञानिक प्रगति के विरोधी नहीं थे। बल्कि वे चाहते थे कि यंत्र मानव का दास बनकर रहेए स्वामी बनकर नहीं। सबों का हित साधने वाले यंत्रों के प्रयोग के गांधी विरोधी नहीं थे। हाँ, यंत्रों के पीछे के पागलपन के वे अवश्य विरोधी थे। चरखा उनके लिए ऐसा यंत्र था, जो मनुष्य की स्वतंत्रता में बाधक न होकर सहायक था। चरखे की एक विशिष्टता यह भी है कि स्वावलंबी और विकेंद्रित आर्थिक व्यवस्था वाले समाज में जहां हर आदमी शरीर श्रम के जरिए अपना पेट भरता है, वहाँ सत्ता उन लोगों के हाथ में रहती है, जो मेहनत करने वाले हैं। लेकिन केंद्रित उत्पादन पद्धति वाले समाज में रुपया-पैसा सारे व्यवहार का प्रमुख माध्यम बन जाता है और सत्ता मेहनतकशों के हाथ से निकलकर उनके हाथों में चली जाती है, जो व्यापार और सत्ता के जरिए पैसे पर नियंत्रण पा लेते हैं।

गांधी के चरखे का सिद्धांत वर्तमान भोगवादी-आवश्यकताओं को निरंतर बढ़ाने वाले अर्थशास्त्र को चुनौती देने के साथ ही मानव केंद्रित, सर्वोदय पर आधारित नए अर्थशास्त्र का दर्शन प्रस्तुत करता है। इस नए अर्थशास्त्र में वर्तमान बेरोजगारी, विषमता व पर्यावरणीय असंतुलन जैसे गंभीर संकट का सार्थक और सृजनात्मक समाधान निहित है। गांधी के लिए खादी में जो चीजें समाई हुई हैं, उन सबके साथ खादी को अपनाना चाहिए।'[2] उनके लिए खादी का एक अर्थ यह भी है किए हम में से हर एक को संपूर्ण स्वदेशी की भावना बढ़ानी और टिकानी चाहिए, यानी हमें इस बात का दृढ़ संकल्प करना चाहिए कि हम अपने जीवन की सभी जरूरतों को हिंदुस्तान की बनी चीज़ों सेए और उनमें भी हमारे गांव में रहने वाली आम जनता की मेहनत और अक्ल से बनी चीज़ों के जरिए पूरा करेंगे।'[3] गांधी का खादी संबंधी दृष्टिकोण गांवों को शोषण से मुक्ति दिलाते हुए उसे स्वावलंबी व स्वयंपूर्ण बनाते हुए देश-दुनिया को बेहतरी की ओर ले जाता है। वे जनता में स्वावलंबन-परस्परावलंबन व आत्मविश्वास की भावना भरते हुए रचनात्मक कार्यक्रम के माध्यम से, गांवों का रक्त चूसकर शहरों को मालामाल बनाने वाली अर्थनीति को चुनौती देते हैं। खादी गांवों की शोषित, मेहनतकश किसान जनता के साथ तादात्म्य का भी प्रतीक थी।[4] गांधी के शब्दों में, ष्खादी-वृत्ति का अर्थ है, जीवन के लिए जरूरी चीज़ों की उत्पत्ति और उनके बँटवारे का विकेन्द्रीकरण।'[5] इस संदर्भ में खादी का सिद्धांत यह है किए ष्हर एक गांव को अपनी जरूरत की सारी चीजें खुद पैदा कर लेनी चाहिए और शहरों की जरूरतें पूरी करने के लिए कुछ अधिक उत्पादन करना चाहिए।'[6] ऐसा करते हुए ही परजीवी समाज के स्थान पर स्वावलंबी और परस्परावलंबी समाज का निर्माण होगा।

गांधी के आदर्श हिंदुस्तान की कल्पना में मनुष्य की ष्रुचि' अंधाधुंध यंत्रीकरण

पर आधारित शैतानी सभ्यता की रुचियों से भिन्न है। वे खादी-ग्रामोद्योग के जरिए हिंदुस्तानी आदर्शों से मेल खाती हुई ऐसी राष्ट्रीय अभिरुचि विकसित करना चाहते हैं जिसमें पश्चिमी नकल स्वरूप यंत्रों की बनी चीजों से अरुचि और गांवों की बनी चीज़ों से रुचि और सहानुभूति[7] की भावना निहित है।

गांधी के लिए 'रचनात्मक कार्यक्रम ही पूर्ण स्वराज्य या मुकम्मल आज़ादी को हासिल करने का सच्चा और अहिंसक रास्ता है। उसकी पूरी-पूरी सिद्धि ही संपूर्ण स्वतंत्रता है।'[8] इससे इतर वास्तविक अर्थों के स्वराज्य का कोई दूसरा आसान मार्ग नहीं है। जिस प्रकार सशस्त्र विद्रोह के लिए तालीम की आवश्यकता होती है उसी प्रकार 'सत्याग्रह में तालीम का अर्थ है, रचनात्मक कार्यक्रम या तामीरी का काम।'[9] इसी कारण उनके लिए स्वराज्य प्राप्ति में रचनात्मक कार्यों का विशेष महत्त्व था। भले ही कांग्रेस वालों को उनकी यह राय हृदय से कबूल न हुई हो, जिसका गांधी को भी आभास था। उन्होंने 13 नवंबर, 1945 को लिखा भी था कि, 'कांग्रेस वालों को मेरी यह राय मंजूर न हो तो वे मुझे छोड़ दें क्योंकि अगर रचनात्मक कार्यक्रम के बिना मैं सविनय कानून भंग की लड़ाई लड़ने लगूँए तो वह लकवे से बेकार बने हुए हाथ से चम्मच उठाने-जैसी बात होगी।'[10] इसलिए उन्होंने रचनात्मक कार्यक्रम को कभी अपने सामने से ओझल नहीं होने दिया और अपने कर्म में उसे समुचित स्थान दिया। देश से अंग्रेजी राज की समाप्ति के बाद उन्होंने कहा किए कांग्रेस ने सियासी आजादी तो हासिल कर ली है, मगर उसे अभी आर्थिक आजादीए सामाजिक आजादी और नैतिक आजादी हासिल करनी है। ये आजादियां चूंकि रचनात्मक हैं, कम उत्तेजक हैं और भड़कीली नहीं हैं, इसलिए इन्हें हासिल करना सियासी आज़ादी से ज़्यादा मुश्किल है। जीवन के सारे पहलुओं को अपने में समा लेने वाला रचनात्मक काम करोड़ों जनता के सारे अंगों की शक्ति को जगाता है।[11] और यही वह रास्ता है जिसके जरिए गांधी अपने सपनों के स्वराज्य के निर्माण की कोशिश करते हैं। रचनात्मक कार्यक्रम को जिस हद तक कांग्रेसजनों ने पूरा करने का प्रयत्न किया उसने कांग्रेस की जड़ों को गांव-गांव में जनता के भीतर पहुंचा दिया।[12] कांग्रेस को जन-जन तक पहुंचाने में रचनात्मक कार्यक्रमों ने महती भूमिका अदा की थी। गांधी के चमत्कारिक प्रभाव के पीछे भी यही रचनात्मक कार्यक्रम ही था। इसी के जरिए वे देश की करोड़ों-करोड़ जनता का खोया हुआ आत्मविश्वास लौटा पाने में कामयाब रहे थे।

परिवर्तन की अहिंसक प्रक्रिया थोड़ी धीमीए कम उत्तेजक होती है और इसका मार्ग अत्यंत ही कंटकाकीर्ण होता है। अहिंसा का रास्ता वस्तुतः हृदय-परिवर्तन का रास्ता है, इसलिए उसमें जो भी परिवर्तन होते हैं, वे दीर्घकालिक होते हैं। इसके लिए गांधी स्वराज्य हासिल होने तक अपनी वैकल्पिक योजनाओं को स्थगित नहीं

करते। बल्कि वे स्वराज्य के आंदोलन के दरम्यान ही परिवर्तन के अपने वैकल्पिक एजेंडे को लागू करने की पहल करते हैं। गांधी कहते हैं किए 'अपनी लड़ाई के अंत में हमें जिस हिंदुस्तान की रचना करनी है, उसमें यदि समानता को सिद्ध करना होए तो उसकी बुनियाद अभी से पड़नी चाहिए। जो लोग यह समझ कर चलते हैं कि बड़े-बड़े सुधार तो स्वराज्य कायम होने पर ही होंगे या किए जाएंगेए वे सब जड़ से ही इस बात को समझने में गलती करते हैं कि अहिंसक स्वराज्य का काम किस तरह होता है।'13 उनके लिए अहिंसक स्वराज्य का निर्माण कार्य सबके साझे परिश्रम का फल है और यह त्यागए कष्ट सहन और आत्म-परिवर्तन करते हुए नैतिक मूल्यों के निरंतर आत्मसात करते जाने से ही हासिल हो सकता है।

अहिंसक क्रांति की गांधीवादी प्रक्रिया में निर्माण व सृजन साथ-साथ चलने वाली प्रक्रियाएं हैं। वे तोड़ने के पहले गढ़ने की बात नहीं कहतेए बल्कि गढ़ते-गढ़ते तोड़ने की बात कहते थे। पहले तोड़नाए फिर गढ़ना-इस नीति का वे समर्थन नहीं करते थे।[14] इसलिए गांधी केवल ब्रिटिश हुकूमत की बुराइयों को ही रेखांकित नहीं करतेए अपितु वे हिंदुस्तानी जनता की कमियों को इस हुकूमत को ताकत प्रदान करने वाली शक्ति के बतौर चिन्हित करते हैं। इसी कारण उनका ज़ोर जनता की कमजोरियों और खामियों को दूर करने पर बराबर बना रहता है। उनकी इस मान्यता[15] के पीछे यह बात छिपी हुई है कि ब्रिटिश हुकूमत की बला को दूर करने की वास्तविक ताक़त जनता में ही है। उनका रचनात्मक कार्यक्रम भी मनुष्य की सुप्त आत्मा के जागरण के लिए ही प्रस्तुत किया गया था।[16] गांधी रचनात्मक कार्यों के जरिए जनता की सृजनकारी क्षमता का विकास करना चाहते थे। ष्जनता यदि अपने प्रयत्न से एक आना भर भी आर्थिक मुक्ति प्राप्त कर सकेए गाँव यदि भोजन-वस्त्र की व्यवस्था सामूहिक प्रयत्न द्वारा थोड़ी-बहुत खड़ी कर सकेए तो जनता के मन में आत्मविश्वास दृढ़ होगा।'[17] गांधीजी कहते हैं कि केवल रचनात्मक कार्य द्वारा स्वराज्य-साधना को अंतिम चरण तक पहुंचाना शायद कार्यतः हमारे लिए संभव न हो और सरकार को अपने अधिकार में करने के लिए कानून भंग या शांत प्रतिरोध की भी आवश्यकता हो सकती है।[18] रचनात्मक कार्य विध्वंसात्मक न होकर सृजनात्मक है। 'रचनात्मक कार्य या कानून भंग के द्वारा जनता वर्तमान शासकों के विरुद्ध या राजसत्ता के साथ जब सहयोग तोड़ना चाहती है, तब विध्वंस करना ही उसका लक्ष्य नहीं होता। शासक-वर्ग का उच्छेद करना ही यदि उसका लक्ष्य होताए तो विरोधी पक्ष को कितनी जल्दी विनष्ट किया जायए इसी ओर ज्यादा ध्यान रहता है।'[19] यह उनकी सृजन और सत्याग्रह की साझी प्रक्रिया है।

गांधी रचनात्मक कार्यक्रम के माध्यम से जनता में आत्मविश्वास और रचनात्मक विवेक पैदा करना चाहते हैं। इसके जरिए वे देश-समाज की वर्षों पुरानी जड़ता

तोड़ने के लिए रचनात्मक कार्यक्रम को महत्त्वपूर्ण मानते थे। उन्होंने दलितों को समान नागरिक अधिकार की गारंटी के लिए इसे रचनात्मक कार्यक्रम का अंग बनाया। हरिजनोत्थान के लिए गांधी ने जीवन-भर प्रयास किया और खुद को वंचितों के साथ जोड़ा। इस तरह उन्होंने अंत्योदय के अपने प्रबल और अबाध आग्रह की सच्चाई को रेखांकित किया।[20] उसी प्रकार अंग्रेज़ लेखकों ने भारतीय गांवों को ष्घूरे का ढेर' बताया था। लेकिन गांधी जिस ष्गांवष्21 की परिकल्पना करते हैं वह गंदगी की ढेर पर खड़ा न होकर साफ-सुथरेपन का 'मॉडल' है। उनकी परिकल्पना के साफ-सुथरे गांवों में नदियों-तालाबों और कुएं की साफ-सफ़ाई और पवित्रता का भी काफी ध्यान रखा गया है। इसके लिए भी रचनात्मक कार्यक्रम को उन्होंने आवश्यक माना था।

स्त्री-पुरुष संबंधों में क्रांतिकारी परिवर्तन लाने का जरिया भी उनके लिए यही रचनात्मक कार्यक्रम ही था। गांधी कहते हैं किए पुरुष न तो अपने को स्त्रियों का स्वामी समझें और न ही स्त्रियाँ अपने को पुरुषों की दासी। इस सिद्धांत को अमल में लाने के लिए गांधी स्त्रियों में उनकी मौलिक स्थिति का बोध कराने की बात करते हैं। इसके लिए गांधी सभी कांग्रेसियों से अपेक्षा करते हैं कि इसकी शुरुआत वे अपने-अपने घरों से करें। कांग्रेसी नेता-कार्यकर्त्ता 'अपनी पत्नियों को मन बहलाने की गुड़िया या भोग-विलास का साधन मानने के बदले उनको सेवा के समान कार्य में अपना सम्मान्य साथी समझें।'[22] स्त्रियों को शिक्षित बनाने आदि को वे रचनात्मक कार्यक्रम का अंग मानने पर बल देते हैं। गांधी की दृष्टि में 'जिस रूढ़ि और कानून के बनाने में स्त्री का कोई हाथ नहीं था और जिसके लिए सिर्फ पुरुष ही जिम्मेदार है, उस कानून और रूढ़ि के जुल्मों ने स्त्री को लगातार कुचला है।'[23] इसलिए गांधी की योजना के अहिंसक समाज में 'जितना और जैसा अधिकार पुरुष को अपने भविष्य की रचना का है उतना और वैसा ही अधिकार स्त्री को भी अपना भविष्य तय करने का है।'[24] इसके साथ-साथ वे यह भी मानते हैं कि सामाजिक आचार-व्यवहार के सारे नियम स्त्री और पुरुष दोनों आपस में मिलकर और राजी-खुशी से तय करें। इन नियमों के पालन के लिए बाहरी सत्ता की ज़ोर-जबर्दस्ती को वे अनुचित व अनुपयोगी मानते हैं। गांधीजी आत्मरक्षा की शक्ति को प्रत्येक मनुष्य के अधिकार में लाना चाहते हैं और साथ ही साथ समाज को आर्थिक और अन्य प्रकार की नियंत्रण-व्यवस्था को भी सरकार के हाथ से छुड़ाना चाहते हैं। उनके विचार से अहिंसक असहयोग द्वारा पहली बात और रचनात्मक कार्य द्वारा दूसरी बात[25] संभव होगी।

वस्तुतः गांधी भीड़ का नेतृत्व नहीं करना चाहते थे। बल्कि वे सूझ-बूझ वाले लोगों के जरिए स्वराज्य की लड़ाई को असली स्वराज्य प्राप्ति के लिए आवश्यक मानते थे। स्वराज की लड़ाई में शामिल हर आदमी के लिए गांधी आवश्यक मानते

थे किए ष्वे लड़ाई के हर पहलू और उसकी हर सीढ़ी से भलीभांति परिचित हों। तभी स्वराज्य की रचना में वे अपना हिस्सा अदा कर पाएंगे।'[26] इसके लिए गांधी सर्वसाधारण की भाषा में आम जनता को इन तमाम पहलुओं पर जागरूक करने की बात की थी। वे मानते थे कि सर्वसाधारण की भाषा की उपेक्षा के कारण ही आमलोगों से अंग्रेजीदां लोगों का रिश्ता टूट गया है। गांधी स्थानीय भाषाओं के पोषण और संपूर्ण राष्ट्र के लिए हिंदी-उर्दू मिश्रित हिंदुस्तानी भाषा के जरिए भारत को एकता के सूत्र में पिरोना चाहते थे।

गांधी ने तत्कालीन चुनौतियों के खिलाफ जहां रचनात्मक कार्यक्रम को सामने लाया वहीं नए समाज के निर्माण के लिए भी इसे जरूरी बताया। गांधी के सपनों के भारत के सैद्धांतिक पक्ष, जिसे गांधी ग्राम स्वराज अथवा रामराज्य कहते थे, को सरजमीन पर उतारने का यह सशक्त जरिया था। गांधी की विचार सरणी का निर्माण रचना और संघर्ष की इसी दोहरी प्रक्रिया के मातहत हुआ है। संघर्ष का उनका अपना तरीका सत्याग्रह का था और सृजन की दृष्टि से रचनात्मक कार्यक्रम सर्वोपरि था। हालांकि यह बात सही है कि आज़ादी के बाद देश के कर्त्ता-धर्त्ताओं ने गांधी के सपनों की तिलांजलि दे दी। परिणामस्वरूप देश एक बार फिर नव-साम्राज्यवादी शिकंजे में फंसता चला जा रहा है। देश में गरीबीए विषमताए बेकारीए शोषण-उत्पीड़न आज भी कायम है। देश ने तरक्की का जो रास्ता अख़्तियार कियाए उसके जरिए वह अपनी समस्याओं का समाधान नहीं कर पाया। क्योंकि देश अंग्रेजी शासक की अनुपस्थिति में अंग्रेजों की पूंजीवादी नीतियों के ही रास्ते चल पड़ा। इन समस्याओं से छुटकारे पर जब भी बात होगी तो हमें गांधी के इस क्रांतिकारी योगदान को कबूल करते हुए सृजन और विध्वंस के इसी रास्ते ही आगे बढ़ना होगा।

संदर्भ सूची—

1. गांधी, म. क., रचनात्मक कार्यक्रम, नवजीवन, अहमदाबाद, प्रथम संस्करण, 1946, पृ. 16.
2. गांधी, म. क., रचनात्मक कार्यक्रम, नवजीवन, अहमदाबाद, प्रथम संस्करण, 1946, पृ. 16-17.
3. गांधी, म. क., रचनात्मक कार्यक्रम, नवजीवन, अहमदाबाद, प्रथम संस्करण, 1946, पृ. 16-17.
4. यू एन ढेबर, 'स्वस्थ सामाजिक व्यवस्था के लिए स्वस्थ आधार' (आलेख), महात्मा गांधी 100 वर्ष, संपादक, एस. राधाकृष्णनए सर्वोदय साहित्य प्रकाशनए वाराणसीए प्रथम संस्करण, जून 1969, पृ. 78.
5. गांधी, म. क.ए रचनात्मक कार्यक्रम, नवजीवन, अहमदाबाद, प्रथम संस्करण, 1946, पृ. 17-18.
6. गांधी, म. क.ए रचनात्मक कार्यक्रम, नवजीवन, अहमदाबाद, प्रथम संस्करण, 1946, पृ. 17-18.
7. गांधी, म. क.ए रचनात्मक कार्यक्रम, नवजीवन, अहमदाबाद, प्रथम संस्करण, 1946, पृ. 23.
8. गांधी, म. क., रचनात्मक कार्यक्रम, नवजीवन, अहमदाबाद, प्रथम संस्करण, 1946, पृ. 3.

9. गांधी, म. क., रचनात्मक कार्यक्रम, नवजीवन, अहमदाबाद, प्रथम संस्करण, 1946, पृ. 4.
10. गांधी, म. क., रचनात्मक कार्यक्रम, नवजीवन, अहमदाबाद, प्रथम संस्करण, 1946, पृ. 53.
11. गांधी, म. क., रचनात्मक कार्यक्रम, नवजीवन, अहमदाबाद, प्रथम संस्करण, 1946, पृ. 55.
12. पांडेए बीएन, गांधी महात्मा रू समग्र चिंतनए गांधी स्मृति एवं दर्शन समितिए नई दिल्ली, प्रथम हिन्दी संस्करण, मई 1994ए पृ. 11.
13. गांधी, म. क., रचनात्मक कार्यक्रम, नवजीवन, अहमदाबाद, प्रथम संस्करण, 1946, पृ. 37–38.
14. बसुए निर्मल कुमार, गांधीजी क्या चाहते थे ?, अनु. मदनलाल जैन, सर्व सेवा संघ प्रकाशन, राजघाट, वाराणसी, जनवरी, 1959ए पृ. 74.
15. गांधी, म. क., रचनात्मक कार्यक्रम, नवजीवन, अहमदाबाद, प्रथम संस्करण, 1946, पृ. 27.
16. यू एन ढेबर, ,स्वस्थ सामाजिक व्यवस्था के लिए स्वस्थ आधार'(आलेख), महात्मा गांधी 100 वर्ष, संपादक, एस. राधाकृष्णनए सर्वोदय साहित्य प्रकाशनए वाराणसीए प्रथम संस्करण, जून 1969, पृ. 78.
17. बसुए निर्मल कुमार, गांधीजी क्या चाहते थेघ्ए अनु. मदनलाल जैन, सर्व सेवा संघ प्रकाशन, राजघाट, वाराणसी, जनवरी, 1959, पृ. 34.
18. बसु, निर्मल कुमार, गांधीजी क्या चाहते थे ?, अनु. मदनलाल जैन, सर्व सेवा संघ प्रकाशन, राजघाट, वाराणसी, जनवरी, 1959, पृ. 34.
19. बसुए निर्मल कुमार, गांधीजी क्या चाहते थे ?, अनु. मदनलाल जैन, सर्व सेवा संघ प्रकाशन, राजघाट, वाराणसी, जनवरी, 1959, पृ. 35–36.
20. वर्मा, पवन कुमार; पूर्वोक्त, पृ. 41.
21. गांधी, म. क.ए रचनात्मक कार्यक्रम, नवजीवन, अहमदाबाद, प्रथम संस्करण, 1946, पृ. 24.
22. गांधी, म. क.ए रचनात्मक कार्यक्रम, नवजीवन, अहमदाबाद, प्रथम संस्करण, 1946, पृ. 29–30.
23. गांधी, म. क.ए रचनात्मक कार्यक्रम, नवजीवन, अहमदाबाद, प्रथम संस्करण, 1946, पृ. 29.
24. गांधी, म. क.ए रचनात्मक कार्यक्रम, नवजीवन, अहमदाबाद, प्रथम संस्करण, 1946, पृ. 29.
25. बसुए निर्मल कुमार, गांधीजी क्या चाहते थे ?, अनु. मदनलाल जैन, सर्व सेवा संघ प्रकाशन, राजघाट, वाराणसी, जनवरी, 1959, पृ. 33.
26. गांधी, म. क., रचनात्मक कार्यक्रम, नवजीवन, अहमदाबाद, प्रथम संस्करण, 1946, पृ. 33–34.

चन्द्रकान्त शंकर पारगांवकर

रचना-संघर्ष : शांति-क्रांति और गांधी

गांधी युग प्रवर्तकए विचारक एवं महात्मा इसीलिए माने गए कि कभी भी उन्होंने लोगों के सामने विचार एकांगी रूप में नहीं रखा। सामने अन्याय हो रहा है, उसको हटाकर न्याय की प्रतिष्ठापना करनी है। भ्रष्टाचार बढ़ रहा है तो उसको मिटाकर सदाचार को प्रतिष्ठित करना है। असत्य बढ़ रहा है तो उसको समाप्त करके सत्य की स्थापना करनी है। ऐसे समय सर्वप्रथम वे अहिंसा के साधन से ही न्याय कीए सदाचार की तथा सत्य की स्थापना करने के लिए अपनी पूरी शक्ति के साथ प्रयत्न करते रहे। पंरतु उन्होंने यह भी कहा है कि मेरी अहिंसा शूरवीर सैनिक की अहिंसा है, डरपोक आदमी की अहिंसा नहीं। किसी डरपोक की अहिंसा से किसी शूरवीर की हिंसा को वे सत्य और न्याय की प्रतिष्ठापना के लिए पसंद करते थे। उनका प्रयत्न सत्य की प्रतिष्ठापना के लिए जो वे करते थे वह था, उस सत्य का आग्रह यानी ''सत्याग्रह''। पंरतु गांधीजी के बाद इस देश में जो सर्वोदय आंदोलन चलाए उसमें गांधीजी द्वारा प्रणीत इसी ''सत्याग्रह'' की उपेक्षा हुई। श्रचना'' और ''संघर्ष'', ''अहिंसा'' और ''सत्याग्रह'' तथा श्शांति और क्रांति'' इन दो पांवों पर गांधी विचार खड़ा था, चलता था, और कभी-कभी दौड़ता भी था। पंरतु आदरणीय विनोबा जी ने संघर्ष, क्रांति और सत्याग्रह का विरोध करके गांधी विचार के दो पांवों में से एक पांव को मानों काट डाला। फिर गांधी विचार एक-पांव पर खड़ा कैसे रह सकता था? चलने-फिरने की अथवा दौड़ने की बात तो दूर रही, फलस्वरूप गांधी का सर्वोदय आंदोलन गतिहीन बन गया।

''सत्याग्रह'' के विरोध का समर्थन विनोबा जी इस तरह करते थे। ''सत्याग्रह'' से हम दूसरों पर एक प्रकार से श्दवाब'' डालते हैं। ऐसे दवाब से प्रतिपक्ष आपकी बात को स्वीकार करता है। यह दवाब एक प्रकार की हिंसा ही हैं। ऐसा युक्तिवाद विनोबा जी करते थे। इस पर जब उनसे पूछा गया कि 1940 के व्यक्तिगत सत्याग्रह में प्रथम सत्याग्रही के रूप में उन्होंने सत्याग्रह कैसे किया? तो उत्तर दिया कि श्गांधीजी सेनापति थे और मैं उनका आज्ञाकारी सैनिक। सेनापति ने आदेश दिया

और सैनिक के नाते मैंने उस आदेश का पालन किया। इससे साफ जाहिर हुआ कि अब वे स्वयं सेनापति बने हैं तो किसी को ''सत्याग्रह'' करने की अनुमति नहीं देंगेए ''आदेश'' देने की बात तो दूर रही।''

''वास्तव में गांधीजी की मृत्यु के बाद सारा देश पंडित जवाहरलाल नेहरू की तरफ नहीं, विनोबा जी की ओर से सर्वोदय आंदोलन के नेतृत्व की आशा करता था। वैसे नेतृत्व करने का आरंभ भी विनोबा जी ने किया। गांधीजी के प्रथम स्मृति दिन के अवसर पर उनकी अंतिम इच्छा के अनुसार लोक सेवक संघ के रूप में सर्व सेवा संघ की उन्होंने स्थापना की।'' ''अखिल भारतीय राष्ट्रीय सभा का विसर्जन किया जाए और उसका रूपांतर एक लोक सेवक संघ के रूप में किया जाए। ऐसी राष्ट्रपिता की अंतिम इच्छा थी। परंतु राष्ट्रीय सभा के नेताओं ने गांधीजी की इस इच्छा का आदर नहीं किया। एक राजनीतिक दल के रूप में राष्ट्रीय सभा का कार्य उन्होंने जारी रखा। स्वतंत्र रूप से सर्व सेवा संघ की स्थापना करके विनोबा जी ने सर्वोदय आंदोलन का कार्य गांधीजी के उत्तराधिकारी के नाते अपने हाथ में ले लिया। भारत का विभिन्न राज्यों में हर साल लोक सेवकों का वार्षिक सर्वोदय समाज सम्मेलन संपन्न होने लगा। इसी प्रकार के एक सर्वोदय सम्मेलन में जाते समय विनोबा जी तेलंगाना पहुंचे। वहाँ आए दिन जमींदारों की हिंसाओं के समाचार मिलते थे। भूमिहीन किसानों के सशस्त्र समूह संगठित होकर हत्याएं करते थे। विनोबा जी ने इन हत्याओं के पीछे जो भूमि समस्या थी उसका अध्ययन किया। भूमिहीनों की भूमि की जरूरत यदि पूरी न की जाएगी तो ऐसी हत्याएं सारे भारत भर में फैलने की संभावनाएं थी। इस भूमि समस्या पर गांधी विचार से क्या उपाय निकल सकता है? इस पर विनोबा जी चिंतन करने लगे। ब्रिटिश साम्राज्यशाही को गांधीजी के मार्ग से हटा दिया तो आर्थिक क्षेत्र की समस्याओं के लिए भी गांधी मार्ग पर प्रयोग क्यों न किया जाए? विनोबा जी को पोचमपल्ली गांव में एक सभा में अचानक भूमिहीनों के लिए भूमिवानों से भूमि की मांग करने की प्रेरणा हुई। आठ भूमिहीन किसानों के लिए अस्सी एकड़ भूमि की उन्होंने याचना की। विनोबा जी ने इस ऐतिहासिक प्रसंग का वर्णन करते हुए लिखा है, श्माना ईश्वर ने मुझे भूमि का दान मांगने की प्रेरणा दी और वहां के एक जमींदार श्री रामचन्द्र रेड्डी के अंत:करण में श्राम'' जागे। उन्होंने अपनी जमीन इन भूमिहीन किसानों के लिए दान में देने की घोषणा की। यहां से ''भूदान'' की गंगोत्री प्रवाहित हुई।''

उत्तर से दक्षिण तक और पूरब से पश्चिम तक पूरे भारत में विनोबा जी ने भूदान के लिए पदयात्रा की। जिस भारत में ''सुई'' के अग्र पर रहने वाली भूमि देने से इन्कार करके ''महाभारत'' का महायुद्ध हुआ। जिस भारत में आज की बाप दादा की जमीन जायदाद के लिए भाई-भाई परस्पर लड़ते हैं। उसी आधुनिक भारत में

खून की एक बूंद को बहाए बिना लाखों एकड़ भूमि का दान भूमिहीनों के लिए प्राप्त हुआ। एक अभूतपूर्व ''रक्तहीन क्रांति'' सारे भारत में होने लगी। सारी दुनिया गांधीजी के भारत में होने वाले इस प्रयोग की ओर आशा से देखने लगे। यह भूदान आंदोलन भूदान आरोहण का रूप धारण करने लगा। गांव के गांव ग्रामदान के रूप में मिलने लगे। ग्रामदान, तहसीलदान, जिलादान, तथा राज्यदान तक इस आंदोलन-आरोहण की प्रक्रिया पहुँच गई। राजा जनक और गौतम बुद्ध के बिहार में संपूर्ण श्बिहार के राज्यदान'' की हवा फैल गई। यह तो संपूर्ण बिहार के भूमिहीनों की भूमि समस्या का समाधान होगा या मेरी हड्डियां यहां की भूमि में गिर पड़ेगी। ऐसी घोर प्रतिज्ञा पूज्य विनोबा जी के मुख से निकल गई। सारे बिहार में हलचल पैदा हो गई। लोकनायक जयप्रकाश नारायण इस भूदान आंदोलन से प्रभावित हुए। राजनीति का त्याग करके वे इस लोकनीति के आंदोलन में कूद पड़े। पंडित जवाहरलाल नेहरू के बाद ''भारत के भावी प्रधानमंत्री'' के रूप में सारा देश जयप्रकाश जी की ओर देखता था। क्रांतिकारी समाजवादी जयप्रकाश जी ''ग्रामोद्योग अहिंसात्मक क्रांति'' के लिए विनोबा जी के चरणों में अपना ''जीवनदान'' घोषित कर चुके थे। अमरीका से मार्क्सवादी विचारों से प्रभावित हो भारत में आए हुए ''समाजवादी'' जयप्रकाश जी ''सर्वोदयवादी'' बनकर शांतिमय क्रांति के सिपाही बन गए थे। गांधीजी के बाद गांधी विचार को विनोबा जी ने आगे बढ़ाया। गांधीजी के सर्वोदय आंदोलन में उन्होंने प्राण फूंक दिए।

जयप्रकाश जी ने सन् 1954 से 1974 तक लगभग बीस सालों तक सर्वोदय आंदोलन में अपना निष्ठापूर्वक योगदान दिया। अनेकों युवा कार्यकर्ताओं ने जे.पी. के साथ सर्वोदय कार्य में हिस्सा लिया। सौखेदेबरा में जे.पी. आश्रमी जीवन व्यतीत करने लगे। समय-समय पर मुसहरी जैसे प्रखंडों में हिंसाचार करने वाले नक्सलवादियों के आमने-सामने खड़े हो गए। परंतु धीरे-धीरे विनोबा जी के विचारों से जयप्रकाश जी के मतभेद शुरू होने लगे। शुरू-शुरू में जब जमींदारों के अत्याचारों के खिलाफ सत्याग्रह करने की युवा कार्यकर्ताओं ने विनोबा जी से अनुमति मांगी लेकिन अनुमति नहीं मिली। कई जगहों पर जमींदारों ने किसानों को अपनी जमीन से श्बेदखली'' शुरू की तो सर्वोदय में काम करनेवाले युवा कार्यकर्ताओं का खून गरम हुआ। अन्याय को देखकर संतप्त होने वाले इन युवकों को क्या मार्गदर्शन किया जाएए इस पर जयप्रकाश जी गंभीरतापूर्वक चिंतन करने लगे।

गुजरात और बिहार में विद्यार्थियों ने भ्रष्टाचार के विरूद्ध आंदोलन शुरू किए। शासनकर्ताओं द्वारा छात्र-आंदोलन के विरूद्ध दमन का चक्र बढ़ने लगा। संविधान में दिए गए नागरिकों के मौलिक स्वतंत्रता के अधिकारों पर अतिक्रमण होने लगा। छात्रों की प्रार्थना पर जयप्रकाश जी ने उनके आंदोलन का नेतृत्व सशर्त स्वीकार

किया। शर्त यह थी आंदोलन शांतिमय और अहिंसात्मक तरीके से चलना चाहिए। ''हमला चाहे जैसा होगाए हाथ हमारा नहीं उठेगा।'' ऐसी घोषणा छात्रों ने की। देशभर में ''इमरजेन्सी'' लागू की गई। हजारों-लाखों कार्यकर्त्ता अपने लोकतांत्रिक अधिकारों की रक्षा के लिए सत्याग्रह करके जेल गए। सर्व सेवा संघ में इस पर काफी वाद-विवाद हुआ। ''सत्याग्रह'' के बारे में विनोबा जी और जयप्रकाश जी के बीच-मतभेद जाहिर रीति से प्रकट हुए। कार्यकर्त्ता का भारी बहुमत ''सत्याग्रह'' के पक्ष में, जयप्रकाश जी के पक्ष में था। परंतु एकमत से यानी सर्वसम्मति से निर्णय करने की सर्व सेवा संघ की प्रथा के अनुसार ''सत्याग्रह'' के बारे में कोई निर्णय नहीं हुआ। व्यक्तिगत रूप से जिस किसी को सत्याग्रह करना हो तो उसे छूट दे दी गई। जयप्रकाश जी ने व्यथित होकर कहा ''ऐसे अन्याय के सामने सर्व सेवा संघ मौन रहाए इस बात का मुझे खेद है।''

''लोकतांत्रिक साम्राज्यवाद'' जयप्रकाश जी की जीवन निष्ठा थी। विनोबा जी के नेतृत्व में चले भूदान आंदोलन के सर्वोदयी मार्ग से समाजवाद इस देश में आएगा ऐसी उन्हें आशा थी। परंतु पूरे भारत देश की बात तो दूर रही, विनोबा जी के घोर प्रतिज्ञा के अनुसार कम से कम बिहार के भूमिहीनों की समस्या का समाधान भी नहीं निकला और विनोबा जी के हड्डियां भी बिहार की भूमि में नहीं गिरी, यह हुई समाजवाद की दुर्दशा। अब रहा लोकतंत्र, इस लोकतंत्र का भी जब इमरजेंसी में गला घोटा गया तो विनोबा जी के नेतृत्व के बारे में जयप्रकाश जी को पूरी निराशा हुई और उन्होंने कहा, ''सर्वोदय आंदोलन के नेतृत्व के लिए हमें फिर गांधीजी के पास वापस जाना होगा।''

कहा जाता है कि और तत्कालीन सरकार ने इसका भरपूर प्रचार किया कि विनोबा ने आपातकाल को ''अनुशासन पर्व'' कहा है। उसका कुछ स्पष्टीकरण उन्होंने नहीं दिया। वे मौन रहे। इसका फायदा शासनकर्त्ताओं ने उठाया। श्अनुशासन पर्व'' शब्द-प्रयोग का उपयोग इमरजेंसी के समर्थन के लिए किया गया। सर्वोदय में शामिल हुए युवा कार्यकर्त्ताओं का इससे मोहभंग हो गया। विनोबा जी के नेतृत्व के बारे में आशा भंग हो गई। ''सरकारी संत'' ऐसी जनमानस में विनोबा जी की प्रतिमा अंकित हो गई। विनोबा जी के इन उदगारों के विरुद्ध देशभर में खूब टीका-टिप्पणियां हुई। साल भर के बाद अपने मौन की समाप्ति के अवसर पर विनोबा जी ने श्अनुशासन पर्व'' का स्पष्टीकरण दिया। परंतु तब तक सर्वोदय आंदोलन की जो हानि हो चुकी थी, उसकी क्षतिपूर्ति नहीं हो सकती थी।

''आचार्यकुल'' का एक नया अध्याय सर्वोदय आंदोलन में विनोबा जी ने शुरू किया। प्राचीन गुरुकुल पद्धति का ''आचार्य कुल'' नया संस्करण था। देश की न्याय संस्था की तरह देश का शिक्षण स्वतंत्रए स्वायत्त और स्वयं शासित होना

चाहिए। ऐसा मौलिक विचार विनोबा जी ने देश के सामने रखा। राजनीतिक दलों की दलदल से यह आचार्य-कुल मुक्त रखने का सुझाव उन्होंने दिया। ये आचार्य निष्पक्षए निर्भय और निर्वेर रहने चाहिए और विद्यानिष्ठा, विद्यार्थीनिष्ठा तथा समाजनिष्ठा ऐसी उनकी विविध निष्ठाएं होनी चाहिए। प्राचीन गुरुकुल छोड़ते समय उपदेश दिया जाता था। मातृदेवो भव, पितृदेवो भव, आचार्य देवो भव। ''अनुशासन पर्व'' का यह अर्थ था कि देश का कारोबार आचार्य के मार्गदर्शन के अनुसार चले। परंतु आज अपने इस देश में इन आचार्यों को कोई नहीं पूछता। आचार्य कुल सम्मेलन में विनोबा जी ने इच्छा व्यक्त की थी कि इसमें देशभर में विद्वतजन, पत्रकार, संपादक, लेखक, विश्वविद्यालयों के कुलगुरु आदि सम्मिलित हो और वे राज्यकर्ताओं पर अपने मार्गदर्शन का अंकुश रखेंए परंतु आज इस आचार्य कुल की कल्पना केवल अव्यवहार्य कल्पना ही रह गई है। आज विश्वविद्यालयों के कुलगुरु यानी ''व्याकुल गुरू'' बन गए हैं। कारण उनकी नियुक्ति के लिए उन्हें राज्यकर्ताओं की मर्जी संभालनी पड़ती है। ऐसे व्याकुल गुरु भला शासनकर्ताओं पर निर्भरता से कैसे अंकुश रख सकते हैं।

विनोबा जी शब्द-प्रभु थे। उन्होंने ''पांच जनशक्ति'' का उल्लेख किया था। विद्वत-जनशक्तिए सज्जन-शक्तिए महाजनशक्ति, शास्त्रजनशक्ति और सामान्य जनशक्ति। ऐसी पांच जनशक्ति इकट्ठा होकर अपना ''पांच शक्ति'' फुँकेगी तो शासनशक्ति, अपने ठीक पथ पर चलेगी ऐसा विनोबा जी ने सुंदर शाब्दिक विवेचन किया था। लोकनायक जयप्रकाश जी ने इन पांच शक्तियों में से केवल सामान्य जनशक्ति को जागृत तथा संगठित करके जनतंत्र की रक्षा की। इमरजेंसी उठानी पड़ी। सार्वत्रिक चुनाव लड़ने पड़ेए उसमें जनता पार्टी की जीत हुई। जनतंत्र की जीत हुई। परंतु आपसी सत्ता स्पर्धा के कारण जनता पार्टी टूट गई और जनता सरकार गिर गई। ''मेरा बगिया उजड़ गया।'' ऐसे खेदपूर्ण उदगार जयप्रकाश जी के मुँह से निकल पड़े। जे.पी. का भी भ्रम निवारण हुआ। केवल राजनीतिक सत्ता परिवर्तन से पूरी क्रांति सफल नहीं हो सकती। ऐसा अनुभव उन्हें मिला। नागनाथ गए और सांपनाथ आए। ऐसा उन्हें कहना पड़ा।

इन अनुभवों के आधार पर जयप्रकाश जी ने ''संपूर्ण क्रांति'' की घोषणा की। सर्वोदय आंदोलन में ''संपूर्ण क्रांति'' का एक नया अध्याय फिर से जोड़ा गया। केवल राजनीतिक क्रांति अधूरी होती है। राजनीतिकए आर्थिकए सामाजिकए शैक्षणिकए सांस्कृतिकए नैतिक तथा आध्यात्मिक ऐसी ''संपूर्ण क्रांति'' (ज्वजंस त्मअवसनजपवदद्ध होना चाहिए। ऐसी संपूर्ण और समग्र क्रांति लाने का काम धुनी युवक ही कर सकते हैं। ऐसे धुनी युवकों की तलाश में मैं हूँ। ऐसा कहकर जयप्रकाश जी ने उनका आह्वान कियाए ''प्रत्येक व्यक्ति को शक्ति भर काम और आवश्यकता भर दाम देनेवाले शोषणहीनए अन्यायमुक्त, विषमताशून्य और समताधिष्ठित सर्वोदय समाज

के निर्माण के लिए मैं धुनी युवकों की तलाश में हूँ।''

आज जयप्रकाश जी हमारे बीच नहीं है। गांधीजी भी नहीं हैं। विनोबा जी भी नही हैं। फिर भी उनके विचारों का मार्गदर्शन हमारे पास है। आज के सर्वोदय आंदोलन में जयप्रकाश जी के ''संपूर्ण क्रांति'' के आवाह्न का विस्मरण हुआ सा दिख पड़ता है। कहीं-कहीं आचार्य कुल के केंद्र कार्यरत हुए हैं। सर्वोदय समाज के सालाना सम्मेलन संपन्न होते रहे हैं। गोहत्या विरोधी गोरक्षा के लिए जन-जागरण अभियान तथा सत्याग्रह आंदोलन जारी है। हमारे दलित हरिजन-बंधु और नारी समाजए कभी-कभी पूछते हैं, ''गाय जैसी पशु की हत्या रोकने के लिए सर्वोदय कार्यकर्ता सत्याग्रह करते हैं तो हरिजन बांधवों और महिलाओं पर हत्या तथा बलात्कार रोकने के लिए गांधीजी का सर्वोदय आंदोलन क्या कर रहा है? क्या हम पशुओं से भी गए बीते हैं?'' आज हमें गंभीरता पूर्वक इस प्रश्न का उत्तर ढूँढ़ना चाहिए।

डॉ. राम मनोहर लोहिया जी ने गांधीजी की मृत्यु के बाद सर्वोदय परिवार को तीन हिस्सो में बांट दिया था। एक ''सरकारी गांधी'', दूसरा ''मठी गांधी'' और तीसरा श्कुजात गांधीश। पं. जवाहरलाल नेहरू जी के नेतृत्व में सरकारी स्तर पर गांधी विचारों की परंपरा चलाई गई। विनोबा जी के द्वारा मठ यानी आश्रम की परंपरा चलायी गई और इन दोनों परंपराओं से अपने को भिन्न रखनेवाले गांधीजी के अनुयायी श्कुजात'' समझे जाने लगे। सरकार ने श्धर्मनिरप्रेक्ष राष्ट्रवाद और लोकतंत्र को अपनाकर तथा विदेश नीति में युद्ध विरोधी विश्वशांति की नीति घोषणा कर पं. नेहः ने गांधीजी के सर्वोदय विचार की परंपरा को सफलतापूर्वक आगे बढ़ाया, इसमें संदेह नहीं, परंतु औद्योगिक क्षेत्र में बढ़ता हुआ भ्रष्टाचार और ''इंडिया'' द्वारा ''भारत'' का शोषण आदि बातों से गांधी विचार परंपरा प्रायः लुप्तप्राय सी हो गई है। 'सेवा' भाव के बदले ष्मेवा भाव' बढ़ गया। ''मिशन'' हटकर ''कमीशन'' हो गया।

''मठी'' गांधी परंपरा में आश्रमी कर्मठ जीवनए प्रार्थनाए सूत कताई आदि कर्मकाण्ड के साथ-साथ आचार्य कुल और गोरक्षा आंदोलन तक ही उनका कार्य सीमित हुआ है। मध्यान्तर में कुछ वर्षों के लिए आश्रम के बाहर निकलकर विनोबा जी ने जो भूदानए ग्रामदान आंदोलन का तूफान चलायाए वह एक अपवाद स्वरूप घटना बन कर रही।

श्कुजात'' गांधी परंपरावाले गांधीजी के अनुयायी रचनात्मक तथा संघर्षात्मक दोनों पहलू लेकर चले। जयप्रकाश जी का संपूर्ण क्रांति का आंदोलन देशभर की छात्र-युवा पीढ़ी में जोर-शोर से फैल गया। डॉ. लोहिया ने भी मतपेटी, फावड़ा, और जेलए इन तीन प्रतीकों के द्वारा एक अर्थ में गांधी विचार को ही आगे बढ़ाया। ''अंधेरे में'' एक प्रकाश, जयप्रकाश जयप्रकाश! की घोषणा देने वाले ये लोग आज फिर एक बार अंधेरे में किसी नए ''प्रकाश'' की खोज में निकल पड़े हैं।

राम कमल राय

गांधी के बाद सर्वोदय आंदोलन की कुण्ठा

गांधीजी द्वारा प्रणीत क्रियाकलापों में सर्वोदय आंदोलन सर्वाधिक भ्रांति का शिकार रहा है। न तो इसके पक्षधरों और चलाने वालों के सामने एक निर्भ्रान्त दृष्टि थीए जो इस आंदोलन के औचित्य का समग्रतः प्रतिपादन कर सके और न ही इनके विरोधियों के पास वह सारा परिप्रेक्ष्य था, जिस परिप्रेक्ष्य में गांधीजी इस आंदोलन को चलाना चाहते थे। फिर भी गांधी की उपस्थिति एवं इस आंदोलन के केंद्र में उनका होना एक बड़ा प्रेरक सत्य था। गांधी के नेपथ्य में जाते ही ष्क्राइसिस' आना शुरू हो गई और सर्वोदय आंदोलन बेमौत मरने लगा।

सबसे पहले उन तर्कों की ओर अपनी दृष्टि ले जाना चाहूँगाए जो इस आंदोलन के सैद्धांतिक अंतर्विरोध को रेखांकित करते हैं। जो समाज वर्ग भेद पर आधारित है, जिसमें एक वर्ग दूसरे का शोषण करके ही अपने को समृद्ध कर रहा है, उसमें सबका एक साथ उदय कैसे? एक का उदय और दूसरे का पराभव है, वहां साथ-साथ उदय कैसे? अलग-अलग सोपानों पर बैठे लोगों को समान अवसर और विकास कैसे दिया जाए और यदि ऐसा संभव होगा तो क्या सुविधा के तल पर बैठे मनुष्य विकास की प्रक्रिया में छलांगें नहीं लगाएगा? फिर यह सर्वोदय कैसे? गांधी के सामने समाज का अंतिम व्यक्ति खड़ा रहता था। उन तक उनकी सीधी पहुँच थी। अतः उन्होंने उसके उदय की बाधाओं को ठोस रूप में पहचाना था और उसका निराकरण अपने ढंग पर करते हुए ही वे आगे बढ़े थे।

इसीलिए उनके प्रेम-दर्शन में एक केंद्रीय तत्व अन्याय के प्रखर विरोध का भी था। अन्यायए शोषणए दमन का प्रखरतम विरोध उनके चिंतन की आधारशिला थी। गांधी के व्यक्तित्व में यह जो एक आंच थीए इसे शोषक पहचानता था। वह जानता था कि गांधी का प्रेम शोषक की शोषण-वृत्ति को जलाने की भी क्षमता रखता है। अहिंसा का यह पुजारीए शोषण के सत्य को भी उतनी ही प्रखरता से पहचानता है। इसलिए जब वे ट्रस्टीशिप एवं विकेंद्रीकरण की बात करते हैं तो शोषक और पूँजी का संग्रही जानता था कि गांधी का प्रेम वह दुधारी तलवार है जो

पूँजी के सिंहासन को बड़ी निर्ममता से काटता है। इसीलिए उनकी बातों का सही अर्थ पहचान में आ जाता था। उनका प्रेमए उनके सत्याग्रह से आकार पाता था। उनका ट्रस्टीशिप का सिद्धांत विकेंद्रित अर्थ एवं सत्ता की दृष्टि से निर्धारित होता था। फिर सर्वोदय की बात एक भ्रामक प्रचार न बन कर एक नई जीवन-दृष्टि से उपजी मानी जा सकती थी। उस परिप्रेक्ष्य में शोषण का नंगारूप चल नहीं सकता था। शोषित मनुष्य निरंतर अपने नग्न रूप में सामने खड़ा होता था। गांधी के सर्वोदय रूप में अन्याय के विरोध की जो तेजस्विता थी वहीं उसकी प्राण शक्ति थी।

गांधी के जाते ही इस प्राण शक्ति का लोप होने लगा। प्रभु तो बना रहा पंरतु अन्याय एवं अनाचार के प्रति तीखे विरोध का स्वर लुप्त होने लगा। सत्याग्रह की प्रासंगिकता पर बहसें होने लगी। प्रेम एक लुंज-पुंज दर्शन बनने लगा। परिणाम यह हुआ कि अत्यंत सारगर्भित आंदोलन भी थोड़ा ही चलकर निष्प्राण हो गया। कौन नहीं जानता है कि गांधीजी के जाने के पश्चात विनोबा जी ने पूरे देश के पैमाने पर भूदान आंदोलन की लहर पैदा कर दी थी? सर्वोदय में एक नया आयाम उपस्थित होता सा दिखने लगा। पंरतु यह सब एक छलावा था। देश के चप्पे-चप्पे तक पहुँचने वाले विनोबा के कदम अन्याय-विरोध की तेजस्विता से खाली होकर वह असर नहीं पैदा कर सका जो गांधी का जादुई व्यक्तित्व कर देता था। चंपारण में निलहे जमींदारों के अन्याय का सारा तंत्र कांप उठा था, जब गांधी वहां पहुँचे थे। विनोबा उसी जगह पहुँचेए पंरतु दमन और शोषण के ठेकेदारों में कंपन के स्थान पर एक आत्मगौरव का भाव जगने लगा। उन्हें लगा वे कुछ दे सकते हैं, दे रहे हैं। बंजर और ऊसर जमीन को भूदान यज्ञ में अर्पित करने की एक देशव्यापी प्रतिस्पर्द्धा चल पड़ी। सारा आंदोलन विडंबना से भर उठा। अंततः उसे मरना ही था। कहने को विनोबा जी अत्यंत उच्च कोटि की बातें कहते थे। दान लेने वाला कहीं से यह अनुभव न करे कि वह हीन है, दयनीय है, पंरतु होता क्या था? देनेवाला छद्म करता था। पाने वाला दयनीय बनता था। सत्याग्रह और अन्याय के विरोध की प्राण-शक्ति से रिक्त यह आंदोलन बेमौत मर गया।

सर्वोदय आंदोलन के कार्यकर्त्ताओं और नेताओं में मनोमंथन चलता रहा। वे सोचते रहे कि ऐसा क्या अभाव है, जिसके कारण सर्वोदय आंदोलन निष्प्रभावी बनता जा रहा है। लोगों को वे दिन याद आ रहे थे जब विनोबा जी ने भूदान आंदोलन छेड़ा था। पूरे देश में एक नई लहर दौड़ने-सी लगी। जयप्रकाश नारायण सरीखे व्यक्ति भूदान के लिए अपना जीवन दान करने की घोषणा कर दी। भूदान से प्रेरित नए दान-आंदोलनों का सूत्रपात हुआ- बुद्धिदान, संपत्तिदान वगैरह-वगैरह। पंरतु यह सारा मायालोक कुछ ही समय में बिखरने लगा। दर्शन की भूमि स्खलित होने लगी और फिर साफ होने लगा कि न तो भूस्वामी अपनी भूसंपत्ति का विर्सजन

करने वाले हैं, न बुद्धि स्वामी अपनी बुद्धि का। इस विफलता की अनिवार्यता को विनोबा जी जैसा महान चिंतक क्यों नहीं देख सका? वास्तव में विनोबा जी आजीवन ब्रह्मचारी थे। आदर्श के तपोनिष्ठा रूप थे। वे मनुष्य की सहज साधारणता को साथ लेकर चलने की कला के निष्णात पुरुष नहीं थे। यह कला तो गांधी के ही साथ थी। वे मान कर चलते थे कि समाज में स्वार्थ एवं परमार्थ का द्वंद्व रहा है और रहेगा। इसलिए एक ओर परमार्थ की वृत्ति जगाओए दूसरी ओर स्वार्थ से संघर्ष की क्षमता को भी धारदार बनाए रखो। गांधीजी की पूरी दृष्टि कभी नहीं समझी जा सकती अगर उनके अन्याय के प्रति विरोध के तत्व को आत्मसात न किया जाए। यह सच है कि अन्याय के विरोध में गांधी ने कभी अन्यायी के संहार की दृष्टि का पोषण नहीं किया। वे अन्याय का शमन या विरोध करते थे नितांत तेजस्वी अहिंसक तरीके से। उसके समानांतर उनके प्रेम के दर्शन की चरितार्थता थी।

गांधी के जाते ही सर्वोदय को पूरी दृष्टिक्षेत्र से अन्याय के विरुद्ध लड़ने का तेवर बेमेल लगने लगा। परिणाम यह हुआ कि हम विवश होते चले गएए मनुष्य के भीतर जगे परमार्थी भाव को दया दृष्टि की ओर निहारने के लिए। परंतु हम भूल गए कि उपनिषद काल से आज तक कभी भी यह संभव नहीं हुआ कि मनुष्य पूरी तौर पर परमार्थी बनाया जा सके उनमें स्वार्थ और परमार्थ का द्वंद्व चिरन्तर है। सत्व, रज और तमस् का एक विचित्र संतुलन है मनुष्य के चित्त में। इसलिए गांधी ने प्रेम के साथ सात्विक संघर्ष की जमीन को बनाए रखना जरूरी समझा था।

विनोबा ने अपने जीवन के अंतिम चरणों में अनुभव करना शुरू कर दिया था कि सर्वोदय आंदोलन में कुंठा के जीवाणु गहरे बैठे हुए हैं। उन्होंने सार्वजनिक रूप से कहा भी कि निराश और थके-हारे लोग हमारे आंदोलन में आ रहे हैं। सर्वोदय एक जीवंत आंदोलन कैसे बना रह सकता है जब उससे जुड़े लोग ही कुण्ठाग्रस्त हों। विनोबा भी ऐसा अनुभव करते हुए उस मकड़जाल को तोड़ने को कटिबद्ध नहीं हो सके जिसमें सर्वोदय आंदोलन फंसा हुआ था। परंतु उनके रहते-रहते देश की जर्जरता अपनी पराकाष्ठा पर पहुँचने लगी। उनके सर्वोदय तंत्र से पूरी तौर पर जुड़े होते हुए भी जयप्रकाश ने संपूर्ण और समग्र क्रांति की पूरी परिकल्पना प्रस्तुत की। भले ही वह लोक-मानस में उतनी साफ न उतर सकी होए परंतु इतना अनुभव प्रत्येक युवामन करने लगा कि जयप्रकाश अन्याय का सक्रिय प्रतिरोध करना चाहते हैं और उस प्रतिरोध का नेतृत्व करने को तैयार हैं। गांधी का सत्याग्रह जैसे दुबारा फन उठाकर खड़ा हो गया है परंतु आंदोलन की परिणति में निराशा होनी ही थी। जयप्रकाश नारायण और उनके पीछे चलने वाली युवा पीढ़ी में एक बहुत चौड़ी खाई थीए उम्र कीए संवेदना की और समझदारी की भी। उन युवकों को सत्ता परिवर्तन के मुहाने तक ले जाना तो अपेक्षाकृत सरल कार्य था, किंतु आगे की यात्रा में उनका

सार्थक उपयोग करवाना अधिक कठिन कार्य था। सत्ता परिवर्तन की पूरी नकल नीतिहीन राजनीतिज्ञों के हाथ में चली गई जिन्होंने अपनी नासमझी भरी स्वार्थ की लड़ाई में सारी क्रांति को ही बंध्या कर दिया।

यह सारी कथा चिर परिचित है और इसे दुहराकर सर्वोदय आंदोलन की कुंठा को रेखांकित करना मेरा यहां उद्‌देश्य नहीं है। अभिप्राय है उस जमीन की तलाश जहां खड़ा होकर सर्वोदय आंदोलन को पुन: एक अर्थ दिया जा सके। डॉ. राममोहन लोहिया ने कहा है कि मनुष्य को पेट और मन की लड़ाई को साथ-साथ लड़ना होगा। भारतीय उपनिषदकारों ने मन के धरातल से पेट को ठीक करना चाहा था और वर्तमान साम्यवादी तंत्र ने पेट के धरातल से मन को ठीक करने की कोशिश की। दोनों ही असफल रहे। एक को ठीक करके दूसरे को स्वमेव ठीक होने की कल्पना नहीं की जा सकती। दोनों की जरूरतें मौलिक हैं, समानांतर है। साथ चलती हैं, अत: दोनों के कार्यों को पूरा करने की कोशिश भी एक साथ करनी होगी। इसी प्रकार मनुष्य के भीतर परमार्थ के भाव को जगाकर उसे समाजोन्मुखी बनाने की सुखद कल्पना चाहे जितनी दूभर होए यह मानकर चलना होगा कि सारा समाज इस प्रकार परमार्थोन्मुख नहीं बनाया जा सकता। लोग अपने स्वार्थ से प्रेरित होकर दूसरे के दमनए शोषण और उत्पीड़न का प्रयास करते रहेंगे। अत: सबके विरुद्ध अहिंसक सत्याग्रह का संघर्ष निरंतर करते रहना होगा। सदवृत्ति को जगाना और दुष्प्रवृति से लड़ना ये एक ही सिक्के के दो पहलू हैं। एक को स्थगित करके दूसरे से सामाजिक न्याय तक पहुँचना असंभव है। गांधी के बाद विशेषकर विनोबा भावे के निर्देशन में अन्याय के विरोध के तेवर को स्थगित करने का ही दुष्परिणाम हुआ कि सर्वोदय आंदोलन अपनी जीवंतता को खो बैठा परंतु यह एक विशेष कालीन परिस्थिति थी। आज पुन: इस बात की आवश्यकता है कि एक ओर हम मनुष्य के भीतर की करुणा कोए मैत्री भाव कोए मनुष्यता को जगाएं, दूसरी ओर उत्पीड़न, शोषण और विषमता के विरुद्ध अहिंसक युद्ध छेड़ने वाले दस्ते को तैयार करेंए तभी सर्वोदय की दोबारा चरितार्थता सिद्ध हो सकती है। (गाँधी-ज्योति, वर्ष 6 अंक-3ए 13 अप्रैल, 1989 से साभार।)

अश्विनी कुमार पंकज

आदिवासी दर्शन और गांधी दर्शन

'सृष्टि का प्रयोजन यह है कि उसमें देवत्व का प्रबोधन हो और पशुता प्रताड़ित होए शुभांश जागृत हो और अशुभ का पराभव हो। उनकी दृष्टि में जो कुछ अशुभ है, असुंदर है, अशिव है, असत्य है, वह सब अनैतिक है। जो शुभ है, जो सत्य है, जो शुभ्र है वह नैतिक है। वही सत्यए वही शिव और सुंदर है। महात्मा गांधी साध्य से अधिक साधन पर ध्यान देना आवश्यक मानते थे। उनका कहना था कि यदि साध्य पवित्र और मानवीय है तो साधन भी वैसा ही शुद्ध, वैसा ही पुनीत और वैसा ही मानवीय होना चाहिए।'[1] यह एक तरह से गांधी दर्शन की प्रस्तावना है, जो मूलतः हिंदू आर्य दर्शन है।

आदिवासी साहित्यकार और चिंतक वंदना टेटे ष्सत्यम शिवम सुंदरम' पर टिप्पणी करते हुए कहती हैं: 'आदिवासी दर्शन प्रकृतिवादी है। आदिवासी समाज धरतीए प्रकृति और सृष्टि के ज्ञात-अज्ञात निर्देशए अनुशासन और विधान को सर्वोच्च स्थान देता है। उसके दर्शन में सत्य-असत्यए सुंदर-असुंदर, मनुष्य-अमनुष्य जैसी कोई अवधारणा नहीं है न ही वह मनुष्य को उसके बुद्धि-विवेक अथवा 'मनुष्यता' के कारण महान' मानता है। उसका दृढ़ विश्वास है कि सृष्टि में जो कुछ भी सजीव और निर्जीव है, सब समान है। न कोई बड़ा है न कोई छोटा है। न कोई दलित है न कोई ब्राह्मण। सब अर्थवान हैं एवं सबका अस्तित्व एकसमान है।'[2]

वहीं 'गांधीयन थॉट वाइस-वर्सा इंडीजिनिस आइडियोलॉजी' लेख की शुरुआत में आदिवासी समाजशास्त्री जोसेफ मरियानुस कुजूर कहते हैं, ष्उनके अध्ययन को दो पहलुओं के आलोक में देखने की जरूरत है। पहला यह कि गांधी का कभी सीधा संबंध भारतीय आदिवासियों से नहीं रहाए न ही आदिवासी समस्याओं पर उनका कोई विशिष्ट विचार उनके लेखन में मिलता है। दूसराए गांधी दर्शन और आदिवासी दर्शन के बीच कोई द्वंद्वात्मक रिश्ता नहीं जान पड़ता है।'[3] कुजूर की दूसरी बात बिलकुल सही है, लेकिन पहली बात तथ्यगत रूप से सही नहीं है। डॉ. कुजूर की

नजरों से भारतीय आदिवासी संबंधी वैसे विचार और लेखन संभवतः छूट गए ऽ जो गांधी के 'संपूर्ण गांधी वाडमय' के विभिन्न खंडों में मौजूद हैं।

वैसे भी गांधी भारत में चल रहे आदिवासी आंदोलनों से पूरी तरह से वाकिफ थे। कानून की पढ़ाई के दिनों में उन्हें संथाल युद्ध का पता था, उन्हें बिरसा मुंडा के उलगुलान के बारे में भी जानकारी थीए उनके सहपाठी और मित्र ब्रिटिश लोग भी थे। उनके मित्रों में भारत में दमनरत ब्रिटिश गवर्नरोंए अफसरोंए व्यापारियों की संख्या अच्छी-खासी थी। भारतीय धनिक मित्रों में बिड़लाए टाटा जैसे और राजा-सामंत तो थे ही। अफ्रीका प्रवास में भारतीय समाज और राजनीति पर उनकी पूरी नजर रहती थीए जैसा कि कोई भी लेखकए पत्रकार और संपादक को रखना पड़ता है। उनके संबंध भारत में आने से पहले और आने के बाद भी वैसे लोगों से थे, जो ब्रिटिश शासकों की नीतियोंए गतिविधियों और अंग्रेज विरोधी भारतीय हलचलों की गहरी जानकारी रखते थे। सी.एफ. एन्ड्रूजए जो बिहार-झारखंड में एक प्रभावशाली अंग्रेज व्यक्ति थे, उनके बहुत करीब मित्रों में थे। फिर उन्हें झारखंड के सुप्रसिद्ध आदिवासी युद्धों की जानकारी कैसे नहीं रहती?

खैर, गांधी दर्शन क्या है इस पर विभिन्न आयामों में दुनिया भर के अख्यात-सुख्यात लेखकोंए विचारकों और आम लोगों तक ने अध्ययन किया है। गांधी दर्शन के असंख्य मीमांसक हमें बताते हैं कि गांधी का सामाजिक आदर्श है सर्वोदयए जीवनादर्श है सत्याग्रह और शासनादर्श है रामराज्य। इस रामराज्य के मूल दो स्तंभ हैं सत्य और अहिंसा। सत्य से पूर्ण जीवन और सत्य पर आधारित जीवन-पद्धति की खोज गांधी का आग्रह है। इसीलिए उन्होंने अपनी आत्मकथा को ष्सत्य के प्रयोग' कहा। सत्याग्रह अहिंसा का सत्य है। गांधी के जीवनीकारों के अनुसार अहिंसा एवं सत्य गांधी दर्शन के एक ही सिक्के के दो पहलू हैं। उन्होंने भगवद्गीता को मां और राम-सीता को अपना सर्वोच्च आदर्श माना। सामाजिक हित को सर्वोपरि मानते हुए भी गांधी व्यक्तिगत स्वतंत्रता के प्रबध पक्षधर हैं।

दलितए पिछड़ेए स्त्रियाँ और साम्राज्यवाद तथा रंगभेद विरोधी संघर्षों के परिप्रेक्ष्य में चालीस के दशक से ही गांधी दर्शन को समझाने का प्रयास किया जा रहा है। अमेरिका के अश्वेत नेता मार्टिन लूथर किंग और गांधी पर जरूर एक-दो पुस्तकें आई हैं परंतु भारत में अध्येताओं को कोई ऐसा आदिवासी नेता नहीं मिला जिसके राजनीतिक विचारों के आलोक में या स्वतंत्र ढंग से आदिवासी और गांधी पर बात की जा सके। जबकि गांधी के दौर में डॉ. अंबेडकर, मो. जिन्नाए नेहरूए सरदार पटेल और डॉ. राजेन्द्र प्रसाद के सामने भारतीय आदिवासियों के प्रमुख नेता जयपाल सिंह मुंडाए जिन्हें झारखंड के आदिवासी 'मरङ गोमके' (महान अगुआ) कहते हैं, प्रखरता के साथ मौजूद हैं।

अकादमिक अध्येताओं, राजनीतिक चिंतकों, इतिहासकारों, लेखकों और सामाजिक विश्लेषकों की विशेष रुचि गांधी दर्शन के प्रसार में रही है, विशेषकर अहिंसाए सत्य और विश्व शांति की दृष्टि से। गांधी दर्शन के सभी अध्येता-लेखकों ने सामान्य तौर पर 'अहिंसा', ष्सविनय अवज्ञा', 'स्वदेशी', 'स्वराज', ष्ग्राम स्वराज' (सर्वोदय), 'ट्रस्टीशिप', विश्व मानवता व बंधुत्व और 'सत्य के प्रयोग' (सत्याग्रहद्ध को उनके दर्शन के प्रमुख तत्त्वों के रूप में चिन्हित किया है। गांधी दर्शन की पड़ताल कम और उनको विश्व शांति का दूत व महात्मा सिद्ध करने वाले लेखकों में शत-प्रतिशत ष्भारोपीय' लोग हैं। 'भारोपीय' यानी भारतीय और यूरोपीय। गांधी के तर्क के अनुसार ये दोनों एक ही 'नस्ल' और ष्सभ्यता' के वारिस हैं। इसीलिए गांधी को रामायण के साथ-साथ बाइबिल भी पसंद है। कुरआन और दूसरे धार्मिक ग्रंथों की भी वे अवहेलना नहीं करते, पर जहां तक प्रभावित होने की बात है, या अनुकरण करने का सवाल है, तो गांधी सिर्फ इन दोनों धार्मिक ग्रंथों का ही जिक्र बार-बार करते हैं। इसका मतलब यही हुआ कि गांधी दर्शन पर लिखने वाले लोगों में वे लोग या तो नहीं हैं, या न्यूनतम हैं, जिन्हें दुनिया में अलग नस्लों वाले इंसानी समूहों के रूप में जाना जाता है। जैसेए दक्षिण अफ्रीका के जुलु या फिर भारत के भीलए गोंड, संतालए मुंडाए खड़ियाए असुर और उरांव आदिवासी। इस दृष्टि से गांधी और आदिवासी दर्शन पर जोसेफ मरियानुस कुजूर के अध्ययन का महत्त्व बढ़ जाता है।

गांधी और आदिवासी दर्शन के तुलनात्मक अध्ययन में समाजशास्त्री कुजूर दक्षिण अफ्रीका में गांधी के रंगभेद अनुभवों से अपनी बात शुरू करते हैं और इस क्रम में जुलु व अन्य अफ्रीकी आदिवासी समुदायों के साथ होने वाले औपनिवेशिक शोषण-उत्पीड़न का वर्णन करते हैं। उनके अनुसार गांधी का आदिवासी समुदाय के साथ यह पहला साक्षात्कार था जो आत्मनिर्णय का अपना अधिकार खो चुके थे। जहां तक भारत के आदिवासियों का प्रश्न है, तो दलितों को उन्होंने ष्हरि का जन' कहा और उनकी लगातार पैरवी कीए लेकिन आदिवासियों पर तनिक भी ध्यान नहीं दियाए जिनके अस्तित्व और अधिकार का नकार भारतीय शासक वर्ग करता रहा है।[4]

धर्म को सर्वोच्च मानने वाले गांधी के अनुसार ष्हरि' (धर्म) व्यक्ति का निजी मसला है, 'लेकिन आदिवासी विश्वदृष्टिकोण मानता है कि सर्वोच्च सृष्टिकर्ता की मौजूदगी उनके बीच ही है। उसी ने उनको जीने की कला सिखायी है। उनके सर्वोच्च सृष्टिकर्ता की उपस्थिति हम उनके मिथकों में पाते हैं जिनका वाचन जीवन के महत्त्वपूर्ण सामाजिक गतिविधियों में किया जाता है। गांधी के ब्रह्मांड विज्ञान में एक श्रेणीगत व्यवस्था है जिसमें ईश्वरीय पवित्रता सर्वोच्च है और सृष्टिगत प्राकृतिक व्यवस्था द्वितीयक है। आदिवासियों में भी श्रेणीबद्धता है—एक है सृष्टिगत वास्तविक दुनिया और दूसरी है अलौकिक दुनिया। सृष्टिगत वास्तविक प्राकृतिक दुनिया में

जहां समतावाद है, वहीं अलौकिक संसार में पदानुक्रम है। सृष्टिकर्ता सर्वोच्च है जबकि आत्माएं, जो उनके अस्तित्व के लिए जरूरी हैं, वे द्वितीयक हैं। गांधी दर्शन के अनुसार नैतिकता एक पवित्र ईश्वरीय व्यवस्था है जिसका सहज ज्ञान व्यक्ति निजी रूप से आंतरिक तौर पर करता है। नैतिक जागृति ईश्वरबोध से आती है। गांधी का दृढ़ विश्वास है कि नैतिकता ही एक व्यक्ति का दूसरे से सहयोगी संबंध बना सकती है। ऐसा सहयोग सच्चे प्रेम के बिना संभव नहीं है। अहिंसा का मूलाधार प्रेम है, जो मानव की समस्त गतिविधियों और पारस्परिक सम्बन्धों को शासित करता है। आदिवासियों की नैतिकता की धारणा उनके सामाजिक व्यवस्था में निहित है। जीवन के प्रतिमानों में उनका विश्वदृष्टिकोण पल्लवित और पोषित है। धर्म उनके जीने का तरीका है, तो नैतिकता उनके सामाजिक ढांचे में पैवस्त और संचारित है। आदिवासियों का सारा क्रियाकलाप इसी विश्वास से शासित होता है कि सृष्टिकर्ता संपूर्ण इंसानी जगत और प्रकृति का कल्याण चाहते हैं।[5]

मानवविज्ञानी और आदिवासी स्कॉलर जोसेफ मरियानुस कुजूर की यह समझ गांधी पर भारतीय आदिवासियों की ओर से एक बड़ा सवाल खड़ा करती है और उनके राष्ट्रपिता व महात्मा होने की 'पवित्रता' पर संदेह व्यक्त करती है। हालांकि आदिवासी सोच के अनुरूप कुजूर की अध्ययन दृष्टि गांधी पर आक्रामक नहीं, बल्कि समन्वयवादी है। वे अपने अध्ययन में बताते हैं कि गांधी दर्शन और आदिवासी दर्शन में द्वंद्व की अपेक्षा साम्यता है। यह विश्लेषण बहुत हद तक सही है, क्योंकि कुजूर ने अपने महत्वपूर्ण तुलनात्मक अध्ययन में गांधी दर्शन के उन्हीं मूल तत्त्वों को आधार बनाया है जो सुविचारित और सुप्रचारित हैं।

गांधी दर्शन का मूल तत्त्व 'अहिंसा', 'सत्याग्रह' और 'स्वराज' है। यह सर्वमान्य है कि गांधी ने (जिसे गांधी अपनी आत्मकथा में स्वीकार करते हैं) अपने जीवनदर्शन को धर्मए विभिन्न दार्शनिकों के प्रभाव और निरंतर किए गए ष्सत्य के प्रयोगों' से सुगठित रूप दिया। टॉल्सटाय के 'द किंगडम ऑफ गॉड विदिन यू' (1883) और 'क्रिश्चियनिटी एंड पैट्रियाटिज्म' (1894) पुस्तकों का गांधी पर गहरा प्रभाव रहा है। टॉल्सटाय बीसवीं सदी के उन दार्शनिकों में से हैं जो शारीरिक श्रम को प्रतिष्ठित मानते हैं तथा धार्मिक पाखंडए विकृति नैतिकता और औद्योगिकरण के दुष्प्रभावों से हमें सचेत करते हैं। भौतिकवादीए भोगवादी जीवन का नकार करते हुए टॉल्सटाय इसे एक अपराधस्वरूप जीवन घोषित हैं। इस सम्बन्ध में गांधी को लिखते हुए टॉल्सटाय कहते हैं, ष्प्रेम में जैसे ही शक्ति का प्रवेश हुआए जीवन के सिद्धांत के रूप में प्रेम बाकी नहीं रहा और न रह सकता है। अब चूँकि प्रेम का सिद्धांत ही नहीं बचाए इसलिए कोई सिद्धांत भी नहीं बचाए सिवाय हिंसा और बलवानतम की शक्ति के।[6]

अपनी आत्मकथा में गांधी ने कहा है कि टॉल्सटाय के अतिरिक्त ब्रिटिश जॉन रस्किन दूसरे दार्शनिक हैं जिनकी किताब 'अनटू दिस लास्ट' (1860) को पढ़ने के बाद उनका जीवन बदल गया। गांधी इस किताब से इतने प्रभावित थे कि उन्होंने इसका अनुवाद तुरंत कर डाला और शीर्षक रखा-सर्वोदय। भौतिकता, उपयोगितावाद, मशीनीकरण, श्रम का समान मूल्य, श्रम की प्रतिष्ठाए सामाजिक हित में व्यक्ति हित निहित है और ट्रस्टीशिप की अवधारणाएं गांधी ने रस्किन की इसी किताब से ली।

इन दोनों से बिल्कुल अलग दार्शनिक और नेतृत्वकर्ता हेनरी डेविड थोरो हैं, जिनसे गांधी ने ष्सविनय अवज्ञा' लिया। थोरो अमेरिका के दास और युद्ध विरोधी एक प्रमुख सामाजिक-राजनीतिक विचार और कार्यकर्ता हैं, जिन्होंने राज्य हिंसा का विरोध करते हुए उसी राज्य को श्रेष्ठ बताया है जहाँ नागरिकों की स्वतंत्रता में न्यूनतम अवरोध हो और उन्हें स्वविवेक से काम करने की छूट हो। थोरो की मान्यता है कि नागरिकों को राज्य के उन्हीं आदेशों का पालन करना चाहिएए जो उनकी आत्मा को स्वीकार्य हो।

गांधी जीसस और पैगम्बर के जीवन और विचारों से भी बहुत प्रभावित हैं और दुश्मन से भी प्रेमए सन्धि व अपराधियों को भी क्षमा जैसे तत्त्वों को इनसे ग्रहण किया है। लेकिन उन पर जो समग्र प्रभाव है, वह मूलत: हिंदू धर्मए उसके वैदिक साहित्य और रामायण व भगवदगीता में सूत्रबद्ध भारतीय दर्शन परम्पराओं का ही है। हिंदू धर्म-दर्शन की परिधि में ही गांधी ने दुनिया के अन्य धार्मिक, आध्यात्मिक और राजनीतिक दर्शनों से गृहित तत्त्वों को संयोजित कर अपने विचारों को सुंसगठित एकरूपता और सुनियोजित व्यवहारों को सजीवता प्रदान की है।

परंतु जैसा कि जोसेफ मरियानुस कुजूर अपने अध्ययन में निष्कर्ष देते हैं कि गांधी और आदिवासी दर्शन में साम्यता है, इससे हमें बहुत ही साफ तौर पर गांधी पर आदिवासी दर्शन के प्रभाव का पता चलता है। चूँकि नस्ली गांधी और नस्लीय रूप से समान ष्भारोपीय' समाज और सत्ता के लेखक आदिवासियों को धर्म-दर्शनविहीन 'जंगली', 'बर्बर' आदिम रूप से 'असभ्य' मानते हैं, इसलिए स्वाभाविक है कि 'आदिवासी प्रभाव' की चर्चा उनकी ओर से भूलकर भी नहीं की जाएगी। और गांधी तो इस मामले में अत्यंत सचेत हैं। अमेरिकी चिंतक एक्टिविस्ट 'थोरो के प्रभाव'[7] की चर्चा करके भी वह उसका खंडन करने से नहीं चूकते। शायद इसलिए कि ब्रिटिश शासन को अपना सर्वेसर्वा मानने वाले गांधी के लिए थोरो 'अमेरिकी' हैं, ब्रिटिश नागरिक नहीं! ऐसे गांधी भला क्योंकर आदिवासी प्रभाव को स्वीकारेंगे?

अहिंसाए सत्याग्रह, स्वदेशी और विश्वबंधुत्व (विश्व शांति) ये चारों दार्शनिक तत्त्व मूलत: आदिवासियों द्वारा सृजित हैं। पिछले पांच हजार साल से भी अधिक समय से आदिवासी इस दर्शन को व्यवहार रूप में जी रहे हैं। स्वयं को मुख्यधारा

कहने वाला विश्वसमाज अपनी सभ्यताओं के आरंभ से ही आदिवासी दर्शन और समाज को खारिज करता रहा है। हम देखते हैं कि इतिहास के हर दौर में उसने आदिवासियों के साथ-साथ स्वयं अपनी सभ्यता के भीतर के समाजों के श्रमिक-करीगर समुदायोंए दलितोंए पिछड़ों और स्त्रियों साथ भी उपेक्षा व शोषण का व्यवहार रखा है। इनके श्रमए कलाए विज्ञान और बौद्धिकता को उसने कभी नहीं स्वीकार किया है। आदिवासी दर्शन और साहित्य की पैरोकार वंदना टेटे कहती हैं : 'आदिवासी दर्शन को नकारने के पीछे उनकी राजनीतिक मंशा यही है कि आदिवासियों के पास अपना कोई जीवनदर्शन नहीं है। वे आदिम और एक पिछड़े हुए समाज हैं। इस प्रकार अंततः दो संस्कृतियों अथवा दो दर्शनों के संघर्ष में वे चाहे वामपंथी, दक्षिणपंथी या मध्यमार्गी हों, सब के सब एक ही पाले में खड़े हैं। अलग-अलग झंडों और अलग-अलग नारों के साथ परंतु एक ही धर्म-ध्वजा (हिंदूए मुस्लिम, ईसाई) के तले।'[8]

समाज-साहित्य और इतिहास में आदिवासियों के साथ हो रहे भेदभाव पर आदिवासी विचारक हेरॉल्ड एस. तोपनो[9] और युवा आदिवासी कवि अनुज लुगुन[10] का विचार भी ऐसा ही है। अफ्रीकी आदिवासी नाटककार और चिंतक न्गूगी वा थ्योंगो[11] और यूरोप-अमेरिका के अनेक अश्वेत आदिवासियों बुद्धिजीवियों ने इस सम्बन्ध में गैरआदिवासी नस्ली अवधारणाओं का पुरजोर खंडन किया है।

'सत्याग्रह' यानी 'सत्य का आग्रह'। मूलतः यह सीख और संघर्ष का यह अनूठा तरीका गांधी ने आदिवासियों से लिया है। जीवन के हर मामले में आत्मनिर्भर आदिवासियों से ही उन्होंने 'खादी' और 'ग्राम स्वराज' की समूची अवधारणा ग्रहण की है। यह ऐतिहासिक सच है कि भोजनए वस्त्र और आवास, इन तीनों बुनियादी जरूरतों के लिए आदिवासी कभी किसी पर निर्भर नहीं रहे हैं। यहाँ तक कि नमक भी वे अपना बनाया ही इस्तेमाल करते थे। इसका प्रत्यक्ष भौतिक अनुभव गांधी को पहली बार चम्पारण दौरे के दौरान राँची प्रवास में आदिवासियों के बीच हुआ था।

राँची में उन दिनों आदिवासियों का 'टाना आंदोलन' चल रहा था। इस टाना आंदोलन में मुंडाए खड़िया और दूसरे आदिवासी समुदाय शामिल थे, परंतु मुख्यतः इसका नेतृत्व उरांव आदिवासी समुदाय के हाथों में था। आंदोलनकारी आदिवासी खुद को 'टाना भगत' कहते थे। इन आदिवासी टाना भगतों ने अहिंसक अवज्ञा आन्दोलन छेड़ रखा था। ये सरकार को टैक्स नहीं दे रहे थे और अन्य सरकारी कानूनोंए जो उनके मुताबिक अन्यायपूर्ण थे, की शांतिपूर्वक अवज्ञा कर रहे थे। जब गांधी के मेजबान व्यावसायियों द्वारा उन्हें इसकी जानकारी मिली तो वे बहुत उत्सुक हुए। उनकी इच्छा पर मेजबानों ने उन्हें टाना भगतों से मिलवाया। टाना भगतों का सादा-सरल जीवन, न्यूनतम जरूरतें, सामूहिक जीवनशैली, सहजीवितापन, संगीतमय

वातावरणए स्वनिर्भर आत्मस्वाभिमानी आचार-विचार और व्यवहार, अटूट सामाजिक संगठनए हर तरह के श्रम के प्रति सम्मान और समर्पणए स्त्रियों की समान भागीदारी और स्वतंत्रताए यहाँ तक कि कपड़ा भी खुद से बुनकर पहनना ण्ण. यह सब देखकर गांधी मुग्ध रह गए। इनका संघर्ष तो दक्षिण अफ्रीका के जुलु व अन्य आदिवासियों से बिल्कुल भिन्न था। उनकी सोच के अनुरूपए जो टॉल्स्टाय, रस्किन, थोरो और हिंदू धर्म के ग्रंथों से पढ़कर बना था। पर यहाँ तो वह सब जीवंत था, पढ़े-सुने और अब तक देखे गए शब्दों व दृश्यों से कहीं ज्यादा उच्चतर मूल्यों के व्यावहारिक-निर्मल प्रेममय-रूप में।

गांधी जून से अक्तूबर 1917 में पांच महीने लगातार राँची आते-जाते रहे। उनके दिलोदिमाग में टाना भगतों का प्रेममय और अहिंसक आन्दोलन घूमता रहा। आदिवासियों का अहिंसक 'चरखा' उनके और विचार को मथता रहा। 'कपड़ा', जिसे सिर्फ औद्योगिक कारखाने ही बड़ी संख्या में उत्पादित किया करते थे, और इसी उत्पाद तथा बाजार के बल पर ब्रिटेन, अमेरिका, जापान और फ्रांस जैसे कुछेक देशों ने पूरी दुनिया में अपने साम्राज्य खड़े कर लिये थे, उसे राँची में थोड़े-से 'जंगली' कहे जाने वाले और सभ्यता के सबसे पिछड़े माने जाने वाले आदिवासी लोग सफलतापूर्वक चुनौती दे रहे थे। उन्हें मिल के बने विदेशी कपड़ों की कोई आवश्यकता नहीं थी। इससे गांधी के विश्वास को बल मिला। 1909 में उन्होंने कल्पना से 'हिंद स्वराज' लिखी थीए टाना भगत आदिवासियों के बीच तो सब कुछ व्यवहार में मूर्त था। गांधी के मन में चरखा, खादी, गाँव की परस्पर सहयोगी श्रमशील कारीगरी, किसानी और उद्यम से भरपूर ग्राम स्वराज-सर्वोदय की पूरी संकल्पना साकार हो उठी। उनके अब तक के कागजी सत्याग्रह की अपेक्षा यह व्यावहारिक और जीवंत सत्याग्रह था। सुंदरए सजीव और एक अहिंसक रचनात्मक आन्दोलन।

दक्षिण अफ्रीका के सत्याग्रह में उन्होंने कोई स्कूल नहीं खोला, किसी अस्पताल की स्थापना नहीं की, सामुदायिक उत्पादन की कोई योजना नहीं चलायी, व्यापार को ही प्रोत्साहित करते रहे थे, लेकिन चम्पारण में कागजी कार्यवाहियों के अतिरिक्त यह सब भी उन्होंने पूरे मनोयोग से किया। ऐसा रचनात्मक प्रयोग उनके जेहन में दक्षिण अफ्रीका से ही था। डरबन के फिनिक्स में जहां उन्होंने 1903 में आश्रम की स्थापना की थी, वहां उनसे 3 साल पहले 1900 में ही अफ्रीकन नेशनल कांग्रेस के संस्थापक अश्वेत आदिवासी नेता जॉन डूबे ऐसे संस्थानों की नींव डाल चुके थे। दक्षिण अफ्रीकी आदिवासी समुदाय की उन्नति के लिए जॉन डूबे ने फिनिक्स में ही, गांधी के आश्रम से महज 2-3 किलोमीटर की दूरी परए स्कूल, अस्पताल, कारीगरी प्रशिक्षण आदि के संस्थान खोले थे। गांधी पर निश्चय ही अफ्रीकन नेता जॉन डूबे के

इन रचनात्मक कार्यों का गहरा असर था। भारत में गांधी ने जिसे अपने 'रचनात्मक कार्यों' के अंतर्गत प्राथमिक तौर पर अपनाया और पांच साल बाद जब भारत में गांधी ने पूरापूरी राजनीति में उतरने का फैसला किया, तो सविनय अवज्ञा के साथ साथ सत्याग्रह के उनके मूल तत्त्व थे —चरखा, खादी, स्वदेशी, ग्राम स्वराज और अहिंसा। लेकिन 'रामनाम' के हिंदू धार्मिक रस में लपेटा हुआ। अर्थात् रामराज्य (हिंदू धर्मराज्य)। सत्याग्रह की इस नयी भारतीय पारी और परफॉरमेंस के लिए उन्होंने अपना 'गेटअप और कॉस्ट्यूम' भी बदलाए जो आदिवासियों वाला था बस एक धोती। 'चरखा' जो उनके राजनीतिक दर्शन और कार्यवाहियों का प्रतीक था, वह और कुछ नहीं आदिवासियों का 'धनुष-तकुआ' था, जिससे सूत बनाते हुए गांधी ने आदिवासियों को देखा था। जिसे सार्वजनिक रूप से जीवन के अंतिम दिनों में ही उन्होंने 'उद्घाटित' किया, यह कारण देते हुए कि चरखा निर्माण, उसकी खरीद और उसका रखरखाव अब महँगाई व अन्य असुविधाओं के कारण व्यावहारिक रूप से संभव नहीं रह गया है। प्रत्यक्षत: और सीधे-सीधे तो उन्होंने आजीवन स्वीकार ही नहीं किया कि व्यावहारिक सत्याग्रह दर्शन की सीख उन्हें आदिवासियों से मिली थी। आदिवासियों से अनायास मिली इसी सीख का आजीवन उन्होंने 'सायास' प्रयोग किया और लोगों (उच्च वर्ग) ने उन्हें 'महात्मा' घोषित किया।

जोसेफ मरियानुस कुजूर जोर देकर कहते हैं, ष्इस तथ्य के बावजूद कि गांधी अनपेक्षित ढंग से आदिवासी समस्याओं के प्रति नि ंक्रिय थे, अगर कोई गांधी दर्शन और आदिवासी दर्शन को एक साथ देखेगा तो वह हैरत में रह जाएगा कि चाहे वह विचार होए आचार होए या कि भावनाए दोनों दार्शनिक परंपराओं में कितनी समानता है।'[12] विकेंद्रीकरण का जो स्वप्न गांधी देख रहे थे, वह तो आदिवासी गाँवों में व्यावहारिक रूप से जीवंत था। कुजूर कहते हैं कि दुनिया को बेहतर बनाने के लिए विश्व बंधुत्व, सर्वोदय यानी सबका विकास, जीवन में समादरए क्षमाए पापी से नहीं पाप से घृणा आदि गांधी के इन सभी विचारों में आदिवासी दर्शन प्रतिध्वनित है। गांधी ने जिन सामाजिक-राजनैतिक मूल्यों को अपने दर्शन में उच्चतर स्थान दिया है, वह आदिवासियों के यहाँ मूर्त रूप में उपस्थित है। कल्याण की अवधारणा ही अपने आपमें पूरी तरह से आदिवासियों की देन है।

नैतिकता, अहिंसा, सत्याग्रह, ट्रस्टीशिप, अ-मशीनीकरण, सर्वोदय, ग्राम स्वराज, सर्वजन हिताय बहुजन सुखाय, वसुधैव कुटुम्बकम और विश्व शांति आधारित दर्शन, जो आदिवासी दर्शन के धागों से बुना है, इसे वे धार्मिक नस्ली हिंदूवादी दर्शन के तत्त्वों से बने धागों को मिलाते हैं। क्योंकि उनकी मूल चिंताए जिसे गांधी संकल्प की तरह दोहराते रहते हैं, यही है कि 'हिंदू धर्म कहीं नि:शेष न हो जाए।'

आदिवासियों के संदर्भ में गांधी ने कहा है – 'सभी नस्लों की पवित्रता की

वकालत करते हुए (भी)... हम भी नस्लों की शुद्धता में उतना ही ज्यादा विश्वास करते हैं, जैसा कि वे (गोरे) सोचते हैं।'[13]

यह भी ध्यातव्य है कि कोई भी महान आत्मा दुर्बल नस्लवादी आत्मा को सीख देने के बहाने से ही सही उसे वीर और देशभक्त नहीं बता सकता। लेकिन गांधी ने युद्ध रोकने के लिए हिटलर को लिखे पत्र में उसका महिमामंडन ही किया -

'हमें आपकी वीरता या देशभक्ति में सन्देह नहीं है, और न हम यही मानते हैं कि आपके विरोधी आपको जिस तरह राक्षस के रूप में चित्रित करते हैं आप वैसे हैं।[14]

गांधीवाद ही नहीं, देश का हर 'वाद' जब तक इस नस्लीय सोच से बाहर नहीं निकलेगाए गांधी को 'महात्मा' कहते रहने का अर्थ होगाय हर पल सहअस्तित्व और सहजीविता आधारित उन उच्चतर आदिवासी मूल्यों का नकारए जिसे गांधी ने दुनिया तक पहुँचाने की कोशिश की। इसीलिए गांधी से अहमति जताते हुए भी जोसेफ मरियानुस कुजूर आदिवासी दर्शन के प्रसार के अर्थ में कहते हैं, ष्गांधी आदिवासी सवालों के वाहक कत्तई नहीं हैं, लेकिन गांधी के जरिए हम आदिवासी दर्शन के लिए 'स्पेस' और संवाद का कुछ अवसर बना सकते हैं।[15]

गांधी का 'सत्याग्रह' हो या कार्ल मार्क्स का 'आदिम साम्यवाद', बीसवीं सदी में इन दोनों राजनीतिक चिंतकों का असर व्यापक रहा है। दुनिया को बदलने में दोनों दार्शनिकों की बड़ी भूमिका है। गौरतलब है कि गांधी और मार्क्स दोनों का दर्शन बुनियादी तौर पर आदिवासी दर्शन की ही नवीन व्याख्या और प्रस्तुतीकरण है। इन दोनों महान राजनीतिक दार्शनिकों से बहुत-बहुत पहले बुद्ध ने भी सत्यए अहिंसा और संघ (सामुदायिक) का जो जीवनदर्शन दियाए विश्व शांति का जो संदेश इस ग्रह के अनेक भू-भागों में प्रसारित कियाए वह भी आदिवासी दर्शन ही है। बुद्ध ने ष्संघं शरणं गच्छामि' (सामुदायिक जीवन की राह पर चलोद्ध का मूल सामाजिक तत्त्व आदिवासी समुदायों से ही अंगीकार कर दुनिया को बदल पाने में समर्थ हुए थे।

संदर्भ सूची—

1. महात्मा गांधी, विकिपीडिया से
2. वंदना टेटे, वाचिकता, संस्कृति प्रकाशन, पृ. 18
3. जोसेफ मरियानुस कूजूर, 'गांधीयन थाउट्स वाइस-वर्सा इंडीजिनस आइडियोलॉजीरू सम रिफलेक्शंस फॉर एन इंटीगरल ह्युमिनिज्म फॉर द थर्ड मिलेनियम', 'गांधीरू द मिनिंग ऑफ महात्मा फॉर द मिलेनियम', सं. कुरूविल्ला पांडीकट्टूए में, पृ. 83
4. वही, पृ. 84
5. वही, पृ. 86

6. गांधी की कहानी, लुई फिशर (अनु. चंद्रगुप्त वार्ष्णेय, पृ. 58)
7. संपूर्ण गांधी वाङ्मय, खण्ड 45, पृ. 95
8. वंदना टेटे, वाचिकता, संस्कृति प्रकाशन, पृ. 6
9. देखें : हेरॉल्ड एस. तोपनो, उपनिवेशवाद और आदिवासी संघर्ष, सं. अश्विनी कुमार पंकज, विकल्प प्रकाशन, दिल्ली, 2015
10. देखेंरू अनुज लुगुन, आदिवासियत का लड़ाकू विचारक, प्रभात खबर, राँची, 13-05-2016
11. देखेंरू न्गूगी वा थ्योंगो, औपनिवेशिक मानसिकता से मुक्ति, ग्रंथ शिल्पी, दिल्ली, 1999
12. जोसेफ मरियानुस कूजूर, 'गांधियन थाउट्स वाइस-वर्सा इंडीजिनस आइडियोलॉजीरू सम रिफलेक्शंस फॉर एन इंटीगरल ह्युमिनिज्म फॉर द थर्ड मिलेनियम', (कुरूविल्ला पांडीकट्ट, 'गांधीरू द मिनिंग ऑफ महात्मा फॉर द मिलेनियम', पृ. 8
13. इंडियन ओपिनियन, 24 सितंबर 1903
14. वर्धा से 24 दिसम्बर 1940 को हिटलर को लिखा गया पत्र (संपूर्ण गांधी वाङ्मय, खंड 73, पृ. 275)
15. जोसेफ मरियानुस कूजूर, 'गांधियन थाउट्स वाइस-वर्सा इंडीजिनस आइडियोलॉजीरू सम रिफलेक्शंस फॉर एन इंटीगरल ह्युमिनिज्म फॉर द थर्ड मिलेनियम', (कुरूविल्ला पांडीकट्ट, 'गांधीरू द मिनिंग ऑफ महात्मा फॉर द मिलेनियम', पृ. 91

राधाकृष्ण भाई

समसामयिक चुनौतियां एवं स्वयंसेवी संगठन

हम लोग पिछले दो-तीन सालों से क्षेत्रीय एवं राष्ट्रीय पैमाने पर स्वयंसेवी संगठनों के जटिल मुद्दों पर विचार-विमर्श, करते आए हैं। हमें इन मुद्दों की पहचान करते रहने की जरूरत है, नहीं तो हम सही तरीके से सफल निरीक्षण नहीं कर पाएंगे और अपने अस्तित्व को बचाने में असफल होने की संभावना बढ़ जाएगी। हमारे सामने नई चुनौतियाँ खड़ी हैं उसकी पहचान कर सटीक कदम उठाने पड़ेंगे। नई तरह की चुनौतियों का सामना करने के लिए हमें अपने आप में झांक कर देखना होगा और संगठनात्मक स्तर पर परिवर्तन लाना होगा। अच्छा होगा कि इसकी शुरुआत गांधी शांति केंद्र से किया जाय। वर्तमान स्थितियों का परीक्षण करने के लिए हमें बदलते हुए राजनीतिक परिदृश्य पर विचार करना होगा और देश में स्वयंसेवी संगठनों की संख्या में अप्रत्याशित ढंग से हो रही वृद्धि पर विचार करना होगा तथा सामने आने वाली समस्याओं का भी पता लगाना पड़ेगा।

वर्तमान परिप्रेक्ष्य में समाज के समक्ष हमें अपनी भूमिका स्पष्ट करनी होगी और सरकार की स्वयंसेवी संगठनों पर निर्भरता से उत्पन्न होने वाले खतरों का आंकलन करना होगा। इसके लिए हमें अपने आप से कुछ प्रश्न पूछने पड़ेंगे और स्वयं से उसके उत्तर भी मांगने पड़ेंगे कि जी.पी.सी. कहाँ है, उसके सबल और दुर्बल पक्ष क्या-क्या हैं? इसके सामने कौन से विकल्प और कौन से अवसर उपलब्ध हैं अगर ये अनन्य हैं तो इसकी अनन्यता के क्या आधार हैं इसकी छवि, इसकी तस्वीर क्या है? हमें इन सवालों के जवाब बिल्कुल स्पष्ट रूप से यह समझ कर ढूढ़ना होगा कि जीण्पीण्सी. एक परिवार है, इसका एक सर्वमान्य दर्शन है, समझदारी है, जो इसकी विभिन्ताओं को समेट कर इसे एक बनाती है इसके लिए गांधी कोई व्यक्ति नहीं, एक विचार है एक प्रतीक है, जिसमें एक समग्र प्रयास जो जीवन की समस्याओं के समाधान कर सकेए का श्रोत है।

गांधी हमारे लिए एक नैतिक आचार की विरासत है जो सामाजिक जीवन में मूल्यों का आह्वान करए आवश्यक उद्देश्य और संसाधन का निर्धारण करे, सत्य

और जन केंद्रित उद्देश्यों का विवेचन करे। हमारी अनन्यता इस बात में छिपी है कि हम आम लोगों में क्षमता की सृष्टि करने में विश्वास रखते हैं, चुनौतियों का सामना करते हुए अपने मूल्यों और कार्यक्रमों में सामजस्य रखते हुए समाज को सबल बनाने की कोशिश करते हैं।

हमें राष्ट्रीय मुद्दों की भी पहचान करनी है ऐसे राष्ट्र के सामने अनेक सवाल हो सकते है किंतु हम पांच सवालों या पांच मुद्दों को आज के लिए सबसे दुरूह मानते हैं, ये मुद्दे हैं दृ बांहें फैलाती हुई हिंसा और आतंक, नई आर्थिक नीति द्वारा पैदा की हुई समस्याएंए प्रदूषण तथा पर्यावरणीय असंतुलनए सांप्रदायिक विकृतियां और राजनीतिक शक्ति का केंद्रीकरण। इस व्यापक राष्ट्रीय संदर्भ में हमें अपनी भूमिका सुनिश्चित करने से पूर्व पूरी समझ बढ़ानी होगी।

पंचायती राज अधिनियम स्वयंसेवी संगठनों का गांव में प्रवेश करने के लिए एक सकीर्ण राह प्रदान करता है यहाँ बहुत सावधानी की जरूरत है, यह राजनीतिक शक्तियों का एक चालाकी से भरा खेल है, चूक होने से हमारा अस्तित्व बच नहीं सकेगा। संस्थाओं को सत्ता की इस राजनीति में फंसना नहीं है। उन्हें ग्रामस्वराज्य की स्थापना के लिए काम करना है। यह काम शिक्षण के द्वारा ही संभव है। हमारा उद्देश्य लोगों की क्षमता बढ़ाने का है लोगों की सत्ता स्थापित करने की है।

हमें यह जान लेना चाहिए कि सत्ता तीन प्रकार से संचालित होती हैं- पदए पैसा और सेवा। हमें पद और पैसे का लालच बिल्कुल नहीं करनी है, हमें तो सेवा के अवसर का सदुपयोग करना है। हमारा उद्देश्य लोगों की नैतिक शक्ति का विकास करना है। हमारे प्रयास ग्रामस्वराज्य और सहभागी प्रजातंत्र की स्थापना में ही लगाए जाने चाहिए। हमें अपनी ताकत लोगों की आर्थिक शक्ति बढ़ानेए हर परिवार को एक आर्थिक इकाई के रूप में, एक उत्पादक ईकाई के रूप में प्रतिष्ठित करने में लगानी है। हमें अपनी ताकत सामाजिक शक्ति के विकास में और ग्राम स्वराज्य की स्थापना के विकल्प में लगानी है। ऐसा करने से पहले हमें आत्मपरीक्षण करना होगाए हमें कम से कम चार बातों पर विचार करके देखना होगा कि हमारी अहमियत क्या है

सामने दर्पण रखकर देखना है, गांधी शांति केंद्र (गांधी पीस सेंटर) क्या है?

क्या हमें वर्तमान समाज की समझदारी है?

वर्तमान समाज की संरचना के अनुरूप हमारे कार्यक्रम तरीके और लक्ष्य बन पाए हैं?

क्या हमें विकास का सही अर्थ, उसकी प्रकृति और दिशा मालूम है?

आज की चुनौतियों पर विचार करने के पहले हमें अपने अंदर झांककर देखना है कि हम अपनी प्रतिबद्धताओं के प्रति समर्पित हैं क्या? और हमारे प्रत्येक

सकारात्मक कदम में गांधी शांति केंद्र को सवाल बना रहें हैं क्याघ

संस्थाओं को अपनी समझदारी बढ़ाने की जरूरत है, अपनी प्रवीणता और अपनी भावनात्मकता का उपयोग कर महिलाओं के सम्मान और गांव का विकास करना चाहिए। संस्थाओं के संदर्भ में हमें आत्मपरीक्षण कर उसके सुधार का कार्य प्रारंभ करना चाहिए। आवश्यकतानुसार संस्थागत स्वरूप में परिवर्तन लाने में देर नहीं करनी चाहिए।

सेवाग्राम घोषणा : हमारी प्रतिबद्धता

गांधी विचार के आदर्श के अनुसार 'ग्राम स्वराज्य' की स्थापना हेतु न्याय संपन्न स्थायी और शांतिमय समाज काए जो दरिद्रता, भूख, हीनभावना और अज्ञान से मुक्त होए निर्माण करने के लिए हम अपने आप को समर्पित करते हैं।

आधुनिक विकास की प्रक्रिया अमीर और गरीब के बीच में असमानताएं विस्तृत रूप से बढ़ा रही हैं वह हमारी आबादी के दलित और पिछड़े वर्गों को कंगालए सीमित तथा शोषित कर रही है। यह विकास-पद्धति समाज के स्थायित्व और भावी संतान को इस भूमि को हस्तांतरित करने के उत्तरदायित्व के विषय में भी प्रश्न उत्पन्न कर रही हैं।

सच्ची स्थानीय आवश्यकताओं को प्रतिबिंबित करने वाले मुद्दों को ध्यान में रखते हुए राष्ट्रीय मुद्दों से संबंधित जन आंदोलनों का आरंभ करने का हम प्रयत्न करेंगे। जनता को स्वयं अपने ध्येय को साकार रूप देने योग्य शक्तिशाली बनाने के लिए संगठित करना हमारा कर्तव्य है। हमारे क्रियाकलापों का प्रधान आधारए जनता द्वारा संगठित ग्राम सभा होना चाहिए।

प्राकृतिक असंतुलन की ओर ले जाने वाली पर्यावरण क्षीणता और संसाधनों का कुवितरण मानव अस्तित्व को धमकाने वाले तत्व हैं। हम ऐसी पर्यावरण संबंधी जागरूकता और क्रियाशील कार्यक्रमों को अपनाएंगेए जो प्रकृति के साथ सामंजस्य रखने वाली वैकल्पिक जीवन शैलियों का प्रचार करने के लिए उपयुक्त हों। विनष्ट होने वाले मानुषिकए नैतिक और आचारिक संसाधनों को समाविष्ट कर लेने वाले विस्तृत संदर्भ में हमें पर्यावरण क्षीणता को देखना चाहिए। मानव विकास सभी प्रकार के विकास के प्रयासों का केंद्र बिंदु होना चाहिए। अत: हमारा सर्वप्रथम चिंतन समाज के अंतिम व्यक्ति यानी कि 'अंत्योदय' के साथ होगा।

उच्च स्तर की क्षमता और कुशलता की ओर अग्रसर करने वाले प्रशिक्षण और शिक्षा से मानवीय व्यक्तित्व को विकसित करना है। निरक्षरता हमारे समाज के पतन का मूल कारण है। हम सब पूर्ण साक्षर भारत के निर्माण का काम करेंगेए यहाँ के लोग ज्ञान संपन्न होंगे और समाज के विकास के काम में साझेदार बनेंगे। ऐसा नव

परिवर्तन सहभागिता युक्त, लोकतांत्रिक और समानता संपन्न समाज के निर्माण की ओर आगे बढ़ाएं जो जाति, धर्म, भाषा, प्रांत और लिंग पर आधारित सभी तरह के विभेदों से मुक्त हो। महिला विकास हमारे कार्यक्रम का मुख्य घटक हो। लोकतंत्र एक जीवन-मार्ग बने जिसका परिवारए संस्था तथा कार्यक्षेत्र में अनुसरण हो।

बढ़ती हुई हिंसाए सांप्रदायिकताए रूढिवाद और दलितों पर अत्याचार हम सब की गंभीर चिंता के कारण हैं। दलितों के अधिकारों के लिए और समाज में तनाव और संघर्ष से मुक्त सद्भावनापूर्ण वातावरण के निर्माण के लिए हम कार्य करेंगे।

उत्पादन और व्यापार पर बहुराष्ट्रीय शक्तियों की पकड़ मजबूत करने के लिए देश की नई आर्थिक नीतियां जिस तरह बढ़ाई जा रही हैं इससे हम चिंतित हैं। इस प्रवृत्ति का विरोध करने वाली शक्तियों के साथ हम सम्मिलित होते हैं। हम सब से अनुरोध करते हैं कि स्वनिर्मित उत्पादकों का उपयोग करके 'स्वदेशी' भावना को और मजबूत बनाएं। (26-27 नवंबर, 93 को सेवाग्राम में आयोजित गांधी शांति केंद्र के छठे राष्ट्रीय सम्मेलन में राधाकृष्ण भाई के उदगार। इसे प्रेरणा देने वाली सेवाग्राम घोषणा 21 नवंबर, 1991 को प्रस्तुत की गई थी।)

वेदाव्यास कुण्डू

स्वयंसेवा के प्रति विभिन्न दृष्टिकोण

स्वयंसेवा एक विशिष्ट मानवीय विशेषता है। यह व्यक्तिगत चेतना को सामूहिक व सामुदायिक चेतना से जोड़ने वाला सेतु है। एक तरफ तो यह व्यक्ति की स्वतंत्र इच्छा की अभिव्यक्ति है, वहीं दूसरी तरफ यह सामाजिक मूल्यों से आत्मसात किए गए कुछ मूल्यों की अभिव्यक्ति भी है जो किसी व्यक्ति को दूसरों के बीच अपनी पहचान स्थापित करने में सहायता करती है (कुन्डू, 2005, 2010, 2012)। स्वयंसेवा सचेत या अचेतन कृत्य हो सकता है। प्रतिदिन बड़ी संख्या में बहुत से मनुष्य अचेतन स्वयंसेवा में सम्मिलित होते हैं। सामाजिक व सांस्कृतिक संस्थानों के विभिन्न क्रियाकलापों के स्थापन तथा उनकी उत्तरजीविता में अचेतन स्वयंसेवा महत्वपूर्ण आधारभूत योगदान निभाती है। स्वयंसेवा के सचेत कृत्य सामाजिक व सांस्कृतिक मूल्यों के आधार पर परिभाषित किए जाते हैं। इसलिए जब कोई व्यक्ति किसी वृद्ध महिला को व्यस्त सड़क पार कराता है या कोई व्यक्ति भूखों को खाना खिलाता है, ऐसे सभी कृत्यों को समाज द्वारा निर्धारित मूल्यों के माध्यम से परिभाषित किया जाता है (कुन्डू, 2005, 2010, 2012)। इस संदर्भ में महात्मा गांधी ने कहा है—"जाने या अनजानेए हम सभी कोई न कोई सेवा अवश्य करते हैं। यदि हम जानबूझ कर सेवा करने की आदत विकसित करेंए तो हमारी सेवा करने की इच्छा में निरंतर वृद्धि होगी, वह यह न सिर्फ हमारी अपितु बड़े पैमाने पर दुनिया की प्रसन्नता में वृद्धि कारक होगा।"

हर मनुष्य में दूसरों के साथ संबंधों में अपनेपन की भावना की सामाजिक-मनोवैज्ञानिक आवश्यकता स्वयंसेवा को आधार प्रदान करती है। अपनेपन की भावना की आवश्यकता के जन्म के पीछे अच्छे भावनात्मक स्वास्थ्य व सामाजिक-सांस्कृतिक पहचान की आवश्यकता विद्यमान होती है। यही आवश्यकता मनुष्यों को स्वार्थ से आगे अन्य मनुष्यों तथा प्रकृति की ओर जाने के लिए प्रेरित करती है (कुन्डू, 2005, 2005, 2010, 2012)।

आंतरिक संतोष व प्रसन्नता भी स्वयंसेवा के आधार स्तंभों में शामिल किए

जा सकते हैं। अलबर्ट श्वित्ज़र के शब्दों में किस प्रकार दूसरों की सेवा से प्रसन्नता प्राप्त होती है ''मैं नहीं जानता कि आपके भाग्य में क्या है, पर एक बात मैं अवश्य जानता हूँ रू आप लोगों में से वही सच्चे अर्थों में प्रसन्न रहेंगे जिन्होंने सेवा करने के तरीके खोज व सीख लिये हैंश।

भारतीय चरित्र का अंग-स्वयं सेवा पुरातन काल से ही स्वयं सेवा भारतीय संस्कृति व परंपरा का एक हिस्सा रहा है। यदि हम हिंदू-दर्शन के आधार स्तर पर गौर करें तो पाएंगें कि अपने लिए किए गए कार्य व स्वयं सेवा में कोई अंतर नहीं माना जाता है। सभी को अपना कर्म ही करना है। वैदिक साहित्य के अनुसार कर्म का सिद्धांत कारण और प्रभाव का ही सिद्धांत है। कोई व्यक्ति अच्छे काम करता है तो उसकी अच्छी प्रतिक्रिया होती है जो अच्छे भविष्य की नींव रखती है। यदि कोई व्यक्ति पाप कर्म करता है तो बुरी प्रतिक्रिया के फलस्वरुप उन्हें पीड़ा सहन करना पड़ता है (कुन्डू, 2005)। स्वामी विवेकानंद ने कहा है, हिमालय की कंदरा मैं बैठा योगी अपने मन को अनचाहे विचारों में भटकने देता है। नगर के व्यस्त चौराहे पर बैठा मोची जूते ठीक करने में तल्लीन होता है, जो कि एक सेवा कार्य है। इन दोनों में दूसरा व्यक्ति पहले से बेहतर योगी है। भारतीय परंपरा को समझाते हुए वे आगे कहते हैं, 'किसी से कुछ मत मांगो, किसी से प्रतिफल स्वरूप भी कुछ अपेक्षा मत रखो। जो आपके पास देने लायक हो उसका दान करोए वो आपके पास वापस आएगा तुरंत उसके बारे में न सोचोंए वो हजार गुना बढ़ कर वापस आएगा पंरतु उसपर ध्यान न लगाओ। देने की क्षमता रखो व स्वेच्छा से दान करो। यदि आप किसी व्यक्ति की सहायता की इच्छा रखते हैं, तो उसका व्यवहार आपके साथ कैसा होगा इस पर अधिक न सोचें।

भारतीय परंपरा में समावेशी स्वयंसेवा के आधार को समझने के लिए स्वामी विवेकानंद के शब्द उपयुक्त प्रतीत होते हैं, वे कहते हैं —'प्रशंसा हो या न होए मेरा जन्म इन युवाओं को संगठित करने के लिए हुआ है, न केवल ये अपितु हर नगर में सैकड़ों युवा मेरे साथ जुड़ना चाहते हैं, और मैं उन्हें संपूर्ण भारत में न रोकी जा सकने वाली लहरों की तरह फैला देना चाहता हूँ, जो समाज के निम्नवर्ग व दलितों के द्वार तक सांत्वनाए नैतिकता, धर्म व शिक्षा पहुंचा सकें।'

स्वामीजी निष्कर्ष में कहते हैं, ''कर्मयोग का अर्थ आप कैसे समझते हैं, मृत्यु के क्षण तक भी दूसरों की सहायता करनाए वो भी बिना किसी प्रश्न के लाखों बार ठगे जानाए फिर भी कोई प्रश्न न करना, और आप क्या कर रहे हैं इस पर ज्यादा न सोचना। अपने दान का गरीबों में प्रचार कभी न करना व ना ही उनसे कृतज्ञता की अपेक्षा रखनाए अपितु उनके प्रति कृतज्ञ होना कि उन्होंने आपको दान का अवसर उपलब्ध कराया।''

''हमें यह ध्यान रखना चाहिए कि हम संसार के ऋणी हैं व संसार के ऊपर हमारा कोई कर्ज नहीं है। यह हम सबका विशेषाधिकार है कि हमें संसार के लिए कुछ करने की अनुमति प्राप्त है। संसार का भला करते समय हम अपना ही भला कर रहे होते हैं।'' आगे कहते हैं स्वामी विवेकानंदजी के अनुसार ष्त्याग व सेवा' हमारे राष्ट्रीय आदर्श रहे हैं। उन्होंने कहा था भारत के राष्ट्रीय आदर्श ष्त्याग' और ष्सेवा' हैं। यदि इन दो धाराओं को धनीभूत किया जाए तो शेष सभी अपने आप सही हो जाएंगी। एक राष्ट्र के रूप में भारत को कभी मारा नहीं जा सकता है। यह अमर है और यह तब तक अमर बना रहेगा जब तक इसकी पृष्ठभूमि में इसकी आत्मा विराजमान रहेगी, जब तक इसके निवासी आध्यात्म से संबंध तोड़ नही देगें। हाँ, एक स्वर्णिम भविष्य, मेरे भाइयों, उपनिषद काल से हमने विश्व के सामने यह चुनौती रखी है—'न धनेन न प्रजया त्यागेनैके अमृतत्वमानुष' अर्थात् न धन से, न संतान से, अमरत्व केवल त्याग से प्राप्त होता है।'' पीढ़ी-दर-पीढ़ी कई सभ्यताओं ने यह चुनौती स्वीकार करके आकांक्षाओं के धरातल पर इस वैश्विक पहेली को सुलझाने का यथासंभव प्रयास किया। भूतकाल में सभी को असफलता मिलीए पुरानी सभ्यताएं अपनी कुटिलता व दुर्भाग्य के कारण समाप्त हो गईंए जो शक्ति की लालसा तथा स्वर्ण अपने साथ लेकर आते है तथा नई सभ्यताएं अपने पतन की ओर डगमगती चली जा रही है। यह प्रश्न अभी भी अनुत्तरित है कि शांति का अस्तित्व अक्षुण रहेगा या युद्ध का, धैर्य का या असहिष्णुता काए अच्छाई का अस्तित्व रहेगा या बुराई काए ताकत का या बुद्धि का, सांसारिकता का अस्तित्व रहेगा या आध्यात्मिकता का। यह भारतीय जीवन कला की विषयवस्तु है, उसके अनंत गीत की धुन है, अस्तित्व की रीढ़ है, जीवन का आधार है, अस्तित्व का मूल कारण है—मुनष्य जाति का आध्यात्मीकरण। अपने इस दायित्व से उसने कभी मुँह नहीं मोड़ा चाहे तारतरों ने उसपर राज किया या तुर्कों ने, चाहे मुगलों ने राज किया या अंग्रेजों ने (भारत व उसकी समस्याए, पृ. 10, 12-13)।

रचनात्मक व समावेशी स्वयंसेवा — बीसवीं सदी के पूर्वार्द्ध में महात्मा गांधी स्वयं सेवा की संकल्पना में बदलाव लेकर आए। लोक कल्याण की परंपरा में महात्मा गांधी ने एक नया आयाम जोड़ा मानव विकास के लिए रचनात्मक, निर्माणकारी तथा समावेशी स्वयंसेवा का विचार। उन्होंने दलित व अपवर्जित लोगों के विकास पर विशेष ध्यान दिया और उन्हें हरिजन नाम भी दिया।

अपने विचारों के परिप्रेक्ष्य में समावेशिता को लेकर गांधीजी के विचार स्पष्ट थे कि स्वराज का अर्थ निकटतम देशवासी की स्वतंत्रता से है। उन्होंने आगे कहा - स्वराज एक अर्थविहीन शब्द बनकर रह जाएगा यदि भारत के 1/5 जनसंख्या को अनंत परतंत्रता में रखा जाएगा और जानबूझकर उन्हें राष्ट्रवाद के फल को ग्रहण करने

से रोका जाएगा। हम इस महान पवित्र आंदोलन में ईश्वर की कृपा चाह रहे हैं, पर हम उसके बनाए प्राणियों में सबसे योग्य लोगों को मानवता का अधिकार भी देना नहीं चाहते।

महात्मा गांधी ने निरूस्वार्थ सेवा को बहुत अधिक महत्त्व दिया। अपनी पुस्तक 'येरवडा मंदिर से' में वे लिखते हैं—'दूसरों के लिए की गई स्वयंसेवा मनुष्य से उसके सर्वश्रेष्ठ व्यवहार की अपेक्षा करती है तथा इस सेवा को स्वार्थ से ऊपर रखने की भी अपेक्षा करती है। दरअसल सच्चा भक्त तो बिना किसी संदेह के स्वयं को मानवता की सेवा के लिए अर्पित कर देता है। गांधीजी सेवा भाव को चरित्र से जोड़कर देखते थे। अपनी पुस्तक 'जीवन की कला में वे लिखते हैं, "हमें यथासंभव विश्व की सेवा करनी चाहिए तथा यह भाव रखना चाहिए कि हमारे हर भ्राता का हम पर अधिकार है। ऐसे लोग जो अपनी जिम्मेदारी स्वयं तक ही समझते हैं वे उत्तम चरित्र वाले हो ही नहीं सकते।"

स्वयं सेवा स्वेच्छा से किया जाने वाला कार्य है। गांधीजी ने अपनी आत्मकथा ष्मेरे सत्य के प्रयोग' में इस पर प्रकाश डालते हुए लिखा है "सेवा मूल्यविहीन है यदि सेवा करने वाले को सेवा करते समय आनंद की अनुभूति नहीं हुई। जब सेवा दिखा वे या जनता के बीच छवि के डर से की जाए तो वह मनुष्य के विकास को अवरुद्ध कर उसके मनोभावों को कुचल देती है।"

महात्मा गांधी ने लोगों से आह्वान किया कि पूर्ण स्वराज के लिए रचनात्मक कार्य में लग जाएं। रचनात्मक कार्यों की अपनी प्रस्तावना में उन्होंने लिखा, "पाठक, चाहे वे श्रमिक होए चाहे स्वयंसेवक हो या न होए ये समझ लें कि रचनात्मक कार्य ही सही मायने में तथा अहिंसात्मक तरीका है जिससे पूर्ण स्वराज प्राप्त हो सके। कल्पना करें कि चालीस करोड़ लोग उन रचनात्मक कार्यों में लग जाएं जिनकी रुपरेखा राष्ट्र को नीचे से ऊपर की ओर ले जाने वाली हो। उनका सपना था कि संपूर्ण राष्ट्र उनके रचनात्मक कार्य के लिए स्वयं सेवा करे। उनके 18 सूत्रीय रचनात्मक कार्य में छुआछूत से मुक्ति, शराब बंदी, ग्रामीण स्वच्छता, नई तालीम, प्रौढ शिक्षा, महिला, आर्थिक सशक्तिकरण, कुष्ठ रोगी, छात्र श्रमिक, किसान, राष्ट्रभाषा, शिक्षा में स्वास्थ्य तथा स्वच्छता आदि शामिल थे। ये रचनात्मक कार्य एक समातामूलक समाज तथा संधारणीयध्स्थायी विकास का आधार है।

गांधीजी की स्वयं सेवा के प्रति भावना तथा बहिष्कृत वर्ग के लोगों को समाज की मुख्यधारा में लाने का उनका दृढ़ संकल्प उनके द्वारा कुष्ठ रोग से पीड़ित संस्कृत आचार्य दत्तात्रेय परचुरे शास्त्री की सेवा में परिलक्षित होता है। जब उन्हें कुष्ठ रोग हुआ तो शास्त्री जी ने गांधीजी से सेवाग्राम आश्रम में रहने की आज्ञा चाही। आश्रम के कुछ लोगों को इससे आपत्ति थी। गांधीजी के समय में कुष्ठ रोगियों को

समाज से बहिष्कृत माना जाता था व इन्हें समाज में रहने का कोई अधिकार प्राप्त नहीं था। गांधीजी ने न केवल परचुरे शास्त्री का आश्रम में निवास सुनिश्चित किया, अपितु वे स्वयं उनके घावों को धोते थे। गांधीजी के लिए समाज में सभी जन बराबर थे और कोई भी बहिष्कृत नहीं था। यह उनकी समावेशी स्वयं सेवा का आधार था।

यह समावेशी भावना और प्रबल हो जाती है जब गांधीजी लिखते हैं, श्हमें अपने प्रेम का दायरा तब तक बढ़ाना चाहिए जब तक इसमें पूरा गाँव न समा जाए, गाँव को अपना दायरा बढ़ाकर जिले को समाहित करना चाहिएए जिले का दायरा बढ़कर राज्य और ऐसे ही बढ़ते जाएं जब तक हमारे प्रेम का दायरा संपूर्ण विश्व को अपने में न समा ले।''

समकालीन विमर्श में भी सामाजिक समरसता व समावेश बढ़ाने के लिए स्वयं सेवा के महत्त्व को रेखांकित किया गया है। कई पुस्तकों में यह बात कही गई है कि स्वयंसेवा एक जुटता व संसंजन का पोषण करती है। अंतरराष्ट्रीय स्वयंसेवा पर शोध तथा विकासशील देशों में सामुदायिक स्वयंसेवा की केस स्टडी (व्यक्ति अध्ययनद्ध के दस्तावेजों से इस दृष्टिकोण को बल मिलता है कि स्वयंसेवा लोगों में कर्तव्य की भावना का विकास करती है। किसी समुदाय के सामूहिक कल्याण के लिए यह जिम्मेदारी की भावना सहायक सिद्ध होती है (यू.एन. वी.ए 2011) । लोहा चौधरी और शोम (2012) ने बताया है कि वैदिक काल से ही पारस्परिकता भारतीय समाज का एक पीढ़ी दर पीढ़ी चलने वाला सामाजिक मूल्य है। इसमें लेन-देन दोनों समाहित हैं पर स्वार्थ या लालच का लेशमात्र भी नहीं है। वे लिखते हैं, महात्मा गांधी ने इस परस्परता के मूल्य को ध्यान में रखकर ही धनी भारतीयों द्वारा सेवा के आग्रह तथा संगठन के न्यास का सिद्धांत प्रतिपादित किया था। परस्परता का दर्शन स्वयंसेवा का महत्त्वपूर्ण घटक है।

महात्मा गांधी द्वारा न्यास के सिद्धांत का विवरण परस्परता की हमारी समझ के लिए सहायक सिद्ध होता है, श्कल्पना करें कि मेरे पास बहुत सा धन आ गया है – विरासत में मिला हुआ या व्यवसाय तथा उद्योग के माध्यम से – मुझे ये पता होना चाहिए कि यह सारी संपदा मेरी नहीं है, मेरा अधिकार केवल एक सम्मानित जीविका तक है, वैसी ही जैसी लाखों अन्य लोगों की है। मेरा बचा हुआ धन समुदायध्समाज का है तथा उसी के कल्याण में लगना चाहिए। मैंने यह सिद्धांत तब प्रतिपादित किया जब जमींदारों तथा शासकों की संपत्ति के संदर्भ में देश के सामने समाजावादी सिद्धांत रखा गया। वे अपनी विशेषाधिकार युक्त सामाजिक प्रतिष्ठा को छोड़ देंगे। मैं चाहता हूँ कि वे अपने लोभ तथा संपत्ति की भावना से ऊपर उठ जाएं तथा अपने सामाजिक स्तर के बाबजूद उनके स्तर तक उतरे जो अपना भोजन श्रम

करके कमाते हैं। श्रमिकों को भी ये समझना होगा कि धनी लोग भी अपनी संपत्ति के उतने अधिकारी नहीं हैं जैसे श्रमिक अपनी संपत्ति अर्थात् कार्य करने की क्षमता के इस परिभाषा के आधार पर यह प्रश्न अर्थविहीन हो जाता है कि असल में कितने न्यासी होने चाहिए। यदि यह सिद्धांत सच्चा है तो इससे अंतर नहीं पड़ता कि इसके अनुसार कई लोग चले या केवल एक व्यक्ति ने इसका पालन किया। यह भरोसे का प्रश्न है। यदि आप अहिंसा के सिद्धांत को मानते हैं तो आपको इसके अनुसार जीवन जीना पड़ेगा फिर चाहे आप जीतें या हारें। इस सिद्धांत में ऐसा कुछ भी नहीं हैं जो मेधा से परे होए यद्यपि ये कहा जा सकता है कि इसका पालन कठिन है'' (हरिजन, 3-6- 1939) ।

स्वयंसेवा के समकालीन विमर्श - अंतरराष्ट्रीय स्वयंसेवक वर्ष, 2001 के आकलन की संयुक्त राष्ट्र संघ के महासचिव की एक रिपोर्ट के अनुसार श्स्थानीय स्तर पर स्वयंसेवा के माध्यम से सम्मिलित होने के नागरिकों के अवसर तथा उनके कार्यों का स्थानीय स्तर पर दस्तावेजीकरण तथा अभिनंदन की संभावनाएं प्रतिदिन बढ़ रही है। इस विचार की मान्यता बढ़ रही है कि विकास पर सभी का अधिकार है तथा स्वयं सेवा के माध्यम से सक्रिय भागीदारी इस अधिकार के उपयोग का एक महत्वपूर्ण मार्ग है। नई संचार तकनीकों ने वैयक्तिक स्वयंसेवकों तथा स्वयंसेवी संगठनों के बीच संपर्क तथा सहायता तंत्र स्थापित करने में सहायता की है जिसका असर स्थानीयए क्षेत्रीय तथा अंतरराष्ट्रीय स्तर तक दिखता है।''

वहीं 1991 में स्वयंसेवा तथा सामाजिक विकास पर संयुक्त राष्ट्र द्वारा गठित विशेषज्ञ कर्मी दल द्वारा रेखांकित स्वयंसेवा के लाभ निम्नलिखित हैं - (अ) ये समाज के लिए एक महत्वपूर्ण योगदान है। (ब) स्वयं सेवा के माध्यम से व्यक्ति नागरिक के रुप में समाज से जुड़ता है तथा ये नागरिकों में विश्वास व पारस्परिकता की भावना बढ़ाती है, स्वयं सेवा एक स्थाई व मजबूत समाज का निर्माण करती है। (स) समाज की मुख्यधारा से बाहरए वंचित लोगों को वापस मुख्यधारा में लाने का यह एक महत्वपूर्ण उपकरण है। (द) स्वयं सेवा के माध्यम से कौशल विकास भी होता है जिससे बेरोज़गारों को रोज़गार मिलने के अवसर में वृद्धि होती है।
स्वयंसेवाए स्वयंसेवावाद व स्वयंसेवा गतिविधि जैसे शब्द व्यापक श्रेणी के कार्यों की ओर इंगित करते हैं, इसमें पारंपरिक रूप की परस्पर सहायता व स्व-सहायता, सुव्यवस्थित सेवा प्रदाय व नागरिकों द्वारा अन्य कार्यों में सम्मिलित होना, जिसमें सभी स्वेच्छा से आए हों, जहां लोक कल्याण की बात हो तथा जहां अर्थोपार्जन मुख्य प्रेरक कारण न हों (यूएनवीए 2011)। अंतिम दो बिंदु स्वयंसेवा के पारंपारिक से इतर हैं। समूचे विश्व में हम नागरिक चिंताओं के लक्ष्यों के विषय जैसे, पर्यावरणए द्वियांग अधिकारए पारदर्शी सरकार आदि मुद्दों पर स्वयंसेवी संगठनों

की बढती गतिविधियां देख रहे हैं। इससे यह स्पष्ट होता है कि स्वयं सेवा केवल सेवा तक ही सीमित नहीं है अपितु यह समुदायों कों और अधिक भागीदार तथा एकजुट बनाने तथा लोकतंत्र के सिद्धांतों को मजबूती प्रदान करने का कार्य भी करती है।

अंतरराष्ट्रीय स्वयंसेवा प्रयास संगठन द्वारा वर्ष 2001 में अपनाए गए सार्वभौमिक स्वयं सेवा घोषणा पत्र द्वारा दी गई स्वयं सेवा की एक समकालीन परिभाषा कहती हैं। श्स्वयंसेवा नागरिक समाज का एक आधारभूत अंग है। यह मनुष्यों की श्रेष्ठतम महत्त्वाकांक्षाओं को जगाता है—शांति की खोजए स्वतंत्रता, अवसर, सुरक्षा तथा सभी के लिए न्याय।'' विश्व में सभी लोगों को दूसरों तथा अपने समाज के लिए स्वतंत्र भाव से अपना समयए ज्ञान व ऊर्जा बांटने का अधिकार होना चाहिए। स्वयंसेवा के प्रति यह दृष्टिकोण भी पारंपारिक दृष्टिकोण से भिन्न है व पहली बार लोगों के लिए स्वयं सेवा के अधिकार की बात करता है।

स्वयंसेवा तथा युवा — हर देश में युवाओं को विकास के लिए आवश्यक मुख्य मानव संसाधन के रुप में देखा जाता है तथा सामाजिक बदलाव, आर्थिक प्रगति तथा तकनीकी नवोन्मेष के प्रमुख कारक के रुप में गिना जाता है। एक राष्ट्र के उज्ज्वल भविष्य की आशा का मुख्य स्त्रोत वहां के युवा ही होते हैं। इसलिए यह आवश्यक है कि युवाओं को देश के भविष्य का अभिभावक व सरंक्षक बनाने की तैयारी में हम उनकी वर्तमान व भविष्य की जरुरतों पर ध्यान दें। युवा समाज का एक अनोखा समूह बनाते हैं जो विकास में भागीदारी के लिए रचनात्मक बल व अनंत संभावनाओं से भरा होता है। 2011 की जनगणना के आरंभिक आंकड़ों के अनुसार देश में युवाओं की संख्याए तरुणों को मिलाकरए लगभग 55 करोड़ के आसपास है। इस युवा जनसंख्या ने भारत को एक युवा राष्ट्र बना दिया है जिसका जनसांख्यिकीय लाभांश एक सच्चाई के रुप में नजर आने लगा है। यह अति महत्त्वपूर्ण है कि इस जनसख्ंया के लाभांश को सही रुप में प्रयोग में लाएं व युवाओं तथा उनकी रचनात्मक ऊर्जा को राष्ट्र-निर्माण की दिशा में उन्मुख करें।

यह भी ध्यान रखना होगा कि युवा जनसंख्या का बहुत बड़ा भाग एक परिवर्तन की यात्रा में शामिल है। ये बदलाव केवल शिक्षाए समाजए आर्थिक या राजनैतिक सशक्तिकरण का नहीं अपितु हर उस क्षेत्र का है जो व्यक्तित्व के विभिन्न आयामों से जुड़ा हुआ है। आज की चुनौती यह है कि किस प्रकार इस बदलाव से समकालीन समाज में न्याय तथा निष्पक्षता बढ़ सके। युवाओं की इतनी बड़ी संख्या को देखते हुएए राष्ट्र-निर्माण व समाज निर्माण में उनकी भागीदारी को नजरंदाज़ नहीं किया जा सकता। यह ध्यान रखना भी महत्त्वपूर्ण होगा कि अंधाधुंध बढ़ते इस बाजारवाद व भौतिकतावादी संस्कृति में युवाओं की क्षमताओं का उचित उपयोग एक चुनौती है। इस जनसंख्या के लाभांश का फायदा उठाने के अलावा हमें युवाओं

की दृष्टि से भी मुद्दों व चुनौतियों को देखना व समझना होगा।

युवाओं के बीच स्वयंसेवा का प्रचार एक अवसर भी है तथा एक चुनौती भी। प्रतिद्वंद्विता व सफलता की इस दौड़ में युवाओं के पास स्वयं सेवा के लिए समय व स्थान की कमी एक बड़ी बाधा बनती है। उत्तर आधुनकि प्रवृत्तियां जैसे नव अति तकनीकी पर्यावरण समाज में बढ़ता उपभोक्तावादए नव उदारवादए भौतिकवाद व समृद्ध संस्कृति तथा शिक्षा व वित्तीय संसाधनों द्वारा समाज में उच्च स्तर प्राप्त करने की चुनौती साधारण भारतीय के जीवन को धीरे-धीरे बदल रही हैं (थॉमस व कुन्डूए 2012)। ऐसी स्थिति में निज स्वार्थ व निज लाभ के प्रति आकांक्षा स्वयं सेवा के दर्शन से सीधा टकराती है।

हालांकि, दूसरी ओर समाज में अमीर गरीब के बीच बढ़ती खाई, पर्यावरणीय चिंताएं तथा ऐसे कई मुद्दे स्वयंसेवा को युवाओं में लोकप्रिय बनाने के लिए सही वातावरण का निर्माण भी करते हैं। नागरिक भागीदारी के रूप में स्वयं सेवा युवाओं को निर्णय प्रक्रिया में महत्वपूर्ण भूमिका प्रदान करने का महत्त्वपूर्ण माध्यम हो सकता है। शोध से पता चलता है कि कम उम्र से स्वयं सेवा में लगे लोगों को विकास कार्य में दीर्घकालिक भागीदारी की तरफ पहला कदम बढ़ाने में मदद मिलती है।

सूचना व संचार प्रौद्योगिकी व स्वयंसेवा – सूचना व संचार प्रौद्योगिकी के प्रसरण से स्वयं सेवा के लिए नए अवसर उत्पन्न हुए हैं। यद्यपि तकनीकी क्रांति के असर को लेकर अभी विवाद व बहस जारी है, सूचना व संचार तकनीकी क्रांति के तीव्र विकास ने पारस्परिकता को बढ़ावा तो दिया ही है जो कि पहले संभव नहीं था, नए सामाजिक संबंध व तंत्र के विकास से सूचना के विभिन्न नए स्त्रोत सामने आएं हैं जिनका पहले अनुमान लगाना भी कठिन था (थॉमस व कुन्डू, 2012)। टोरनेरो तथा अन्य (2010) कहते हैं, श्बीसवीं सदी के अंतिम वर्षों व इक्कीसवीं सदी के शुरुआती वर्षों में डिजिटल तकनीक व नए मीडिया (संचार माध्यमोंद्ध ने हमारे जीवन में केंद्रीय स्थान प्राप्त कर लिया है। इनके कारण एक ऐसे अति प्रौद्योगिकी मानव निर्मित पर्यावरण का निर्माण हुआ है। जहाँ हर व्यक्ति तथा वस्तु को एक डिजिटल इंटरफेस युक्त बना दिया गया है, जिसके कारण हमारा कार्यए निवास व पारस्परिकता एक अत्यधिक डिजिटल पर्यावरण में होने लगा है जैसे एक डिजिटल बुलबुले के अंदर।'' टोरनेरो आगे लिखते हैं, नए अति प्रौद्योगिकी पर्यावरण से गहराते हुए संचार युक्त भूमंडलीकरण से न केवल हमारी ष्समय' व ष्स्थान' को समझने की दृष्टि में अंतर आया है, अपितु इससे हमारे दैनिक जीवन के क्रियाकलापों व संस्कृति में भी बदलाव आए हैं।''

अति प्रौद्योगिकी पर्यावरण भी व्यक्तियों व समूहों के लिए स्वयं सेवा के नए रास्ते व उपकरण उपलब्ध करा रहा है। विश्व स्वयं सेवा की स्थिति रिपोर्ट

(2011) के अनुसार आज की अनेक वैश्विक चुनौतियों से निपटने के लिए स्वयंसेवक तीव्र गति से विकसित होती प्रौद्योगिकी की सहायता ले सकते हैं। रिपोर्ट आगे कहती है, ''मोबाइल तथा इंटरनेट आधारित सूचना व संचार प्रौद्योगिकी ने स्वयं सेवा के कौनए क्याए कब तथा कहाँ पक्ष में क्रांति का सूत्रपात किया है। मोबाइल प्रौद्योगिकी के प्रसारण से सूक्ष्मध्लघु स्वयं सेवा का विकास स्वयंसेवावाद की नवीनतम कड़ी है। रिपोर्ट में आगे लिखा है, ''जन एसएमएस संचार सूक्ष्मध्लघु स्वयं सेवा का एक ऐसा प्रकार है जो सूचना के निर्माण के प्रसार में सहायक सिद्ध हो रहा है। स्वयंसेवकों द्वारा प्रायः इसका प्रयोग स्थानीय मुद्दों के प्रति जागरुकता बढ़ानेए लोकमत को प्रभावित करने तथा सरकारी सेवाओं पर नज़र रखने के लिए किया जा रहा है।''

आपदा के समय में भी सोशल मीडिया का प्रयोग स्वयंसेवकों द्वारा बड़े पैमाने पर न केवल लोगों तक पहुँचने अपितु जानकारी साझा करने के लिए भी किया जाता है। वास्तव में सोशल मीडिया स्वयंसेवकों के हाथों का एक महत्त्वपूर्ण उपकरण है जो मुद्दों को उठाने व आगे बढ़ाने में सहायता प्रदान करता है। बड़ी संख्या में युवा ऑनलाइन स्वयं सेवा में कार्यरत हैं जो कि अपार संभावनाएं प्रदान करती हैं। एसवेडो (2005) लिखते हैं, ''ऑनलाइन स्वयं सेवा सूचना एवं ज्ञान के स्वतंत्र तथा लक्षित प्रावधानों का अपने शुद्धतम रुप में प्रतिनिधित्व करती है। ऑनलाईन स्वयंसेवक अपने आयोजक संगठन से संपर्क तथा सूचना व ज्ञान के आदान-प्रदान के लिए सरल ई-मेल सुविधा का प्रयोग करते हैं। वे ऑनलाईन सेवा भी प्रदान कर सकते हैं (जैसे किसी ऑनलाइन विमर्श प्रकोष्ठ का समन्वय या दूर से वेबसाइट का प्रबंधनद्धए यहां वे अपने आयोजक संगठनों के लिए सूचना प्रबंधन का कार्य करते हैं। इंटरनेट के सर्वव्यापी स्वभाव का प्रयोग कर वे संसार के विभिन्न कोनों से मिलने वाले सहयोग के अवसर के बारें में जानकारी एकत्रित करते हैं।''

प्रभावशाली स्वयंसेवक की विशेषता तथा स्वयंसेवा का हेल्थ (Health) प्रारूप —करुणा तथा दूसरों के प्रति भावना मानव एकता के मुख्य कारक हैं। स्वामी विवेकानंद ने कहा था, श्क्या आप दूसरों के बारे में सोचते हैं? यदि हाँए तो आप अद्वैत में विकसित हो रहे हैं। यदि आपको दूसरे का दर्द महसूस नहीं होताए तो आप चाहे कितने ही बड़े बुद्धिजीवी हों, पर आप कुछ भी नही हैं, आप केवल एक शुष्क बुद्धिजीवी भर है और यही भर रह जाएंगें।''

यदि हम दूसरों के प्रति करुणा तथा भावना का प्रसार नहीं कर सकते तो हम एक-दूसरे में एकता का प्रसार भी नहीं कर पाएंगे। एक प्रभावीए स्वयंसेवक के आवश्यक गुणों में दूसरों के प्रति करुणा व भावना प्रमुख हैं। करुणा के सार को रेखांकित करते हुए दलाई लामा कहते हैं, ''प्रेम व करुणा आवश्यकताएं हैं सुविधाएं

नहीं। उनके बिना मनुष्य का अस्तित्व असंभव है। मदर टेरेसा ने भी कहा है, श्यदि आज हमें शांति उपलब्ध नहीं है तो इसका हमारा यह भूल जाना है कि हम सब एक-दूसरे के लिए बने हैं।'' करुणा के बिना हम मनुष्यों द्वारा किए जाने वाले परोपकारी कृत्यों की कल्पना भी नहीं कर सकते। करुणा के बिना समाज कल्याण के लिए किए स्वयं सेवी कार्यों की आत्मा कहीं खो जाएगी।''

कुशल भागीदारी व दूसरों को प्रभावित करने के लिए स्व अनुशासन अतिआवश्यक है। उदाहरण के लिए महात्मा गांधी अपने हर कार्य में समय की पाबंदी का ध्यान रखते थे, उनके लिए समय अमूल्य था। वे कहते थे, श्हर व्यक्ति के जीवन में नियमितता होनी चाहिए। यदि सूर्यए चन्द्र तथा पृथ्वी आनी मर्यादा न मानें तो सारा संसार समाप्त हो जाएगा। मेरे जीवन का हर क्षण कुछ कर्तव्यों के लिए अनुसूचित है।'' कुमारस्वामी (2010) बताते हैं किस प्रकार महात्मा गांधी जैसे महान व्यक्ति अपने चरित्र पर कार्य करते हैं, ''वे अंदर से बाहर की ओर उन्मुख होकर कार्य करते हैं क्योंकि वे जानते हैं कि चरित्र ही सफलता का आधार है, प्रसन्नता तथा जीवन का अर्थ है।''

दृढ़ता कुशल स्वयंसेवक का एक अन्य महत्वपूर्ण गुण है। आरंभिक असफलताओं से व्यक्ति को निराश नहीं होना चाहिए। एपिक्टिट्स (55 ई.-135 ई.) ने सही कहा है, ''कुछ भी महान वस्तु तुरंत नहीं बनती है, जैसे अंगूर या अंजीर तुरंत नहीं उगते हैं। यदि आप कहते हैं कि आपको अंजीर चाहिएए तो मैं उत्तर दूंगा कि उसका एक समय होता है। पहले उसमें कली खिलने दें, फिर वहां फल आने दे तत्पश्चात उसे पकने दें।''

यदि कोई स्वयंसेवक सत्य ही कोई रचनात्मक व दूरगामी कार्य प्रारंभ करना या उसमें भागीदारी करना चाहता है उसे एक स्वप्नदृष्टा होना पड़ेगा जो अपने इच्छुक फल को कल्पना चक्षु से देख सकें। महान योगी पतंजली ने बहुत ही प्रासंगिक बात कही है, ''जब आप किसी महान उद्देश्य, किसी असाधारण परियोजना से प्रभावित होते हैं आपका मस्तिष्क अपनी सीमाएं लांघ जाता है सुप्त ऊर्जा क्षमताएं तथा प्रतिभाएं जीवंत हो उठती है और आप अपने आप को एक ऐसे महान व्यक्ति के रुप मे पाते हैं जिसकी आपने कल्पना भी नहीं की थी। एक कुशल स्वयंसेवी के लिए अपने सभी कदमों पर सतर्क रहना भी बहुत महत्त्वपूर्ण है। महात्मा गांधी जैसे महान नेता अपनी सतर्कता सूक्ष्मतम ब्योरे में भी रखते थे। ऊपर दिए गए संदर्भ में, स्वयंसेवा का हेल्थ (Health) प्रारूप महत्त्वपूर्ण हो जाता है।

H-हॉनेस्टी (ईमानदारी) — यह बहुत आवश्यक है कि स्वयंसेवक स्वयं के साथ व अपने कार्य के साथ ईमानदार रहे। वह कार्य स्वयं सेवा नहीं हो सकता जिसे करते समय मन में कुछ छुपे प्रयोजन या कुछ गुप्त उद्देश्य हों।

E-इमपैथी (सहानुभूति)—दूसरों के लिए सहानुभूति रखना एक प्रमुख गुण है जो हर स्वयंसेवक में होना चाहिए। यदि आप सहानुभूति पूर्ण होंगे तभी दूसरों की चिंताओं को समझ पाएंगे। अपनी भावनात्मक प्रज्ञा को बढ़ाना भी आवश्यक है। इसमें स्वयं के प्रति समझ बढ़ानाए अपनी उत्तेजना को नियंत्रित रखनाए दृढ़ताए उत्साहए प्रेरणा तथा सहानुभूति सम्मिलित है। भावनात्मक प्रज्ञा की परिभाषा कहती है कि यह व्यक्ति की ऐसी क्षमता है जो उसे अपनी भावनाओं को नियंत्रित रखने में मदद करती है तथा स्वयं व दूसरों का निरीक्षण करने में उनमें भेद करने में तथा इसी जानकारी को सोचने व कार्य करने के लिए उपयोग मे लाने में सहायता करती है।

A-ऑथेंटिसिटी व एक्सेप्टेंस (प्रामाणिकता व स्वीकरण)—एक स्वयंसेवक को अपने प्रामाणिक स्वरूप को पहचाने व स्वीकार करने के लिए सदैव संघर्षरत रहना चाहिए। यदि हम अपना सम्मान कर सकेंगे तो हम रचनात्मक भावनाओं को विकसित कर पाएंगेए अपना स्वाभिमान बढ़ा पाएंगे तथा आशावादी रह पाएंगे। एक अच्छे स्वयंसेवक को आशावादी होना चाहिए जिससे वह अधिक प्रभावी ढ़ग से काम कर सके।

स्वीकरण - एक स्वयंसेवक को अन्य लोगों को भी समान मुनष्य के रूप में स्वीकार करना सीखना चाहिए। यदि कोई स्वयंसेवक किसी समुदाय में कार्य करने जाता है तो यह आवश्यक है कि वह उस समुदाय के सभी लोगों को अपने बराबर माने। इसी सेए परिणाम स्वरूपए स्वयंसेवकों की स्वीकार्यता बढ़ेगी।

L-लिसन (सुनना)—यदि स्वयंसेवक एक निपुण संचारक चाहता है तो उसे सुनने की कला सीखनी होगी। श्रवण शक्ति का विकास करके ही कोई अर्थपूर्ण संवाद प्रारंभ कर सकता है व विरोध का उत्तर दे सकता है या संघर्ष विराम में अहिंसक भागीदारी निभा सकता है।

T-ट्रस्ट (विश्वास) — ईमानदारी, सहानुभूति, प्रामाणिकता तथा स्वीकरण भरोसे की ओर ले जाते हैं। जहाँ आप कार्य कर रहे हैं उस समुदाय के साथ भरोसा कायम करना बहुत आवश्यक है, बिना विश्वास के आप देर तक वहाँ कार्य नही कर पाएंगे।

H- हार्ट (ह्दय)—निस्वार्थ सेवा के प्रति जुनून अच्छे स्वयंसेवक का गुण है। अर्थपूर्ण ढ़ग से भागीदारी के लिए ह्दय से कार्य तथा भागीदारी करना बहुत आवश्यक है। किसी कार्य में कोई दिखावा नहीं होना चाहिए। एंटोनी डी सेन्ट एक्सपरी ने सही कहा है, ''जो जरूरी होता है वह आखों के लिए अदृश्य होता है।''

निष्कर्ष—किसी युवा के लिए किसी अभियान के लिए स्वयंसेवा करना, सीखने का असीम अवसर उपलब्ध कराता है, जीवन कौशल से परिचय कराता है, विभिन्न मुद्दों के प्रति ज्ञान व समझ का आधार तैयार करता है, चुनौतियों से

निपटने की क्षमता बढ़ाता है तथा आत्मिक संतोष लाता है। महात्मा गांधी ने सही कहा है कि जीवन में ऐसा एक भी क्षण नहीं जब कोई सेवा न कर सके। इसे ध्यान में रखकरए हमें युवाओं को स्वयं सेवा के लिए प्रेरित करना होगा जिससे वे राष्ट्र व समाज निर्माण में भागीदारी कर सकें।

अमित विश्वास

वैज्ञानिक गांधी के पर्यावरणीय प्रयोग

'मेरा जीवन ही मेरा संदेश है', उक्ति को चरितार्थ करने वाले मोहनदास करमचंद गांधी को महात्मा की संज्ञा दी गई और हम इन्हें राजनीतिज्ञए समाज सुधारक संपादक आदि रूपों में जानते हैं। मीमांसकों और तत्व चिंतकों ने उन्हें 'प्रेगमैटिक फिलॉसफर' कहा। संचार सुविधा को लैपटाप में बंद करनेवाले लोग शायद गांधी को रुपये में कैद समझते हैं तथा उन्हें वैज्ञानिक के रूप में स्वीकार नहीं करेंगे; किंतु उनके द्वारा चरखे का प्रयोग, पानी संग्रहण का तरीका, सफाइ, पर्यावरण प्रदूषण से निजात दिलाने के नुस्खे आदि उनके वैज्ञानिक सोच को दर्शाती हैं। गांधी मूल रूप से पर्यावरणीय व्यावहारिक वैज्ञानिक थे।

गांधी और पर्यावरण पर विमर्श करते समय हमें यह बात जान लेनी पड़ेगी कि उनके चिंतन या लेखन में ष्पर्यावरण' शब्द का प्रयोग नहीं के बराबर मिलता है। इतना ही नहीं, सच तो यह है कि प्राचीन काल से चले आ रहे हमारे संस्कृति-बोध या भारतीय साहित्य-लेखन में भी यह शब्द नहीं मिलता। यह शब्द तो अंग्रेजी के 'एनवायरेंटमेन्ट' शब्द के हिंदी अनुवाद के रूप में पिछले चार-पांच दशकों से हमारे यहां प्रचलन में आया है। भारतीय चिंतन की प्रकृति प्रेमी प्रवृत्ति हमें गांधी के चिंतन में दिखाई पड़ती है।

वर्तमान परिदृश्य में समूचा विश्व, चाहे वह समृद्ध 'उत्तर' हो या विकासशील 'दक्षिण' एक अंधी दौड़ में लगा हुआ है। विश्व के मानचित्र पर एक-दूसरे से अनजान, दो अलग प्रकार की दौड़ हो रही है। एक दौड़ में वे लोग शामिल हैं जो संपन्न हैं, पर कुछ और पाने की लालसा में लगे हैं। दूसरी दौड़ में वे लोग हैं, जो दो जून की रोटी के लिएए अपने अस्तित्व को बनाए रखने के लिए जद्दोजहद कर रहे हैं। ऐसे में लोगों के लिएए गांधीजी के विचारों—'स्वराज' और 'अहिंसा' का महत्त्व बढ़ जाता है। आज वैश्वीकरण के तहत हम भोगवादी सभ्यता के करीब आते जा रहे हैं और विज्ञापनी दुनिया की चकाचौंध में चौधियाँ गए हैं। अत्यधिक उपभोग की अवधारणा के तहत हम पृथ्वी की पारिस्थितिकी और पर्यावरण के विनाश के

कगार पर आ खड़े हुए हैं। पर्यावरण का संकट विविध रूपों में हमारे अस्तित्व के लिए सर्वाधिक महत्व का बन गया है।

आज की विकास प्रणाली में मशीन को मानव सेए सीमेंटीकरण को पर्यावरण से और औद्योगीकरण को प्रकृति के विनाश से ज्यादा महत्व दिया जा रहा है। इस तरह विकास का मॉडल अपनाया जा रहा है, जो न सिर्फ प्रकृति विरोधी है बल्कि मानव विरोधी भीए जिसमें प्राकृतिक संसाधनों का विवेकपूर्ण दोहन नहीं, नृशंस विनाश किया जा रहा है। शोषण युक्त समाज का चलन बदस्तूर जारी है। शोषणमुक्त समाज में पारिस्थितिक संतुलन बनाए रखने की क्षमता गैरबराबर समाज से अधिक होती है, गैरबराबरी से ही दिखावे के लिए खर्च जरूरी हो जाता है। पूंजीवादी ताकतें बखूबी जानती हैं कि कैसे बेजरूरी वस्तुओं के लिए आवश्यकताओं को पैदा किया जाए। आवश्यकताओं की पूर्ति करने में ही हमने प्रकृति को निशाना बनाया। आंकड़े बताते हैं कि भारत का हरित क्षेत्र चिंताजनक स्थिति तक गिर चुका है। पर्वतों को डायनामाइट से उड़ाया जा रहा है। जो पर्वत लाखों साल में बनेए उन्हें कुछ महीनों में धूल-धूसरित किया किया जा रहा है। भू-जल का दोहन अविवेकपूर्ण तरीके से किया जा रहा है। नतीजतन देश के हर हिस्से में पानी का संकट बढ़ता जा रहा है। पर्यावरण के मुद्दे पर नीति और कार्यक्रम भी बनते हैं और लोगों में जागृति भी फैलाई जाती है पर पर्यावरण के विनाश को रोकने का कोई कारगर प्रयास नहीं किया जाता। प्राकृतिक संसाधन जलए जंगल और जमीन को बहुराष्ट्रीय कंपनियों ने मुनाफा का बाजार बना दिया है और आम लोगों से इसके हक छीनने की पुरजोर कोशिश की जा रही है। गांधी की समावेशी विकास की अवधारणा को लोगों ने भुला दिया है। वर्तमान विकास मॉडल के फलस्वरूप पूरे देश में साढ़े छह करोड़ लोग विभिन्न विकास परियोजनाओं से विस्थापित हो चुके हैं। 24 करोड़ लोग भूमिहीन हैं और देश के विविध भागों में किसान अपनी जमीन को बचाने को संघर्ष कर रहे हैं। पर्यावरण के प्रति असंवदनशील होकर हम अपने लिए और आने वाली पीढ़ी के लिए क्रमश: कब्र खोदते जा रहे हैं।

बेमौसम बारिश, कड़ाके की सर्दी और गर्मी की तपन से लोगों की मौत इस बात को दर्शाती है कि पर्यावरण असंतुलन के कारण उत्पन्न खतरे से भूमंडल कितना भयाक्रांत है, आज ग्लोब पर आतंकवाद से भी बड़ी समस्या जलवायु परिवर्तनध्ग्लोबल वार्मिंग है जिससे दुनिया चिंतित है। समाजवादी चिंतक सच्चिदानंद सिन्हा कहते हैं कि ''ऊर्जा संकट और पर्यावरण के प्रभाव पर ई.एम. शुमाखर के 'स्मॉल इज ब्यूटीफूल' और क्लब और रोम के अध्ययन ष्द लिमिट्स ऑफ ग्रोथ' के प्रकाशन के उपरांत ही पिछली शताब्दी में ही जलवायु परिवर्तन पर चर्चा होने लगी पर 1992 में ब्राजील के रियोडीजेनेरो में संपन्न शिखर सम्मेलन के उपरांत 1994 में क्योटो

प्रोटोकॉल के द्वारा तय हुआ कि औद्योगिक देश ग्रीनहाऊस गैसों का उत्सर्जन घटा देंगे। दुनिया के ताकतवर राष्ट्र अमेरिका ने इसपर अपनी सहमति नहीं दी। कार्बन डाइऑक्साइड का उत्सर्जन 1990 में 22.7 अरब टन था। क्योटो प्रोटोकॉल में इसे घटाकर 21.5 अरब टन करने का लक्ष्य था लेकिन 2010 में यह बढ़कर 33 अरब टन हो गया। यानी घटने की बजाय डेढ़ गुणा बढ़ गया।'' दरअसलए औद्योगिक प्रगति के उन्माद में प्रदूषण फैलाने वाले गैसों के उत्सर्जन को कम करने के लक्ष्य को सदा से ही नजरअंदाज किया गया। यहां यह कहना समीचीन होगा कि पर्यावरण की रक्षा से पश्चिमी देशों के पीछे हटने का मूल कारण है उत्तरी ध्रुव प्रदेश में बर्फ पिघलने से संसाधनों और यातायात का मार्ग खुलेगा। अमेरिका और उत्तरी शीत कटिबंध में पड़ने वाले यूरोप के कुछ संपन्न देश ध्रुव प्रदेश में बर्फ के पिघलने से खनिजों और प्राकृतिक गैसों का नया खजाना हासिल करने की संभावना में लगे हैं इतना ही नहीं रूस सहित दूसरे देश इस क्षेत्र में अपनी सामरिक उपस्थिति को बढ़ाने में लगे हैं। '2010 के अगस्त महीने में रूस की एक प्राकृतिक गैस कंपनी ''नोवोटेक'' ने एक लाख चौहत्तर हजार टन के एक टैंकर ''बाल्टिका'' को उतरी ध्रुव प्रदेश के सागर के रास्ते चीन भेजा। उनका अनुमान है कि इस मार्ग के खुल जाने से यूरोपीय देशों के लिए एक छोटा और सस्ता व्यापारिक मार्ग खुलेगा जो प्राय: शीत कटिबंधों से होकर गुजरेगा। यह पथ मुरमास्क से शंघाई तक 10,600 कि.मी. लंबा है, जबकि स्वेज से होकर वहां पहुंचने का मार्ग 17,700 कि.मी. है। उत्तरी मार्ग के खुल जाने से कनाडा, अमेरिका, यूरोप के सभी देश चीन, जापान आदि भी यानी वे सभी देश जो आधुनिक व्यापार की दृष्टि से महत्वपूर्ण है तात्कालिक रूप से ग्लोबल वार्मिंग से लाभान्वित होंगे। आर्कटिक प्रदेश में खनिजों का विशाल भंडार होने का अंदाज है और इसलिए आर्कटिक के पास के देशों यथा—रूस, नार्वे, डेनमार्क, कनाडा, अमेरिका आदि में अभी ही इन खनिजों पर अधिकार जमाने के लिए राजनयिक होड़ शुरू हो गई है। उत्तर और दक्षिण का जो विभाजन पहले ही से उजागर होता आया है अब अधिक गहराएगा और उत्तर और दक्षिण के देश विकास की एक ही दिशा में आगे और पीछेए धीमे और तेज चलने वाले नहीं रह पाएंगे। तथाकथित विकासशील देशों को बिल्कुल अलग राह अपनाने की मजबूरी होगी। शीत और समशीतोष्ण कटिबंधों के देश नए संसाधनों के चुकने तक इस अंधी दौड़ में ही रहेंगे। एक अर्थ में फिलहाल ऊंचे अक्षांशों में बसे देश एक ही तरह की ''एस्कॉर्च्ड अर्थ पॉलिसी'' में संलग्न हैं और बाकी दुनिया को जलता छोड़ शीतल प्रदेशों की ओर पलायन की मुद्रा में हैं जहां से वे अपनी जरूरत के हिसाब से बाकी जगहों पर पांव पसारते रहेंगे। हम वैश्विक स्तर पर ग्रीनहाउस गैसों के उत्सर्जन और प्रदूषण पर कोई रोक नहीं लगा सकते और एक हद तक उससे प्रभावित होते रहेंगे।

लेकिन भारत और तथाकथित विकासशील देश अपने लिए एक अलग राह की तलाश तो कर ही सकते हैं जो प्रकृति पर विजय पाने के बजाय प्राकृतिक शक्तियों और परिवेश से सहयोग और प्रकृतिप्रदत्त जीवन की लय से जोड़ कर चलने के संकल्प पर आधारित हो।' (सिन्हा, सच्चिदानंद, 2012) यहां यह कहना समीचीन होगा कि धरती के संसाधन—चाहे वे कच्चे उद्भिज पदार्थ हों, खनिज हों या ऊर्जा देने वाले कोयलाए पेट्रोलियम या प्राकृतिक गैसों के अतिदोहन से कुछ दिनों के बाद संकट उत्पन्न होगा। पर्यावरण चिंतक बालसुब्रमण्यम अपने एक आलेख में कहते हैं कि 'कारखानों, बिजलीघरों और मोटरवाहनों में खनिज ईंधनों (डीजल, पेट्रोल, कोयला आदि) का अंधाधुंध प्रयोग होता है। इनको जलाने पर कार्बन डाइआक्साइड, मीथेन, नाइट्रस आक्साइड आदि गैसें निकलती हैं। इन गैसों के चलते हरितगृह प्रभाव नामक वायुमंडलीय प्रक्रिया को बल मिलता है, जो पृथ्वी के तापमान में वृद्धि करता है' यही कारण है कि पृथ्वी इतनी गर्म हो गई है जितनी पहले कभी नहीं थी। तापमान में परिवर्तन से मौसम में अवांछनीय बदलाव देखने को मिल रहे हैं–मानसून का समय पर न आनाए असमय बारिशए बेतहाश गर्मी पड़ना आदि। हमें यह जान लेना चाहिए कि औद्योगिक गतिविधियों से क्लोरोफ्लोरोकार्बन (सीएफसी) नामक मानव–निर्मित गैस का उत्सर्जन होता है जो उच्च वायुमंडल के ओजोन परत को नुकसान पहुंचाती है। यह परत सूर्य के खतरनाक पराबैंगनी विकिरणों से हमें बचाती है। क्लोरो फ्लोरो कार्बन (सीएफसी) हरितगृह प्रभाव में भी योगदान करते हैं। इन गैसों के उत्सर्जन से पृथ्वी के वायुमंडल का तापमान लगातार बढ़ रहा है। साथ ही समुद्र का तापमान भी बढ़ने लगा है। बालसुब्रमण्यम ने लिखा है कि 'पिछले सौ सालों में वायुमंडल का तापमान 3 रो 6 डिग्री सेल्सियस बढ़ा है।' ग्लेशियर और ध्रुवों पर मौजूद बर्फ पिघल रही है। अनुमान लगाया गया है कि इससे समुद्र का जल एक से तीन मिमी प्रतिवर्ष की दर से बढ़ेगा। अगर समुद्र का जलस्तर दो मीटर बढ़ गया तो मालद्वीप और बंग्लादेश जैसे निचाईवाले देश डूब जाएंगे। अपने देश के कई इलाके इसकी चपेट में आ जाएंगें। इसके अलावा मौसम में बदलाव आ सकता है– कुछ क्षेत्रों में सूखा पड़ेगा तो कुछ जगहों पर तूफान आएगा और कहीं भारी वर्षा होगी। प्रदूषक गैसें मनुष्य और जीवधारियों में अनेक जानलेवा बीमारियों का कारण बन सकती हैं। एक शोध अध्ययन के अनुसार वायु प्रदूषण से केवल 36 शहरों में प्रतिवर्ष 51,779 लोगों की अकाल मृत्यु हो जाती है। कोलकाता, कानपुर तथा हैदराबाद में वायु प्रदूषण से होने वाली मृत्युदर पिछले 3–4 सालों में दुगुनी हो गई है। एक अनुमान के मुताबिक हमारे देश में प्रदूषण के कारण हर दिन करीब 150 लोग मरते हैं और सैकड़ों लोगों को फेफड़े और हृदय की जानलेवा बीमारियां हो जाती हैं।

दुनिया ने विकास की गति के जिस रफ्तार को पकड़ा है उस रफ्तार से पीछे आना संभव नहीं है। इसलिए पर्यावरण और विकास के मौलिक अवधारणा का अंतर्द्वन्द्व अब स्पष्ट रूप से सामने प्रस्तुत है। आज संम्पूर्ण उद्योग धंधों का विस्तार प्राकृतिक संसाधनों के दोहन पर टिका है। विकास के इस मॉडल के कारण दुनिया के सामने ग्लोबल वार्मिंग की समस्या खड़ी हो गई है। नासा के गोडार्ड इंस्टीट्यूट फॉर स्पेश स्टडीज के निदेशक एवं जलवायु वैज्ञानिक जेम्स हैन्सन का मानना है कि भूमंडलीय ताप वृद्धि के संदर्भ में राष्ट्रों द्वारा तय की गई अधिकतम औसत दो डिग्री सेंटीग्रेट की सीमा भूमंडलीय ताप वृद्धि के विनाशकारी प्रभावों को नहीं रोक पाएगी। अतितीव्र गति से जनसंख्या वृद्धि के कारण तथा नई औद्योगिक परियोजनाओं के लिए जंगलों को काटा जा रहा है। औद्योगीकरण की वर्तमान प्रक्रिया के पूर्व भी कृषि योग्य भूमि का क्षेत्रफल बढ़ाने के लिए सदियों से वनों को काटा जाता रहा है लेकिन अब यह कटान खतरनाक स्तर पर पहुंच गई है। इससे साबित होता है कि इंसान की प्रकृति पर किसी भी तरह से निर्भरता उसे नकारात्मक रूप में प्रभावित करने वाली है।

वैश्वीकरण के नाम पर अविकसित व विकासशील देशों में भी प्राकृतिक संसाधनों की किल्लत होने लगी है। पर्यावरणीय प्रदूषण से उत्पन्न खतरे मनुष्य निर्मित हैं। विकसित देशों में प्रदूषण न फैलने के लिए रासायनिक उद्योगों को न लगाए जाने की हिदायत दी गई है। विकसित देश, अविकसित तथा विकासशील देशों में हथियार और परमाणु ऊर्जा बेच रहे हैं। वे (पश्चिमी देश) तो जीवाश्म ईंधनों का इस्तेमाल करने लगे हैं–चाहे वह गाड़ियों में हो या फ्रीज, एयरकंडीशनर में। प्राकृतिक संसाधनों पर कब्जा करने के उद्‌देश्य से वे दुनिया में लड़ाइयाँ लड़वा रहे हैं। उन्होंने पानी तक का निजीकरण करवा दिया है। एक ओर वे अविकसित और विकासशील देशों के पानी पर कब्जा कर लेना चाहते हैं दूसरी ओर वे ष्सर्विस इंडस्ट्री' के नाम पर जमीनों को भी हथियाना चाहते हैं।

आज विज्ञान और तकनीक के माध्यम से इंसानी जीवन की बेहतरी के बहाने विकास का जो ताना–बाना बुना जा रहा है, दुर्भाग्य से उसका सबसे बुरा असर मानव सभ्यता की मेरुदंड प्रकृति पर ही पड़ रहा है। सूचना तकनीक के मौजूदा दौर में दुनिया ई–कचरे के ढ़ेर में तब्दील होता जा रहा है। जो पर्यावरण को लंबे समय तक और गहरे तक प्रदूषित करने वाला है। यह ई–कचरा अक्षरणीय प्रदूषक है। लेकिन यह चुनौतियां ऐसी हैं जो केवल मौजूदा व्यवस्था के साथ नहीं जुड़ी हैं। मसलन् क्या बाजार आधारित व्यवस्था खत्म होने से पर्यावरण को नुकसान पहुंचाने वाले ई–कचरे का निस्तारण हो जाएगा या यह पैदा ही नहीं होगा? यदि इससे निबटने के लिए हम मोबाइल या अन्य इलेक्ट्रॉनिक उपकरणों का इस्तेमाल बंद कर देंगे तो क्या

पॉलीथीन या प्लास्टिक के अन्य कचरों की एक अन्य पर्यावरणीय समस्या खत्म हो जाएगी। पर्यावरण हितैषी कल्पना करते हैं कि प्लास्टिक का प्रयोग बंद हो जाए और फर्नीचर प्लास्टिक के बजाए लकड़ियों का बनाया जाए तो क्या ऐसे में वनों पर निर्भरता बढ़ नहीं जाएगी। यहीं पर मानवीय चेतना की भूमिका है जो मौजूदा व्यवस्था में भी और बाजार से इतर ढांचे में भी महत्वपूर्ण हो जाती है। मानवशास्त्री जूलीइन स्टीवर्ट ने सांस्कृतिक विकास की चर्चा करते हुए कहा है कि विकास का पैमाना यही होगा कि प्रति व्यक्ति ऊर्जा कितनी खपत करता है। साथ हीए समाज में प्रति व्यक्ति के वेस्टेज से उसके विकास का आकलन किया जाएगा। आज अपार्टमेंट कल्चर में हम इलेक्ट्रॉनिक्स सामान खरीदते चले जाते हैं। इसके कई कारण हैं यथारू नए मॉडल का बाजार में आ जाना या फिर ऑफर मिलना। चूंकि वेस्टेज को खपाने में इतनी दिक्कतें आ रही हैं, पृथ्वी सहन नहीं कर पा रही है। विकसित देशों का मानना है कि तीसरी दुनिया के लोग पृथ्वी पर भार के समान हैं। चूंकि विकसित देशों के लोग टेक्नोलोजिकली समृद्ध हैं अतएव उनका कहना है कि लाइफ बोट में उतने ही लोग सवार हों जितने कि पृथ्वी सहन कर सकें। पाकिस्तानी अर्थशास्त्री प्रोण्नरिबुड हक का विकसित देशों के द्वारा पृथ्वी पर कचरा फैलाने के संदर्भ में कहना है कि पहले उस लाइफ बोट से आप उतरिये क्योंकि आप ही पृथ्वी पर सबसे ज्यादा कचरा फेंकते हैं। यहां यह कहना समीचीन होगा कि दुनिया के 70 करोड़ धनाढ्य लोग (जो विश्व आबादी का दस प्रतिशत है) सबसे ज्यादा प्राकृतिक संसाधनों का उपभोग करते हैं। दुनिया के सबसे गरीब 40 प्रतिशत लोग विश्व के प्राकृतिक संसाधनों का पांच प्रतिशत से भी कम उपयोग करते हैं। इतना ही नहीं सबसे गरीब 20 प्रतिशत लोग दो प्रतिशत से भी कम प्राकृतिक संसाधनों का उपयोग कर पाते हैं।

भोगवादी सभ्यता यानी विकसित देशों के विकास का मॉडल यही रहा तो 27 पृथ्वियाँ और लगेंगी। ऐसी स्थिति में गांधी के विकास मॉडल की सार्थकता पर हमें ध्यान देने की जरूरत है। गांधी कहते हैं कि हमारी वसुंधरा सबका भरण-पोषण कर सकती हैं, इसमें इतनी क्षमता है, लेकिन एक लोभी का भरण-पोषण करने में यह असमर्थ है। इसके लिए आनेवाली पीढ़ियों के लिए नैसर्गिक संसाधनों को बचाकर रखने के लिए हमें कुछ बचाना होगा। गांधी ने परिवर्तन की तुलना में स्थिरता को प्राथमिकता दी। गांधी प्रयोगवादी वैज्ञानिक थे इसलिए वे संयम की बात पर बल देते हुए कहते हैं कि हमें प्रकृति से उतना ही लेना चाहिए जितना कि हम उसे लौटा सकें। गांधी इलाहाबाद में नेहरू के घर ठहरे हुए थे। गांधी ने सुबह हाथ-मुंह धोने के लिए एक बाल्टी पानी के लिए कहा। नेहरू ने दो बाल्टियां भेजी। जिस पर गांधी ने एक वापस भेज दी। नेहरू ने कहा कि यह वह शहर है जहां गंगा, यमुना का

संगम होता है। यहां पानी की कमी नहीं हो सकती। गांधी द्वारा पानी वापस किया जानाए उनकी दूरदर्शिता परिलक्षित होती है। गांधी ने तीन 'ध' (धर्म, धंधा और धन) समाप्त करने का प्रयास किए। बदले में तीन 'झ' (झंडा, झाड़ू और झोली) दे गए। वे धर्मांधता, धनशक्ति और बाजारवाद को समाप्त करना चाहते थे। इसलिए वे चाहते थे कि अंत्योदय से सर्वोदय हो। लोक कल्याणकारी राज्य को यह सुनिश्चित करना चाहिए कि सबसे गरीब और कमजोर व्यक्ति का चेहराए हमारे नियोजन और विकास के केंद्र में बना रहे।

गांधीजी का मानना था कि 'हमारी जीवन पद्धति ऐसी हो कि पर्यावरण को कम से कम ठेस पहुँचे।' पर्यावरणीय दृष्टिकोण से हमें टूथपेस्ट की बजाय मंजन का उपयोग करना चाहिए। दरअसल टूथपेस्ट हमारी भोगवादी सभ्यता की देन है और मंजन हमारी सांस्कृतिक परंपरा की। दाँतों को दातून, कोयले का मंजन, राख आदि से साफ करने से मसूड़ों की भी मालिश हो जाती है। टूथपेस्ट और मंजन में तुलना करने पर हम पाते हैं कि दो हजार जनसंख्या वाली बस्ती में 500 लोग भी दातून से दाँत साफ करते हैं तो वह तीन माह पर एक ब्रश और टूथपेस्ट की तीन डब्बियां पृथ्वी पर फेंकने से बचा रह जाएगा। टूथब्रश और पेस्ट की डब्बियां हजारों वर्षों तक नष्ट नहीं होती हैं। इतना ही नहीं, अगर आप उसे पुनर्निर्माण करते हैं तो इसमें अत्यधिक पानी व बिजली लगेगी और इसके लिए उद्योग खड़ा करना होगाए इससे प्रदूषण फैलेगा और इसमें काम करने वाले समाज के अंतिम तबके के लोग प्रदूषण से उत्पन्न संक्रामक बीमारियों के शिकार होंगे। प्लास्टिक पुर्ननिर्माण से जो प्रदूषित गैसें उत्पन्न होगी उससे ग्रीन हाउस इफेक्ट और भी बढ़ेगा। टूथपेस्ट और टूथब्रश का इस्तेमाल न करने से 500 व्यक्ति ही सालाना करीब डेढ़ लाख रुपये से ज्यादा गांव से बाहर जाने से रोक सकेंगे। इसलिए गांधी ग्रामोद्योग की बात करते हैं। जिस ग्रामोद्योग में मंजन तैयार होगा। गांव में मंजन के लिए पेड़ लगाने से वहाँ का पर्यावरण बना रहेगा, रोजगार बढ़ेगा और यह स्वास्थ्य के लिए अधिक उपयुक्त होगा। इस तरह से गांधी के ग्रामोद्योग के विचार पर्यावरण प्रदूषण को रोकने के लिए प्रासंगिक है।

गांधी के चरखा द्वारा कपास से कपड़े तक के सफर को देखें तो हम पाते हैं कि खादी के निर्माण में न बिजली का उपयोग होता है, न ही जल का प्रदूषण और न ही कम लोगों के हाथों में अकूत संपत्ति संसाधन जमा होने का भय। इस तरह से खादीए सत्ता के केन्द्रीकरण के भय से भी हमें मुक्त रखती है जबकि आप मैन मेड फाइबर से टेरीलीन, टेफ्लॉन, नॉयलन का इस्तेमाल करते हैं, ये पेट्रोलियम निर्मित हैं। पर्यावरणविदों का कहना है कि पेट्रोलियम 50 साल अर्थात 2048 ई. में बहुत कम हो जाएगी। इसमें बनने वाली कपड़ों में खादी की बनस्पित बिजलीए पानी की

खपत बहुत होगीए उद्योग लगाने पड़ेंगे और इससे प्रदूषण फैलेगा। रासायनिक पदार्थों को पानी में छोड़ने से पानी विषाक्त होगा। इससे पर्यावरण का संतुलन बिगड़ेगा। उदाहरण के लिए खादी का एक मीटर कपड़ा बनने में जितना जल लगता है उसके एक हजार गुणा जल मिल का कपड़ा बनाने में लगता है। आने वाली पीढ़ियों के लिए बिजली, पानी बचानी है तो गांधी के विचारों को अपनाना ही पड़ेगा।

स्वास्थ्य प्रणाली की ओर ध्यान दें तो हम पाते हैं कि आज की स्वास्थ्य प्रणाली न केवल मंहगी, मशीनों पर अवलंबित और साइड इफेक्ट वाली है बल्कि देहातों की पहुँच से दूर भी। इससे डॉक्टर बनाने वाली संस्था व डॉक्टरों का तो फायदा हो ही रहा है और आमजनों को दूरगामी नुकसान भुगतने पड़ेंगे। आज सभी बड़े शहरों में मेडिकल वेस्ट को नष्ट करने में जो बिजली, पानी, भूमि आदि का खर्च हो रहा है, यह सभी के सामने आर्थिक-सामाजिक दृष्टि से बहुत बड़ा मुद्दा बना हुआ है। इसलिए तो गांधी स्थानीय स्वास्थ्य परंपराओं पर जोर देते हैं—चाहे वह निसर्ग उपचार होए योगासन होए आहार शुद्धि हो, आयुर्वेद हो या फिर अन्य पद्धतियाँ। इन सबमें स्थानिक संसाधनों का अधिकाधिक उपयोग होता है। आहार के नियंत्रण से हम अधिकतर बीमारियों को दूर कर सकते हैं। आज हम अपने को अनावश्यक वस्तुओं का भंडार बना रखे हैं। जिसमें पैकिंग किया हुआए तला हुआ और फ्रीज के पदार्थों का इस्तेमाल जोरों से कर रहे हैं। बाजार के लिए खाद्य पदार्थों को टिकाए रखना जरूरी होता है, इसके लिए उसमें रासायनिक पदार्थों का इस्तेमाल होना लाजिमी है और इन सारे खाद्य-पदार्थों ने आम आदमी के घरों में इतनी जगह बना ली है कि स्वास्थ्य के लिए क्या लाभदायक है? ये भी वे भूलते जा रहे हैं। एक तरफ श्रम की कमी हो रही है तो दूसरी तरफ ऐसे पदार्थों का इस्तेमाल बढ़ रहा है। परिणामत: अनेक अवांछित रोग पिछली शताब्दी में बढ़े हैं, जैसे-स्वाइन फ्लू, कैंसर, मधुमेह, किडनी की बीमारियाँ आदि। गांधी ने कहा है कि आहार में उतनी ही चीजें लेनी चाहिए जो कि प्राकृतिक हो। प्राकृतिक पदार्थों के अधिक उपयोग से इन सारी बीमारियों से बचा जा सकता है और इसे विज्ञान भी बखूबी मानने लगे हैं। कल तक विज्ञान कह रहा था कि गाय का घी खाने से कोलेस्ट्राल बढ़ता है पर आज उसने स्वीकार कर लिया है कि गाय का घी खाने से कोलेस्ट्राल नहीं बढ़ता है। ऐसी स्थिति में हम अपने जीवनशैली को अधिकाधिक प्रकृति की ओर ले जाएं तो अधिकतर बीमारियों तथा उनपर होनेवाले खर्चों से बचा जा सकता है।

शिक्षा के क्षेत्र में देखें तो आज की शिक्षा प्रणाली में हाथ-पाँव से कम काम लिया जाता है। दिमागी श्रम बहुत ज्यादा करना पड़ रहा है। इससे जहां एक ओर श्रमिकों का शोषण होता है वहीं दूसरी ओर श्रम न करनेवाला समाज परावलम्बी होता जा रहा है। यही वजह है कि गाँवों से लोगों का पलायन हो रहा है क्योंकि

गाँवों में रोजगार नहीं हैं। आज की शिक्षा-प्रणाली गाँवों में रोजगार उपलब्ध नहीं कराती है वह केन्द्रित रोजगार के पक्ष में है जबकि गांधीजी विकेन्द्रित उद्योग आधारित तकनीकी शिक्षा पद्धति की बात करते हैं। वे सदैव 'हैण्ड, हेड और हर्ट' पर आधारित समन्वित विकास की शिक्षा पद्धति पर जोर देते हैं जबकि आज की शिक्षा प्रणाली में केवल दिमाग पर जोर दिए जाते हैं, इससे बच्चे परसेन्ट के शिकार होते जा रहे हैं। स्पर्धा के युग में उनमें नीरस सा छा जाता है, तब ऐसे में लोग गांव से शहर में आ जाएंगे तो शहर में भी संसाधनों पर जोर पड़ेगाए जिससे कानून-व्यवस्था का भी सवाल खड़ा होगा। गांधीजी चाहते थे कि शिक्षा पद्धति ऐसी हो कि गांव के लोग भी विकसित होए इसलिए उसने नई तालीम पद्धति को न सिर्फ शुरू किया बल्कि इसको सार्थक भी किया पर दुर्भाग्यवश पश्चिम की होड़ में लगी शासनतंत्र ने इसे बंद करवा दिया। अब आनेवाली पीढ़ियों को सोचना चाहिए कि वे कौन सी शिक्षा पद्धति को बरकरार रखेंगे। अगर आनेवाली पीढ़ियों के लिए पर्यावरण (जल, जंगल, जमीन, हवा) को बचाए रखना है तो गांधी के बताए रास्तों के अलावा और भी कोई दूसरा रास्ता नहीं हो सकता है।

इसके लिए हमें अपनाने होंगे ये रास्ते —1. ब्रह्माण्ड के सबसे बुद्धिजीवी मनुष्य को यह समझना चाहिए की प्रकृति की रक्षा करना हमारा कर्तव्य है, न की इसका शोषण करना हमारा अधिकार। अपनी आवश्यकताओं की पूर्ति के लिए प्राकृतिक-संसाधनों का दोहन तो हम करें, लेकिन प्रकृति के अंधाधुंध शोषण को रोकना होगा। 2. दैनंदिनी जीवन में स्वच्छता का अधिकाधिक ध्यान रखें, वातावरण को प्रदूषित न करें। 3. हम अपने व्यक्तिगत तथा सार्वजनिक जल-स्त्रोतों को शुद्ध रखें। कुएं, तालाब, नदियाँ इत्यादि में स्नान करते समय साबुन, शैंपू तथा अन्य रासायनिक तत्वों के प्रयोग से बचेंए ताकि ये जल-स्त्रोत अशुद्ध न हों। 4. प्लास्टिक तथा पौलीथीन के प्रयोग को कम से कम करें। इनके स्थान पर कपड़े के सुंदर थैलों तथा कागज़ के आकर्षक लिफाफों का प्रयोग किया जा सकता है। 5. जहाँ तक सम्भव होए वातानुकूलन-यंत्रों (Air Conditioners) तथा रेफ्रीजरेटरों का प्रयोग कम से कम करना चाहिए, क्योकिं इनसे भी वातावरण के तापमान में वृद्धि होती है। 6. निजी वाहनों के स्थान पर सार्वजनिक परिवहन प्रणालीए रेल इत्यादि का प्रयोग अधिक करना चाहिएए ताकि इंधन की खपत और प्रदूषण दोनों में कमी आए। इसी तरह जहाँ सम्भव होए वहाँ साइकिल का भी उपयोग किया जाना चाहिए। 7. हम अपने जीवन में शाकाहार को अपनाएं तथा दूसरों को भी इसके लिए प्रेरित करें। मांसाहार के लिए बड़े पैमाने पर पशु-पक्षियों की हत्या की जाती है, जिससे पारिस्थितिकीय असंतुलन (Ecological Imbalance) बढ़ता है। 8. वायु-प्रदूषण को कम करने में पेड़ महत्वपूर्ण भूमिका निभाते हैं। अत: हमें अपने आस-

पास का वातावरण प्रदूषण-मुक्त तथा हरा-भरा रखने के लिए अधिक से अधिक पेड़ लगाने चाहिए और उनकी रक्षा करनी चाहिए। यदि जगह की कमी हो, तो कम से कम गमलों में छोटे-छोटे पौधे तो अवश्य ही लगाने चाहिए। 9. कृषि कार्यों में यंत्रों की बजाय पशु-धन का अधिक प्रयोग करें। छोटे-छोटे खेत जोतने के लिए ट्रैक्टर के स्थान पर बैलों का प्रयोग करना चाहिए। 10. खेतों में रासायनिक खाद तथा कीटनाशकों की बजाय केंचुआ खादए गोबर, गोमूत्र इत्यादि प्राकृतिक एवं जैविक साधनों का प्रयोग किया जाना चाहिए। ये कुछ ऐसे उपाय हैं, जिन्हें कोई भी व्यक्ति अपने दैनिक जीवन में सरलता से अपनाकर प्रकृति की रक्षा में अपना योगदान दे सकता है। इनके अलावा कुछ ऐसे उपाय हैं, जिन्हें क्रियान्वित करने के लिए शासन-तंत्र तथा अन्य सामजिक संगठनों की सक्रिय भागीदारी आवश्यक है। यथा : 1. विद्युत-उत्पादन के लिए पवन-ऊर्जा तथा सौर-ऊर्जा के उपयोग को बढावा देना। 2. सार्वजनिक परिवहन प्रणाली को अधिक सक्षमए सुविधाजनक और सस्ता बनाना। 3. वृक्षारोपणए जल-संवर्धन इत्यादि से जुड़े कार्यक्रम आयोजित करने तथा उनमें सक्रिय सहभाग लेने के लिए सभी की प्रोत्साहित करना। 4. योगए आयुर्वेद तथा अन्य प्राकृतिक चिकित्सा पद्धतियों को बढावा देना। 5. असीमित औद्योगिकीकरण की बजाय प्रकृति-आधारित विकास की अवधारणा पर विचार करके, उसे लागू करने का प्रयास। ये कुछ ऐसे उपाय हैं, जिन पर सम्पूर्ण विश्व के शासकों तथा सामजिक संगठनों को विचार करना चाहिए। (स्त्रोत : http://youthkiawaazhindi.blogspot.in/)

अंत में कहा जा सकता है कि गांधी पारिस्थितिकीय रूप से सुदृढ़ विकास की रूपरेखा खुद ही बना चुके थे। इतना ही नहीं, गांधी का जीवन व कार्य भारत में समकालीन पर्यावरणीय आंदोलन पर विशेष महत्त्व रखता है। चिपको आंदोलन से नर्मदा बचाओ आंदोलन तक पर्यावरणीय कार्यकर्ता अहिंसक प्रतिरोध की गांधीवादी तकनीकों पर बहुत अधिक निर्भर है। इसलिए पर्यावरण के क्षेत्र में गांधीजी के प्रयोग वैज्ञानिक प्रयोग ही थे। आज दुनिया पारिस्थितिकीय मानवता का सपना देख रही है। भारत इस दिशा में बढ़ सकता है। दुनिया में भारतीय खान-पान तथा औषध के क्षेत्र-आयुर्वेद आदि का आकर्षण बढ़ा है। आज जो पर्यावरण प्रदूषण की समस्या विकराल रूप धारण करती जा रही है, भारत अगर महात्मा गांधी के पर्यावरणीय वैज्ञानिक सोच को अपना रास्ता स्वयं बनाएं तो स्वयं विनाश से बचेगा हीए दुनिया के लिए आदर्शात्मक मॉडल भी बन सकेगा। आदमी धरती से बंधा है और वह तभी तक जीवित रहेगा जब तक यह बंधन कायम है।

मनोज कुमार

लोकशक्ति व जनशक्ति निर्माण का है अभिक्रम

शब्दों से विचार की पूर्ण अभिव्यक्ति नहीं हो सकती। आत्मा की भाषा दैहिक मर्यादा से ऊपर होती है। भाषा सत्य को परिसीमित करती है। जीवन सत्य को अभिव्यक्त करने का सच्चा माध्यम है। जीवन स्वयं में अपनी अभिव्यक्ति है। आत्मा के प्रकाश को व्यक्ति के हृदय में उतारने का सही माध्यम जीवन है। गांधी कहते हैं कि श्आपका जीवन ही आपकी वाणी है।''[1] ''जीवन ही सत्य को अभिव्यक्त करने का एक मात्र साधन है।'' लाखों-करोड़ों लोगों के साथ काम करने का दूसरा कोई रास्ता ही नहीं है। जीवन बेतार की तरंगों से अधिक क्षमताशील होता है। सत्य को जीने वाला शाब्दिक अभिव्यक्ति की इच्छा नहीं करता। एक पत्र में गांधीजी ने लिखा था कि याद रखो कि जो तुम करोगे वही दूसरे करेंगे और जिसका तुम उपदेश दोगे वह पानी पर लिखे जैसा होगा।[2] गांधीजी ने अपनी आत्मकथा जिसे उन्होंने ष्सत्य के साथ मेरे प्रयोग' कहा है, में 1920 तक की घटनाओं के बाद उन्होंने कुछ नहीं लिखा, अब उनके पास छिपाने के लिए कुछ नहीं था जो उनका था उसे सब जानते थे उन्होंने कहा भी है कि मेरा निजी जीवन सार्वजनिक हो गया हैं। दुनिया में मेरे लिए एक भी ऐसी बात नहीं जिसे मैं निजी बनाकर रखूं।[3] गांधी ने सम्प्रेषण के लिए जीवन को प्रतीक (symbol) के रूप प्रयोग किया है। व्यक्ति के जीवन निर्माण व रचना के लिए गांधी एकादश व्रत (अहिंसा, सत्य, अस्तेय, ब्रह्मचर्य, असंग्रह, शरीरश्रम, आस्वाद, निर्भयता, सर्वधर्म समानता, स्वदेशी, स्पर्शभावना) का प्रावधान करते हैं। वहीं दूसरी ओर समाज निर्माण के लिए रचनात्मक कार्यक्रम की व्यूह रचना बनाते हैं। दरअसल रचनात्मक कार्यक्रम समाज काए समाज के लिएए समाज के साथ काम करने की प्रविधि है। रचनात्मक कार्यकर्ता लोगों के साथ तादात्म स्थापित करता है, उनकी कठिनाइयों से एकाकार होता है उस कठिनाई को अनुभव कर उसका सहभागी बनता है। इस प्रकार उनकी कमजोरियों को भीतर से दूर करता है। इन्हीं कठिनाइयों को दूर करने की प्रविधि रचनात्मक कार्यक्रम है।

13 सूत्री रचनात्मक कार्यक्रम की रूपरेखा सर्वप्रथम हरिजन में 18 अगस्त, 1940 को प्रकाशित हुआ जो पुस्तक रूप में 1941 में सामने आया। इस पुस्तिका की रचना उन्होंने वर्धा से वारडोली जाते हुए रेलगाड़ी में की थी (वे सेवाग्राम से 9 दिसंबरए 1941 को चलकर वारडोली 10 दिसंबर, 1941 को पहुँचे थे) जैसा कि उन्होंने मीरा बहन को पत्र में लिखा कि ''मैं लेखन कार्य में डूबा था वह अभी-अभी समाप्त हुआ हैं।''[4] पुस्तक की संशोधित आवृत्ति 13 नवंबर, 1945 को प्रकाशित हुई। इसमें दो परिशिष्ट क्रमश: 16 जनवरी, 1946 और 27 जनवरी, 1948 की जोड़ी गई है।

डॉ. राजेन्द्र प्रसाद ने 1942 में ''रचनात्मक कार्यक्रम कुछ सुझाव'' नाम से एक पुस्तक 'रचनात्मक कार्यक्रम' को व्याख्यायित करने के लिए प्रकाशित की।[5] गांधीजी को सामाजिक कार्यों का प्रशिक्षण द. अफ्रीका में ही हो गया था। आत्मकथा में उन्होंने लिखा है कि मेरा अधिकतर समय सार्वजनिक काम में ही बीतने लगा।[6] द. अफ्रीका की समस्याओं को जानकर ही उन्होंने हिन्दुस्तान छोड़ा था। वहाँ जगह-जगह अपमानित होने के बावजूद उन्होंने अपने क्रोध को दबाए रखाए अपमान को प्रेमरूप देने का प्रशिक्षण उन्हें अफ्रीका में संघर्ष के दरमियान मिला। बोअर युद्ध 1899 में आरंभ हुआ। अंग्रेजों में यह धारणा थी कि हिन्दुस्तानी यहाँ ''पैसा जमा करने ही आते हैं। ये हम पर बोझ हैं। दीमक की तरह हमारे कलेजे को खा कर खोखला बना रहे हैं युद्ध में हमें अपनी ही नहीं इनकी भी रक्षा करनी पड़ेगी। हिन्दुस्तानियों के लिए बोअर और अंग्रेजों में कोई अंतर नहीं था। लेकिन हिन्दुस्तानियों का अस्तित्व वहाँ ब्रिटिश प्रजा जन के नाते ही था अंत में काफी सोच विचार कर 'एम्बुसेन्स कोर' के रूप में सेवाएं देने की स्वीकृति मिली। लगभग 1100 हिन्दुस्तानियों का बड़ा दल युद्ध के मोर्चे पर जाने के लिए तैयार थे इससे अंग्रेजों के मन में हिन्दुस्तानियों के बारे में सुंदर भावना बनी। परमुसिंग के निष्ठा की खबर भारत के तत्कालीन वाइसराय लार्ड कर्जन तक पहुँचीए उन्होंने समारोह पूर्वक काश्मीरी अंग रखा भेंट करने के लिए भेजा।[7] जब खूनी कानून द्वारा अंकुश लगाकर अंग्रेज आतंक से कौम को थरथरा देना चाहते थे उसी समय वहां हवसियों और जुलुओं का विद्रोह हुआ। गांधीजी को घायलों की सेवा शुरू करने वाला दल (स्ट्रेचर-वेयरर फोर्सद्ध खड़ा करने की इजाजत मिल गई। उन्होंने सेवाधर्म के साथ ब्रह्मचर्य की आवश्यकता (1906) को पहचाना। साथ ही उन्हें यह विश्वास हुआ कि ''सेवाधर्म का पालन करने वाले मनुष्य को गरीबी का सदा के लिए वरण करना चाहिए।[8] प्लेग के समय भी उन्होंने स्वंयसेवकों को तैयार कर काफी सेवा की थी। बीच में जब गांधी अ.भा. कांग्रेस कमिटी के सम्मेलन में भाग लेने के लिए हिन्दुस्तान आए तो वहाँ भी उन्होंने सफाई का काम अपने हाथ में लिया। हिन्दुस्तान

के बाहर रहकर गांधी पूरी तरह रचनात्मक कार्य के महत्त्व को समझ चुके थे। उन्हें कई बार धोखा भी हुआ लेकिन हृदय परिवर्तन के रूप में रचनात्मक कार्यक्रम में उनकी श्रद्धा दृढ़ होती गई।

रचनात्मक कार्यक्रम नामक अपनी पुस्तिका के प्रस्तावना में गांधीजी ने लिखा है कि रचनात्मक कार्यक्रम ही पूर्ण स्वराज्य या मुकम्मत आजादी हासिल करने का सच्चा और अहिंसक रास्ता है। दरअसल गांधी ''निरूस्वार्थ'' और ''सच्ची दोस्ती'' को राजनीतिक समझौते की बुनियाद बनाना चाहते थे। कई बार समझौते रोके गएए रोके जा सकते हैं लेकिन सच्ची दोस्ती को रोका नहीं जा सकता है। इस दोस्ती को कायम करने में पुरस्कार के रूप में अक्सर उपहास, तिरस्कार और मृत्यु तक मिलती हैं लेकिन उसका आरंभ किया हुआ सुधार कार्य कायम रहता है, और वह आगे बढ़ता रहता है।[9] उनका मानना था कि अगर हम पक्की नींव डालेंगे तो भावी पीढ़ी उस पर ठोस इमारत खड़ी कर सकेगीए लेकिन अगर हम नींव ही रेत पर डालेंगे तो फिर भावी पीढ़ी के सामने नई और पक्की नींव डालने के लिए उस रेत को खोदकर निकालने के अलावा और कोई चारा नहीं रह जाएगा।[10] समाज परिवर्तन की तकनीक के रूप में प्रेम का अनुसंधान करनाए सत्यए प्रेम और करुणा को समाज परिवर्तन का आवश्यक उपकरण बनाना गांधीजी के जीवन का लक्ष्य था। वे पूर्वजों द्वारा छोड़ी गई विरासत को समृद्ध कर आध्यात्मिक जगत में भौतिक जगत की तरह आविष्कार कर नए इतिहास का निर्माण करना चाहते थे।[11] रचनात्मक कार्यक्रम हमारे भीतर की कठोरता को समाप्त करता है। जब कठोरता नहीं रहेगी तभी हममें सहिष्णुता बढ़ेगी।[12] गांधीजी ने स्पष्ट कहा है कि राजनीतिक और आर्थिक स्वतंत्रता सत्य और अहिंसा के बिना या ईश्वर में जीवंत आस्था और इसलिए नैतिक तथा सामाजिक उन्नयन के बिना प्राप्त नहीं किया जा सकता।[13] नैतिक और सामाजिक उत्थान ही अहिंसा है और अहिंसा को क्रियात्मक रूप में व्यक्त करने के लिए कार्यकर्ताओं को रचनात्मक कार्य के योग्य बनाना होगाए हमें यह कार्यक्रम केवल कागज पर नहीं बल्कि ठोस और वास्तविक रूप में चलाना होगा। अहिंसात्मक स्वराज्य प्राप्त करने के लिए प्रतिकारात्मक और रचनात्मक दोनों पर साथ-साथ काम करना होता है, सविनय अवज्ञा प्रतिकारात्मक है, इसलिए अस्थाई है, दूसरा रचनात्मक और स्थायी है। दरअसल रचनात्मक कार्यक्रम में श्रद्धा सविनय अवज्ञा के लिए हमारी योग्यता में वृद्धि करता है।

जहाँ जिज्ञासा हो वहाँ ज्ञान की बात करना शोभा देती है जिनके पास रोटी नहीं है उन्हें भूगोलए इतिहास या राजनीति कैसे सिखाई जायए क्यों सिखाई जाय?

गांधीजी के लिए रचनात्मक कार्यक्रम एक राजनैतिक शिक्षा है।[14] इससे भिन्न कोई राजनीतिक शिक्षा हो ही नहीं सकती। उनके अनुसार मानव स्वभाव और समाज

के सामाजिकए राजनैतिक और धार्मिक स्थितियों में कोई भेद नहीं है एक की दूसरे पर क्रिया और प्रतिक्रिया होती रहती है। इसलिए राजनीतिक तालीम कोई पृथक वस्तु नहीं है।[15] गांधीजी ने मूक और निरपेक्ष सेवा के द्वारा संगठन बनाकर सत्याग्रहियों को प्रशिक्षित किया। गांधी ने कांग्रेस का नाम लिए बिना सेवा को प्रतिकार का माध्यम बनाया। वे सत्याग्रह को धार्मिक कार्य मानते थे क्योंकि सत्याग्रह हृदय परिवर्तन का साधन है जिसमें अन्याय का प्रतिकार अहिंसक साधनों द्वारा किया जाता है। उनके अनुसार राजनीति के नाम से राजनैतिक तालीम नहीं दी जा सकती है। गांधी का विश्वास था कि देश की बहुत बड़ी संख्या आजादी के प्रश्न को धार्मिक मानकर शामिल हुई है। गांधी के लिए सामाजिक कार्य ही धार्मिक कार्य था उन्होंने अनुभव किया था कि सामाजिक और आध्यात्मिक कार्य का राजनैतिक परिणाम अवश्यंभावी है। भारत को पवित्र बनाने का यह एक रास्ता है। "भारत जितना पवित्र होता जाएगाए उसकी शक्ति उतनी ही बढ़ती जाएगी।"[16] संगठित उदंडता का मुकाबला असंगठित तूफान से नहीं किया जा सकताए भयंकर उदंडता का मुकाबला केवल पवित्र और विनीत व्यक्तियों की पूर्ण विनम्रता ही कर सकती है।[17] कोई भी व्यक्ति या राष्ट्र सिर्फ उत्तेजनाओं पर जीवित नहीं रह सकता। उत्तेजना का शमन हर हालत में आवश्यक है। गांधी अहिंसा के संदेश को रचनात्मक कार्य करने की क्षमता के रूप में प्रकट करना चाहते थे। गांधीजी ने 1920 में चरखा को राजनीति का केंद्र बनाया। उसे युद्ध का साधन बनाया। बारडोली में इसे सविनय-भंग का अविभाज्य हिस्सा बनाया गया। बारडोली में यह शर्त रखी गई थी कि कुछ माह में संपूर्ण बारडोली में खद्दर ही खद्दर रहेगा पर वहाँ खद्दर नहीं हुआए मद्य-निषेधए अस्पृश्यता-निवारण पूरा नहीं हुआ इसलिए गांधी कहते हैं कि "बारडोली के भरोसे दूसरा युद्ध नहीं छेडेंगे।"[18] वे कहते हैं किए "चरखा ही राजनैतिक तालीम है ऐसी हमारी श्रद्धा हो तो हम थकेगें नहीं और न हारेंगे"[19] राजनैतिक तालीम का साध्य रचनात्मक कार्यक्रम है।[20] स्वास्थ्य विज्ञान धर्म से जुड़ा है लेकिन सामान्य जन के परे है धर्म। धर्म को मंदिरों में, भजन में हम देखते हैं, व्यवहार की भाषा में धर्म की शिक्षा दी जा सकती है। यानी रचनात्मक कार्यक्रम धर्मिक कार्यक्रम है, व्यवहारिक धर्म है, इसलिए सच्चा धर्म है सेवा से अलग कोई धर्म नहीं। उन्होंने कहा कि दारिद्रय का प्रश्न आर्थिक है और अस्पृश्यता निवारण का सवाल धार्मिक या पारमार्थिक है। मैं दरिद्र किसानों का दारिद्रय निवारण नहीं कर सका तो मेरा धर्म नाश नहीं होता लेकिन धनाढ्य हरिजन की भी अस्पृश्यता अगर मैं रहने दूँगा तो धर्म-नाश होता है। इसलिए सेवारंभ तो हरिजनों से ही होनी चाहिए। दारिद्रय का सवाल यहाँ पर अप्रासंगिक है।[21] उनके लिए धर्म सेवा और देश सेवा में भी कोई भेद नहीं है। बहिष्कार एक राजनैतिक कार्यक्रम है और इसके पीछे आर्थिक दर्शन है।

खादी का उत्पादन कर वे गरीबों और कारीगरों को उनकी रोजी रोटी वापस करते हैं वहीं खादी का उपभोग बड़ा कर बहिष्कार को सफल बनाते हैं। वे कहते हैं कि अगर हम खादी का उत्पादन नहीं करेंगे और सिर्फ विदेशी वस्त्रों की होली करते रहेगें तो कपड़े की दूसरी खेप का हमें इंतजार करना ही पड़ेगा। अछूतों का कांग्रेस से चिर संबंध बनाने छह करोड़ अछूतों को स्वराज्य के यज्ञ में शामिल करने के लिए रचनात्मक कार्य के सिवा दूसरा रास्ता उन्हें दिखा ही नहीं। प्रामाणिक पंचायतों की स्थापना सरकारी अदालतों के बहिष्कार के बिना कैसे संभव है? उसी तरह राष्ट्रीय शिक्षा संस्थाओं को मजबूत कर देश की आवश्यकता के अनुकूल बौद्धिक शिक्षा बना कर सरकारी स्कूलों के बहिष्कार को सफल बनाया जा सकता है।

रचनात्मक कार्यक्रम अहिंसा का क्रियात्मक रूप है। गांधी सेवा संघ की बैठक[22] में उन्होंने कहा कि हिन्दू-मुस्लिम ऐक्यए अस्पृश्यता-निवारणए मद्यनिषेध से अहिंसा का सीधा संबंध है कोई अहिंसावादी एक क्षण के लिए भी किसी को अस्पृश्य कैसे मान सकता है? दूसरे धर्म और जाति से वैर कैसे कर सकता है? शराब से बुद्धि भ्रष्ट कैसे कर सकता है इसके बिना सामुदायिक सत्याग्रह कभी संभव नहीं है। गांधी के लिए चरखा अहिंसा की प्रतिमा है। गांधी कहते हैं कि चरखा में कोई स्वतंत्र शक्ति नहीं है शक्ति तो संकल्प में है अगर हमने चरखे के माध्यम से अहिंसा के पाठ काए स्वराज्य का संकल्प किया है तो वह स्वराज्य का साधन बन जाता है। मंत्र में शक्तिए संकल्प से आती है। गायत्री मंत्र में मैंने अपने मोक्ष का संकल्प किया। मुसलमान कलमा पढ़े और मैं कलमा पढ़ूं तो इसमें फर्क है। मुसलमानों ने कलमा में मोक्ष का संकल्प किया है। उसी तरह चरखे में हम स्वराज्य का संकल्प करते हैं। संकल्प और प्रतिज्ञा के बल पर करोड़ों का संगठन बन जाता है। 1919 में रौलट विधेयक के खिलाफ 6 अप्रैल की हड़ताल इसी संकल्प का नतीजा था इसी से "हिन्दुस्तान के स्वराज्य का जन्म हुआ।" लेकिन रचनात्मक कार्य की तालीम न होने से वह चल न सका। रचनात्मक कार्य के बिना अहिंसक वातावरण पैदा हो ही नहीं सकता है।[23] गांधीजी ने रचनात्मक कार्यक्रम का आयोजन चित्त को स्थिर और शांत करनेए संगठन-शक्ति को जागृत करनेए हमें परिश्रमी और उद्योगी बनानेए हमारे अंदर गंभीरता लाकर हमें स्वराज्य के योग्य बनाने के लिए किया था।[24]

गांधी कांग्रेस को मात्र संसदीय निकाय बनाना नहीं चाहते थे उनका मानना था कि यदि कांग्रेस ने विधान-सभा के कार्य में ही सारा ध्यान लगा दिया तो वह उसके लिए आत्महत्या जैसा होगा।[25] क्योंकि स्वराज्य केवल जन साधारण की सर्वांगीण चेतना से ही आ सकता है।[26] 1920 में ही गांधीजी ने कहा था कि यदि कांग्रेस चतुर्भुजी रचनात्मक कार्यक्रम (खादी, सांप्रदायिक एकता, नशाबंदी और हिन्दुओं में

पाई जाने वाली अपृश्यता निवारण) पर सच्चे दिल से सफलतापूर्वक अमल करेए तो एक वर्ष में स्वराज्य निश्चित है।[27] आपको मुँह-मांगा स्वराज्य मिलेगा। चारों कार्यक्रम स्वराज्य का चतुर्भुज है इसका एक कोण भी बिगड़ जाए तो चतुर्भुज का आकार ही बिखर जाएगा।

गांधी हिंसा के पंथ के विरोधी हैं लेकिन व्यावहारिक आदर्शवादी की तरह वे मानते हैं कि हिंसा का पंथ आसानी से भरनेवाला नहीं है। उन्होंने कहा भी है कि पृथ्वी पर अहिंसा के राज्य की स्थापना के बारे में मेरे कोई बहुत लंबे-चौड़े स्वप्न नहीं हैं। कार्य के लिए जिस तरह का वातावरण चाहिएए वह यदि मुझे मिल जाएए तो मैं अपने-आपको कुछ समय तक बंगाल की खाड़ी में ही डुबो देना चाहूँगा और यह देखूँगा कि हिंसा से लड़ने की वहाँ मेरे लिए कैसी संभावनाएं हैं।[28] गांधीजी ने लोकतांत्रिक मूल्यों की सदा कद्र कीए उन्होंने आलोचनाओं को स्थान दिया। मतभेद रखना अनुशासनहीनता नहीं है। जब डॉ. राममनोहर लोहिया ने पूछा कि क्या स्वतंत्रता की प्रतिज्ञा करने के लिए स्वतंत्र भारत की ऐसी समाज व्यवस्था में विश्वास करना जरूरी है, जो केवल चरखे पर और वर्तमान रचनात्मक कार्यक्रम पर आधारित हो? क्या रचनात्मक कार्यक्रम पर आधारित कार्यवाई के अतिरिक्त सब कार्यवाई छोड़ दी जाए? डॉ. लोहिया का विचार था कि देश के जनता की उन्नति के मार्ग में जो आर्थिक रूकावटें हैं उसके विरूद्ध आंदोलन आवश्यक है।[29] गांधीजी ने जवाब दिया कि इसकी प्रामाणिक व्याख्या कार्य समिति ही कर सकती है। मेरी व्याख्या उतनी ही प्रमाणिक होगी जितनी प्रश्नकर्त्ता उसको मानना चाहें। वे कहते हैं प्रतिज्ञा के विषय में हो रहे वाद-विवाद से जनता को सही ढ़ंग की राजनीतिक शिक्षा मिल रही है और देश में विभिन्न विचारोंवाले वर्गों का मत निश्चित और स्थाई रूप धारण कर रहा है। दरअसल गांधी रचनात्मक कार्यक्रम में वह सब कुछ शामिल करते हैं जिससे देहात की भलाई हो।

वे वैसे उद्योगों का भी वर्जन नहीं करते जो गाँव और गाँवों के जीवन का दम न घोंटे। गाँव और गाँव की दस्तकारियों की बरबादी कर उद्योंगो का वे समर्थन नहीं कर सकते। लेकिन उन्होंने साफ कहा था कि यदि किसी सदस्य का कार्यक्रम में विश्वास नही है तो उसे कार्य-समिति से अलग हो जाना चाहिए। उस समय गांधी अस्पृश्यता विरोधी आंदोलन में जोर-शोर से लगे हुए थे, जगह-जगह काफी भ्रम फैलाई जा रही थी। सनातनियों द्वारा विरोधी प्रचार किया जा रहा था। गांधी कहते हैं सनातनियों ने जो जबर्दस्त प्रचार किया है उससे कोई अनभिज्ञ या उदासीन रह ही नहीं सकता। वे कहते हैं कि भावी शासन व्यवस्था में औद्योगीकरण गाँवों और दस्तकारियों की उन्नति में सहायक होगा।[30] जनसाधारण को आंदोलन के विरुद्ध करने में उन्होंने (सनातनियों) कोई कोशिश बाकी नहीं छोड़ी थी। झूठी बातों का

प्रचार किया जा रहा था। पर गांधी को यकीन था कि उनके संदेश ने जन-साधारण के विवेक को प्रभावित किया है, लोगों ने इसमें दिल से भाग लिया है हरिजनों में बड़े पैमाने पर जागृति आई है।'' सवर्ण हिन्दू चाहें या न चाहेंए हरिजनों की दशा जरूर सुधरेगी।[31] अस्पृश्यता अब बहुत दिनों तक जीवित नहीं रह सकती।[32] समाजवादियों की धारणा थी कि जिंदगी की जरूरतों के केंद्रीकरण से आमलोगों का भला होगा लेकिन वह केंद्रीकृत उद्योग को सरकार चलाए और वही उसका मालिक भी हो। गांधी के अनुसार लाखों-करोड़ों लोगों को निर्धन और कुछ लोगों को धनी बनाने वाले घोर विषमताओं का अंत अहिंसा को आधार मानकर ही हो सकता है। रचनात्मक कार्यक्रम पर अमल ही उनकी आस्था की कसौटी है। रचनात्मक कार्यक्रम से विच्छिन्न आंदोलन में हिंसा का अंश रहेगा।[33] व्यावहारिक अहिंसा साथ मिलकर शारीरिक श्रम करना है, जिसे रूसी- दार्शनिक बोन्डोरेफ ''जीविकाश्रम'' कहते हैं। इसका अर्थ ''आत्यन्तिक सहयोग'' है। बारडोली, बोरसद तथा खेड़ा में किसानों ने रचनात्मक कार्यक्रम पर अमल कियाए लड़ाई जीती इससे उनके सत्याग्रहीपन में कोई कमी नहीं आई। अपने अनुभव के आधार पर गांधीजी इस निष्कर्ष पर पहुँचते हैं कि अहिंसा तभी तक निभ सकती है जब वह सजग शारीरिक श्रम से संबद्ध हो और रोजाना व्यवहार में व्यक्त हो। रचनात्मक कार्यक्रम साध्य नहीं अपरिहार्य साधन है और साध्य का लगभग पर्यायवायी है। इसलिए वे कहते हैं कि अहिंसात्मक प्रतिरोध की शक्ति केवल रचनात्मक कार्यक्रम पर ईमानदारी से अमल करने से ही प्राप्त हो सकती है।[34]

गांधीजी के पास कई शिकायतें आती रहती थी। उनसे कहा जाता था कि कांग्रेस में उत्साह की कमी हो गई है, इसमें कम लोग रह गए हैं, इसमें कोई जान नहीं रह गई है गांधीजी ने अन्य कई प्रश्नों को मिला कर सेवाग्राम से 28 अक्टूबर, 1941 को कहा कि अहिंसात्मक कार्रवाई में पानी के बुलबुले जैसा उत्साह बेकार है। उन्होंने लोगों से अपील की कि जो लोग जेल जाने में असमर्थ हैं, उन्हें सामूहिक रचनात्मक प्रवृत्ति में लग जाना चाहिए। बहुत से कांग्रेसियों को सविनय अवज्ञा में विश्वास था लेकिन रचनात्मक कार्यक्रम में उनकी श्रद्धा नहीं थी। उन्होंने जोर देकर कहा कि रचनात्मक कार्यक्रम राष्ट्रीय आंदोलन काए और इसलिए सविनय अवज्ञा काए अभिन्न अंग है। रचनात्मक कार्यक्रम से रहित सविनय अवज्ञा अपराधपूर्ण और श्रम का अपव्यय है।[35] रचनात्मक कार्यक्रम सविनय अवज्ञा की तैयारी है।[36] क्योंकि चरखा हमें, भारत के किसानों और मजदूरों तथा सभी थके-हरिजनों की मुक्ति के द्वार पर ला खड़ा करता है। यह ऐसा कार्यक्रम है जिसकी परिधि में सब-कुछ और सभी समाए हुए हैं।[37] गुलामी ने हमारे व्यक्तित्व की सारी मौलिकता तथा चेष्टावृत्ति को नष्ट कर दिया है और हमें निराशा की बीमारी का मरीज बना दिया है। इन खोए

हुए गुणों के संचार के बिना रचनात्मक कार्यक्रम प्रगति नहीं कर सकता। अहिंसा और सत्य के द्वारा स्वराज्य प्राप्ति तबतक केवल स्वप्न रहेगा जबतक कि हम रचनात्मक कार्यक्रम को सफल नहीं बनाएंगे।[38]

स्वराज्य का तंत्र चलाने के लिए अंग्रेजी पढ़े-लिखे अथवा अंग्रेजी में भाषण देने वाले विद्वान की नहीं बल्कि लोगों की भाषा जानने वाले, उनकी आवश्यकताओं को समझने वाले, सत्यनिष्ठ, कर्त्तव्यपरायण लोगों से प्रेम रखने वालेए उद्यमीए गरीब, निडर और मान अपमान से उदासीन सेवक की आवश्यकता[39] गांधी को थी। गांधी सेवा को शिक्षा का अंग बनाना चाहते थे। अगर कोई शिक्षा राष्ट्र का सेवक नहीं बना सकती तो वह अनुपयोगी है।[40] समाज सेवा मनोरंजन[41] के रूप में नहीं होनी चाहिए इसमें सरपरस्ती का भाव भी नहीं होना चाहिए। जिन रईसों ने समाज सेवा को ख्याति प्राप्त करने के लिए एक लाभकारी शौक के रूप में अपना लिया था उनसे गांधीजी ने अपील कि वे अपने आचरण से ही लोगों को प्रभावित करें। आत्मशुद्धि करना उत्तम देश सेवा है। गांधी डीन फेरर[42] का उदाहरण देते हैं, जिन्होंने श्रद्धाभाव से आम लोगों के लिए पुस्तक लिखी थी। वे कहते हैं किए गाँव में ऐसे ही साहित्य और ऐसे ही साहित्य सेवक का काम है, थर्मस लेकर जाने वाले का नहीं। वही लोग गाँव जाएं जो लोगों को जीता-जागता साहित्य दे सकें। गुजरात विद्यापीठ के कुलपति की हैसियत से गुजराती साहित्य परिषद् में (31.10.1936) उन्होंने कहा कि विद्यापीठ देहाती स्त्री-पुरूषों को पढ़ाने के लिए स्थापित हुआ है। हरिजन में उन्होंने लिखा कि पुस्तकों के पढ़ने से बुद्धि का विकास होता है यह गलत है, बल्कि वैज्ञानिक रीति से कारीगरी का काम सीखने से मन का विकास जल्दी होता है।[43]

गांधी उस समय की समस्याओं से काफी परेशान थे। घरेलू झगड़ा उन्हें परेशान कर रहा था।[44] काका कालेलकर ने भी समाज में फैले दुराचार, भ्रष्टाचार, पक्षपात, गुटबाजी और संकुचित स्वार्थ का जिक्र किया है।[45] उस समय की समस्या और आज की समस्या में अंतर हो गया है तो क्या निदान के तरीकों में भी अंतर करना पड़ेगा? रचनात्मक कार्यक्रम से लोकशक्ति पुष्ट होती है। धीरेन्द्र भाई दण्डशक्ति के विकल्प में त्याग और प्रेम की शक्ति को संगठित करना चाहते हैं।[46] रचनात्मक कार्यक्रम शांतए मूक और शुभ क्रांति है। भूखा समाजए क्रांति का इंतजार कब तक करता रहेगा। असंतोष को अगर अहिंसक रास्तों से दूर नहीं किया गया तो हिंसा को रोक पाना संभव नहीं होगा। गांधीजी ने भी नागरिक शक्ति और सैन्य शक्ति के बीच टकराव की संभावना व्यक्त की थी और कहा था कि 'अगर नागरीक शक्ति कमजोर पड़ी तो सैनिक तानाशाही आएगी। लोकतंत्र में सत्ता ने हिंसा को ही अपना हथियार बनाया है नागरिक शक्ति को कमजोर करने की कोशिश होती रही। जयप्रकाश जी ने अहिंसक भारत के पुर्ननिर्माण में रचनात्मक कार्यक्रमए भूदानए

ग्रामदान और शांतिसेना को आवश्यक बताया है। शांति और न्याय के आधार पर नए समाज की रचना कैसे हो? आज का यह सवाल है। रचनात्मक कार्य के बिना अहिंसक बल बुरी तरह असफल हो जाता है।

सत्ता में सेवा का बल नहीं होता है। राजनीतिक सत्ता मात्र एक साधन है। अराजकतावादियों की तरह गांधी भी राज्य और सरकार को परिवर्तन का बाधक तत्व मानते हैं। यो चारू चौधरी का मानना है कि जनता का उद्यम और सरकार की सहायता से समाज निर्माण संभव है।[47] उनके अनुसार जनता का हाथ 'जबर' है और सरकारी सहायता जेर।[48] गांधीजी भी पूर्णरूप से सरकार के सहयोग को नहीं नकारते हैं उन्हें तो सारे संसार का सहयोग लेना है लेकिन अपनी शर्त पर। वे कहते हैं कि हमारी जितनी श्रद्धा रचनात्मक कार्य में है उतनी ही हमारी लोकशक्ति बढ़ी है। 22 दिसंबर, 1945 को रवीन्द्रनाथ ठाकुर को पत्र में उन्होंने लिखा कि चरखा गरीब विधवा का सहारा तथा भूखों की रोटी है। मूक जन से तादात्म स्थापित करने का साधन है। जीण्रामचन्द्रन के अनुसार राजनीति उतनी ही गंदी होती है जितना हम उसे बनाते हैं।[49] काका कहते हैं कि सरकार चलाने वाले जब राष्ट्र के नैतिक नेता बन बैठते हैं तो नैतिक शुद्धि का काम मंद हो जाता है।[50] रचनात्मक कार्य द्वारा जाग्रत जनता की बुद्धि को रचनात्मक और संगठनात्मक बनाकर लोकशक्ति व जनशक्ति जागृत कर ही देश में जन अभिक्रम पैदा किया जा सकता है। सरकारी कर्मचारी सेवक हैं, उनके पास क्षमता और अधिकार है लेकिन वे स्वयंसेवक नही हैं। स्वयंसेवक यज्ञ के लिए, परोपकार के लिए श्रम और सेवा करते हैं, वे जीव मात्र में देवता का दर्शन करते हैं।[51]

आज स्थिति उलटी है सत्ता केंद्रित हो गई है जन पराधीन और अनाथ बन गया है, जनता की स्थिति भिखारी और गुलामों की सी हो गई है। दिन-प्रतिदिन कानून की आवश्यकता बढ़ती जा रही है। कानून आवश्यक है लेकिन कानून हमारे व्यवहार से प्रकट होना चाहिए। दरअसल कानून जनसमर्थन के बिना निस्प्रभावी हो जाता है। गांव में कर्म सत्ताए श्रम शक्तिए रचना शक्तिए धन शक्ति होए यही स्वराज का आधारभूत सिद्धांत है, जिसे विनोबा संचालक शक्ति मानते हैं और इसपर जनता का नियंत्रण चाहते हैं।

गाँव कैसा होना चाहिए? सबसे पहले गाँव की किस समस्या को हल करने की कोशिश करनी चाहिए? आदि प्रश्न के जवाब में गांधी ने कहा कि गाँव इस तरह बसाया जाय जो आरोग्य की दृष्टि से उपयुक्त होए प्रकाश और वायु के लिए प्रर्याप्त जगह होए साग-भाजी उगानेए पशुओं के रख रखाव, गोचर भूमिए सरकारी दुग्धशालाए औद्योगिक शिक्षण संस्था, ग्राम-पंचायत मोटे तौर पर आदर्श गाँव में होना चाहिए। उन्होंने कहा कि बदकिस्मती से गाँववालों में अपनी दशा सुधारने की

कोई इच्छा ही दिखाई नहीं देती है।[52] कार्यकर्ताओं से उन्होंने गाँव वालों की इच्छा शक्ति जगाने के लिए गाँव की सफाई के सवाल को सबसे पहले हाथ में लेने की बात कही। इसलिए ग्राम-सेवकए सेवा-भाव से काम करने वाले भंगी बन जाए। गांधी कहते हैं कि जिन्हें अपने उपर पूरा विश्वास है और अपने उद्देश्य के प्रति श्रद्धा है, वही लोग गाँवों की सेवा कर पाएंगे और ग्रामवासियों पर अपना कल्याणकारी प्रभाव डाल सकेंगे।

"क्या यह ग्राम सुधार है?"[53] शीर्षक में गांधीजी ने पंजाब के गुड़गाँव में एफ.एल. ब्रेन द्वारा ग्रामसुधार के प्रयासों की समीक्षा करते हैं। लाल देशराज ने श्री ब्रेन के श्गुड़गाँव-कार्यक्रम" नामक मशहूर प्रयोग की तटस्थ और निष्पक्ष आलोचना कीए जो यंग इण्डिया[54] में प्रकाशित हुआ। लाला देशराज इस प्रयोग को असफल मानते हैं क्योंकि यह सुधार भीतर से अंकुरित नहीं हुआ था, लादा गया था। उनका सरकारी ओहदा, प्रर्याप्त पैसे उनके रास्ते का बाधक तत्व था। गाँव की तबाही से भारत नष्ट होगा, वह भारत ही नहीं रहेगा गाँव को शोषण से बचाने के लिए आत्मनिर्भर बनाना चाहिए। वे औद्योगीकरण से उत्पन्न होड़ और बाजारवाद से गाँव में उन्नत यंत्रों की आवश्यकता से वे इनकार नहीं करते हैं लेकिन वह शोषण नहीं करे और उसे ग्रामीण खुद बना सकें। द. अफ्रीका के अनुभव से वे इस निष्कर्ष पर पहुँचे थे कि संस्था के पास स्थायी कोष नही होना चाहिए क्योंकि इसमें "उसकी नैतिक अधोगति का बीज छिपा रहता है।" गाँव का विकास गाँव के संसाधनों से किया जाना चाहिए।

संदर्भ सूची—

1. संपूर्ण गांधी वाडमय, खण्ड - 64, पृ. 113
2. संपूर्ण गांधी वाडमय, खण्ड - 79, पृ. 114
3. संपूर्ण गांधी वाडमय, खण्ड - 27, पृ. 111
4. मीरा बहन को 13.12.1941 पत्र से, संपूर्ण गांधी वाडमय, खण्ड - 74, पृ.60
5. Prasad Rajendra, construction Programmer same suggestions; Navjivan publishing house, Ahmadabad 1942
6. मो.क. गांधी, आत्मकथा, नवजीवन ट्रस्ट, 1957, पृ. 183
7. गांधीजी, दक्षिण अफ्रीका के सत्याग्रह का इतिहास, अहमदाबाद, नवजीवन ट्रस्ट, 1968, पृ. 79-89
8. दक्षिण अफ्रीका के सत्याग्रह का इतिहास, पृ. 111
9. यंग इण्डिया . 29.4.1926 संपूर्ण गांधी वाडमय, खण्ड - 30, पृ.407
10. यंग इण्डिया. 29.4.1926 संपूर्ण गांधी वाडमय, खण्ड - 30, पृ. 408
11. यंग इण्डिया 6.5.1926, संपूर्ण गांधी वाडमय, खण्ड दृ 30, पृ. 447
12. जमनालाल बजाज को पत्र में संपूर्ण गांधी वाडमय, खण्ड - 23, पृ. 104
13. संपूर्ण गांधी वाडमय खण्ड - 64, पृ. 215
14. संपूर्ण गांधी वाडमय खण्ड - 65, पृ. 136

15. उपरोक्त, पृ. 136
16. संपूर्ण गांधी वाङमय, खण्ड – 22, पृ. 517
17. उपरोक्त, पृ. 518
18. संपूर्ण गांधी वाङमय, खण्ड– 65, पृ. 137
19. उपरोक्त, पृ.138
20. उपरोक्त, पृ. 139
21. उपरोक्त, पृ. 144
22. गांधी सेवा संघ के पंचम वार्षिक अधिवेशन, वृन्दावन, बिहार, संपूर्ण गांधी वाङमय, खण्ड दृ 69, पृ. 237
23. उपरोक्त, पृ. 231
24. संपूर्ण गांधी वाङमय, खण्ड दृ 22, पृ. 515
25. अ.म.कांग्रेस कमेटी की बैठक पटना में, हिन्दू 21.5.1934, संपूर्ण गांधी वाङमय, खण्ड – 58, पृ. 11
26. संपूर्ण गांधी वाङमय, खण्ड दृ 58, पृ. 11
27. संपूर्ण गांधी वाङमय, खण्ड – 64, पृ. 218
28. संपूर्ण गांधी वाङमय, खण्ड – 58, पृ. 302
29. संपूर्ण गांधी वाङमय, खण्ड – 71, पृ. 152
30. उपरोक्त
31. संपूर्ण गांधी वाङमय, खण्ड – 58, पृ. 302–303.
32. संपूर्ण गांधी वाङमय, खण्ड – 71 पृ. 153, हरिजन 27.1.40
33. उपरोक्त
34. हरिजन 27.1.1940, खण्ड दृ 71, पृ. 154
35. संपूर्ण गांधी वाङमय, खण्ड – 75, पृ. 63
36. उपरोक्त, पृ. 67
37. उपरोक्त, पृ. 68
38. संपूर्ण गांधी वाङमय, खण्ड – 79, पृ. 323
39. संपूर्ण गांधी वाङमय, खण्ड – 37, पृ. 65
40. हिन्दू, 23.3.1925, संपूर्ण गांधी वाङमय, खण्ड दृ 26, पृ. 360
41. गोखले के अनुसार समाजसेवा मनोरंजन का रूप ले लेती है।
42. अंग्रेजी का विद्वान इनकी पुस्तक ,क पादरी ने गांधीजी को नेटाल छोड़ने पर दी थी।
43. हरिजन, 9.1.1967, खण्ड दृ 64, पृ. 246
44. संपूर्ण गांधी वाङमय, खण्ड – 25, पृ. 69
45. कालेलकर काका, शांति सेना और विश्वशांति, वाराणसी, 1966, पृ.86
46. मजुमदार धीरेन्द्र, क्रांति, प्रयोग और चिंतन, राजघाट, वाराणसी रू सर्व सेवासंघ, पृ. 80
47. चौधरी चारू, विनोबा की पाकिस्तान यात्रा, राज्यघाट, वाराणसी रू सर्वसेवासंघ 1963, पृ. 138
48. उपरोक्त
49. रामचन्द्रन जी., रचनात्मक कार्य किधर ? वर्धा रू मगनवाड़ी, 1951, पृ. 71
50. कालेलकर काका, शांति सेना और विश्वशांति, वाराणसी सर्वसेवा संघ, 1966,पृ. 87
51. संपूर्ण गांधी वाङमय, खण्ड – 49, पृ. 115
52. हरिजन, 9.01.1037, संपूर्ण गांधी वाङमय, खण्ड – 64 पृ. 244
53. यंग इंडिया, 17.10.1927
54. यंग इंडिया, 17.10.1927, 24.10.1929, 31.10.1929 और 07.11.1929

लेखकों के परिचय

गिरीश्वर मिश्र : मनोविद्, विचारक और संस्कृति के अध्येता। दिल्ली विश्वविद्यालय में मनोविज्ञान के प्रोफेसर तथा अध्यक्ष एवं अधिष्ठाताए कला संकाय व राष्ट्रीय मनोविज्ञान अकादमी के अध्यक्ष भी रह चुके हैं। उन्होंने फुलब्राइट फेलो और प्राध्यापक के रूप में मिशीगन विश्वविद्यालय तथा स्वार्थमोर कॉलेज, फिलाडेल्फिया एवं न्यू स्कूल ऑफ सोशल रिसर्चए न्यूयार्क में शोध व अध्यापन भी किया है। सक्सेस विश्वविद्यालय, इंग्लैंड तथा रोहर विश्वविद्यालय, जर्मनी में भी वे अध्येता रहे हैं। मनोविज्ञान के क्षेत्र में उनकी 22 पुस्तकें और विभिन्न राष्ट्रीय तथा अंतरराष्ट्रीय शोध पत्रिकाओं में 200 से अधिक शोधपत्र प्रकाशित हैं। उन्हें समाज वैज्ञानिक शोध के लिए गोविंद वल्लभ पंत, डॉ. राधाकृष्णन, डॉ. हरीसिंह गौर तथा पंडित जवाहरलाल नेहरू पुरस्कारों से अलंकृत किया जा चुका है। प्रो. मिश्र ने 'विद्यानिवास मिश्र रचना संचयन' तथा 'शमशेर बहादुर सिंह संचयिता' का संपादन भी किया है। उनका 'भारतीय साधु, संत और सन्यासी : जीने की एक राह यह भी' शीर्षक से रवि कपूर की अंग्रेजी पुस्तक का अनुवाद भी प्रकाशित हो चुका है। उनकी अन्य प्रकाशनाधीन कृतियां हैं—'ताकि उनका बचपन वापस मिल सके', भारतीय समाज : परंपरा और परिवर्तन', 'शिक्षा के प्रश्न' और साहित्य के परिसर से।' संप्रति : महात्मा गांधी अंतरराष्ट्रीय हिंदी विश्वविद्यालय, वर्धा के कुलपति। संपर्क : मो. 7757022097, ई-मेल : misragirishwar@gmail.com

सच्चिदानंद सिन्हा : समाजवादी चिंतक। 1942 की अगस्त क्रांति के बाद जे.पी., लोहिया आदि द्वारा चलाए जा रहे भूमिगत आंदोलन में सक्रिय। इसी प्रभाव में समाजवादी आंदोलन से जुड़ाव। 1948 में स्नातक की पढ़ाई छोड़ मजदूर संगठन में पूरा समय। इस क्रम में हजारीबाग के कोयला खदान के मजदूरों और फिर बाद में मुंबई के कपड़ा मजदूरों, रेल मजदूरों और पोर्ट ट्रस्ट (गोदी) मजदूरों के बीच ट्रेड यूनियन का काम। लगभग डेढ़ वर्ष तक रेलवे में मुंबई के वडाला वर्कशॉप में खलासी का काम। 1956 में कुछ महीने डॉक्टर लोहिया के संपादन में निकलने वाली मासिक पत्रिका मैनकाइन्ड में संपादन का कार्य। अस्वस्थता के कारण बिहार के मनिका में वापसी। यहां किसान संगठन और समाजवादी संगठन में सक्रिय। संगठन के कामों के क्रम में मुंबई और मुजफ्फरपुर में कई बार जेल यात्रा। 1970 से 1987 तक दिल्ली में लेखन का काम। 1987 से मनिका (मुजफ्फरपुर, बिहार) में निवास। लगभग दो दर्जन पुस्तक व पुस्तिकाओं का प्रकाशन। इनमें कुछ प्रमुख हैं—समाजवाद के बढ़ते चरणए सोशलिज्म एंड पावर, द इंटरनल कॉलोनी, केओस एंड क्रिएशन (कला पर),

कास्ट सिस्टम मिथ्स, रियालिटी एंड एमर्जेंसीस पर्सपेक्टिव, द अनार्म्ड प्रोफेट (गांधी पर), द बिट्टर हार्वेस्ट, संस्कृति विमर्श, जिंदगी सभ्यता के हाशिए पर आदि। संपर्क : ग्राम व पोस्ट मनिका, जिला : मुजफ्फरपुर, बिहार। फोन: 07781914301

टी. करुणाकरन : गांधीवादी अनुसंधानकर्ता और शिक्षाविद्। आईआईटी में दो दशकों से वैज्ञानिक के रूप में इन्होंने सेवा दी हैं। गांधीग्राम विश्वविद्यालय में एक बार और चित्रकूट विश्वविद्यालय में दो बार कुलपति रहे हैं। गांधीवादी संगठनों से इनका निकट का संबंध रहा है। महात्मा गांधी औद्योगीकरण संस्थान, वर्धा के आप संस्थापक निदेशक के रूप में संस्थान को ऊंचाई पर ले जाने तथा समाजोपयोगी बनाने में आपने वैज्ञानिक दृष्टि का परिचय दिया है। बिहार में बुनियादी विद्यालय के प्रयोग को आपका मार्गदर्शन प्राप्त है। संप्रति अग्रीण्डस संस्थान के संस्थापक और सचिव, महारोगी सेवा समिति-दत्तपुर, वर्धा में पदस्थ हैं। संपर्क : मो. 9443137938, ई-मेल : drtkarunakaran@gmail.com

रामजी सिंह : प्रखर गांधीवादी विचारक, सामाजिक कार्यकर्ता, शिक्षाविद, स्वतंत्रता सेनानी, पूर्व संसद सदस्य और जैन विश्वभारती विश्वविद्यालय के पूर्व कुलपति। गांधीयन इंस्टीट्यूट ऑफ स्टडीज, वाराणसी के निदेशक रहे। उन्होंने 1942 में गांधीजी के नेतृत्व के तहत भारत की आजादी आंदोलन में भाग लिया और 21 महीने का कारावास। आपातकाल के उपरांत भारत की संसद के लिए चुने गए। गांधीवादी शांति कार्यकर्ता के रूप में उन्होंने लगभग 70 युवा शांति शिविरों का आयोजन और गांधीवादी अध्ययन व भारतीय शांति परिषद के अध्यक्ष के रूप में पूरे देश में शांति शोध के विभागों को स्थापित करने में मदद की। वे भारतीय समाजवादी गांधीवादी अध्ययन के अध्यक्ष रहे हैं। पुस्तकें : नई सहस्राब्दी में जैन धर्मए महात्मा गांधी : मैन ऑफ़ द मिलेनियम, गांधी और गांधी विचार का शौर्य मंडलए हिंद स्वराज और सत्याग्रह, राष्ट्रीय धर्म और राजनीति, भारतीय दर्शनशास्त्र और धर्म, भारतीय विचार और संस्कृति के आयाम, गांधी और आधुनिक दुनिया, गांधी और नई सहस्राब्दी, गांधीवादी दृष्टिकोण, जैन पर्सपेक्टिव इन फिलॉस्फी एंड रिलीजन, गांधीवादी विचार, सर्वज्ञता की जैन अवधारणा, गांधी और इक्कीसवीं शताब्दी, गांधीवादी दर्शन मिमांसा, समाज दर्शन का मूल तत्व, भारतीय दर्शन और चिंतन, गांधी विचार, गांधीवादी विजन, जैन के प्रतिबिंब,

शांति : विचारधारा और क्रिया, नई समाज और नई संस्कृति। संपादित पुस्तकें : गांधी के सर्वोदय, विश्व परिदृश्य में धर्म, दर्शन और संस्कृति, आधुनिक समय में गांधी की प्रासंगिकता, एकता : सभी धर्मों की आवश्यकता, आधुनिक काल के लिए सत्यग्रह की प्रासंगिकता, गांधी की शताब्दी संख्या, विनोबा-सत्संग, गांधी के सर्वोदय, गांधी ज्योति, महात्मा गांधी : 125 वर्ष, गांधी और विश्व व्यवस्था, गांधी और मानवता के भविष्य, कस्तूरबा : भारतीय स्त्री-शक्ति की प्रतीका, श्रद्धा और समर्पण, मानस मंगलम आदि। संपर्क : मो.9431213974

कमल नयन काबरा : प्रसिद्ध अर्थशास्त्री। विकास तथा सार्वजनिक नीतियों के सैद्धांतिक समालोचक, भारतीय अर्थव्यवस्था तथा अंतरराष्ट्रीय तुलनात्मक विकास का राजनीतिक-अर्थशास्त्रीय दृष्टिकोण से अध्ययन, अध्यापन, प्रशिक्षण, अनुसंधान तथा लेखन। तीन दशक

तक भारतीय लोक प्रशासन संस्थान, नई दिल्ली तथा एक दशक तक दिल्ली विश्वविद्यालय के रामजस कॉलेज से संबद्ध। संप्रति इंस्टीट्यूट ऑफ सोशल साइंस, नई दिल्ली में मेलकम आदिशेषैया के चेयर-प्रोफेसर हैं। पुस्तकें : 'अंतरराष्ट्रीय मुद्राकोष और भारतीय अर्थव्यवस्था', 'काला धन : भारत की काली अर्थव्यवस्था का अध्ययन', 'भूमंडलीकरण, विचार, नीतियां और विकल्प', 'बजट, आम आदमी और उदारीकरण' आदि। संपर्क : मो. 9013504389, ई-मेल : kamal.kabra@gmail.com

गिरिराज किशोर : गांधीवादी चिंतक। आईआईटी, कानपुर में कुलसचिव के रूप में सेवा करते हुए साहित्य साधना की और वे वहां रचनात्मक लेखन केंद्र के संस्थापक अध्यक्ष रहे। प्रकाशित कृतियां—कहानी संग्रह : पेपरवेट, नीम के फूल, चार मोती बेआब, शहर दर शहर, हम प्यार कर लें, उपन्यास : लोग, जुगलबंदी, परिशिष्ट, इन्द्र सुनें, दो यात्राएं, यथा प्रस्तावित, चिड़ियाघर, असलाह, ढाई घर, पहला गिरमिटिया (गाँधी जी के दक्षिण अफ्रीकी अनुभव पर आधारित महाकाव्यात्मक उपन्यास), नाटक : प्रजा ही रहने दोए नरमेध, घास और घोड़ा, चेहरे चेहरे किसके चेहरे। त्रैमासिक साहित्यिक पत्रिका 'अकार' का संपादन। राष्ट्रपति द्वारा 23 मार्च 2007 में साहित्य और शिक्षा के लिए ''पद्मश्री'' से विभूषित। संपर्क : मो. 09839214906, ई-मेल : girikishor@yahoo.com

अरविन्द मोहन : पत्रकार, लेखक और अनुवादक, टीवी पैनलिस्ट, चुनाव विश्लेषक, जनसत्ता, इंडिया टुडे और हिंदुस्तान में करीब ढाई दशक की पत्रकारिता करने के बाद लोकनीति, सीएसडीएस के भारतीय भाषा कार्यक्रम में संपादक रहे। उन्होंने पत्रकारिता, मजदूरों के पलायन और भारतीय जल संचयन प्रणालियों पर किताब लिखने के अलावा उदारीकरण और गुजरात के दंगों पर गुलामी का खतरा और दंगा नहीं, नरसंहार शीर्षक से पुस्तकें संपादित कीं। इनकी किताबें प्रवासी मजदूरों की पीड़ाए पत्रकार और पत्रकारिता प्रशिक्षण पुरस्कृत और चर्चित रही हैं। इन्होंने लोकतंत्र का नया लोक शीर्षक से चुनावी राजनीति पर दो खंडों में पुस्तक का संपादन किया है।

संपर्क : फोन : 09811826111, ई-मेल : arvindomohan2000@yahoo.com

कृष्णस्वरूप 'आनंदी' : चिंतक। इंडियन इंस्टीट्यूट ऑफ इंजीनियरिंग एंड टेक्नोलॉजी, इलाहाबाद से संबंद्ध रहे हैं।

राम पुनियानी : लेखक, सांप्रदायिक सौहार्द स्वयंसेवक, सार्वजनिक वक्ता, चिकित्सक, शिक्षक, चिकित्सा शोधकर्ता। बायोमेडिकल इंजीनियरिंग के पूर्व प्रोफेसर और भारतीय प्रौद्योगिकी संस्थान, बॉम्बे से संबद्ध पूर्व वरिष्ठ चिकित्सा अधिकारी हैं। मेडिकल कैरियर से शुरूआत। 27 साल तक विभिन्न क्षमताओं में आईआईटी की सेवा की। भारत में सांप्रदायिक सौहार्द के लिए पूर्णकालिक काम करने हेतु स्वैच्छिक सेवानिवृत्ति दिसंबर, 2004 में ली। भारत में कट्टरवाद की बढ़ती ज्वार का विरोध करने के लिए मानवाधिकारों की गतिविधियों, सांप्रदायिक सौहार्द स्थापित करने में संबद्ध रहे। ऑल इंडिया सेक्युलर फोरम, सेंटर फॉर दि स्टडी ऑफ सोसाइटी एंड सेक्युलरिज्म और एएनएचएडी से जुड़े हुए हैं। 2006 में, उन्हें राष्ट्रीय एकता के लिए इंदिरा गांधी पुरस्कार और 2007 में राष्ट्रीय सांप्रदायिक सद्भाव पुरस्कार से

सम्मानित किया गया। पुस्तकें : नैदानिक हेमरायोलॉजी: न्यू होराइजन्स, एप्लाइड क्लिनिकल हेमरायोलॉजी, द अदर चीक : माइनॉरिटीज़ अंडर थ्रेट, गांधी की दूसरी हत्या, सांप्रदायिकता: गलत क्या है: सत्य क्या है, सांप्रदायिक राजनीति: तथ्य बनाम मिथ्स, कम्युनिज्म : इलस्ट्रेटेड प्राइमर, हिंदू इक्स्ट्रीम राइट-विंग : आइडियोलॉजी एंड कंसेक्यूनेंस, संघ परिवार के फासीवाद, रिलीजन, पॉवर एंड वाइलेंस ऑफ पॉलीटिक्स इन कनटेंपरेरी टाइम्स, हिंदू राष्ट्र की आकृतियाँ: हिंदुत्व, संघ परिवार और समकालीन राजनीति, भारतीय लोकतंत्र, बहुवाद और अल्पसंख्यक, विरोधी ईसाई हिंसा के पीछे की राजनीति, आतंकवाद: तथ्य बनाम मिथ्स, फंडामेंटेलिज्म : थ्रेट टू सेक्युलर डेमोक्रेसी, कनटेंपरेरी इंडिया : ओवरकमिंग सेक्टेरिएनिज्म : टेरोरिज्म, सांप्रदायिकता: भारत की दासता, दलित और सामाजिक न्याय, मुंबई 26/11 के बाद-एक वैकल्पिक परिप्रेक्ष्य, भारत में सांप्रदायिकता को हटाना: सद्‌भावना के लिए प्रयास करना, मालेगांव टू अजमेर: द ट्रायल ऑफ टेरर, ईश्वर राजनीति, सांप्रदायिकता, राजनीति और विकास, भारतीय लोकतंत्र में मुस्लिम, जाति और सांप्रदायिकता, सांप्रदायिकता और एंटी क्रिश्चियन हिंसा, ओसामा, अमेरिका और आतंकवाद, धर्म और राजनीति आदि। 'धर्मनिरपेक्ष राजनीति में मुद्दे' पाक्षिक बुलेटिन का संपादन। लोकतांत्रिक समाज के लिए सांप्रदायिक राजनीति के खतरा, मानवाधिकार, स्वतंत्रता आंदोलन के मूल्य और धर्मनिरपेक्षता, समान नागरिक संहिता, विभाजन त्रासदी आदि विषयों पर निरंतर लेखन। संपर्क : मो. 9322254043, ई-मेल : ram.puniyani@gmail.com

अरुण कुमार त्रिपाठी : पत्रकार, लेखक और सामाजिक कार्यकर्ता। जनसत्ता, इंडियन एक्सप्रेस और हिंदुस्तान में विभिन्न पदों पर कार्य। कल्पतरु एक्सप्रेस के कार्यकारी संपादक रहे। इंडिया संवाद न्यूज पोर्टल के कार्यकारी संपादक। सामायिक वार्ता और युवा संवाद के संपादक मंडल के सदस्य। पुस्तकें : मेधा पाटकर और कल्याण सिंह का मोनोग्राफ, कट्टरता के दौर में, समाजवाद, लोहिया और धर्मनिरपेक्षता, अग्नि परीक्षा, महाश्वेता देवी के साथ वर्तिका का संपादन, वैकल्पिक राजनीति का भविष्य, अन्ना आंदोलन और भ्रष्टाचार, जनेश्वर मिश्र : एक योद्धा की समाजवादी यात्रा, वैकल्पिक आर्थिक सर्वेक्षण (सह-संपादन)। सम्प्रति महात्मा गांधी अंतरराष्ट्रीय हिंदी विश्वविद्यालय, वर्धा में जनसंचार विभाग में प्रोफेसर एडजंक्ट। फोन : 09818801766, ई-मेल : tripathiarunk@gmail.com

काका कालेलकर : काका कालेलकर के नाम से विख्यात दत्तात्रेय बालकृष्ण कालेलकर भारत के प्रसिद्ध शिक्षाशास्त्री, पत्रकार और स्वतंत्रता संग्राम सेनानी थे। वे साबरमती आश्रम के सदस्य थे और अहमदाबाद में गुजरात विद्यापीठ की स्थापना में उन्होंने महत्वपूर्ण योगदान दिया। गांधीजी के निकटतम सहयोगी होने का कारण ही वे काका के नाम से जाने गए। वे सर्वोदय पत्रिका के संपादक भी रहे। 1930 में पूना के यरवदा जेल में गांधीजी के साथ उन्होंने महत्वपूर्ण समय बिताया। वे मँजे हुए लेखक थे। किसी भी सुंदर दृश्य का वर्णन अथवा पेचीदा समस्या का सुगम विश्लेषण उनके लिए आनंद का विषय रहे। उन्होंने देश, विदेशों का भ्रमण कर वहाँ के भूगोल का ही ज्ञान नहीं कराया, अपितु उन प्रदेशों और देशों की समस्याओं, उनके समाज और उनके रहन-सहन उनकी विशेषताओं इत्यादि का स्थान-स्थान पर अपनी पुस्तकों में बड़ा सजीव वर्णन किया है। वे जीवन-दर्शन के जैसे उत्सुक विद्यार्थी

थे, देश-दर्शन के भी वैसे ही शौकीन रहे। उनकी लगभग 30 पुस्तकें प्रकाशित हुई जिनमें अधिकांश का अनेक भारतीय भाषाओं में अनुवाद हुआ। उनकी कुछ प्रमुख रचनाएं हैं—'स्मरण-यात्रा', 'धर्मोदय' (दोनों आत्मचरित), 'हिमालयनो प्रवास', 'लोकमाता' (दोनों यात्रा विवरण), 'जीवननो आनंद', 'अवरनावर' (दोनों निबंध संग्रह) आदि। राष्ट्रभाषा प्रचार के कार्य में विशेष दिलचस्पी।

आचार्य राममूर्ति : प्रसिद्ध गांधीवादी विचारक एवं समाजशास्त्री। राष्ट्रीय एकता बिरादरी के संस्थापक, सर्वसेवा संघ के पूर्व अध्यक्ष। जयप्रकाश नारायण के सहयोगी। 1990 में राष्ट्रीय शिक्षा नीति में सुधार के लिए बनी आचार्य राममूर्ति समिति के अध्यक्ष। समिति ने शिक्षा व्यवस्था में आमूलचूल परिवर्तन की सिफारिश की। 1954 में कॉलेज की नौकरी छोड़कर धीरेन्द्र मजूमदार के आह्वान पर श्रमभारती खादीग्राम जमुई, (मुंगेर, बिहार) अपना प्रयोग भूमि बनाया और वहीं से संपूर्ण देश ही नहीं, पड़ोसी देशों से भी सद्‌भाव कायम करने में भी महत्वपूर्ण हिस्सेदारी। यहीं से गांधीजी की कल्पना की नई तालीम का अभ्यास और शिक्षण कार्य। भागलपुर में सांप्रदायिक दंगे के बाद सदभाव स्थापित करने में प्रमुख योगदान। शांति सेनाए महिला शांति सेना के संगठनों के माध्यम से जनजागृति।

लवणम : प्रखर गांधीवादी विचारक। सामाजिक कार्यकर्ता। महात्मा गांधी के सहयोगी प्रो. गोरा के पुत्र एवं महात्मा गांधी राष्ट्रीय स्मारिका ट्रस्ट के ट्रस्टी रहे हैं। 1930 में नमक सत्याग्रह के समय इनका जन्म हुआए इसलिए इनका नाम लवणम रखा गया। इन्होंने आदिवासी अस्मिता की रक्षा तथा नक्सलियों को समाज की मुख्यधारा से जोड़ने के लिए महत्वपूर्ण भूमिका निभायी।

वेदप्रकाश मिश्रा : वैद्यकीय क्षेत्र में अनुसंधानकर्ता। मेडिकल काउंसिल ऑफ इंडिया के सदस्य। नागपुर की वैचारिक संस्कृति में महत्वपूर्ण योगदान। चिकित्सा वैज्ञानिक होते हुए भी अंग्रेजी, हिंदी, संस्कृत और मराठी भाषा के प्रकांड पंडित के रूप में जाने जाते हैं। वे दर्जनों पुस्तकों के रचयिता। सम्प्रति दत्ता मेघे इंस्टीट्यूट ऑफ मेडिकल साइंस (डीम्ड यूनिवर्सिटी) में मुख्य सलाहकार, श्रीकृष्ण मेडिकल विश्वविद्यालय, कराड के कुलपति हैं। संपर्क : मो. 9373108086

ओम विकास : चिंतक। आईआईटी कानपुर से बीटेक, एमटेक और पीएचडी किया। इलेक्ट्रॉनिकी मंत्रालय में भारतीय भाषाओं के लिए तकनीकी विकास (टीडीआईएल) परियोजना की संकल्पना और कुशल समन्वयन के लिए विख्यात हुए। सेवा निवृत्ति से पूर्व प्रमुख पड़ाव थे—इलेक्ट्रॉनिकी एवं सूचना प्रौद्योगिकी मंत्रालय में वरिष्ठ वैज्ञानिक और अटल बिहारी वाजपेयी-आईआईआईटीएम ग्वालियर के निदेशक। सेवा काल में और उसके बाद भी नव नवीन परियोजनाओं को शुरू किया। सूचना प्रौद्योगिकी की प्रथम शब्दावली विश्वभारत/जकपसका प्रकाशन, और अब हिंदी में अंतरराष्ट्रीय शोध जर्नल 'विज्ञान प्रकाश' का संपादन, तथा 'सांस्कृतिक संज्ञानिकी' और 'संस्कृत में समग्र विज्ञान' पर नेशनल स्किल क्वालिफिकेशन फ्रेमवर्क (NSQF) के अनुसार पाठ्यक्रमों का निर्माण। शिक्षा मूल्यांकन समितियों से भी जुड़े हैं। लोक विज्ञान परिषद के अध्यक्ष हैं। स्नातक काल में हिन्दी में आलोक पत्र का प्रथम

संपादन किया। इंडस्ट्री, भारत सरकार के इलेक्ट्रॉनिकी मंत्रालय एवं जापान में भारतीय दूतावास और उच्च शिक्षण संस्थानों में सघन अनुभव। प्रमुख प्रोफेशनल सोसाइटियों के सदस्य रहे। संपर्क : मो. 09868404129, ई-मेल : dr.omvikas@gmail.com

सुनीलम : जन आंदोलनों का राष्ट्रीय समन्वय और समाजवादी समागम के राष्ट्रीय संयोजक। कई जनवादी संगठनों से जुड़ाव। जनअधिकार मुद्दों को लेकर कई बार जेल यात्राएं। भारतीय राजनीति में हस्तक्षेप। बैतूल (म.प्र.) दो बार विधायक। समसामयिक विषयों पर लेखन। आदिवासियों और किसानों के लिए सतत संघर्षशील। नर्मदा आंदोलन और अन्ना आंदोलन में सक्रिय भागीदारी। सम्प्रति मद्यनिषेध कार्यक्रमों में संलग्न।

संपर्क : 09425109770 ई-मेल : samajwadisunilam@gmail.com

उल्हास जाजू : प्रखर गांधीवादी सामाजिक कार्यकर्ता। पेशे से चिकित्सक। भौतिकता इनको छू नहीं पायी। जीवन की आवश्यकता को नियंत्रित कर गांधी के मूल्यों से कई गांवों को गोद लेकर स्वास्थ्य संबंधी कार्यक्रमों में संलग्न। सम्प्रति गांधीजी द्वारा स्थापित महात्मा गांधी आयुर्विज्ञान संस्थान, सेवाग्राम से संबद्ध। संपर्क : मो. 9421727520, ई-मेल : ulhasjajoo@gmail.com

चिन्मय मिश्र : मूलतः आदिवासी एवं लोक शिल्पों पर शोध कार्य। करीब 20 वर्षों से भारतीय पारंपरिक वस्त्र परंपरा तथा बुनाई, छपाई, रंगाई, कढ़ाई आदि का देशव्यापी अध्ययन। 2 पुस्तकों एवं 6 मोनोग्राफ का प्रकाशन। वृत्तचित्र लेखन। पिछले एक दशक से बड़ी परियोजनाओं जैसे बड़े बांध आदि से विस्थापित समुदाय पर अध्ययन। विशेष रुप से विस्थापन से संस्कृति के विनाश के संदर्भ में। इस संदर्भ में कान्हा एवं पालपुर कूनो नेशनल पार्क, नर्मदा पर निर्मित सरदार सरोवर, इंदिरा सागर, ओंकारेश्वर एवं महेश्वर परियोजना का अध्ययन। इस विषय पर दो पुस्तकें प्रकाशित। बुंदेलखंड (म.प्र.) से हो रहे पलायन पर विस्तृत शोध एवं पुस्तक का प्रकाशन। पश्चिमी मध्य प्रदेश में कार्यरत जन संगठनों जैसे नर्मदा बचाओ आंदोलन आदि के साथ जीवंत सहयोग। गांधी विचार संस्थाओं के साथ गहन संपर्क। अनेक पत्र-पत्रिकाओं में लेखन। वर्तमान में सर्वोदय प्रेस सर्विस कार्यकारी संपादन का दायित्व। फोन : 071-2412747, मो. 09893278855, ई-मेल : chinmay.saroj@gmail.com

शिवदत्त मिश्र : गांधीवादी शिक्षाविद्। आजादी बचाओ आंदोलन में 5 वर्ष सक्रिय, नई तालीम समिति, सेवाग्राम के 2000-2008 तक मंत्रीपद पर कार्य। नई तालीम व गांधी विचार प्रचार कार्य। प्रकाशित कृतियों में समग्र नई तालीम (विचार) धर्म, योजना एवं पाठ्यक्रम), नयी तालीम (प्रयोग, प्रसार एवं परिणाम), नई तालीम (एक विहंगावलोकन) और विभिन्न पत्र-पत्रिकाओं में 30 आलेख सम्मिलित हैं। सम्प्रति नई तालीम समिति के सदस्य व सामाजिक कार्य तथा गांधी विचार प्रचार के काम में संलग्न। संपर्क पता मिश्रा सीमेंट स्टोर, डामर रोड, निकट मिल गेट, गोला गोकर्ण नाथ, लखीमपुर (खीरी), उत्तर प्रदेश-262802, संपर्क : मो. 09450945652ए ई-मेल : shivduttmishra1972@gmail.com

डी.एन. प्रसाद : गांधीवादी चिंतक, कवि, आलोचक। पुस्तकें : 'महात्मा गांधी का शैक्षणिक चिंतन', 'धर्मवीर भारती के उपन्यास, निबंध और कहानियां', 'अपने सफर का सिपाही'।

सम्प्रति महात्मा गांधी अंतरराष्ट्रीय हिंदी विश्वविद्यालय, वर्धा में गांधी और शांति अध्ययन विभाग में सहायक प्रोफेसर के रूप में कार्यरत हैं। संपर्क : मो. 9420063304ए ई-मेल : dnpsayal@yahoo.co.in

मिथिलेश कुमार : युवा चिंतक। मानविकी एवं सामाजिक अनुसंधान के क्षेत्र में गहरी रुचि। नव सामाजिक विमर्शों पर निरंतर लेखन। लगभग दो दर्जन से अधिक शोध आलेख पत्र-पत्रिकाओं में प्रकाशित। इनकी 'धर्मए सत्ता और हिंसा', 'हिन्द स्वराज', 'धर्म और सांप्रदायिकता', 'बुनियादी तालीम' संपादित पुस्तकें प्रकाशित हैं। सम्प्रति महात्मा गांधी अंतरराष्ट्रीय हिंदी विश्वविद्यालय, वर्धा में महात्मा गांधी फ्यूजी गुरुजी समाज कार्य अध्ययन केंद्र में सहायक प्रोफेसर के रूप में कार्यरत। संपर्क : मो. 97649969689, ई-मेल : mkt1980@gmail.com

राहुल सिंह : युवा साहित्य आलोचक। आलोचना, कहानी, फिल्म समीक्षा में गहरी रुचि। पत्र-पत्रिकाओं में निरंतर लेखन। सम्प्रति ए.एस. महाविद्यालय, देवघर में सहायक प्रोफेसर के रूप में कार्यरत। संपर्क : मो. 09934716533, ई-मेल : alochakrahul@gmail.com

सुधांशु शेखर : युवा चिंतक। पुस्तक—'सामाजिक न्याय : अंबेडकर-विचार और आधुनिक संदर्भ', 'गांधी-विमर्श'। संपादित पुस्तकें—भूमंडलीकरण : नीति और नियति, लोकतंत्र : नीति और नियति, लोकतंत्र : मिथक और यथार्थ, भूमंडलीकरण और लोकतंत्र, शिक्षा दर्शन, भूमंडलीकरण और पर्यावरण, शिक्षा और समाज, पर्यावरण और मानवाधिकार, गांधी-चिंतन। 'दर्शना' (अर्द्धवार्षिक) और 'सफाली जर्नल ऑफ सोशल रिसर्च' (त्रैमासिक) पत्रिका का संपादन। संप्रति : दर्शनशास्त्र विभाग, ति.मां. भागलपुर विश्वविद्यालय, भागलपुर (बिहार) से संबद्ध। संपर्क : मो. 7870368003ए ई-मेल : sudhan.ph@gmail.com

मुकेश कुमार : जन आंदोलनों से जुड़ाव। गांधी विचार पर इनकी कई पुस्तकें प्रकाशित हो चुकी हैं। गांधी और अंबेडकर के विचार पर समान रूप से अकादमिक हस्तक्षेप करने वाले कुमार आईसीएसएसआर के पोस्ट डॉक्टोरल फ़ेलो के रूप में नव सामाजिक आंदोलन पर शोधरत हैं। संपर्क : मो. 9431690824ए ई-मेल : drmukeshkumar.bgp@gmail.com

चन्द्रकान्त शंकर पारगांवकर : सर्वोदय चिंतक एव कार्यकर्त्ता

राम कमल राय : समाजवादी चिंतक, साहित्यकार। प्रयाग विश्वविद्यालय में हिंदी प्राध्यापक के रूप में संबद्ध।

अश्विनी कुमार पंकज : रंगकर्म, कविता-कहानी, आलोचना, पत्रकारिता एवं डॉक्यूमेंट्री से गहरी यारी। झारखंड आंदोलन में सघन संस्कृतिकर्म। झारखंड एवं राजस्थान के आदिवासी जीवन, समाज, भाषा-संस्कृति, इतिहास और पर्यावरण पर थिएटर, फिल्म और साहित्यिक माध्यमों में विशेष कार्य। नब्बे के शुरुआती दशक में उलगुलान संगीत नाट्य दल, रांची के संस्थापक सदस्य। फिलहाल लोकप्रिय मासिक नागपुरी पत्रिका 'जोहार सहिया', पाक्षिक बहुभाषी अखबार 'जोहार दिसुम खबर' और रंगमंच एवं प्रदर्श्यकारी कलाओं की त्रैमासिकी 'रंगवार्ता' का संपादन-प्रकाशन। प्रकाशित पुस्तकें : पेनाल्टी कॉर्नर, इसी सदी के असुर,

सालो, अथ दुड़गम असुर हत्या कथा (कहानी-संग्रह), जो मिट्टी की नमी जानते हैं, खामोशी का अर्थ पराजय नहीं होता, युद्ध और प्रेम, भाषा कर रही है दावा (कविता-संग्रह), अब हामर हक बनेला (हिन्दी कविताओं का नागपुरी अनुवाद), छाँइह में रउद (दुष्यंत कुमार की गज़लों का नागपुरी अनुवाद), एक अंतराष्ट्रीय वक्तव्य (विचार), रिक्शावाला विकास.डॉट कॉम (नाटक-संग्रह), रंग-बिदेसिया (भिखारी ठाकुर के रंगकर्म पर), उपनिवेशवाद और आदिवासी संघर्ष (सं.) और माटी माटी अरकाटी (उपन्यास)। संपर्क : मो. 9471325534ए 9234301671, ई-मेल : akpankaj@gmail.com

श्री के.एस. राधाकृष्ण : गांधीवादी विचारक। राधाकृष्ण भाई ने वर्ष 1969 से 1993 के बीच गांधी शांति प्रतिष्ठान के सचिव के रूप में कई उल्लेखनीय कार्य किए। नई तालीम समिति, वर्धा, सर्व सेवा संघ आदि संगठनों को इनका मार्गदर्शन मिला है। गांधी विचार में आस्था रखने वाले देशभर के युवाओं को इन्होंने गांधी शांति केंद्र के माध्यम से जोड़ा। आपातकाल के दौरान गांधी शांति प्रतिष्ठान ने लोकतंत्र की रक्षा में महत्वपूर्ण योगदान दिया।

वेदाव्यास कुण्डू : गांधीवादी चिंतक। सम्प्रति गांधी स्मृति एवं दर्शन समिति (संस्कृति मंत्रालय, भारत सरकार), नई दिल्ली में कार्यक्रम अधिकारी हैं। संपर्क : मो. 9013673016, ई-मेल : vedabhyaskundu.ahimsa@gmail.com

अमित कु. विश्वास : युवा सांस्कृतिक पत्रकार। वर्ष 2004 से पत्रकारिता से संबद्ध। साहित्य और समसामयिक विषयों पर निरंतर लिखते रहे हैं। विविध पत्र-पत्रिकाओं में लगभग 200 आलेख, साक्षात्कार, रिपोर्ताज आदि प्रकाशित। आकाशवाणी, नागपुर से दो दर्जन से अधिक कार्यक्रमों का प्रसारण। आकाशवाणी में समसामयिक विषयों पर विशेषज्ञ के रूप में शिरकत। वर्ष 2009 में मॉरीशस तथा 2012 में दक्षिण अफ्रीका की यात्रा। वर्ष 2012 में जोहांसबर्ग (द. अफ्रीका) में आयोजित नौंवे विश्व हिंदी सम्मेलन और वर्ष 2015 में भोपाल में आयोजित दसवें विश्व हिंदी सम्मेलन में सक्रिय सहभागिता। सम्प्रति महात्मा गांधी अंतरराष्ट्रीय हिंदी विश्वविद्यालय, वर्धा में सहायक संपादक के रूप में कार्यरत। संपर्क : मो. 9970244359, ई-मेल : amitbishwas2004@gmail.com

मनोज कुमार : गांधीवादी चिंतक। 70 के दशक के छात्र आंदोलन में सक्रिय भागीदारी करते हुए समाज कार्य के विविध पक्षों से पिछले तीन दशकों से गहरा जुड़ाव। भागलपुर सांप्रदायिक दंगे के समय जमीनी स्तर पर राहत एवं पुनर्वास कार्य का निष्पादन। अकादमिक एवं सामाजिक जीवन में समान रूप से हस्तक्षेप। 'लोकतंत्र और विश्व शांति' तथा 'बिहार की भूमि समस्या' नामक चर्चित पुस्तक के रचयिता। भारतीय सामाजिक विज्ञान अनुसंधान परिषद, नई दिल्ली द्वारा 'राष्ट्र बनाम आख्यान : 21 वीं सदी में राष्ट्रवाद की चुनौतियां' वृहद शोध परियोजना का संचालन। एक दर्जन से अधिक शोधार्थियों को पीएच.डी. का मार्गदर्शन। सम्प्रति महात्मा गांधी अंतरराष्ट्रीय हिंदी विश्वविद्यालय, वर्धा के मानविकी एवं सामाजिक विज्ञान विद्यापीठ के संकायाध्यक्ष एवं महात्मा गांधी फ्यूजी गुरुजी समाज कार्य अध्ययन केंद्र में निदेशक के रूप में कार्यरत।

संपर्क : मो. 9422404277, ई-मेल : manojkumardean@rediffmail.com

णाणं

पयासयं

वीर नि.सं. 2470

ई.सन् 1944

भारतीय ज्ञानपीठ